AF191623

ANIMUS FACIT NOBILEM → *Das Gemüt macht den Edlen*

[Seneca]

Alexander Blöthner

Adelsfamilien
im Südosten
Thüringens
und ihre
Verbreitung

unter besonderer
Berücksichtigung des
Saale-Orla-Raumes

FSC
www.fsc.org
MIX
Papier aus ver-
antwortungsvollen
Quellen
Paper from
responsible sources
FSC® C105338

Aus der Reihe: Plothener Hefte zur Thüringer Regionalgeschichte
Band 77

Über den Autor:

Alexander Blöthner M. A. (phil), geboren 1974 in Schleiz, hat an der Universität Jena ein ›Studium Generale‹ mit Schwerpunkt auf Geschichte und Soziologie absolviert und verfaßt Bücher über Lebensphilosophie, Sagen, Regionalgeschichte, Landschaftsmythologie, aber auch über Alltags-, Sozial- und Wirtschaftsgeschichte.

*Mitglied im Förderverband
zum Schutze des ›Eßzet‹*

Tannhäuser
Alexander Blöthner
1. Auflage 2024

Verlag: BoD · Books on Demand GmbH, In de Tarpen 42,
22848 Norderstedt
Druck: Libri Plureos GmbH, Friedensallee 273, 22763 Hamburg

ISBN: 978-3-7693-1637-7

ABKÜRZUNGSVERZEICHNIS

... – Auslassung im Text
(...) – Einschub des ursprünglichen
Verfassers bzw. Editors in ein Textzitat
[ ] – Texteinschub [Anmerkung oder Erklärung]
von A.B. in einer von ihm zitierten Quelle
* – geboren
oo – verheiratet
† – gestorben
~ – gerundet
% – Prozent
& – und
Ø – Durchmesser
a. – alter, am, an
A – Annum (das Jahr), A° – Anno
A. B. – der Verfasser
abger. – abgerufen
A. d. V. – Archiv des Verfassers
ä. L. – ältere Linie
AK – Ansichtskarte
Anm. – Anmerkung, Fußnote
Ar – Flächenmaß 10 × 10 m
Aßo – Alter Schock [20 gr.]
b. – bei; Breite, B – Bundesstraße
Bd., Bde. – Band, Bände
Bl. – Blatt
bzw. – beziehungsweise
ca. – zirka, etwa
CDU – Christlich Demokratische Union
cm – Zentimeter
d., d' – der, des, de (von)
DDR – Deutsche Demokratische Republik
€ – Euro
E – Ergänzungsband
e. V. – eingetragener Verein
etc. – et cetera [und so weiter]
f. – folgende, für
ff. – fortfolgende
f., fl. – Gulden (Florentiner)
fol. – folio
g. – Gramm
geb. – geboren
gl., Gld. – Gulden
gesch. – geschieden
gest. – gestorben
gr. – Groschen
h. – hinten, ha – Hektar [10.000 m²]
Hg. – Herausgeber, herausgegeben
J. – Jahr, Erscheinungsjahr
j. L. – jüngere Linie
Jg. – Jahrgang

Jh., Jhr., Jahrh. – Jahrhundert
K. K. – kaiserlich königlich
Kap. – Kapitel
kg – Kilogramm [1.000 g.]
l. – Länge, links, ℓ – Liter
lfm. – laufende[r] Meter
LPG – Landwirtschaftliche
Produktionsgenossenschaft
LWN – Landwirtschaftliche Nutzfläche[n]
ℳ. – goldgedeckte Mark (Goldmark)
m – Meter
m² – Quadratmeter
Mfl. – Meißner Gulden
Mio. – Million
mr. – Morgen [0,25 ha]
n. – nach, nescio [lat.: ich weiß nicht]
N. N. – Nomen nescio [Den Namen weiß ich
nicht]
Nr. – Nummer
NS – nationalsozialistisch, NSDAP – National-
sozialistische Deutsche Arbeiterpartei
o. – ohne, oben, O. – Orla, östlich
o. J. – ohne Jahr
o. Nr. – ohne Nummer
OTZ – Ostthüringer Zeitung
Pf. – Pfennig
Pfr. – Pfarrer
r. – rechts
Rhein. Gld. – Rheinischer Gulden
RM – Reichsmark
Rthl., Rtl. – Reichstaler (24 gr.)
S. – Seite
SA – Sturmabteilung (Organisation d. NSDAP)
Sch. – Schock
Schffl. – Scheffel
SED – Sozialistische
Einheitspartei Deutschlands
SMAD – Sowjetische Militäradministration
SS – Schutzstaffel (Organisation d. NSDAP)
ß – Schock (Zähleinheit für Groschen)
Tab. – Tabelle
Tf. – Tafel
Thlr., Thl. – Taler [Rthl.]; Thlrn. – Talern
u. – unten
u. a. – und andere[s]
v. – von
Vgl. – Vergleiche
X – unbekannte Nominale
z. – zu, zum
z. B. – zum Beispiel

INHALTSVERZEICHNIS

IV. Anhang

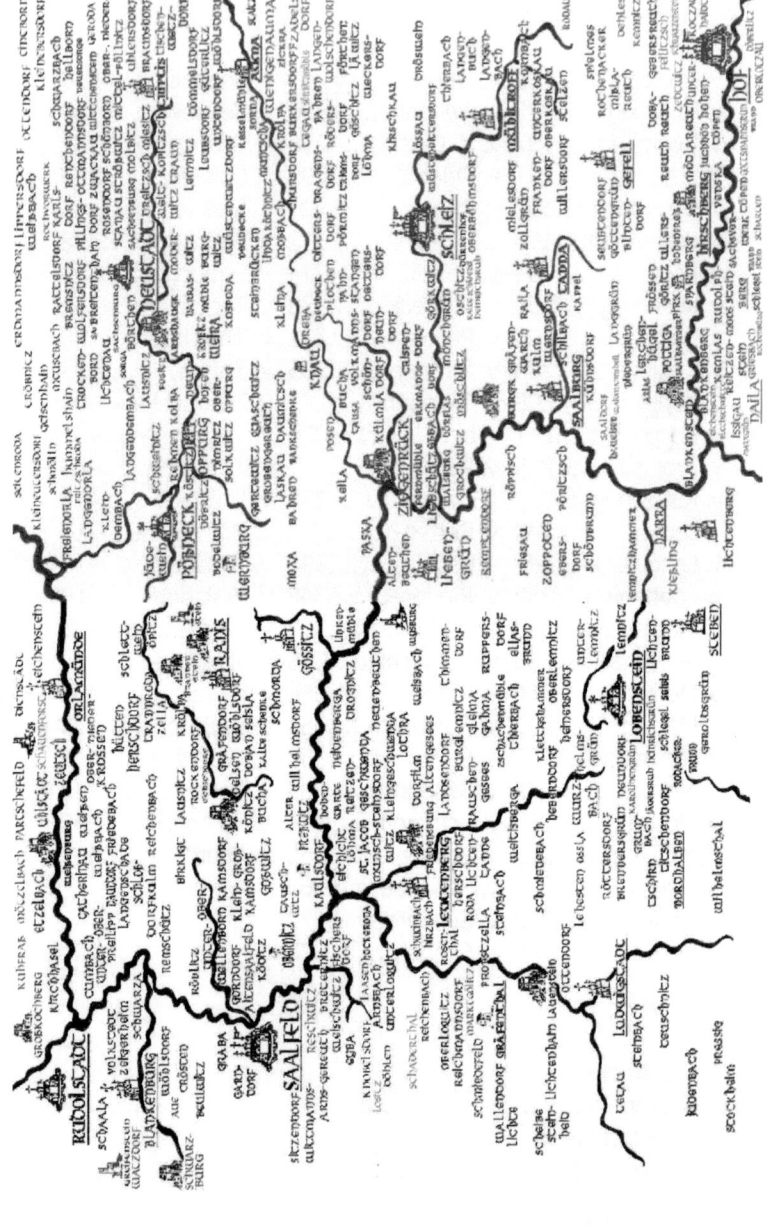

Zur Herausbildung des landsässigen Adels

Der Saale-Orla-Raum zählt zu den schönsten als auch zu den historisch bedeutendsten Regionen Thüringens. Vorzeitliche Funde, Burgen und historische Bauten finden sich hier in einer Zahl wie sonst nur noch im Rheintal. Dabei umfaßt das Gebiet Erinnerungslandschaften, die sich durch Vielfalt und Verschiedenartigkeit auszeichnen. Den Mittelpunkt bildet die klimatisch begünstigte Orlasenke mit ihren eindrucksvollen Zechsteinriffen. Im Norden von einer bewaldeten Buntsandsteinplatte – der ›Heide‹ – umrissen, schließt sich im Süden der Senke das Thüringische Schiefergebirge mit den Talklüften der ›Oberen Saale‹ und den Nordkämmen des Frankenwaldes an. Im Osten dagegen findet sich mit dem ›Land der Tausend Teiche‹ und dem Teichgebiet ›Wolsche‹ eine Wasser- und Sumpflandschaft nach märkischem Bild. Im Westen dagegen wird die Region von dem Saalfelder Kessel und den ›Saalfelder Höhen‹, den östlichen Ausläufern des ›Thüringer Waldes‹ begrenzt.

Von den im Untersuchungsgebiet ansässigen adeligen Geschlechtern werden mit Schwerpunkt auf die Orlasenke und den Saalfelder Kessel bis zum Jahre 1300 folgende urkundlich erwähnt: von Könitz [1125], von Krölpa [1125], von Watzdorf [1137], von Beulwitz [1137], von Rockendorf [1169], von Stein [1169], von Ranis [1187], von Leutenberg [1187], von Saalfeld [1190], von Birkicht [1227], von Pöllnitz [1230], von Pößneck [1252], von Holbach [1262], von Reschwitz [1263], von Altensaalfeld [1265], von Nimritz, von Neunhofen [1284], von Krobitz [1285], von Döhlen [1288], von Triptis [1288], von Obernitz [1294], von Hayn [1285] bzw. von Brandenstein [1298]. Darauf erscheint in den Urkunden ab 1314 die Familie von Miesitz [Metzsch], ab 1320 die von Kospoth, gefolgt von denen von Weltwitz [1322], von Posseck [1328], von Kolba [1329], von Eichicht [1331], von Entzenberg [1348], Bütener [1349/50], von Gräfendorf [1350], von Wilde [1366], von Moderwitz [1377] und von Wyrtzburgk [1387]. Dazu kommen im Leutenbergischen die von Hirzbach [1398], von Schweinbach [1398] und von Fischersdorf [1400], im Triptiser Raum die von

Merla [1367], von Mosen [1400], von Weltwitz [1402], von Uhlersdorf [1402] und von Dreitzsch [bis 1466], später noch die von Thüna [1460], von Etzdorff [1463], von Breitenbauch [ab 1571] sowie bis zum Ende der Frühneuzeit mindestens 100 weitere Familien.[1] Zum Lehnsverband der benachbarten Herrschaft Orlamünde gehörten bis ins 14. Jahrhundert die von Crossen [1271], von Denstedte [1326], von Eichenberg [1199], Flanß [1154], von Hasela, von Hayn, von Heldingen [1267], von Kochberg [1279], von Krumsdorf [1326], von Orla [1225], von Pforte, von Pritzschroda [1333], von Reinstedt, von Schauenforst, von Schütz [1326], von [Langen-]Schade [1323], Schieke [1393], von Uhlstedt [1264], von Zeutsch [1291] u.a.

Auf andere Weise wie in der Orlasenke erfolgte die Herausbildung des landsässigen Adel in den nördlich und südlich angrenzenden, kaum besiedelten Waldgebieten des Buntsandsteins [Heide] bzw. des Schiefergebirges [Oberland]. Hier waren es die kolonisierenden Territorialherren die, – sei es über ihre Vasallen, sei es über besondere Beauftragte [Lokatoren] – Siedler aus den Altsiedelgebieten des Reiches herbeiriefen, denen sie gegen das Versprechen der Gefolgschaft, bestimmter Dienste auf dem Herrenhof und einen gewissen Grundzins, Schutz und Schirm sowie eine Hufen, freilich noch urbar zu machenden Siedlungslandes versprachen. Daraufhin etablierten sich dieses Vasallen auf eigenen Grundhöfen bzw. die Lokatoren [als Teil ihres Lohnes] als Erbschulzen bzw. -kretzschmare auf größeren Bauerngütern inmitten der von ihnen gegründeten oder erweiterten Dörfer und übten im Auftrage des Territorialherren die regionale Herrschaft vor Ort aus.

Während die Heide in ihrem westlichen Teil weitestgehend im Besitz der Landesherren verblieb und später ein Lehen des Saalfelder Stifts und anschließend des Amtes Saalfeld wurde, vergaben die Herren von Lobdeburg-Burgau – die Kolonisatoren der östlichen Heide – die ›Täler‹ im Umfeld der Roda an ihre Ministerialen, wie die von Ottendorf [1184], von Hayn, von Tröbnitz [1300] bzw. von Meusebach [1380], die hier Dörfer begründeten und sich teils nach ihnen benannten.[2]

Im Zuge der Kolonisation des Oberlandes hingegen trafen

die von Norden, von der oberen Orlasenke aus vordringenden Herren von Lobdeburg-Arnshaugk [ab 1204] auf die vom Westen her kolonisierenden Vasallen der Herrschaft Saalfeld bzw. die Vögte des dortigen Benediktinerklosters. Nach Osten hingegen hinderte sie die Siedlungsherrschaft der mächtigen Vögte von Weida an ihrer weiteren Ausbreitung und südlich des Frankenwaldkammes hinter Bad Lobenstein sowie jenseits der Linie Arlas → Langgrün → Seubtendorf → Rothenacker der Landesausbau der Markgrafen von Giengen-Vohburg und ihrer Besitznachfolger der Herzöge von Andechs-Meran, den Kolonisatoren des Regnitzlandes.

Die Entwicklung des landsässigen Adels im Oberland läßt sich – dem Forscher Udo Hagner zufolge – ursprungsseitig in zwei Gruppen unterscheiden:»Diejenigen Familien, die als Reichsministeriale ursprünglich mit einem eigenen Herrschaftsausbau begannen und sich dann den Vögten bzw. ihren Nachkommen, den Herren von Gera, Weida und Plauen unterwerfen mußten und diejenigen andererseits, die bereits als gewesene Vasallen anderer Territorialgewalten in das später reußische Territorium kamen, wenn auch zu unterschiedlichen Zeitpunkten. Zur ersteren Abteilung gehören ... die Familliengruppen Röder/Sack, von der Grün/von Reitzenstein oder diejenige von Sparneck/Sparnberg und Hirschberg. ... [Letztere] stammt ursprünglich aus dem Fichtelgebirge und hat Versuche unternommen, im 13. Jahrhundert im Raum Hirschberg eine eigene reichsministeriale dauerhafte Herrschaft um Sparnberg und Hirschberg zu errichten, mußte sich aber bald größeren Territorialgewalten beugen. ... Noch bis in das 14. Jahrhundert hinein schlossen solche Familien (von Kotzau, von Sparneck, von Töpen) Ehen mit Töchtern aus dem Haus der Vögte, hatten sich von diesen standesgemäß also noch nicht allzuweit entfernt.«[3] Frühe urkundliche Erwähnungen von Adels- oder vielmehr Ministerialenfamilien im Oberland sind die von Sparnberg [1217], von Hirschberg [1223], von Röder [1224], von Saalburg [1225], von Machwitz [1238], von Lobenstein [1250], von Kospoth [1253], von Posseck [1270], von Watzdorf [1278], von Dobeneck [1279], von Zedtwitz [1288], von Obernitz [1294], von Töpen [1310], von Kulm [1318], von Reitzenstein [1318], von Berg, von Walsburg oder Walsperk [1349/50], von Draxdorf [1352], von Wyrtzburgk und angeblich auch von Wysburg [um 1300?], wobei wir es im letzteren Falle höchstwahrscheinlich mit Angehörigen derer von Watzdorf oder von Posseck zu tun haben. Ebenso kann jener 1250 erwähnte Otto von Lobenstein ebensogut dem Lobdeburgischen Hause entstammen und jene 1232 genannten Wetego und Burgoldus de Salburg frühe Angehörige des Geschlechts derer von Kospoth gewesen sein, da es sich bei letzteren um typische Kospoth-Vornamen des 13. bis 15. Jahrhunderts handelt und diese Familie zudem auch über Burggüter in Saalburg verfügte.

Bezüglich derer von Kospoth, als dem lange Zeit bedeutendsten Geschlecht im Raum Schleiz, Saalburg und Tanna, nimmt man an, ihre in der Orlasenke begüterten Vorfahren seien unter Führung der Herren von Lobdeburg als Mitkolonisatoren ins Oberland gekommen. Auch der Aufstieg derer von Watzdorf, von Leutenberg, von Obernitz sowie der Besitzstand der beiden ursprünglich aus dem Plauener Raum stammenden Familien von Machwitz und von Röder [zu Rodau] wird mit dem Landesausbau vor Ort in Verbindung gebracht. Nach Volksmeinung sollen die Dörfer Rödersdorf und Rüdersdorf [bei Gera] von denen von Röder begründet worden sein. »Die von Machwitz existierten später in zwei Hauptlinien, eine im sächsischen Vogtland und eine im Raum Saalburg [Gräfenwarth, Ebersdorf und Remptendorf]. Die von Obernitz waren im Raum Ziegenrück diesseits und jenseits der Saale beheimatet. »Die von Watzdorf hatten ihre Sitze im Raum Wurzbach, Leutenberg sowie östlich von Ziegenrück. Solche waren Altengesees, Crispendorf, Lothra, Rödersdorf.«[4]

Was die infrastrukturelle Entwicklung der Rittergüter betrifft, so läßt sich für Unter- und Oberland zusammenfassend konstatieren, daß den nach der frühdeutschen Eroberung [des Orlagaus] bzw. den im Zuge der Kolonisation des Oberlandes im 13. und frühen 14. Jahrhundert entstandenen Rittersitzen weitestgehend im 15. Jahrhundert eine jüngere Generation gefolgt war, der sich die Mehrzahl der Rittergüter unserer Region zuordnen lassen. Sie sind nach der spätmittelalterlichen Agrarkrise auf dem von seinen vormaligen Bebauern aufgegebenen Landstrichen entstanden, welche die Landesherren, angesichts drohender Auseinandersetzungen – man denke hierbei an den Thüringer Grafenkrieg [1342-1346], den Vogtländischen Krieg [1354-1359], die Hussitenkriege [1419-1436], den Sächsischen Bruderkrieg [1446-1451] und den Schwarzburgischen Hauskrieg [1447-1451] – vorzugsweise mit wehrpflichtigen adeligen Vasallen besetzten, als sie wieder an Lehnbauern auszugeben. So schlossen sich den ersten Schichten des einheimischen ›Uradels‹ bis zum Ausgang des Mittelalters weitere, andernorts gebürtige Geschlechter an, die erstgenannte Familien vielerorts dann ablösten. Zu dieser jüngeren Abteilung des landsässigen Adels zählten – bezogen auf das Oberland – etwa 50 Geschlechter im gesamten Reußenland über 70 –, die sich allein im 16. Jahrhundert ebenda feststellen lassen, so die Familie von Dobeneck, die u.a. in Blankenstein, Blintendorf, Dobareuth, Frössen, Saalburg, Weißendorf [bei Zeulenroda] sowie im angrenzenden Raum Hof Rittergüter besaß oder die zu Arlas, Harra, Kießling, Pottiga, Sparnberg sowie Zoppoten gesessene Familie von Reitzenstein, die sich ebenfalls im Oberfränkischen fortsetzt. Deren Besitzvorgänger im Amte Saalburg war zwischen dem 14. und dem 16. Jahrhundert die Familie von Tepen gewesen. Die von Kauffung kamen erst nach 1453 in unser Territorium, nachdem sie Kursachsen aufgrund ihrer Verwandtschaft zu dem berüchtigten Altenburger Prinzenräuber Kunz von Kauffungen verlassen mußten. Ferner sind in dem Zusammenhang die Familien von Beulwitz [u.a. auf Hirschberg], von Brandenstein, von Bünau [u.a. auf Pahren], von Ende, von Feilitzsch, von Gräfendorf, von Heubisch, von Metzsch, von Oberweimar [auf Weitisberga], von der Oelsnitz, von Pöllnitz, von Reichert, von Raschau, von Retten- oder Raitenbach, von Rohrscheid, von Römer, von Rußwurm, von Schauroth, von Schütz, von Stein, von Thela, von Utzschau und von Wolfersdorf zu erwähnen. Insgesamt zählt Brückner in seiner Landes- und

Volkskunde des Fürstentums Reuß j. L. bis ins 19. Jahrhundert
183 [!] Adelsgeschlechter zum Chor der Reußischen Vasallen
(Ritter und Ministerialen), so außer den vorgenannten noch die
Herren von Berbisdorf, Berg, Biesenroth, Blankenberg, Böhm,
Brand, Breitenbauch, Brettin, Buckwitz, Caaschwitz, Cramer,
Creutz, Cryspendorf, Culm, Dittrichsdorf, Dölau (Döhlen),
Eichdorf, Eichicht, Einsiedel, Etzdorff, Etzelsdorf, Eulenbeck,
Falkenstein, Feilitzsch, Forchem, Freiesleben, Frissau, Fuchs,
Geilsdorf, Geldern, Gera, Gerstenberg, Görtz, Golnitz, Grisen,
Gropp (Groph), Grüna, Günderoth, Gutenberg, Haidt (Heyde),
Hanfmus, Harra, Hartmannsgrün, Haubelwitz, Hayn, Hermans-
grün, Heubler, Hof, Holzapfel, Hünefeld, Ilten, Ingerstein, Kaim
(Kaien), Karstadt, Knoblach, Köckeritz, Kolbe, Kommerstedt,
Koppy, Krüger, Kunzlin, Kuschwitz, Landwüst, Lange, Langen-
berg, Leumnitz, Lichtenhan, Limmer, Lindenberg, Lohma
(Lohme), Löbschitz, Lübchow, Lüschwitz (Lübschwitz), Maltitz,
Mandelsloh, Mangelsdorf, Maurer, Meerettig, Meußbach, Milin,
Mosen, Müfling, Muffel, Murring, Muschlitz, Nauendorf, Nes-
sau, Neuenmarkt, Nischwitz, Oberländer, Oberweimar, Oelsnitz,
Oschitz, Osterhausen, Oettisdorf, Pahren, Pforten, Plauen,
Plone, Pörmitz, Posern, Puster, Quingenberg, Rabe, Raben-
stein, Rahn, Reinoldsdorf, Riedesel, Roben, Rockhausen, Ro-
schitz (Rositz), Schiltknecht, Schönberg, Schönfeld, Schönfels,
Schöna, Selbitz, Selmitz (Söllmnitz), Spiegel, Spitznaß, Streit-
wig, Tauschwitz, Techwitz, Tettau, Thoß (Toß), Töpfer, Tyr-
bach, Uffel, Uttenhoven, Uttmann, Vittinghof, Vogler, Voitsberg,
Volkstedt, Waldsachsen, Werder, Widersberg, Winkler, Wittings-
hof, Wöllnitz, Wolframsdorf, Wolfstrigel, Zehmen, Zelnrode
(Czelnrode), Ziegenhierd und Zwötzen.[5] Von den 51 vor 1590
per steinerner Wappendarstellung an der Fassade des einstigen Ständehauses und Landtagsgebäudes zu Schleiz verewig-
ten Vasallenfamilien waren über 30 in der näheren Umgebung
der Stadt auf Rittergütern zu finden. 96 Wappen von ehemaligen Vasallen des Fürstentums Reuß-Ebersdorf zierten –
bis zu deren Übermalung zu DDR-Zeiten – auch den Vorsaal
des 1838 fertiggestellten Jagdschlosses Waidmannsheil.[6]

In den ehedem sächsischen Gebieten der Saale-Orla-Region

treten nach einstweiliger Recherche bislang an die 150 Adelsfamilien als Ministerialen, Vasallen oder Besitzer von Rittergütern entgegen und zwar die von Abendroth, Auma, Berbisdorf, Berg, Besser, Beust, Birckicht, Blankenberg, Brandenstein, Braunsdorf, Breitenbauch (später Breitenbuch), Brockdorff, Bronsart, Bütener, Byern, Carlowitz, Clemm von Hohenberg, Denstedt, Dobeneck, Döhlen, Dolzig, Dreitzsch, Eichenberg, Eichicht, Einsiedel, Ellroth, Entzenberg, Erffa, Eschwege, Etzdorf, Feilitzsch, Felgenhauer, Flans von Orla, Flotow, Gabelentz, Gabelentz-Linsingen, Geyer von Geyersberg, Gleichen, Gleichen-Rußwurm, Globig, Görschen, Gräfendorf, Guttwald, Hacke, Hasela, Hayn, Heßler, Heyden, Hohenthal, Holbach, Holde, Jhena, Kayn, Koch, Kochberg, Kolba, Kospoth, Kretschmann, Krobitz, Krölpa, Kropff, Krossen, Kutzschenbach, Lengefeld, Ley, Magwitz, Marschall, Maurer, Metzsch, Meusebach, Moderwitz, Mohl, Mosen, Motz, Nater, Neunhofen, Obernitz, Oebschelwitz, Oelknitz, Osmaritz, Parry, Planitz, Posseck, Pöllnitz, Preczerode, Puster, Quingenberg, Raschau, Reitzenstein, Reschwitz, Riedesel, Rockendorf, Röder, Sack, Salfeld, Salisch, Schaala, Schauroth, Scheiding, Schieke, Schleinitz, Schmertzing, Schönberg, Schönfeld, Schütz, Schwarzburg (als Rittergutsbesitzer), Seebach, Seydewitz, Sparnberg, Stein, Stein-Braunsdorf, Stein-Lausnitz, Steinsdorff, Streitberg, Sydow, Taube, Thompson, Thümmler, Thüna, Thungen, Triptis, Tröbnitz, Tümpling, Uhlersdorf, Ulstedt, Vippach, Watzdorf, Welnitz, Weltwitz, Wilcke, Wilde, Wolff, Wolframsdorf, Wölker, Wurmb, Wyrtzburgk, Zedwitz u.a. Im Schwarzburgischen Teil unseres Untersuchungsgebietes fanden sich als solche hingegen die Familien von Avemann, Beulwitz, Breithaupt, Bülow, Dobeneck, Eichicht, Entzenberg, Fischern, Fuchs, Fyscherdorf, Gräfendorf, Güntherode, Helldorf, Heßberg, Hirschfeld, Holbach, Holleben, Hyrsbach, Ilten, Kirchberg, Könitz, Lengefeld, Leutenberg, Mansfeld, Meldingen, Oberweimar, Pflugk, Posseck, Rein (als Bauerngutsbesitzer), Reitzenstein, Reschwitz, Schauroth, Schönfeld, Spesshardt (auch Spessert), Streitberg, Swynbach, Thüna, Truchsessen zur Wildenheide, Volckstädt, Watzdorf, Witzleben, Würtzburgk, Wysburg, Zedtwitz u.a.

VERGESSENE ADELSGESCHLECHTER DER REGION

Zu jenen Geschlechtern, die nur sehr wenig Niederschlag in der regionalen Überlieferung gefunden haben, gehören überwiegend altadelige, meist schon gegen Ende des Mittelalters oder in der Frühneuzeit ausgestorbene Familien, von welchen wir nachfolgend einige kurz näher beschreiben wollen:

● Die **von Altsaalfeld** sind im Jahre 1265 mit einem domino Petrus de Alttensaluelt bezeugt,[7]

● die **von Auma** – wohl Burgmannen allda – dagegen 1237 mit den Brüdern Albert und Berthold [ALBERT DE VMA BERTOLD FRA] bzw. 1248 mit Alberti de Vma.

● Aus Birkigt soll jener im Jahre 1227 erwähnte Heinrich **von Birkicht** stammen. Sein Geschlecht führte in ihrem Blau und Rot geteilten Wappenschild einen weißen schrägrechten Wellenbalken bzw. vor weißem Hintergrund einen grünen Laubbaum auf grünem Boden. Nach dem Coburgischen Hofmann Georg Eucharius [1614], den auf Langenwetzendorf sitzenden Hans Sigismund [1655] bzw. dem Obristen Konrad [1656] soll die Familie von Birkicht im 17. Jahrhundert ausgestorben sein.

● Der Ort Blankenstein an der Saale soll seinen Namen von denen **von Blank** haben, einem schon in den ältesten Sagen über die Region als heidnische Hainritter betitelten Geschlechts, das seinen alten Sitz oberhalb von Göschitz verließ, in den Dienst der frühdeutschen Kolonisatoren trat und andernorts ein Lehen erhielt.[8] Eine Familie Blank saß jedenfalls »schon frühzeitig in unserer Gegend. In Urkunden, das Kloster Cronschwitz betreffend, erscheint 1240 Planco, 1384-1398 ein Ritter Friedrich Blanke (Plenkyn) und 1423 dessen Witwe Sophie. Barthel Blank ist Anfang des 16. Jahrhunderts als Besitzer eines Gutes zu Koeditz [bei Hof] Vasall der Herren von Lobenstein, und 1566 wird auch der Name in Blankenstein selbst bezeugt. Ein Zinsbauer des Gutes heißt Hans Planck. ... Sehr nahe liegt auch die Vermutung, daß die Begründer Blankensteins die Herren von Blankenberg gewesen sein können.«[9]

● Inwieweit jener im Jahre 1290 urkundlich erwähnte Miles Janko **de Brunesdorf** in Braunsdorf bei Triptis seinen Sitz hatte, ist höchst umstritten, deutet die Besitzverteilung der Familie im 14. Jahrhundert doch eher auf Bräunsdorf bei Kaufungen hin. So besaß Heinrich von Braunsdorf 1345 Güter in Obergräfenhain, während Conrad von Braunsdorf 1351 als Oppidanus in Altenburg fungierte. Ein Nachfahre der Familie, Friedrich von Braunsdorf, erscheint 1402 als Besitzer eines Hofes zu Elsterberg und Rechte-Inhaber der Fischerei in der Elster. Noch 1545 saß ein Georg von Breunsdorf zu Remsa.[10]

● Das sich ehedem im Besitz des Großkamsdorfer Edelhofes [1349/50] und des Obernitzer Schlosses [1356] befindliche Saalfelder Ritter- und Patriziergeschlecht der **Bütener** leitet sich möglicherweise namentlich von dem Dorf Altenbeuthen her.

● Die Familie **von Döhlen** hausten zwischen 1288 und 1441 in dem gleichnamigen Ort bei Neustadt/Orla und tritt uns mit Gerhard [1320-1332], Heintz und Dietrich [als Burgmänner von Arnshaugk], Heyniko [1358-1365], Benedikt [1380], Peter [1383-1392] sowie Johannes und Konrad von Döhlen [1413-1441] urkundlich entgegen.[11]

● Jener in der ältesten Urkunde von Schleiz 1232 erscheinende Albert **von Harra** dürfte – wenn nicht ein Burgmann der Veste Lobenstein so doch, seines familientypischen Vornamens wegen – wohl ein Angehöriger der Familie von Blankenberg und – zwar jener, 1250 erwähnte Alberts von Blankenberg – gewesen sein. Zuletzt finden wir 1292 einen Konrad von Harra unter den Gefolgsleuten des Vogtes Heinrich von Gera.

● Aus Kirchhasel stammt die Familie **von Hasela**. 1305 ist ein Ulrico de Hasela dort erwähnt. 1388 schwört Conrad von Hasela in Eger Urfehde. 1410 erwerben sie das Rittergut Langenorla und besitzen zeitweilig das Burglehen zu Orlamünde. 1435 aber mußten Hans und Heinz von Hasela ihr Vorwerk Pritzschroda schuldenhalber ihren Gläubigern überlassen.

● Auch vom dem adeligen Siedelhof zu Heilingen im Hexengrund stammt ein gleichnamiges Geschlechts, welches mit Witego **von Heldingen** 1267 erstmals aus dem Dunkel der Geschichte tritt. Es ist nicht zu verwechseln mit der, im Fuldaischen gebürtigen und erst im 15. Jahrhundert nach Thüringen und Sachsen eingewanderten Familie von Heilingen [1251].[12]

- Aus Hirzbach bei Leutenberg stammte ein Adelsgeschlecht, das 1398 mit Heinrich **von Hyrsbach** einmalig erwähnt ist.[13]
- Die Herren **von Krobitz** aus dem gleichnamigen Weiler bei Neustadt waren Vasallen der Herren von Lobdeburg-Arnshaugk. Ihr frühester urkundlich bekannter Vertreter war Heidenreich von Crobz, der wahrscheinlich letzte Georg von Crobig auf Unterwellenborn [†1665]. Die Familie saß auch im nahen Röblitz.
- Ebenda brachte Krölpa bei Ranis ein gleichnamiges Rittergeschlecht hervor, welches mit Adalbert **von Krölpa** schon 1125 erscheint. 1278 wird noch ein Gotschalcus, zwischen 1274 und 1298 ein Otto und 1350 ein Johann von Krölpa erwähnt. werden. Nach dem Aussterben dieses Hauses gelangten Dorf und Rittersitz an die Familie von Brandenstein.
- Im Jahre 1318 schenkte ein Friedrich **von Kulm** dem Kloster Saalburg alle Güter, die er in Kulm, dem Nachbarort besaß. Inwieweit diese Güter mit zu dem Ausstattungsgut des damals erst gegründeten Klosters gehörte oder sich nach 1310 ein adeliger Nutznießer des Klosterlehens hier erst angesiedelt hat, bleibt unklar. Aufgegangen im Klosterbesitz ist der Kulmer Grundhof jedoch nicht, da er noch 1613 als Adelssitz erscheint.[14]
- Aus Niederkrossen stammt Theodericus **von Crozne**, Ritter und Schenk des Grafen Hermann von Orlamünde, der in den Jahren 1271 bis 1278 als Zeuge oder Bürge in mehreren Urkunden Erwähnung findet.[15] Während hier ein klarer regionaler Bezug besteht, ist dem bei den früheren Nennungen dieses Namens im 12./13. Jahrhundert nicht so, da ungewiß ist, ob die Familie »sich von Niederkrossen bei Kahla, von Crossen bei Eisenberg oder von dem gleichnamigen Rittergut im Amt Rochlitz geschrieben haben, doch hat die zweite Annahme die meiste Wahrscheinlichkeit für sich, wenn man nicht mehrere Familien desselben Namens annehmen will. Der erste dieses Namens ... ist Martinus de Crazene, der 1153 als Zeuge in einer Urkunde des Bischofs Wichmann von Naumburg auftritt. ... Vollradus et Ludewicus de Crozne werden 1168 und 1169 genannt.«[16] Ein volles Jahrhundert erscheinen die Herren von Crossen im Besitz von Niederkrossen. Erst beim Übergang der Herrschaft Orlamünde an den wettinischen Mark-

und Landgrafen 1344 erscheinen andere Adlige, so die von Blankenberg/von Eichenberg/von Arnstete, als Lehnsträger im Ort.

● Mit dem, in einer Urkunde Bischof Ottos II. von Bamberg 1187 erscheinenden Ritter Heinrich **von Lutinberc** existierte eine, die Burg Leutenberg verwaltende Ministerialenfamilie, die aber im 13. Jahrhundert schon wieder ausstarb.[17]

● Bereits im 14. Jahrhundert hat in Moderwitz bei Neustadt an der Orla ein Rittersitz bestanden, nach dem sich ein gleichnamiges Geschlecht als **von Moderwitz** benannte. So ist eine Urkunde vom 1. Mai 1377 erhalten, in der sich ein Otto von Moderwitz und seine Gattin Berchta mit Heinrich von Moderwitz und seiner Gemahlin Kunna wegen Zinseinnahmen zu Wyra [Weira] vergleichen.

● Ebenfalls aus dieser Gegend, nämlich aus Neunhofen, ist eine Familie gebürtig, die mit Heinrich **von Neunhofen** [1284] und Johannes von Neunhofen [1316] belegt ist und als deren Sitz ein, später als Pfarrwall bezeichneter befestigter Siedelhof am Ortsrand bei den Orlawiesen zu betrachten ist.

● Aus Nimritz bei Pößneck stammt wohl jene schon im 13. Jahrhundert in der Gefolgschaft der Grafen von Orlamünde stehende und später in der wettinischen Lehnsträgerschaft erscheinende Familie **von Nimritz**.[18]

● Bei dem in den Jahren 1225 und 1291 in verschiedenen Urkunden erscheinenden Ulricus und Cunradus **de Orla** dürfte es sich kraft Wappengleichheit um einen Ableger der u.a. in Langenorla begüterten Familie Flanß von Orla gehandelt haben.

● Das Dorf Pahren NW von Schleiz war 1278 der Sitz eines ›Henricus **de Parne**‹, dessen Burg unlängst ausgegraben wurde.[19]

● Der Niederadlige Heinrich **von Plauen** erscheint schon im Jahre 1285 unter den Honoratioren der Schleiz, gefolgt von seinen Nachfahren Konrad und Nikolaus von Plauen [1318]. Das ganze Mittelalter hindurch kommt dieses Geschlecht in städtischen Urkunden als Bürger und in verschiedenen Rats- und Amtspositionen vor. Spätestens mit dem Erwerb des Rittergutes Oberböhmsdorf durch Heinrich von Plauen im Jahre 1402 dürfte die Familie dann adelig geworden sein. 1515 erwarb Anna von Plauen eines der Schleizer Burggüter, welches

1558 ausdrücklich als Frei- oder Rittergut bezeichnet wird und das später dem Schleizer Amtmann Thime von Plauen auf Oberböhmsdorf gehörte. Ob dieses Burggut schon in alter Zeit einmal in den Händen dieser Familie war, läßt sich freilich nicht mehr ermitteln.[20]

● Jene von Georg Brückner [1853] noch erwähnte urkundliche Notiz über einen Herrn **von Peznik** aus dem Jahre 1196 – der nach älterer Meinung, wenn nicht der Begründer der späteren Stadt, so doch ein auf dem Pößnecker Schloß sitzender landesherrlicher Ministerialer gewesen sei – gilt inzwischen als unsicher. Daher wird jene Verkaufsurkunde des Abtes Heinrich von Saalfeld aus dem Jahre 1252, die den wahrscheinlich lobdeburgischen Burgvogt ›Ernherus in Peznitz‹ als Zeugen nennt, als früheste Erwähnung Pößnecks angenommen.[21]

● Das Vorwerk Pritschroda bei Freienorla war wohl der Sitz jenes Magisters Heinrich Cocus, genannt **von Preczerode**, der 1333 als Lehnsherr über Güter in Röttelmisch erscheint.

● Nach dem Ort Reschwitz südlich von Saalfeld sind die Herren **von Reschwitz** – ein Vasallengeschlecht der Grafen von Schwarzburg – benannt, welches uns 1263 mit Heinrich von Reschitz, 1292 mit Hermann von Rodeswiz und 1350 mit Günther von Rodischwitz, Burgmann auf dem Hohen Schwarm in Saalfeld, urkundlich entgegentritt.

● Aus Rockendorf – einem Ort zwischen Pößneck und Unterwellenborn – stammt jener, in einer undatierten Urkunde aus der Zeit zwischen 1169 und 1190 erscheinende Ministeriale [vir ministerialis] Heinrich **von Rockenthorf**. Über einen Zeitraum von 150 Jahren nämlich bis 1287 sind die von Rockendorf als Besitzer des Siedelhofes nachweisbar. Sie waren Vasallen der Grafen von Schwarzburg – die 1208/12 die Herrschaft Ranis übernommen hatten – und erscheinen mit Hermann von Rockendorf 1265 als Burgleute zu Blankenburg.

● Die Stadt Saalfeld war wohl der Herkunftsort der Herren **von Salfeld**, die nach manchem schon 1155, nach anderen mit Konrad von Salfeld erst 1190 als kaiserliche Ministeriale in die Geschichte treten. Das Geschlecht blühte mehrere Jahrhunderte in Thüringen, namentlich im Schwarzburgischen, wo der

Hennebergische Geheime Hofrat Johann Georg von Salfeld sich 1630 mit Karolibe Sibylle vom Selmnitz vermählte. Ihr Wappenschild ist quergeteilt und enthält oben eine, unten dagegen zwei Lilien in verwechselter Tinktur.[22]

• Dagegen war eines der ersten in Bezug auf Rudolstadt genanntes Niederadelsgeschlecht, 1326 die Familie **von Schaala**.

• Unklar ist noch immer die genaue Lage des Stammsitzes der Herren **von Schade**. Entweder saßen sie in dem Ort Langenschade selbst oder hatten eine Befestigung auf dem nahen Heiniskopf [1853 Hahnberg, von mhd.: hagen → Dornbusch, Einfriedung, Verhau] über dem Zusammenfluß von Schade- und Reichenbach. Vielleicht hausten sie auch in einer Vorgängeranlage des noch heute befestigten Kolkwitzer Kirchhofes. 1323 jedenfalls hatte die Familie mit den orlamündischen Vasallen Albert, Dietrich und Heinrich Schade ihren Sitz in Etzelbach. Auch sonst erscheinen sie wiederholt im Herrschaftsgebiet der Weimar-Orlamünder. Selbst jener 1249 eine Urkunde der von Ischerstedt im Weimarischen bezeugende Ritter Dietrich Dampnum dürfte zu ihnen gezählt werden. Im 16. Jahrhundert ist das Geschlecht dann erloschen. Ihr Wappenschild zeigt eine vor sich hingekehrte Frauengestalt mit aufgelösten Haaren, die in jeder Hand einen großen Kranz hält.[23]

• Die **von Schieck** waren ursprünglich orlamündische Vasallen, die bis zum Tod des Ritters Hermann Schicken [vor 1365] Güter in Crossin [Krossen] und Smollin [Schmölln bei Kahla] besaßen und mit den Rittern Heinrich [1378] und Conrad Schike [1393] das Vorwerk Pritzschenroda behaupteten. 1390 belehnte Landgraf Balthasar von Thüringen die Töchter Heinrich Schickes u.a. mit einem Weinberg in Reinstädt. Eine im Meißnischen verortete Linie der Schiecken verschlug es zu Beginn des 16. Jahrhunderts von Meißen in die Landsberger Gegend nördlich von Halle, wo sie die Rittergüter Reinsdorf und Gollma erwarben. Ihr Wappenschild ist vertikal geteilt, hat in der Mitte aber einen horizontalen Querbalken.[24]

• Eine Familie von **Schwartza** saß gegen Ende des 14. Jahrhunderts in Zeutsch, wo eine Jutta 1384 mit Liegenschaften beleibdingt wird, und ihr Gemahl Dietrich von Schwartza 1388

Urfehdebürge für den Ritter Weldichin von Holbach in Eger ist.

● Nach Schweinbach in der ›Steinernen Heide‹ W von Leutenberg wird der 1398 erwähnte Otto **von Swynbach** verortet.

● Ein Adelsgeschlecht derer **von Triptis** begegnet uns 1288 mit Bruno von Triptis und 1327 mit seinen Söhnen Conrad und Heinrich, die allerdings als ›Bürger‹ der Stadt und als ›Mannen‹ der Vögte bezeichnet werden und von den Kastellanen der Landesherrschaft, die in der Triptiser Pflege die Gewalt ausübten, deutlich zu unterscheiden sind.

● Das Triptis benachbarte Uhlersdorf ist wohl der Stammsitz der Herren **von Uhlersdorf**. Sie waren Vasallen der Vögte von Weida und fochten für diesen 1402 mit Konrad und Lucolf zu Uhlersdorf, Gerhard von Uhlersdorf und sein Bruder genannt ›Swickel‹ dessen Fehde mit den Wettinern mit aus.[25]

● Auf ein von dem Ort Fischersdorf sich vielleicht ableitendes Adelsgeschlecht der **von Vyschersdorf** deutete der Name des Saalfelder Ratsmeisters Günther Fyscherstorf [1400] hin.

● Für das Jahr 1322 ist eine nach dem Ort Weltwitz bei Neustadt an der Orla benannte Adelsfamilie derer **von Weltwitz**, nachgewiesen, die aber nicht mit dem gleichfalls erloschenen Geschlecht derer von Weltewitz aus dem gleichnamigen Ort bei Delitzsch gleichsetzt werden darf, von dessen Herrensitz [1267] aus dieses sich eher im nordsächsischen Raum – so in der Gegend von Belgern – verbreitete und 1612 auf Schweta bei Döbeln bzw. bis 1754 auf Lönnewitz angesessen war. Welcher der beiden Familien aber jener im Urkundenbuch der Vögte von Weida für das Jahr 1270 bedachte Hermann de Wöltewiz zuzuordnen ist, wäre noch zu erforschen.[26]

● Einem Geschlecht der **von Wysburg** soll um das Jahr 1300 die Hohewaldsburg [Wysburg] zwischen Leutenberg und Ziegenrück gehört haben. Urkundlich aber ist keine solche Familie. Vielmehr dürften die im Auftrag des Landesherrn auf der Burg tätigen Kastellane – wie an anderer Stelle berichtet – den Familien von Watzdorf und von Posseck entstammt haben.

● Der 1325 in einer Saalburger Klosterurkunde erwähnte Henricus **de Zoppotten** saß sicher auf jenem adeligen Siedelhof, aus dem später das Rittergut Unter-Zoppoten hervorging.[27]

Die bedeutendsten landsässigen Adelsfamilien

»Einst gab es auch im Osten Deutschlands weitverzweigte Adelsgeschlechter. Praktisch über Nacht sind sie verschwunden.«[28] Ihr Auf und Nieder spiegelt sich in den Genealogien, im Schleppnetz behördlicher Überlieferung, aber auch in der Erinnerung der jeweiligen Rittergutsdörfer wider. »Die einen halten lange den Besitz..., die anderen müssen in der Erbfolge weichen, wieder andere veräußern.«[29] Jene 112 Geschlechter, welche wir in der Folge etwas näher darstellen wollen, sind die Familien von Abendroth auf Wenigenauma, Silberfeld und Zadelsdorf [1857-**1945**], die Bachofen von Echt auf Schlettwein [1721-1819], die von Beulwitz auf Hirschberg [1476-1663] und Eichicht [1417-**1945**], die von Beust auf Langenorla [1651-**1945**], die von Blankenberg auf Blankenberg, Harra und Niederkrossen, die von Bodenhausen auf Mühltroff [1607-1774], die von Bose auf Langenwolschendorf [1702-1791], die von Brandenstein Raniser, Oppurger und Wernburger Linie [1298-1770], die von Brauchitsch in Gräfenwarth [1954-**2003**], die von Breitenbuch auf Ranis und Brandenstein [1571-**1945**], die von Bünau auf Pahren [1567-1726], die von Carlowitz auf Schwarzbach [1715-1805], die von Dobeneck auf Göritz, Frössen [15. Jh.-1774], Kaulsdorf, Zoppoten, [1649-1760], die von Eichenberg auf Niederkrossen [15. Jh. bis 1676], die von Eichicht auf Renthendorf [14.-16. Jh.], die von Ellrodt auf Lausnitz [1743-1773], die von Einsiedel auf Oppurg und Knau [1705-1745], die von Ende auf Altenbeuthen [1519] und Neunhofen [1498-1533], die von Entzenberg zu Saalfeld [1442-1517], die von Erffa auf Wernburg [1750-**1945**], die von Etzdorf auf Herschdorf und Nimritz [1463-1656], die von Feilitzsch auf Göritz [15. Jh.], Grobengereuth, Külmla [bis 1766] und Liebschütz [1839-1880], die Flanß von Orla zu Langenorla [1297], die von Flotow zu Bodelwitz [1827-1847], die Fuchs von [Burg-]Lemnitz [15. Jh.], die von der Gabelentz auf Lemnitz [1644-**1945**], die von Geldern auf Crispendorf [1787-**1945**], die Geyer von Geyersberg auf Wöhlsdorf [1770-1784], die von Gleichen-Rußwurm auf Birkigt [1738-**1945**] und Etzelbach [1681-1870], die von Görschen auf Arnshaugk [1811-1818], die von Gräfendorf auf Gräfendorf [bis 1535] und Knau [1427-1601], die von Günderrode auf Zoppoten [1641-1724], die von Gutwald zu Auma [?], die von Hayn auf Moderwitz [1349], Langenorla [1406] und Kospoda [1573-1595], die von Helldorf auf Herschdorf [1671], die von und auf Hirschberg [13./14. Jh.], die von Hirschfeld auf Weitisberga [1739-1801], die zu Hohenlohe auf Oppurg [1782-**1945**], die von Hohenthal auf Niederpöllnitz und Mühltroff [bis **1945**], die von Holbach auf Könitz und Birkigt [bis 1610], die von Holleben auf Herschdorf [1760-1783], die von Hoym auf Oppurg [1745-1782], die von Ilten auf Weitisberga [1690-1739], die von Kauffungen auf Kirschkau [1489-1663], die von Kethelhodt auf Schlettwein [1819-1830], die von Koch auf Saalbach [1800-**1945**], die von Kochberg auf Weißenburg [1443-1485], die von und auf Kolba [1329-1555], die von Könitz auf Könitz [1125], Kaulsdorf [1348-1687] und Eyba [1414-1782], die von Koppy auf Dittersdorf, die von Kospoth, Kospodaer, Frankendorfer, Oschitzer, Schilbacher, Seubtendorfer und Zollgrüner Linie [bis vor 1800], die von Kropff auf Zeutsch [1667], die von Kutzschenbach auf Tausa [1745-1780], die von Lengefeld auf Reschwitz [1396-1755] und Weißenburg [1707-1760], die von Lobdeburg [1156] Saalburger und Arnshaugker Linie [bis 1290], die von Machwitz auf Gräfenwarth [bis 1420] und Remptendorf [bis 1681], die von Marschall auf Knau [bis 1602], die von Meerettig auf Erkmannsdorf [1602-1617], die von Metzsch auf Triebes [um 1650], die von Meusebach auf Braunsdorf, Wenigenauma und in den Tälern [bis 1753], die von Mohl auf Arnshaugk [**seit 1889**], die von Mosen auf Miesitz [1545], die von Müffling auf Reichenfels [1601-1703], die von Oberländer auf Saalbach [1389-1718], die von Obernitz auf Liebschütz [1302-1760], die von Oberweimar auf Weitisberga [1484-1611], die von der Oelsnitz auf Oberböhmsdorf [1693-1752], die von Orlamünde [949-1486], die von Pflugk auf Gütterlitz [18. Jh.], die von der Planitz auf Niederpöllnitz [1438-1570], die von Pöllnitz auf Dreitzsch, Oberpöllnitz und Schwarzbach [bis 1693], die von Posseck auf Eßbach, Dörflas und Chrispendorf [bis 1489], die von Puster auf Drackendorf und Posterstein [bis um 1600], die von Püttner auf

Blankenstein [1782-1855], die von Quingenberg auf Wenigenauma [bis 1670], die von Reitzenstein auf Blankenberg [1485], Harra [1662] und Zoppoten [1723-1801], die von Rettenbach auf Dörflas [1601-1788], die von Riedesel auf Tausa [1713-1743], die von Röder auf Kirschkau [1407], die von Rohrscheid auf Willersdorf [1690], die von Römer auf Langenwolschendorf [1702], die von Rußwurm auf Tanna [bis 1545], die von Sack auf Mühltroff [1436-1591], die von Schauroth auf Geroda [1565-1748], die von Schimpff auf Neunhofen [1803-1813], die von Schleinitz auf Kospoda [1586-1671], die von Schönberg auf Wenigenauma [1833-1857], die von Schönfels auf Reuth [1695-1862], die von Schütz auf Orlamünde [1326-1825] und Moßbach [1458-1742], die von Seebach auf Wernburg [1684-1725], die von Seydewitz auf Braunsdorf [1889-**1945**], die von und zu Sparnberg [1217-1423], die von Spiegel auf Kirschkau, Uhlersdorf und Braunsdorf, die von Stein [1169] auf Lausnitz [1349-1846], Neunhofen [1565-1762], Miesitz [1620-1797], Kospoda [1671-1804], Braunsdorf [1777-1846] und Großkochberg [1733-**1942**], die von Steinsdorf auf Oberböhmsdorf [1636], die von Strauch auch Läwitz und Leitlitz [19. Jh.], die von Tepen auf Saalburg und Ober-Zoppoten [Ende 15. Jh.], die von Thompson auf Kospoda [1822-1850], die von Thüna auf Obernitz [1460-1600], Weißenburg [1488-1707] und Lauenstein [1506-1622], die von Trützschler auf Moderwitz [1718-1746], die von Thümmler auf Kospoda [1850-1865], Miesitz [ab 1828] und Selka [1817-**1945**], die von Tümpling auf Sorna [1699-**1945**], die von Uhlstedt auf Uhlstädt [bis 1445], von die Waldenfels auf Mißlareuth [1908-**1945**], die von Walsperk auf Walsburg [1349], die von Watzdorf auf Altengesees [bis 1753], Neidenberga [bis 1585], Wurzbach [bis 1750], Zoppoten [16./17. Jh.], Dörflas-Crispendorf [1389-1597] u.a., die von Wilde auf Leubsdorf [bis 1720], die von Wolffersdorf auf Reuth [1411], die von Wurmb auf Unter-Lausnitz [1773-**1945**, wieder ab 1991], die von Würtzburg auf Kleingeschwenda [1604] und Rockendorf [1661], die von Zedtwitz auf Hirschberg [1397-1480], die von Zehmen auf Weißendorf bei Hohenleuben [1643-1753, 1870-1897] sowie die von Zeutsch auf Zeutsch [1253-1614].

VON ABENDROTH

Die von Abendroth sind ein bürgerliches, später briefadeliges Geschlecht aus Westsachsen. Ihr Wappenschild ist geteilt, zeigt oben in Schwarz drei goldene Sterne [in der Anordnung 1:2] und unten in Rot einen steigenden silbernen Mond. Die Stammreihe beginnt mit dem Chemnitzer Kaufmann Christian Friedrich Abendroth [1744-1811], Rittergutsbesitzer auf Kössern bei Grimma und Neubau bei Frankenberg [seit 1771], der 1793 in den Reichsadel erhoben wurde. Sein Enkel Hermann von Abendroth [1807-1884] erbte Kössern, während ein anderer Enkel, der königlich-sächsische geheime Kriegsrat

Rittergut Wenigenauma

Alexander von Abendroth [1808-1871/72], seinen vermögenden Groß-onkel Heinrich Ferdinand Göttling [†1850] beerben und im Jahre 1857 die Besitzungen des im Vorjahr verstorbenen Friedrichs von Schön-berg und zwar die Rittergüter Silber-feld, Wenigenauma und Zadelsdorf bei Auma erkaufen konnte. Aus Dank an seinen Großonkel änderte er 1863 seinen Familiennamen in ›Göttling von Abend-roth‹ um.[30] Nach seinem Tod im Jahre 1871 erbte seine ver-witwete Tochter Helene, die mit dem Pfarrer Böhnert verhei-ratet gewesen war, den Besitz, welcher im Jahre 1879 die drei benachbarten Rittergüter Wenigenauma [283,13 ha], Silberfeld [213,18 ha] und Zadelsdorf [134,45 ha] umfaßte. 1897 gehör-te ihrem Schwiegersohn, dem Major Allmer der Besitz, zwischen 1920 und der Enteignung 1945 schließlich Edith Härpfer.[31]

BACHOFF VON ECHT

Die Bachofen von Echt [auch Bachoff oder Bachoven von Echt] sind ein weit verzweigtes deutsches Adelsgeschlecht, das ursprünglich aus dem Herzogtum Limburg kam und dessen Name wahrscheinlich auf die beiden Dörfer Bachofen und Echt südlich von Roermond verweist. Einer ihrer Zweige gelangte mit Konrad Bachhofen von Echt vor 1325 ins Hennebergische, ein anderer wanderte unter Thomas Bachoven im Zuge der Glaubensauseinandersetzungen nach der Reformation aus dem katholischen Rheingebiet ins protestantische Gotha aus, während sich seine Brüder in der Schweiz niederließen und dort neue Linien begründeten [eine von ihnen existiert noch heute in Österreich]. Thomas und seine Nachkommen stiegen in den Anbau und Handel von Färberwaid ein, stellten Bürgermeister und Amtmänner und gelangten so zu Reichtum und Ansehen. Ihr Wappen zeigte ein silbernes Lamm auf blauem Schild.

Den Gothaischen Kanzler Johann Friedrich [I.] Bachof von Echt [1643-1726] hatte es nach der Angliederung des 1672 ausgestorbenen Altenburger Fürstentums an das Haus Gotha ins Altenburgische verschlagen, wo er durch seine Gattin, die Tochter des Altenburger Kanzlers Thomae, in den Besitz des Altenburger Frauenfels gelangte. 1691 von Kaiser Leopold in den Freiherrenstand erhoben, erwarb er im Folgejahr das Wasserschloß Dobitschen nordwestlich von Schmölln [bis 1928], 1700 das benachbarte Rittergut Romschütz [bis 1829] und in der Folge noch eine Reihe weiterer Rittergüter im Altenburger Land wie Zschöpperitz [vor 1703 bis nach 1843], Heuckendorf [1699-1827] und Neupoderschau [1718] bei Meuselwitz, Hartmannsdorf [1717], Remstädt und das bei Pößneck gelegene Rittergut Schlettwein, welches darauf seinem Sohn Karl August [†1767] gehörte und bis 1819 im Besitz der Familie blieb.

Johann Friedrichs 1715 begründeten Familienfideikomiss wurden später u.a. nochdie Rittergüter Göllnitz und Groß-tauschwitz [1766, 1780], Lohma bei Schmölln [um 1800], Tauschwitz bei Belgern [1766, 1780] und der Adelssitz Pohlhof in Altenburg [1877-1945] einverleibt. Hatte Johann Friedrich schon 12 Kinder [von denen 2 Söhne und 5 Töchter überlebten], so brachte es sein gleichnamiger, 1752 in den Reichsgrafenstand erhobener Sohn [†1756] auf 16 Kinder. »Der Besitz wurde unter den fünf Söhnen aufgeteilt, die Töchter wurden ausbezahlt. Damit verkleinerte sich der einzelne Besitz zunehmend. Die männlichen Nachkommen treffen wir in der Folgezeit als Diplomaten, Beamte und Offiziere. Durch Heiraten waren die Bachoffs inzwischen mit vielen bedeutenden Adelsgeschlechtern Deutschlands verwandt. Als der letzte männliche Nachkomme, Ulrich Thomas Bachoff von Echt, sein väterliches Erbe antrat,«[32] befanden sich nur noch Dobitschen und Pohlhof in Familienbesitz. Alleinerbin wurde [in 14. Generation nach besagtem Thomas und in 10. nach Johann Friedrich I.] seine Tochter Erika Freiin Bachoff von Echt [*1878], die über ihre Mutter Marie geb. von Lindenau auch mit denen von der Gabelentz und denen von Stein-Großkochberg verwandt war, worauf es nicht verwundert, daß die Urenkelin der Charlotte von Stein – von den Musen geküßt – zu einer erfolgreichen Dichterin wurde, die auch in unserer Region etwa mit ihrem Gedicht über ›die Plothener Teiche‹ in Erinnerung geblieben ist, allerdings als Erika von Watzdorf-Bachoff, wegen ihrer Ehe mit Curt von Watzdorf [oo 1897, o/o 1912, †1941].[33] »Die Machtergreifung der Nazis im Jahre 1933 lehnte sie ab. In der Weimarer Republik war von Watzdorf-Bachoff Mitglied der liberalen und staatstragenden Deutschen Demokratischen Partei gewesen und engagierte sich ab 1933 in der Bekennenden Kirche, die im Gegensatz zum Nationalsozialismus stand.«[34] Nachdem Dobitschen der Familie bereits verloren war, mußte sie kurz vor Kriegsende unter Zwang auch noch das letzte Stück Heimat – den Pohlhof – verkaufen. Dennoch blieb sie in der sowjetischen Besatzungszone wohnen, wurde 1949 DDR-Bürgerin und engagierte sich im Kulturbund zur demokratischen Erneuerung Deutschlands sowie im Demokratischen Frauenbund Deutschlands. 1948 von der Stadt Altenburg zur Ehrenbürgerin ernannt, starb sie 1963 ebenda.

VON BEULWITZ

Die Herren von Beulwitz [auch von Beulwiz, Bulwiz, Buelewitz, Belwitz, Beilwitz, Poulwitz] sind ein thüringisches Uradelsgeschlecht aus dem gleichnamigen Stammort westlich von Saalfeld, welches schon im Jahre 1137 mit Erwin de Bulewicz urkundlich in Erscheinung tritt. Aufgrund ihres Wappens – eine zunehmende, gesichtete Mondsichel mit je einem sechszackigen Stern an den drei Schildecken – hielten manche Genealogen sie für slawischen Stammes, andere wiederum insistieren, sie hätten ursprünglich einen Hahn im Wappen geführt und erst seit den Türkenkriegen, nachdem Christoph von Beulwitz zusammen mit anderen bayreuthischen Vasallen wie Martin Fortsch zu Vesten, Jörg von Dobeneck und Hans von Kotzau, wider die Osmanen gestritten, den silbernen Halbmond auf blauem Grund angenommen. Allerdings erscheint schon 1387 ein Dietrich von Beulwitz mit diesem Wappen.[35]

Weitere frühe Vertreter der Familie waren Dietrich von Beulwitz [1216], Hartmudos de Bulewiz [1236], ein anderer Dietrich [1261] sowie 1264 endlich Hermann [Burgmann zu Kranichfeld] und Hartmund [Burgmann zu Blankenburg], worauf mit letzterem [urk. 1265-1310] die Stammreihe der von

Beulwitz beginnt. Von Hartmunds vier Söhnen [urk. 1278] Hermann, Conrad, Dieterich und Heinrich wurden die letzteren beiden zu eigenen Linienbegründern. Heinrichs Linie bestand über seine Söhne Hartmann [urk. 1324] und Heinrich [urk. 1324] auf Beulwitz, des letzteren Söhne Hartmann [urk. 1352], Heinrich [1382] und Albrecht [Vogt zu Ranis], des mittleren Sohn Heinrich [Vogt zu Blankenburg] und dessen Sohn Dieterich [Sächsischer Hofmarschall] noch im Jahre 1500. Beim Absterben des letzteren wird vermutlich ihr adeliger Siedelhof in Beulwitz von der Familie gekommen sein, welcher darauf zerschlagen wurde und mit dem erst im 19. Jahrhundert entstandenen Edelhof nichts zu tun hat.

So konnte am Ende nur Dietrich den Stamm fortsetzen. Sein Sohn Heinrich [urk. 1333] hatte zwei Söhne, Dietrich und Conrad, von denen ersterer die Linie fortsetzte. Er saß auf Eichicht und Kleinliebringen [bei Stadtilm] und lebte noch Anno 1400. Zusammen mit seiner Ehefrau Brigita [geb. von Watzdorf] hatte er drei Söhne von denen Heinrich [II.] eine vogtländische und Georg [oo Catharina von Reckroda] eine schwarzburgische Linie begründete, wobei die von der Familie erworbenen Lehnschaften zunächst in der Gemeinschaft beider Linien verblieben.[36] Im Jahre 1455 saßen die Gebrüder Heinrich und Ditterich von Beulwitz zu Eichicht. Heinrichs Söhne Dietrich und Heinrich waren dynamische Persönlichkeiten und müssen sehr reich gewesen sein, da sie dem Grafen Heinrich von Schwarzburg zu Arnstadt 2.500 rhein. Goldgulden leihen konnten, wofür sie jährlich 200 Gulden Zinsen aus den Einnahmen des Grafen von den Städten Arnstadt und Ilmenau bezogen. Allerdings schlug oder beschädigte Dietrich 1461 »zwei Männer, die Graf Balthasar von Schwarzburg zugehörten. Dieser ließ dessen Bruder Heinrich verhaften und bestrafte ihn für die Tat. Auf offener Straße wurde er niedergeworfen, man nahm ihm die Pferde und alles, was er bei sich hatte, weg und lieferte ihn verwundet ins Gefängnis ein. Erst den Bemühungen des Grafen Heinrich von Arnstadt gelang es, ihn zu befreien. Es folgte die Aussöhnung, und er wurde wieder in sein Amt als geheimer Rat des Grafen Günther von

Schwarzburg eingesetzt.«[37] In den Jahren zwischen 1476 und 1480 brachten Heinrich und Ditterich von Beulwitz seitens ihrer Verwandten, der Herren von Zedtwitz, durch Kauf schrittweise die große Herrschaft Hirschberg/Saale an sich. Während Heinrich die väterlichen Güter Eichicht und Löhma erbte und später seinem Sohn Hartmann übergab, wurde Dietrich zum Begründer einer volkreichen Hirschberger Linie, welche allein bis zum Jahre 1550 mit etwa 15 Familien und über 40 Gliedern die Zweige Hirschberg, Venzka, Hofeck, Schnarchenreuth, Pilgramsreuth und Sachsenvorwerk ausbildete und nicht nur in der Umgegend von Hof, sondern auch bis weit nach Sachsen hinein per Kauf, Erbe oder Heirat zahlreiche Güter erwarb, weshalb nach dem Aussterben dessen Hauptzweiges gegen Mitte des 17. Jahrhunderts die Eichichter Verwandtschaft auch nicht zögerte, Erbansprüche bezüglich Schloß und Stadt Hirschberg zu stellen. Bei der Landesteilung von 1485 wurde der auf Eichicht gesessene Zweig mitsamt seiner Fischereirechte in der Saale zum Weimarischen Landesteil gerechnet, während 1497 Hartmann und Georg von Beulwitz zu Fischersdorf, Breternitz und Steinsdorf mit Lehen dort zu den Vasallen der Saalfelder Benediktinerabtei zählten.

Im Jahre 1554 hat das Haus Schwarzburg Hartmann Dieterich von Beulwitz auf Eichicht und Löhma [urk. 1530] mit seinen Brüdern Gangolff und Sebastian, wie auch den Hirschberger Vettern Ernst und Asmus zu Hirschberg sowie Ditterich und Georgen zu Töpen mit den von ihm zu Lehen gehenden Gütern belehnt. Von Hartmann Dieterichs Söhnen erhielt [1] Hans Wilhelm [∞ Maria Magdelena von Watzdorf auf Crispendorf, †1629] Eichicht und Lemnitz, worauf von den drei Söhnen des Paares Heinrich Wilhelm [über seinen Sohn] eine Linie zu Grießheim [bei Arnstadt] und [2] Georg Friedrich [†1699] eine solche zu Rottleben und Eichicht begründete.

Während die zu Eichicht gesessene Hauptlinie der statistischen Literatur zufolge fortan über Heinrich Christoph [†1710] → Wilhelm Ludwig [†1738] mit Georg Ulrich [†1723] → Johann Georg [†1774] → Carl Wilhelm Ludwig [†1802] von Beulwitz u.a. repräsentiert wurde, bildete der Enkel Georg Friedrichs –

Johann Georg von Beulwitz [*1700] auf Löhma – eine zu Löhma und Eichicht gesessene Nebenlinie, die in der zweiten Generation aber wieder ausstarb. Ebenso erging es dem Mitbesitzer aus der von Georg Friedrichs Sohn Veit Christian von Beulwitz [1663-1733] gebildeten Linie, von dessen beiden Enkeln [*1720/*1722] nichts mehr zu erfahren ist.[38]

Den Besitzstand des Gesamtgeschlechts faßt Biedermann [1750] wie folgt zusammen: »Die gesammten Herren von Belwiz besitzen dermahlen noch folgende schöne Ritter Güther, nehmlich Burg Lemniz, Dobereuth, Eichicht, Eubenbrunn, Erlbach, Fenzigen, Grießheim, Hoffeck, Kloschwiz, Lobma [Löhma], Neuhauß, Pilgramsreuth, Rottleben, Schartenmauer, Schwand und Töpen, hingegen sind ihnen aber auch viele Güter, als das Stamm Hauß Beulwiz, Blanckenburg, Gottsmannsgrün, Großen Golz, Hirschberg, Hammersfeld, Leutenberg, Mettlareuth [Mißlareuth], Moost [Moos], Munschwitz, Nerckewiz, Preternitz, Remda, Reschwitz, Schala, Schnarchenreuth, Stetten, Veitsberg und Wernsgrün, so sie sonsten gehabt, aus der Hand gekommen.«[39] Allein von der Schwarzburgischen und Voigtländischen Hauptlinie führt der besagte Genealoge, die Zweige Beulwitz, Eichicht, Eichicht mit Löhma, Löhma, Burglemnitz, Grießheim, Rottleben, Hirschberg, Hirschberg mit Venzka, Dobareuth oberen Teils mit Neuhaus, Dobareuth unteren Teils, Sachsen-Vorwerk, Töpen, Hohendorf, Hofeck, Schnarchenreuth, Pilgramsreuth, Kloschwitz und Erlbach an. Eine dritte Linie derer von Beulwitz etablierte sich in Bayern. Weitere Ableger der Familie finden sich in der Prignitz und in Braunschweig-Lüneburg bis hin nach Dänemark und Galizien. Demnach verteilten sich auch ihre Adelssitze und Dörfer im Schwarzburgischen auf Blankenburg, Breternitz, Burglemnitz [bis 1751], Eichicht [1417-1945], Fischersdorf, Griesheim-Unterhof [bis 1744], Hammerfeld, Löhma [bis 1945], Kleinliebringen [15. Jh.], Könitz [zweites Rittergut 1438-1515], Leutenberg, Lichstedt [ab 1719], Munschwitz, Remda, Reschwitz, Rottleben, Salzdorf, Schaala, Schwarza [1755], Steinsdorf [1497], Weissenborn; in den sächsischen Herzogtümern dagegen auf Beulwitz [bis 16. Jh.], Culm bei Gera [18. Jh.],

Jägersdorf bei Kahla [ab 1610], Nimritz bei Pößneck [1383-1485], Rautenberg bei Altenburg [um 1780], Stöben bei Camburg; im Reußischen indes auf Hirschberg und Dobareuth [1476-1664] mit Venzka [bis nach 1662] und Mödlareuth [bis vor 1750], Ober-Reudnitz bei Greiz [1778-1785], Zollgrün [kurzzeitig bis 1835]; zudem im bayerischen und sächsischen Vogtland im Gebiet um Hof auf Hofeck [1693] mit Schartenmauer [1717], Gottsmannsgrün [1539], Münchenreuth [1502], Töpen [vor 1750 bis 19. Jh.], Zedtwitz [um 1850], aber auch Schnarchenreuth bei Selbitz [1539 bis nach 1644], im Umfeld von Plauen auf Geilsdorf [bis 1730], Kemnitz [1766, 1840], Kloschwitz [1725, 1766] und Schwand [1742, 1840]; bei Adorf auf Eubabrunn [17.-19. Jh.] mit Erlbach [1731, 1848] und schließlich im Lüneburgischen auf Wieckenberg [vor 1796 bis nach 1911] und Flegessen bei Celle [1791, 1803], im Brandenburgischen auf Bullendorf mit Kuhsdorf bei Pritzwalk [1837, 1850] und im Pommerischen auf Trittelwitz [vor 1879 bis vor 1914]. Im Jahre 1911 endlich wurde ein Geschlechterverband derer von Beulwitz ins Leben gerufen und eine Familienstiftung gegründet, worauf in allen ungeraden Jahren Familientage abgehalten werden.[40]

Die Beulwitze von Eichicht

Vermutlich zwischen 1417 und 1430 erwarb Georg von Beulwitz von ›Hartmann von Holbach, herrn Ebihardis von Holbach seliger Sohn, vormals zum Eichich gesessen‹ [1424] das Rittergut Eichicht. Der im Jahre 1418 erstmals Erwähnte gilt einer neueren genealogischen Arbeit nach als Gründer der Linie Beulwitz ›zum Eichicht gesessen‹. Davor wird aber noch ein Dietrich von Beulwitz auf Eichicht genannt. 1455 verkaufen Heinrich und Ditterich von Beulwitz, Brüder ›zu Eichich gesessen‹, ihr Dorf Wittmannsgereuth.[41] In diese Zeit fällt auch die urkundliche Ersterwähnung des Schlosses Eichicht, denn die besagten Brüder stiften »1464 ›eine Vikareye in der Kirche vnser lieben Frauen im Dorfe vnd in der Capellen zum Eichicht auf dem Schlosse‹; der Vikar – zugleich Pfarrer in St. Jakob – besorgte von dort aus den Gottesdienst.«[42]

Über den Besitzstand des Rittergutes Schloß Eichicht allein seitens der gefürsteten Saalfelder Abtei nennt eine Urkunde aus dem Jahre 1518 Löhma (›Lhomen‹), drei halbe Güter zu Fischersdorf, Anteile an Breternitz, 4½ Hufen zu Steinsdorf und 4¼ Hufen zu Munschwitz.[43] Als sich etwa im Mai 1533 die Mannschaft des Amtes Saalfeld, darunter auch die adeligen Vasallen und ein Drittel der Saalfelder Bürgerschaft, auf Befehl des Kurfürsten zum Heerzug bereithalten mußte, lieh der Rat denen von Beulwitz zu Eichicht »zehen Mannsharnische, nemlich zehn Rück und Krebs mit Armschienen und Panzerkollern, dazu zehen Pickelhauben und 15 Hellebarden.«[44]

Im Jahre 1554 war Hermann Dietrich von Beulwitz Herr auf Eichicht. Ihm folgten Hans Heinrich und Hans Wilhelm von Beulwitz [†1629] sowie die Gebrüder Georg, Friedrich und Hans Ditterich von Beulwitz auf Eichicht, Löhma und Munschwitz. Ins Jahr 1696, der Zeit ihrer Nachfolger Georg Friedrich [†1699] und Heinrich Wilhelm von Beulwitz [†1701], fällt der Neubau des wahrscheinlich schon im 16. Jahrhundert zu einem Wohnschloß umgewandelten Eichichter Herrenhauses.[45]

Nach Heinrich Christoph von Beulwitz [† 1710] sind – laut dem Schloßarchiv Wildenfels – der schwarzburg-rudolstädtische Geheime Rat und Hofmarschall Wilhelm Ludwig von Beulwitz [†1738] sowie der Schwarzburg-Rudolstädtische Wirkliche geheime Rat, Kanzler und Konsistorialpräsident Georg Ulrich von Beulwitz [1661-1723] auf Eichigt ansässig. Eine Tochter des ersteren, Albertine Friedericke von Beulwitz [1730-1798], wurde Stiftsdame des Adeligen Bernhardinenstifts in Rudolstadt. Ein Sohn des letzteren, »Johann Georg von Beulwitz (1700-1774) – Mitherr auf Löhma und Eichicht –, kaufte 1741 von der Schwarzburgisch-Rudolstädtischen Kammer das zum Rittergut Eichicht gehörende Schloß nebst einigen Stücken Wald, Feld und Wiese,«[46] was darauf hindeutet, daß Eichicht der Familie zwischenzeitlich einmal entglitten war.

»1786 verkauften die Beulwitz Besitzanteile an Eichicht an die von Holleben, 1830 werden diese aber wieder zurückerworben.«[47] Zu dieser Zeit war Carl Wilhelm Ludwig von Beulwitz [†1802] Herr auf Eichicht. Sein Nachfolger Friedrich

Wilhelm Ludwig von Beulwitz [1755-1829], Schwarzburg-Rudolstädtischer Geheimer Legationsrat und Staatskanzler und sogar Meister der Rudolstädter Freimaurerloge, war »eine der prägenden politischen Figuren in Schwarzburg-Rudolstadt während der Befreiungskriege und der sich ihnen anschließenden Restaurationszeit. ... [Überdies war er] durch seine erste Ehefrau Caroline von Lengefeld zeitweise mit Friedrich Schiller verschwägert.«[48] Im Jahre 1818 ließ er die Rittergutsökonomie in Eichicht zerschlagen, die Flächen teils verkaufen, teils seinem benachbarten Rittergut Löhma einverleiben.

Er behielt nur das Anwesen, den Wald und die Weide- und Fischerei-Rechte. Nach August Ludwig Carl von Beulwitz [†1835] wurde August [†1897] Besitzer des Schlosses, welches im Jahre 1873 einen verfallenen Eindruck bot, worauf der letzte Fideikommißherr auf Löhma und Eichicht, Roderich von Beulwitz [1862-1939], im Jahre 1920 also am Vorabend der gesetzlich verordneten Aufhebung der Unteilbarkeit und Unveräußerlichkeit des Löhma-Eichichter Besitzkomplexes [1923] den Burgenkundler Bodo Ebhardt damit beauftragte, das Eichichter Schloß im historischen – nicht historistischen – Kontext zu erneuern. Einer seiner Söhne – Veit Ulrich von Beulwitz [*1899] ging in die Politik und fungierte als Pressechef bei SA-Stabschef Ernst Röhm, worauf er im Zuge des von der NSDAP-Führung arrangierten ›Röhm-Putsches‹ 1934 ermordet wurde. Zu DDR-Zeiten gehörte das 1945 enteignete Schloß schließlich als Lehrlingswohnheim der Deutschen Reichsbahn. Zwar hat Veit Ulrichs Sohn nach 1990 Eichicht noch einmal besucht, das alte Schloß aber nicht zurückerworben. So verkaufte es die Deutsche Bahn AG an einen, aus der Umgebung stammenden Privatmann.[49]

Die Beulwitze von Löhma

Ursprünglich ein stiftsaalfeldisches Lehen erwarb die Familie von Beulwitz im Jahre 1434 aus der Hand des Bernhard von Könitz[50] das in direkter östlicher Nachbarschaft zu Eichicht gelegene Rittergut Löhma. Dessen Besitzerfolge war mit Hermann Dietrich [urk. 1530, 1532, 1554] → Hans Heinrich [urk.

1579] → Hans Wilhelm [†1629] → Hans Christoph [17. Jh.] →
Heinrich Wilhelm [†1701] nebst Georg Friedrich [†1699] →
Heinrich Christoph [†1710] → Wilhelm Ludwig [†1738] nebst
Georg Ulrich [† 1723] → Johann Georg [†1774] → Carl Wilhelm Ludwig [†1802] → Friedrich Wilhelm Ludwig [†1829] →
August Ludwig Carl [†1835] → August [†1897], Roderich
[*1862] sowie den von Beulwitzschen Erben [1939-1945] dieselbe wie von Eichicht. Daneben besaß im 17. und 18. Jahrhundert noch eine weitere Linie – die von Beulwitz zu Löhma –
einen adeligen Hof im Ort. Diese geht – wie an anderer Stelle
berichtet – auf Christoph Ernst [urk. 1644], den Sohn von
Wolff Gangolff von Beulwitz auf Burglemnitz und Löhma [oo
Elisabeth von Kospoth], zurück. Er war der Sohn des unter
den Eichichter Besitzern oben schon genannten Hans Heinrich
von Beilwitz [urk. 1579] auf Burglemnitz, Eichicht und Löhma
und damit Enkel von Hans Gangolff von Beulwitz auf Eichicht
und Löhma [urk. 1530, 1532, 1541] und Urenkel Hartmanns
von Beulwitz [urk. bis 1505] auf Eichicht und seiner Gemahlin
Dorothea geb. von Stein zum Altenstein. Christoph Ernst war
mit Eva Rosina von Helldorff verheiratet. Von den Kindern des
Paares starb der auf Löhma gesessene Wolff Christoph
unbeerbt. Dagegen heiratete Ursula Georg Wilhelm von Beulwitz auf Unter-Dobareuth und Töpen aus der vogtländischen
Linie des Geschlechts und Christoph [urk. bis 1684] Anna
Barbara von Holleben auf Wildenspring im Schwarzburgischen. Von ihren 13 Kindern überlebten nur sechs, von denen
die drei Töchter – Maria Elisabeth, Johanna Dorothea und
Juliana Elisabeth – womöglich unvermählt blieben, während
sich von den Söhnen Christoph Friedemann mit Sophia Charlotta von Volckstädt und Ludwig Friedrich mit Charlotta Henrietta Amalia von Witzleben auf Neuroda vermählten und sich
in den Besitz ihrer Hälfte von Löhma hineinteilten. Nachdem
aber mit Ludwig Friedrichs Sohn Johann Ernst [urk. 1736] die
von Christian Ernst begründete Linie ausgestorben war,
gelangte der zweite adelige Hof in Löhma an die Nachfahren
von Wolff Gangolffs von Beulwitz auf Burglemnitz und Löhma
Sohn Hans Christoph [urk. 1653, oo Anna Maria von Zedtwitz]

aus der Württembergischen Linie. Von deren Kindern hatte sich [1] Regina [1670-1720] mit dem schwarzburgischen Oberforstmeister Christian von Beulwitz auf Eichicht [1663-1733], [2] Gottfried Christian [urk. bis 1710] mit Sophia Amalia von Reitzenstein und Heinrich Christoph [†1710] in erster Ehe mit Sophia Friederica von Bendeleben vermählt. Er war schwarzburg-rudolstädtischer Haus- und Hofmeister und hatte 1709 von dem Obristen Heinrich Ernst von Griesheim die Güter Stetten und Griesheim erworben. Seine Tochter aus erster Ehe, Sophia Friederica Aemilia [1691-1733], vermählte sich 1711 mit Johann August von Kospoth auf Schilbach und Oschitz [1683-1743]. Später heiratete Heinrich Christoph noch ein zweites Mal und zwar Aemilia Juliana von Günterode auf Zoppoten. Von den Töchtern aus dieser Ehe avancierte Anna Sophia [*1698] zur Hochfürstlich Sachsen-Zeitzischen Hofdame, Juliane Dorothea [*1700] dagegen heiratete 1722 Johann Friedrich von Thüna, starb aber schon 1731. Ihre Schwester Christiana Elisabeth [*1702] zog es ebenfalls in diese Familie. Sie heiratete 1725 August Heinrich von Thüna, starb aber ebenfalls ziemlich früh [1735]. Die beiden Schwestern liegen in Pößneck begraben. Von Heinrich Christophs und Anna Sophias Söhnen aber starb Wilhelm Heinrich [*1706] schon als Kind, Friedrich Ernst [*1704] erscheint 1736 als Leutnant im Württembergischen Heer, Albrecht Anton [*1697] wurde Herzoglich Württembergischer Kammerjunker und Rittmeister. Zusammen mit seiner Frau Augusta Charlotta von Host [oo 1731] hatte er nur einen Sohn, Ludwig Friedrich Carl, der schon als Kind starb, worauf ihr Anteil an Löhma wohl ohne Umwege an die Linie der von Beulwitz auf Eichicht und Löhma fiel.[51]

Die Beulwitze von Burglemnitz

Im 16. Jahrhundert waren die Herren von Beulwitz auch in den Besitz des Rittergutes Burglemnitz bei Leutenberg gekommen. Der erste Besitzer seines Hauses war – dem Genealogen Biedermann [1752] zufolge – Hans Gangloff von Beulwitz auf Eichicht und Löhma [urk. 1541], gefolgt von seinem Sohn und Erben Hans Heinrich [urk. 1559]. Von dessen Söhnen erhielt

[1] Wolff Gangloff [urk. 1615, oo Elisabeth von Kospoth] die Rittergüter Lemnitz und Unter-Löhma und [2] Ernst Heinrich Ober-Löhma [wo er 1631 kinderlos starb], während [3] Hans Christoph im Württembergischen eine eigene Linie begründete. Von Wolff Gangloffs Söhnen wurde Christoph Ernst zum Stammvater einer Löhmaer Linie derer von Beulwitz, während Wolf Conrad [1657-1733] die zu Lemnitz gesessene fortführte. Als Wachtmeister in der Reichsarmee nahm er an zahlreichen Kriegszügen in Deutschland, Italien und Spanien teil und schied als Oberst des Schwarzburgischen Kontingents aus dem aktiven Dienst. Verheiratet war er mit Juliana Susanna [*1679, oo 1699], der Tochter seines Verwandten Heinrich Wilhelm von Beulwitz zu Burglemnitz [*1621] und dessen Ehefrau Sophie Susanna geb. von Dobeneck auf Kaulsdorf [*1652, oo 1678]. Wolf und Juliana hatten 11 Kinder, von denen Ludwig Friedrich [*1703] – Hauptmann im Schwarzburgischen Reichskontinent – den Besitz erbte, worauf Burglemnitz 1751 an die Familie von Holleben verkauft wurde.[52]

Die Beulwitze von Hirschberg

Im Jahre 1476 bzw. 1480 brachten die Söhne Heinrichs von Beulwitz auf Eichicht – Dietrich und Heinrich – seitens ihrer Verwandten – der Herren von Zedtwitz – als böhmisches Lehen schrittweise die große Herrschaft Hirschberg an sich, welche damals die Stadt Hirschberg [Schloß, Markt und Gericht] sowie die Dörfer Ullersreuth, Rothenacker, Venzka, Mißlareuth diesseits der Straße und die halben Dörfer Spielmes und Göritz mit dem Dorfbach als Grenze umfaßte. Während von den besagten Brüdern Heinrich die väterlichen Herrschaften Eichicht mit Löhma erbte und später seinem Sohn Hartmann übergab, wurden Dietrich und seine Gemahlin Barbara von Reitzenstein zu Begründern einer volkreichen Hirschberger Linie, welche allein bis zum Jahre 1550 mit etwa 15 Familien und über 40 Gliedern die Zweige Hirschberg, Venzka, Hofeck, Schnarchenreuth, Pilgramsreuth und Sachsenvorwerk ausbildete und nicht nur in der Umgegend von Hof, sondern auch bis weit nach Sachsen hinein per Kauf, Erbe oder Heirat zahlreiche Güter erwarb. Nach Dietrichs Tod folgte ihm sein Sohn Ernst im Besitz nach. Neben seinem Anteil an Hirschberg besaß er noch die, durch Kauf, Erbschaft bzw. Heirat gewonnenen Rittergüter Gottsmannsgrün, Hofeck, Scharten, Schnarchenreuth, Erlbach und Eubabrunn. Als Amtshauptmann von Hof 1529 ging er im Auftrage des Markgrafen scharf gegen Luther und seine Anhänger vor, deren Einflußnahme auf die dortige Bevölkerung er unter keinen Umständen duldete. Um für die zahlreichen Nebenlinien der Beulwitze angemessene Unterkünfte zu gewinnen, wurden nicht nur die beiden Vorwerke Mödlareuth und Dobareuth zu eigenständigen Rittergütern erklärt, letzteres in einen Ober- und Unterhof sowie Venzka in Sechstel geteilt, auch im Hirschberger Schloßareal selbst entstanden anstelle der späteren Kellerscheune bzw. des Amtshauses zwei neue Wohnbauten mit einfacher Innenausstattung. Noch lange nach dem Erlöschen der Hirschberg besitzende Linie derer von Beulwitz, saßen etwa um das Jahr 1750 verschiedene Angehörige des Geschlechts u.a. noch auf den Rittergütern Dobareuth, Eubabrunn, Erlbach, Venzka, Grießheim, Hofeck, Closchwitz, Neuhaus, Pilgramsreuth, Scharten, Schwand und Töpen. Bereits 1577 war mit Ernst von Beulwitz die auf Hirschberg gesessene Linie ausgestorben, worauf sich unter den beiden mitbelehnten Linien Hirschberg-Töpen und Löhma-Eichicht erstere im Erbkonflikt durchsetzte. Allerdings waren die Töpener bereits um das Jahr 1600 so verschuldet, daß umwohnende Adlige versuchten, mit Hirschberg belehnt zu werden, so die von Geilsdorf, mehr aber noch Karl von Reitzenstein, der den größten Teil der Schuldscheine schon erworben und die halbe Herrschaft unter seine Zwangsverwaltung gebracht hatte. Allerdings gewinnen die Beulwitze mit zwei dynamischen Persönlichkeiten vorübergehend noch einmal die Oberhand. Nach dem Tode Heinrichs von Beulwitz hatte nämlich dessen Sohn Ernst kraft seiner Heirat mit Katharina von Müffling aus dem Hause Hohenleuben [1616] durch Unterstützung seines vermögenden Schwiegervaters seine vier Brüder ausbezahlen und bis 1622 durch Begleichung der Schuldensumme auch die andere Hälfte der Herrschaft Hirschberg wieder in seinen Besitz bringen können. Nach seinem Tode im Jahre 1633 auf der Kulmbacher Plassenburg gelangte das aus Hirschberg, Mödlareuth und Münchenreuth bestehende Erbe an seine Witwe und seine sechs unmündigen Kinder, wogegen seine Verwandten auf den Rittergütern Töpen, Dobareuth, Sachsenvorwerk und Gottsmannsgrün saßen. Erst Ernsts Sohn Kaspar Heinrich gelang es, diese Besitzungen wiederzugewinnen, doch das Schicksal wollte, daß er 1642 von seinem eigenen Diener in der Kegelmühle bei Mödlareuth erschossen wurde. Seine Witwe Maria Sophie [geb. von Kauffung] und seine, erst posthum geborene Tochter Maria wurden daraufhin von Kaspar Heinrichs einzig überlebenden Bruder Alexander von Beulwitz auf Eubabrunn und Gottsmannsgrün aus ihren Rechten verdrängt, indem er etwa die Untertanen gegen sie aufwiegelte, damit sie den Michaeliszins nicht gewinne. Vorallem aber durch willkürliche Beschädigung von Dach, Öfen, Fenstern und Türen versuchte er, das Hirschberger Schloß für sie unbewohnbar zu machen. Zu dieser Zeit lasteten bereits 17.750 fl. Schulden auf dem Gesamtbesitztum, da in Friedenszeiten einen Wert von 40.000 fl., dann nur noch von 19.000 fl. gehabt hatte.[53] Zusammen mit den Söhnen der anderen verstorbenen Brüder als Erbberechtigten wandte sich die Witwe an den reußischen Landesherrn um Vermittlung, doch konnte ein für den 9. November 1643 in Gera anberaumter Verhandlungstermin von den Parteien nicht wahrgenommen werden, nicht nur wegen der großen Unsicherheit auf den Landstraßen durch streifende Marodeuren, sondern auch weil einer der Söhne des Alexander [†1644] von Leuten aus Hof ›unschuldig, heftig und leichtsinnigerweise mörderlich beschädigt worden‹ war. Heinrich II. der Andere Reuß j. L. [1602-1670] wirkte darauf hin, daß die Witwe gegen eine Abfindung von 600 fl. nebst einer jährlichen Zahlung von 30 fl. an ihre Tochter ihre beiden Wohnräume im Schloß 1644 aufgab. Alexanders Söhne Wolf Christian und Alexander Ernst erbten nun das Schloß. Indem sie sich aber nur zu den Gerichtstagen in Hirschberg aufhielten, klagte Maria Sophie auf Wiedereinsetzung in ihre alte Wohnung, durfte 1652 wieder dahin zurückkehren, sollte aber 1658 per Gerichtsbeschluß endgültig daraus weichen. Inzwischen hatte sich die Witwe wieder neu vermählt und ihr Gatte Johann Friedrich von Raabe auf Schönwald setzte daraufhin seine ganze Kraft ein, die Herrschaft Hirschberg in seine Hände zu bekommen, aber der Landesherr Heinrich X. [1621-1671], dem 1647 die neugebildete Herrschaft Lobenstein zugefallen war, scheute keine Mühen, ja verschuldete sich am Ende sogar, um dieses Besitztum anzusichzubringen. Einer 1661 von ihm initiierte Expertise über Umfang und Zustand der Rittergutsökonomie mußte neben kriegsbedingter Verwahrlosung auch die völlig eingeschränkte Nutzung der einst bedeutenden Besitzung feststellen. Das Herrenhaus selber war vollkommen ruinös und auch die anderen Gebäude kaum noch nutzbar. Dem in einem verlassenen Fronhäuslein hausenden Hofmeister Heinrich Hermann standen nur noch 1 Knecht und 3-4 Mägde zur Verfügung, so daß er das, aus 20 Stücken bestehende Großvieh [von ehedem 100] mitunter selber austreiben mußte, während sich der Hirte inmitten der Ruinen unter Ausnutzung noch bestehender Mauerteile des Herrenhauses einen Verschlag – die vielleicht wohnlichste Behausung auf dem ganzen Schloßberg – errichtet hatte. Von den einst 500 fl. im Jahr einbringenden Lehngeldern der Untertanen, waren nach der Abspaltung der Vorwerke in Dobareuth, Mödlareuth und Venzka noch 300 fl. zu erwarten. Zwar hatte man sie mit eigenen Niedergerichten begabt, doch blieben das Obergericht wie auch 10% der Lehngelder beim Hirschberger Schloß, dessen Gerichten zwar noch 300 Anwesen unterstanden, allerdings waren von den neun in sechs Jahren hier wirkenden Richtern nur zwei vereidigt gewesen. Da ihnen die Gehälter nicht gezahlt wurden, sind sie davongegangen und haben dabei oft wertvolle Akten mitgenommen.

Nicht viel weniger heruntergekommen wie das Schloßrittergut selbst war auch die ehemalige Erbtochter des großen Besitztums – Maria von Beulwitz. Psychisch wie physisch in ihrer Entwicklung ein wenig zurückgeblieben war sie von ihrer Mutter und ihrem Vormund, dem zum Skelett abgemagerten, dem Branntwein ergebenen Richter von Losso stark vernachlässigt und über kurz oder lang auf dem Schloß allein gelassen worden. Nicht nur wegen ihrer kleinwüchsigen, dafür aber korpulenten Gestalt, sondern auch wegen ihrer großen Unbeholfenheit wurde sie in der Stadt verspottet. Erst nach dem Tode ihrer Mutter 1664 zeigte ihr Stiefvater, der von Raabe, wieder Interesse für sie, indem er versuchte, als ihr Vormund eingesetzt zu werden. Als Maria aber kurz darauf verstarb, war er sehr verärgert und trat seine vermeintlichen Ansprüche an Christian von Meusebach auf Braunsdorf [1619-1683] ab. Solches gefiel Herrn Heinrich X. Reuß-Lobenstein, der im Vorfeld schon 10.000 fl. der auf dem Besitz lastenden Schulden aufgekauft hatte und als Oberlehnsherr überdies das Vorkaufsrecht besaß, nun überhaupt nicht. So wartete er die Abwesenheit Christians ab, und ließ am 7. Juli 1664 mit 100 Lobensteiner Musketieren das Schloß gewaltsam in Besitz nehmen und die Bürger und den Richter von Hirschberg ihm gegenüber den Treueeid schworen, worauf das große Schloßrittergut in den Besitz der Landesherrschaft gelangte und bis nach dem Ersten Weltkrieg auch ebenda verblieb.[54]

VON BEUST

Die Herren von Beust sind ein, nach dem Orte Büste bei Stendal benanntes altmärkisches Uradelsgeschlecht, welches sich von jenem 1228 erwähnten Ritter ›Henricus de Bujez, nobilis‹ ableiten läßt. Ihren von Rot und Silber in drei Spitzen gespaltenen Wappenschild teilen sie mit anderen altmärkischen, ihnen möglicherweise stammesverwandten Familien wie denen von Königsmarck, von Möllendorff, von Havelberg und den aus Bayern eingewanderten von Rohrs. Aber auch thüringische Familien wie die von Burckersroda, von Heßler und von Laucha führten einen solchen Schild. Ein Dietrich von Beust war 1326 Domherr von Stendal, ein Johannes von Beust 1427 sogar Bischof von Havelberg. Zwischen dem 16. und 20. Jahrhundert waren die von Beust freilich zeitversetzt allein in Brandenburg und Sachsen-Thüringen auf über 70 Rittersitzen ansässig. Dabei waren sie nach Kursachsen erst im 16. Jahrhundert [mit dem Erwerb des Schlosses Wartenberg] eingewandert. In der Gegend zwischen Zwickau und Plauen wurden sie reich begütert und auch im Osterland in der Gegend von Schmölln, im Holzland [Kleinsaara, Serba, Törpla, Klengel] hatten sie Besitzungen, und die in Eisenberg lebende Witwe des dänischen Rittmeisters Freiherrn Chr. Gottlob von Beust [†1788] vermachte 1824 ein Legat von 3.000 fl. zum Nutzen armer Schüler. In den Saale-Orla-Raum sind die von Beust um die Mitte des 17. Jahrhunderts gekommen, als Joachim Friedrich von Beust [†1680] das Rittergut Kirschkau Unterhof, Joachim Ernst von Beust 1651 das Rittergut Langenorla und der Freiherr Bernhard von Beust 1655 das Rittergut Birkigt westlich Pößnecks erwarben. Neben Langenorla und Birkigt [bis 1738] besaßen die von Beust in unserer Region noch Großgrundbesitz in Oberpöllnitz, Mittelpöllnitz und Wittchenstein [1715-1721], Moßbach [um 1750], Moderwitz [nach 1754 bis 1832], Nimritz und Rehmen, Leubsdorf Ober- und Unterhof [1787-1819] sowie Arnshaugk [vor 1818 bis nach 1866]. Joachim Ernst von Beust [1611-1685] erwarb neben Langenorla 1663 auch den Drittteil von Reinstädt mit der Kemenate [bis 1774] und 1665 das Rittergut Törpla bei Eisenberg [bis 1674]. Sein älterer Sohn Carl Friedrich begründete eine Reinstädter Linie, die dieses Gut bis 1774 in Besitz hielt. Sein jüngerer Sohn Joachim Heinrich [1683-1743] aber erbte Langenorla. Dessen Neffe Karl Kasimir kaufte dasselbe 1769 und erbte von seinem Onkel Heinrich von Bünau 1782 zudem noch Nimritz und Rehmen. Mit Joachim von Beust auf Nimritz und Franz Kraft von Raven-Beust auf Langenorla verschwanden 1945 die letzten von Beusts aus unserer Region.[55]

Die Beuste von Langenorla

Das Rittergut Langenorla wurde 1651 an Joachim Ernst von Beust verkauft, während Bernhard Freiherr von Beust 1655 das Rittergut Birkigt mit Ausnahme der Wüstenhofsmühle erwarb, bis es einer seiner Schwiegersöhne 1738 an die Herren von Gleichen-Rußwurm verkaufte. Langenorla aber blieb in Besitz des Beustschen Familienverbandes. Von den Söhnen Joachim Ernsts [1611-1685] begründete der ältere, Carl Friedrich, eine Reinstädter Linie, während der jüngerer, Joachim Heinrich [1683-1743] – Saalfeldischer Bergrat und Reisemarschall, später Gothaischer Geheimrat und Hofmarschall, auch Amtmann zu Gräfenthal –, in Langenorla blieb und sich dort mit dem Umbau der Kirche [1713/14] und dem Bau des Barockschlosses [1721] zwei bedeutende Denkmäler setzte. Nach dem Tod seiner ersten Gemahlin heiratete er in zweiter Ehe Christiane Amalie, geb. von Beust aus der Neuensalzaer Linie, die nach seinem Tode zur Nutznießerin des Gutes wurde, während der Herzog ihren Bruder als Lehnsnachfolger einsetzte. Dessen Sohn Karl Kasimir [1734-1815] kaufte 1769 das Gut und erbte von seinem Onkel Heinrich von Bünau 1782 auch die Rittergüter Nimritz und Rehmen. Sein erster Sohn wurde Erbe von diesen und begründete die Nimritzer Linie derer von Beust. Sein zweiter Sohn Traugott Heinrich [1776-1833] hingegen wurde Herr auf Langenorla. Er war mit Luise Henriette von Kropff-Zeutsch [†1872] vermählt.

Ihm folgten seine Söhne Eduard Hermann Friedrich Traugott [†1838 mit 29 Jahren] und Carl Hermann Theodor [†1884] im Besitz des Rittergutes nach. Letzterer war zunächst altenburgischer Kammerherr, schließlich Landtagsabgeordneter in Altenburg und hatte den Gutsbetrieb verpachtet, so im Jahre 1880 an Ernst Kaiser. Hermann Theodor hatte zwei Zwillingstöchter: Armgart wurde zur Großmutter des Oberbürgermeisters der Hansestadt Hamburg [2001-2010], Ole von Beust [CDU]. Gertrud [1850-1936] hingegen blieb auf Langenorla und vermählte sich 1873 mit dem preußischen Rittmeister a. D. von Raven. Nach seinem Tode blieb sie mit fünf Kindern zurück und übergab den Besitz 1920 an ihren Sohn Franz Kraft Freiherr von Raven-Beust [*1897].[56] Über das Leben der Gertrud Elisabeth Freiin von Raven-Beust hat ihre Urenkelin, die Soziologin, Publizistin und umtriebige Linksaktivistin Jutta Ditfurth [eigentlich ›von Ditfurth‹] einen historischen Roman, ›Die Himmelsstürmerin‹ [1998], geschrieben, worin sie schildert, wie die wohlbehütet in Langenorla aufgewachsene junge Frau die Greuel des Deutsch-Französischen Krieges kennenlernt und sich im Paris zur Zeit der Kommune 1871 zurechtfinden muß, wobei sie auch das soziale Elend der einfachen Bevölkerung erlebt, für die ihre eigene Klasse sonst nur Vorurteile hegt.[57] Nach dem Zweiten Weltkrieg wurde das Langenorlaer Rittergut enteignet, die Familie des Franz Kraft von Raven vertrieben und ihre Liegenschaften zum größten Teil an Neusowie einige Dutzend Kleinbauern übereignet, die am 14. Oktober 1945 im Rahmen eines Festakts, bei dem auch die übrige Bevölkerung angehalten war, ihre Häuser mit Fahnen zu schmücken, ihre Besitzurkunden erhielten. Im Bereich des Wirtschaftshofs sowie an der Dorfstraße entstand eine Reihe von Neubauernhöfen und auch im ›Herrenhaus‹, wo der Gutsverwalter- bzw. Pächter gewohnt hatte, richteten sich zwei Familien ein. Das Schloß selbst diente mehr als 60 Heimatvertriebenen als neue Wohnstatt. Obwohl es in dem recht großen Dorf keinen Kindergarten, kein Gemeindebüro, keine Krankenstation und – abgesehen von den Tanzsälen der Gasthäuser auch keinen Kultursaal gab, betrieb – gegen den Willen der Bevölkerung und selbst einiger Behörden – eine kleine Gruppe von Leuten, die sich unter der Besatzungsmacht stark fühlten, ab 1946 den Abriß des Schlosses, das man bedauerlicherweise versäumt hatte, rechtzeitig unter Denkmalschutz zu stellen. Seine Bewohner, die in jenen Zeiten extremer Wohnungsnot nicht noch einmal vertrieben werden wollten, wandten sich verzweifelt an den Oberpfarrer Jäger, der sich in ihrem Namen an den Landesbischof Moritz Mitzenheim [amt. 1945-1970] wandte und auch vom ehemaligen Besitzer, dem Freiherrn von Raven-Beust, die Zusage erhielt, daß dieser keine Eigentumsansprüche an das Schloß mehr stellen wolle. Wegen seiner Bemühungen wurde der Oberpfarrer daraufhin beim

Sender Weimar auf gehässige Weise als ›Junkerfreund‹ beschimpft. Noch am 30. Januar 1948 setzte sich der Bauausschuß für die Ortslagenplanung zur Durchführung der Bodenreform für den Erhalt des 1721 erbauten Barockschlosses ein, das mit seinem markanten, von gebogenen Seitenwangen geprägten Risaliten in der gesamten Region nicht seinesgleichen hatte. Doch die Landeskommission für die Durchführung der Bodenreform in Thüringen verfügte am 20. August vorbehaltlos dessen Abriß und setzte Termine für die Räumung des Gebäudes, die Abdeckung des Daches und die Entnahme von Bauteilen zwecks späterer Wiederverwendung, ›damit die Sprengfirma unsererseits bestellt werden kann.‹[58] Möbel und andere noch verbliebene Einrichtungsgegenstände von Wert wurden auf das Schloß Heidecksburg nach Rudolstadt gebracht, angeblich als Reparationszahlung. Anderes blieb als notwendiges Inventar in den Händen der Umsiedler, die auf die umliegenden Dörfer verteilt wurden und wieder bei Null anfangen mußten. Die Beustschen Ahnenbilder suchte man im Patronatsstand der Ortskirche unterzubringen, bis auch sie nach Rudolstadt kamen. Zurück blieb lediglich ein neueres Bild der Freiin von Beust, das der Pößnecker Kunstmaler Professor Franz Huth bis zur Abholung durch die Familie in Obhut nehmen durfte. Der Kirchgemeinde überließ man biblische Bilder mit herrlichen, von einem italienischen Künstler geschaffenen Landschaftsdarstellungen, die jedoch zu groß für den Gemeinderaum waren. Ebenso erhielt sie die beiden bronzenen Schloßglocken, die bei der Ablieferung im Krieg übersehen worden waren, zudem einen alten Schrank, der sonst nirgendwo unterzubringen war, sowie einen Ofenständer, der zu einer Außenbeleuchtung umgearbeitet wurde.

Mit welcher Vehemenz die Zerstörung des Schlosses und die Auslöschung der Erinnerung an die Familie von Beust betrieben wurde, zeigt auch das traurige Schicksal des wertvollen Schloßarchivs. Mit Erlaubnis des Landesarchivs Weimar ebenfalls im Patronatstuhl derer von Beust eingelagert, hat man es bald darauf einfach auf einen Wagen geworfen und als Altpapier abgefahren. »Im Herbst 1948 wurde das Schloss abgerissen, was verwertbar war, wurde weggeholt. Gespenstisch blieb der Schutthaufen über Jahre liegen. Die Männer des Gesangsvereins Langenorla waren es, die aus dem Trümmerhaufen eine Freilichtbühne für ihr Sängerfest am 14. Juni 1959 schufen. Ja, Raben flogen viele Jahre um das Schloss, derer von Raven-Beust. Aber auch die Reste des Schlosses fanden noch Liebhaber. Alte Langenorlaer erzählen, dass noch lange Zeit Hermann Steinbruch, genannt der ›Schlossgeist‹, um die Ruine geisterte, um auch das letzte brauchbare Stück nach Hause fahren zu können.«[59] Erhalten sind von dem Rittergut einzig das Inspektorenhaus – ein zweigeschossiger Fachwerkbau mit Krüppelwalmdach – sowie klägliche Reste des einst bedeutenderen Schloßparks nebst einer kleinen Kastanienallee, unweit der Orla an der hinteren Schloßhofzufahrt.[60]

VON BLANKENBERG

Die Herren von Blankenberg sind ein oberfränkisches und thüringisches Uradelsgeschlecht, das 1192 mit Dietrich und Siegebold von Blankenberg erstmals urkundlich erscheint, während wir von ihrer, im 14. Jahrhundert in den Besitz der Vögte von Plauen übergegangenen ›Veste Planckenberg‹ nicht vor dem Jahre 1212 hören. Indem der Wappenschild derer von Blankenberg eine Schrägbinde [Sparren] führt, halten manche Genealogen sie, wenn nicht für Abkömmlinge der Grafen von Beichlingen, so doch, für eine Seitenlinie des alten Geschlechts derer von Haidstein oder Waldstein [urk. 1166], das im 12. Jahrhundert im Gefolge der Markgrafen von Giengen-Vohburg an der Kolonisation des Regnitz- und späteren bayerischen Vogtlandes beteiligt war. Aber auch die Herren von Berg, von

Sparrenberg [Sparnberg] oder von Reitzenstein könnten kraft Wappenähnlichkeit mit denen von Blankenberg stammesverwandt gewesen sein. Wenn auch sowohl der Heraldiker Siebmacher in seinem Wappenbuch des abgestorbenen Adels der sächsischen Herzogtümer als auch die steinerne Tafel am Rittergutseingang von Niederkrossen das Wappen derer von Blankenberg mit nur einem Balken abbildet, zeigte eine Darstellung in den ehemaligen heraldischen Sammlungen derer von Breitenbuch auf Ranis-Ludwigshof selbiges mit rotem und [!] blauem Schrägrechtsbalken auf silbernem Grund, was aufgrund der Farbzusammensetzung eigentlich nicht üblich ist.

Obwohl in den Urkunden des 13. Jahrhunderts durchaus Verwechslungen mit denen von Blankenburg möglich sind, so ist doch eine Notiz aus dem Jahre 1232, die Güter eines Dittrichs von Blankenberg betreffend, aufgrund der miterwähnten Herzöge von Andechs-Meran – den Besitznachfolgern der Markgrafen von Giengen-Vohburg – eindeutig auf das hiesige Geschlecht zu beziehen, wenn auch unklar bleibt, wo die erwähnten Güter genau gelegen haben. Auf frühe Besitzstände im Vogtland dagegen verweist jene bedeutende, die Ersterwähnung von Schleiz [1232] betreffende Urkunde, die unter den Zeugen einen Albert von Harra erwähnt, den manche aufgrund seines familientypischen Vornamens tatsächlich für einen Angehörigen derer von Blankenberg und zwar jenes, im Jahre 1250 erwähnten Alberts von Blankenberg halten.

Im weiteren Verlauf des 13. Jahrhunderts kommen die von Blankenberg auch in Urkunden der Grafen von Orlamünde, im nachfolgenden Jahrhundert in orlamündischen, saalfeldischen und vögtischen Urkunden vor, so im letzteren Falle 1347 ein Ebirhart von Blankinberg und zwischen 1392 und 1413 ein Arnold von Blankenberg. Zwischen 1338 und 1392 besaßen die von Blankenberg eines der Vorwerke beim Schlosse **Saalburg** sowie 1352 den Rittersitz Pöritzsch. Zudem sind 1386 ein Heinrich von Blankenberg und sein Bruder Dietrich auf **Niederkrossen** erwähnt, die 1424 den Ärar zur Unterhaltung der Saalebrücke bei Orlamünde mit 21 fl. bedenken.

Einige Bedeutung erlangte Hans von Blankenberg, der 1420

von Hilprent von Berg den alten Familienstammsitz Blankenberg zurückerwarb, wobei wir erfahren, daß Verwandte von ihm auch auf den Rittergütern Harra und Kießling saßen.

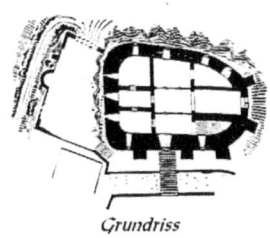

Grundriss

Schloß Blankenberg

Zudem verwaltete er jene Güter und Zinsen zu Bodelwitz bei Pößneck, die seiner Schwester Lene, der Gemahlin Rudolfs von Dobeneck, 1423 zugefallen waren. Im Jahre 1442 jedoch veräußerte die das damals noch Blintendorf und Kemlas in Oberfranken umfassende Herrschaft Blankenberg für 700 fl. an Thomas, Wilhelm und Matthes von Reitzenstein, an jene Familie also, die später auch in deren Position zu Harra einrückte.

Dafür finden wir ihn ab dieser Zeit im Besitz des Rittergutes Kospoda bei Neustadt/Orla. Sein Reichtum spiegelt sich nichtzuletzt darin, daß Hans seinem Landesherrn dort – Herzog Wilhelm III. von Weimar – im Sächsischen Bruderkrieg 1.400 fl. in Bar vorstrecken konnte und dafür 1448 Burg und Stadt Ranis verpfändet erhielt, sondern auch, daß er in Neustadt eine dem Heiligen Laurentius geweihte Spitalskapelle stiften und mit einem beträchtlichen Vermächtnis – darunter die dortige, ziemlich bedeutende Klaudersmühle, die Lehnsherrschaft über zahlreiche Liegenschaften, bis hin zu ganzen Bauerngütern – bedenken konnte. Das damit verbundene Jahresgedächtnis für das Seelenheil der Stifterfamilie sollte bei bedeckter Bahre und brennenden Lichtern gefeiert werden. »Am Vorabend fand die sogenannte ›vigilia‹ (eigentlich ›Nachtwache‹, die Totenmesse), am nächsten Morgen dann durch drei Priester gesungene, also keine stillen Messen statt. Diese Meßpriester empfingen aus der Kirchenkasse dafür 2 gr. 9 Pf. Vergütung. Drei

Arme erhielten dabei eine Pfennigsemmel und einen Hering. Mit diesem ›Begängnis‹ war eine größere Mahlzeit verbunden. 1519 gab man dafür 2 gr. 9. Pf. für 4½ Pfund Karpfen, 1 gr. für gedörrten Stockfisch und mehrere Pfennige für Erbsen, Oel, Kraut, Mandeln, Safran, Rosinen, Pfefferkuchen usw. aus. 1 gr. sind damals für 12 Heringe (heyring) und 4 Pf. für ›krantzlin‹ (wohl Gebäck) aufgewendet worden. Da die Feiern nach ausdrücklicher Bestimmung [der Stiftungsurkunde von 1459] immer Montag und Dienstag nach Lätare [Mitfasten] stattfinden sollten, kann man wohl annehmen, daß Hans von Blankenberg an einem Dienstag nach Lätare verstorben ist. Diese Totenfeiern arteten oft in wüste Schmäuse aus – und Luther sagt ja im ›Sendschreiben an den christlichen Adel deutscher Nation‹ (1520) von diesen Begängnissen, daß ein Spott daraus geworden sei, womit Gott höchstlich erzürnt werde, ja sie seien nur auf Geld, Fressen und Saufen gerichtet. ... Am 25. Januar 1491 stiften die Nonnen Katharina und Margarethe von Blankenberg, Insassen des Klosters Saalburg 5½ Schock Zinsen aus Raila und Schilbach mit der Bestimmung, daß alljährlich am 5. Januar Gedächtnis der Stiftung mit einer Vigilie und zwei Messen, ›die von den Seelen die andere U.L.Fr. (Marien-Fürbitte) für alle gestorbenen Mitglieder des Geschlechts von Blankenberg stattfinde.«[61]

Ab Mitte des 15. Jahrhunderts fand sich der Stern des Geschlechts im Sinken. Ihr auf Kospoda und Meilitz sitzender Zweig geriet in Schulden und verkaufte ein Stück nach dem anderen, bis die von Gräfendorf bis 1570 den letzten Anteil des Arnold von Blankenberg an den beiden Gütern für 4.800 fl. erworben hatten. Mit Albrecht von Blankenberg starb um 1600 auch der Harraer Zweig des Geschlechts aus und ihr 1550 in zwei Güter geteilter Besitz ebenda gelangte – wie das Epitaph des Wolf Heinrich von Reitzenstein und seiner Frau Bluchria, geb. von Blankenberg, in der Harraer Kirche bezeugt – per Heirat an diese Familie. Darauf tritt der hiesige Zweig aus dem Schleppnetz der urkundlichen Überlieferung, nachdem Asmus von Blankenberg im Jahre 1600 seine beiden Rittergüter Blankenstein und Eichenstein an die Reußen verkauft hatte.[62]

Die Blankenberger von Harra und Kießling

Wenn nicht schon im Jahre 1232, so lassen sich 1292 mit Arnold von Blankenberg, Herr von Harra, Angehörige dieser Familie im Besitz des Rittergutes Harra nachweisen, seit etwa 1420 dann auch im Besitz der benachbarten Rittergüter Blankenstein, Kießling, Schlegel und Seibis. Noch im Jahre 1843 befand sich an der äußeren Seite der Harraer Kirchenmauer noch ein eingemauerter Sandstein mit einer männlichen und einer weiblichen Figur, nebst dreifacher stark verwitterter Umschrift, von welcher lediglich noch die Textfragmente ›Albert v. Blankenbergk auf dem Kisling, Frin Georg ... von Blankenbergk in Got verschiden derer ...Got gnad.‹[63] zu entziffern waren [1891 bereits verschwunden]. Um das Jahr 1550 teilten die sechs Söhne des Albrecht von Blankenberg [urk. seit 1518] mit Namen Asmus, Arnold, Hans, Heinrich, Albrecht und Kaspar Christoph diesen Besitzkomplex, und wohnten auf ihren jeweiligen Erbteilen. 1561 noch gemeinsam im Besitz von Blankenberg und Harra-Kießling nebst dessen Vorwerken Seibis und Schlegel

erwähnt, schritten sie bald zur Teilung des großen Blankenbergischen Besitzkomplexes, wobei Albrecht neben Kießling auch Ober-Harra erhielt.

An ihn erinnerte ein eingemauerter Sandstein an der Südwand der Harraer Kirche

Harra: Kammergut und Kirche

mit zwei Figuren und dreifacher Umschrift, welchen er seinen beiden verstorbenen Kindern Georg und Kunigunde hatte setzen lassen. Leider wurde das Epitaph im Jahre 1989 bei Renovierungsarbeiten an der Außenwänden der Kirche zerstört. Im Archiv des Rittergutes Kospoda, das bis nach 1570 seinem Verwandten Arnold von Blankenberg gehörte, ist über ihn als Herrn auf Kießling überliefert: »›Albrecht von Blankenberg, der in Eger in die Schul gangen, bietet den Egerern einen aufgebrochenen Ertzgang, darin sich silber und plei (Blei) tut beweisen zum Kaufe an.‹ Offenbar handelt es sich um Bergbau im reußischen Oberland, in Harras Umgebung im

Gebiete des sogenannten erzreichen ›Werner-Morgenzuges‹ – Anerbieten vom Jahre 1584 und Sendschreiben von 1586. Bei diesem Erzgang könnte das Bergwerk ›Kluft‹ zwischen Harra und Blankenstein gemeint sein.«[64] Als im Jahre 1575 eine schwere Pestepidemie das gesamte Oberland heimsucht, schildert Albrecht von Blankenberg in einem Schreiben an seinen Verwandten in Kospoda seine verzweifelte Lage: »Man liest da: ›Werde ich aus gottes straff und gewalt verhinderth, denselben zu er(be-) suchen aus diesen Ursachen, das mir den verschieden Herbst (also 1575) meine liebe haußfraw, zwen Söhne, eine Tochter und fünff Dienstpotten an der regierenden pestis (Pest) sindt verstorben, wie den mein Wohnhauß noch verschlossen und unbewohnt ist und itziger Zeit niemandt bei mir habe, als ein klein Töchterlein und ein Dienstpotten... und da ich mich aus meiner behausung begeben soldte, hätte ich nichtens gewissere zugewarten, denn das mir mein behausung erprochen und mein peder (beider) haußfraun seliger geschmuck und andere geraubet und gestolen würde.‹ ... Dieser hier erwähnte Albrecht von Blankenberg verbrachte die letzte Zeit seines Lebens bei seiner Tochter Sibylle – die mit Caspar von Reitzenstein auf Sparnberg und Blankenberg verheiratet war – in Blankenberg. Er starb bald nach 1599, über 80 Jahre alt.«[65]

In den Jahren 1576 und 1582 verkauften die von Blankenberg das untere Gut zusammen mit dem Rittergut Kießling an die Herren von Reitzenstein, mit denen sie eng verwandt und verschwägert waren. Diesen Besitzübergang umschreibt auch jenes, in der Harraer Kirche erhaltene Epitaph, das den Rittergutsbesitzer Wolf Heinrich von Reitzenstein zusammen mit seiner Gemahlin auf einem Löwen kniend, umgeben von den Kindern des Paares, fünf Mädchen auf der rechten und sechs Knaben auf der linken Seite, darstellt und die Inschrift führt:

›ANNO DOM. 1588 D. 6. DECEM. IST IN GOT VERSCHIDEN DER EDLE U. EHRENVESTE WOLF HEINRICH VON REITZENSTEIN UF KISCHLING DEM GOT GNEDIG SEYN WOLLE. AMEN. UND HERNACH 15.. IST IN GOT VERSCHIDEN DIE EDLE U. TUGENDSAME FRU BLUCHIRIA VON REITZENSTEIN EIN GEBORNE VON BLANKENBERG DER GOT GNEDIG SEIN WOLLE. AMEN‹.[66]

VON BODENHAUSEN

Die von Bodenhausen sind ein altsächsisches Uradelsgeschlecht wohl von der gleichnamigen Veste bei Ballenhausen
nahe Göttingen in Niedersachsen, welches erstmals mit Tegin-
hardus de Bodenhausen [urk. 1135-1150] in Urkunden genannt ist und später auch in Hessen, Braunschweig, Anhalt,
Kursachsen und Preußen zu Besitz und Ansehen gelangte. Im
Jahre 1318 wurde die Familie u.a. mit der Vogtei in Nieder-
gandern belehnt, worauf das dortige Rittergut mit seinem
Nebengut Reckershausen bis heute in den Händen des Geschlechts geblieben ist. 1373 war Heiligenstadt in Thüringen
im Besitz bzw. Teilbesitz der Familie und seit 1560 das Schloß
Arnstein bei Witzenhausen [bis 1938]. Im Jahre 1607 erwarb
Melchior von Bodenhausen um 60.000 fl. die große Herrschaft
Mühltroff. Durch seine Heirat mit einer Tochter aus dem schlesischen Adelsgeschlecht von Reiswitz und erlangte er zudem
das Rittergut Grabowka bei Ratibor in Oberschlesien. »Im 17.
Jahrhundert erwarb Melchior von Bodenhausen (Sohn des
Wilke) das Gut Leubnitz im Vogtland von Hildebrand Eichel-
berg Trützschler. In der Folge entbrannte ein Rechtsstreit mit
den Erben des Leonhard von Milkau zu Christgrün wegen der
Gewähr von 2.000 Gulden neben den aufgelaufenen Zinsen
gegenüber dem mitbelehnten Besitzer Wolff Wilhelm Trützschler. Der Rechtsstreit begann im Jahr 1616 und zog sich bis zu
einem endgültigen Vergleich zwischen den milkauischen Erben
und Franz Wilke von Bodenhausen (Sohn des Otto von Bodenhausen) in das Jahr 1645. ... Am 2. August 1669 zu Wien
erhielt Franz Wilke von Bodenhausen auf Arnstein, Mühltroff

und Leibnitz den Reichsfreiherrenstand.«[67] Während der Besitzherrschaft der von Bodenhausen über Mühltroff waren lange Zeit zwei Linien dort ansässig, die ältere im Schloß und die jüngere in der Stadt, im späteren Gasthofe ›Zum Halben Mond‹, der seinen Namen von dem dort angebrachten Familienwappen der von Bodenhausen [drei zunehmende, rote Mondsicheln im Verhältnis 2:1 auf silbernem Grund] erhielt.

Stadt und Schloß Mühltroff um das Jahr 1770

Unter Otto Georg, dem letzten von Bodenhausen auf Mühltroff, befand sich das seinerzeit mit Leubnitz und Arnstein verknüpfte Besitztum zeitweise unter Zwangsverwaltung, wurde ihm am Ende aber gegen einen jährlichen Abtrag von 6.000 Talern an seine Gläubiger dann doch erblich überlassen.

Zusammen mit seiner Ehefrau Charlotte Eleonore, einer geborenen von Willigenau [oo 1733], hatte er eine Tochter – Ottonie Eleonore [*1734] – die 1749 mit Carl Erdmann von Kospoth, einen Sohn des Heinrich August von Kospoth auf Frankendorf, Zollgrün, Oschitz, Schilbach, Gattendorf, Kemnitz u.a. heiratete. Nach seinem Tode am 16. September 1764 erhielt Ottonie als ihren Erbteil das Rittergut Leubnitz, während Mühltroff seiner Witwe, die 1756 bereits 52.000 Taler darauf verwendet hatte, zugesprochen wurde. Nach ihrem Ableben mit 68 Jahren am 29. Dezember 1774 erwarb dann ihr Schwiegersohn Carl Erdmann von Kospoth das Besitztum.

VON BOSE

Über den Ursprung des altsächsischen Uradelsgeschlechts derer von Bose gibt mehrere Legenden. »Eine davon ist, dass ihr ursprünglicher Stammsitz die Bösenburg bei Rottelsdorf in der späteren Grafschaft Mansfeld gewesen sei, wo auf dem Burgberg der sagenhafte König der Thüringer, Bisino, eine Burg besessen haben soll.«[68] Nach einer anderen Sage soll die Familie zu Ehren des ersten Bischofs von Merseburg, Boso [reg. 968-970] diesen Namen angenommen haben. Tatsächlich treten die Bose erst im Jahre 1230 mit ›Thedolfus Busz, miles‹ urkundlich in Erscheinung, während ihre sichere Stammreihe mit ›Heidenricus, miles‹ sogar erst 1307 beginnt. Die ältesten Besitzungen der Familie lagen mit Frankleben, Unter- und Oberhof [1327-1945] jedenfalls im Saalekreis. Von da breitete sich das Geschlecht mit dem silber-schwarz gespaltenen Wappenschilde [ursprünglich ohne roten Schildrand] über Mitteldeutschland und Preußen aus und bildete Ableger im Elsass, Hamburg, Holland, ja sogar in Rußland und Nordamerika aus.

Obwohl sie von 1431 bis 1463 mit Johann II. Bose auf dem Bischofsstuhl zu Merseburg saßen, wurden sie gleich zahlreichen anderen Uradelsfamilien ursprünglich nicht mit ›von‹ tituliert, da sie nicht nach einem Stammsitz, sondern nach einer Eigenschaft bzw. einem Wappensymbol benannt sind, weswegen sich erst nach der Erhebung ihres Netzschkauer Astes in den Reichsgrafenstand 1715 allmählich die Anrede ›von Bose‹ durchsetzte. »Im Verlauf des 16. Jahrhunderts spaltete sich eine vogtländische und eine fränkisch-meiningische Linie ab. Die erstere Linie der Familie teilte sich in den ersten Ast mit dem Zweig Benkendorf und Delitz am Berge (beide Güter 1746 verkauft) und dem zweiten Zweig Ermlitz (alle im Saalekreis gelegen). Die Vertreter des zweiten Astes unterteilten sich in die Zweige Schweinsburg (bei Crimmitschau) mit dem Rittergut Bosenhof (zwischen Schweinsburg-Culten und Langenhessen), Mylau/Vogtland, Breitingen (bei Leipzig) und Netzschkau/Vogtland mit Schloss Netzschkau.«[69]

Einer ihrer Vertreter war jener Heinrich Bose, der von 1617 bis 1623 als Rat und Amtmann zu Schleiz, Saalburg und Lobenstein fungierte. Nach dem Jahre 1702 warben die von Bose das untere Rittergut von Langenwolschendorf, welches nach dem Tode Carl Ernsts von Bose [†1791] an die Landesherrschaft gelangte, worauf ein Teil davon zerschlagen und an vier Bauern verkaufte, der andere aber mit dem im Ort schon bestehenden landesherrlichen Kammergut verbunden wurde.[70]

VON BRANDENSTEIN

Das Wappen der Brandenstein bildet einen aufsteigenden Wolf [mitunter auch Fuchs oder Löwe] mit einer Gans im Maule.

Nach der gewöhnlichen, in ihren Anfängen wohl frei erfundenen Familiengeschichte sei im Jahre 1125 ein Moritz von Brandenstein aus Schlüchtern-Ems in der Grafschaft Hanau, wo sein Geschlecht die gleichnamige Burg besaß, nach Thüringen gekommen und in die Dienste des Grafen Wilhelm von Arnshaugk getreten, welcher ihn zum Burgvogt an der Orla machte und mit Oppurg und Wernburg belehnte, worauf seine Nachfahren den Namen später auf ihre, bei Ranis erbaute Burg übertragen haben sollen. Tatsächlich aber kann eine Verbindung zwischen den von 1278 bis 1300 auf der

Veste Brandenstein bei Schlüchtern auftretenden Rittern Hermann und Konrad von Brandenstein mit der gleichnamigen Burg bei Ranis nicht belegt werden, ebensowenig die Existenz eines Grafen Wilhelm von Arnshaugk zwei Generationen vor dem ersten Erscheinen der Herren von Lobdeburg in unserer Region.[71] Legendär ist auch jener 1284 und 1288 im Auftrage Kaiser Rudolfs [1273-1290] und Ottos IV. von Lobdeburg-Arnshaugk mit der Verfolgung von Raubrittern und Wegelagerern im Orlagau betraute Daniel von Brandenstein, welcher der Vater der 1298 urkundlich erwähnten Gebrüder Heinrich und Albert zu Brandenstein gewesen sein soll. Die beiden fungierten als Untervögte der Grafen von Schwarzburg [den Vögten über weite Ländereien der Saalfelder Benediktiner] und verkauften in dem Jahr die dazumal noch schwarzburgischen Dörfer und Vogteien Reichenbach und Dürrenfriedebach für 60 Mark Silber wieder an das Stift Saalfeld.

War die ältere Forschung noch davon ausgegangen, die Heren von Brandenstein hätten als Gefolgsleute der Lobdeburger bzw. Orlamünder die Burg in Opposition zur Herrschaft Ranis selbst erbaut, so weist die neuere Forschung auf den Umstand hin, daß die Brandensteiner bis zur Mitte des 14. Jahrhunderts dermaßen häufig im engsten Umkreis der Grafen von Schwarzburg-Blankenburg erscheinen, daß ihre Zugehörigkeit zur Schwarzburgischen Ministerialität bzw. Vasallenschaft unzweifelhaft ist. In dieser Funktion scheinen sie auch als Ministeriale auf Burg Brandenstein eingesetzt gewesen zu sein, nach der sie sich dann auch benannten, obwohl neben Brandenstein ab der Mitte des 14. Jahrhunderts auch Oppurg und Wernburg zu ihren Expansionsmittelpunkten im Orlagau zählten. Überdies kann es sicher kein Zufall sein, daß die östliche Einflußzone der Schwarzburger mit der östlichen der Brandensteiner, die 1413 von den Schwarzburgern mit Kolba und 1483 mit Positz belehnt werden, zunächst zusammenfallen.[72] Von den 1298 zu Brandenstein genannten Brüdern Albrecht und Heinrich von Brandenstein wird angenommen, daß schon der zwischen 1292 und 1322 erwähnte Albrecht im Besitz von Oppurg und Brandenstein gewesen sei, während sein Bruder Heinrich [genannt 1295] in Hayn[itz], einer inzwischen wüsten Siedlung bei Neustadt/Orla gesessen habe. Dennoch siegeln die beiden Brüder bei Besitzgeschäften – so bei der Übereignung von zwei Hufen Landes in Dietrichsdorf [Dittersdorf bzw. Wüstendittersdorf bei Schleiz, Wüstung Dittersdorf bei Tanna] an den Deutschen Ritterorden zu Schleiz 1302 – meist zusammen. Ein weiterer früher Vertreter der Brandenstein könnte Friedrich, ein Mitbruder oder Onkel der Gebrüder gewesen sein, dem 1295 – allerdings nicht gesichert – der Besitz des, noch 1258 den Herren von Obernitz gehörenden Dorfes Obernitz südöstlich von Saalfeld zugeschrieben wird. Eine breitere urkundliche Basis bietet sich erst für die nachfolgende Generation: Albrecht hatte mehrere Söhne, Albrecht der Jüngere [genannt 1346], Heinrich der Jüngere [genannt 1346, 1351, 1372] und Otto [genannt 1355]. Begegnen wir denen von Brandenstein noch 1329 im engsten Umfeld der Schwarzburger, so erscheinen sie 1349/1350 im Lehnbuch Friedrichs des Strengen, Landgraf von Thüringen und Markgraf von Meißen, mit ihrer Burg Brandenstein als Lehnsleute der Wettiner, die sich nichtzuletzt nach dem Erwerb der 1289/90 im Mannesstamme erloschenen lobdeburgischen Herrschaft Arnshaugk auch im Orlagau auszubreiten begonnen hatten. Inwieweit Heinrich von Brandenstein erst während der für die Schwarzburger unglücklich ausgegangenen Thüringer Grafenfehde [1342-1346] die Seiten wechselte oder bereits im Vorfeld zwischen Schwarzburgern und Wettinern eine Art Lehensübergang stattgefunden hat, welcher mit der Burg Brandenstein auch die darauf sitzenden vordem schwarzburgischen Vasallen miteinbegriff, wissen wir nicht. Jedenfalls beschwerte sich schon 1331 der Wettiner Friedrich der Strenge bei König Ludwig [1314-1347] über seinen Vormund, Vogt Heinrich Reuß von Plauen, daß letzterer ihm tauschweise ›ein Hus, daz heyszet Brandensteyn‹ abgenommen habe. Für einen zeitigen Übertritt spricht zudem die hohe Stellung, die Heinrich von Brandenstein später unter den Gefolgsleuten Friedrichs des Strengen einnehmen sollte sowie verschiedene Gunstbeweise, die Konsolidierung und Erweiterung seines Besitzes betreffend.[73] 1351 wurde er als ›unsern liben getruwen‹ von Friedrich dem Strengen noch einmal eigens belehnt mit dem ›gebu, den er vff demselben vnserm huse zu Brandenstein vnd davor getan hat, an sulchen steten, die sinen Burglehn, nicht zugehören‹ mit Vorbehalt des Öffnungsrechts. Mit einbegriffen waren neben dem Burglehen mit Zugehörungen – wie einen alten Zwinger, einen Garten, eine Mühle u.a. – weitere Gerechtsame in Bodelwitz, Burgau [vielleicht Burgwitz?], Gertewitz, Gräfendorf, Moderwitz, Oberoppurg, Oppurg, Swibotenrode und Waischen.[74] »Vor Dezember 1352 bestellte ihn der Markgraf, der ihm zudem den Bau der Burg Oppurg östlich von Pößneck ermöglichte, zum Landvogt von Thüringen (landwoyte zu Duringen). 1367 sind Besitzstreitigkeiten zwischen den Brandensteinern und den Grafen von Schwarzburg überliefert.«[75]

Im Vogtländischen Krieg [1354-1357], als die Wettiner im Verbund mit Kaiser Karl IV. [1346-1378] die ihnen zu mächtig gewordenen Vögte von Weida, Plauen und Gera in die Schranken wiesen, befehligte Heinrich von Brandenstein das gegen Heinrich von Plauen eingesetzte Kontingent und war vermutlich auch an der Belagerung von Ziegenrück beteiligt. Er selbst [oder sein gleichnamiger Sohn] fungierte 1369 als Vogt und Amtmann zu Burgau bzw. 1370 als Amtmann zu Thomasbrück und ließ sich 1372 erneut mit dem Schloß Brandenstein belehnen, obwohl sein Hauptsitz eigentlich Oppurg war. Das Schloß Brandenstein selbst diente nach 1350 als Verwaltungssitz für den wettinischen Streubesitz in der Umgebung von Ranis und wurde durch einen markgräflichen Beamten – wie dem 1381 erwähnten Reinhard von Holbach, Vogt zu Brandenstein – verwaltet, bis diese Herrschaft nach dem Aussterben der Grafenlinie Schwarzburg-Ranis im Jahre 1418 nach 1423 mit deren Besitztümern zu jener 1447 erstmals erwähnten wettinischen Pflege Ranis vereinigt wurde.[76]

In die Zeit Heinrichs, Albrechts und Ottos von Brandenstein fiel um 1350 auch die Teilung des Brandensteinischen Besitzes und die Herausbildung jener drei orlaländischen Hauptlinien, deren Glieder uns in den nachfolgenden Jahrhunderten entgegentreten. »Trotz manch möglicher Verwechslungen in den vorliegenden Abhandlungen können wir mit relevanter Sicherheit sagen, dass sich auf Heinrich die Oppurger Linie, auf Otto die Wernburger Linie und auf Albrecht die spätere Brandenstein-Raniser Linie zurückführen lassen.«[77]

Bei der Oppurger Linie allerdings könnte ebenso Heinrichs gleichnamiger Sohn deren Gründer gewesen sein. Auch bei der Wernburger Linie ist nicht mehr genau zu ermitteln, ob sie von jenem, im Jahre 1383 auf Wernburg sitzenden Otto von Brandenstein, dem – 1355 als Vogt zu Leipzig erwähnten – Bruder Albrechts von Brandenstein auf Brandenstein und Heinrichs von Brandenstein auf Oppurg [beide genannt 1346] begründet worden ist oder von dem, um das Jahr 1400 wirkenden Sohn des vorgenannten Heinrich. Wurden Wernburg und Oppurg ursprünglich zusammen verwaltet und gab es nach dieser Trennung zwischen diesen keinen besitzrechtlichen Zusammenhang mehr, so war dies bei der Teilung des übrigen Besitzes der Brandenstein hingegen nicht der Fall.

Albrecht erhielt zwar die Herrschaft Brandenstein und Heinrich die Herrschaft Oppurg mit Positz und Döbritz. Allerdings scheint Heinrich auch Anteile an der Herrschaft Brandenstein gehalten zu haben, weswegen sein Sohn Heinrich ebenso als Mitbesitzer von Brandenstein erscheint, wie Albrechts Sohn Eberhard [der erst 1428 mit dem Schloß Brandenstein belehnt wurde] als Mitbesitzer von Oppurg.

Darüber wie der dritte Teil von Oppurg an die von Albrecht begründete Brandensteinische, später Raniser-Oppurger Linie gekommen ist, schreibt der Forscher Friedrich Dedié, daß nach dem Tod von Landvogt Heinrichs Sohn Heinrich dessen ältester Sohn Ludolph, nachdem sein einziger Sohn Wittich oder Wittigo dem geistlichen Stande beigetreten war [und zum Abt des Klosters Saalfeld avancierte], seinen ererbten Besitz und zwar den dritten Teil von Oppurg mit der Schäferei Döbritz, dem Gut Trannrode, seinem Haus in Zella und sonstigen Berechtigungen an den genannten Eberhard abtrat. »Damit erwarb die Brandensteiner Linie denjenigen Teil von Oppurg, welcher sich bis zu dem im Jahre 1588 erfolgten

Zusammenbruch des Raniser Zweiges dieser Linie in ihrem Besitz hielt. Ludolphs Brüder Heinrich und Albrecht, durch welche nach Ludolphs Ausscheiden dann die Oppurger Linie vertreten wurde, behielten demnach nur noch zwei Drittteile des Gutes Oppurg und das Vorwerk Positz.«[78]

Während Ludolphs Bruder Heinrich [†1383] erbenlos blieb, dürfte zwischen Eberhard zu Brandenstein und zu Oppurg und seinem Vetter Albrecht zu Oppurg längere Zeit eine gewisse Vermögensgemeinschaft bestanden haben. 1396 erwerben die beiden von dem Prälaten Hans zu Neunhofen, der möglicherweise ein Bruder des Eberhard war und den Namen ›von Hayn‹ angenommen hatte, ein Bauerngut in Neunhofen. 1399 erhalten sie ›wegen sonderlichen guten Willen und dem Gotteshaus geleistete Dienste‹ von Albrechts Bruder Ludolph als Abt von Saalfeld die Klosterdörfer Klein- und Langendembach zu Lehen. Danach macht Eberhard am Hof der Herzöge von Sachsen rasch Karriere, avanciert zum Hofmarschall [eques aureatus] und zum Kanzler. In diesen Funktionen erscheint er zwischen 1401 und 1437 als Zeuge in zahlreichen Urkunden.

Zwei seiner Kinder erlangten große Bedeutung. Wie schon erwähnt, gewann seine Tochter Katharina, verw. von Heßberg, 1463 die Ehe mit Herzog Wilhelm III. von Weimar und ging als ›Schöne Käthe von Brandenstein‹ in die Geschichte ein, während ihr Bruder Heinrich von Brandenstein [~1425-1494] darauf 1465 von seinem fürstlichen Schwager die wettinische Pflege Ranis geschenkt erhielt und auf diese Weise zum Reichsfreiherrn aufstieg.

Die Herren von Brandenstein – Raniser Linie

Heinrich von Brandenstein [†1494] wurde zu einer Schlüsselfigur in der Familiengeschichte. Denn von ihm gingen die ›freiherrlichen Linien‹ Ranis, Ranis-Oppurg und Wöhlsdorf-Gräfendorf aus, wobei deren Besitzungen – wie der Heimatforscher Wiefel anmerkt – keine geschlossenen Herrschaftsgebiete darstellten und die Brandensteiner selbst in ›ihren Dörfern‹, also dort, wo ihr Einfluß kummulierte, nicht schalten und walten konnten, wie sie wollten, weil a.) noch eine Reihe anderer Grundherren dort Rechte besaß, b.) weil das Gebiet niemals ganz unabhängig vom Amt Arnshaugk war, welches oft Hoheitsrechte geltend machte und c.) weil sich diese drei Linien und ihre zahlreichen Unterlinien aufgrund familiärer Zwistigkeiten wiederholt uneinig gewesen sind.[79]

Von den drei Söhnen Heinrichs von Brandenstein auf Ranis gewannen nur die beiden Reichsfreiherren Eberhard [~1460-1506] und Haubold [~1470-1515] dynastische Bedeutung.[80] Haubolds Sohn Alexander [†1545] erhielt den Oppurgischen Besitz der Brandenstein-Raniser Linie mit den Vorwerken Döbritz und Grünau und begründete die Linie Ranis-Oppurg,

deren Oppurger Besitzungen allerdings bis zum Jahre 1612 von Esaias von Brandenstein aus der bedeutenden Schloß-Oppurger Linie sämtlich erworben waren. Eberhards Söhne Felix, Christoph und

Schloß Brandenstein mit Vorwerk

Ewalt teilten die verbleibenden brandensteinischen Besitzungen Burg Ranis, Schloß Brandenstein, die Vorwerke Ranis und Wöhlsdorf dergestalt, daß Ewalt drei Viertel der Burg Ranis sowie das Schloß Brandenstein und Felix ein Viertel der Burg Ranis sowie die Vorwerke Ranis und Wöhlsdorf erhielt. Zudem erwarb er 1535 noch das Untere Gut von Gräfendorf. Ewalt starb 1557. Seine ihn überlebenden Söhne Lorenz und Philipp und sein Enkel – der nach seinem Vater benannte Friedrich – mußten 1571 schuldenhalber ihren Erbteil – den dreiviertelsten Teil von Burg Ranis sowie das Schloß Brandenstein für 40.300 Gulden an den unstrutländischen Ritter Melchior I. von Breitenbauch verkaufen. Nachkommen von Ewalts Linie finden wir bis 1592 auf dem Vorwerk Branden-stein sowie bis 1595 auf dem Erblehn-Gütchen Zella im Verbund mit dem erst 1583 von Lorenz und Philipp erworbenen Rittergut Krölpa. Letzte Nachfahren von ihnen werden im 30-jährigen Krieg bzw. um die Mitte des 17. Jahrhunderts verstorben sein.

Zahlreich hingegen war die Nachkommenschaft von Ewalts

Bruder Felix von Brandenstein [um 1485-1543], von welchem die Wöhlsdorf-Gräfendorfer Linie und ihre verschiedenen Nebenzweige ausgingen und die bis heute blüht. Von der Oppurger Linie der Brandenstein hat – wie an anderer Stelle schon berichtet – über Albrechts Sohn Heinrich [1405] und dessen Kinder und Kindeskinder Hans d. Ä. → [1417] → Hans d. J. [1495] → Georg [1511] → Otto [1545] und Isaac nur der Zweig des letzteren überlebt, der 1693 seine orlaländischen Güter verkaufte und im sächsischen Vogtland die Linie Brandenstein zu Sachsgrün begründete. Auch die bis 1687 auf dem Rittergut Wernburg angesessene Wernburger Linie der Brandenstein bildete auswärtige Ableger. Einer dieser Zweige erwarb im 18. Jahrhundert das Gut Wüstenstein bei Coburg, erbaute dort ein neues Schloß, starb aber 1895 aus.

Ein anderer hielt 1819 das Rittergut Zöschen im Stifte Merseburg sowie bis 1945 das Rittergut Goseck in Besitz.[81] Auch verschlug es einen Ableger der Brandenstein nach Mecklenburg, wo mit dem Rittergut Niendorf bei Bad Kleinen im Amt Wismar neuer Allodialbesitz ausgebildet und über viele Generationen bewahrt werden konnte. »Die Stiftung des dortigen Familienfideikommisses geht auf den Generalmajor Joachim von Brandenstein-Hohenluckow zurück. Die Erben auf Niendorf sind Offiziere in dänischen und bayrischen Diensten.«[82]

Was den mitteldeutschen und brandenburgischen Raum angeht, so saßen Angehörige der Brandenstein ferner auf Alberoda, Aschau, Böhlen [bei Leipzig], Bösenbrunn, Cretzschwitz [bei Gera], Deutzen, Dölkau, Ebnath, Eulenfeld, Gentha, Grub am Forst, Gütterlitz, Hermannsgrün, Hermsdorf [bei Döbeln], Jetsch, Kirchhasel, Kleindölzig, Klösterlein, Kölzen, Krossen, Lemsel, Lungkwitz, Lützelbuch, Mahlitzsch, Markersdorf [bei Weida], Mensdorf, Mißlareuth, Mölbis, Moßbach, Naußlitz, Neudeck, Obergöltzsch, Oberpöllnitz, Oberrenthendorf, Oberspree, Ossa, Polditz, Prößdorf, Reinhardtsgrimma, Roschütz, Saalfeld [Rittergut Amthöfe], Sachsenburg [bei Neustadt/Orla], Schäcksdorf, Schwanditz, Steinbrücken [bei Gera], Steinsdorf [bei Weida], Tausa, Tegkwitz, Uichteritz, Untersiemau, Unterweischlitz, Waltersdorf [bei Gera], Weißendorf, Weltwitz, Zschepen, Zürchau, Zweitschen u.a. Letzte brandensteinische Großgrundbesitzer in Ostthüringen lebten bis 1850 auf Neidenberga sowie im Jahre 1923 mit Editha von Brandenstein auf Zeutsch bzw. mit Otto von Brandenstein auf Hain bei Gera. Am Ende sei noch erwähnt, daß der württembergische Offizier Gustav von Brandenstein im Jahre 1895 die Burg Brandenstein bei Schlüchtern als neuen Familienstammsitz erwarb, die sich heute im Besitz seines Urenkels Constantin von Brandenstein-Zeppelin befindet.[83]

Die Herren von Brandenstein – Wöhlsdorf-Gräfendorfer Linie
Familiengeschichtlich bedeutsamer als die Nachkommenschaft des Ewald von Brandenstein auf Ranis wurde die seines Bruders Felix [um 1485-1543] mit dem, dem Gesamthause nach 1571 verbliebenen Drittteil des reichsfreiherrlichen Erbes mit dem ›Rittergut Ranis das Dritte‹, welches neben dem vierten Teil der Burg Ranis [wohl die Vorburg mit dem daran haftenden Grund und Boden] auch das Gut Wöhlsdorf und ein von der Burg unabhängiges ›Vorwerk Ranis‹ umfaßte. Eine Ironie der Geschichte ist, wie Wiefel konstatiert, daß »ausgerechnet der Sohn Heinrichs von Brandenstein [† um 1494], welcher durch seinen ältesten Bruder Eberhard im Alter von 12 Jahren in das Benediktinerkloster Saalfeld geschickt wurde, um unverheiratet und ohne Nachkommen ein geistliches Leben zu fristen, ... zum Begründer des fruchtbarsten Zweiges der Raniser Hauptlinie des Geschlechts [wurde]. Es ist nicht mehr nachzuweisen, ob bei Eberhard rein egoistische Beweggründe oder Sorgen um die Zersplitterung des Familienbesitzes dazu geführt hatten, seinen kleinen Bruder in das Kloster zu geben. Nachdenklich stimmt allerdings, dass ausgerechnet Eberhards Zweig sehr kurzlebig war und, wie oben festgestellt, wahrscheinlich schon in der zweiten Generation erlosch. Auf Intervention des Mutterbruders, des Oberhofmarschalls Heinrich von Schleinitz, der beim Herzog am 23.04.1498 vorstellig geworden war, ließ der Abt Georg den Felix wieder frei, da er ›noch nicht so tief und hoch in dem Orden verfasst‹ wäre, und stellte zur Bedingung, dass für Felix gesorgt würde, so

dass ›er nicht im Lande umblaufen‹ möge.«[84] Felix, der im Gegensatz zu seinem Bruder Ewalt den Titel ›Reichsfreiherr‹ niemals führte, war später im kurfürstlichen Dienst tätig. 1533 gehörte er einer Münzkommision an und war 1534 zusammen mit Ewalt Sequestrator des Stiftes Ichtershausen. Zusätzlich zu seinem Erbe konnte er 1535 von Hans von Gräfendorf für 1.300 fl. Grund- und Gerichtsrechte über den größten Teil des schriftsässigen Rittergutes Gräfendorf [Halblehen] erwerben.

Von Felix´ Söhnen erhielt Caspar ›Ranis das Haus nebst Küche, Keller und Wohnstube‹, seine Brüder Ascan und Hieronymus dagegen Anteile an zwei ›umgebauten‹ Teilen davon. Zudem erhielt Ascan Wöhlsdorf hinteren und Hieronymus Wöhlsdorf vorderen Teils. Caspar fiel 1547 in der Schlacht von Mühlberg. Seine Witwe und seine zahlreichen Kinder scheinen daraufhin von Ascan und Hieronymus in ihren Besitzrechten ausgebootet worden zu sein, denn leider finden wir sie am Ende in Saalfeld, ärmlich zur Untermiete hausend. Nachdem Hieronymus seine Anteile an Wöhlsdorf [1545] und Ranis [um 1566] an Ascan verkauft hatte, waltete dieser dort uneingeschränkt und wurde zum Begründer der an Nachkommen überaus reichen Linie ›Brandenstein auf Wöhlsdorf‹, die wir später auch im Besitz von Rittergütern in Gräfendorf, Rockendorf und Krölpa finden. Zudem besaßen sie zeitweise das Gut Bucha bei Ziegenrück sowie den großen Hof von Bodelwitz. Sowohl das vorgenannte ›Vorwerk Ranis‹ als auch der später ›Ranis das Dritte‹ genannte Gebäudekomplex in der Vorburg von Ranis blieben in der Folge besitzrechtlich eng mit den beiden Wöhlsdorfer Rittergütern verbunden.[85] Da Ascan und Caspar für ihren Erbteil den Sonderstatus der Herrschaft Ranis ablehnten, eröffnete das Reichskammergericht 1549 einen Prozeß wider sie und die Wettiner: »Während der kaiserliche Fiskal der Auffassung war, dass die Brandensteiner als reichs-unmittelbare Herren galten und demnach dem Reich und dem Kammergericht gegenüber zur Steuerzahlung verpflichtet seien, wiesen die Herren von Brandenstein ihre Vasallität zu den Wettinern nach, die berechtigt waren, ihnen gegenüber finanzielle Forderungen zu stellen. Gegenüber Kaiser und Reich lehnten die Brandensteiner jedoch die Zahlung von Steuern ab.«[86] Indem sich diese Linie aber noch nach dem Zeitpunkt des Verkaufs der Burg Ranis an die von Breitenbauch [1571] in Besitz dieser Raniser Anteile befand, konnten sie sich weiterhin als ›Brandenstein auf Ranis‹ oder ›zu Ranis‹ titulieren.

Stadt und Burg Ranis

In der Folge dienten die beiden Gebäude- und Grundstückskomplexe [Rittergut Ranis das Dritte (1494-1831/47) und Vorwerk Ranis] verschiedenen Familienmitgliedern der Wöhlsdorfer Linie als Erbportion, Residenz oder Witwensitz. Wie spannungsgeladen das Zusammenleben zwischen den Besitzern von ›Ranis Dritten Teils‹ und den eigentlichen Burgherren aus dem Hause Breitenbauch mitunter gewesen sein mußte, zeigt die in der Brandensteinischen Familienchronik verzeichnete Anekdote, wonach, einer »der letzten Brandensteine, die auf Ranis starben, ... in seinem Testamente [bestimmte], er wolle neben seinem Erbfeinde Breitenbauch begraben werden, damit er am jüngsten Tage den Kerl gleich bei der Gurgel fassen könne.«[87] Während der Krölpaer Zweig der Gräfendorfer Nebenlinie 1773 im Mannesstamme erlosch und später an einen Schwiegersohn überging, verkaufte der Gräfendorf-Rockendorfer Zweig 1812 seine orlagauischen Besitzungen und wanderte nach dem Osterland aus. Die Besitzverhältnisse der

Nachkommenschaft der von Ascan begründeten Nebenlinie ›Brandenstein auf Wöhlsdorf‹ sind durch Teilungen, Verkäufe und Wiederankäufe dermaßen verworren, daß ihre Geschichte hier nicht dargestellt werden kann. Festzuhalten bleibt nur, daß Ascans Nachkommen bis 1770 im Besitz von Wöhlsdorf blieben und daß nach dem Mitgliederverzeichnis des im Jahre 1876 neubegründeten Brandensteinischen Familienverbandes eine größere Anzahl von Personen sämtlich den Seitenzweigen Wöhlsdorf mit Gräfendorf und Rockendorf entstammten.[88]

Hieronymus von Brandenstein auf Gräfendorf

Nachdem Felix von Brandenstein im Jahre 1535 das Rittergut Gräfendorf-Unterhof [Halblehen] für 1.300 Gulden von Hans von Gräfendorf erworben hatte, vererbte er es 1543 an seine beiden Söhne Ascan und Hieronymus [* ca. 1515], worauf letzterer seinen Mitbesitz an Ranis und Wöhlsdorf 1545 und 1566 für 9.000 Gulden bzw. 5.500 Mark Silber an ersteren verkaufte. Dieses Geld scheint dem Hieronymus, der Offizier im kursächsischen Heer war, stets schnell durch die Finger gegangen zu sein, mitunter unverschuldet. So geriet er, nachdem er den ganzen Schmalkaldischen Krieg mitgemacht hatte, 1547 vor Halle in Kriegsgefangenschaft und mußte mit einer beträchtlichen Summe ausgelöst werden. Sein Ende ist ebenso tragisch wie geschichtsträchtig: Als Vertrauter des damals in Gotha residierenden Ernestiners Herzog Johann Friedrich II. des Mittleren und Kommandant der dortigen Festung Grimmenstein wurde Hieronymus 1566 in die Grumbachschen Händel hineingezogen. Diese hatten den abenteuerlichen Versuch Johann Friedrichs dargestellt, mit Hilfe des zwielichtigen fränkischen Ritters Grumbach die nach dem Schmalkaldischen Krieg 1546/47 an die verfeindete Albertinische Linie verlorene Vormachtstellung in Sachsen-Thüringen mitsamt dem Kurfürstentitel wieder zurückzuerlangen. Zu diesem Zwecke hatten sich am Hofe des Herzogs bald Abenteurer und undurchsichtige Gestalten versammelt, zu denen auch der angeblich hellsichtige Bauernjunge Hans Müller – genannt ›Tausendschön‹ – gehörte, der wohl auf Betreiben Grumbachs dem Herzog den Wiederaufstieg seines Hauses bis hin zum Kaisertum und zudem ungeheuren Reichtum prophezeite. Tatsächlich aber wurde über den Ernestiner, nach dessen Weigerung, Grumbach zu Strafverfolgungszwecken nach Franken auszuliefern, die Reichsacht verhängt und sein Widersacher – der albertinische Kurfürst August von Sachsen – war nur allzugern bereit, diese zu vollziehen. Völlig unerwartet fiel er gegen Ende des Jahres 1566 in Gotha ein und hob den auf dem Grimmenstein weilenden Ernestinischen Hof aus. Johann Friedrich wurde gefangen genommen, zur Abdankung gezwungen und später bis an sein Lebensende in Haft behalten. Seine Getreuen aber – u.a. den Ritter Grumbach, den Kanzler Brück, den Tausendschön, den Obristleutnant von Brandenstein, der als militärischer Befehlsempfänger mit der Sache kaum etwas zutun gehabt hatte – ließ Kurfürst August auf dem Gothaer Markt hinrichten. Für die Geschichte unserer Region ist diese Episode dahingehend von Bedeutung, weil daraufhin neben anderen Gebieten auch die Ämter Arnshaugk, Ziegenrück und Weida [zunächst als Pfand] an Kursachsen gelangten und in der Folge eine von den ernestinisch gebliebenen Nachbargebieten um Pößneck und Saalfeld getrennte Entwicklung nehmen sollten. Nach der Hinrichtung des Hieronymus wurde sein Gräfendorfer Unterhof von den Albertinern konfisziert und seine ehemaligen Untertanen mußten daraufhin einen besonderen Lehnseid auf den Kurfürsten von Sachsen beschwören. Einige Jahre später, als sich die Wogen geglättet hatten, wurde – wohl auf Fürbitten einiger angesehener Persönlichkeiten – die Familie des Hieronymus vom Kurfürsten rehabilitiert und sein Sohn, Veit Conrad von Brandenstein, wieder mit dem Rittergut Gräfendorf-Unterhof belehnt.[89]

Der Bodelwitzer Zweig derer von Brandenstein auf Wöhlsdorf
Wenn in Bodelwitz in alten Zeiten auch kein Rittergut bestand, so ist wiederholt von einem größeren Anwesen die Rede, welches den Brandensteinern als nichtprivilegierter Adels- bzw. Wohnsitz diente und dessen konkreter Besitzumfang bzw. sein

Status als Rittersitz, Freigut, Erblehngut oder gar Frongut – wie der Forscher Bernd Wiefel konstatiert – urkundlich nicht mehr zu klären ist. Auf solchen Gütern lebten gewöhnlich Angehörige aus verarmtem Kleinadel [meist aus einem Neben- oder Neben-Nebenzweig], die oft in einer nahegelegenen Stadt ihren Hauptsitz hatten und von den Erträgen eines soliden Bauerngutes existierten, welches sie von Dienstpersonal bewirtschaften ließen. Seltener erscheinen sie als Mitbelehnte bzw. Mitbesitzer der Hauptgüter, genossen also mitunter Erträge davon. Finanziell standen sie sich oft nicht besser als wohlhabende Bauern, von denen sie sich einzig durch ihre Adelsprivilegien unterschieden. Das heißt, sie mußten dem Grundherrn zwar etwaige, auf dem Anwesen lastende Fronpflichten durch ihre Dienstleute erbringen lassen, konnten aber in eigener Person nicht vor das örtliche Patrimonialgericht zitiert werden, sondern nahmen von der kurfürstlichen Kanzlei ihr Recht, weswegen es etwaigen Gläubigern mitunter schwer fiel, schuldrechtlich gegen sie vorzugehen. Im Jahre 1583 befand sich in Bodelwitz das ›Frongut‹ im Besitz einer Maria von Brandenstein, die wohl einer verarmten Seitenlinie dieses volkreichen Geschlechts entstammte. Der erste Brandensteiner, der in Bodelwitz zeitweise seinen Sitz hatte, war Caspar Felix, ein Nachkomme des Ascan von Brandenstein auf Wöhlsdorf und Ranis. Er hatte sieben Kinder. Sein Sohn Adam Heinrich [1626-1686] war Mitbesitzer des Rittergutes Krölpa, lebte und wirtschaftete aber in Bodelwitz. 1662 erscheint er als Vormund einer Anna Christina von Brandenstein [geb. von Birkenroth] zu Wernburg. Seiner Ehe mit Dorothee Susanne von Etzdorff entsprangen drei Kinder, von denen einer, Caspar Heinrich, den Besitz übernahm. Er starb 1729 in Bodelwitz. Sein Sohn Gustav Adolph [geb. 1690 zu Bodelwitz] bezeichnete sich auch als Herr auf Bucha [bei Knau]. Von Beruf Militäroffizier [Leutnant] nahm er 1737 seinen Abschied und lebte später auf dem Freigut zu Grochwitz bei Burgk. Von seinen acht Kindern trat Gustav Adolph Ernst [geb. 1737] das Erbe der Wöhlsdorf-Krölpa-Bodelwitzer-Linie der Brandenstein an. Als Kammerrat des Grafen Albert Ernst von Schönburg-

Hinterglauchau, dem Inhaber eines bis 1740 reichsunmittelbaren Territoriums geriet er in die Streitigkeiten des Grafen mit dem sächsischen Kurfürsten, dessen Lehnsherrschaft sich der Schönburger nicht mehr unterwerfen wollte und saß zeitweise in Haft. 1778 floh er nach Prag und nahm eine Hauptmannsstelle beim österreichischen Militär an. Später fungierte er als höherer Beamter in Braunau am Inn und wurde 1791 in den Ruhestand versetzt, worauf er sich in Wien niederließ. Infolge der Verlegung seines Lebensmittelpunktes in die Habsburgischen Erblande verkaufte er seine orlaländischen Besitzungen an die Familie Geyer von Geyersberg.[90]

Die Brandensteiner auf Oppurg und ihre Zweige

Auch wenn der Erbauer der mittelalterlichen Burg Friedrichstein in Oppurg, Heinrich von Brandenstein [genannt 1346], als Begründer der Oppurger Linie der Brandenstein gilt, so hatte sein Bruder Albrecht – der Begründer der Brandenstein-Raniser Linie – 1346 seinen Hauptsitz noch auf der Burg Oppurg. Erst sein Sohn Eberhard [genannt 1396, 1415, 1437] erscheint mit Sitz auf Brandenstein und Oppurg. 1428 wird er mit Schloß Brandenstein und Zubehör belehnt. Die Wohn- und Wirtschaftsgebäude seines Oppurger Sitzes könnten sich beim Schloß im sogenannten ›Kirschgarten‹ befunden haben, wo noch Spuren größerer Bauten existieren. Dagegen hatte obengenannten Heinrichs gleichnamiger Sohn [genannt 1396-1408] seinen Sitz nicht auf Oppurg, sondern auf Burg Brandenstein.

[I.] Wie der Fürstlich-Hohenlohesche Domänenrat Friedrich Dedié [1830-1922] in seiner heimatgeschichtlich bedeutsamen Monographie ›Oppurg und seine Besitzer im Laufe der Jahrhunderte‹ [1907/1933] ausführt, soll dieser vorgenannte Heinrich bereits Teile seines Besitzes an seinen Vetter Eberhard von Brandenstein übertragen haben, worauf – wir wir bereits hörten – sein ältester Sohn Ludolph – nach dem Klostereintritt seines einzigen Sohnes Wittigo sein Erbe [und zwar den dritten Teil von Oppurg mit der Schäferei Döbritz, dem Gut Trannrode, seinem Haus in Zella und sonstigen Berechtigungen] – ebenfalls an den vorerwähnten Eberhard abtrat.

Demnach behielten die Brüder des Ludolph, Heinrich [†1383] und Albrecht [genannt 1396, 1415], nur noch zwei Drittteile des Gutes Oppurg nebst dem Vorwerk Positz, die schließlich an Albrecht fielen. Über Albrechts Sohn Heinrich [Ritterschlag 1405], dessen Sohn Hans den Älteren [1417 zu Oppurg erwähnt] und dessen Sohn Hans den Jüngeren gelangt der Besitz der Oppurger Linie der Brandenstein zunächst an Hansens Söhne Eberhard, Hans, Heinrich und Georg. 1509 kommt es zu einem Schied zwischen Georg und Hans, worauf letzterer im Jahre 1511 seinen Anteil an ersteren verkauft. 1523 setzen sich Georg und Heinrich bezüglich ihres Mitbesitzes an den Oppurger Schloß- und Wirtschaftsgebäuden auseinander mit dem Ergebnis, daß Georg am Ende den gesamten Besitz dieser Linie wieder in einer Hand zu vereinigen vermag.

[II.] Bezüglich der Besitzstände der Ranis-Brandensteiner Linie in Oppurg bleibt zunächst festzuhalten: Der im Vorfeld erwähnte Ritter Eberhard auf Oppurg und Brandenstein, der Vater des besagten Reichsfreiherrn Heinrich von Brandenstein auf Ranis [etwa 1425-1494] hatte 1469 seinen Freund Herzog Wilhelm III. darum ersucht, seinen halben Anteil an Oppurg seinem Bruder Hans verkaufen zu dürfen, dem also schon der andere Teil von Oppurg nebst dem später abgetrennten Teil von Grünau gehört haben mußte. Dieser Hans scheint ohne Lehnserben verstorben zu sein, denn bei Heinrichs Tod 1494 teilten seine überlebenden Söhne Eberhard [†1506] und Haubold [†1515] sowie Eberhards Söhne Felix, Christoph und Ewalt den umfangreichen Besitz dieser Linie – der aus Schloß Brandenstein mit Zubehör, Burg und Stadt Ranis, Gut Wöhlsdorf und dem [zweiten] Rittergut Oppurg mit den Vorwerken Döbritz und Grünaumühle bestand. Unter Mitbelehnung seiner Vettern Felix und Ewald erbte Haubolds Sohn Alexander der Ältere die Brandenstein-Raniser Besitzungen in Oppurg, Grünau, später auch Döbritz und begründete so die Linie Ranis-Oppurg, der etwa im Jahre 1542 124 Bauern- und Häusleranwesen in 12 Dörfern unterstanden. Sein im Jahre 1533 erwähnter Besitzanteil ›an Schloß und Dorf‹ Oppurg umfaßte nicht etwa das Schloß Friedrichstein, sondern lediglich einen

Wohnsitz ›am Schloß‹, während sich der eigentliche Wirtschaftshof aller Wahrscheinlichkeit nach östlich des späteren Vorwerks in der Nähe des kleinen Mühlteichs befand. Auch ein westlich an den Schloßhof angrenzendes, im Jahre 1857/58 abgebrochenes Nebengebäude, einschließlich des früher von den Forstbeamten und dem Renteinnehmer bewohnten Torhauses nebst einigen kleineren Stallungen und Scheunen sollen zu den Besitzungen der Raniser Linie gehört haben, wobei auf letzterer, nur wenige Hundert Quadratmeter umfassenden Fläche eine größere Wohn- und Wirtschaftsanlage schon von der Substanz her nicht gestanden haben kann.[91]

Nach Alexanders des Älteren Tod 1545 teilten seine vier Söhne das Erbe der Ranis-Oppurger Linie dahingehend auf, daß Heinrich und Sigismund je einen Teil von Oppurg, Haubold das Rittergut Krölpa und Wolf [† vor 1592] das zum Rittergut erhobene Hammerwerk Grünau erhielt. Durch diese Teilung gaben sie jedoch Veranlassung, ihren Anteil an Ranis bald gänzlich zu verlieren. 1555 erwarben die vier Brüder seitens Moritz´ und Joachims von Kolba das Rittergut Kolba [bei der Kirche] für 3.700 fl. Im weiteren Verlaufe des Jahrhunderts gingen die Gebrüder und ihre Nachkommen jedoch wieder eines Teiles ihres Erbes um das andere verlustig:
Zuerst gelangte die Grünau in andere Hände. Im Jahre 1587 verkaufte Wolf von Brandenstein [II.1.] diese an Apel von Tettau, der sie 1592 oder 1595 an Esaias von Brandenstein weiterveräußerte. Einen Teil davon – und zwar den Siedelhof – behielt er sich zum Wohnen. Mitbewohner war sein ältester Bruder Heinrich [II.2.], der – wie es scheint – seinen Sitz nicht in Oppurg aufschlagen wollte. Den Wolfschen Erbteil [II.1.] mitsamt der Kolbaer Mühle erhielt sein Sohn Hans Heinrich, genannt ›der Pfälzer‹ [Paladinus], weil er für einige Zeit im kurpfälzischen Dienst gestanden hatte. Er verfügte noch über weitere Güter der Ranis-Oppurger Linie. 1587 kaufte er [II.3.] von den Gläubigern seines Vetters Johann Sigismund [† vor 1592], dem Sohn des Sigismund, dessen Oppurger Besitz mit dem Vorwerk Döbritz.

Der verbleibende Teil von Sigismunds [II.2.] Erbe aber fiel an seinen Vetter Heinrich Wilhelm, den einzigen Sohn des vorgenannten Heinrich, nach dessen Tod aber an ihn selbst. Einen Teil davon verkaufte er später dem Esaias, der von seinen Sohn Wolf Asmus 1612 auch noch den restlichen Teil der Heinrich-, Sigismund- und Wolfschen Erbschaft erwerben konnte. Kolba [II.4.] erhielt nach Haubolds Tod [um 1568] sein damals noch unmündiger Sohn Alexander der Jüngere, welcher in niederländischen Kriegsdiensten gestanden war und wahrscheinlich schon 1583 in Kolba starb. Indem seine zwei Rittergüter Kolba und Krölpa mit Schulden überlastet waren, verkauften seine drei ihn beerbenden Vettern Heinrich Wilhelm, Hans Heinrich und Johann Sigismund Krölpa noch im selben Jahr an Christoph von Brandenstein aus der 1571 in Konkurs gegangenen Burg-Raniser-Linie sowie 1588 Kolba für 3.500 fl. an Isaac von Brandenstein [†1613] aus der Oppurger Linie.[92]

Familien- wie auch kulturgeschichtlich bedeutender waren die Vertreter der Oppurger Linie der Brandenstein und zwar die Söhne des Georg [† vor 1533] und einige ihrer Nachfahren: Georg von Brandenstein hinterließ 3 Söhne. Sie hießen Joachim, Johann und Otto: [I.1.] Joachim lebte nahe des Schlosses in einer ›Unteren Behausung an der Orla‹, die er durch den Ankauf eines Bauerngutes erweiterte und die bis 1728 als selbständiges Rittergut in Brandensteinischem Besitz blieb. Den Schmalkaldischen Krieg erlebte er im Rang eines Obristen unter dem Kommando des Grafen von Mansfeld. Das für die Aufstellung des Mansfeldischen Truppenkontingents benötigte Geld entstammte jedoch einem Darlehen, für dessen Rückzahlung der Brandensteiner mit gebürgt hatte, worauf diese Schuld in Höhe von mehr als 11.000 fl. später seinen Erben liquidiert wurde. Mit Erfolg kämpfte er 1547 im Gefecht von Adorf gegen die Hussauer [Husaren, eine völlig neuartige und daher unberechenbare Kavalleriegattung aus dem Balkan. Als nach der Schlacht von Mühlberg Kaiser Karl V. das Saaletal hinaufzog und die Hussauer über das Durchbruchstal der Orla die Mittlere Orlasenke heimsuchen wollten, bekämpfte und vertrieb er diese mittels einer eiligst aufgestellten Landwehr. [I.2.] Auch Johann, der spätere ›Hans der Türke‹, war ein bekannter Kriegsmann. Im Kampfe gegen die Türken geriet er in deren Gefangenschaft und blieb längere Zeit verschollen. Nach seiner Rückkehr 1545 wollten seine Brüder, die das Erbe schon 5 Jahre zuvor unter sich aufgeteilt hatten, ihn zunächst nicht anerkennen. Am Ende mußten sie aber zu einer erneuten Teilung schreiten, wobei Otto und Joachim ein Drittel ihrer Oppurger und Positzer Besitzungen sowie in der Oppurger Ortslage ein 1519 erbautes Herrenhaus mit Wirtschaftshof an Hans den Türken abtraten. Auf diese Weise kam die über längere Zeit bestehende Dreiteilung von Positz mit ihren häufigen Besitzumschichtungen zu Stande.

[I.3.] Otto, der bei der Teilung 1545 ein Drittel der Oppurger und Positzer Besitzungen dieser Linie nebst dem Friedrichstein erhalten hatte, erging sich nicht in fremden Kriegsdiensten. Er blieb zu Hause, tätigte verschiedene Geschäfte und wurde reich. In Positz, wo bislang nur ein Schafhof gestanden hatte, erbaute er auf dem Gelände des jetzigen Gutsgehöfts ein Vorwerk mit Wohn- und Wirtschaftstrakt, welches ›Positz das Zweite‹ oder ›Positz zweiten Teils‹ genannt wurde.

[I.1.] Von den 7 Söhnen des Joachim [† vor 1587] teilten die 5 überlebenden ihr Erbe dergestalt, daß die Oppurger Besitzungen und Positz III. Teils in zwei Hände kamen.
Eine Hälfte dieses, nahe des Positzer Brauteichs gelegenen Anwesens wurde 1581 von Isaac, Esaias und Wolf Otto aus der Ottonischen Linie erworben. Nach weiteren Besitzteilungen und -zusammenführungen fand der Joachimsche Erbteil unter Hans Georg von Brandenstein [†1741] schließlich wieder zusammen. Dieser fungierte als Hofmeister der in Neustadt an der Orla residierenden Witwe des 1713 verstorbenen einzigen Herzogs von Sachsen-Pegau-Neustadt, Anna Friederike Philippine, einer geborenen Prinzessin von Holstein-Wiesenburg [†1748]. Im Jahre 1729 verkaufte er seine Oppurger Liegenschaften an den Grafen von Einsiedel, den Besitzer des Schloßrittergutes, und übernahm dafür das kleine Rittergut Kolba im Dörflein, welches er mit dem zurückbehaltenen Rittergut Positz III. Teils besitzrechtlich verknüpfte. Nach sei-

nem Tod beerbte ihn sein einziger Sohn Adam Friedrich und verkaufte 1752 Kolba im Dörflein für 8.000 fl. und Positz III. Teils für 14.000 fl. an den Besitzer von Oppurg, den Grafen von Hoym, der Positz damit wieder vereinigte. Damit war auch der letzte Teil des ursprünglichen Besitzstandes des Joachim in andere Hände gelangt. Adam Friedrich erwarb dafür die beiden Rittergüter Ober-Renthendorf [1752] und Unter-Renthendorf [1753], wonach er letzteres auflöste und mit ersterem vereinigte. Nach seinem Tode 1781 erhielten seine Tochter Christiane Friederike, die sich 1780 mit Heinrich Traugott von Pöllnitz vermählt hatte, und sein Neffe Carl Gottlob Traugott von Brandenstein auf Rockendorf den Besitz, verkauften aber Renthendorf 1783 an den Weidaer Bürgermeister Wachter. Mit Carl Gottlob Traugotts Tod 1807 erlosch der Joachimsche Stamm.[93] [I.2.] Von den Nachkommen Hans des Türken [† um 1596] setzte sich schließlich Heinrich Wolf [†1612] als alleiniger Besitzer der von seinem Vater hinterlassenen Güter durch. »Er hinterließ zwei Söhne Hans Ernst und Hans Christoph, deren Leben in der Tat kein Ruhmesblatt in der Geschichte der Brandenstein bildet. Der ältere, Hans Ernst, hatte bei der im Jahre 1617 stattgehabten Teilung Oppurgs möglicherweise auch einen Teil von Positz erhalten, verkaufte jedoch sofort danach einen Teil seines Erbes an Wolf Otto in Positz, von welchem [sich] diese Besitzung zunächst an dessen Sohn Veit Conrad ... vererbte, um dann durch Kauf und zwar für den Preis von 7.000 fl. an Esaias von Brandenstein überzugehen. Infolge der zahlreichen Teilungen befand sich etwa im Jahre 1580 der Raniser Teil von Oppurg seitens der Nachfahren Alexanders in 4-5, der Oppurger Teil des Georg [mit Positz] sogar in 7 Händen [!].[94]

Dieser Zustand änderte sich, als der Erbe des Schloßrittergutes – Ottos [I.3.] Sohn Esaias von Brandenstein [1567-1623], der am kurfürstlichen Hof in großem Ansehen stand und durch seine außergewöhnlichen Fähigkeiten ein enormes Vermögen gewann – seinen auf 8.000 fl. veranschlagten Oppurger Erbteil erweiterte, indem er – wie gesagt – in rascher Folge eine große Zahl weiterer Brandensteinischer

Familiengüter im Ort ansichbrachte. Von Hans Heinrich [dem Pfälzer] und seinem Sohn Wolf Asmus aus der Brandenstein-Raniser Linie erwarb er für 11.000 fl. bzw. 11.300 fl. deren Anteil an Oppurg nebst der Schäferei zu Döbritz. Später kam noch das für 13.000 fl. von Apel von Tettau erworbene Rittergut Grünau hinzu, das bis 1587 ebenfalls dieser Linie gehört hatte, womit für insgesamt 35.300 fl. fast der gesamte Raniser Anteil an Oppurg in der Hand des Esaias war.

Mit dem 1617 von Hans Ernst von Brandenstein für 4.000 fl. erworbenen restlichen Teil des Türkenhofes hatte er – wenn man von den sich noch in den Händen der Nachkommen des Joachim von Brandenstein befindlichen Liegenschaften absieht – den gesamten brandensteinischen Besitz in Oppurg vereinigt. Dazu schenkte ihm der sächsische Kurfürst Christian II. [1583-1611] die Pfarrlehen, das Abtsgetreide und alle bislang dem Amt Arnshaugk gehörigen Fron- und Handdienste der Oppurger Einwohner. Ferner erhielt Esaias von diesem 60 ha Wald zwischen Weira und Knau, welchen er später seinem 1601 von der Familie von Marschall erkauften Rittergut Knau einverleibte. Zuvor – im Jahre 1597 – hatte er von Heinrich von Stein auf Lausnitz Zinsen und Lehen zu Dienstädt und Reschwitz erworben, die früher einem Otto von Brandenstein gehört hatten. Dazu kam im Jahre 1602 seitens derer von Stein auf Lausnitz das Freigut Krobitz. Ferner erwarb er für 1.200 fl. die grundherrlichen Rechte über das Dorf Schweinitz mit Ober- und Niedergericht, der Gebietshoheit und der Steuergerechtigkeit sowie im Jahre 1601 die Ober- und Niedergerichtsbarkeit auf Zinsen und Untertanen zu Volkmannsdorf, Moxa, Kleina und über die drei Fischbäche Orla, Plota [Plothenbach] und Sornitz [bei Paska]. Seinen bedeutendsten Erwerb tätigte er jedoch, als ihn der sächsische Kurfürst wohl als Äquivalent für versprochenes oder geborgtes Geld im Jahre 1601 gegen einen Einmalbetrag von 8.000 fl. seine landesherrlichen Rechte in sieben vormaligen Amtsdörfern [Weira, Quaschwitz, Oberoppurg, Daumitsch, Solkwitz, Döbritz und Rehmen] überließ, welche u.a. die volle Lehns- und Gerichtsgerechtigkeit über 66 Anwesen [davon 45 allein in Weira] umfaßten. Warum sich der Landesherr so bereitwillig davon trennte, mag mit daran gelegen haben, daß diese Orte erst 30 Jahre zuvor zusammen mit den Ämtern Arnshaugk, Weida, Ziegenrück und Sachsenburg [in Nordthüringen] von den Ernestinern an das frischgebackene Albertinische Kurhaus verpfändet worden waren und noch keine Klarheit darüber bestand, ob bzw. wie lange diese assekurierten Ämter dem Kurfürsten verbleiben würden. Durch die Übernahme von Gerichtsbarkeit und grundherrlichen Berechtigungen in jenen Dörfern konnte Esaias eine wesentliche Voraussetzung für die Herausbildung der Herrschaft Oppurg schaffen. Neben anderen Orten kamen im Laufe der Zeit noch die Dörfer Köstitz, die zwei Dembachs mit dem Forstbezirk Wüste Kirche, Bodelwitz mit der Wüsten Mark Thiemsdorf, Dorf und Vorwerk Gertewitz sowie eine Reihe von Anwesen in Dienstädt, Krölpa und Schmorda unter das Oppurger Patrimonialamt, welches damit zum größten und bedeutendsten Rittergutsbezirk in der ganzen Orlasenke, ja im ganzen Orlagau avancierte.[95] Die Gerichts- und Grundherrschaft des Oppurger Rittergutes in diesen Orten war allerdings nicht flächendeckend, da noch andere Grundherren über Lehnsleute dort verfügten. Nicht einmal Oppurg, das vollständig unter seinem Patrimonalgericht stand, war in dieser Hinsicht homogen, da ein Teil der Einwohner dem örtlichen [Schloß-]Rittergut, ein anderer den beiden Rittergütern Positz ersten und Positz zweiten Teils sowie ein dritter dem vereinigten Rittergut Kolba und Positz [dritten Teils] unterstand.

Christoph Carl von Brandenstein auf Oppurg

Esaias zweiter Sohn Christoph Carl [1599-1640] führte die Schloß-Oppurger Linie noch einmal zu hohem Ansehen. »Mit nicht gewöhnlichen Geistesgaben ausgerüstet, weltgewandt, aber auch hochstrebend und ehrgeizig gelangte er frühzeitig in hohe Stellungen.«[96] »Er war nahe daran, die von ihm erstrebte Reichsunmittelbarkeit verliehen zu erhalten, um bei seinem Tode doch alle diese hochfliegenden Pläne gescheitert zu sehen. Er war einer jener Abenteurer, die zur Zeit des

Dreißigjährigen Krieges nach Vorbild des Herzogs von Friedland zu einer bedeutenden Stellung zu kommen suchten und – obwohl sie eine nicht unbedeutende Rolle gespielt haben – in den gedruckten Geschichtsquellen nur flüchtig erwähnt werden, weil sie bei eigener Unzulänglichkeit oder unter ungünstigen Verhältnissen in ihrer vielversprechenden Tätigkeit stets vor dem Erreichen ihrer Ziele gehemmt wurden.[97]« Nach einem hervorragenden Jurastudium und einer ausgedehnten Kavalierstour begann Christoph Carl von Brandenstein seine Laufbahn zunächst am Altenburger Fürstenhof.

Später wirkte er am Dresdner Hof und leistete für den sächsischen Kurfürsten Johann Georg I. diplomatische Dienste.

In Wien wurde er 1629 Kämmerer von Kaiser Ferdinand II. und auf dem Reichstag zu Regensburg in den Grafenstand erhoben. Durch diese Erhebung [Diplom vom 5. August 1630] »erhielt er zugleich das Recht, in seiner Herrschaft und in seinem Gebiete eine Münzstätte zu bauen und aufzurichten und darinnen durch seinen Münzmeister allerlei Gulden und silberne Münzsorten, klein und groß, soweit dies das Reichs=Münz=Edikt und die Reichs=Münz=Ordnung zuließen, mit Umschriften, Bildnis, Wappen und Gepräge auf beiden Seiten münzen zu lassen.[98]« Obwohl er nur selten in Oppurg weilte, leistete er sich – seinem neuen Stand entsprechend – ein eigenes Hofdiakonat, das nach dem dritten Diakon aber wieder einging. Im Jahre 1632, nachdem Kursachsen auf Seiten Schwedens in den Krieg eingetreten war, wandte sich Christoph Carl von den Kaiserlichen ab und wechselte zu den Schweden über. Ihrem König Gustav II. Adolf versprach er, große Summen für die Unterhaltung dessen Heeres beschaffen zu können und wurde am 5. November 1632 mit weitreichenden Vollmachten versehen und für 18.000 Taler Jahreslohn zum Großschatzmeister in Deutschland ernannt. Am 8. Oktober 1632 verlieh man ihm die Herrschaft Querfurt, die bis dahin zum Magdeburger Stiftsbesitz gehört hatte.

Sein nichtzuletzt durch den eigenen Münzverlag gewonnenes Vermögen ließ ihn mehrfach als Kreditgeber für riskante Kriegsunternehmungen in Erscheinung treten, so einmal mit dem

Betrag von 345.000 Talern. 1633 beschaffte er der schwedischen Krone eine Million Taler. Mit Geld gelang es ihm auch in diesem Jahr, eine Meuterei unter den schwedischen Soldaten, ausstehender Soldzahlungen wegen, zu beenden.

Zur Erreichung seiner hochgesteckten politischen Ziele ließ er in seinen Wäldern nicht nur alles Holz schlagen und als Floßholz verkaufen. Von säumigen Untertanen, die ihre Abgaben nicht zur rechten Zeiten zahlen konnten, verlangte er Wucherzinsen [Rutscherzins]. Zudem verpfändete er das Erbe seiner Familie, die Herrschaften Oppurg und Knau mit Krobitz und Grünau an die Witwe Katharina von Volkersdorf aus dem Hause Lichtenstein zu Niclausburg in Böhmen gegen ein Darlehen von 100.000 Speziestalern. Diese Verpfändung sei aus dem Grund erwähnt, weil der Gläubigerin zugleich ein Wohnrecht auf Oppurg eingeräumt wurde, das sie auch in Anspruch nahm. »Brandensteins Unglück war der frühe Tod des Schwedenkönigs in der Schlacht von Lützen, in der der Brandensteiner ein Reiterregiment geführt haben soll und die Niederlage der Schweden bei Nördlingen, wonach seine Grafschaft [Querfurt] ohne die Ansprüche des Grafen zu berücksichtigen im Prager Frieden an den Kurfürsten von Sachsen gegeben wurde.[99]« Das sowie seine im schwedischen Heer erworbene Stellung bewogen Christoph Carl dazu, nicht zusammen mit seinem Landesherrn auf die kaiserliche Seite überzuwechseln, sondern weiter auf Seiten Schwedens zu bleiben. Wie vor ihm schon Wallenstein trat auch Brandenstein bald als Friedensvermittler hervor. Zunächst vermittelte er zwischen Sachsen und Schweden, später zwischen dem Kaiser und Schweden. Doch bald verlor man das Vertrauen zu ihm. Friedrich Dedié schreibt darüber: »Da nun dem Kurfürsten von Wien aus bekannt geworden war, daß nach den früheren, vom Grafen Brandenstein aufgestellten Friedensvorschlägen die an Sachsen gekommene Lausitz wieder an Österreich zurückgegeben werden sollte, da Brandenstein sich ferner nach der Schlacht von Wittstock (1636) an den Raubzügen des Schwedischen Feldherrn Banēr in Sachsen beteiligt und von den Städten Leipzig, Torgau und Eilenburg bedeutende Summen unter dem

Vorgeben erpreßt hatte, daß ihm der Kurfürst durch Vereitelung des Friedensabschlusses im Interesse seiner Gläubiger arg geschädigt habe, so war die Gesinnung Johann Georgs I. dem Grafen gegenüber keine sehr freundliche und er ließ ihn am 15. Mai 1637 bei seiner Durchreise durch Dresden festsetzen, unter dem Vorwand, er habe keinen sächsischen Paß und auch keine Vollmacht der schwedischen Krone, weswegen er erst beim Kaiser anfragen müsse. Zunächst wurde der Graf im Gasthof ›Roter Hirsch‹ einquartiert, dann erhielt er eine standesgemäße Wohnung in dem zum Schloß gehörigen Gildhaus, die er nicht verlassen durfte.

Seinen Unterhalt erhielt er während dieser Zeit aus der Hofküche und der Hofkellerei. Als Dienerschaft erhielten Graf und Gräfin (die die ganze Zeit bei ihm blieb) einen Diener, eine Dienerin, drei Trabanten und zwei Aufwärter, welche ihnen das Essen zutragen, die Wohnung reinigen und zu heizen hatten.[100]« Das Essen bestand mittags aus 8 Gerichten in 3 Gängen, beim Dritten Gang Dessert und ebenso reichlichem Abendbrot. Die Ausgaben für die Beköstigung während des 3½-jährigen Aufenthalts des Grafen wurden nach seinem Tode auf 9.377 fl. 5 gr. 4 Pf. berechnet und den Erben liquidiert, hierunter 1.280 fl. für Wein (35 Eimer Österreicher a ´10 fl., 213 Eimer Landwein a´6 fl.), 77 Faß Bier a´8 fl., 58 Schffl. Weizenmehl a´3 fl., 283 Schffl. Roggenmehl a´2 fl., Fleisch usw. für 5.193 fl. 20 gr. 6 Pf., Mittelinseltlichte zu 363 fl. 19 gr., 53½ Schragen weiches Holz aus dem Pirnaischen, 7½ Schragen Erlenholz aus dem Altstädter Holzhof a´ 6 Pf. mit Einschluß des Schneiderlohns, Apothekerkosten 92 fl. 13 gr. 9 Pf., alles nach der billigen Hoftaxe berechnet. Inwieweit der sächsische Kurfürst nach Christoph Carls Tod an die Unterhaltskosten für seinen Staatsgefangenen gekommen ist, bleibt ungewiß. Am Kaiserhof in Wien stritt man derweil um das Schicksal des Brandensteiners. Während die einen mit diesem Schwindler nichts zutun haben und ihn seinem Schicksal überlassen wollten, pochten andere auf dessen Stellung als Honoratior der Schwedischen Krone, wollten seine Immunität respektiert wissen und ihn gehen lassen. Die Schweden kümmerten sich überhaupt nicht um ihn, zum einem, weil er dort schon länger in Verdacht der Unzuverlässigkeit geraten, zum anderen, weil dem kampflustigen Banēr an Friedensverhandlungen alles andere als gelegen war. Inzwischen hatten Brandensteins zahlreiche Gläubiger ihre Ansprüche geltend gemacht und seine Besitzungen im Orlagau sowie sein Dresdner Haus mit Beschlag belegt. Schon Ende 1637 hatte der Kaiser, weil er ja kein Kapitalverbrechen begangen habe, seine Freilassung gewünscht, freilich gegen eine entsprechende Kaution. Auch die bei mehreren juristischen Fakultäten eingeholten Rechtsgutachten sahen keinen Grund, ihn länger gefangen zu halten, denn seine Gläubiger und Feinde könnten ja auch nach seiner Freilassung Schadensersatz bzw. Genugtuung fordern. Allein sein größter Feind, der sächsische Kurfürst, behielt ihn weiter in Haft und Brandenstein wäre wohl kaum vor dem Abschluß des allgemeinen Friedens losgekommen, hätte ihn im Oktober 1640 nicht der Tod von seiner Gefangenschaft erlöst. Man bettete seinen Leichnam zunächst in die Dresdner Sophienkirche. Wo er endgültig begraben wurde, weiß niemand. Immerhin kam die schwedische Krone ihrem, dem Grafen vordem gegebenen Versprechen, im Falle seines vorzeitigen Todes seine Hinterbliebenen zu versorgen, nach und überließ seiner Witwe, die daraufhin nach Hamburg verzog, bis zu ihrem Ableben im Jahr 1661 eine jährliche Pension von beträchtlichen 2.000 Talern. Seine vier Söhne starben sämtlich unvermählt, zum Teil im Jugendalter. Sein letzter Nachkomme, der jüngste Sohn, starb 1661 in Wien. Er hatte keinerlei Kontakt mehr zur Herrschaft Oppurg. Da an eine Zufriedenstellung der zahlreichen Gläubiger nicht zu denken war, kamen die Oppurger und Knauschen Güter 1672 zur Zwangsversteigerung. Auch wenn – wie Dedié resümiert – das Verhalten des sächsischen Kurfürsten Johann Georg I. gegenüber seinem Oppurger Vasallen vielleicht Unrecht war, seinen Niedergang hatte der Brandensteiner, der stets maßlosen Ehrgeiz und in der Wahl seiner Mittel geradezu unsittliche Rücksichtslosigkeit gezeigt hatte, am Ende sich selbst zuzuschreiben gehabt.[101]

Hans der Türke von Brandenstein und seine Nachkommen
Abgesehen vom Oppurger Schloß existiert – mitten im Dorfe,
aber dennoch nicht gleich zu sehen – ein kleines Renaissance-
Schlößchen. Es ist der im 16. Jahrhundert von Johann von
Brandenstein bewohnte Türkenhof. »Über der Tür in einem
Stein, der vordem in der unteren Haustür gewesen war, steht
die Inschrift: ›ICH . HNS. V . BRAN . HABE . DIS . HAVS . GE-
BAVET . MIT . GOTES . H . VND . BIN . XVI . IAR . IN . DER . TYR-
KEY . GEW . VND . ZV . VNDER . NEAPO . III . IAR . IM . TORGE .‹
Das müssen Sie so lesen: ›Ich, Hans von Brandenstein, habe
dies Haus gebaut mit Gottes Hilfe und bin 16 Jahre in der
Türkei gewesen und [habe] zu Unter-Neapolis drei Jahre im
Turme gesessen‹.«[102] Gleich anderen nachgeborenen Adels-
söhnen hatte auch Hans von Brandenstein seine Betätigung
beim Militär gefunden. In Frankreich ließ er sich im höheren
Kriegswesen ausbilden, diente zunächst dem französischen
König und danach dem Kaiser des Heiligen Römischen Rei-
ches. Bei der Belagerung der von den Türken besetzten un-
garischen Stadt Ofen geriet er in türkische Gefangenschaft.
Mit fast vierzig kehrte er nach 16 Jahren heim. Seine Brüder
Joachim und Otto, die ihn bereits für ›tot‹ erklärt und das
Erbe unter sich aufgeteilt hatten, wollten den Heimkehrer
zunächst nicht erkennen. Schließlich mußten sie das Erbe neu
teilen und wiesen ihm ein Drittel der Liegenschaften der
Oppurger Linie, nebst einem Drittel am dem Gute Positz zu.
Zum Bau eines angemessenen Rittersitzes erhielt er in der
Ortslage von Oppurg – nur wenige Meter südlich der Orla zu –
ein, dem Anscheine nach, großbäuerliches Anwesen, dessen
Wohnhaus er in den 400 fl. teuren Bau seines neues Herrenhauses miteinbeziehen ließ. Zur Erinnerung an seine Kerker-
haft in Unter-Neapolis, einen Stadtteil von Istanbul, welcher
auch ›Galata‹ genannt wird, ließ Hans der Türke an den
Ostgiebel seines neuen Hauses mit großen Buchstaben das
Wort ›GALATA‹ anbringen. Vor dem, im Jahr 1867 vorgenom-
menen Umbau des Erkers soll diese Inschrift zum Teil noch
kenntlich gewesen sei. Noch um 1920 gab es auf dem Gut
Eisenbeschläge von einigen Feuerhaken, die mit ›Galata‹ be-

zeichnet waren.[103] Die aus Kleindembach stammende Heimat-
dichterin Clara Häcker hat das abenteuerliche Leben des Hans
von Brandenstein in ihrem Roman ›Der Türkenhof‹ nieder-
geschrieben. Vieles davon war zu ihrer Zeit schon zur Legende geworden und ist daher mit Vorsicht zu genießen.
Anderes – vornehmlich die Ereignisse in der Fremde betreffend – hat sie in dichterischer Freiheit glatt erfunden. Danach

habe sich Hans nach drei-
jähriger Haft das Vertrauen
der Türken erworben und
dem türkischen Heerführer
Ibrahim auf dessen Zügen
nach Syrien und Persien
lange Zeit als Militärbera-
ter gedient. Eine höhere
Funktion in der türkischen
Verwaltung blieb dem Bran-

Oppurg: Türkenhof

densteiner indes verwehrt, weil er nicht zum Islam übertreten
wollte. Auch wenn seine Rückkehr durchaus verwegen war,
sind diese doch später überhöht, ja sogar verklärt worden.

Eine vornehme Türkin – die schöne Paschatochter Zuleika
– soll den christlichen Ritter aus seiner Gefangenschaft befreit
und ihn in seine Heimat begleitet haben. Daraufhin habe der
Brandensteiner mit dem Einverständnis sowohl des Papstes in
Rom als auch seiner angetrauten Gemahlin Helene von Stein
mit dieser und der Türkin in Doppelehe gelebt. Motive der
bekannten Thüringer Sage über den Kreuzritter Graf Ludwig
von Gleichen, die höchstwahrscheinlich ebensowenig auf
wahren Tatsachen beruht, sind hier verarbeitet worden. Man
erzählte auch, daß der Weg vom Türkenhof nach dem vorgenannten spätgotischen Bildstock an der Pößneck-Neustädter
Straße genau die Entfernung darstellte, welche Hans auf
seinen täglichen Spaziergängen von seinem Kerker aus habe
zurücklegen dürfen.[104] Lange hielt es ›den Türken‹ jedenfalls
nicht in Oppurg. Schon nach wenigen Jahren trieb es den
Abenteurer erneut hinaus. Bereits 1552 kämpfte er wieder für
den Kaiser gegen Kurfürst Moritz von Sachsen und seine

Verbündeten. Indem ihm bei der Teilung mit seinen Brüdern wahrscheinlich der schlechteste Teil des Erbes mit entsprechendem Streubesitz zugefallen war, glaubte er sich übervorteilt und lebte mit Joachim, vornehmlich aber mit dem geschäftstüchtigen Otto jahrelang in Streit. Nachdem Hans der Fehler unterlaufen war, letzteren an Leib und Leben zu bedrohen, schlug Otto daraus Kapital und bat 1568 den Grafen von Gleichen – den damaligen albertinischen Statthalter über das im Vorjahr dem Johann Friedrich II. entzogene ernestinische Herzogtum – gegen seinen Bruder um Schutz und Beistand, »denn mir an meinem leib und leben, wo er auff mich stoße mit Büchsen und andern mordlich wehren ab zu brechen kein Stunde Sicher sein, Und also seine Seligkeit, als Soll Ihn der Teuffel holen, mitt verschworen. Mir auch hierneben alle Bruderschaft vnd gevatterschafft aufsagen lassen.« Daraufhin wies der Graf den Amtmann von Arnshaugk an, Hans den Türken zum Frieden zu gemahnen und bei Zuwiderhandlung an einem bestimmten Ort zu internieren. Gleich zahlreichen anderen Brandensteinern erreichte auch Hans, trotz zahlreicher, in seinem Leben erlittener Strapazen ein hohes Alter. Er starb um 1596 und hinterließ 8 Söhne und 1 Tochter.[105]

Die letzten männlichen Vertreter seines Stammes waren die beiden Söhne seines Sohnes Wolf von Brandenstein auf Oppurg-Türkenhof und Positz [†1612]. Der ältere, Hans Ernst, hatte bei der im Jahre 1617 stattgehabten Teilung Oppurgs, möglicherweise aber einen Teil von Positz erhalten, verkaufte jedoch sofort danach einen Teil des Erbes. Sein Bruder »Hans Christoph starb am 30. Mai 1658 ohne Hinterlassung von Lehenserben in Neustadt (Orla), nachdem seine vier Söhne bereits vor ihm mit [dem] Tode abgegangen waren. Einziger und nächster Lehnserbe war daher sein einzig überlebender Bruder Hans Ernst, welcher das ihm angefallene Gut Positz I. Teils nunmehr ... verkaufte. ... Die Lebensgeschichte der Brüder Hans Ernst und Hans Christoph gewährt einen interessanten Einblick in den sittlichen Stand des damaligen niederen Adels in der Rechtspflege jener Zeit, sowie in deren gesamte kulturellen Verhältnisse.«[106] Dabei gründen sich Hans Ernsts

»schwere Verfehlungen und Vergehen kaum auf angeborene Melancholie, sondern vielmehr auf einen rohen und ungebändigten Charakter, sowie auf eine hochgradige Trunksucht. ... Schon als junger Mann, im Jahre 1619, als er neben seinen Vettern Esaias und Christian in ein sächsisches, vom Oberstleutnant von Milckau geführtes Reiterregiment eingestellt worden war, hatte er in der Trunksucht mit einem Leutnant von Beulwitz einen so heftigen Streit, daß er in Eisen gelegt und nur auf Bitten seiner Mutter vom Kurfürsten begnadigt wurde.

Außerdem war er bereits im Jahre 1617 wegen einer, dem Wilhelm von Etzdorf zugefügten Beleidigung gefänglich eingezogen und nur gegen einen Revers, in welchem er versprach, daß er dem von Etzdorf Abbitte leisten und sich fernerhin gebührlich betragen wollte, wieder freigelassen worden. Nachdem Hans Ernst seine militärische Laufbahn aufgegeben hatte, erschoß er auf ihrem Hofe in Tausa die Frau des Hans Achaz von Obernitz, geb. von Gräffendorf, eine nahe Verwandte, weil sie ihm in Abwesenheit ihres Eheherrn ein Pferd zu leihen versagt hatte, worauf er entfloh.

Die von Obernitz stellten nun zwar an den Schösser von Arnshaugk das Verlangen, hinter ihm einen Steckbrief zu erlassen, aber erst nach einem Jahr, am 18. Juli 1629, wurde die Genehmigung hierzu erteilt, da jene Tat eine ›hochsträfliche sei, die billig mit Ernst zu verfolgen wäre‹; doch sollten die von Obernitz die Kosten tragen, welche der Schösser im Weigerungsfalle auszulegen habe. Darauf wurde Hans Ernst gefangen, von genannten Schösser in einem ›Bollwerk‹ verwahrt und [wie damals allgemein üblich] auf seine eigenen Kosten verpflegt. ... Dem Schösser David Andreaß wurde am 5. August 1631 von seiner Regierung in Dresden ›das über den gefangenen Hans Ernsten von Brandenstein erholte Urteil bekannt gegeben mit dem Begehren, die darinnen beniemte Strafe an dem Verhafteten erkannter und gesprochener Maßen gebührlich vollstrecken zu lassen‹.

Vorher hatten der Herr Medici zu Neustadt und ein Feldscherer ihr ›judicium‹ abgegeben. Das Urteil der Kurf. Sächsischen Schöppen zu Leipzig an den Schösser David Andreaß lautete: ›Auf die eingeschickten Inquisitionsakten und den angestellten Achtsprozeß und einer Frage …. sprechen wir vor Recht: Daraus allenthalben zu befinden, daß der gefangene Hanß Ernst von Brandenstein der an Veronicen Hansen Achatii von Obernitz begangenen Entleibung wegen, am leben nicht zu straffen. Er wird aber gleichwohl in Gefegknus mit Ruten ziemlicher maßen billig gezüchtigett und darauf mit gefengklichen Haft jedoch ohne geschwornen Vrfrieden entledigt, auch darneben seinen nächsten Freunden und Anverwandten ihn in einen Pollwergk oder in ihrem Hause mit Ketten und Banden, die Zeit seines Lebens dermaßen zu verwahren, damit er ihn selbst und andern keinen ferner Schaden zufügen könne, auferlegett. Von rechts wegen.‹ Am 31. Dezember 1635 erging von Dresden aus der Befehl an den Schösser Hansen Feske zu Arnshaugk: ›Auf Veit Friedrichs von Obernitz zu Dausa Gesuch wider seinen Schwager Hans Ernsten von Brandenstein, lassen wir es bei dem 1631 ergangene Urteil und unserem Befehl vom 26. April 1634 bewenden… Im Jahre 1638 war er [Hans Ernst] wieder frei; denn in diesem Jahr schoß er seinen Schwager, Hans Christoph von Watzdorf, dergestalt in die Seite, daß dieser nach 24 Stunden starb.

Nun wurde ihm der Prozeß gemacht; er wurde verurteilt, ein Wehrgeld zu zahlen, die entstandenen Unkosten zu tragen, auch wurde er des Landes verwiesen. … Das Urteil gegen Hans Ernst wurde [am] 27. Juli 1639 dahin abgeändert, daß er Zeit seines Lebens von seinen Anverwandten und seinem Eheweibe in acht genommen werden sollte, damit er keinen weiteren Schaden anrichten könne. … Hans Ernst hatte mit seiner zweiten Frau Susanne Katharina von Obernitz das ihrer Familie gehörige Gut Tausa bei Ziegenrück [wohl das Mittelgut] erheiratet. Da er sich nun unter diesen Verhältnissen nicht um sein Gut kümmerte, so wurde es ebenso wie das zu Tausa gehörige Bucha seinem Schwager, Veit Friedrich von Obernitz zur Verwaltung übergeben. Bis 1653 scheint nun die Sache leidlich gegangen zu sein, dann aber berichtet der Schösser von Arnshaugk wieder, Hans Ernst sei in einen so gefährlichen Zustand geraten, daß zu befürchten sei, er werde ehestens die dritte Mordtat begehen oder sonsten großes Uebel stiften; daher wird seine Frau aufgefordert, ihrem 1639 gegebenen Versprechen nachzukommen. Auch die Brandensteinischen Geschlechtsältesten beklagen sich darüber beim Schösser, daß Hans Ernst und sein Bruder Hans Christoph ›bisher einen ärgerlichen, wider göttliche und weltliche Gesetze laufenden Lebenswandel geführt hätten, auch in solchem nochmals verharrten‹. Die Geschlechtsältesten baten ihrerseits, doch endlich diese beiden Brüder in Haft zu nehmen. Diesem Ersuchen wurde stattgegeben, die Brüder wurden heimlich nach Ziegenrück gebracht und daselbst gegen die von der Familie angebotene Verpflegung in Verwahrsam genommen. Als Hans Ernst nun im Jahre 1662 aus seiner Haft entlassen war, geriet er in das größte Elend. Der für ihn eingesetzte Kurator berichtet darüber an den Herzog – derselbe leide Not an seinem Unterhalte und konnte sich des Ungeziefers nicht erwehren, was dem wohladligen berühmten Brandensteinischen Geschlecht nicht wenig schimpflich wäre. Er ziehe von einem zum anderen, und wenn er nur ein wenig getrunken, so habe er keinen Verstand mehr. Die von Brandenstein zu Kolba und Oppurg weigerten sich, ihn aufzunehmen, weil er schon ›zwei Tödte‹ als ›furiosus‹ begangen und bereits mit dem dritten gedroht habe. Hans Otto von Brandenstein habe zugesagt, ihn zu Positz unterzubringen, wenn ihm Alimentationsgelder gezahlt würden. Einige Wochen später berichtet dann der Schösser, Hans Ernst sei seiner Sinne nicht mächtig, laufe zum Spott und zur Schande der Familie umher und halte weder Kleider noch Geld zusammen. Eigentlich habe er zeitlebens in Ziegenrück gefangen sitzen sollen, aber bei einem feindlichen Überfall seien die Beamten entflohen – er frei geworden und bis heute geblieben. 1663 weigerte sich aber auch Hans Otto in Positz, ihn aufzunehmen, da Hans Ernst nicht nur ein unflätiger, sondern auch ein bösartiger Mensch sei, ›den bei Gefahr seines Lebens selbst für 25 Gulden niemand auch nur einen Monat aufzunehmen vermöge‹. Darauf verfügt dann aber der Herzog, es bleibe dabei, daß Hans Otto ihn bei sich zu behalten habe. Hans

Ernst beschloß sein unrühmliches Leben wahrscheinlich am 12. Februar 1671. Im Oppurger Kirchenbuche ist der Todesfall nicht eingetragen, er kann demnach nicht in Positz gestorben sein.«[107] In solchem Gebahren mag vielleicht einer der Gründe liegen, warum sich etwa von den 5.193, zwischen 1724 und 1871 etwa im Staatsgefängnis des Fürstentums Altenburg auf der Leuchtenburg Eingekerkerten gerade einmal 20 Adlige befanden. »Von ihnen saßen einige wegen Melancholie und Gemütsverwirrung im Armenhaus, ein paar Militärs wegen ›liederlichen Lebenswandel‹ oder nach Duellen in Korrektionshaft, wieder andere saßen wegen Völlerei oder ›Umherschweifens mit anderen Frauen‹ einige Monate im Zuchthaus.«[108]

Die Zweige derer von Brandenstein Wernburger Linie

Die Herren von Brandenstein gelten als erste urkundlich bekannte Besitzer des Rittersitzes in Wernburg und zwar mindestens seit Mitte des 14. Jahrhunderts. Zunächst verwalteten sie ihre beiden Herrschaften Oppurg und Wernburg noch gemeinsam, bis die drei Söhne des 1298 genannten Albrechts von Brandenstein um das Jahr 1350 zur Teilung schritten.

Wie wir bereits hörten, wurde Otto [1355 als Vogt zu Leipzig genannt] zum Begründer der Wernburger Linie, während Albrecht der Jüngere [genannt 1346] die Linie Ranis-Brandenstein und Heinrich [urk. 1346, 1351, 1372] die Linie Oppurg ins Leben riefen. Indes kann nicht ausgeschlossen werden, daß nicht etwa der um 1400 wirkende gleichnamige Sohn vorgenannten Heinrichs der Gründer des Hauses Wernburg gewesen sein kann. Wie der Forscher Barnim Wilhelmi [1865] annimmt, scheint diesem seinerzeit ein Drittel des brandensteinischen Gesamtbesitzes zugesprochen worden zu sein, wobei der hiesige Zweig ganz im Gegensatz zu dem von Brandenstein-Ranis mit dem Zweig von Oppurg später in keinem weiteren Zusammenhang mehr stand und in Oppurg auch weder Besitz noch Mitbesitz hatte. Wie der Genealoge Johann Gottfried Biedermann [1752] über die Wernburger Linie derer von Brandenstein ausführt, hatte der um das Jahr 1400 auf Wernburg lebende hochfürstlich bambergische Amtmann zu

Teuschnitz, Otto von Brandenstein [oo Elisabeth, geb. von Miltitz] vier Söhne: [1] Georg, der die zu Wernburg sitzende Linie dauerhaft fortführte, [2] Albert, der 1406 in einer landesherrlichen Urkunde – ein Privilegium der Stadt Jena betreffend – als Zeuge erscheint, [3] Dietzmann, ›Chursächsischer Land=Rath und Hofrichter zu Jena‹, der zusammen mit seiner Gemahlin, einer geborenen von Bünau, die Linie der Brandenstein zu Zöschen im Stift Merseburg begründete und [4] Schweibold, 1431 Landpfleger Kurfürst Friedrichs zu Coburg [oo Elisabeth geb. von Bibra], der ebenfalls eine, später aber wieder ausgegangene Nebenlinie begründete. Während seine Tochter Katharina Äbtissin im Kloster Soßenfeld bei Coburg wurde [1464], heiratete sein Sohn Paris von Brandenstein Margarethe von Hopfgarten. Von den beiden Söhnen dieses Paares, zeichnete sich [4.1.] Ernst als kaiserlicher Trabanten-Hauptmann 1529 bei der Verteidigung der von den Türken belagerten Stadt Wien aus, indem er 4.000 Infanteristen zu deren Entsatz heranführte. Seine Ehe mit Cunegunda geb. von Boyneburg aber blieb kinderlos. [4.2] Paris II. hingegen wurde sächsischer Rat. Mit seiner Frau Margarethe geb. von Schaumburg hatte er eine Tochter mit Namen Anna [†1571], die sich 1536 mit Christoph von Werthern [†1566] vermählte. Von den Söhnen des Dietzmann von Brandenstein [3] mit Namen Wolfgang, Joachim und Schweipold saß letzterer [3.3.] zu Wernburg und Moderwitz und heiratete 1490 Margarethe, Herrn Wolffens von Breitenbach auf Zöschen Tochter und Erbin, durch welche das Gut Zöschen – nachdem sein Bruder Wolfgang schon einen Teil davon besessen – vollständig an das Haus Brandenstein gekommen ist. Mit dazu gehörten auch die Rittergüter Zscherneddel, Dölkau nebst deren Vorwerken. [3.2] Joachim aber vermählte sich mit Margarethe von Ebeleben. Über seinen Sohn Siegesmund, Kursächsischer Rat und Hofgerichtspräsident zu Wittenberg, hatte er zwei Enkel, die später in kursächsische Dienste traten, von denen Heinrich Hofmarschall und Siegesmund Hauptmann wurde. Ersteren beerbte sein Sohn Christoph Balthasar, Domkapitular und Herr zu Merseburg, letzteren sein Sohn Siegesmund III. kursächsischer

Fähnrich. Mit ihnen starb diese Nebenlinie aus.

Damit verblieben von der Linie Dietzmanns [3] nur noch die Nachkommen des Wolfgangs [3.1]: Er besaß einen Teil von Zöschen und war mit Sophia, einer geborenen von Pflugk aus dem Hause Strehla, verheiratet. Von den 5 Kindern des Paares: Otto [†1564], Katharina [†1563], Johannes, Wolff und Wolfgang [Domherr zu Naumburg] heiratete Katharina 1549 den ›Kayserlichen und des Heiligen Römischen Reiches Erb Kammer Thürhüter‹ und kursächsischen Rat Georg von Werthern auf Beuchling, Wiehe und Frohndorf [†1576], während sich Otto von Brandenstein mit Barbara, einer geborenen von Bünau auf Schlieben, vermählte. Von den vier Kindern des Paares: Wolfgang, Katharina [oo Wolf Christoph von Rockhausen], Gertraud [oo Heinrich von Ende auf Kayna] und Georg wurde nach dem Tode des letzteren im Jahre 1605 Wolfgang [oo Martha geb. von Geisau] zum Alleinerben der Zöschener Linie. Sein gleichnamiger Sohn [oo Katharina geb. von Haacken auf Oberthau] hatte einen Sohn, ebenfalls mit Namen Wolfgang, der sich mit Maria Juliana, Herrn Georg Heinrichs von Weißenbach auf Altranstädt und seiner Ehefrau Sabina [geb. von Pöllnitz] Tochter vermählte. Anna, ihr einziges überlebendes Kind, heiratete später Hans Otto von Schlegel auf Imnitz und Kotzschbar [südlich von Leipzig]. Der statistischen Literatur nach folgten während des 17. und 18. Jahrhunderts folgende Brandensteiner im Besitz von Zöschen nach: Georg [†1667], Georg Abraham [1673], Wolf Gottfried [†1683], Wolf Georg [†1698], Georg [*1674], Carl Heinrich, Johann Heinrich Ferdinand [†1798] sowie Heinrich von Brandenstein [†1852], der das Rittergut noch 1819 im Besitz hielt, jedoch vor 1839 an die Familie Dieck veräußerte. Von den Söhnen Ottos von Brandenstein [urk. 1398, 1401, 1405] war es der 1431 von Kurfürst Friedrich mit Wernburg belehnte Georg [1], dessen Nachfahren – wie wir bereits hörten – die hiesige Linie des Geschlechts dauerhaft fortsetzten. Von seinen drei Kindern Dietrich [1490 Domkapitular zu Würzburg], Johannes [†1526] und Maria [oo Moritz Schott von Schottenstein zu Ipphausen und Breitensee] übernahm Johannes das Wernburger Erbe. Er hatte drei Söhne – Georg [†1560], Dietrich [†1571] und Johann Otto. Letzterer [1.3.] war mit Elisabeth, der Tochter des Georg Schott von Schottenstein und seiner Ehefrau Sibylla, einer geborenen von Beulwitz, vermählt. Ihr Sohn Johann Georg lebte in Wernburg verstarb jedoch 1600 ohne Erben. [1.1] Ersterer hingegen avancierte zum Kursächsischen Rat und Hofmarschall und war mit Susanna geb. von Ende verheiratet. Sein Sohn Achatius vermählte sich mit Anna Sibylla geb. von Hausen aus dem Hause Schönstädt. Während von ihren drei Söhnen – Georg, Johann Wolff und Caspar – erstgenannter Georg keine Erben hatte, hinterließ Johann Wolff einen Sohn – Johann Heinrich von Brandenstein.

Um so volkreicher entwickelte sich die Nachkommenschaft von Johannes Sohn Dietrich [1.2]. Er wurde kursächsischer geheimer Rat und Hofratspräsident zu Jena. Zusammen mit seiner Gemahlin Hippolita Juliana, einer geborenen von Bünau aus dem Hause Schkölen, hatte er 7 Söhne: Johannes, Ernst, Johann Dietrich, Schweibold, Albert, Georg und Heinrich. Albert, der fünfte Sohn, starb bereits in jungen Jahren zu Neustadt, wo er die Schule besucht hatte. Auch Ernst verschied ohne männliche Lehnserben, ebenso die in französischen Kriegsdiensten stehenden Johann Dietrich und Georg [†1569]. Demgegenüber hatten ihre Brüder Johannes [1.2.1], Schweipold [1.2.2] und Heinrich [1.2.3] Nachkommen. Ersterer vermählte sich mit Elisabeth von Breitenbach auf Zöschen. Ihr Sohn Albert heiratete Rosina von Reitzenstein auf Reitzenstein, deren Sohn Hans Wolff wiederum Rosina von Hayn auf Dölau ehelichte. [1.2.3] Der auf Wernburg und Moderwitz sitzende Schweipold [1546-1618], hochfürstlich sächsischer Rat, vermählte sich mit der Schwester seiner Schwägerin Margarethe, des Wolf von Breitenbachs auf Zöschen Tochter. Von den beiden Söhnen des Paares starb Johann Dietrich unverheiratet noch in jungen Jahren, während Schweipold Herr von Wernburg und Moderwitz sowie Ganerbe auf dem Rothenberg wurde. Mit seiner Frau Katharina, der Tochter des sachsen-altenburgischen Hofmarschalls Meinhard von Etzdorff auf Aga und Reuden hatte er drei Söhne, von denen der sächsische Oberkommissarius des Neustädter Kreises, Wolf Dietrich von Brandenstein Wernburg übernahm. Seiner Ehe mit Anna Christina geb. von Bisenrod entsprang Magdalena, die später den hochfürstlich schwarzburg-rudolstädtischen Kammerjunker Christian Julius von Kolba auf Lichstädt [†1599] heiratete.

Zu eigenen Linienbegründern hingegen sollten der auf Wernburg sowie auf Lützelbuch und Untersiemau im Coburger Land sitzende Heinrich [1.2.3] und seine Gemahlin Anna geb. von Boyneburg genannt Hohnstein avancieren. Von ihren drei Kinder heiratete Ursula 1626 den bambergischen Rat und Amtmann zu Lichtenfels Wolf Heinrich Fuchs von Schweinshaupten. Heinrichs älterer Sohn Wolf Christoph hingegen erbte Lützelbuch und gab es an seinen Sohn Johann Christoph weiter. Bis zum Ende des 18. Jahrhunderts sollte das Gut im Besitz derer von Brandenstein bleiben. Der jüngere Sohn, Ernst Paris [†1628], aber erhielt Untersiemau. Er hatte drei Kinder aus zwei Ehen und zwar Heinrich Albert, Barbara Veronica [die zweimal verheiratet wurde] und Wolf Valentin [†1690], der das Untersiemauer Erbe erhielt. Dessen Tochter Anna Rosina [†1735] heiratete den hochfürstlich sachsen-coburgischen Rat und Landschaftsdirektor Johann Christoph Muffel von Ebneth auf Untersiemau [†1696]. Dann entglitt dieses Gut der Familie und gelangte noch vor dem Jahre 1718 in die Hand Hans Dietrichs von Könitz. Wolf Valentins Sohn, der Ritterhauptmann der löblich voigtländischen Ritterschaft Hans Ludwig von Brandenstein [1658-1737], aber führte die schon von seinem Vorfahren Georg [†1560] begründete Wüstensteiner Linie fort, die noch im Jahre 1895 bestand.[109]

Kommen wir nun zu den auf Wernburg sitzenden Vertretern der Wernburger Linie. Zunächst einmal bleibt festzuhalten, das deren Besitzstand vor Ort neben [1.] ihrem hiesigen Rittergut noch [2.] einen Sitz in Bodelwitz [als Vorwerk oder größeres Fron- bzw. zinsfreies Bauerngut, das sich als standesmäßiger Wohnsitz eines Adligen eignete] sowie das Kirchenlehen daselbst umfaßte. Zudem standen noch [3.] zwei Siedelhöfe in Moderwitz [16. Jh.], aus welchem das dortige Rittergut hervorging [als Vorbesitzer gelten die im Neustädter

Raum reich begüterten von Herren von Hayn] in ihrem Besitz. Wie wir bereits hörten, befand sich Wernburg im Jahr 1366 in den Händen Ottos von Brandenstein. Nach Georg und Dietrich [15. Jh.] war Johannes [um 1500] im Besitz des Rittergutes. Nach seinem Ableben 1526 schritten seine drei Söhne Georg, Dietrich und Hans Otto zur Teilung aller den Brandenstein auf Wernburg gehörenden Güter. Georg erhielt den brandensteinischen Anteil an Untersiemau, Dietrich das Rittergut Lützelbuch, worauf er nach dem Erwerb des Gutes Schwanditz eine Brandenstein-Schwanditzer Linie begründete und Hans Otto erhielt die Herrschaft Wernburg zugesprochen. Sein Sohn

Wernburg: Renaissanceschloß

Schweipold [der Ältere] gilt als Erbauer des Wernburger Schlosses. Im Jahre 1583 fungierte er als Rat des ernestinischen Herzogs Friedrich Wilhelm I. von Weimar [1562-1602] sowie von 1586 bis 1599 als Amtmann zu Saalfeld, Orlamünde, Leuchtenburg und [Probst-]Zella. Nach seinem Tod 1618 wurde zu seinem Andenken in der Wernburger Kirche ein Epitaph angebracht, ebenso für seinen Sohn Schweipold den Jüngeren [1577-1624]. Dieser war kurfürstlicher Rat und sein Vermögen so beträchtlich, daß er 1612 das Rittergut Gräfendorf-Oberhof erwerben und jede seiner Töchter mit 2.000 fl. Mitgift versehen konnte. Seine Söhne Wolf-Dietrich und Haubold teilten das Rittergut Wernburg in einen oberen und einen unteren Hof und leiteten nichtzuletzt im Schatten des heraufdräuenden 30-jährigen Krieges den Niedergang ihres Hauses ein. Wolf Dietrich [1605-1654] war Oberkommissarius des Neustädter Kreises und Mitglied der 1617 ins Leben gerufenen ›Fruchtbringenden Gesellschaft‹, die damals in der Schloßgasse 4 zu Weimar ihren Sitz hatte. Seine Söhne Wolf Schweipold und Christoph Friedrich konnten das Erbe am Ende nicht halten und mußten 1684 ihre Anteile an Wernburg und Gräfendorf an Hans Georg von Seebach verkaufen.[110]

VON BRAUCHITSCH

Die von Brauchitsch sind ein schlesisches Uradelsgeschlecht aus Brauchitschdorf [heute Chróstnik] im alten Herzogtume Liegnitz, das mit dem Ritter Velislaus auf Crustenik im Jahre 1259 erstmals urkundlich erscheint und mit dem Grundherrn Hans von Brauchitsch auf Oberau 1418 seine Stammreihe eröffnet. Der Wappenschild der Familie zeigt einen springenden rot bewehrten schwarzen Hirsch auf silbernem Grund. Im 19. und in der ersten Hälfte des 20. Jahrhunderts brachte die Familie eine Reihe bedeutender Offiziere, darunter 7 Generalmajore, 3 Generäle, 3 Generallieutenanten und sogar einen Generalfeldmarschall, hervor. Letzterer, Walther Heinrich Alfred Hermann von Brauchitsch [1881-1948], hatte von 1938 an ca. vier Jahre den Oberbefehl über das Deutsche Heer inne. Als aber im Zuge des Rußlandfeldzuges die Eroberung Moskaus scheiterte, wurde er Ende 1941 von Hitler entlassen.[111]

Sein Neffe zweiten Grades, Manfred von Brauchitsch [*1905], reüssierte in den 1930er-Jahren zu einer Rennfahrer-Legende. Insgesamt 45 Siege sollten dem Werksfahrer von Mercedes bis 1939 vergönnt bleiben. Nach dem Krieg wanderte er nach Argentinien aus, wo er aber nicht mehr an seine früheren Rennfahrererfolge anknüpfen konnte. Nach seiner Rückkehr wurde er 1948 erster Präsident des Automobilclubs von Deutschland. Nach einer politischen Kehrtwende mußte er 1954 in die DDR fliehen, wo er als hoher Sportfunktionär in Gräfenwarth nahe dem Schleizer Dreieck ein Wohngrundstück mit Chauffeur und Haushaltshilfen erhielt und 2003 mit 97 Jahren dort verstarb. ›Richtig warm‹ ist der von der SED teils als ›aristokratischer Herrenfahrer‹ Verfehmte mit der DDR aber nie geworden.[112]

VON BREITENBUCH

Vor dem Erwerb der Herrschaft Ranis [1571] war das Thüringische Uradelsgeschlecht derer von Breitenbauch »mehrere
Jahrhunderte schon in der Gegend von Zeitz und an der [un-
teren] Unstrut ansässig«[113] Mit ›Cuno de Breitenbuch, nobilis‹
läßt es sich bis zum Jahre 1154 urkundlich zurückverfolgen.
Als ihr Stammsitz gilt die ehemalige Reichsburg Breitenbach
im Zeitzer Forst [1138], bei deren großer Ringwallanlage, wie
vermutet wird, die Familie gegen Mitte des 12. Jahrhunderts
dann eine neue Burg mit der noch heute erhaltenen Südwand
der ›Kempe‹ [Kemenate] errichtet hat, die aber dann schon in
der ersten Hälfte des 13. Jahrhunderts in den Besitz des
Naumburger Hochstifts gelangt sein muß. Weitere urkundlich
belegbare Vertreter derer von Breitenbuch waren Heinricus
[1169], ›Theodericus camerarius de Breitenbuch‹ [1234], der
Vasall Markgraf Theodorichs von Landsberg Heydenricum
[1269/71] und der kommandierende Burggraf der Neuenburg
und Herr von Balgstädt Hermann de Bretinbuch [1287].

Mit der Familie von Balgstedt sind die von Breitenbuch sowohl
stammes- als auch wappenverwandt, nicht aber mit denen
von Breitenbach, die in der Literatur mitunter mit ihnen verwechselt werden. Die Stammreihe der Breitenbuch beginnt
mit den Brüdern Otto und Petzold [Otto de Breitenbuch et
Petzold, frater suus] um 1349/50. Ihr Wappenschild trägt auf
blauem Grund zwei rote Sparren. Indem nach der heraldischen Farbregel Metalle nicht an Metalle und Farben nicht an
Farben grenzen dürfen, wird vermutet, die blaue Farbfläche sei
ehedem eine blanke, bläulich schimmernde silberne gewesen.

   Bis zur Mitte des 15. Jahrhunderts hatte sich der Familienname von ›Breitenbuch‹ in ›Breitenbauch‹ verschliffen. Erst 1902 wurde die ältere Schreibweise wieder aufgenommen und 1906 für das Königreich Preußen, in dem Ranis lag, genehmigt. Im 15. Jahrhundert besaß das Geschlecht mehrere Schlösser und Siedelhöfe so in St. Ulrich, Oechlitz und Stöbnitz bei Mücheln im Amt Freyburg an der Unstrut, wo an ersterer Statt am Herrenhaus noch eine schöne Wappentafel der Familie zu finden ist. Frühe Vertreter ihrer dortigen Linie waren Bernhard, gefolgt von Melchior [†1485], der schon jenen Vornamen besaß, den auch später noch viele Angehörige der Familie führen sollten. Von 1475 bis nach 1512 saßen die von Breitenbauch auf Ehrenberg bei Altenburg und von 1556 bis nach 1571 auf Kötzschwitz südlich von Leipzig. Zudem war ein Wolf von Breitenbauch [†1564] Domherr zu Naumburg. Während die von Brandenstein auf Ranis – wie im Vorfeld berichtet – buchstäblich Verlierer des Schmalkaldischen Krieges [1546/ 1547] waren, so zählte Melchior von Breitenbauch [†1493] eindeutig 1552 zu dessen Gewinnern. Wie sonst hätte der Söldnerführer 1571 für 40.300 Gulden die Stadt und drei Viertel der Herrschaft Ranis erwerben können? Er diente als Offizier im Leibregiment des späteren Kurfürsten Moritz und hatte 14 Feldzüge mitgemacht. 1545 etwa erhielt er für die Stellung zweier Ritterpferde 100 fl. Besoldung. Neben Ranis und Brandenstein blieb Melchior I. nach 1571 natürlich weiterhin im Besitz bzw. Mitbesitz der Breitenbauch´schen Familiengüter. Dazu kamen noch die Rittergüter Crostewitz bei Leipzig [1612 bis nach 1651] und Bucha bei Eckartsberga [ab 1614]. Nach dem Tod von Melchiors Sohn Wolf [1566-1616] auf Ranis, St. Ulrich, Stöbnitz, Bucha u.a. teilte sich die Familie im Folgejahr in eine Osterländische und eine Thüringische Linie. Dabei behielt Melchiors Sohn Hans Christoph [†1627] neben Ranis und Brandenstein noch Gröst, Petzkendorf und Lützkendorf. Gleich seinem Neffen und Nachfolger Melchior II. [1599-1681] gehörte er keinesfalls zu den schlechtesten Vertretern seines Standes. Während der schweren Inflation [Kipper- und Wipperzeit] der frühen 1620er-Jahre soll er sein Korn billiger an Notleidende verkauft und eine Armenspeisung unterhalten haben. Melchior II. dagegen habe im 30-jährigen Krieg seine Stadt Ranis 1640 zwei Mal von Plünderung freigekauft sowie Kraft seiner Autorität ›viele unglückliche Frauenzimmer‹, die von plündernden Soldaten entführt worden waren, befreit und zu ihrer Sicherheit auf die Burg gebracht. Sein Enkel Christof Adam [1662-1708] war Offizier, Kammerjunker, Landrat und Kriegskommissar und erbaute um 1700 das heutige Schloß Brandenstein. Die ihm folgenden Repräsentanten der Breiten-bauch-Linien und -Zweige waren in der Regel Offiziere und Verwaltungsbeamte. Während Christof Adam Landrat und Kriegs-kommissar im Neustädter Kreis war, reüssierte Georg Chris-toph [†1737] aus der anderen Linie zum polnisch-sächsischen Kreiskommissar und Kanzleidirektor, Heinrich August [†1747] auf Bucha, Schkortleben und Oeglitzsch zum königlich-polnischen und kurfürstlich-sächsischen Geheimrat, Franz Traugott [1739-1796] Besitzer von Ranis, Brandenstein, Lichtentanne, Schmiedebach und Wickendorf zum preußischen Oberpräsiden-ten, Melchior Heinrich [†1802] ab 1779 zum Erz-Hofmarschall Friedrich Augusts I. von Sachsen, während Georg August [†1817] die Laufbahn eines Schriftstellers und Gelehrten ein-schlug. Der Besitzstand des Gesamthauses erstreckte sich da-mals allein in Mitteldeutschland u.a. auf die Rittergüter Blösien und Kleinkorbetha bei Merseburg [bis nach 1802], Böhlen bei Leipzig [ab 1708], Bucha bei Eckartsberga, Lichtentanne bei Lehesten, Lüttewitz bei Döbeln [1763-1791], Neunhofen bei Neustadt/Orla [1816], Pretzsch bei Bad Düben [um 1700], Ra-nis [bis 1941] mit Brandenstein [ab 1571/1584], Schkortleben bei Weißenfels [bis nach 1747], St. Ulrich [bis 1764] mit Geiselröhlitz, Gröst [bis nach 1720], Oeglitzsch [1740-1780], Petzkendorf [bis nach 1850], Stöbnitz [bis nach 1738] im späteren Kreis Querfurt und Taubenheim bei Meißen [1764-1821]. Aber auch zu Baumersroda, Ebersroda, Möckerling, St. Micheln, Zöbigker und Zorbau waren sie begütert. Im 19. und frühen 20. Jahrhundert stellte die Ranis-Brandensteiner Linie über einen Zeitraum von 70 Jahren die Landräte des Kreises Ziegenrück. Nach Albert Friedrichs Tod im Jahre 1852 konnten seine, aus zwei Ehen stammenden 19 Nachfahren nicht den gesamten Besitz erhalten und verkauften 1853 das Schloß-rittergut Brandenstein an die Freiherren von Gleichen-Rußwurm auf Etzelbach, Krölpa und Birkigt. Eine Tochter Albert Friedrichs – Pauline Albertine [1808-1883] – heiratete den Erbauer von Ludwigshof, Ludwig Franz von Breitenbauch, aus der Linie Johann Georgs [1601-1633], des Bruders Melchiors II. [1599-1681]. Ihre Kinder Arthur Constantin [1831-1909] und Louis Tiedericus [1833-1899] erwarben im Jahre 1883/84 das Rittergut Brandenstein zurück. Am Vorabend des Ersten Weltkrieges war Arthur Ludwig Alfred von Breitenbuch [*1873] Herr auf Brandenstein. Von Beruf königlich Preußischer Hofkammer- und Forstrat zog er 1914 als Hauptmann in den Krieg und fiel noch im selben Jahre. Zurück blieb seine Ehefrau Clementine [Mense], eine geborene Freifrau von Münchhausen, und ihr Sohn Bernhard Arthur Georg Kurt [1907-1975].

Ludwigshof: Herrenhaus

Eine für das Fortkommen der Heimatgeschichte bedeutende Persönlichkeit war Dietrich von Breitenbuch. Nach dem Ersten Weltkrieg als Major aus dem aktiven Dienst entlassen, wurde er Mitbegründer der Heimatforschenden Vereinigung zu Ranis sowie des Burgmuseums, dem er viele Exponate vermachte.

Als er die Burg 1941 verkaufte, hatte er sich gegen eine monatliche Miete von 50 RM das Wohnrecht für sechs Räume sichern lassen. Mitbesitzer der Burg war zu einem Viertel auch sein Neffe August Melchior von Breitenbuch [1900-1987] auf Ludwigshof. Nach der Auflösung der Rittergutsbezirke in Preußen einflußmäßig allein auf ihre Liegenschaften beschränkt, gerieten auch die von Breitenbuch ab Oktober 1945 in den Sog von Enteignung und Vertreibung. Binnen dreier Stunden mußten die beiden Familien ihre Wohnsitze Brandenstein und Ludwigshof verlassen. Selbst die Frauen und Kinder erhielten Kreisverbot. Verloren gingen damals auch das Rittergut Bucha bei Eckartsberga sowie das 1943 erst ererbte Schloß Kromsdorf. Der letzte Besitzer von Ludwigshof, August Melchior, war bereits von den Amerikanern verhaftet und nach Frankreich in Gefangenschaft deportiert worden. Seine Gattin Hertha aber wurde festgenommen und mußte für kurze Zeit ins Raniser Gefängnis. Die Familie fand später in Stuttgart ein neues Zuhause. Auch Dietrich von Breitenbuch wurde aus seiner Wohnung auf der Burg vertrieben und versuchte in der Folge vergeblich, als Mieter dorthin zurückzukehren, um das ihm sehr am Herzen liegende Burgmuseum weiterzuentwickeln. Vergeblich führte er jahrelang einen Schriftverkehr mit dem Raniser Bürgermeister und anderen SBZ-Instanzen. Voller Trauer darum starb er am 25. Februar 1949 am Starnberger See. Der letzte Besitzer von Schloß und Rittergut Brandenstein – Arthur Georg Kurt von Breitenbuch – studierte Theologie, wirkte 1932 als Vikar in Gera und anschließend bis zu seiner Einberufung 1939 als Pfarrer zu Saalburg.[114] Wie seine Ehefrau Asta, eine geborene Gräfin von der Schulenburg [*1910, oo 1933] sich erinnert, zog mit dem Ende des Zweiten Weltkrieges eine Gruppe Amerikaner auf Brandenstein ein. Nach einer Hausdurchsuchung verbunden mit der Beschlagnahme aller im Schloß noch vorhandenen Jagdgewehre und Studentenwaffen wurden sämtliche Bewohner – an die 50 Personen aus aller Herren Länder von Spanien bis Lettland [da ein NS-Verlag hier eine Modezeitschrift in den Sprachen der besetzten Länder herausgebracht hatte] evakuiert. Die GIs hausten im Schloß übel, denn sie schossen »aus Übermut und Schießwütigkeit alle elektrischen Birnen – damals unersetzbar – aus den Kronleuchtern ... und den Familienbildern zum Teil die Augen aus.«[115] Die Familie zog aber wieder ein ebenso die bisherigen Dauermieter und bald noch etliche Flüchtlinge aus den Ostgebieten. »Dann kam mit mancherlei Zwischenfällen der Wechsel von den Amerikanern zu den Russen. Die Landwirtschaft übernahmen Zivilrussen, ehemalige Zwangsarbeiter, die im Schloß wohnten, die ich bekochte – sehr zu meinem Nutzen, denn sie brachten jeden Tag Fleisch der frischgeschlachteten Kühe (hochgezüchtetes Höhenfleckvieh) und flaschenweise Sahne mit. Da wir als Selbstversorger nichts mehr aus der Wirtschaft erhielten und der Kommandant trotz mehrmaligen Versprechens nichts dagegen unternahm, erhielt uns das am Leben. Nur unser rührender Bäcker, bei dem wir auch ohne Marken weiterhin Brot holen durften, versorgte uns.«[116]

Bald darauf zog auf dem Hof noch ein Pferdelazarett mit Kirgisen und Tataren ein. Im September 1945 kehrte endlich der Schloßherr Bernhard von Breitenbuch beinamputiert aus dem Lazarett nach Hause zurück. Während der 1944 aktiv an der Verhaftung von SS-Dienststellen in Paris beteiligte Hauptmann und 1944/45 als Oberpfarrer in Gera wirkende Adlige den Plan schmiedete, nicht wieder in Gera, sondern wieder in seiner alten Kirchgemeinde in Saalburg zu amtieren, kamen Gerüchte über die bevorstehende Bodenreform auf. Keiner glaubte damals an eine totale Enteignung, sondern vermeinte, 100 ha Land sowie Haus und Hof behalten zu können, wobei die Schwiegermutter Mense – bis zur Übergabe an ihren Sohn 1937 selbst Besitzerin des Schloßrittergutes – sogar glaubte selbst noch 40 ha ›siedeln‹ zu können, die dann dazugeschlagen werden könnten. Allein daraus wurde nichts. Wie Asta in ihrem Bericht fortfährt, kamen am 9. Oktober 1945 »am späten Vormittag zwei uns unbekannte Männer. Sie wollten Auskunft für die Bodenreform. Zur Klärung von Grenzverhältnissen sollte Bernhard mitkommen und die Flurkarte mitbringen. Kein Wort von Verhaftung – wir waren ahnungslos.

Am nächsten Morgen – die Kinder waren in der Schule – kam ein Auto den Schloßberg herauf. Wir dachten, sie brächten meinen Mann. Aber nein: Der Inspektor, der später selber siedelte, bald aber elend umkam und zwei Russen kamen zu uns hinauf und eröffneten uns: Mein Mann sei verhaftet, alles enteignet, wir selbst kreisverwiesen. Wir dürften für jeden

einen Koffer mitnehmen und etwas Nahrungsmittel. Pro Person ein Bett und einen Stuhl, sowie für alle zusammen einen Tisch und einen Schrank sollten wir für einen späteren Abtransport zusammenstellen. Wortlos gingen wir ans Packen.
Sie selbst bedienten sich gleich, packten Silber, Radios und Teppiche in Säcke. Sobald wir einen Koffer fertig gepackt hatten, stülpten die Russen ihn zur Kontrolle um, dann ging´s von vorne los. Von der aus der Vorratskammer geholten Wurst wurde die Hälfte abgeschnitten und gleich selbst verzehrt. Aber all das waren nur Belanglosigkeiten, gemessen an der Sorge um Bernhard und den großen Verlust. Schmerz und Wut kamen nicht auf, alles Denken und Tun war auf das Nächstliegende gerichtet, zum Beispiel, ob die Kinder rechtzeitig aus der Schule kämen. Sie schafften es. Um 12 Uhr stiegen wir den Schloßberg hinab, stumm. Stumm standen auch unsere Leute da. Den Hund meiner Schwiegermutter hatten wir Mietern übergeben, unseren Foxterrier führten wir mit.«[117] Glücklicherweise konnte die Familie in Gera in der Dienstwohnung des Vaters unterkommen. »Dort waren inzwischen zwei Zimmer durch Bombenschäden unbrauchbar geworden. In drei anderen Räumen wohnten Evakuierte aus Schlesien und Baden. Uns waren noch zwei Räume geblieben, in die alle Möbel aus den beschlagnahmten Zimmern hineingepackt waren. ... – zwei Betten für sechs Personen! Aber es ging uns ja tausendmal besser als unseren Nachbarn allen, die in der Fremde ins Ungewisse gestoßen wurden.

Am nächsten Tag kam Bernhard und erzählte, daß er nur freigelassen worden sein, weil er Pfarrer war. Mit der Kirche wollte man sich nicht anlegen. Unser Nachbar Freiherr von Erffa-Wernburg ist nie wieder aufgetaucht. Wahrscheinlich wurde er schon auf dem Wege nach Buchenwald ermordet. ... Brandenstein wurde in meist kleine Parzellen aufgesiedelt, die Hofgebäude nach und nach abgerissen, das hübsche Torhaus beseitigt, nachdem man den dort wohnenden Hofmeister umgebracht hatte.«[118] Die Bestände des Gutsarchivs und – was eine logische Schlußfolgerung wäre – auch die aufwendig geschnitzten Geländer der alten Holztreppe wanderten in die

Heizöfen, um den Extremwinter 1946/47 zu überstehen. Eine moderne Treppe mit Betonstufen trat später an ihre Stelle. Nur zwei Gebäude – links und rechts des oberen Plateaus – blieben erhalten, während anstelle eines dritten am Südrand des Ensembles später ein ›Gästehaus‹ errichtet wurde. Das Schloß selbst diente zunächst als Wohnheim für Arbeiter der Maxhütte Unterwellenborn, was aufgrund der Entfernung zum Krölpaer Bahnhof auf Dauer nicht vorteilhaft war. Anschließend zog eine SED-Parteischule mit Namen ›Leni Fleischer‹ darin ein [worauf der Namens-Schriftzug über dem Eingang noch bis 2009 erkennbar war], schließlich 1953 oder 1955 eine nach ›Jost Schmidt‹, einem der Anführer aus dem Bauernkrieg von 1525 benannte Jugendherberge. 2001 wurde es privatisiert.

Die Grabstätten des von Breitenbuch´schen Familienfriedhofs im Freudental bei Ranis wurden zu DDR-Zeiten anonym, inzwischen ist bekannt, daß es Karl Böttcher aus Ranis war, gepflegt. Dessen ungeachtet wurde die Grabesruhe dort nach 1945 wiederholt gestört, die über Backsteingrüften liegenden Grabplatten aufgehebelt und darunter nach Schätzen gesucht.

Die schönsten Grabmale wurden von einem Steinmetz zur Weiterverarbeitung verschleppt. Ein im Jahre 1960 von August von Breitenbuch gewonnener Gerichtsprozeß verpflichtete den Täter dazu, die Steine im Originalzustand wiederherzustellen und auf dem Familienfriedhof neu zu installieren.[119] Als 1963 von staatlicher Seite aus initiiert wurde, den Friedhof einzuebnen, entschied sich der Raniser Stadtrat dagegen, wobei »der denkwürdige Ausspruch fiel: ›Das is nu egal, ob Jude oder Junker, an Gräbern vergreift man sich nicht‹ – Geliebte, geschundene Heimat!«[120] Das Ehepaar von Breitenbuch blieb bis zur Pensionierung des zuletzt als Geistlicher in Weimar wirkenden Theologen [1972] in der DDR und übersiedelte erst dann in den Westen. Zwei der drei Kindern – und zwar Mense [*1934] und Ludwig [*1935] – hatten die DDR bereits vor 1961 verlassen. Die zurückgebliebene Tochter Asta-Sybille [*1940] durfte erst nach langem hin und her Ärztin werden. 1968 vermählte sie sich mit dem Mediziner Peter Schröder [*1939] und wirkte nach der Wende als Referentin im Thüringer Landesverwaltungsamt. Mense hingegen ergriff den Beruf einer staatlich geprüften Wirtschaftsleiterin. 1961 heiratete sie in zweiter Ehe den Medizinprofessor Hans-Jürgen Peiper, verstarb jedoch schon 2001. Ludwig aber beerbte seinen Onkel Dr. Siegfried Leberecht Crusius, der nach dem Tod seiner Mutter Anna [einer geborenen von Breitenbuch] im Jahre 1945 in den Besitz der von dieser bekannten Leipzig-Chemnitzer Groß-kaufmanns- und Verlegerfamilie erworbenen Rittergüter Sahlis [1754] und Rüdigsdorf [1810] gelangt war. Nach der Wende wurde der studierte Agronom zum Wiedereinrichter, pachtete einen Teil eines ererbten Gutes in Handschwitz bei Bautzen, kaufte zwischen 1992 und 2004 aus dem enteigneten Besitz in Kohren-Sahlis insgesamt 310 ha zurück, erwarb 1999 das Herrenhaus von Rüdigsdorf und kam auch in den Besitz einiger Flächen in der Orlasenke. Zusammen mit seiner Ehefrau, der Lehrerin Yvonne, einer geborenen Gräfin zu Ortenburg [*1948, oo 1970], hat er vier Kinder: [1] Georg Ludwig [*1971] studierte Land- sowie Volkswirtschaft und heiratete 1999 die Rechtsanwältin Freiin Maria Monika Spies von Büllesheim [*1971]. Ihre Kinder sind Pauline [*2000], Johannetta [*2001] und Clementine [*2004], [2] Albrecht [*1973] studierte Jura und wurde Rechtsanwalt, [3] Amélie [*1975] wurde Verlagskauffrau und heiratete 2004 den Rechtsanwalt Wolf Börris van Lengerich [*1972], während [4] Christoph [*1975] – verheiratet seit 2004 mit der Juristin Verena geb. von Gottberg [*1979] – ebenfalls den Beruf des Landwirts ergriff.[121] Im Jahre »1993 fand der Breitenbuch´sche Familientag erstmals wieder in der alten Heimat statt. Die drei ehemaligen Güter Ranis, Ludwigshof und Brandenstein wurden besichtigt.«[122] Heute zeugt von der 374-jährigen Präsenz der Familie in Ranis und Umgebung »das über dem Durchgang zum hinteren Burghof angebrachte steinerne Familienwappen mit Namen der Burgherren und den Jahreszahlen 1571, 1941 für die Besitzperiode. Es war ein Geschenk der Töchter Dietrichs von Breitenbuch zu seinem 70. Geburtstag mit Blick auf die unmittelbare Veräußerung der Burg.«[123] Auch der Name des neu hergerichteten Breitenbuchsaals dort erinnert an die letzten adeligen Besitzer der Burg.

VON BÜNAU

Die Familie von Bünau ist ein bischöflich naumburgisches Ur-adelsgeschlecht vermutlich aus Beuna bei Merseburg, das uns mit dem bischöflichen Kastellan der Schönburg, Rudolfus de Bunowe, schon im Jahre 1166 urkundlich entgegentritt. Ein früher Wappenschild [1301] zeigte noch einen Leopardenkopf mit einer Lilie im Maule, bis erstmals im Jahre 1487 das bis heute gebräuchliche, viergeteilte Wappen [rot-silber gespalten im ersten und vierten Feld / eine goldene Löwenmaske mit Lilie auf roten Grund im zweiten und dritten Feld] Einführung fand. Im Laufe des 13. Jahrhunderts traten Angehörige der Familie als Burgverwalter auch im Vogtland in Erscheinung, wo sie wahrscheinlich den Ort Büna zwischen Pausa und Elsterberg gründeten, bevor sich das Adelsgeschlecht ab dem Spätmittelalter infolge der natürlichen Entwicklung immer wei-ter – so nach Sachsen-Thüringen, Altpreußen, Altwürttemberg sowie Böhmen – ausbreitete und sich im Laufe der Jahrhun-derte auf 15 Haupt- und 28 Nebenlinien verästelte, wobei es allein im überwiegend mitteldeutschen Untersuchungsgebiet des Schloßarchivs Wildenfels [HRL] auf 186 Adelssitzen nach-weisbar ist. Dessen ungeachtet waren sie bemüht, nach au-ßen hin stets geschlossen und als Familienverband aufzu-treten, zu welchem Zwecke sie spätestens seit 1507 regel-mäßige Treffen und Beratungen abhielten und die dabei getroffenen Vereinbarungen – sowohl hierarchie- und eigen-tumsrechtlicher Natur, aber auch zu befolgende Gewohnhei-ten bei Eheschließungen, Geburten, Todesfällen u.a. – in ihrem Haus- oder Familiengesetze verankerten. Auf diese Weise wurden 1517 auch bestimmte Leitnamen [nämlich Heinrich,

Günther und Rudolf] für alle männlichen Abkömmlinge des Geschlechts festgeschrieben. Der Sage nach hätten während der Hussitenkriege [1420-1434], wo angeblich 200 mannhafte Angehörige des Geschlechts ums Leben kamen, nur drei Brüder oder Vettern mit diesen Namen die Kriegsgräuel überlebt.[124]

Eine gewisse besitzliche Kontinuität erlangten die von Bünau im Reußenland erst aber dem 15. Jahrhundert, nachdem Günther von Bünau [†1468] die Herrschaft Elsterberg erworben hatte, die sie bis 1636 in Besitz hielten und um die Mitte des 18. Jahrhunderts zeitweilig wieder behaupteten. Dazu kamen später noch Frankenthal und Töppeln bei Gera und im Jahre 1567 selbstverständlich Pahren in der Herrschaft Schleiz, wo

Rittergut Sorna

sie sich ähnlich wie in Elsterberg bald 200 Jahre hielten. Über Günther [†1588], Heinrich [†1593] und Günther (II.) [†1660] gelangte dieser Besitz an Günther (III.), der der Pahrener Kirche 1677 ihre große Glocke stiftete. Nach seinem Tod im Jahre 1684 wurde Günther (IV.) von Bünau Herr auf Pahren, der 1715 – also im Jahre vor seinem Ableben – das Besitztum für 43.500 fl. an seinen Landesherrn Heinrich XI. Reuß Schleiz [†1726] verkaufte. Die Hauptbesitzungen derer von Bünau indeß lagen außerhalb des reußischen Territoriums wie die der, mit ihnen oft und eng verwandten Herren von Ende. Sie tangierten abgesehen von Nimritz mit Rehmen [vor 1688-1782] selbst den Saale-Orla-Raum, z. B. mit den beiden Saalfelder Amtshöfen [bis 1624] und den Rittergütern Sorna [um 1695] und Ober-Renthendorf [1735-1752], nur am Rande.[125]

VON CARLOWITZ

Die von Carlowitz sind ein Meißnisches Uradelsgeschlecht, deren frühester bekannter Vertreter, Otto von Karlwiz, 1311 in der Vasallenschaft des mächtigen Burggrafen Otto III. zu Donin [bei Pirna] erscheint. Die Stammreihe der Familie beginnt mit dem Dohnaischen Lehnsmann Hans von Carlowitz [† vor 1403]. Das Wappenschild zeigt auf silbernem Grund drei, in der Mitte mit Stielen verbundene schwarze Kleeblätter, und ihr stolzer Wahlspruch lautet: ›Invia virtuti nulla est via → Der Tapferkeit ist kein Weg ungangbar‹. Als Militärführer, Hof- und Staatsbeamte [etwa generationenlang als kursächsische Oberforstmeister bzw. Oberberghauptleute] kamen sie nicht nur im Lande Meißen – wo ihre verschiedenen Linien zeitversetzt auf fast 130 Rittergütern saßen – zu Ansehen und Einfluß.

In dem Zusammenhang sind besonders die kurfürstlich und herzoglich sächsischen Räte Georg von Carlowitz und dessen Neffe Christoph von Carlowitz zu erwähnen, wobei letzterer von Kaiser Karl V. 1522 in den erblichen Rang eines Erbvierritters des Heiligen Römischen Reiches erhoben wurde, eines Titels, den letztmalig der königlich sächsische Oberst und Ritter des Militär-St.-Heinrichs-Ordens Georg Anton von Carlowitz [1866-1945] offiziell führte. Zudem waren die königlich sächsischen Minister Hans Georg und sein Sohn Albert von Carlowitz maßgeblich an der föderalen Gestaltung der deutschen Staatenwelt und der Gründung des Zweiten Deutschen Reiches beteiligt. In unserer Region waren die von Carlowitz lediglich auf den Rittergütern Lichtenberg, Liebschwitz und Loitsch bei Gera und im Neustädter Kreis auf Burkersdorf, Frießnitz,

Niederpöllnitz, Teichwolframsdorf, Tausa mit Bucha [kurzzeitig nach dem 30-jährigen Krieg] und Schwarzbach angesessen, welches sie 1715 per Heirat mit einer von Seydewitz erwarben und für 90 Jahre in Familienbesitz hielten, bis es 1805 durch Vererbung an die von Fischern auf Eyba überging.[126]

VON DRACHSDORFF

Die Familie von Drachsdorff [auch Drachinsdorf, Draxdorf, Traxdorff] ist ein meißnisches Uradelsgeschlecht, welches mit Konrad von Drachsdorff, dem Kommandanten der Ortenburg bei Bautzen, im Jahre 1290 erstmals aus dem Dunkel der Geschichte tritt. Obwohl es daraufhin zunächst überwiegend im Osterland erscheint, gilt dennoch weniger der sachsen-anhaltinische Ort Dragsdorf im heutigen Burgenlandkreis wie eines der beiden Draxdörfer im Raum Weida-Berga als ihr Stammsitz. Als dritte Möglichkeit gilt das ›Kleine Schloß‹, eine ehemalige Wallanlage nahe der Wüstung Drachsdorf [1404] südlich von Ranis, wo im Jahre 1818 ein silbernes Petschaft mit dem Familienwappen ausgegraben worden sei. Ob selbiges im Schilde schon jenen an Haupt und Hüften umkränzten Wilden Mann mit einem großen entwurzelten Laubbaum in der rechten Hand gezeigt hat, wäre gleichfalls des Zufalls wohl zu viel.

Bis zum 16. Jahrhundert existieren über das Geschlecht, das nicht mit den Pustern von Drackendorf zu verwechseln ist, nur wenige Informationen. Seit dem 15. Jahrhundert ist es in Ostrau bei Bitterfeld und in Syrau bei Plauen nachgewiesen, seit 1352 in Pöritzsch bei Saalburg. Wie ausgedehnt der Besitz dieser **Oberländischen Linie** dazumal gewesen sein muß, zeigen die Lehnbriefe aus den Jahren 1551 und 1559, denen zufolge die Drachsdorffer außer auf den benachbarten Rittergütern Pöritzsch [1352 mit Ultzschen von Drachinstorf], Ebersdorf [15. Jh.] und Unter-Zoppoten noch in Hohndorf [einer Wüstung bei Röppisch], Friesau, Thimmendorf, Niedergrün, Künsdorf, Rauschengesees ansässig waren und über Lehnbauern in Friesau, Zoppoten, Schönbrunn, Röppisch, Eliasbrunn, Ruppersdorf und Raila geboten. Überdies besaßen sie dem halben Ort Wernsdorf sowie Felder in Schilbach und Mißlareuth sowie zwei Burggüter in Saalburg, ferner einen Hof zu Gräfenwarth und schließlich ein repräsentatives Stadthaus in Schleiz.

Politisch bedeutsam hingegen sollte ihre **Weimarische Linie** werden. Ausgehend von Eustach von Drachsdorf [1515 Amtmann zu Dornburg] und seinem gleichnamigen Nachfahren, dem Verwalter der Klosterliegenschaften zu Eisenberg [1569-1571] und fürstlichen Hofmeister [oo Magdalene geb. von und zu Eichenberg bei Orlamünde], avancierte dessen Sohn Hans Friedrich von Traxdorff [1564-1629] zu einem umtriebigen Verwaltungsbeamten, der Regenten wie den Rheingrafen Friedrich [1584 auf dessen Hilfszug für Heinrich von Navarra] bzw. die Grafen Heinrich von Eisenberg, Albrecht von Nassau sowie Philipp von Eberstein auf ihren Reisen begleitete und sich schließlich als altenburgischer Hofmarschall und Stallmeister in Weimar niederließ, wo er 1621 unter dem Logennamen ›der Beständige‹ in die Fruchtbringende Gesellschaft aufgenommen wurde. Schließlich verwaltete er die Ämter Dornburg und Camburg. Sein 1610 erworbenes Rittergut Jägersdorf bei Kahla aber ging 1630 in den Besitz derer von Beulwitz über. Ebenfalls dieser Linie entstammte Wolf Philipp von Draxdorf, der zunächst Schösser auf der Mühlburg, ab 1608 fürstlich-sächsischer Kammerrat in Weimar und zuletzt Amtmann in Tundorf/Dondorf bei Altenburg war, bis er 1615 in Weimar starb. Im 18. Jahrhundert erwarben Angehörige dieser Linie u.a. das Rittergut Debertshausen bei Meiningen und saßen 1794 auf den vordem von Bronsartschen Besitzungen Töpfershausen und Schweikertshausen in Thüringen.

Eine große Karriere im hessischen Staatsdienst absolvierte Jost von Drachsdorf. Seine Heirat mit Margarethe Mohr von Leun brachte ihm großen Besitz, so Zinseinnahmen in Krofdorf und Rodheim ein. 1506 erwarb er Burg und Tal Ziegenberg in der Wetterau mit Zinsgefällen zu Wernborn, Pfaffenwiesbach, Langenhain und Fauerbach. Nach seinem Tode 1529 und dem seines letzten überlebenden Sohnes Anton [†1557] starb die **Hessische Linie** derer von Drachsdorf bereits in der zweiten Generation aus. Während des 17. Jahrhunderts wendete sich die Familie von Drachsdorff auch nach Österreich und mit dem Straßburger Stadtmeister und Universitätskanzler Hans Christoph [1594-1662] auch ins Elsaß. 1678 avancierte das Geschlecht in den Reichsfreiherrenstand.

Der **Unterfränkischen Linie** des Geschlechts entstammte Johann Karl Wilhelm von Drachsdorff [1723-1805], der es vom einfachen Offizier zum Generalfeldzeugmeister und Kommandanten der fürstbischöflich-würzburgischen Armee brachte. Ihre Besitzungen lagen u.a. in Adelsberg [1829] und Stöckach [bis 1807] in Unterfranken. Noch um 1900 blühte das Geschlecht. Mittlerweile aber gilt es als erloschen.[127]

VON DOBENECK

Die Herren von Dobeneck sind ein ostfränkisches Uradelsgeschlecht aus dem gleichnamigen Stammhause, der angeblich schon im Jahre 863 erwähnten Burg Dobeneck bei Rehau in Oberfranken, welches im Zuge der Kolonisation der Sorbengaue in der ersten Hälfte des 13. Jahrhunderts ins spätere Vogtland und zwar in dem Plauener Raum gelangte.

Hier begründete es bei Taltitz den inzwischen überstauten

Herrensitz Dobeneck [1279] und eine Nebenlinie benannte sich nach der gleichsam mit in Besitz genommenen Burg Falkenstein, weswegen die Familie gleichsam auch zum obervogtländischen Uradel zählt. Das Wappenschild derer von Dobeneck [auch Daubeneck, Tobeneck] zeigt auf silbernem Grund einen roten Turnierhut mit verschlungenem roten Sturmband, der mit rot-silbernen Decken versehene Helm dagegen trägt zehn silberne Hahnenfedern. Als früheste Vogtländische Vertreter des Geschlechts gelten die Söhne Mainhelms von Dobeneck, Johann und Berthold. Zusammen mit den Gebrüdern Arnold und Conrad von Dobeneck schenkte letzterer im Jahre 1279 dem deutschen Orden Einkünfte von verschiedenen Ländereien. Die sichere Stammreihe derer von Dobeneck beginnt mit dem Burgmann zu Gottsmannsgrün Johann von Dobeneck [urk. 1314, 1318]. Der älteren Forschung, so der von Biedermann [1752], waren noch der 1296 erwähnte Hanß von Dobeneck auf Dobeneck und Gottsmannsgrün [oo Cunegunde von Kotzau auf Kotzau] als erster bekannter Vertreter des Geschlechts erschienen, von dessen Söhnen Faßmann und Nikolaus zu Linienbegründern avancierten.

Zwei Söhne von Faßmanns Urenkel Wilhelm – »Kunemund und Fabian von Dobeneck – waren an der Fehde des Kunz von Aufseß 1464 gegen den Würzburger Bischof Johann III. von Grumbach beteiligt. Es sollen 280 Reiter, darunter etliche Mitglieder lokaladeliger Familien, in das Bistum eingefallen sein. Ihr Erscheinen war aber nicht unerwartet und so wurde mehr als die Hälfte gefangen gesetzt und in einem Triumphzug durch Würzburg geführt.«[128] Kunemund besaß das Rittergut Gottsmannsgrün bei Hof. Seine Tochter Ursula wurde Äbtissin im Klarissenkloster zu Hof, sein Sohn Wilhelm dagegen zum Landeshauptmann von Hof. In diesem Großraum befanden sich während des Mittelalters auch die meisten Besitzungen derer von Dobeneck. Neben Gottsmannsgrün bei Berg, Brandstein [mit Schnarchenreuth] bei Selbitz, Schlegel bei Hof [1380], Moos [1390] gehörten auch Rudolphstein/Berg und Fattigsmühle [Burg und Schloß] dazu, wo in Berg noch einige Grabsteine der Familie erhalten sind, wie auch ein altes Sühnekreuz, welches die Stelle markiert, wo einst ein Dobenecker von einem Reitzensteiner erschlagen worden war. Das Rittergut Feilitzsch hingegen kam erst im 16. Jahrhundert an die Familie. Auch jenseits der Tannbach-Saale-Linie breiteten sich die Dobenecker aus: Eine Nebenlinie hielt bis um 1440 das Rittergut Rehmen in der Orlasenke und besaß 1423 Güter und Zinsgefälle im benachbarten Bodelwitz. Noch vor dem Jahre 1500 hatten die von Dobeneck Wilschwitz bei Altenburg [bis nach 1583] und 1495 das Rittergut Weißendorf in der Pflege Reichenfels erworben, worauf sie 1496 sogar die Pfandschaft über diese Pflege erlangten.

Bis weit ins 16. Jahrhundert hinein hielt das Geschlecht Gottsmannsgrün, Dobeneck bei Plauen, Heinersdorf bei Lobenstein und Triebes bei Zeulenroda [1533-1570]. Frössen, Dobareuth und Blankenstein befanden sich zeitweise in ihrem Besitz. Auch wird das Geschlecht in den Urkunden des Nonnenklosters Heiligkreuz bei Saalburg desöfteren erwähnt, wo es ab dem 17. Jahrhundert unmittelbar am Schloß auf dem ›Dobeneckschen Rittergütlein oder Rittervorwerk‹ behauptete.[129] Im 15. Jahrhundert verschlug es einen Zweig der Familie ins Preußische, wo er im 16. und 17. Jahrhundert einige Güter u.a. Sassen bei Mohrungen in Ostpreußen besaß. Stammvater dieses Ablegers war wahrscheinlich Balthasar von Dobeneck auf Forsteretz. Der aus der Langenwetzendorfer Linie derer von Dobeneck – und zwar von Siegemund, dem Sohn Nikolaus von Dobenecks auf Schartenmauer und Gottsmannsgrün [1420] – abstammende Hiob [um 1450-1521] trat in den Deutschritterorden ein und wurde um 1500 Bischof von Pomesanien. Man nannte ihn auch ›den Eisernen‹, da er stets ganz geharnischt mit den Seinigen ausritt.[130] »Balthasar II. von Dobeneck wurde Amtshauptmann zu Riesenburg und 1625 Kammerhof- und Justizrat in Preußen. Von Preußen gelangten einzelne Zweige auch in das Königreich Polen. ... Alban war 1530 Herr auf Rotha, Schlegel und Gottsmannsgrün, Melchior besaß unter anderem Göritz und Frössen [mit Stöcketen und Sachsbühl] und Conrad von Dobeneck war Mitbesitzer von Gottsmannsgrün.

Conrads Nachkommen waren Christian Friedrich von Dobeneck auf Brandstein bei Hof, fürstlich Schwarzburger Oberstleutnant und Kammerjunker und der fürstlich bayreuthische Geheimrat, Hofrichter und Amtshauptmann Johann Heinrich von Dobeneck [*1699], Herr auf Kaulsdorf und Birkicht.«[131]

Im 17. Jahrhundert erwarb die Familie zudem noch die Rittergüter Hofeck [1646 bis nach 1693], Funkenburg bei Blintendorf und Callenberg bei Glauchau sowie seitens ihrer auf Brandstein und Schnarchenreuth sitzenden Linie den Oberhof zu Kaulsdorf und 1687 seitens ihrer auf Zoppoten und Bug sitzenden Linie den Unterhof ebenda. 1710 kam das Rittermannslehen zu Pahnstangen in den Besitz Hans Heinrichs von Dobeneck auf Bug und Rothenbürg, des Erwerbers von Kaulsdorf. Dahingegen hatte das Geschlecht bereits 1675 ihr letztes Viertel an Frössen und Hohenpreis [Stöcketen] verkauft. Weitere Besitzabgänge erfolgten 1725 mit Feilitzsch, 1738 mit Birkigt und 1740 mit Fischersdorf im Schwarzburgischen [hälftig], 1745 mit Kirschkau [Oberhof], 1764 mit Brandstein, 1766 mit Kaulsdorf und den Rest von Fischersdorf, nach 1774 mit Göritz und 1778 mit dem erst 1727 von Hans Christoph von Dobeneck auf Ober-Zoppoten und Bug [Buch] in Besitz genommenen Rittergut Unter-Zoppoten. Nach der Darstellung des Genealogen Biedermann existierten um die Mitte des 18. Jahrhunderts im weiteren Umfeld von Hof die Dobeneckschen Linien zu Dobeneck und Gottsmannsgrün, Käntler, Feilitzsch, Rotha, Schlegel, Brandstein und Kaulsdorf, Bug und Gottsmannsgrün, Bug und Ober-Zoppoten, Göritz und Hohendorf, Göritz und Blintendorf sowie Kirschkau. Ihre Vertreter – selbst die der Kirschkauer Linie – wurden im Dobeneckschen Erbbegräbnis in der Kirche zu Berg beigesetzt.[132]

Dem württembergischen Zweig der Familie entstammten Hans Rudolf Freiherr von Dobeneck [1748-1797], herzoglich württembergischer Kammerherr, sowie sein Nachkomme Ferdinand Freiherr von Dobeneck [1791-1867], königlich preußischer Generalleutnant. Auch der fränkische Zweig der Familie von Dobeneck erlangte mit dem, auf Bug sitzenden königlich bayerischen Hauptmann Carl Wilhelm [*1779] zusammen mit

Carl Friedrich Ludwig [*1796] und Ludwig Friedrich Wilhelm [*1798] im Jahre 1837 die Erhebung in die Freiherrenklasse des Königreichs Bayern und 1844 in dieselbe des Königreichs Preußen. Im 19. Jahrhundert besaßen die Dobenecker allein im Umfeld von Hof die Güter Brandstein [1859-1885], Bug [1838, 1879], Jöditz [1856, 1879], Rudolphstein [1815-1839], Rothenbürg bei Naila [1838, 1845] und Schlegel [1865, 1879]. Zudem saßen sie auf Rehdorf im Brandenburgischen [1865 bis nach 1903], Burgdorf bei Salzgitter [1912, 1929] sowie als Pächter auf den Kammergütern Diedorf [1874] und Zella [1855, 1900] bei Kaltennordheim. Im Jahre 1909 endlich erstand ein Familienverband derer von Dobeneck. Das Adelshaus blüht noch immer und seine Mitglieder leben in ganz Deutschland verteilt. Das von dem verdienten oberfränkischen Genealogen Alban von Dobeneck [1833-1919] nach 1900 angelegte Familienarchiv befindet sich derzeit in Bamberg.[133]

Die Dobenecker auf Göritz und Frössen

Ursprünglich befanden sich die beiden Rittergüter im Besitz der Herren von Sparnberg, bis sie zu Beginn des 15. Jahrhunderts von den Dobeneckern erworben wurden. Frühester bekannter örtlicher Vertreter des Geschlechts war Melchior von Dobeneck auf Göritz, Frössen, Stöckten und Sachsenbühl [oo Anna Sabina geb. von Beulwitz auf Hirschberg], gefolgt von seinem Sohn – dem auf Göritz, Blintendorf und Stöcketen gesessenen – Johann Friedrich von Dobeneck [oo Anna Magdalena von Helldorff] und dessen Sohn Jobst Hieronymus auf Göritz, Frössen und Blintendorf [oo Sabina von Reitzenstein auf Blankenberg]. Im Jahre 1675 wurden die Rittergüter Frössen und Stöckigten an Sigmund von Schönfels verkauft. Mitbesitzer war auch Jobst Friedrich von Dobeneck [Gerichtsherr auf Göritz und Stöcketen]. Nachdem er 1678 ohne männliche Nachkommen gestorben war, fiel der Rest seines Besitzanteils an Göritz, welcher nur noch 2.000 fl ausmachte, an seine Vettern Hans Friedrich II. und Georg Friedrich von Dobeneck.
    Seine Tochter Susanna Magdalena [*1656] aber heiratete im Folgejahr den Sohn des ›Gelehrten Bauern von Rothenacker‹,

den intellektuell ebenfalls überaus regen Georg Schmidt, genannt Künzel [1650 bis vor 1721]. Doch ist hierbei einzuräumen; sowohl der Bräutigam als auch sein Vater Nikolaus [1606-1671] waren allerdings keine gewöhnlichen Bauern, sondern autodidaktische Hochgelehrte, die in den Archivalien mitunter als ›Herr‹ bezeichnet werden, ein Recht, das sonst überwiegend dem Adel zustand. Indem sich unter den Paten der 8 Kinder des Paares zahlreiche Adlige – so 1680 ›Joh. Adam von Zettwitz uff Kruschreuth‹ und Anna Catharina ›geborene von Tobeneck‹, 1686 Hans Asmus von Zettwitz ›uff Dieffdorff‹ und die Jungfrau Sybilla, Tochter des Wolf Asmus von Reidenbach ›uf Münchenrute‹, 1690 Sophia Barbara von Feilitzsch – befanden, ist davon auszugehen, daß trotz der Heirat unterhalb der gesellschaftlichen Schranken keine totale Verachtung der Mutter in ihren Kreisen erfolgte. Von Jobst Hieronymus Söhnen

begründete Georg Friedrich zu Hohendorf eine neue Linie, während Hans Friedrich [oo Dorothea Rosina von Watzdorf auf Lothra] die zu Göritz fortführte. Er war Deputatus der Reuß-Plauenschen Ritterschaft und mit Eva Maria, der Tochter Christoph Friedrichs von Beulwitz auf Ober- und Unter-Sachs-

Schloß Eichicht

bühl verheiratet. Nach seinem Ableben 1742 bzw. 1738 wurde das Ehepaar in der Frössener Kirche beigesetzt. Ihr Sohn, der Reuß-Plauensche Hauptmann Carl Ludwig von Dobeneck [*1716, war in erster Ehe mit Sophie Christiana von Dobeneck auf Kirschkau [†1749] und in zweiter Ehe mit Charlotta Maria Friedrica von Lindenfels [*1728] verheiratet. Von seinen fünf Kindern aus erster Ehe blieben ihm nach dem Tode dreier Söhne [zwei starben schon als Säuglinge, einer als Kleinkind] nur seine Töchter Sophia Charlotta Eleonore [*1743] und Eleonore Wilhelmina Louise [*1747]. So ging der Göritzer Ableger des von Dobeneckschen Hauses nach Carl Ludwigs Tod im Mannesstamme darnieder und seine Besitzungen gelangten über seine Witwe Charlotta Maria in die Hand anderer Familien, wohl jener ihrer Schwiegersöhne.[134]

Die Dobenecker auf Kaulsdorf

Durch seine Heirat mit Cordula Johanna von Schaumburg [*1621], die 1645 im Zuge einer Erbauseinandersetzung das Rittergut Kaulsdorf mit dem Lehngut Fischersdorf an sich gezogen hatte, gelangte ›Sigmund Ludwig von Dobeneck auf Brandstein und Schnarchenreuth bei Hof im Jahre 1649 in den Besitz dieser beiden Güter und ließ 1677 auf dem Torso des festen ›Haus[es] zu Kaulsdorf‹ das heutige Schloß errichten. Nach seinem Tode 1681 übernahm der Sohn des Ehepaares, der Königlich Dänische Lieutenant bei dem Prinz-Friedrichschen Leibregiment Christoph Erdmann von Dobeneck [1664-1725] auf Buch [heute Bug] nordwestlich von Hof den Kaulsdorfer Besitz. Im Jahre 1687 erwarb er auch noch das zweite Kaulsdorfer Rittergut und zwar die Besitzungen des Hans Ernst von Könitz zu Eyba. Dem Dobeneck´schen Wappen in der ehemaligen Kirche nach zu urteilen, war dieser Patron auch an der Renovierung und Erneuerung der Ortskirche beteiligt, der er kurz vor seinem Tode 1725 noch die Orgel erneuern ließ. Zusammen mit seiner Gemahlin Maria Christiana, einer geborenen von Beulwitz auf Eichicht und Löhma [1656-1722], hatte er zehn Kinder, von denen nur fünf alt genug wurden, um die Ehe einzugehen. Von den Töchtern heiratete Aemilia Juliana [*1690] Christoph Heinrich von Obernitz auf Bucha und Tausa, Maria Elisabeth [*1696] Georg Christoph von Beulwitz auf Löhma und Magdalena Friederica [*1702] August Alexander von Lengefeld aus dem Hause Reschwitz auf Laasen, Döhlen und Arnsbach [südwestlich von Kaulsdorf], welchem sie neun Kinder gebahr.

Von den Söhnen heiratete Christoph Friedrich [1683-1750] Charlotta Friedrica [*1696], eine geborene von Seebach auf Schönwerde, Eßmannsdorff sowie Großengottern und Johann Heinrich [*1699] Charlotta Wilhelmina, des Herrn Johann Friedrichs von Beust auf Birkigt, Hochfürstlich Sachsen Saalfeldischen Hofmarschalls und seiner Frau Maria Madgalene [geb. Bronsart von Schweickershausen] Tochter. Nach dem Tod des Vaters 1725 hielten die beiden Söhne das Kaulsdorfer Erbe abwechselnd in Besitz. Von den 7 Kindern des Christoph Friedrich – Hochfürstlich Schwarzburgischer Obrist über ein Regiment zu Fuß und Kommandant zu Arnstadt – starben 6 schon im Kindes- und Jugendalter. Seine einzig verbleibende Tochter Friederica Magdalena [*1730] heiratete 1749 Friedrich Heinrich Carl von Kropff auf Zeutsch und Töpfersdorf und gebar von ihm 1750 einen Sohn [August Friedrich Georg von Kropff]. So lag es an Johann Heinrich, die Brandstein-Kaulsdorf-Buger Linie fortzusetzen. Er war Hochfürstlich Brandenburg Culmbachischer Geheimrat, Konsistorialpräsident und Amtshauptmann zu Kulmbach. Von seinen drei Söhnen überlebte aber nur Friedrich Erdmann [*1732], der nach dem Tod des Vaters den ganzen Besitz dieser Linie erbte und nach dem Verkauf der Herrschaft Kaulsdorf und dem noch verbliebenen Anteil an dem Rittergut Fischersdorf 1766 an den Markgräflich Bayreuthischen Justizrat Johann Adam Kretschmann überwiegend in Kulmbach lebte.[135]

Die Dobenecker auf Kirschkau und Zoppoten

Als Stammvater der Linien zu Kirschkau, Feilitzsch und Buch gilt Hans Heinrich von Dobeneck auf Buch, Feilitzsch und Schlegel [1632-1674], welcher bald nach dem Tode des Armandus von Rohrscheid [†1661] dessen Rittergut Kirschkau-Oberhof erwarb. Aus seiner Ehe mit Sabina Barbara von Wallenfels aus dem Hause Rößla [1641-1697] entsprangen Alban Heinrich [1666-1718], Caspar Heinrich, Hans Heinrich, Maria Susanna [*1670, oo mit einem von Reitzenstein auf Hartmannsreuth], Anna Magdalena [*1672, oo einen von Römer auf Langenwolschendorf sowie Philipp Siegemund, Philipp Heinrich, Georg Christoph, die jedoch 1667, 1668, 1671 schon als Säuglinge bzw. Kleinkinder starben. Von den überlebenden Söhnen wurde Caspar Heinrich zum Stammvater der Feilitzscher Linie, während Hans Heinrich die Linie zu Bug und Alban Heinrich [1666-1721] mit seiner Gemahlin Eleonora Juliana – des Johann Friedrich von Langenhagen auf Böhmsdorf und der Anna Sohia geb. von Watzdorf aus dem Hause Tanna Tochter – die Kirschkauer Linie begründeten. Von ihren 10 Kindern übernahmen die Söhne Johann Friedrich, Johann

Wilhelm [1700-1727] und Johann Christian den Kirschkauer Erbteil. Nachdem ersterer mit einer schönen Italienerin durchgebrannt und letzterer mit nur 22 Jahren verstorben war, übernahm der eigentlich mit Schlegel bedachte dritte Sohn des Alban Heinrich, Johann Heinrich von Dobeneck [†1747] auch dieses Rittergut. Da er keine Kinder hatte, verkaufte er selbiges im Jahre 1745 an den Landesherrn Graf Heinrich XII. Reuß-Schleiz].

Alban Heinrichs Bruder Hans Heinrich [1673-1738] hingegen war mit Dorothea Elisabeth Freiin von Meusebach [1672-1727] aus dem Hause Wenigenauma verheiratet. Von ihren 9 Kindern heiratete Christiana Susanna [*1696] einen Aichinger von Aichstadt auf Grünwehr und Seibolsdorf, Anna Dorothea [1698-1750] einen von Braun auf Ederstädt in Thüringen, Johanna Augusta einen von Berck auf Oldisleben und Hans Christoph [*1701] eine von Rüxleben aus dem Hause Pielen und Auleben. Im Jahre 1722 erwarb Hans Heinrich das Rittergut Ober-Zoppoten und tauschte noch im selben Jahr mit der Burgker Landesherrschaft sein 1710 erworbenes Rittermannslehen zu Pahnstangen [bestehend aus 7½ Bauernstellen] gegen deren Amtsuntertanen in Zoppoten. Im dortigen Oberen Herrenhaus ziehen nun turbulentere Zustände ein und die hin und wieder dort stattfindenden Adelsfeste mißfallen dem streng lutherisch-orthodoxen Ortspfarrer Laurentius Feiler zutiefst, worauf er den von Dobeneck 1733 gegenüber dem Greizer Konsistorium anzeigt: »Sonst muß [ich] beiläufig melden, wie der Satan diese Woche in hiesigen Dorf große Uppigkeit u. Unfug erreget, so daß sie in obern Herren-Hof etl. Tage gräul. gerast, getanzet, gesoffen, gespielet u. geschwärmet. Es hat mich so sehr gebeuget, als es das erste mahl ist bey meinem Hierseyn. Und war, als obs der Satan recht wolte wagen, wie weit ers bringen könnte.«[136] Nach Hans Heinrichs von Dobeneck auf Bug, Rothenbürg und Ober-Zoppoten Ableben bietet sein Sohn Hans Christoph im Herbst 1739 das hiesige Rittergut – bestehend aus dem Burglehn zu Saalburg, dem oberen Zoppotener Vorwerk mit seinen Zugehörungen – der Landesherrschaft für 28.570 fl. zum Erwerb an. Die zeigt sich zunächst interessiert, jedoch zerschlagen sich die Kaufverhandlungen am Ende wegen der zu hohen Preisvorstellungen. Nachdem Hans Christoph von Dobeneck 1757 gestorben war, werden seine Witwe Christina Sidonia geb. von Rüxleben und seine 13 Kinder. [2 Töchter und 11 Söhne] gemeinsam als Erben über Bug, Rothenbürg und Ober-Zoppoten eingesetzt, worauf sie 1760 Ober-Zoppoten für 15.000 Mfl. Kaufgeld und 60 Spezies-Dukaten Gönnegeld an den Fürstlich Sachsen-Gotha-Altenburgischen Landkammerrat Aemilius Friedrich Wilhelm Metzsch auf Oberböhmsdorf veräußern, der wohl nur als Mittelsmann eingesetzt war und das Rittergut kurz vor seiner Belehnung an den eigentlichen Interessenten – Wolf Ehrenfried von Reitzenstein, Besitzer von Unter-Zoppoten – weitergibt, der die beiden Rittergüter so vereinigen kann.[137]

VON EICHENBERG

Seit Mitte des 15. Jahrhunderts bis weit in die Frühneuzeit hinein war das Dorf Niederkrossen bei Orlamünde einer der Hauptsitze der Herren von Eichenberg und die Sage berichtet, zur Zeit des Faustrechts hätten gar zwölf Edelleute zugleich ihren Sitz hier gehabt. Zu Beginn des 17. Jahrhunderts jedenfalls waren es, wie nachfolgend berichtet, noch sechs, weswegen das Dorf damals auch ›Herrenkrossen‹ genannt wurde.

Die von Eichenberg [auch Eichelberg] sind ein thüringisches Uradelsgeschlecht aus dem gleichnamigen Orte nördlich von Orlamünde, das am 27. Dezember 1199 mit Albert von Echilberg – als Mitzeuge bei einem Gütertausch zwischen Hartmann von Lobdeburg und dem Kloster Pforta – erstmals aus dem Dunkel der Geschichte tritt. Trotz ihrer Verwandtschaft mit den Grafen von Gleisberg und den Vögten von Allstedt treten sie zumindest in unserer Region von Anfang an als orlamündische Vasallen in Erscheinung, so 1216 Albert von Eichenberg und seine Söhne sowie 1279 der Miles Albertus de Echenberch. Ihr Wappenschild trägt auf blauem Grund eine siebenblättrige grüne Eichenstaude mit ausgerissenen Wurzeln. Die Mitglieder ihrer beiden, zu Eichenberg und Niederkrossen sitzenden Zweige sind im Schrifttum nur schwer zu unterscheiden, doch ist der Krossener Teil fast bekannter, da er öfters als ›zu Krossen‹ bezeichnet wird. Im Jahre 1367 stiften Otto von Eichenberg, seine Frau Gertrud [geb. von Zcedewitz] und sein Bruder Johann dem Kloster zu Orlamünde ein Seelgerät. 1431 beteiligen sich die Eichenberger an den Kosten zum Unterhalt der Saalebrücke bei Naschhausen und vermachen dem Rat zu Orlamünde Geld und Grundbesitz, darunter auch Güter zu Würzbach. Weitere inzwischen wüste Dorfstätten des Geschlechts waren Risenegk [nahe der gleichnamigen Jagdanlage] und Töpfersdorf mit seiner bekannten Kirchenruine. Im Jahre 1445 übte Jan von Eichenberg die Ober- und Niedergerichte zu Niederkrossen aus und gebot 1457 über 17 der 26 Bauernhöfe des orlamündischen Amtsdorfes Freienorla. 1477 saßen Heinrich und Bernhard sowie des ersteren Neffe Jan von Eichenberg auf den Rittergütern Eichenberg und Niederkrossen. »In dem Verzeichnis der ehrbaren Mannschaft des Amtes Orlamünde von 1492 werden Hansens von Eichberg hinterlassene Söhne im Besitz von Eichenberg, Krossen, Gumperda und Töpfersdorf – und mit Zinsen in Freienorla, Kleineutersdorf und Arnstadt begütert – aufgeführt.«[138] Indem die beiden von Eichenbergischen Linien für das kursächsische Landesaufgebot zusammen sechs Panzerreiter aufstellen mußten, dürfte ihr Besitzstand dem von sechs Mannlehen, also Rittergütern, entsprochen haben. Der Anteil an Fußtruppen belief sich bei Wolf von Eichenberg 1537/38 auf 25 Mann, bei seinem in Niederkrossen sitzenden Vetter Balthasar dagegen auf 37 Mann. Letztmalig im Schmalkaldischen Krieg [1546/47] ›verdiente‹

der Vasall sein ansonsten ziemlich von Steuern befreites Rittergut bei Ausrufung des Heerbannes mit der Aufstellung eines ›Ritterpferdes‹. Nach diesem Krieg wurde die Verpflichtung dann in Geldleistungen umgewandelt. Als Besitzer zweier kanzleischriftsässiger Rittergüter genossen die von Eichenberg nicht nur einen privilegierten Gerichtsstand, sondern waren auch landtagsfähig. Als Zwischenbehörde der sächsischen Landesverwaltung erhoben sie im Auftrag der Ernestiner Trank- und Türkensteuern von den Untertanen in Dienstädt [anteilig], Eichenberg, Kleinbucha, Niederkrossen und andernorts. Nach dem Tode Wolfs von und zu Eichenberg [†1552] wurden seine Söhne Wolf, Bernhard und Jhan auch mit Gumperda, der Wüstung Töpfersdorf sowie Gütern im Würzbach belehnt. »Von diesen verkaufte Wolf 1568 seine 100 Acker haltende Waldung ›auf der Herressenn nach Hummelshain wärts gelegen‹ für 800 fl. an Herzog Johann Wilhelm.«[139] Um 1570 verkauften Wolf und Bernhard von Eichenberg ihren Siedelhof Gumperda an Joachim von Pfordten. Wolf von Eichenberg war 1573 eines der weltlichen Mitglieder der sechsten ernestinischen Kirchenvisitation. »Seine Tochter war wohl die Magdalene ›von und zu Eichenberg‹, welche um 1564 als Gattin des Eustachius von Draxdorf vorkommt. Am 27. Juli 1576 verunglückte Wolf, indem er auf dem Wege nach Kahla mit dem Wagen umgeworfen wurde. Da er sich mit seinem Vetter Ernst für Christoph Boner, Schösser zu Leuchtenburg, wegen dessen zu leistender Caution mit verbürgt hatte, Boner aber mit 1.575 Thlrn. aus seiner Amtsführung in Rest geblieben und zur Deckung desselben weder von ihm selbst, noch von seinen Bürgen etwas zu erlangen war, so kam es zum Concurs, wobei das ... [Eichenberger] Rittergut den Gläubigern überantwortet ward,«[140] worauf es um 9.000 Mfl. sub hasta von der Familie von Harras [u.a. auf Oßmannstedt] erworben wurde, den Niederkrossener Brüdern und Vettern aber noch einige, altüberkommene Zinsen, Jagd- und andere Gerechtsame der Eichenberger Besitzmasse übereignet wurden. Wie erwähnt, hielten an Niederkrossen meist mehrere Familienmitglieder Mitbesitz. So waren im Jahre 1603

Besitzer: Balthasar d. Ä., Christoph [†1613], Ernst, die Brüder Erhard [† vor 1618] und Balthasar d. J. [†1626], sowie Jan, im Jahre 1622 dann noch Balthasar d. Ä. [†1627], die Brüder Hans Ernst und Heinrich [†1636], Balthasar d. M. [noch 1638], Wolf Dietrich [†1642], Hans Christoph [†1631], Hans Balthasar [noch 1655], Hans Otto [†1669] und Heinrich Friedrich [†1662].[141] Von Hans Christoph hat sich an der Südwand der Niederkrossener Kirche ein sorgfältig, in schlichter Naturwahrheit ausgeführtes marmornes Epitaph im Stile der Spätrenaissance erhalten. Es trägt die Inschrift: ›ANNO MDCXXXI DEN 22 DECEMB . ZV MITT . VMB XII VHR ENTSCHLIEF IN GOTT SANFT VND SELIG DER WOHLEDLE HANS CHRISTOPH VON EICHBERG, F.S.A. GEWESENER KRIEGSCAPITAN V. HAVPTMANN SEINES ALTERS XLIII IAHR XXXI WOCHEN, DESSEN SEELE GOTT GNADE.‹ Darauf steht der Verstorbene »von vorn gesehen mit Lockenhaar und Knebelbart vor uns; sein ernstes und wohlwollendes Gesicht ist offenbar wohl getroffen. Er trägt über der Rüstung die Schärpe, in der Rechten den Kommandostab.«[142] Besagtem Heinrich Friedrich hatte seit 1652 auch der Siedelhof in Naschhausen gehört. Sein gleichnamiger Sohn verkaufte diesen 1666 um 1.250 Mfl. »an den Superintendenten Löber in Orlamünde und kaufte seinen Mitbesitzern Hans Otto, dessen Sohn Caspar Joachim (der den Hauptmann v. Schleinitz, welcher bei ihm zu Gaste war, erschoß), Hans Christoph, Heinrich Friedrich, Georg Christoph (später in Zwabitz begütert) ihre Anteile an dem Gute ab, so daß er der ... einzige Besitzer [von Niederkrossen] wurde, wie es 1681 Gottfried Ernst war; dieser verkaufte in diesem Jahre $^3/_{12}$ davon an Christoph von Kropff auf Zeutsch, so daß fortan zwei Rittergüter hier bestanden.«[143] Die verbleibenden ¾ des Niederkrossener Besitzes derer von Eichenberg, das ›Untere Gut‹, blieb noch für etwa 100 Jahre im Besitz der Familie. Erst unter dem letzten seines Geschlechts, dem herzoglich-sachsen-weimarischen Kammerjunker und Rittmeister Ludwig Adam Ernst von Eichenberg [geb. 1714] auf Rausdorf bei Eisenberg fand der Niederkrossener Besitz 1769 wieder in einer Hand zusammen, nur um 1776 für 27.500 Taler an August Hannibal von Schmertzing verkauft zu werden.

VON EICHICHT

Von dem Dorf Eichicht [1379 Aychig] zwischen Saalfeld und Leutenberg sollen die Herren von Eichicht ihren Namen haben, welche als erste bekannte Besitzer des dortigen Felsenschlosses schon im 14. Jahrhundert erscheinen. Auch unter den Saalfelder Ratsleuten wird 1356 »ein ›Fricze vome Meiche‹ genannt und in einem alten Haus in Saalfeld soll eine Inschrift gefunden worden sein mit folgendem Wortlaut: ›*des hus hat gebauuet fritze von meinech anno domini mccccxxxi* (1331).‹ Da Eichicht heute noch ›Mäch‹ oder verhochdeutscht ›Meichich‹ genannt wird, ist die Ableitung des Namens dieses Saalfelder Patriziers vom Ort Eichicht so gut wie sicher.«[144] Unklar bleibt, ob die zahlreichen, bis ins 17. Jahrhundert hinein zu verortenden Vertreter derer von Eichicht, dem Eichichter Zweig oder einer ursprünglich im Osterland gebürtigen Familie von Eichicht entstammen, zumal der Wappenschild derer von Eichicht − eine rote Rose, besteckt mit drei grünen Eichenblättern im Schächerkreuz auf Weißem Grund − sehr dem Wappen der im Altenburgischen gebürtigen Familie von Dobitzschen ähnelt. Zudem wirken die frühesten Eichichte im Elster-Pleiße-Gebiet, ohne daß freilich ein entsprechender Stammsitz dort ausgemacht werden kann. So erscheint in den Urkunden des Klosters Cronschwitz 1328 zweimal ein ›bruder Diterich vom Eychech‹ sowie 1333 in den Urkunden der Vögte von Gera ein Ritter Berher von Eyches jeweils als Zeuge. Zudem werden 1364 Walther, Berchter und Selko von Eichicht genannt. Pilgrim von Eichicht besaß 1412 Zinsen aus einem Lehen in Wenigen-Pönsee [bei Naumburg].

Anläßlich einer Jagd in [Kloster-]Lausnitz wird 1445 über ihn gesagt, daß ›er ein Mann gewest, bey hundert [Jahren] gedächtig‹. Berchter von Eichicht war 1421 Land-Pfleger zu Langenberg und Heinrich von Eichicht 1498 Vogt zu Crimmitschau. Zudem war je eine Elisabeth von Eichicht 1435 Kellnerin bzw. 1485 Unterpriorin im Kloster zu Eisenberg.

In unserem Untersuchungsgebiet jedenfalls erscheinen die von Eichicht zwischen dem 14. und 16. Jahrhundert im Besitz des Rittergutes Ober-Renthendorf, um 1500 in dem von Rockendorf, vornehmlich aber im Besitz von Molbitz [1483-1529] und Dreitzsch [ab 1487] bei Neustadt/Orla, wobei diese Linie auch eine besitzliche Beziehung zu Langenberg bei Gera [noch 1606] und Meilitz bei Wünschendorf [1558] hatte. Noch anfangs des 17. Jahrhunderts kamen die Brüder Hans Ernst und Georg von Eichicht auf Dreitzsch vor. Von letzterem hören wir noch 1606. Bald darauf starb diese so genannte ›Altenburgische Linie‹ aus, ebenso eine Preußische.

VON ELLRODT

Die von Ellrodt waren ein Beamtengeschlecht, welches es im Dienste der Markgrafschaft Ansbach-Bayreuth zu Rang und Ehren gebracht hatte und 1750 geadelt sowie 1762 in den Reichsgrafenstand erhoben wurde. Ihr Wappenschild führt drei rote Rosen auf blauem Grund, mit einer eingebogenen silbernen Spitze, mit einem schwarzen Adler darin, während in den beiden blauen Feldern je ein einwärts gekehrter goldener Löwe erscheint. Der auf diese Weise nobilitierte ansbach-bayreuthische Geheimrat Philipp Andreas [1707-1767] war ein enger Vertrauter des Markgrafen Friedrich III. und übte die Regentschaft in dessen letzten Lebensjahren faktisch alleine aus. Zahlreiche Details über ihn sind in den Memoiren der Markgräfin Wilhelmine überliefert, deren von Pesne geschaffenes Portrait im Herrenhaus von Lausnitz-Unterhof hing, dessen vordem von Steinsches Rittergut Ellrodt 1743 ersteigerte hatte. Im Jahre 1763 erwarb er für 140.000 Gulden den Anteil des aus schwedischen Adel stammenden Grafen Löwenhaupt an der Herrschaft Reipoldskirchen, und es wurde bestimmt, daß sein Sohn Friedrich Wilhelm die Gräfin Christine Wilhelmine Luise von Löwenhaupt ehelichen sollte. Das nach 1740 schrittweise erworbene Schloß Neudrossenfeld zwischen Kulmbach und Bayreuth wurde zum Wohnsitz des jungen Paares erkoren und mit ungeheuren finanziellen Mitteln auf das Prunkvollste [so mit Hängenden Gärten, Englischem Park und neuer Schloßkirche] ausgebaut. Der junge Graf litt jedoch an einer Brustkrankheit und verstarb kaum 18 Monate nach der 1763 erfolgten Hochzeit, worauf die Arbeiten am Schloß abrupt abgebrochen wurden. Nach dem Tod des alten Grafen begann der Niedergang des Geschlechts, zumal allein Bauschulden von 230.000 fl. zu bedienen waren. Seine Witwe Anna Marie Sophie und die Ellrodtschen Erben mußten 1775 Neudrossenfeld und 1778 ihren Anteil an Reipoldskirchen verkaufen.

Die Witwe des jungen Grafen, Christine, aber wurde 1773 Alleineigentümerin des Lausnitzer Besitztums und verbrachte bei ihrer Übersiedlung einen Großteil jener zahlreichen ›älteren, prächtigen und seltenen Werke der Kunst und des Kunstgewerbes‹ aus dem Besitz ihres Gatten nach dahin, für die dieses Herrenhaus später so berühmt werden sollte. Bis zu dessen Enteigung und anschließenden Plünderung im Oktober 1945 hatte hier jeder Meter Intereur gewissermaßen ein Stück brandenburg-bayreuthische Geschichte des 18. Jahrhunderts geatmet. In der unteren Etage, teils auch im Obergeschoss, standen wunderschöne Rokokomöbel. Zwei alte Stil-Öfen trugen sogar noch das Monogramm des Grafen von Ellrodt. In einem Raum gab es Leinwandtapeten, die – eingefasst mit Rokoko-Leisten in Rot und Gold – Genreszenen zeigten. An einer Stelle war schwarzes Böttgergeschirr ausgestellt, an anderer eine sehr umfangreiche Sammlung von Meißner Tellern. Selbst ein Geschirr mit Namen ›Ostindische Kompanie, erste Meißner Nachahmung‹ war darunter. Kostbare alte Gemälde, neben Landschafts- und Ahnenbildern auch Portraits einflußreicher Persönlichkeiten des 18. Jahrhunderts blickten von den Wänden herab, darunter vier Werke von Pesne, zwei von Krafft dem Älteren, drei von Graff, sieben von Rotari wie auch der eine oder andere Honthorst oder Sylvestre. Die historische Bibliothek mit zahlreichen handschriftlichen Aufzeichnungen aus dem Bayreuth des 18. Jahrhunderts und alten Reiseberichten aus aller Welt [China, Indien, Afrika und Sibirien] zeigten das vielseitige Engagement und große Interesse seiner Besitzer. In zweiter Ehe vermählte sich die junge Witwe mit dem Hofrat von Meder [auch Mader]. Ihrer beider Tochter – gleichfalls mit Namen – Christine heiratete einen von Wurmb aus dem Hause Wolkramshausen, worauf Unter-Lausnitz in den Besitz dieser Familie gelangte.[145]

VON EINSIEDEL

Die von Einsiedel [Einseideln, Einsidlin, Eynsydl, Ainsidel, Eynsedil] sind ein meißnisches Uradelsgeschlecht, das mit dem Burgmann von Schapa [Zschopau] Guntherus de Einsedelen 1299 erstmals in Erscheinung tritt. Ihr Wappenschild zeigt auf goldenem Grunde einen weißbärtigen barfüßigen Einsiedler in blauer Kutte und silber-bestulpter blauer Mütze, der in der Rechten das Paternoster von roten Korallen mit einer kleinen stahlfarbenen Axt, in der Linken aber eine stahlfarbene zweizinkige Hacke (Karst) mit braunem Griffe auf der Schulter trägt.

»Nach bisherigem Kenntnisstand liegt der Ursprung der Familie im Benediktinerkloster Einsiedeln im heutigen Schweizer Kanton Schwyz. Es wird angenommen, dass dort um 1290 der Ahnherr der Familie ›mit König Rudolf von Habsburg als Ritter von Einsiedel – aus der Schutzmannschaft des Klosters stammend – mit in das Pleißenland gezogen sei‹. Die direkte Stammreihe beginnt mit dem Ritter Heinrich von Eynsydeln, 1363-1403 urkundlich erwähnt, Gutsherr auf Ehrenberg und Prießnitz sowie Vogt zu Rizemburg (Riesenburg)«.[146] Mit der Zeit wurden die von Einsiedel zu einem der maßgebendsten Geschlechter in Kursachsen und saßen zumindest im Untersuchungsgebiet des Schloßarchivs Wildenfels im Laufe der Zeit über kurz oder lang auf mehr als 100 Schlössern.

Von großer Bedeutung für die Familiengeschichte war der kursächsische Geheimrat Heinrich Hildebrand von Einsiedel [1497-1557] auf Gnandstein, Wolftitz, Syhra und Prießnitz, dessen vier Söhne die Linien zu Sahlis, Scharfenstein, Gnandstein und Syhra begründeten. Während die Kohren-Sahliser Linie Ende des 18. Jahrhunderts erlosch, konnte sich die Scharfensteiner Linie noch 1913 auf ihren Gütern Scharfenstein und Grünau behaupten. Ebenso blieben die Gnandsteiner bzw. die Syhraer Linie bis 1945 im Besitz ihrer gleichnamigen Schlösser.

Weitere Besitzungen bis 1945 waren Wolftitz, Wolkenburg, Hopfgarten, Neu- und Alt-Reibersdorf. Nach ihrer Enteignung und Vertreibung aus der SBZ verlegten die von Einsiedel ihre Schwerpunkte nach Niedersachsen, wo sie 1963 das Gut Reckershausen und später noch das Amtshaus Koldingen erwarben, aber auch nach Hessen und in die Oberpfalz, wo ihnen hier seit 1981 das Schloß Arnstein und dort seit Ende des 20. Jahrhunderts das Schloß Schönach gehört.

Nach der Wende zögerten die von Einsiedel nicht, ihre ehemaligen Schlösser Wolftitz und Syhra nebst einem Forstbesitz zurückzuerwerben. In unserer Region ließ sich das Geschlecht um 1860 in Braunsdorf bei Auma nieder, wo der Freiherr Curt von Einsiedel im Jahre 1880 in Braunsdorf ~186 ha und in Tischendorf ~46 ha LWN bewirtschaftete, worauf der Besitz nach seinem Ableben 1889 an seine Tochter Karoline

[*1859, oo mit einem von Seydewitz] überging. Das Emblem  für ›von Einsiedel‹ soll sich auch im Grundriß des Opurger Barockschlosses widerspiegeln, welches Graf Cajus von Rumohr [†1714] zwischen 1705 und 1708 für seine Tochter Anna Sophie verw. von Einsiedel [*1671] erbauen ließ. Nach ihrem Tod 1725 fiel die Herrschaft Oppurg-Knau ihren drei Söhnen Cajus Rudolf Haubold, Johann Georg und Detlef Heinrich von Einsiedel zu. Aufgrund eines zwischen den Brüdern geschlossenen Vertrages und laut Lehnsrekognition vom 26. Juni 1726 gingen die Besitzungen zunächst an den ältesten von ihnen, Cajus Rudolf Haubold, über. Nach dessen Tod 1730 bewirtschafteten die beiden jüngeren Brüder die Oppurger Güter gemeinsam. Bei der bald darauf folgenden Teilung erhielt der jüngere – Detlef Heinrich – Oppurg. 1745 wurde er in den Grafenstand erhoben. Kurze Zeit nur blieb er im Besitz der Güter. Physisch von eher kränklicher Natur verzog er später nach Dresden und verkaufte die hiesigen Herrschaften am 16. Februar 1745 an den Grafen Julius Gebhardt von Hoym.[147]

VON ENDE

Die Herren von Ende sind ein meißnisch-thüringisches Uradelsgeschlecht, welches uns mit Hermannus de Fine im Jahre 1222 erstmals urkundlich entgegentritt. Die Stammreihe der Familie mit dem springenden Wolf auf goldenem Grund im Wappen beginnt mit dem markgräflich-meißnischen und thüringischen Rat Nickel von Ende auf Rothengraben 1335, der reichsfreiherrliche Ast dagegen mit Nicolaus von Endt auf Wolkenburg, Königsfeld und Fuchshain im Jahre 1630.

Ihren Besitzschwerpunkt hatte das Geschlecht im Raum Altenburg, von wo es mit Caaschwitz, Cretzschwitz, Culm, Endschütz, Frankenthal, Kauern, Hartmannsdorf, Kaimberg, Lichtenberg, Liebschwitz, Loitsch, Mühlsdorf, Mosen, Niederndorf, Pforten, Pörsdorf, Roben, Ronneburg, Steinbrücken, Waltersdorf, Zeulsdorf, Zwötzen u.a. in den Geraer Raum ausgriff, während es in unseren Untersuchungsgebiet bislang lediglich mit dem Prior des Nonnenklosters zu Eisenberg, Ehrenfried von Ende zu Altenbeuthen [1519] sowie dem vor 1498 bis 1533 auf dem adeligen Vorwerk in Neunhofen hausenden Hans von Ende nachgewiesen ist.[148]

VON ENTZENBERG

Die Familie von Entzenberg [auch Enzenberg, Enzinberg] war ein thüringisches Uradelsgeschlecht, welches im Jahre 1348 im Lehnsbuche Markgraf Friedrichs des Ernsthaften erstmals in der Region in Erscheinung tritt. Ihr Wappenschild zeigt [im Verhältnis 1:2] drei schrägrechts durchschnittene weiße Rosenhälften auf blauem Grund. Inwieweit sie ein Ableger des hochangesehenen gleichnamigen Tiroler Adelshauses waren, kann hier nicht näher untersucht werden. Zwischen dem 14. und 16. Jahrhundert treten die Entzenberger jedenfalls sehr häufig in thüringischen Urkunden auf, besonders im Schwarzburgischen und Gothaischen, wie auch des Kreuzklosters zu Gotha und des Klosters Volkerode. In Saalfeld fungierten sie wiederholt als Ratsherren und Ratsmeister. 1348, 1360 und 1387 zeigen sich Ludwig d. Ä. und Ludwig d. J. von Enzenberg. 1394 kauften Lutz von Enzenberg und seine Brüder, ›allesamt

Ritter›, Zinsen zu Saalfeld, 1403 erwarben die Enzenberger die Burg Könitz, saßen 1421 auf der Weißenburg [was auf einen beträchtlichen Reichtum der Familie hinweist], 1422 zu Kranichfeld und 1432 auf Weißenborn. Katharina von Enzenberg fungierte 1426 als Äbtissin und Agnes 1491 als Priorin des Klosters Ichtershausen, in dessen Urkunden die Familie überhaupt häufig auftritt. Im Jahre 1433 hören wir von Eckhard und Eilher und 1440 von den Gebrüdern Georg, Otto, Eckhardt und Lutz von Entzenberg, von denen letzterer damals ein Gut in Witzleben kaufte. Im Saalfeld gehörte einem Otto von Enzenberg 1442 einer der beiden adeligen Siedelhöfe beim späteren Schlößchen Kitzerstein [bis 1517].

1461 war ein von Enzenberg Ratsmeister zu Saalfeld und Besitzer der Rittergüter Kaulsdorf und Fischersdorf. 1458 werden Christoph und Friedrich von Entzenberg als Vasallen der Grafen von Gleichen mit Gütern zu Remda und Heilsberg [bei Remda] belehnt. 1479 hören wir von Eckhard, Georg und Bernhard von Entzenberg. Bei der wettinischen Teilung von 1485 kommt Otto von Enzenberg auf Kaulsdorf zum Weimarischen Teil. 1517 wird Christoff von Enzenberg wegen Land-

Schloß Kaulsdorf

friedensbruch vom Kaiser in die Acht getan. Neben Saalfeld, Könitz, Kaulsdorf [noch 1560] und Weißenburg [Wiesenburg?] saß die Familie in der Region zudem noch in Garnsdorf, Wittmannsgereuth, Aue am Berg, Rudolstadt, Oberpreilipp und Schauenforst. Ferner waren sie u.a. in Altenstein, Lengsfeld, Rodameuchel und Tenneberg begütert. Im späteren 16. oder früheren 17. Jahrhundert ist das Geschlecht dann ausgestorben.[149]

VON ERFFA

Die von Erffa sind ein Uradelsgeschlecht aus dem Kernland Thüringens – dem um Gotha gelegenen Altgau. Ihren Stammsitz, die Burg Erffa bei Gotha, hielten sie bis 1677, worauf er in landesherrlichen Besitz kam und in Friedrichswerth umbenannt wurde. Selbst wenn nach den Angaben älterer Chronisten die frühesten Vertreter der Familie schon im Jahre 455 n. Chr. mit den Hunnen nach Thüringen gekommen seien, wo sie zusammen mit denen von Wangenheim und von Uetterodt dem Teilstamm der ›Grün-Hunnen‹ vorgestanden hätten – höchst fabulös ist, so haben wir es aber bei denen von Erffa auf jeden Fall mit einer sehr alten, da ursprünglich edelfreien Familie zu tun, auch wenn diese sich später der Oberherrschaft der aus dem Ministerialenstand aufgestiegenen Ludowinger [bis 1242 Landgrafen von Thüringen] und anschließend den Wettinern, unterwerfen mußten. Urkundlich erscheint das Geschlecht erstmals im Jahre 1170 mit Hartungus de Erfaha. »Gut ein halbes Jahrhundert später begleitet wiederum ein Hartung v. Erffa Landgraf Ludwig (den Heiligen) von Thüringen auf dem Fünften Kreuzzug. Nach dessen Tod brachte er seine Gebeine von Otranto zurück nach Thüringen, wo er zunächst auch als Vormund der Witwe Ludwigs – der Heiligen Elisabeth – agierte. … Im Laufe der Jahrhunderte bekleideten Angehörige der Familie vielerlei hohe Positionen als Räte oder Minister insbesondere im Sächsisch-Thüringischen sowie im Fränkischen. Im Jahre 1702 erhielt Georg Hartmann v. Erffa, Generalfeldzeugmeister des Fränkischen Kreises, von Kaiser Leopold I. das erbliche Reichsfreiherrendiplom.«[150] Den Wappenschild derer von Erffa zieren zwei goldene Adlerflügel auf blauem Grund. Als frühe Sitze der Familie gelten neben Erffa noch Nägelstedt bei Bad Langensalza [1482], Rodach im Lande Coburg [15. Jh.], Sonneborn [bis 1498] und damit überhaupt Besitzungen in einem Dutzend Orten im Nessetal [Haina, Goldbach, Warza] sowie im Hörseltal [u.a. Fröttstädt], im Zentrum der Landgrafschaft Thüringen. Das 17. Jahrhundert erlebte das Geschlecht u.a. auf den Sitzen Goldschau bei Eisenberg [1695], Helmershausen [1637], Niedertrebra [1695], Roßfeld [vor 1661 bis 1752], Unterlind [vor 1637-1883] sowie Waltershausen [1632]. Im 18. Jahrhundert gewannen sie u.a. Niederfrohna und Wernburg [1750/58-1945] mit dem Titular-Rittergut Laskau. Letztere Herrschaft war 1758 durch die Heirat einer Luise Magdalena von Schönfeld mit dem Freiherrn Georg Hartmann von Erffa in Besitz der Familie gekommen, worauf das Portal am Treppenturm des Wernburger Schlosses mit einem entsprechenden Familienwappen neu versehen wurde. Im darauffolgenden Jahrhundert erwarben die Erffa Schloß Ahorn [bis 1945], Örlsdorf bei Sonneberg [vor 1831 bis nach 1885], Osmarsleben [Oßmerschleben] und Wüstenahorn [vor 1847 bis nach 1923]. Als weitere mitunter zeitweilige Besitzungen der Familie gelten Schloß Birken bei Bayreuth sowie die Rittergüter Finkenau, Heldritt, Sindolsheim, Neuhaus, Sondheim, Wallhausen und Windhausen. Ab dem 19. Jahrhundert erscheinen explizit die beiden Erffa-Linien zu Ahorn im Coburger Land und zu Wernburg im Orlagau.[151] Ein bedeutender Vertreter ihrer hiesigen Linie war Karl Lebrecht Hartmann [1761-1825]. Er trat als Schöpfer von Gedichten hervor und entwickelte Wernburg zu einem kleinen Musenhof, wo er die gebildete Welt der Region versammelte. Als Landrat des 1815 an das Haus Weimar gekommenen östlichen Teils des Neustädter Kreises stand er mit der großherzoglichen Regierung und damit auch mit deren Geheimrat Johann Wolfgang von Goethe auf gutem Fuße. Daß sich zu letzterem ein Vertrauensverhältnis entwickelte, zeigt »ein 1817 verfaßter Brief des Dichterfürsten an den Freiherrn aus Wernburg. Darin fragt Goethe an, ob von Erffa bereit wäre, einen bei ihm im Dienst stehenden jungen Mann einzustellen. Letzterer war in Mißkredit geraten, denn er ließ ›sich unglücklicherweise verführen, ein schlechtes Haus zu betreten‹.«[152] In die Zeit Karl Lebrechts dürfte auch der Ausbau des oberen Rosentals in Wernburg zu einem Landschaftspark im Englischen Stil erfolgt sein. Erwähnenswert ist zudem das Lebenswerk von Hermann Hartmann von Erffa [1845-1912]. Sein 1.625 preußische Morgen [1865] umfassendes Wernburger Besitztum [zuzüglich kleinerer Flächen in der Umgebung] entwickelte er zu einem Muster-Rittergut ,von dem zahlreiche Innovationen für die regionale Landwirtschaft ausgingen, welche er als Vorsitzender des Thüringer Landwirtschaftsrates und Preußischen Landesökonomiekollegiums zu Papier brachte, wobei er auch volkswirtschaftliche Ideen entwickelte. Als Beigeordneter des Kreises Ziegenrück im Provinziallandtag zu Merseburg [seit 1876] sowie im preußischen Abgeordnetenhaus [seit 1886] war der konservative Politiker vorallem mit der Landwirtschafts- und Steuergesetzgebung Preußens bzw. des Reiches befaßt. 1913, im Jahr nach seinem Tod, umfaßte das Rittergut Wernburg, welches bis 1929 noch einen eigenen Gutsbezirk bildete, LWN von 469 ha [bei einem Waldanteil von 50%]. Der Viehbestand der beiden Wirtschaftshöfe [Wernburg und Seebach] betrug 15 Pferde, 122 Rinder, 60 Schweine und 350 Schafe.

Mit seiner Ehefrau Elisabeth, einer geborenen Freiin von Varnbüler [1846-1910], hatte Hermann Hartmann zwei Söhne. Der jüngere – Burkhard Hartmann – ist 1904 in Deutsch-Südwest-Afrika gefallen, der ältere – Georg Hartmann [1877-1937] – fungierte zwischen 1910 und 1918 als Landrat des Kreises Ziegenrück. Im Jahre 1923 hatte er den Rittergutsbetrieb an Albin Schnorr verpachtet.[153] Nach seinem Tod wurde Georg Hartmanns Sohn Burkhard Herr von Wernburg.

Als Offizier der Wehrmacht im Zweiten Weltkrieg schwer verwundet, mußte er aus dem aktiven Dienst ausscheiden, wurde aber gegen Kriegsende noch mit dem Aufbau und der Leitung des örtlichen Volkssturms betraut. Hierin mag einer der Gründe liegen, warum er nach dem Einmarsch der Roten Armee im Juli 1945 von NKWD-Schergen verschleppt und – so haben unsere Großeltern es uns erzählt – zusammen mit dem Rittergutsbesitzer von Knau – dem Leutnant Herbert Schneider – in einem Waldstück heimlich exekutiert wurde. Jedenfalls fehlt von den beiden bis heute jegliche Spur, ebenso von dem Anfang August 1945 in Ebersdorf gleichsam verschleppten letzten Reußen von Schleiz Prinz Heinrich XLV. Selbst von Erffas Ehefrau nahm der NKWD mit und verhörte sie in der Pößnecker Kommandantur längere Zeit. Ihr kleiner Sohn – Hans Georg – der bei ihr war, überlebte die, für einen Säugling doch recht beträchtlichen Strapazen nicht. Nach ihrer Freilassung verließ Frau von Erffa zusammen mit ihrer Schwiegermutter, ihrer Schwägerin und deren ledigen

Nimritz: Renaissanceschloß

Tochter ihre Heimat für immer. Bis heute erinnert ein kleiner, um das Jahr 1900 angelegter Privatfriedhof an die Familie. Er liegt im Bereich des Baumgartens – einer von der Schleizer Straße über eine Gasse erreichbaren markanten, von mächtigen alten Eichen und späteren Baumsetzungen bestandenen Anhöhe. Bei einem, an einem Felsvorsprung errichteten großen lateinischen Kreuz liegen fünf Grabstätten. Hier ruhen unter unbehauenen Natursteinen mit eingelassenen Metallplatten Her-mann Hartmann von Erffa und seine Frau Elisabeth, ihren beiden Söhne Burkhard Hartmann und Georg Hartmann sowie unter einem kleinen Kunststein der letzte männliche Sproß der Familie, Burkhards Sohn – der kleine Hans Georg. Nach der Enteignung des Rittergutes Wernburg wurde der Landwirtschaftsbetrieb als Volksgut und als Fachschule für Tierzucht mit Schwerpunkt Schweinezucht weiter genutzt. Das Herrenhaus diente bis zu dem großen Brand von 1962 als Lehrlingswohnheim. Seit 2001 ist das Schloßgebäude, oder besser gesagt, dessen Torso wieder in privaten Händen.[154]

VON ETZDORF

Die Herren von Etzdorff [auch Etzelsdorf, Ezdorf, Edsdorf]
sind ein thüringisch-sächsisches Uradelsgeschlecht aus dem
Osterland, genauer genommen aus dem gleichnamigen Ort
zwischen Eisenberg und Crossen, dessen Rittersitz sie noch
1388 hielten, im Jahre 1587 dann wiedererlangten und erst
1837 aufgaben. Nach anderen könnte das nach 1364 ver-
wüstete Eschewinsdorf bei Bad Köstritz ihr Stammsitz gewesen sein. Als erster Vertreter des Geschlechts gilt der 1219
erwähnte Dietrich von Ezelisdorf. Im Jahre 1270 überließ der
Ritter Heinrich von Ezelsdorf dem Landgrafen von Thüringen
seine Höfe in Eisenberg, um sie dem dortigen Kloster zu
schenken. 1348 erscheinen die von Etzelsdorf im Lehnbuch
des Markgrafen Friedrichs des Ernsthaften [1310-1349].
Im 15. Jahrhundert saßen Angehörige der Familie in Reuden
bei Zeitz, das sie nacheinander mit Heinrich [1478], Georg
[1500], Albrecht [1548], Georg [†1588], Georg [†1688],
Gottfried [†1674], Hans Heinrich [†1736] und Heinrich Ernst
von Etzdorff [†1802] bis nach 1770 in Besitz hielten. Aber
auch Mölbis [1488] bei Borna, Laasen, Pohlitz [1479] und
Kleinaga im Raum Gera – wo sie im 16 Jahrhundert auch auf
Großaga [vor 1548] und mit Jakob von Etzdorff [†1546] auf
Leumnitz bezeugt sind – hatten sie schon früh im Besitz. Im
Orlagau dagegen waren sie 1463 mit Heinrich von Etzdorf auf
Herschdorf und Nimritz angesessen. In einem Lehnsbrief der
Grafen von Gleichen an die Herren von Etzdorff vom Jahre
1549 bestätigen erstere, daß letztere schon lange im Lehens-

besitz des Gutes Herschdorf seien. 1610 wird der hier im Alter von 56 Jahren gestorbene bambergische Oberforst- und Jägermeister Hans Otto von Etzdorf in der Herschdorfer Kirche beigesetzt, wovon sein, 1999 bei archäologischen Ausgrabungen im Gebäudegrund wiederentdecktes Epitaph beredtes Zeugnis gibt. Geborgen wurden damals zwei Grabtafeln. Die eine zeigt einen gerüsteten Adligen mit einem von Straußenfedern geschmückten Helm am rechten Fuße mit der Umschrift:

›PHILIP . CAP . CHRISTUS . IST . MEIN . LEBEN . STERBEN . MEIN . GEWIN . HANS . OTTO . VON . ETZDORF . BAMBURGISCHER . OBER-FORST . UND . JAGERMEISTER . AMTMAN . UF STIFFENB ... . VERSCHIDEN . DEN . 9. MART . ANO. 1610 . SEINES . ALTERS . 56 JAR . 3... [Monate] *. 4 TAG‹.*

Das zweite Relief mit kaum noch leserlicher Schrift ist zerbrochen. Es stellt eine Frau mit Faltenrock, langem Überhang, ›Mühlsteinkragen‹ und Haube dar. Beide Epitaphien zeigen oben an jeder Seite ein Wappen, das der Dame ziert oben links ein Hirsch.[155] Es ist das Stammwappen derer von Etzdorff, das in Silber auf einem grünen Dreiberg einen springenden roten Hirsch und auf den rotsilbernen Helmdecken einen von Schwarz und Silber geviertelten Streitkolben darstellt. Letztes namentlich bekanntes Familienmitglied auf Herschdorf war Hans Wilhelm von Etzdorff.[156]

Neben ihrer Herschdorfer Linie, deren Öpitzer Untertanen sie schon frühzeitig nach Nimritz gezogen hatten, bildeten die von Etzdorff in der Orlasenke noch weitere Seitenzweige aus. In der zweiten Hälfte des 15. Jahrhunderts besaß der zu Nymmeritz und Herschdorf sitzende Heinrich von Etzdorff auch das Allodium Oberoppurg [1483]. Einer seiner Erben begründete die 1497 erwähnte Seitenlinie Etzdorf zu Oberoppurg und Domitzsch [Daumitsch], wobei nicht genau gesagt ist, inwieweit in Daumitsch zeitweise explizit ein Adelssitz existierte oder ob es sich lediglich um eine titulare Zubenennung handelte. Weitere Etzdorf-Linien finden sich in besagtem Jahre auch in Kolba, Grobengereuth und Oberoppurg. Wie eine Inschrift aus dem ehemaligen Trinkerstübchen auf der Burg Ranis verriet, hatte sich ein junger ›H. v. Edsdorf‹ 1555 unter den Zechkumpanen Fritz von Brandensteins befunden, mit denen zusammen er die Herrschaft Ranis vertrank. 1575 schlossen Melchiors Söhne, Joachim und Wilibald, wegen Rehmen und Herschdorf einen Vertrag. 1583 dann verglichen sich mehrere Etzdorf-Brüder und -Vettern um den Besitz des Rittergutes Nimritz, zu dem damals noch ein Vorwerk [Schafhof] in Rehmen gehörte. Im Jahre 1632 gehörte dann auch das dortige Rittergut selber denen von Etzdorff auf Nimritz. Um die Wende zum 17. Jahrhundert erscheint ein Nimritz-Grobengereuther Zweig, dessen Grobengereuther Untertanen aber nach Nimritz gezogen wurden, worauf sich das Rittergut Grobengereuth durch Ansiedlung von Landlosen erst wieder einen neuen Untertanenstamm schaffen mußte. Alle diese Linien erloschen im Verlauf des 17. Jahrhunderts und ihre Rittersitze in Nimritz und Rehmen gingen nach 1632 verloren. Lediglich 1656 beanspruchte das Rittergut Oppurg in Nimritz von ›Etzdorffs Erben‹ noch Zinsen für Güter im Wert von 19 Steuerschocken. Herschdorf und Grobengereuth hielt das Geschlecht noch bis nach 1685.

Abgesehen von ihren Besitzungen im Orlagau, saßen von Etzdorffs während des 16. Jahrhunderts noch auf Geyer bei Annaberg [1565] und Gutenfürst/Vogtland [bis nach 1570].

Mit Georg von Etzdorff auf Reuden beginnt 1543 die gesicherte Stammreihe des Gesamthauses. In den 1570er-Jahren »war Heinrich von Etzdorff Sachsen-Coburger Rat und Rentmeister. Friedrich von Etzdorff wurde 1588 Hauptmann zu Jena und Christoph von Etzdorff im gleichen Jahr Amtmann zu Römhild. Im 17. Jahrhundert begannen sich die Etzdorfe dann vielerorts besitzlich zurückzuziehen – so aus Reuden und Kahnsdorf bei Borna [nach 1631], aus Kleinaga [nach 1610] und Großaga [1643] sowie aus Großbockedra [nach 1685] bei Roda[157] – und etablieren sich andernorts neu. Über Johann Georg von Etzdorff [oo Anna von Weise], einen der zahlreichen Nachkommen des herzoglich sachsen-gothaischen Obersteuereinnehmers und Oberkriegskommissars Georg Friedrich von Etzdorff [um 1670], gelangte das Geschlecht nach Bayern, wo es zunächst die Güter Weihenstephan bei Landshut sowie Pfettrach [heute zu Altdorf] erwarb. Mit Georg Karl, der 1682 in den erbländisch-österreichischen Freiherrenstand avancierte, entwickelte sich dort auch eine freiherrliche Linie die mit den beiden hohen Regierungsbeamten Gottlieb Joseph und Johann Nepomuk – Freiherren von Etzdorff – 1790 in den Grafenstand erhoben wurde. Diese Linie setzte sich im Bayern dauerhaft fort und brachte mit den Grafen Ludwig Adam [*1739] sowie den Brüdern Carl [*1766] und Joseph Maria [†1848] mehrere kurbayerische Kämmerer und Räte hervor. In zweiter Ehe heiratete Joseph Maria seine ehemalige Dienstmagd Anna Nagl, die ihm 1807 einen Sohn, Joseph, schenkte, der sich als legitimierter Graf von Etzdorff 1843 mit Adriana Gräfin von Balbi vermählen konnte. Zweige der bayerischen Linien bestehen dort wie auch in Franken bis heute. Aus der adeligen Linie »kam Carl von Etzdorff, der als Generalmajor in der königlich württembergischen Armee diente und 1837 als Pensionär verstarb. Weitere Angehörige der Familie wurden Offiziere in der preußischen Armee. Ein Etzdorff fiel 1813 als Kapitän und Kommandeur eines Jägerdetachments des 7. Infanterie-Regiments, ein weiterer war Kapitän im 26. Infanterieregiment. Er trat 1821 als Major aus dem aktiven Dienst.«[158] Aus der Nimritzer Linie des Heinrich von Etzdorff [†1511] entstammt zudem ein bürgerlicher Zweig. Mit seiner Frau Barbara Weber [† 1542] hatte er acht Kinder, von denen Moritz Etzdorf [nach 1507 bis 1589] Amtsschultheiß in Rehmen wurde. »Die Nachkommen des Rehmer Zweiges wurden Bürger in Pößneck (Etzdorf ohne ›von‹). Als eine der bedeutendsten Pößnecker Gerberfamilien stellten sie einen Bürgermeister sowie mehrere Ratsherren, Theologen und Juristen. Aus ihrer Familie gingen auch zwei Künstler hervor, der Landschaftsmaler Christian Etzdorf (1801-1851) und dessen Bruder, der Graphiker Friedrich Etzdorf.«[159] Weitere Angehöriger dieser Linie machten im Königreich Preußen Karriere. So wurde Rüdiger Etzdorf als königlich preußischer Landrat im Landkreis Elbing 1899 in den preußischen Adelsstand erhoben und brachte es bis zum königlich preußischen Geheimen Regierungsrat und vortragenden Rat im Ministerium für Landwirtschaft, Domänen und Forsten. »Sein Bruder Ulrich Etzdorf, königlich preußischer Generalleutnant und Inspektor der 2.

Ingenieurinspektion, erhielt den preußischen Adelsstand am 13. Mai 1910 zu Potsdam Neues Palais durch Allerhöchste Kabinettsorder.«[160] Vor 1914 bis nach 1932 war er im Besitz des Rittergutes Gehren bei Luckau.[161]

VON FEILITZSCH

Die ehedem reichsfreie Ministerialienfamilie von Feilitzsch [auch Vyltsch, Veilsch, Filez u.ä.] aus dem gleichnamigen Stammhause nördlich von Hof gehört zu den ältesten vogtländischen bzw. regnitzländichen Adelshäusern mit außerordentlich großen Besitzungen im Hofer Becken und im oberen Vogtland. Auch wenn sie vielleicht nicht – wie die Sage will – schon im Jahre 1080 zusammen mit der Familie von Kotzau den Grundstein für die Stadt Hof an der Saale gelegt haben, so mögen sie doch bereits vor den Vögten von Weida, als dessen Vasallen sie in den frühesten Urkunden erscheinen, schon im Regnitzland ansässig gewesen sein, auch wenn sie aufgrund ihrer Wappengleichheit als Ableger der Familie von Veils oder Veilsdorf aus Veilsdorf im Hildburghäuser Land [Thüringen] erscheinen. Jedenfalls teilen sie ihren, von Silber, Rot und Schwarz gestreiften Wappenschild auch mit anderen alten, aus dem sächsisch-bayerischen Vogtland stammenden Familien wie denen von Zedtwitz, von der Heydte, von Röder bzw. von Perglas, von denen erstere ihre Stammsitze in den Feilitzsch benachbarten Orten Zedtwitz und Haidt hatten und höchstwahrscheinlich sogar gleichen Stammes mit denen von Feilitzsch sind. Zwischen der Begründung der Stadt Hof und dem erstmaligen urkundlichen Auftreten des Geschlechts mit dem Komtur des Deutschen Ordens in Schleiz Peter von Feiltsch im

Jahre 1365 klafft jedenfalls eine beträchtliche Zeitlücke, was einer viel längeren Besitztradition der Familie auf ihren Stammgütern Feilitzsch [1390 erstmals als Rittersitz erwähnt], Haidt und Gumpertsreuth [beide ab Mitte des 14. Jahrhunderts], Trogen, Unter-Hartmannsreuth, Unterkotzau u.a. aber nicht entgegensteht. Frühzeitig wurden die von Feilitzsch auch im Oberen Vogtland ansäßig, so bereits um 1300 auf der Wasserburg Kürbitz, um 1330 auf Heinersgrün und Kemnitz [bis nach 1586] sowie vor 1370 auf Kloschwitz bei Plauen. 1466 werden die Gebrüder Jobst und Hans von Felitzsch als Tobertitz, Gutenfürst, Dehles, Ruderitz und Schwarzenreuth, ihre Vettern als Trogen und 1468 Sigismund von Feilitzsch als das alte Schloß zu Plauen, das Vorwerk Kauschwitz und ein Gut in Neundorf besitzend, erwähnt. Ferner saßen sie während des 15. Jahrhunderts auf den Rittergütern Göritz bei Hirschberg, Zech bei Hof, Sachs bei Krötenbruck [1445-1682], Zedtwitz [1480], Gumpertsreuth und Oberweischlitz [bis 16. Jh.], Sachsgrün bei Oelsnitz [1485], Gutenfürst und Heinersgrün sowie im 16. Jahrhundert auf Treuen [1510-1858], Unterweischlitz [bis 17. Jh.], Schwand [bis nach 1706], Frössen bei Hirschberg [1506], Schloß Niedernberg in Regnitzlosau [1529-1593], Unterlauterbach bei Auerbach [1537-1724], Ebmath bei Adorf [1542], Döllstedt bei Stadtilm [1564], Unter-Feilitzsch [wieder ab 1591] und Thanhof bei Zwickau [1598-1740]. Aus dem Jahre 1512 ist aus der Feder Moritz´ von Fei-litzsch ein Bericht über die Schlacht bei Ravenna überliefert, und 1596 wird der wegen Totschlags zum Tode verurteilte Jobst Caspar von Feilitzsch nur unter der Bedingung begnadigt, daß er gegen die Türken ziehe. Ähnlich denen von Thüna und von Watzdorf erwarb sich auch ein Teil der Familie von Feilitzsch große Verdienste um die Einführung der Reformation. Während Kunigunde von Vyltsch 1449 noch als Äbtissin des Klosters Roda erscheint, standen spätere Mitglieder Familie in engen Kontakt mit dem Reformator Martin Luther, unterstützten diesen mit Geldmitteln. 1521 begleitete Philipp von Feilitzsch als Geheimer Rat Kurfürst Friedrichs des Weisen zusammen mit Friedrich von Thüna und Vollrath von Watzdorf den Reformator sogar auf den Reichstag nach Worms. 1529 führten sie als Grund- und Patronatsherren die Reformation in Feilitzsch ein. Im 17. Jahrhundert dann gehörte Urban Caspar von Feilitzsch auf Kürbitz in seiner Rolle als brandenburg-bayreuthischer Rat zu den Mitunterzeichnern des Westfälischen Friedens [1648]. Dieses Jahrhundert erlebte das Geschlecht u.a. auf den Rittergütern Kürbitz, Trogen [1637 durch Brand zerstört], Zedtwitz [bis 1638], Tegkwitz bei Altenburg [1640], Frankenthal bei Gera, Stelzenhof bei Hof [1645], Heinersgrün [1648 veräußert] sowie Brückla bei Greiz [vor 1658 bis nach 1689]. Dem Genealogen Biedermann [1752] zufolge bestand das Gesamtgeschlecht damals in zwei Linien.

Die **ältere Linie** umfaßte die Zweige Zedtwitz, Sachsgrün und Hartmannsreuth, Feilitzsch, Tauperlitz, Trogen [zu Feilitzsch und Mödlareuth], Weischlitz, Trogen und Zech, Schwand und Weißendorf, Gutenfürst, Oberweischlitz und Töpen [auf Töpen und Fattigsmühle], Treuen und Kürbitz, Altenberga und Ingersdorf, Kröstau und Kemnitz, die **jüngere Linie** hingegen Unter-Treuen, Brotenfeld, Ober-Treuen, Hesselbach-Obertitz-Rützengrün, Landwüst und Unterlauterbach-Unterlauterbach-Kürbitz. Im Jahre 1735 erwarb Adam Ernst Erdmann von Feilitzsch auf Unter-Feilitzsch auch den dortigen Oberhof, dessen Herrenhaus 1745 abgebrochen und durch das heutige Barockschloß im mittleren Ortsteil ersetzt wurde. Auch das Gut Mödlareuth befand sich damals im Besitz dieser Linie, bis es die reußische Landesherrschaft 1796 durch Kauf ansichzog. Zu den weiteren Gütern des Gesamtgeschlechts zählten abgesehen von ihren Hauptbesitzungen damals noch Allendorf [1757] und Bechstedt im Schwarzburgischen, Blankenberg und Arlas [um 1710 bis 1736] sowie Grobengereuth und Külmla [bis 1766] im heutigen Saale-Orla-Kreis, Münchenreuth bei Feilitzsch [ab 1775], Joditz bei Hof, Weißdorf bei Münchberg, Bernsgrün bei Plauen [1772-1794], Brotenfeld bei Oelsnitz [um 1760] bzw. Lichtentanne bei Zwickau.

Während des 19. Jahrhunderts erreichten die Besitzungen des 1847 in den bayerischen Freiherrenstand immatrikulierten Geschlechts schließlich ihre größte Ausdehnung. Neben ihren

Stammgütern Feilitzsch mit Münchenreuth und Unterhartmannsreuth, Trogen, Kürbitz, Heinersgrün [1830] und Treuen
waren damals etwa in der Umgebung von Hof auch Brandstein [1815-1839], Nentschau, Zech [bis 1847, ab 1880] und
das Dobenecker Vorwerk in Bug [bis 1882], in der Umgebung
von Plauen dagegen Untertreuen [bis 1810], Kemnitz [seit vor
1845], Obertreuen [bis 1857], Mißlareuth [1859] sowie an
weiteren Rittergütern Schreiersgrün bei Auerbach [seit vor
1878], Untersachsenberg bei Klingenthal, Wendischbora bei
Nossen [um 1840], Unter-Liebschütz bei Ziegenrück [vor 1839
bis nach 1880], Saaleck mit Stendorf bei Naumburg [seit vor
1832], Klettstedt bei Bad Langensalza [vor 1839 bis nach
1929], Waltershausen in Unterfranken, Eisenburg bei Mem-
mingen [1881-1888], Junkerken und Tolksdorf in Ostpreußen
[1893] u.a. im Besitz derer von Feilitzsch. Während der ersten
Hälfte des 20. Jahrhunderts waren verschiedene Familienangehörige auf den Rittergütern Feilitzsch, Trogen-Zech, Kemnitz [noch 1920], Münchenreuth [noch 1923], Schreiersgrün
[noch 1925], Unterhartmannsreuth [noch 1929], mit Philipp
[*1875] und Ernst von Feilitzsch [†1928] auf Heinersgrün [bis
1936], mit Friedrich von Feilitzsch [†1942] auf Saaleck und
Stendorf [bis nach 1929] sowie bis zu ihrer Enteignung 1945
auf Kürbitz anzutreffen, wo in einem tonnengewölbten Keller
des einstigen Herrenhauses noch immer das Marmorwappen
Moritz Heinrichs von Feilitzsch aus dem Jahre 1734 an die
jahrhundertelange Besitztradition der Familie im Oberen Vogtland erinnert, ebenso wie deren noch erhaltenen Erbbegräbnisse auf dem Kreuzberg bei Kürbitz sowie die zusammen mit
denen von Pöllnitz errichtete Grabkapelle St. Clara oberhalb
Heinersgrüns. Neben denen von Reitzenstein gehören auch
die von Feilitzsch zu den wenigen Adelsfamilien, die gegenwärtig noch bzw. wieder im Besitze der Hallen ihrer Väter, im
letzteren Falle des Schlosses und des Waldgutes zu Feilitzsch
sowie des nahen Rittergutes Trogen-Zech, sind.[162]

FLANß VON ORLA

Die von Flans [auch Flans, Flanss oder Flanz] waren ein thüringisches Uradelsgeschlecht, welches mit dem bischöflich-meißnischen Ministerialen Adalbertus Flans im Jahre 1154 erstmals urkundlich belegt ist. Ihr Stammsitz soll die im Durchbruchstal der Orla zwischen Langen- und Freienorla auf einem einzeln stehenden Sandsteinblock thronende Schimmersburg gewesen sein. Um das Jahr 1350 besaßen sie im mittleren Saalegebiet mehrere adelige Siedelhöfe, so Kolkwitz [1291], Etzelbach, Reinstädt und Langenorla [1297], zu dem die besagte Schimmersburg bis zuletzt als Vorwerk gehörte. Der Legende nach seien die ›Flanß von Orla‹ [1314] zuzeiten gefürchtete Raubritter gewesen sein. Letztmalig hören wir 1406 von einem Flanß auf Langenorla. 1348 vereinnahmten die Flanße im Mittleren Saalegebiet Zinsen u.a. in Freienorla, Losiz [†] und Röttelmich, 1378 in Heilingen und Röbschitz sowie 1395 in Dienstädt, Groß- und Kleineutersdorf, Löbschitz und Großpürschitz. 1431 verkauft Heinrich von Flanß zusammen mit Fritsche vom Drompitz, genannt von Oberweimar, ›beide gesessen zu Rinstete‹, Zinsen in Großeutersdorf, Lindig, Pürschitz, Löbschitz, Schöps, Greuda und Kahla an den Stadtrat zu Kahla. »1492 befand sich Kurt [Flanß] unter der Erhbaren Mannschaft des Amtes Orlamünde und besaß außer Etzelbach auch Lehen in Kahla, Kleineutersdorf, Freienorla, Nenkersdorf, Pößneck, Schlettwein und Jüdewein, er war 1516 todt, und von seinen vier Söhnen Heinrich, Georg, Dietrich und Barthel waren Heinrich und Barthel 1505 in kurbrandenburgische Hofdienste getreten; ihre Stelle hier in Etzelbach versah ihr Oheim Lorenz Schütz zu Orlamünde; Heinrich war seit 1515 Amtmann zu Salzwedel, verkaufte 1516 seine Zinsen in Kleineutersdorf und starb 1522 unvermählt. Dann übernahm Barthel das Gut allein, verkaufte dasselbe aber 1533 an Friedrich von Thüna zur Weißenburg.«[163] – »Mit Dietrich von Flanß (†1546), Sohn des Erbherrn auf Etzelbach, Kleineutersdorf und Löbschütz Curd von Flanß (†1515), hat sich ein Stamm nach Brandenburg verpflanzt. Die Brüder Georg und Dietrich wurden nacheinander Amtmänner zu Zossen. Später wurde Dietrich Amtmann in Potsdam und Trebbin sowie kurbrandenburgischer Hofmeister. Unter seinen Söhnen teilte sich das Geschlecht in eine preußische und eine märkische Linie. ... Die Stammreihe der schlesischen Flanß beginnt in Haynau mit Abel Kaspar Flans (†1658), dessen Enkel Johann von Flanß (1668-1733) mit dem Adelsprädikat auftrat, was im Königreich Preußen nicht beanstandet wurde. Sein Geschlecht breitete sich unter anderem auch ins Rheinland aus. ... Obwohl alle drei Familien wappenverwandt sind, ist ein agnatischer Filiationszusammenhang nicht nachgewiesen.«[164] Der Wappenschild der Flanße ist ursprünglich quergeteilt, wobei oben ein schwarzer Wolf, unten ein Adler monographisch zusammengezogen sind. Dieser Wolfsadler erhielt später noch einen roten Halbmond quer über die Brust. Die preußische Linie derer von Flanß erlosch bald nach 1725, die jüngere märkische 1804, während die schlesische Stamm noch nach 1850 blühte. Für die neuere Geschichte der Flanße in Thüringen von Bedeutung war der Regensburger Apothekersohn Johann Jakob Flanß, den es als gothaischer Hof- und Kammerrat nach Gera [1744-1823] verschlug. 1787 in Wien in den Reichsadelsstand erhoben vermählte er sich mit der Freifrau Wilhelmine Helene Ernestine von Richter [1772-1841]. Zwischen 1799 und 1802 besaß er das Rittergut Schilbach bei Tanna. Sein hauptsächlicher Besitz aber waren Friedrichshaide [1779-1881], Gauern [1787-1839] und Braunichswalde bei Ronneburg sowie ›Mielsdorf und Beesdorf‹ [?], die später über seine Tochter Luise Henriette Amalie von Flanß [1795-1820] deren Gemahl Ludwig Heinrich Eugen von Reisewitz [†1831], Premierleutnant beim Generalstab, zugingen.[165]

VON FLOTOW

Die Herren von Flotow stellen ein mecklenburgisches Uradelsgeschlecht dar, welches im Jahre 1241 mit Godefridus de
Vlotowe erstmals aus dem Dunkel der Geschichte tritt. Name
und Wappenschild – ein in Rot auf schwarzem Grund von vier
Ringen bewinkeltes Ankerkreuz – machen die Herkunft des
Geschlechts von der Herrschaft Vlotho an der Mittelweser
wahrscheinlich, wo ein Godefridus de Vlothowe 1183/87 bezeugt ist. Mit dem Amtshauptmann zu Plau, Andreas von Flotow [1477-1485], beginnt die Stammreihe. Neben ihren alten
Sitzen Burg Stuer und Woldzegarten bei Leizen saß das Geschlecht auch auf Altenhof, Balow, Grabowhöfe, Grüssow,
Groß Gievitz, Groß Kelle, Kambs, Kogel, Massow, Reez bei
Dummerstorf, Teutendorf bei Sanitz und Walow [alles Orte im
heutigen Mecklenburg-Vorpommern]. Mit der Zeit verbreiteten
sich die von Flotow auch nach Preußen, Bayern und Sachsen,
von wo aus sie höhere Beamtenstellen im Reußischen begleiteten. Zwischen 1827 und 1847 war Hans Anton Wilhelm von
Flotow [*1798] preußischer Landrat im Kreise Ziegenrück [mit
Amtssitz auf seinem Gut in Bodelwitz] sowie von 1846-1860 im
Kreis Schleußingen. Ob es sich bei ihm – wie die Mutter aller
Illustrierten, ›Die Gartenlaube‹, später konstatierte, ausgerechnet um jenen reußischen Zivilkommisar gehandelt hat,
der wegen seiner behördlichen Anwesenheit bei der ›Harraer
Bauernschlacht‹ [1826] – einer mit brachialer Militärgewalt [mit
17 Toten und 26 Verletzten] niedergeschlagenen friedlichen
Demonstration der Reuß-Ebersdorfer Landbevölkerung [gegen
völlig überzogene Beiträge zu einer Zwangsfeuerversicherung]
– entlassen worden war und später als preußischer Landrat
›endete‹, läßt sich im Hinblick auf die zahlreichen, damals agierenden Angehörigen dieses Geschlechts vorerst nicht sagen.[166]

Fuchs von Lemnitz

»Die Fuchs sind ein altes fränkisches Adelsgeschlecht, das zahlreiche Linien ausgebildet hat und 1218 mit dem Fuchs von Stockheim und 1220 mit ›Albertus Vulpes‹ (Fuchs) erstmals urkundlich genannt wurde. ... [Sie] standen im Dienst der Hochstifte Würzburg und Bamberg sowie der Grafen von Henneberg und der Markgrafen von Ansbach. Sie hatten zahlreiche weltliche und kirchliche Ämter inne, so gab es etwa zwei Bamberger Bischöfe und 27 Domherren. ... Schon gegen Ende des

Burglemnitz: Gutshaus

13. Jahrhunderts spaltete sich das Geschlecht in viele Linien auf, die ältesten sind die Linien zu Stockheim, Suntheim und Dornheim,«[167] dazu kommen die Füchse von Burgpreppach, von Lemnitz, von Rügheim, von Schneeberg, von Schweinshaupten, von Wallburg und Gleisenau und von Wonfurt. Die Füchse von Lemnitz saßen im 15. Jahrhundert diesseits der Mittelgebirgsschwelle auf Burglemnitz und Gleima und später auf Schloß Neusath in Franken. Eine Anna Fuchs von Burglemnitz [oo Georg von Bibra] war die Mutter des Konrad von Hutten [oo Ursula von Bibra, †1513]. Das Wappen der Füchse von Lemnitz – ein springender roter Fuchs auf goldenem Grund findet sich noch auf dem, im 17. Jahrhundert geschaffenen Epitaph der Christiana Margaretha von Meusebach [geb. von Brandenstein zu Schloß Oppurg] in der Kirche zu Braunsdorf.[168]

VON DER GABELENTZ

Die von der Gabelentz sind ein meißnisches Uradelsgeschlecht, das während des 18. Jahrhunderts mehrere Generäle, im 19. und 20. Jahrhundert aber fast ausschließlich Gelehrte und Künstler hervorbrachte. Bereits im Jahre 1106 treten mit Godescalcus [miles de Gabelizo] und pater Sigifridi et Baderi de Jabelince die ersten Träger dieses Namens in Erscheinung. Ihr Wappenschild zeigte damals noch eine gesenkte, eingebogene rote Spitze auf weißem Grund, die erst 1394 um ein dreizinkiges silbernes Gabeleisen ergänzt wurde. Im Gegensatz zu zwei weiteren Gabelentz-Familien, die allesamt miteinander nichts zu tun haben, führt das Meißnische Haus seinen Namen auf einen slawischer Herrensitz bei Plötzkau zurück. Nachdem dieser angeblich im Jahre 1140 zerstört worden war, übernahmen oder begründeten sie im Pleißener Land bei Crimmitschau einen Siedelhof, den sie Gablenz nannten. Die Stammreihe der Familie läßt sich mit Theodoricus de Gabelence bis 1273 zurückverfolgen und schon im Jahre 1276 besaßen sie das Schloß Poschwitz bei Altenburg. 1436 war Albertus von der Gabelentz Abt des Klosters zu Altenburg. 1438 kam Windischleuba in ihren Besitz und 1529 erkauften sie vom Sächsischen Kurfürsten das Burglehen zu Altenburg, mit welchem die Familie schon Jahrhunderte vorher belehnt war.[169] Nach dem Jahre 1644 erwarb Wolf Albrecht von der Gabelentz [†1656] das Rittergut Lemnitz bei Triptis, worauf sein Sohn Hans Georg [1624-1700] hier seinen Hauptsitz nahm und zum Stifter der ›Alten Lemnitzer Linie‹ des Geschlechts wurde. Allerdings wurde infolge eines Erbvertrages vom 23. Juni 1701 Wolf Albrechts anderer Sohn Christoph

Friedrich II. [1673-1759] zum Erben des Lemnitzer Besitzes. Dazu erwarb er 1706 »das Rittergut Schiebelau bei Jena aus der Mitgift seiner Gattin Johanna Magdalena, auch eine geborene von der Gabelenz [aus dem Hause Poschwitz]. Er ist auch in Schiebelau bestattet.«[170] Sein zweiter Sohn Johann Christoph [1703-1775] ließ das alte Herrenhaus 1739 niederreißen und bis 1745 das heutige Lemnitzer Schloß errichten. Es stellt einen schlichten zweigeschossigen Barockbau mit Mansarddach dar, dessen zur Dorfmitte gewandte, dominierende Terrassenbrüstung zehn musizierende Figuren ›von dekorativer, gegen den Hintergrund sehr malerischer Wirkung‹ zierten. Bezüglich der Inneneinrichtung des Schlosses konstatierte der Kunsthistoriker Paul Lehfeldt gegen Ende des 19. Jahrhunderts noch manches Kunstgewerbliche aus dem 18. Jahrhundert, besonders des Rokoko. So besaß der Ofen im Salon einen Fayence-Aufsatz mit zwei übereinandergeschweiften Bogenöffnungen. Goldbronzene Rokokobeschläge prangten auf schönen Stilmöbeln, violette Blumenmalerei schmückte Meißener Porzellan, Wandtepiche im Tambourirstich und Ahnenbilder an den Wänden, darunter das lebensgroße Kniestück eines Generals mit gepudertem Haar in Küraß und hellblauem Rock mit Hermelinbesatz und Goldtroddeln. Das wertvollste Stück aber stellte ein, später in Rom erworbenes Gemälde aus dem 15. Jahrhundert in toskanischer Schule dar. Es zeigte die Jungfrau Maria sitzend mit dem Jesuskinde, umgeben von zwei Heiligen. Wahrscheinlich im frühen 19. Jahrhundert machten die Besitzer aus dem, das Rittergut benachbarten Wald im Arnstal einen Landschaftspark. Allerdings sind die damals angelegten Wege inzwischen kaum noch nutzbar, doch will der Ortsverein sie wieder herstellen. Einiges verbaute die Familie im 18. Jahrhundert auch in die Ortskirche, ein Filial von Kopitzsch, worüber sie noch 1921 das Patronat führten. 1753 wurde seitlich ein Erbbegräbnis angefügt. Sehenswert erstrahlt das Kircheninnere bis heute im Stil des Rokoko.[171] Indem die Ehe Johann Christophs und seiner Frau Caroline, einer geborenen von Brand, kinderlos blieb, wurde sein Bruder, der Obrist Christoph Friedrich III. [geb.

1710], Erbe von Lemnitz. Der Vater von Friedrich Schiller diente als Offizier in dessen Regiment, worauf er 1759 als Taufpate und Namensgeber des späteren Dichters fungierte. 1786 wurde von der Gabelenz zum Generalleutnant befördert und mit der Kommandantur der Festung Hohentwiel bei Singen in Baden-Württemberg betraut, die zusammen mit Ehrenbreitstein bei Koblenz eine der größten Festungen im Reiche darstellte. Er war aber nicht der einzige Generalleutnant in der Familie. Auch der mittlere Sohn von Christoph Friedrich II., Georg Carl Gottlob von der Gabelentz [1708-1777], hatte nach anfänglich sachsen-eisenachischem, dann kaiserlichem und schließlich preußischem Heeresdienst diesen Rang erlangt.[172]

»Mit dem Tode Christoph Friedrichs III. am 08.01. 1794 erlischt die alte Lemnitzer Linie, und Lemnitz und Schiebelau fallen an die Poschwitzer Linie auf Poschwitz bei Altenburg.«[173] Danach saß – wohl als Pächter des Gutes – Carl Heinrich von Hayn [†1813] auf Lemnitz. Der Lemnitzer Patrimonialgerichtsbezirk umfaßte seinerzeit nicht den gesamten Ort, da auch das Amt Arnshaugk hier Untertanen hatte, wohl aber saßen Lehnsleute von Lemnitz in Schmieritz, Traun, Strößwitz, Wüstenwetzdorf u.a. Bis zum Jahre 1816 ist Carl Leopold von der Gabelentz [1778-1831] auf Poschwitz als Besitzer von Lemnitz eingetragen. Er gilt als einer der ersten Skatspieler und legte die Grundlagen des noch heute tagenden Altenburger Skatgerichts. Als Geheimer Rat und Kanzler stand er bei seinem Landesherrn in solch hohem Ansehen, daß dieser nach dem Ableben des Skatpioniers sogar die Grabesrede hielt. Aus der zweiten Ehe Carl Leopolds mit Auguste geb. von Seebach [1784-1876] ging Hans Conon [*1807 in Altenburg, †1874 in Lemnitz] hervor, ein Sprachgenie sondersgleichen, das eine eigene Tradition empirischer Linguistik begründete.

Er beherrschte nicht nur etwa 85 Sprachen und besaß in seiner Altenburger Bibliothek Bücher in 440 Sprachen, sondern er »betätigte sich auch intensiv auf dem Gebiet der Heimat- und Textgeschichte der Bibel. (Hier wurde seine Ausgabe der Wulfilas-Übersetzung bekannt, die er von 1836 bis 1846 zusammen mit dem Altenburger Pfarrer Julius Loebe herausgab. Heute ist es für uns unvorstellbar, wie er – ohne akademisches Amt diese Leistungen neben seinen täglichen Aufgaben als Gutsherr in Altenburg und Lemnitz«[174] und dazu als hoher Beamter hat vollbringen können. So war er 1831 altenburgischer Kammer- und Regierungsrat, 1847 weimarischer Landmarschall, 1848 Vertreter mehrerer thüringischer Staaten am Vorparlament und am Bundestag in der Frankfurter Paulskirche, im gleichen Jahre dann altenburgischer Ministerpräsident und von 1851 bis 1870 Landtagspräsident ebenda.

Professor Gimm schreibt über ihn: »Er war, was Goethe eine ›Natur‹ nannte, dessen Tun sich aus dem entwickelte, was er war, ein Landadliger guter thüringischer Tradition und hoher Staatsbeamter, der sich – mit besonderen Talenten begabt – einer wissenschaftlichen Passion widmete: nämlich der Aneignung und Erforschung damals unbekannter fremder Sprachen. Er nannte es seine ›Hauptwissenschaft, die Sprachkunde‹. Er war, was heutzutage zu den Seltenheiten zählt, im besten Sinne ein Aficionado, ein Begeisterter, der es – trotz seiner engen Einbindung in ein Geflecht von Aufgaben – verstand, sich in seiner Zeiteinteilung einer strengen Disziplin zu unterwerfen, so daß es ihm gelang, die Vormittage fast ausschließlich für wissenschaftliche Arbeiten ... zu nutzen.

Hier lebte er getreu einem seiner Sätze, die er in hoffnungsvollen Jugendjahren in einer seiner bekannten ›Siebzehn Lebensregeln‹ formuliert hatte: ›Wer seine Zeit gut einteilt, lebt doppelt‹. ... Wie uns die Familienaufzeichnungen anschaulich vermitteln, war Conon ein liebenswürdiger sozial empfindsamer Mensch, der fern von jedem Adelsdünkel sein Leben getreu der Devise Senecas ›animus facit nobilem → das Gemüt macht den Edlen‹ ausgerichtet hatte.«[175]

Zusammen mit seiner Ehefrau, einer geborenen von Linsingen [1813-1892] hatte er zwei Söhne und zwei überlebende Töchter, von denen Amalie Pauline Luise 1855 den Diplomaten und Konsul in China – Richard Julius von Carlowitz-Maxen – heiratete, während sich Amalie Albertine Magaretha 1860 mit Gebhard Hans Alexander von der Schulenburg-Wolfsburg vermählte, deren Enkelin Margarete, geb. Freiin von Marenholtz, später den Sohn des Reichspräsidenten Paul von Hindenburg heiratete. Hans Conons jüngste Tochter, Clementine Henriette Pauline, hingegen vermählte sich 1873 mit Börries Ernst Viktor von Münchhausen und wurde später als namhafte Textilgestalterin bekannt. Ihr jüngerer Bruder Hans Georg Conon [1840-1893] studierte wie sein Vater Rechts- und Kameralwissenschaften »und absolvierte in seiner Jugend eine juristische Ausbildung in mehreren Städten Sachsens. Die Begabungen seines Vaters beeinflußten ihn so stark, daß er einen solchen Beruf ›an den Nagel‹ hängte und sich ebenfalls linguistischen Studien widmete. Seine akademische Laufbahn begann an der Universität Leipzig, wo er seit 1878 als außerordentlicher Professor für ostasiatische Sprachen wirkte. Von seinen zahlreichen Schriften sind seine umfangreiche ›Chinesische Grammatik‹ von 1881 und seine ›Anfangsgründe der chinesischen Grammatik‹ von 1883 besonders erwähnenswert. Erst zwei Jahre vor seinem viel zu frühen Tod konnte die Zusammenfassung seiner linguistischen Studien, ›Die Sprachwissenschaft, ihre Aufgaben, Methoden und bisherige Ergebnisse‹ (1891) erscheinen.«[176] Hans Georgs Sohn aus seiner ersten Ehe mit Alexandra geb. von Rothkirch und Trach [oo 1872, gesch. 1889], Albrecht von der Gabelentz [1873-1933], war von 1912 bis zu seinem Tod Direktor der Altenburger Museen. Aus Hans Georgs zweiter Ehe mit Gertrud, geb. von Oldersleben, verw. von Adelesleben, dagegen stammte Hanns-Conon [1892-1977], der moderne Kunst – darunter auch Werke der vom NS-Staat verbotenen ›Entarteten Kunst‹ – sammelte und von 1946 bis 1968 Direktor des Lindenau-Museums in Altenburg war. Seit 1923 Ehrenritter der Johanniter war er einer der wenigen Mitglieder dieses Ritterordens, die in der DDR lebten.[177]

Während Hans Georg 1874 das Rittergut Poschwitz und den sprachwissenschaftlichen Teil der berühmten Forschungsbibliohek seines Vaters erbte, erhielt der ältere Sohn, Hans Albert [1834-1892], deren geographischen und klassisch-literarischen Teil sowie als elfter von der Gabelentz in der Familienfolge das Rittergut Lemnitz. Allerdings erwähnt das Statistische Handbuch des Großherzogtums 1880 das 308 ha Fläche umfassende Lemnitzer Besitztum noch im gemeinschaftlichen Besitz der Brüder. Gleich Hans Georg war auch Hans Albert vom Vater zunächst privat unterrichtet worden und hatte dessen Begabung zum Erlernen fremder Sprachen [nicht nur der ostasiatischen] und das Interesse für fremde Länder geerbt, während er seiner Mutter, die eine hervorragende Pianistin war und sogar mit Franz Liszt musiziert hatte, seine Begabung für Malerei verdankte. Nach seinem Besuch des Altenburger Gymnasiums studierte er an der Universität Jena und an der Forstakademie Eisenach. »Es folgten längere Reisen, so nach Italien (dem bevorzugten Reiseland vieler Gabelentzscher Familienmitglieder einiger Generationen), Spanien, Marokko, der Schweiz, Griechenland und der Türkei. Bemerkenswert sind seine Reisen mit Alfred Brehm,«[178] jenem berühmten, aus dem nahen Renthendorf stammenden Zoologen, der mit seinen populärwissenschaftlichen Veröffentlichungen das Interesse weiter Bevölkerungskreise an der Tierwelt überhaupt er geweckt hat. Hans Albert dagegen veröffentlichte seine wissenschaftlichen Berichte und Reiseerlebnisse vorwiegend in der ›Weimarer Zeitung‹ [1891]. Von seiner bekannten Sammlung von Vogelpräparaten, die später ihr Domizil in den Museen von Gera und Wittenberg fand, ging der Geraer Teil bei einem Luftangriff auf die Stadt im Zweiten Weltkrieg verloren. Er brachte auch das Werk seines Vaters ›Die Geschichte des großen Liao‹ heraus. Trotz seiner vielseitigen Begabung und späteren musealen Verdienste stand er immer im Schatten von Vater und Bruder. Von seiner Großmutter mütterlicherseits, Albertine von Linsingen [geb. von Cornberg], erbte Hans Albert 1859 Schloß und Gut Münchenbernsdorf, allerdings unter der Auflage, einer Wappen- und Namensunion für ihn und seine Nachfahren, wodurch er zum ersten Vertreter der 1874 entstandenen ›Neuen Lemnitz-Münchenbernsdorfer Linie‹ [im Gegensatz zur ›Neuen Poschwitzer Linie‹ seines Bruders Hans Georg] avancierte.

Im nunmehrigen Familienwappen derer von der Gabelentz-Linsingen wurde die dreizinkige Gabel derer von der Gabelentz durch die Linsenpflanze derer von Linsingen ergänzt.

Im Jahre 1867 vermählt sich Hans Albert von der Gabelentz-Linsingen mit Margarethe [*1844], einer geborenen von Carlowitz aus dem Hause Oberschöna [bei Freiberg]. Die Hochzeitsreise des Paares führt nach Bosnien, Montenegro, Albanien und dem Balkan. Auch später unternimmt der Gemahl immer wieder Reisen in fremde Länder, die in der Regel auch einen wissenschaftlichen Hintergrund besitzen. Noch im Jahre ihrer Hochzeit wird Margarethe Palastdame der Königin von Sachsen. Bald ist sie die ›erste Dame des Hofstaates des Kronprinzen‹ und Erzieherin der Prinzessinnen. Wie Ludwig Renn in seinem Buch ›Adel im Untergang‹ schreibt, vertrat die

mit dem Prädikat ›Exzellenz‹ Bedachte, nachdem die sächsische Thronprinzessin 1902 mit ihrem Liebhaber durchgebrannt war und ihr Gemahl König Friedrich August III. [reg. 1904-1918] nicht wieder heiratete, die Geflohene in ihren offiziellen Funktionen.

Lemnitz: Herrenhaus

Hans Alberts gesellschaftlicher Mittelpunkt hingegen ist neben dem Dresdner Hof der Großherzogliche Hof in Weimar, wo er sich als Kammerherr und Kabinettsekretär auch für die Weimarer Museen und Kunstsammlungen verantwortlich zeichnet. Mit dem Goethe-Enkel, Wolfgang von Goethe, ist er ebenso befreundet wie mit dem Direktor der Kunstschule dem Professor von Kalkreuth. Hans Alberts unerwarteter Tod 1892 wird in Weimar schmerzlich wahrgenommen und hinterläßt im Kulturleben der Stadt eine Lücke, die auszufüllen wenigen nur ansatzweise gelingt.[179]

»Margarethe von der Gabelenz überlebte ihren Gatten um über 40 Jahre. Älteren Lemnitzern ist noch die ›alte Exzellenz‹ in Erinnerung, sicher auch durch mündliche Überlieferung durch ihre Eltern. Auch im Alter war Margarethe eine würdige alte Dame, wenn auch mit eines Spaziestocks Hilfe sich bewegend, strahlte sie Würde aus. Respekt blieb ihr nie versagt. Sind doch auch Besuche des sächsischen Königshauses im Münchenbernsdorfer Schloß verbürgt, wenn Mitglieder des Dresdner Hofes oder auch der König selbst sich in Hummelshain zur Jagd aufhielten.«[180] Auch die beiden Söhnen von Hans Albert und Margarethe widmeten sich den Künsten.

Der jüngere Sohn, Georg [1868-1940], schrieb neben seinem militärischen und diplomatischen Dienst zahlreiche kolportierende Uterhaltungsromane und Erzählungen und war zeitweise stellvertretender Direktor des sächsischen Landestheaters in Leipzig, für das er auch Stücke schrieb. Nach dem Tode des Vaters übernahm er 1894 Münchenbernsdorf, während sein älterer Bruder Hans Albrecht [*1872] Lemnitz erhielt, welches im Jahre 1923 noch beträchtliche 340 ha Land umfaßte. Er hatte in Kunstwissenschaften promoviert, war zunächst Leiter der Kunstsammlung in Weimar und seit 1911 Direktor des Kunsthistorischen Instituts in Florenz gewesen. 1930 wurde er zum Burghauptmann der Wartburg ernannt, dem letzten vor dem Zweiten Weltkrieg. 1938 konnten die Angehörigen der Neuen Poschwitzer Linie noch ihr 500-jähriges Besitzjubiläum über Poschwitz [267 ha – 1923] feiern, doch schon 1945 kam die Enteignung. Laut Einwohnerbuch des Kreises Gera war 1938 kein von der Gabelentz mehr mit Wohnsitz auf Lemnitz eingetragen. Die Liegenschaften von Hans Albrechts von der Gabelentz-Linsingen 1945 enteignetem Rittergut gingen den Weg der sozialistischen Landwirtschaft. Er selbst wurde vom NKWD verhaftet und kam nach Gera in Untersuchungshaft. Nach seinem Tod 1946 wurde er auf dem Lemnitzer Friedhof unweit des großen Kreuzes beigesetzt. Die dortigen Grabstätten seiner Familie »sind einfache Gräber mit schlichten aufmontierten Gedenktafeln.

Ganz einfach gehalten, mit Sicherheit von ihnen selbst in ihrer großen Bescheidenheit so gewünscht, ohne Prunk sich in die Anlage der anderen Gräber des Lemnitzer Friedhofes einfügend.«[181] Ins Schloß zog 1962 ein Altersheim ein und man schuf u.a. eine moderne Heizungsanlage mit hohem Schornstein. Nach dem Auszug der Senioren 1996 stand das Herrenhaus eine Zeitlang leer, bis sich ein Förderverein zu dessen Erhaltung und des Andenkens an seine ehemaligen Besitzer begründete.[182]

VON GELDERN[-CRISPENDORF]

Die Familie Geldern, später von Geldern bzw. von Geldern-Crispendorf kann urkundlich auf den Freigutsbesitzer Ebeling von Geldern [† vor 1586] aus Wohlenrode bei Celle zurückverfolgt werden. Einem Nachfahren von ihm, dem Juristen Georg Geldern [1671-1710], war die Fürsorge für zwei am Braunschweigischen Hof erzogene reußische Grafensöhne [Heinrich XIII. und XIV.] übertragen worden, denen er später in ihre Heimat folgte. Georgs Sohn Rudolph Heinrich Geldern [1692-1768] wurde 1730 Amtmann zu Burgk, worauf diese Position mit einer kurzen Unterbrechung [1801/02] bis 1830 in der Familie ›vererbt‹ wurde. Sein ältester Sohn Heinrich August [1730-1801] war zunächst Amtmann von Burgk, 1776 wurde er Kommissionsrat und befand sich von 1778 bis 1803 im Alleinbesitz des Burgkhammers. Sein 1766 geborener Bruder Johann Wilhelm brachte es gar zum österreichischen Major und Generaladjutanten des Greizer Fürsten Heinrich XIII. Reuß älterer Linie zu Greiz, der seinerzeit als Heeresorganisator reüssierte. Nach seinem 1824 zu Burgk erfolgten Tode wurde der Major, seinem letzten Willen gemäß, auf seinem Lieblingsplatz, der Burgker Schwedenschanze, nach Soldatenart ohne Sarg und in ungelöschtem Kalk beigesetzt.

Heinrich Augusts Sohn, der Hofpfalzgraf Dr. juris utriusque August Heinrich Theodor Geldern [1763-1836], heiratete 1787 seine Base Wilhelmina Johanne Rudolph, welche nach dem Tode ihres Vaters [†1770] zusammen mit ihrer älteren Schwester Louise Henriette Christiane das Rittergut Crispendorf geerbt hatte. Sicher unter seine Ägide fällt der Umbau des Herrenhauses zum Schloß im Stile des späten Rokoko bzw. des Zeitalters der Empfindsamkeit. Wegen einer Adelsanerkennung bzw. -erneuerung führte ein Familienmitglied und seine Nachkommen ab dem Jahr 1816 den, vom Greizer Fürsten verliehenen Adelstitel ›von Geldern‹, woraufhin der Neffe des so Nobilitierten, August Geldern, 1846 ein Renovationsdiplom erlangte, das ihm auch den Namenszusatz ›[von Geldern]-Crispendorf‹ zusprach. Der Wappenschild derer von Geldern ist quergeteilt. In seinem oberen Feld zeigt er auf schwarzem Grund einen grünen Kranz um eine schrägrechtsgestellte zweizipfelige, der Länge nach in Blau und Schwarz geteilte Fahne, im unteren Feld dagegen einen grün bewehr-

Schloß Crispendorf

ten schwarzen [?] Adler. August von Geldern-Crispendorf [1791-1875], der Sohn von Heinrich Theodor und Wilhelmina, war Regierungs- und Konsistorial Advokat zunächst bei der Regierung in Greiz, später in Burgk. Von seinen drei Söhnen, Bruno [1827-1894], Richard [†1912] und Arthur [†1893], ist Bruno als bedeutendster zu nennen. Als Reußischer Diplomat wurde er in die Auseinandersetzung zwischen seinem Bundesfürsten Heinrich XXII. [der ein renitenter Gegner Preußens und aller Großmachtsbestrebungen Deutschlands war] mit dem Reichskanzler Otto von Bismarck hineingezogen.

Er ging in die Geschichte ein, als er im Auftrage des Greizer Reußen 1878 im Bundesrat die Annahme der Sozialistengesetze verhinderte, obwohl diese Partei in Greiz und Zeulenroda umso schärfer verfolgt wurde. Daraufhin kam es sogar zum Abbruch der diplomatischen Beziehungen zwischen Preußen und Reuß ä. L. Diese Krise dauerte bis 1892 an. In der

Zwischenzeit verhinderte Bruno im Bundesrat eine Gesetzes-
vorlage um die andere, soweit diese nur von Preußen initiiert
war oder im Verdacht stand, die Souveränität der Gliedstaaten
noch weiter zu beschneiden. Schon Bruno mußte sich mit
seinen beiden Brüdern in den Besitz des Rittergutes Crispendorf hineinteilen. Als Familien-Fideikommiß und größtes Rittergut im Greizer Fürstentume besaß es den Status der Unveräußerlichkeit. Besitzer des 279 ha Gesamtfläche umfassenden
Rittergutes waren im Jahre 1923 ›August von Geldern-Cris-
pendorfs Erben‹, zu welchen neben Brunos Sohn Maximilian
Georg Lothar [1854-1938] und dessen Sohn Erich [*1893]
auch die Freifrauen Margarethe von Uslar-Gleichen [*1876]
und Olga von Cornberg [†1940], beide geborene von Geldern-
Crispendorf, zählten. Weiterer Rittergutsbesitz des Geschlechts
bestand seitens derer von Geldern 1872 in Matzdorf sowie
seitens derer von Geldern-Crispendorf mit Walter in Gruna bei
Görlitz [1912 bis nach 1926], mit Hermann [†1881] und
Arthur [*1871] von 1882 bis nach 1937 in Ober-Reudnitz bei
Greiz [72 ha 1923], mit Arthur [*1871] und August [†1937] in
Unter-Reudnitz [1898-1907] sowie aus dem Besitz der Familie
Timmich seit Beginn des 20. Jahrhunderts mit Vater und Sohn
Maximilian und Erich in Wolfersdorf bei Berga [125 ha 1923].
Aufgrund des Verbots von Fideikommissen in der Weimarer
Republik endete dieser Status für das Rittergut Crispendorf
1926. Daraufhin konnte ein Grundstück nach dem anderen
verkauft werden, bis das Gut 1939 nur noch 126,4 ha um-
faßte. Maximilian wollte Crispendorf als Familiensitz erhalten
und brachte seinen Eigenanteil mittels des Zukaufs von An-
teilen seiner Miterben bis 1929 auf $^{6}/_{15}$, die nach seinem Tode
1938 an seine Witwe Margarethe geb. Timmich [*1868] auf
Wolfersdorf fielen. Zuletzt wird Erich [*1893], seines Zeichens
Major der Wehrmacht, 1941 als Verwalter des Familiengutes
Crispendorf genannt. Nach dem Zweiten Weltkrieg wurde das
Gut enteignet und seine Liegenschaften an Landarme und
Neubauern verteilt. Der Abriß des Schlosses erfolgte 1948. Auf
dem Gelände entstand eine Kleinsportanlage, welche auch als
Festwiese des Dorfes genutzt werden kann.[183]

Geyer von Geyersberg

Die Geyer von Geyersberg waren ein fränkisches Uradelsgeschlecht, welches mit Veit Geyer auf Burg Geyersberg bei Seßlach 1370 erstmalig aus dem Dunkel der Geschichte tritt. Ihr Wappenschild zierte ein, mit schwingenden Flügeln zum Fluge gerichteter schwarzer Geier in goldenem Feld. Im 15. Jahrhundert mehrheitlich im höheren und höchstem Dienste der Bischöfe von Bamberg und Würzburg stehend, bildeten sich nach dem Tode Oswalds II., dem Sohn des Rates Kaisers Friedrich III. Bartholomäus Geyer [†1468], vier Linien heraus, von denen eine nach dem Kauf der Osterburg bei Haunoldstein [1514] noch zahlreiche weitere Verwandte nach Österreich zog, wo das Geschlecht im kaiserlichen Dienst höchste Ehren errang. Allerdings gerieten sie als Protestanten in die Wirren der Religionskriege, in deren Verlauf eine ihrer österreichischen Linien geächtet und enteignet, eine andere sich neutral verhielt und ihre Amtspositionen somit behielt, eine dritte wieder zum Katholizismus übertrat und mit Johann Adam Herrn von Geyersperg und Osterburg und seinen Vettern 1676 von Kaiser Leopold I. sogar gegraft wurde. Eine Linie der Grafen von Geyersperg und Freiherren zu Osterstein verschlug es nach Sachsen, wo sie die Schlösser Brauna und Häßlich bei Kamenz [1747-1775] sowie Straßberg und Unterneundorf im Vogtland [1772-1780] erwarb, im Jahr 1805 jedoch ausstarb.[184] Um diese Zeit besaß auch eine niederadelige Linie, namens Geyer von Geyersberg, unter August [†1814] von 1783 an bis zu seinem Tode das Rittergut Sommeritz bei Ronneburg sowie unter Gustav Adolph ab 1770 die Rittergüter

Heroldshof, Wöhlsdorf Ober- und Unterhof mit dem Gute Bodelwitz bei Pößneck. Doch schon 1784 veräußerte Gustav Adolph seine Besitzungen im Orlagau wieder und ging zurück nach Österreich. Seine Ehefrau, eine Bürgerliche mit Namen Maria Anna geb. Mauer, folgte ihrem zum Katholizismus konvertierten Ehemanne jedoch nicht mit in die Fremde und ließ sich nach dem Verkauf von Bodelwitz in Ranis nieder.

VON GLEICHEN-RUßWURM

Über die Abkunft der Herren von Gleichen, genannt Rußwurm, gibt es zwei verschiedene Sichtweisen, die jedoch gemeinsam haben, das dieses Geschlecht aus einer 1732 vom Kaiser genehmigten Namens- und Wappenvereinigung zwischen denen von Gleichen und denen von Rußwurm für Heinrich von Gleichen, als Schwiegersohn Ernst Friedrichs von Rußwurm [†1732], des letzten männlichen Vertreters seines Geschlechts, hervorgegangen ist. Die von Rußwurm waren ein Uradelsgeschlecht aus dem fränkisch geprägten Süden Thüringens, das Rittergüter in Breitungen/Werra [1370 bis 17. Jahrhundert], Frauenbreitungen, Hellingen und Schwallungen im Hildburghäuser Land [16.-17. Jh.] aber auch in Angelroda bei Stadtilm [16.-17. Jh.], Podelwitz bei Altenburg [16. Jh.], Tanna [bis 1545] und Oberböhmsdorf [bis 1562] im reußischen Oberland ihr Eigen nannte und im Wappenschild einen einwärts knienden schwarzgekleideten Mönch mit Rosenkranz und offenem Gebetsbuche in den Händen führte. Die von Gleichen – und hierüber scheiden sich die Geister – sind entweder aus einem abgespaltenen Ast des 1621 im Mannesstamme erloschenen Thüringer Grafenhauses derer von Gleichen [vordem von Tonna] entstanden oder haben in einer, von diesen Grafen über ihre 1130 erworbene Burg Gleichen bei Wandersleben eingesetzten Ministerialenfamilie ihren Ursprung. Letztere Möglichkeit deutet das, von den Grafen von Gleichen geschiedene Wappen mit den beiden voneinander abgewendeten aufgerichteten schwarzen Bärentatzen an, während die Gräfliche Linie einen silbernen bekrönten Löwen auf blauem Grund führte. Deren Blankenhainer Zweig hatte durch den Erwerb von Remda [1432], Ehrenstein [1460] und Kottenhain bei Rudolstadt sowie Altenberga bei Kahla Einfluß an der Mittleren Saale erlangt. Um diese Zeit beginnt mit Hermann von Glieche 1418 auch die früheste Erwähnung besagten Niederadelsgeschlechts, das wohl schon um das Jahr 1380 über Besitz in Ingersleben verfügte, wie auch der Harnischmeister Herzog Wilhelms III. – Kerstan von Glichen – zwischen 1452 und 1464 mit dem Rittergut Hainspitz bei Eisenberg belehnt war. Gegen Ende des 15. Jahrhunderts saß Curt von Gleichen zu Ingersleben und Tannrode, nachdem letztere Burg bis 1487 im Besitz der Grafen von Gleichen zu Blankenhain gewesen war. Zwischenzeitlich in Händen derer von Bünau, fungierten die Herren von Gleichen 1597 als Mitbesitzer jenes zweigeteilten [roten und blauen] Schlosses. Später gelangte ihr Anteil an die, in der Gegend von Bad Berka und Blankenhain angesessene Cottendorf-Saufelder Linie. Aus dieser stammte Hans Christoph, der Sohn des Hans Wilhelm von Gleichen auf Tannroda, der 1681 das zwischen Rudolstadt und Orlamünde gelegene Rittergut Etzelbach erwarb. Im Jahre 1691 wurde er altenburgischer Oberwachtmeister, 1702 Obersteuereinnehmer und 1705 Saalfelder Schloßhauptmann. Aus seiner Ehe mit Marie Veronica geb. Wurmser von Sentenheim gingen vier Söhne hervor. Er verstarb 1713 mit 57 Jahren und wurde auf dem Etzelbacher Gottesacker begraben und ihn ein Epitaph mit seinem Brustbilde in der nördlichen Vorhalle des Chors der Kirche gewidmet. Auch das benachbarte Rittergut Uhlstädt gehörte zwischen 1687 und 1701 einem Angehörigen seiner Familie, nämlich dem brandenburg-culmbachischen Oberlandjägermeister Hans Wilhelm von Gleichen, an dessen 1688 mit nur 5 Monaten gestorbenes Söhnlein ein Epitaph in der dortigen Kirche erinnert. Die Verbindung derer von Gleichen mit denen von Rußwurm begann schon im Jahre 1658, als der französische Generalmajor Hans Georg von Rußwurm eine von Gleichen heiratete. Nachdem Caroline Dorothea Sophie [1693-1748], die Erbtochter des Freiherrn Ernst Friedrich von Rußwurm, des letzten männlichen Vertreters seines Geschlechts [†1732], den zweiten Sohn des vorgenannten Hans Christoph von Gleichen, Heinrich [1681-1767], geehelicht hatte, gelangte dessen, bei Bad Kissingen gelegene Herrschaft Bonnland mit dem Schloß Greifenstein in seine Hand, was ihn zur Mitgliedschaft in der fränkischen Reichsritterschaft des Kantons Rhön-Werra berechtigte. Allerdings waren es erst die beiden Söhne des Paares – Wilhelm Friedrich [1717-1783] und Christian Ernst – die den mütterlichen Namen von Rußwurm zu dem ihrigen von Gleichen annahmen. Ihr Vater Heinrich legierte im Übrigen 1765 der Etzelbacher Kirche 100 Mfl., »deren Jahreszinsen halb das hiesige Kirchenärar und halb der Pfarrer erhalten sollte, und ließ der Sage nach, weil er einst auf der Saujagd durch seinen Hund gerettet worden war, allen Hunden in Etzelbach Hütten bauen und selbige jährlich an gewissen Tagen füttern. ... Während Friedrich Wilhelm die mütterlichen Güter Greifenstein und Bonnland übernahm, folgte Christian Ernst im Besitz der diesseitigen Güter [Etzelbach u.a.] nach, zu denen nachher auch wieder Greifenstein und Bonnland kamen. Er war geboren 1718, trat in kaiserliche Kriegsdienste und nahm besonders am Siebenjährigen Kriege als Oberstlieutenant teil, er starb 1768 als baireuthscher Obrist und wurde auf dem hiesigen Gottesacker beerdigt; vermählt war er mit Sophie geb. v. Burgsdorf. Ihm folgte im Besitz sein Sohn Heinrich, geboren 1765 und gestorben 1816; er war kurkölnischer Kammerherr und lebte in Rudolstadt, wo er 1788 mit Schiller bekannt wurde, seine Gemahlin Friederike geb. v. Holleben war die Freundin von Charlotte v. Lengefeld, Schillers Gattin.«[185] »Die Freundschaft dieser Familie mit dem Dichter Friedrich von Schiller führte dazu, dass sich dieser 1793 für längere Zeit auf Schloss Greifenstein aufhielt.«[186]

Neben Greifenstein/Bonnland befand sich damals nur noch Etzelbach in Heinrichs Besitz. Die Güter Ingersleben [bis ins 18. Jh.] und Tannroda [1662-1776] waren denen von Gleichen bereits abgegangen. Dafür erwarb Ernst von Gleichen-Rußwurm im Jahre 1738 zunächst wiederkäuflich und 1749 dann unwideruflich das nur 8 km SSO von Etzelbach gelegene Rittergut Birkigt. 1753 legierte er der Kirche zu Etzelbach »200 Mfl. für den Schulmeister und 50 Mfl. für arme Witwen. ... 1805 vermachte Heinrich Carl v. Gleichen, Sohn des 1761 verstorbenen Ernst (welcher, 1733 geboren, 1760 bis 1771 dänischer Gesandter war, dann weite Reisen machte, seit 1779 in Regensburg lebte, wo er philosophische und politische Studien publizierte und 1807 ohne Nachkommen starb) 1.000 Rhein. Gld., deren Zinsen jährlich an die würdigsten und bedürftigsten Armen in Etzelbach verteilt werden sollten.«[187]

Im Jahre 1808 erwarb ›W.H.C. von Gleichen, genannt Rußwurm‹ auf Birkigt das direkt benachbarte Rittergut Krölpa. Von den drei Söhnen des vorgenannten Heinrich heiratete der jüngste, Alfred [*1806], schwarzburg-rudolstädtischer Kammerherr und Major, die Comtess Sophie von Spaur, der mittlere, Raimund [*1805] Antonie – eine geborene von Gemmingen-Hornberg – und der älteste, Adalbert [*1803] – bayerischer Kammerjunker – Henriette Emilie Luise geb. von Schiller [1804-1872], die jüngste Tochter des großen Dichters. Diese machte sich mit der Veröffentlichung wertvoller und aufschlußreicher Beiträge zur Lebensgeschichte ihrer Eltern, Friedrich und Charlotte von Schiller, einen Namen. Ihr Sohn Heinrich Ludwig auf Greifenstein wurde Professor an der Großherzoglichen Kunstschule in Weimar und zählte zu den ersten deutschen Impressionisten. Sein Sohn Alexander wiederum schlug seiner Großmutter Emilie nach, betätigte sich als kulturhistorischer Schriftsteller und richtete in seiner Eigenschaft als Nachlaßverwalter auf dem Greifenstein ein bedeutendes Schiller-Archiv ein, das nach seinem Tode 1947 den Grundstock für das Deutsche Literaturarchiv in Marbach am Neckar bildete. In den 1850er-Jahren entfaltete die Familie von Gleichen genannt Rußwurm einige Wirkkraft. 1853 erwarb sie von der Erbengemeinschaft derer von Breitenbauch Schloß und Rittergut Brandenstein bei Ranis sowie 1854 ihren alten Sitz Tannroda zurück. 1854 pflanzten Adalbert, Raimund und Alfred im Rittergutsgarten von Birkigt drei Linden, die sogenannten ›Drei Gleichen‹. 1858 avancierte die Familie in die bayerische Freiherrenklasse. Allerdings mußten 1870 Etzelbach, 1884 Brandenstein und bis 1891 Krölpa wieder verkauft werden. Letztere beiden Verkäufe erfolgten wohl seitens einer Erbengemeinschaft nach dem Tod der Besitzer des Greifensteins, Heinrich Raimund [†1883] und Heinrich Adalbert [†1887]. Neuer Eigentümer von Birkigt und Tannroda wurde Alfred [†1920], neuer von Greifenstein Karl von Gleichen-Rußwurm [*1865]. Ihre Besitznachfolger Heinrich [*1882] und Raimund [*1884] aber besaßen Birkigt, Greifenstein und Tannroda wieder in einer Hand. Letzterer – damals Major zu Dessau – war 1923 alleiniger Besitzer von Birkigt. 1938 schließlich wurden Bonnland und sein Schloß zugunsten jenes großen Truppenübungsplatzes Hammelburg abgesiedelt und der Besitzer Alexander von Gleichen-Rußwurm mietete mit der Entschädigungssumme die Villa Menschikow in Baden-Baden. Auch Birkigt und Tannroda blieben nicht mehr lange in Familienbesitz. Aufgrund ihrer Lage in der SBZ fielen sie unter die Bodenreform und wurden 1945 enteignet. Das Geschlecht aber blüht bis heute.[188]

VON GÖRSCHEN

Die Familie von Görschen nennt sich nach ihrem Stammhause Groß- und Kleingörschen bei Lützen, dem bekannten Schlachtort südlich von Leipzig. Erster bekannter Vertreter des Hauses ist der 1271 erwähnte Peter de Gorsene. Die Familie saß auch auf Wöhlsdorf bei Auma [1700], Beichlingen bei Eckardtsberga [1760] und Groß-Gaglow bei Cottbus [1810]. Eine verwitwete Frau von Görschen, geb von Schierstedt, hatte zudem die Güter Dörnitz und Paplitz im Jerichower Land in ihrem Besitz. Das Wappen derer von Görschen stellt in einem schräggestellten Gold und Blau gehaltenem Schild einen schräggelegten goldenen Schlüssel dar.[189] Im 18. Jahrhundert war die Familie auch im Sächsischen Vogtland begütert. Nach dem Tod von Carl Friedrich von Görschen im Jahre 1776 übernahm sein Sohn oder Neffe, der sächsische Premierleutnant Hans Carl von Görschen, dessen Rittergut in Weischlitz bei Plauen,

Arnshaugk: Neues Schloß

das 1744 und 1797 in der Hand dieser Familie erscheint. Um das Jahr 1800 erwarb er das Rittergut Kospoda, welches er aber schon 1803 an den ›General-Accis-Commissair‹ Samuel Gottlieb Reißmann veräußerte. Dessen Einzug verzögerte sich jedoch erheblich, weil der gewiefte Junker in der Absicht, den höchstmöglichen Erlös zu erzielen, in dem Kaufkontrakt Grundstücke zu hoch bewertet und Baumbestände angegeben hatte, die längst abgeholzt waren. Reißmann war anfangs noch gutgläubig und vermeinte, der Adlige handele in Treu und Glauben. Indem er seine beiden Rittergüter Tausa und Bucha bereits veräußert hatte, mußte er nun sein Unterkommen ›anderweit … ängstlich suchen‹ und letztenendes sogar feststellen, daß Vieles in Kospoda an Schlössern, Türen und Wänden mutwillig ruiniert war. Auch bei der Veräußerung des Weischlitzer Gutes durch von Görschen soll es nicht rechtens zugegangen sein, ebenso bei seiner Vormundschaft über die von Schauroth'schen Kinder als Gutspachtberechtigte in Oberpöllnitz. 1811 siedelte Hans Carl sich in Arnshaugk an, wo er sich in dem verfallenen Burgareal des vormaligen Dynastenschlosses der Lobdeburger ein Wohnhaus, das sogenannte ›Neue Schloß‹ [ohne Nutzflächen und Rittergutsökonomie] errichten ließ. Er starb im Jahre 1818.

VON GRÄFENDORF

Die Familie von Graeffendorff ist ein ostthüringisches Uradelsgeschlecht aus dem gleichnamigen, 1287 als ›Allodium Gräfendorf‹ bezeichneten Stammhause bei Ranis [also nicht aus
dem gleichnamigen Ort bei Schaffstedt]. Mit den beiden
Ministerialen Hartmund et Hermann fratres [Brüder] de oppi-
do Greuinndorf tritt es 1209 erstmals urkundlich in Erscheinung. während Gräfendorf als Rittersitz selbst schon 1203
genannt ist. Der alte Wappenschild derer von Gräfendorf
zeigte noch zwei Schrägrechtsbalken auf blauem Schild. Erst
später nahmen sie – wie auch einige andere Geschlechter –
den springenden Bock an, allerdings silbern und mit roter
Bewehrung auf blauem Grund. Ein Dietrich von Gräfendorf
erscheint 1283 als Zeuge in einer Urkunde des Grafen Otto III.
von Orlamünde. Im Jahre 1302 hören wir von einem Cunradus
de Grevendorph, 1350 und 1359 [als Zeuge in Pößnecker und
Saalfelder Urkunden] ebenfalls von einem solchen. 1349/50
besaß Conrad de Gräfendorf eine Hufen Landes in Gertewitz
und vier weitere in Bernsrode, einer Wüstung bei Hummelshain. Dagegen war Kuno von Gräfendorf 1352 bei Ebeleben
begütert. 1382 fungierte ›derer von Gräfendorf Knecht‹ unter
jenen Raubrittern, die den König von Böhmen in Eger arg
schädigten. Mit Konrad von Graeffendorff – 1410 Vogt zu
Tonndorf und 1423 Vogt zu Weißenfels – beginnt endlich die
Stammreihe des Geschlechts.[190] Nicht nur in Dorfilm, Ge-
schwende und Kahla war die Familie begütert. »Ende des 15.
Jahrhunderts gehörte das mittlerweile weitverzweigte Rittergeschlecht auf den Siedelhöfen Gräfendorf, ... Krölpa und Knau
zu den treuesten Vasallen der gefürsteten Abtei Saalfeld. ...

Ein Seitenzweig besaß in späten 14. Jahrhundert ... Marktgölitz als Lehen der Grafen von Orlamünde. Sie wurde 1440 von Hans von Gräfendorf an die Reichsmarschälle von Pappenheim als Nachfolger der Orlamünder auf der Burg Gräfenthal verkauft.«[191] Auf hielten die Gräfendorfer einige Jahre die Lobdeburg bei Jena [1472]. Wiederholt lassen sie sich auch im Verbindung mit dem Kloster Paulinzella nachweisen, so 1410 mit der Klosterjungfrau Elisabeth und vor 1496 mit dem Probst Johann, der in diesem Jahr als solcher auch im Kloster Arnstadt und 1502 im Kloster Stadtilm wirkte. Im Gegenzug war Otto von Gräfendorf 1483 Probst im Stadtrodaer Kloster. Als nach der Reformation und der anschließenden Säkularisierung fast aller geistlicher Besitz in Sachsen-Thüringen umverteilt wurde, und die mit der Saalfelder Stiftsabtei bislang verbunden gewesenen Lehen in andere Hände gelangten, gingen auch die von Gräfendorf eines Teils ihrer Besitzungen verlustig, so auch 1535 des Siedelhofes zu Gräfendorf. Letztmalig als direkter Vasall des Saalfelder Abtes erscheint von 1499 bis 1521 Georg von Gräfendorf auf Krölpa. »Sein Nachfolger war wohl der im Schmalkaldischen Krieg in Diensten des Kurfürsten stehende Wendel von Gräfendorf [†1574],«[192] der zusammen mit seiner Frau Margarethe in einem Freihaus in Saalfeld lebte und dessen aufwändig gestaltetes Epitaph in der Saalfelder Johanniskirche erhalten ist. Der vor 1427 bis 1601 zu Knau gesessene Zweig führte als Leitname den im 15. Jahrhundert wiederholt genannten Vornamen ›Wolf‹, so der 1490 erwähnte Wolf von Gräfendorf. Sein Besitznachfolger Hans von Gräfendorf nahm als Rat und Kämmerer Kurfürst Johanns des Beständigen [†1532] großen Einfluß auf die Umsetzung der Reformation, verhandelte mit Luther, Melanchton und Müntzer, während sein Sohn Wolf als Amtmann zu Plauen und Voigtsberg [1544] mit der Kirchenvisitation im Geraer und Lobensteiner Land beauftragt war. »Die Knauer Kirche besitzt einen wertvollen vergoldeten Silberkelch aus dem 16. Jahrhundert mit dem Gräfendorf´schen Wappen und dem Schriftband: ›SALVTARIS ACCIPIAM GREFETDORF CALICEM → heil mögen ich Gräfendorf den Kelch empfangen‹.«[193] Letztmalig läßt sich in diesem

Ort 1531 eine Else von Gräfendorf nachweisen, auch ein Ekbald von Gräfendorf wird in dem Jahrhundert in Knau noch genannt. An anderer Stelle hingegen befand sich Wolf von Gräfendorf auf Unterhasel 1594 unter der Vasallenschaft der Schwarzburger und Joachim von Gräfendorf 1618 unter der des Herzogtums Altenburg. Gegen Ende des 16. Jahrhunderts erlangten sie auch das Rittergut Dorfilm. Wie ein, an der Nordwand der dortigen Kirche zum Teil im Boden steckender Grabstein verrät, war der edle gestrenge und ehrenfeste Wolf Caspar von Greffendorf *IM 1603 IAHR ZV ABEND VMB 9 VHR VNGEFR AM TAGE ALLERHEILIGEN IN SEI[nem eigenen Hause, dem Freigute, jämmerlich und böslicher Weise von Christoph Daniel von] BRANDENSTEIN ERSTOCHEN WORDEN. DONERTAGK ZVVOR DER 31. OCTOBRIS GEWEST IN [ihm] VND SEINEN LIEBEN WEIB EIN SOHN IST GETAVFT WORDEN.*[194] Der Verstorbene steht in Vollrüstung mit gefalteten Händen in guter Haltung da. Der Helm liegt ihm zu Füßen. Das Halbrelief ist aus schönem Marmor in tiefer, scharfer Kontur herausgearbeitet.

Gräfendorf: Unteres Herrenhaus

Die Rüstungsteile sind getreu wiedergegeben. Dann verschwindet das Geschlecht langsam aus der Region.[195] 1644 finden wir noch einen von Gräfendorf als Patron zu Külmla sowie 1690 einen Generalmajor Ernst von Gräfendorf. Der Familie gehörte zeitweise Mechterstädt im Fürstentume Gotha. Auch war sie bis ins 20. Jahrhundert im Gothaischen Schollendorf begütert, wo Karl von Gräfendorf [1841-1925] LWN von beträchtlichen 984 ha bewirtschaftete. Zwei seiner Kinder sowie zwei Enkel führten den Namen fort. Einer von ihnen, Wolf Konrad von Gräfendorf [*1876], Königlich Preußischer Major auf Schollendorf repräsentierte die Familie 1934. Inzwischen soll das Geschlecht derer von Graeffendorff erloschen sein.[196]

VON GÜNDERRODE

Die Herren von Günderode [auch Güntherrodt, Gündderode] sind ein thüringisch-osterländisches Uradelsgeschlecht aus dem Eichsfeld, das 1339 erstmals im Altenburger Raum urkundlich in Erscheinung tritt und sich in der zweiten Hälfte des 14. Jahrhunderts in Freiberg ansiedelte, wo es bis 1551 das Rittergut Oberlangenau innehatte und auch Rauenstein und Wünschendorf bei Zschopau [1476-1567] in Besitz hielt.

Im 16. Jahrhundert saßen verschiedene Angehörige der Familie auf Nehmitz bei Borna, Gränitz, Ziegra bei Döbeln [ab 1569] sowie in Dresden, wo Heinrich von Günderode [†1598] als Stadthauptmann fungierte. Im 17. Jahrhundert hielten die von Günderode neben ihrem freien Hof in Dresden [1608] noch die Rittergüter Goldbach bei Bautzen, Ober- und Niedermoys bei Görlitz [1655], Weitisberga, Volkstedt [bei Rudolstadt], Loitsch [1684] und erwarben mit Albrecht Otto, dem Sohn des Reuß-Untergreizer Hofmeisters Christoph von Günderrode 1641 das bisherige Kammergut Unter-Zoppoten mit Röppisch und hielten es bis 1724 in Besitz. Bedeutender als ihr sächsischer Zweig wurde ihr, von dem Kanzler am landgräflichen Hofe Philipps des Großmütigen, Thielemann von Günderode [1512-1550] begründeter hessischer Ableger, der mit Rudolf [†1601] auf Schotten im Vogelsberg in die Ganerbschaft Alten Limpurg avancierte und mit dessen Sohn Hektor Wilhelm ab 1625 den ersten von 11 Frankfurter Bürgermeistern und 3 Stadt-Schultheißen stellte sowie mit der Dichterin der Romantik Karoline [1780-1806] auch in die Literaturgeschichte eingegangen ist. Andere Angehörige dienten als Juristen und Hofbeamte an den Höfen von Hessen-Darmstadt und -Kassel. Ihre 1756 von Johann Maximilian von Günderode, Rat zu Gießen und seiner reichen Gattin Susanna Maria von Kellner [†1757] erworbene Herrschaft Höchst an der Nidder mit dem neuen Schloß Günderode hielt dieser Zweig ›Günderode genannt von Kellner‹ bis zu seinem Erlöschen in den 1930er-Jahren.[197]

VON GUTWALD

»In einem Einnahmeverzeichnis der Pfarrei Neunhofen, das die Jahre 1489 bis 1524 umfaßt, steht zur Begründung bestimmter Abgaben von Rauchhafer aus Auma und Tischendorf« in schlechtem Mönchslatein sinngemäß geschrieben:

»Es waren einst zwei Kriegsleute, allgemein die Gutwalde [duo fratres milites wolgariter die Gutwaldi guaunt], von denen der eine in Auma [Awma], der andere in Arnshaugk seinen Aufenthalt hatte. Sie sind die Gründer der Parochie Auma gewesen und ihr Gedächtnis wird daselbst an einzelnen Sonntagen gefeiert. Genannte Brüder haben – von einem Gelübte bewogen – zum Zeichen der Verehrung vieler auf dem Friedhofe zu Neunhofen [cimiterio parochalis ecclesie Newenhoven] ruhenden Toten die Abgabe mehrerer Scheffel Hafer … für die Folgezeit gesetzlich festgelegt, weil an einzelnen Sonntagen mit Ausnahme der hohen Feiertage, nach beendigter Vesper, ein Umzug durch den Friedhof stattfindet, und zwar so, daß an dem (einzelnen) Grabe ein Totenpsalm mit Verschen und Gebeten für die Seelen der Toten verlesen werden soll, während die Gebeine der Toten beweihräuchert und besprengt werden, und die Rückkehr (vom Friedhofe) unter einem Gesang für die Seelen erfolgen soll.«[198]

Die ältere Aumaer Stadtgeschichtsforschung nun hat die besagten Gutwald-Brüder als Angehörige der hennebergischen Adelsfamilie von Gutwald, Vasallen der mächtigen Grafen von Henneberg, identifizieren wollen und ist daran gegangen, ein bewegtes Zeitbild zu entwerfen, wie die von Gutwald im Auftrage der Henneberger im Auma Herrschaftsrechte ausgeübt hätten und mit den benachbarten Gewalten aneinandergeraten seien, wobei man getreu der Mittelalter-Romantik des 19. und frühen 20. Jahrhunderts am Ende sogar noch das Kreuzzugsthema mit einzuflechten versuchte, indem man die Gutwald nicht als Gebrüder, sondern als geistliche Brüder und damit als Angehörige eines Ritterordens betrachtet hat. Dabei wird diese Darstellung – von dem Familiennamen abgesehen – durch keinerlei weitere urkundliche Befunde unterstützt. Nicht einmal in späteren Epochen lassen sich die Gutwald in der Region urkundlich nachweisen, noch haben sie nach bisheriger Kenntnis je ein Rittergut in der Umgegend besessen.

Auma: Standort der einstigen Burg Uma

Allerdings sind wir über die frühe Stadtgeschichte so wenig informiert, daß niemand sich erlauben kann, die Notiz des Plebanus Funck bezüglich der Begründer der Aumaer Pfarrei nicht weiter zu verfolgen, besitzen doch solche Überlieferungen immer einen gewissen Wahrheitsgehalt, man muß nur aufmerksam genug dahineinhören. Und tatsächlich deutet einiges darauf hin, daß mit den Gutwalds in Wahrheit eine andere Adelsfamilie gemeint war, deren wahren Namen die zwischen mündlicher und schriftlicher Form oft hin- und herschwankende Überlieferung mit der Zeit verschliffen haben mag. Während also die Herren von Gutwald sonst nicht weiter in der Region vorkommen, so fällt doch eine Familie mit etymologisch ähnlichem Namen ins Auge, die noch im Spätmittelalter zumindest im Raum westlich und südlich von Auma wohl begütert war – nämlich die Adelsfamilie Wilde. Könnte – so nun die Vermutung – der Name der höchst verehrungswürdigen Stifter der Aumaer Parochie, der ›guten und frommen Wilden‹, der ›guten Wilden‹ im Laufe des mündlichen Überlieferungsstranges mit der Zeit zu ›Gutwilde‹ zusammengezogen und schließlich zu ›Gutwald‹ verschliffen worden sein, bis der Plebanus Funck die Geschichte 1489 dann endlich aufgeschrieben hat?[199]

VON HAYN

Aufgrund der Häufigkeit des Flurnamens ›Hain‹ [mhd.: hagen → Dornbusch, Einfriedung, Verhau, im Sinne eines eingefriedeten, umhegten Ortes], der in Ostthüringen mehrheitlich Wälder im Umfeld von Burgen und Wällen benennt, haben sich verschiedene Ministerialenfamilien mit ›von Hayn‹ zubenannt, welche sich in früheren Zeiten lediglich durch Führung verschiedener Wappen [eines mit aufspringendem Hirsch bzw. Steinbock, ein anderes mit schräggelegtem Fisch] voneinander unterscheiden. Doch fehlen an den Urkunden häufig die Siegel, was die Auseinanderhaltung ziemlich erschwert, zumal – wie der Genealoge von Hausen konstatiert – reichsweit 21 [!] verschiedene Familien derer von Hayn [lat.: de Indagine] vorkommen, darunter mehrere in Sachsen-Thüringen, die etwa in der Hagnerburg bei Mühlhausen, in Ehrenhain, in Hain bei Gera, in Hain bei Hohenleuben oder in Hainspitz bei Eisenberg ihre Stammsitze gehabt haben dürften. So saßen Ritter von Hayn schon im 12. Jahrhundert zu Hainspitz und 1175 auf der Burg Ehrenhain. Die Gütterlitzer Linie derer von Hayn führte einen gold und schwarz geteilten Wappenschild. Sonst war dieser quadriert und ähnelte dem der fränkischen Schott von Schottenstein [1260], mit denen sie demnach verwandt, ja von ihnen abstammen könnten. Der ›Gotha‹, das Genealogische Taschenbuch der Adeligen Häuser nennt als frühesten Vertreter jenes Thüringischen Uradelsgeschlechts derer von Hayn, den in einer Lehnsurkunde des Augustinerklosters zu Neustadt an der Orla 1295 erscheinenden Hainricus de Hain. Noch im Jahre 1334 verfügt die Familie in Neustadt über zentrale Liegenschaften, so über den Vorgängerbau der späteren Stadtkirche, in deren Besitz sie noch vor der Stadtgründung gekommen sein muß. In unserem Raum waren Mitglieder dieses Geschlechts in verschiedenen Linien frühzeitig in Breitenhain, Dreitzsch, Langenorla, Lemnitz, Moderwitz, Stanau, Weltwitz, Miesitz, Wöhlsdorf bei Auma, Wiebelsdorf, Pfersdorf, Gütterlitz, Merkendorf, später auch in Meilitz, Oberoppurg, Renthendorf, Schmieritz, Schwarzbach, dem wüsten Vorwerk Wenigen-Köthnitz bei Moderwitz, Muntscha und bei Neustadt mit der Burgruine St. Ilgenhain nebst der Wüstung [später Vorwerk] Merla begütert, wo wir sie als Lehnsherren, meist aber als Besitzer adeliger Siedelhöfe antreffen. Wenn nicht die besagte, nach seiner Kapelle St. Ägidien benannte wüste Burgstelle am westlichen Endes des Rappelsteichs [1071 Rapotenteich] ihr hiesiger Stammsitz war so jene als Rundwall noch erhaltenen Kleinburg des 13./14. Jahrhunderts im Hain von Burgwitz mit dem wüsten Dorfe Hainitz [1349/50 villa desolata Hain].[200] Im Jahre 1310 kommt ein Heinrich von Hain in einem Privilegienbrief des Grafen Günther von Schwarzburg an die Stadt Roda als Zeuge vor. 1349/50 sind die von Hayn im Besitz von Moderwitz, sowie mit den Gebrüdern ›Otto et Gozcco fratres Hain‹ zu Renthendorf und Schwarzbach in den Tälerdörfern bezeugt. Zudem saßen sie vor dem Jahre 1406 in Langenorla, sowie vor 1417 in Meilitz. 1410 veräußern sie eine Fehmstätte auf dem Löcherberg und die damit verbundenen Gerichtsrechte über einen Teil der Saalfelder Heide an Hans und Heinz von Hasela. Auch sind Caspar und Markus von Hayn zu Weltwitz 1461 Eigentümer des Rittergutes Kospoda sowie Vater und Sohn Gregor von Hayn vor 1573 bis 1595 des Rittergutes Neunhofen. Ende des 16. Jahrhunderts saß die Familie als von Hagen auf dem Rittergut Lemnitz. 1556 waren Hans und Wolf zu Weltwitz, Moderwitz, Lemnitz u.a. Patrone der Kirche zu Unter-Renthendorf, ebenso 1593 Adam Daniel von Hayn zu Gütterlitz. 1617 saß Caspar von Hayn zu Moderwitz Joachim und Christoph zu [Wüsten-]Köthnitz und Christoph, ihr Vetter zu Muntscha. Auf diese Weise werden die von Hayn das gesamte Mittelalter hindurch bis weit in die

Frühneuzeit hinein auf diese oder jene Weise in der Region urkundlich erwähnt. Sie dienten der Abtei Saalfeld, den Lobdeburgern und den Wettinern als Vasallen und stellten somit das bedeutendste Adelsgeschlecht im Raum Neustadt dar.

Ab dem 16. Jahrhundert begann ihr Stern dann zu sinken, und sie fielen in die Schicht des einfachen Landadels zurück. Zuletzt treten Angehörige des Geschlechts noch auf den hiesigen Gütern Miesitz und Sachsenburg [bis ins 17. Jahrhundert], Gütterlitz [bis 1622], Weltwitz [bis nach 1718], Oberpöllnitz [in den 1720er-Jahren] und Lemnitz [nach 1794 bis nach 1813] auf.[201] »Bis in das 20. Jahrhundert lebte in Arnshaugk eine Familie Hay. Von dieser wurde erzählt, daß sie einst adlig war. Ihr gehörte in der Neustädter Flur ein großes Waldstück zwischen Heinrichsruhe und Mückertal«[202] nahe der Wallanlage St. Ilgenhain. Weitere Zweige derer von Hayn saßen zwischen dem 17. und 19. Jahrhundert in Altbelgern, Bernsgrün, Bomsdorf [bei Guben], Dürrhennersdorf, Freiberg [bei Oelsnitz], Gatterstädt, Kleinzschocher [bei Leipzig], Lichstedt, Martinskirchen, Mühlberg [Liebenwerda], Obhausen, St. Petri, Schweta [bei Döbeln] und Weidenthal. Ihr württembergischer Ableger wurde 1836 in den Freiherrenstand erhoben, ist aber inzwischen erloschen.[203]

VON HELLDORF

Die von Helldorff sind ein meißnisches Uradelsgeschlecht aus dem Orte Hellendorf, das erstmals im Jahre 1147 mit Adelreich von Helldorf urkundlich erscheint, dessen Stammreihe aber erst mit Martin von Helldorff, Herrn auf Reußen [urk. um 1410] beginnt. Ihr Wappenschild zeigt auf silbernem Grund den vorderen Teil eines springenden natürlichen roten oder braunen Maultieres. Im 15. Jahrhundert waren sie hauptsächlich im Naumburgischen begütert und avancierten mit zeitweilig über 30 Rittergütern [insgesamt mehr als 50] zu den größten Grundbesitzern in Thüringen und in der Provinz Sachsen, wobei sie etwa die Herren von Breitenbauch 1730 im Besitz von Gröst ablösten und auch die inzwischen an die von Witzleben übergegangenen ehemaligen Breitenbauch-Güter St. Ulrich, Stöbnitz und Mücheln übernahmen, welche bis 1945 in Besitz gehalten werden konnten.[204] Während des 17. Jahrhunderts befanden sich die Helldorf auch im Besitz der Rittergüter Schweinbach [ab 1604], Rosenthal [bis 1657] und mit Magdalena [geb. von Magwitz] auch Herschdorf [noch 1671] bei Leutenberg.

von H*irschberg*

Die Herren von Hirschberg sind ein vogtländisches, wenn nicht gar altbayerisches Uradelsgeschlechts, welches erstmals 1223 mit Rudegerus de Hirzperc in einer Stiftungsurkunde Herzog Ottos VII. von Andechs-Meran erscheint. Ihr Wappenschild – ein aufspringender 8-endiger roter Hirsch auf silbernem Grunde findet sich selbst unter den Ahnenwappen an einem Epitaph in der Saalfelder Johanniskirche. Die Ursprünge der Familie liegen, wenn nicht in einem Ableger des im 14. Jahrhundert erloschenen, dem Raume Eichstätt entstammenden Grafengeschlechts von Hirschberg so doch in Papo oder Rüdiger vom Heitstein [urk. 1166-1194], zwei im Dienst der Markgrafen von Giengen-Vohburg stehenden Ministerialen, welche die Burg Heitstein [auch Haidtstein] bei Cham am Fluß Regen verwalteten. Hier war der bevorzugte Aufenthaltsort

Markgräfin Elisabeths [†1204], einer Schwester Ludwigs von Bayern. Der Minnesänger Wolfram von Eschenbach, der sich ebenfalls zeitweise dort aufhielt, hat ihr in seinem grandiosen Ritterepos ›Parzival‹ [VIII, Zeile 179-182] ein ewiges Denkmal gesetzt. Zusammen mit diesem Papo vom Heitstein tritt in einer Stiftungsurkunde des Klosters Reichenbach nun ein Getto de Waltstein auf. Als Verwalter der gleichnamigen Veste stand auch er in Beziehung zu den Vohburgern. Aus der Gleichheit der beiden Vornamen – Papo und Getto – nun folgern Genealogen eine Verwandtschaft beider Familien Heitstein und Waltstein. Und so soll es sich bei jenem 1217 im Dienste der Andechs-Meraner, den Besitznachfolgern der Giengen-Vohbur-

Stadt und Schloß Hirschberg

ger [ab 1209], erwähnten Rudegerus de Sparrenberg in Wirklichkeit um dieselbe Person wie Rüdiger von Waldstein handeln, der 1179 zusammen mit seinem Bruder Arnold in einer Urkunde erscheinen.

In diesem Arnold sieht man den Ahnen und Stammvater der von Hirschberg. Diesen beiden Brüdern nun soll von den Vohburgern der Auftrag zum Bau der beiden Saaleburgen Sparnberg und Hirschberg erteilt worden sein, um dann als Burgvögte darüber eingesetzt zu werden. Arnold von Waltstein auf Hirschberg habe seinen Sohn dann nach seinen Bruder Rüdiger genannt und Rüdiger von Waltstein auf Sparnberg seinen Sohn dem Bruder zu Ehren auf Arnold taufen lassen. Obwohl nach strengeren geschichtswissenschaftlichen Maßstäben eine solche Herleitung Lücken ausweist, daß ein ganzes Heer hindurchmarschieren könnte, so ist sie doch für eine Epoche, in der die schriftliche Überlieferung für viele Bereiche gerade erst langsam einzusetzen beginnt, mangels Informationen jedweder Art nicht unbedingt illegitim – es sei denn, andere Befunde stehen dem explizit entgegen.

Ihre Kolonisationstätigkeit im Regnitzland begonnen haben die Heitstein-Waltsteiner wahrscheinlich schon um das Jahr 1150 mit dem Bau der auf dem Fichtelgebirgskamm liegenden Veste Sparneck, von wo aus sie jenen großen von Sparneckschen Besitzkomplex um Münchberg nebst einen von Hirschbergischen um Rehau und Weißenstadt also bis hinüber ins Egerland geschaffen haben.Nachdem ab dem Jahr 1248 die Vögte die Herrschaft im Regnitzland übernommen hatten, treffen wir Johannes de Sparrenberg und Wetzelo von Hirszperch 1279 nunmehr in deren Gefolge an.[205] Im 14. Jahrhundert verloren die Herren von Hirschberg ihren gleichnamigen Stammsitz an der Saale, behielten aber im Regnitzland als reichsfreie fränkische Ritter des Kantons Gebürg noch eine ganze Reihe von Besitzungen, so Hirschstein, Grünstein, verschiedene Gebiete am Kornberge, Förbau, Schwarzenbach/Saale, Seuckenreuth, Stobersreuth, vorallem aber Rudolphstein, wo sie nach dem Verlust ihrer Souveränität als hohenzollernsche Amtsleute weiter agierten. Mit Amalie von Hirschberg – von 1550 bis zu ihrem Tode 1564 Äbtissin im Klarenkloster zu Hof/Saale – und Andreas von Hirschberg [1577] verschwindet die Familie im 16. Jahrhundert aus der Region. Neben ihrer 1570 niedergegangenen Schwarzenbacher Linie existiert noch eine bis heute blühende vom Südrand des Fichtelgebirges, wo sie 1355 die Schlösser Ebnath [bis 1848] und Schwarzenreuth im Steinwald [bis 1877] erwarb und von 1779 bis 1888 auch das Hammergut Riglasreuth besaß, worauf der sich nach diesen Gütern nennende Johann Franz Bernhard von Hirschberg und sein Bruder Christoph Freiherr von Hirschberg 1790 zu München in den Reichsgrafenstand erhoben wurden. Über die Ehe Franz Amands von Hirschberg mit Katharina von Hann [oo 1798] gelangte endlich das Rittergut Wildenau in den Besitz der Familie und ist es bis heute mit Maria Katharina Döppervon Hirschberg geblieben. Die mit Arnold von Hirschberg [1320-1390], dem Erwerber der Veste Ebnath [Ebenöde], begonnene Stammreihe der Ebnathschen Linie schließt derzeit mit Lutz Freiherr von Hirschberg [*1962] und seinen Kindern.[206]

VON HIRSCHFELD

Die Familie von Hirschfeld ist ein meißnisches Uradelsge-schlecht aus dem gleichnamigen Orte bei Leipzig, welches 1282 mit dem markgräflichen Rat Reinhard von Hirschfeld aus dem Dunkel der Geschichte tritt. Sein Sohn Heinrich saß schon 1317 auf Otterwisch bei Grimma, wo sich die Familie mit Unterbrechungen bis Ende des 16. Jahrhunderts behaup-tete und dort auch Böhlen [1563], Döben [1561] und Hohn-städt in Besitz hielt. Als Staatsbeamte verschlug es das Ge-schlecht im 18. Jahrhundert auch ins östliche Thüringen, wo Hans Caspar von Hirschfeld [oo Elisabeth Wilhelmine geb. Reichsfreiin von Könitz] erst als Sächsisch-Meiningischer Hof-rat und anschließend als Gräflich-Reuß-Geraischer Kammerrat fungierte und noch vor dem Jahre 1739 die beiden Rittergüter in Weitisberga erwarb, wo er bis 1750 urkundet.

Im 19 Jahrhundert lebten die meisten Angehörigen des Ge-samtgeschlechts vorwiegend in Ostpreußen [Absintkeim und Groß-Bestendorf], Pommern [ab 1862 in Hundskopf und noch 1893 in Ristow], der brandenburgischen Neumark [1879 in Gräden bei Frankfurt/Oder], der Niederlausitz [1857 in Rin-kendorf bei Sorau], aber auch wieder in Nordsachsen – so in Kleindölzig bei Leipzig [1862] und in Mahitzschen bei Torgau [noch 1929] – sowie in Thüringen [1926 auf Roßdorf bei Bad Salzungen]. Ihr Wappenschild zeigt – je nach Linie und Familie verschieden – einen Jagdhund und/ oder Hirschstan-gen. Welche Ausführung davon Hans Caspar 1744 und sein Nachfolger Johann Friedrich Leopold von Hirschfeld nebst seiner Gemahlin Dorothea [geb. von Kirchbach aus dem Haus Seleke] 1765 auf die Empore des Herrschaftsstandes der

Weitisbergaer Kirche auf Leinwand malen ließen, wissen wir nicht. Im Jahre 1882 wurden die Gemälde entfernt, sind aber an Anverwandte dieser Familie nach Schwerin gekommen.[207] Von der wohl letzten Weitisbergaer Besitzerin – der Baronin Carolina Dorothea verw. von Hirschfeld – ist bekannt, daß sie ihrem Gutsverwalter Johann Gottfried Michel offensichtlich in Anerkennung und Dank für treue Dienste 1792 ein Stück landwirtschaftlicher Nutzfläche schenkte. Nach dem Aussterben des hiesigen Zweiges der Familie im Jahre 1801 fielen die beiden Rittergüter Ober- und Unter-Weitisberga den jeweiligen Landesherrschaften Reuß bzw. Schwarzburg anheim, worauf sie 1802 von den beiden Ortsgemeinden erworben und die Flächen unter den vom Rittergut abhängigen Tropfhäuslern aufgeteilt wurden, während der Waldbesitz in landesherrlichem Eigentum verblieb. Der auch fürderhin so bezeichnete von Hirschfeldische Patrimonialgerichtsbezirk mit seinen Ober- und Niedergerichten bestand [wohl verwaltet durch den Leutenberger Amtmann bzw. Justitiar] noch bis 1850.

zu *HOHENLOHE*

Das Fürstenhaus Hohenlohe hat seinen Ursprung in einem ursprünglich edel- und hochfreien fränkischen Uradelsgeschlecht, das sich unter dem Schirm Kaiser Barbarossas ab 1153 von Weikersheim aus ein großes, ziemlich zusammenhängendes Herrschaftsgebiet aufbaute, welches sich über die nach ihnen benannte Hohenloher Ebene zwischen Kocher, Jagst und Tauber erstreckte, wo sie ähnlich anderen staufischen Vasallen, den Giengen-Vohburgern im Regnitzland oder den Lobdeburger im späteren Ostthüringen Burgen und Städte begründeten. Ihr Wappenschild zeigt auf silbernem Grund zwei übereinanderstehende, rechtsschreitende schwarze Leoparden mit niedergeschlagenen Schweifen. Im Jahre 1450/95 traten die Herren von Hohenlohe mit ihrer reichsunmittelbaren und damit hochadeligen Herrschaft Hohenlohe in den Reichsgrafen- und 1744 endlich in den Reichsfürstenstand ein.[208]

Über die Vermählung des Erbprinzen Friedrich Ludwig zu Hohenlohe-Ingelfingen [ab 1805 Hohenlohe-Oehringen] mit der Erbtochter des Grafen Julius Gebhard von Hoym [†1769], Marianne Louise Charlotte Christiane [*06.10. 1763], im Jahre 1782 fiel dessen Erbe in Gestalt der Herrschaften und Rittergüter Slawentzitz, Althammer, Kleinlasewitz, Jacobswalde, Oppurg, Krobitz, Grünau, Schönbach, Lauter u.a. an dieses Fürstenhaus. Der andere, Julius Gebhards Bruder Gotthelf Adolph [†1783] gehörende Teil der Hoymschen Güter erhielt dessen Tochter Louise Henriette. 1791 heiratete sie den Grafen Heinrich LI. Reuß-Ebersdorf [1761-1822] und brachte in Gestalt des sogenannten Droysiger Erbes 24 Dörfer und Rittergüter an diese Dynastie. Am 19. November 1799 bestimmten die beiden Gatten Amalie Louise Marianne und Friedrich Ludwig [1746-1818] per Vertrag, daß sowohl die schlesischen Besitzungen derer von Hohenlohe als auch die von der Braut in die Ehe mitgebrachte Herrschaft Oppurg [Knau war inzwischen verkauft] zu einem Familien-Fideikommiss – einem einigen und unteilbaren Familiengut mit dem Charakter der Unveräußerlichkeit – erklärt wurden. 1804 erwarb von Hohenlohe auch die Herrschaften Landsberg und Koschentin. Im Zuge der Rheinbundakte wurden die Hohenloheschen Fürstentümer im Jahre 1806 vom Königreich Württemberg mediatisiert, während die Exklave Schillingsfürst an das Königreich Bayern fiel. Danach devancierten die Fürsten zu Hohenlohe zu Standesherren im Deutschen Bund sowie anschließend im Deutschen Kaiserreich.[209] Daß diese Linie seinen wirtschaftlichen Schwerpunkt aber in Oberschlesien hatte, drückte sich auch darin aus, daß Fürst Hugo [1816-1897] von Hohenlohe-Oehringen im Jahre 1861 vom preußischen König zum Herzog von Ujest erhoben wurde, einem Gebiet, das mit Slawentzitz und Bitschin eine Fläche von 175 km² umfaßte.

Im Zuge der Industrialisierung und des Aufstiegs Oberschlesiens zu einem bedeutenden Zentrum der Montanindustrie steigerte das Haus seinen Einfluß noch einmal beträchtlich und schuf sich ein bedeutendes Wirtschaftsimperium. Mit 48.000 ha Land war ihr Grundbesitz so gewaltig, daß der Fürst selbst nur einmal im Jahr für etwa 14 Tage in Oppurg verweilte, nämlich dann, wenn es in der Heide Zeit zur Auerhahnjagd war. Nach 1897 übernahm Hugos Sohn Christian Kraft [1848-1926] die industriellen Besitzungen seiner Familie in Oberschlesien und baute diese – insbesondere durch die Erweiterung der Zinkgewinnung und -produktion stark aus. 1905 brachte er diesen Industriebesitz in die Gründung der Hohenlohe-Werke AG in Hohenlohehütte bei Kattowitz] ein. Allein im Jahre 1913 förderte und verarbeitete diese 10.000 Beschäftigte umfassende Gesellschaft mit 37 Mio. Tonnen zinkhaltiges Gestein und gewann darüberhinaus über 4 Mio. Tonnen Kohle. Als der Fürst in diesem Jahre seine Anteile daran an den böhmischen Kohle-Industriellen Ignaz Petschek verkaufte, erhielt er dafür eine Abfindung von 44 Mio. Mark und eine jährliche Rente von 4 Mio. Mark. Diese Gelder brachte Christian Kraft zusammen mit Max Egon II. zu Fürstenberg in eine selbstgegründete Handelsgesellschaft, den ›Fürstentrust‹ ein, die 1913 spektakulär zusammenbrach und zu einer allgemeinen Bankenkrise führte, wodurch die Unternehmungen des Hauses Hohenlohe-Oehringen am Ende einen wirtschaftlichen Schaden von 90 Mio. Mark davongetragen haben sollen. Bis dahin hatte Fürst Christian Kraft mit einem Jahreseinkommen von 7 Mio. Mark und einem Vermögen von 151 Mio. Mark zu den vermögendsten deutschen Adeligen gezählt. Politisch gehörte er der Freikonservativen Partei an, für die er 1880/81 sowie 1883-1912 im Reichstag saß. Zudem war er erbliches Mitglied sowohl des preußischen Herrenhauses als auch der ersten Kammer der Württembergischen Landstände und hielt zudem einen Sitz im Schlesischen

Provinziallandtag. Desweiteren war er bis zu seinem Austritt 1902 Aufsichtsratsmitglied der Deutschen Kolonialgesellschaft, führte die Preußische Feuerversicherungs-AG, gehörte dem Bund der Industriellen [BdI] an und übte auch hohe höfische Ehrenpositionen aus, war etwa ›Generalmajor à la suite‹ [Adjutant] und einige Jahre lang Oberstkämmerer Kaiser Wilhelms II. sowie von 1893 bis 1910 Vorsitzender des Union-Klubs in Berlin. Als Oberschlesien nach dem Ersten Weltkrieg geteilt wurde, zerfiel auch seine Aktiengesellschaft in eine deutsche Oehringer Bergbau AG und die polnischen Hohenlohe-Werke, wobei der Fürst an beiden Unternehmungen beteiligt blieb, ebenso an den Oberschlesischen Elektrizitätswerken. Zwei Jahre vor seinem Tode avancierte er noch zum Senior des Hohenloheschen Gesamthauses. Vermählt war Christian Kraft mit Ottilie Gräfin Lubraniec-Dambska, einer geborenen Brauns. Leider hatte er keine legitimen Nachkommen. So trat sein Bruder Hans dessen Nachfolge an und wurde 1927 Hauptnutzungsberechtigter auch der Oppurger Güter. Nach Christian Krafts Tod gebot das Gesetz die Auflösung des Fideikommisses, worauf Fürst Hans – um den Besitzkomplex als geschlossenes Ganzes zu erhalten – die in Preußen gelegenen Waldgüter von ca. 37.000 ha und den gesamten Thüringischen Grundbesitz von ca. 1.200 ha seiner ›Hans Fürst zu Hohenlohe-Oehringensche Stiftung Slawentzitz – Ujest – Oppurg‹ einverleibte. Gegen seinen Sohn und Besitznachfolger August wurde ein Entmündigungsverfahren wegen angeblicher Verschwendung und Geisteskrankheit eingeleitet, 1930 aber wieder eingestellt, so daß August nach seines Vaters Tod um 1940 die Nachfolge antreten konnte. 1945 wurde er vom NKWD verhaftet, während seine Familienangehörigen, Verwandten und der Gutsverwalter von Oppurg nach Schloß Oehringen [bei Heilbronn], dem Stammsitz der Familie, flohen, wo das Fürstengeschlecht noch heute eine Reihe von Besitzungen – bekannt sind vor allem die Weinberge – ihr Eigen nennt.[210] »Nach der Wiedervereinigung 1990 wurde der Oppurger Besitz dem Fürsten Kraft zu Hohenlohe-Oehringen – Sohn des Fürsten August – restituiert.«[211]

von Hohenthal

Die von Hohenthal sind ein briefadeliges Geschlecht, das von dem Handwerksmeister Adam Homann aus Können bei Leipzig [†1632] abstammt. Sein Enkel, der wohlhabende Leipziger Kaufmann Peter Homann [1663-1732], erwarb ein großes Vermögen, mit dem er im Umfeld der Stadt ein Rittergut nach dem anderen zusammenkaufte. Dazu gehörten Hohenprießnitz, Crostewitz, Groß- und Kleinstädteln, Großdeuben, Probstdeuben, Wallendorf mit Lichte an der Luppe [ab 1709] –, worauf dieser Besitz von seinen Nachfahren noch um Dögnitz, Nepperwitz, Püchau [in Richtung Wurzen], Hohenprießnitz, Kossa, Pristeblich [bei Eilenburg], Altranstädt, Börnichen, Gruna, Döbernitz, Zschortau [bei Delitzsch], Günthersdorf, Ostrau [Richtung Merseburg], Knauthain, Knautnaundorf und Lauer [bei Markkleeberg], Kömmlitz, Löbnitz, Nöthnitz, Medingen [bei Borna] u.a. vermehrt wurde. Inzwischen zum königlich-polnischen und kurfürstlich-sächsischen Rat ernannt, wurde Homann im Jahre 1717 zum Edlen von Hohenthal nobilitiert, worauf seine, ebenfalls hohe Ämter im sächsischen Staatsdienst einnehmenden Söhne 1733/36 in den Freiherrenstand, das Gesamtgeschlecht 1790 sogar in den Reichsgrafenstand erhoben wurde. Ihr Wappenschild zeigt auf blauem Grund einen goldenen Löwen mit roter Zunge. Von den drei, daraufhin gegründeten Linien starben zwei 1819 bzw. 1860 wieder aus.[212] »Nur die Linie von Christian Gottlieb Freiherr von Hohenthal (1701-1763) konnte den Stamm bis heute fortsetzen. Seine Nachkommen begründeten die Häuser zu Püchau, Dölkau (mit Altranstädt) und Knauthain. Die Püchauer

Linie erwarb mit dem Grafen Christian Gottlieb von Hohenthal auf Hohenprießnitz 1819 das Gut Löbnitz bei Groitzsch und 1822 die große Schloßherrschaft Mühltroff. Die Dölkauer Linie kam 1821 in den Besitz des Schlosses Lauenstein, das jedoch schon 1826 an die Püchauer Linie überging. Die Güter Niederpöllnitz, Frießnitz und Struth waren bereits im 18. Jahrhundert von der [Hohen]Prießnitzer Linie erworben worden, gehörten 1814 dem königlich sächsischen Konferenzminister Graf Peter Friedrich von Hohenthal und gelangten 1820 an die Püchauer Linie. Kurzzeitig – und zwar von 1770 bis 1792 befand sich auch das große Patrimonialamt Weißenburg bei Orlamünde im Besitze derer von Hohenthal. Noch unter dem Grafen Christian Gottlieb wurde deren Besitz in ein Majorat umgewandelt, welches an seinen Sohn Karl Julius Leopold [†1892] und danach an Karl von Hohenthal-Püchau [†1899] überging, worauf es um 1905 dessen Witwe, eine geborene Gräfin von der Schulenburg, für ihren Sohn Carl [*1888] verwaltete. Das Rittergut Mühltroff umfaßte damals 1.054 ha [davon aber 900 ha Wald], der Besitz in Niederpöllnitz 169,28 ha, in Frießnitz 204 ha und in Struth 173,73 ha [1923]. Während das Mühltroffer Schloß schon 1940 als Schenkung der Stadt überlassen wurden, gingen mit Lauenstein, Löbnitz, Niederpöllnitz, Frießnitz u.a. aller Großgrundbesitzungen in der SBZ nach den Beschlüssen der Siegermächte 1945/46 verloren.[213]

VON HOLBACH

Die von Holbach [auch Hollbach, Hohlbach, Höllbach, Halbach] waren eines der ältesten und vornehmsten Geschlechter des Schwarzburger Landes. Ihr Wappenschild zeigt zwei als Andreaskreuz gelegte Lilienstäbe, mitunter begleitet von 5 oder 6 Kugeln. Es ist daher nicht zu verwechseln mit jener gleichnamigen Familie anderen Wappens, benannt nach dem Ort Holbach in der Grafschaft Honstein, auch wenn deren Glieder hin und wieder in schwarzburgischen Urkunden erscheinen, da die Honsteiner lange Zeit im Besitz von Sondershausen waren und in enger Beziehung zu den Schwarzburgern standen. Von der später zu Könitz gesessenen Linie mit dem Lilienzepter-Wappen werden in den Urkunden zuerst genannt: Hermann [a. l. Hartmann] von Holbach [1262] und sein Bruder Heinrich [1265, 1267]. Ersterer wird 1276 als schwarzburgischer Vasall bezeichnet. 1281 erscheint ein Fredericus de Hohlbach als Zeuge in einer Urkunde des Burggrafen Heinrich von Kirchberg. 1290 hören wir von dem, auf Elkesleben [Elchleben] gesessenen Käfernburger Vasallen Berthold von Holbach, 1294 bzw. 1311 von den beiden Rittern und schwarzburgischen Vasallen Hartmann und Bertholf. Ein Heinrich von Holbach war 1331 in Roda begütert. In den Urkunden der Grafen von Orlamünde kommt die Familie fast ebenso häufig vor, so mit Heinrich [1306], Hartmann [1333] und Friedrich von Holbach [1358]. Dagegen war Hermann von Hohlbach 1382 Amtmann zu Brücken, und wurde von den drei Thüringer Landgrafen Balthasar, Wilhelm und Friedrich mit einem Burglehn daselbst begabt. Um diese Zeit waren Metze, Jutte [a. l. Jenicke] und Benigne von Hölbach [oder Halbach] Klosterfrauen zu Heusdorf [1370]. Im Jahre 1377 wird ein Hartmann von Holbach in den markgräflichen Registern erwähnt, und 1382 belehnen die Wettiner einen Hermann von Holbach mit einer Burg. Vor 1388 erlangt die Familie Schloß und Amt Weißenburg und hält es bis 1421. Reinhard von Holbach fungiert 1381 als Vogt zu Brandenstein. Für das Jahr 1396 ist die Bestellung eines Eberhards von Holbach zum Vormund der unmündigen Kinder des Albert von Brandenstein vermerkt. 1401 hilft der Ritter Eberhard von Holbach mit Anderen eine Erbverbrüderung zwischen den Grafen von Schwarzburg aufzurichten und befindet sich 1411 unter den Bürgen für eine Schuld der drei Landgrafen an den Vogt Heinrich dem Mittleren zu Weida. Ein Heinze von Hollbach wird 1433 und 1436 genannt, ein Hartmann von Holbach 1424. Zwischen 1383 und 1417 war die Familie in Eichicht [czu dem Eichech] angesessen und läßt sich seit dem Jahr 1413/38 im Besitz des Schlosses Könitz nachweisen. Im Jahre 1430 verkauft dann Hartmann von Holbach seinen Anteil an Kaulsdorf an die Herren von Könitz, wo Sigmund von Holbach aber 1530 wieder ansässig wird. Auch besitzt das Geschlecht bis vor 1463 das Rittergut Herschdorf bei Pößneck. Kurz davor 1441 waren in einer, reiche Begüterung im Weimarischen behandelnden Orlamündischen Urkunde Heinrich von Holbach sowie Hans von Holbach auf Wigendorf, Pfandherr auf Leimbach, aufgeführt. Anna von Holbach wirkt 1471 als Priorin im Kloster Paulinzella. Dann treten 1496 Heinrich und Georg von Hollbach [urk. 1497-1527] aus dem Dunkel der Geschichte. Letzterer erbaut ab 1521 das Schlößchen Kitzerstein in Saalfeld und erwirbt 1527 zwei Drittel der Herrschaft Langenorla. Zudem saß das Geschlecht in diesem Jahrhundert auf dem zweiten Könitzer Rittergut sowie auf den Rittergütern Birkigt, Ober-Gräfendorf und Wenigenjena. 1524 führen die von Holbach ›am frühesten im ganzen Lande‹ die Reformation in Könitz ein.

1555 jedoch befindet sich ›H. E. v. Holbach‹ in jener illustren Runde von Zechern mit deren Zutun Fritz von Brandenstein sein Raniser Erbe in Wein auflöst. Letzter seines Geschlechts ist Veit Dietrich von Hollbach, welcher ab 1562 die Könitzer Burg zum Renaissanceschloß ausbauen läßt. 1596 erscheint er unter den, von der Landschaft zu Weimar 1596 zur Verbesserung der Konsistorial- und Hofgerichtsordnung einbestellten Vasallen. Er hatte jedoch keine Erben, weswegen nach seinem Tode im Jahre 1608 seine Herrschaften Ober-Gräfendorf, Langenorla [anteilig] und Wenigenjena [bis 1610] sowie seine Hauptsitze Könitz und Birkigt [wo sich jeweils die Erbbegräbnisse des Geschlechts befanden] der jeweiligen Landesherrschaft anheimfielen. Ein in der Könitzer Kirche stehendes marmornes Epitaph für sein 1566 verstorbenes Töchterlein trägt zwischen den beiden Familienwappen der Eltern noch das Brandensteinische und Watzdorfsche Wappen sowie ringsherum die Wappen der Familien von Würzburg, Riedesel, Miltitz, Schönfeld, Beulwitz, Brandenstein u.a. mit dem Text: »*ANNO DOMINI 1566 SONNTAG ESTO . MIHI . HAB ICH VEIT DITTERICH VON HOLBACH MIT DER EDELEN VND ERENTVGENTREICHEN IVMPFRAVEN KATHARINA POSTERIN MEIN EHELICH BEILAGER ALHIR ZV KONIZ VFM SCHLOS GEHALTEN . IN UNSER EHE DICZ KNIEENT TOCHTERLEIN MIT EINANDER ERZVGET...*«[214]

Im weiteren Verlauf des 17. Jahrhunderts verschwinden die von Holbach nach und nach aus den meißnischen und thüringischen Landen und sollen 1697 oder 1698 dann endgültig ausgestorben sein. Allerdings will der Genealoge von Hellbach [1789] noch ›in neuerer Zeit‹ letzte Angehörige dieses Geschlechts im Lande Nassau eruiert haben.[215]

VON HOLLEBEN

Die von Holleben sind ein sächsisch-thüringisches Uradelsgeschlecht aus dem gleichnamigen Stammhaus im Saalkreise, das mit Theodericus de Hunleue 1185 erstmals urkundlich in Erscheinung tritt. Ihr Wappenschild zeigt auf blauem Grund eine schräglinks gestürzte goldene Laute, begleitet von fünf, drei zu zwei angeordneten goldenen Kleeblättern. Die kontinuierliche Stammreihe des Geschlechts beginnt allerdings erst mit Magnus von Holleben, der sich nach dem Verkauf seiner wettinischen Lehen 1447 im Schwarzburgischen Wildenspring angesiedelt hatte, wo sich die Familie sehr lange halten konnte. »Von den Söhnen seines Nachkommen in der 7. Generation Ernst Ludwig von Holleben zu Wildenspring (†1737) sind drei große Linien ausgegangen. Die Linie des ältesten, des Bayreuther Obristen Ludwig Johann Ernst von Holleben, wurde später auch in Ostpreußen ... begütert.

Die zweite Linie, begründet von dem schwarzburgischen Ober-jägermeister Anton von Holleben [†1782] auf Wildenspring, war im Besitz des Kondominats Wildenspring und anderer Güter [wie etwa von 1760 bis 1783 auch Herschdorf bei Pößneck] und führte zum Teil auch den Namen von Holleben genannt von Normann.«[216] Vornehmlich aus der zweiten und dritten Linie sollte eine Anzahl bedeutender Staatsbeamter und Generäle hervorgehen. Die von Holleben saßen u.a. noch auf den Rittergütern Beulwitz bei Saalfeld, Dornheim, Ettisch-leben, Fröbitz bei Rudolstadt, Geilsdorf bei Stadtilm, Halbau, Kleinliebringen, Lichtentanne bei Gräfenthal, Spaal, Udersleben und Unterködicz. 1751 erwarben sie für 12.000 Mßl. das Rit-tergut Burglemnitz, wo auf den Erwerber, den schwarzburgi-schen Minister Johann Wilhelm Ludwig von Holleben [†1785], Friedrich Heinrich Ludwig [†1835] und Benno von Holleben [†1883] im Besitz nachfolgten.[217] Nach dem Ableben des preußischen Obristen Friedrich Heinrich Ludwig fiel es seiner Witwe Minna immer schwerer, den Besitz zu halten. Sie schrieb ihn zu Verkauf aus, aber aufgrund des langsamen, aber deut-lichen Verfalls der Gutsanlagen, stellten sich kaum Interessen-ten ein. So beschloß die Ortsgemeinde im Jahre 1849 den Erwerb zu wagen. Die Felder und Wiesen sollten an kaufinte-ressierte Einwohner abgegeben werden, das Gutshaus mit den dazugehörigen Wirtschaftsgebäuden wollte der Dorf-schultheiß erwerben, während der Rittergutswald als Ganzes in den Besitz der Gemeinde übergehen sollte. »Natürlich konnten die Bauern von Burglemnitz nicht sogleich das dafür notwendige Geld für den Kauf aufbringen. Deshalb beschlos-sen sie, einen Teil des Betrages bei vermögenden Unter-nehmern in der Stadt Lobenstein zu borgen. Und somit liefen zum gemeinsam festgelegten Termin einige der Bauern nach Lobenstein, um das Geld dort abzuholen. Mit 8 Rucksäcken voller Taler hätten sie es bis nach Burglemnitz getragen, so die heute noch erzählte Überlieferung. Wegen des Besitzwechsels wird der Neid der Bauern in den Nachbardörfern ausschlag-gebend dafür gewesen sein, um die Bezeichnung ›Ritterguts-mauser‹ für die Bewohner von Burglemnitz in die Welt zu setzen. Man redete ihnen nach, sie hätten gemeinsam Frau von Holleben betrogen.«[218] Ob diese letzte Rittergutsbesitzerin hinterher Burglemnitz verlassen hat oder bis zu ihrem Tode noch dort lebte, ist bislang unbekannt.

VON *Hoym*

Die von Hoym waren ein anhaltinisches Uradelsgeschlecht, welches sich später vor allem in Sachsen, aber auch in Braunschweig, Pommern, Schlesien und Preußen ausbreitete. Ihren Stammsitz, das Schloß Hoym bei Seeland in Anhalt, aber soll der älteren Forschung nach ein Verwandter des Bischofs Haymo von Halberstadt [reg. 840-853] erbaut haben. Nach neuerer Ansicht aber gilt der 1195 erwähnte Cuno de Hoym als frühester urkundlicher Vertreter dieses Geschlechts. Schon frühzeitig wurde den Hoyms das Erbkämmereramt im Hochstift Halberstadt übertragen. In der Grafschaft Anhalt und im Stift Halberstadt ansehnlich begütert, gelang es Angehörigen der Familie zeitweise den Bischofsstuhl zu Merseburg [1357-1382], Halberstadt [1419, 1458] ja sogar den Erzstuhl von Magdeburg [1382] zu besteigen. Um das Jahr 1550 fungierte Heinrich von Hoym auf Hoym und Ermsleben als Statthalter des Bistums Halberstadt und sein gleichfalls dort angesessener Sohn Christoph [1534-1604] 1590 zum Präsidenten des Fürstentums Anhalt. Letzterer wurde zum Begründer der neuen sächsischen Linie. 1578 erlangte er die Herrschaft Droyßig bei Zeitz und 1598 die Anwartschaft auf das Schloß Burgscheidungen, welches aber erst seine Söhne Siegfried, August und Christian Julius von Hoym 1629 erlangten. Sein Enkel Ludwig Gebhard Freiherr von Hoym [1631-1711], Erbkämmerer des Fürstentums Halberstadt, wurde kursächsischer Geheimrat, Kammerpräsident und Oberhauptmann in Thüringen und 1676 zu Wien in den Reichsfreiherrenstand erhoben, worauf seine vier Söhne Adolph Magnus, Carl Siegfried, Ludwig Gerhard und Karl Heinrich 1711 sogar den Reichsgrafenstand erlangten. Der reichsgräfliche Wappenschild derer von Hoym ist zweimal geteilt wie gespalten. Der erste Feld zeigt das Hoymsche Stammwappen mit zwei silbernen Balken auf schwarzem Grund. Das zweite Feld hat in schwarz eine goldene Krone, das dritte ist von Silber und Rot geschacht, das vierte besitzt in Schwarz eine goldene Inful, das fünfte in Silber einen schwarzen Doppeladler, das sechste in Schwarz einen goldenen Löwen, das siebende in Schwarz einen wachsenden grünen Palmbaum mit braunem Stamm, das achte in Schwarz einen linksgekehrten geharnischten Arm mit goldenem Streitkolben und das neunte in Rot zwei zugekehrte goldene Adlerköpfe.[219] Graf Adolf Magnus von Hoym [1668-1723], war im ersten Jahrzehnt des 18. Jahrhunderts zum Obersteuereinnehmer aufgestiegen. In die Geschichte eingegangen aber ist er als erster Ehemann der um 12 Jahre jüngeren adeligen Schönen Anna Constantia geb. von Brockdorff [1680-1765]. Nachdem er bereits im Jahre 1703 versucht hatte, die Trennung von seiner ›bösartigen und herrschsüchtigen‹ Gemahlin zu erreichen, gelang ihm erst 1706 die Scheidung, nachdem sie ihm die Geburt eines unehelichen Kindes verheimlicht hatte. August der Starke, auf einem Ball auf die geistreiche junge Dame aufmerksam geworden, umwarb sie heftig und machte sie 1705 zu seiner ›Maitresse en Titre‹. Im Folgejahr erwirkte er ihre Ernennung zur Reichsgräfin von Cosel und gab ihr sogar ein schriftliches Heiratsversprechen, worauf sie nach dem Ableben der Kurfürstin seine rechtmäßige Gemahlin werden sollte. Die Liebesbeziehung zwischen den beiden währte nur einige Jahre, während dieser Zeit die Cosel ihre Rolle an der Spitze der Hofgesellschaft voll auszuleben verstand, wobei sie den Herrscher beeinflußte und sich zunehmend auch in die Politik einmischte. Das machte sie bei den Ministern unbeliebt. Mit der Zeit kühlte das Verhältnis zwischen Anna und August ab. Der Kurfürst nahm sich eine neue Mätresse und verlangte das ihr gegebene Eheversprechen zurück. Sie weigerte sich und das wurde ihr zum Verhängnis. Vergeblich floh sie nach Brandenburg, wurde aber zurückgebracht und auf Schloß Nossen gefangengesetzt, bis man sie schließlich am 24. Dezember 1716 auf die Festung Stolpen verbrachte. Im Jahre 1730 suchte der Kurfürst für die in Ungnade Gefallene nach einem neuen Verbannungsort, möglichst weit weg an der Peripherie seines Landes. Dazu ließ er in Neustadt an der Orla gegenüber dem Rathaus ein ansehnliches Gebäude erbauen, wobei die Quadersteine für die heute allerdings verblendete Vorderfront sogar aus Polen herangeschafft worden sein sollen. Die Gräfin aber verweigerte den Ortswechsel und blieb lieber auf Stolpen, wo sie nach 49-jähriger Gefangenschaft am 31. März 1765 verstarb. Allerdings blieb der Kurfürst die für den Bau des Hauses von dem Neustädter Apotheker Prätorius geliehenen 30.000 Taler schuldig, worauf dieser selber in das Anwesen einzog. Was nun das weitere Schicksal des Grafen Adolf Magnus von Hoym betrifft, so heiratete dieser zwar noch ein zweites Mal und stand bei Hofe in hohem Ansehen, da es ihm gelang, dem stets geldbedürftigen August den Starken die nötigen Mittel zu verschaffen. Als er aber eine Steuer einführte, die auch den Adel betraf, intrigierte vor allen jene Hofblase um Henriette Amalie Reuß, der Witwe Heinrichs VI. von Obergreiz [†1697] – des Helden der Türkenschlacht von Zenta – wider ihn und er gab seine Stellung bei Hofe 1711 enttäuscht auf. »Dieserhalb vertauschte er 1716 seine Besitzungen Burg- und Kirchscheidungen [Unstrut] – Schkölen und Lichtenwalde hatte er früher schon verkauft – mit den, dem Grafen Flemming gehörigen Herrschaften Slawentzitz und Birawa, um seinen Aufenthalt nach den damals noch österreichischen oberschlesischen Landen verlegen zu können. Er war es, der aus diesen Besitzungen ein Familien-Fideikommiss für die Gräflich-Hoymsche Familie errichtete, welcher später den Grundstock für das Fürstlich Hohenlohesche Schlesisch-Sächsische Familien-Fideikommiss bilden sollte. Nachdem Adolf Magnus 1723 vereinsamt und in Schwermut in Raribor gestorben war, beerbte ihn sein Bruder Graf Ludwig Gebhard II.

[1678-1738], der von seinem Vater Ludwig Gebhard I. [1631-1711] schon Droyßig [bei Zeitz] übernommen hatte. Der dritte bedeutende Sohn Ludwig Gebhards I. war Carl Heinrich von Hoym [1694-1736], dessen Entlassung als kursächsischer Finanzminister 1736 und anschließende Inhaftierung und Selbsttötung auf dem Königstein dem berüchtigten Grafen Heinrich von Brühl [1700-1763] den Weg zum ›Superminister‹ ebnen sollte. Nach Ludwig Gebhards II. Ableben gelangten seine zahlreichen Rittergüter und Grundherrenrechte an seine beiden Söhne: Gotthelf Adolph [1731-1783] erhielt den Droysiger Teil, Julius Gebhard das Übrige. 1745 erwarb er von dem Grafen Detlef Heinrich von Einsiedel die Herrschaften Knau und Oppurg und begann mit der Verschönerung des Oppurger Schlosses, welche wegen der kritischen Finanzlage im Siebenjährigen Kriege [man denke an die Belagerung Dresdens, verbunden mit der Zerstörung des Hoymschen Palais] nicht zu Ende gebracht werden konnte. »Graf Julius Gebhard von Hoym starb am 14. Februar 1769. ... Er war zweimal vermählt

gewesen, zuerst in kinderloser Ehe mit der Gräfin Marie Anna von Brühl zum anderen Male mit Christiane Charlotte von Dieskau. Aus dieser Ehe stammte eine Tochter, die am 6. Oktober 1763 zu Mainz geborene Gräfin Amalie Marianne Louise Charlotte Christiane, welche

Oppurg: Barockschloß

die Erbin des gesamten Gräflich-Hoymschen Besitzes mit Ausnahme des Gutes Droysig wurde.«[220] Julius Gebhards Witwe aber behielt ihre Beziehung zu Oppurg bei und lebte wiedervermählt als Fürstin von Osten-Sacken bis zu ihrem Ableben 1811 jedes Jahr mehrere Monate lang auf dem Schloß.[221] Über Amalie Mariannes Vermählung mit dem Erbprinzen Friedrich Ludwig zu Hohenlohe-Ingelfingen [ab 1805 Hohenlohe-Oehringen] fiel ein Teil des Gesamt-Hoymschen Erbes und zwar Slawentzitz, Althammer, Kleinlasewitz, Jacobswalde, Oppurg, Krobitz, Grünau, Schönbach, Lauter u.a. 1782 an dieses Fürstenhaus, während der Droysiger Teil der Hoymschen Güter nach Gotthelf Adolphs Tod über seine Tochter Louise Henriette, die 1791 den Grafen Heinrich LI. von Reuß-Ebersdorf [1761-1822] heiratete, an diese Dynastie gelangte.[222]

VON ILTEN

Die von Ilten sind ein Lüneburgisches Uradelsgeschlecht aus dem gleichnamigen Ort bei Hannover, welches mit dem Knappen Jordanus de Ilten 1227 erstmals urkundlich erscheint und mindestens seit Ende des 14. Jahrhunderts auf einem der Gestorfer Rittergüter angesessen ist. Zusammen mit denen von Alten, von Jeinsen, von Heimburg, Knigge, von Lenthe, von Münchhausen, von Reden, von Bennigsen, von Linsingen und von Rössing stellen sie die ältesten Geschlechter des welfischen Fürstentums Calenberg bei Hannover dar. Ihr Wappenschild – von dem zwei Darstellungen bis 1882 auch in der Kirche von Weitisberga bei Leutenberg angebracht waren – zeigt auf blauem Grund zwei flüchtige, goldbehalsbandete silberne Windhunde übereinander. Abgesehen von ihren, im Umfeld ihres Stammsitzes behaupteten Sitzen Erichshof [18. Jh.], Mandelsloh [1791] und Thiedenwiese [ab 1847] bis hin zu Behrensen bei Hameln [1914-1932] lassen die von Ilten sich im 17. und 18. Jahrhundert auf Aschau bei Königsee, Döllstedt bei Stadtilm und besagtem Weitisberga nachweisen. Hier erwarb ein Obrist von Ilten seitens derer von Güntherodt noch vor 1690 das hiesige Rittergut, führte verschiedene Verbesserungen für Dorf und Gut durch – stiftete etwa eine erste Dorfschule. Lange blieb die Familie allerdings nicht im Besitz des Dorfes, denn noch vor 1739 folgte dem Jobst Christof von Ilten Gottfried Christian von Beulwitz in der Herrschaft nach.[223]

VON KAUFFUNGEN

Die von Kauffungen waren ein meißnisches Uradelsgeschlecht aus dem gleichnamigen Ort nordwestlich von Limbach-Oberfrohna, wo es neben den benachbarten Schlössern Wolkenburg, Stein und Callenberg im 15. Jahrhundert auch die Burg Kriebstein bzw. das Schloß Schweikershain bei Mittweida ihr Eigen nannte. Wohl durch ihre Verwandtschaft mit denen von Mosen hatten die von Kauffungen vielleicht auch Besitz in der Orlasenke. So wird das Leibgedinge der Gemahlin des späteren Altenburger Prinzenräubers Kunz von Kauffungen, Elisabeth geb. von Einsiedel [† vor 1501], in der Orlasenke vermutet. Weil Kurfürst Friedrich der Friedfertige den Kunz für seine im Sächsischen Bruderkrieg als Mitkämpfer gehabten Verluste nicht entschädigen wollte, entführte dieser zusammen mit seinen Kumpanen Wilhelm von Schönfels und Wilhelm von Mosen in der Nacht vom 7. zum 8. Juli 1455 die beiden Söhne seines Landesherrn aus dem Altenburger Schloß, um nach dem damaligen Fehderecht Lösegeld zu erpressen. Nachdem sich die Entführer getrennt hatten, wurde Kunz schon am Tage darauf mit dem Prinzen Albrecht gestellt, während es die beiden Wilhelms mit dem Prinzen Ernst immerhin noch bis ins Erzgebirge schafften, wo sie ihre Geisel gegen freien Abzug ins Exil endlich hergaben. Der gefangene Prinzenräuber aber wurde eine Woche später auf dem Freiberger Markt enthauptet. Auch seinen, das Rittergut Kaufungen mitbesitzenden Bruder ließ der erboste Kurfürst hinrichten. So dann verwies er die Familie des Landes, zog ihre Güter ein, ließ ihr Stammschloß bis auf die Grundmauern schleifen und brach sogar ihr Wappen [eine einfache Abstufung von Gold und Rot ähnlich dem Ausschnitt einer Burgzinne], worauf sie als neues Emblem einen, in Gold und Rot schräg gezackten Schild annahmen. Kunzes Sohn Hildebrand [†1497/98] wuchs am böhmischen Königshof auf und erhielt 1477 die böhmische Herrschaft Hummel mit dem zugehörigen Schloß Landfried zum Lehen. Andere Familienmitglieder verschlug es in das spätere Reußenland, wo ihre Nachfahren im 16. Jahrhundert im Besitz verschiedener Rittergüter erscheinen, so von Sorna, sodann mit Hans Jost [1594] auf Oberböhmsdorf, vornehmlich aber mit Jobst [1489] → Kaspar → Hans Moritz [†1600] und Hans Heinrich [†1635] und schließlich Heinrich [†1663] auf Kirschkau. Hans Heinrich besaß seit 1599 neben dem Rittergut Weißendorf bei Hohenleuben auch wieder den alten Familienstammsitz Schloß Wolkenburg. Das 17. und 18. Jahrhundert erlebten Angehörige des Geschlechts der von Kauffungen nicht nur mit Heinrich [†1663] auf Kirschkau und Hans Christoph [†1687] auf Langenwetzendorf [Unterhof] bzw. Bernsgrün bei Plauen, sondern auch mit Heinrich Justus [†1682] auf Barby [Calbe], mit Hans Haubold [†1700] auf Ehrenberg bei Döbeln, mit Johann Albrecht [†1727] auf Möthlow im Westhavelland und mit Ludwig Christoph [† vor 1768] auf Herzsprung bei Wittstock. Inzwischen gelten die von Kauffungen als ausgestorben.[224]

VON KETHELHODT

Die von Ketelhodt sind eine niedersächsische Uradelsfamilie, welche im Raum Ratzeburg schon im Jahre 1230 mit Vredeber Ketelhodt urkundlich erscheint und die sich später nach Sachsen, Thüringen, Mecklenburg, selbst ins Reußische und Schwarzburgische verbreitete. Ihr Wappenschild beinhaltet drei [zwei zu eins angeordnete] schwarze [Sturm-]Hauben mit abhängenden roten Bändern Der Freiherrenstand der Familie ist 1843 von Mecklenburg sowie 1913 von Schwarzburg-Rudolstadt [für die Nachkommen des Johann Friedrich – Freiherr von Ketelhodt] – anerkannt worden. Zu ihren hiesigen Besitzungen zählen neben dem Schlößchen Kitzerstein bei Saalfeld [ab 1776], dem Rittergut Schlettwein [1819-1830] u.a. noch die Grundherrschaften Hermannsgrün und Lichstedt.[225]

Der Erwerber von Schlettwein, der schwarzburg-rudolstädtische Hofstallmeister Leopold von Ketelhodt, entstammte, jenem Zweig der Familie, welche im Lande Rudolstadt eine einflußreiche Beamtendynastie, deren Glieder etwa im Jahre 1807 neben dem Kanzleramt noch 10 [!] weitere hohe bis höchste Hofpositionen in Rudolstadt begleitete, etabliert hatte. Inwieweit besagter Leopold der Erbbauer des Schlettweiner Herrenhauses war, ist – zumal der Ortschronist Hübner an keiner Stelle etwas davon erwähnt – ungesichert. Nach seinem Tod 1827 boten seine Söhne das erst 1819 von einem Mannlehen in ein freies Erblehen umgewandelte Großgrundbesitz zum Kauf an, worauf es 1830 mit den Saalfelder Kaufherren Paul und Matthäus Herold neue Besitzer fand.[226]

VON KOCH

Dieses briefadelige Geschlecht geht auf den Fabrikanten und Verleger für Baumwollerzeugnisse Johann David Koch aus der Stadt Hirschberg/Saale zurück, der um das Jahr 1800 in der Umgebung des nahen Ortes Berg mehrere Rittergüter erwarb, so neben Saalbach unterhalb von Pottiga noch Rudolphstein seitens derer von Oberländer [vor 1808 bis vor 1896] und von denen von Sichartshoff 1812 den alten Rittersitz Gottsmannsgrün. 1815 wurde Johann David Koch von König Maximilian von Bayern in den erblichen Adelsstand erhoben. Sein Wappen – der obere Teil eines rechtsgekehrten Bocks – war das der ausgestorbenen Familie der Gotsmänner im Vogtland. Nach seinem Tode im Jahre 1819 übernahmen seine Erben Johann Heinrich David [†1841], Christoph Georg [†1858] und Gottlieb Friedrich von Koch [*1786] den Besitz, worauf Georg um das Jahr 1830 in Gottsmannsgrün eine große Brauerei etablierte, deren Anlagen noch heute erhalten sind und unter Denkmalschutz stehen.[227] Unter Hermann Heinrich Karl von Koch [†1895] wurde die ›v. Koch'sche Brauerei‹ unter dem Namen ›Gottsmannsgrüner Brauerei‹ zu einem Exportbierunternehmen ausgebaut. »1956 fiel die Brauerei durch Erbschaft an Hermann von Kochs Tochter Elfriede Freifrau von Waldenfels. Teilhaber und Geschäftsführer wurde ihr Gemahl Eberhard Freiherr von Waldenfels. Nach dessen Tod führte der Sohn Ernst-Albrecht Freiherr von Waldenfels 30 Jahre lang die Geschäfte. 2003 trat seine Tochter Caroline Freifrau von Waldenfels-Künsberg in die Geschäftsführung ein. ... 2010 wurde das Brauen in Gottsmannsgrün aufgegeben, die Produktion wird bei der Bürgerbräu in Naila im Lohnbrauverfahren fortgeführt.«[228] Nach dem Erwerb von Saalbach weitete die Familie kraft des auf diesem alten Hammer- und Rittergut seit jeher haftenden Brau-, Mälz- und Schankrechte die Brauerei stark aus, erweiterte die Schnapsproduktion und eröffnete eine Schankwirtschaft, die – ihrer ausgezeichneten, nach fränkischer Art gebrauten Biere wegen unter den ›Thüringern‹ mitunter von weit her Zuspruch fand und sich zu einer beliebten Ausflugsgaststätte entwickelte. Um 1900 war ein von Koch Bürgermeister von Lobenstein. Über Heinrich David [†1889] und Carl Heinrich von Koch [1836-1900] gelangte das Saalbacher Rittergut an Hermann Oskar von Koch, der im Jahre 1945 hier noch Flächen von 60 ha Land bewirtschaftete und dadurch der Enteignung im Zuge der Bodenreform entging.[229]

Als am 13. April 1945 Einheiten des Volkssturms oder der Wehrmacht die überdachte Holzbrücke über die Saale mit Reißig und Stroh vollstopften, um sie niederzubrennen, stellte der alte Hermann mit seinem Jagdgewehr sich ihnen entgegen und versuchte diesen Wahnsinn zu verhindern. Er hatte am Ende Glück, nicht von ihnen erschossen zu werden. Drei wuchtige Pfeiler im Saalebett erinnern bis heute an die alte Brücke. Er hatte zwei Söhne und drei Töchter. Nach dem Tod des einen Sohnes im Kriege 1944 bei Tscherkassy wurde der zweite – Alfred –, der 1938 in Weimar das Abitur, absolviert, danach aber eine handwerkliche Ausbildung als Müllergeselle absolviert hatte, als Nachfolger vorgesehen. Obwohl die Familienmitglieder vordem alles andere als begeisterte Nationalsozialisten gewesen waren, wurde Alfred 1950 von den ›sowjetzonalen Machthabern‹ in ›politisches Gewahrsam‹ genommen, an die Russen übergeben und landete mit etwa 3.000 Leidensgenossen in einem gefürchteten sibirischen Straflager, »wo Qualen und Entbehrungen manchen Insassen so mitnahmen, daß er – falls er die Torturen überhaupt überlebte – bei der Entlassung nicht einmal mehr zum Gehen fähig war. Für Alfred von Koch endete diese furchtbare Zeit im Jahre 1955 – er kam in seine jetzige Heimat Hof, wo er von den Behörden für seine Eingliederung ins Arbeitsleben mit viel selbstloser Unterstützung bedacht wurde, für die er heute noch dankbar ist.

Unterdessen war aber am 1. April Vater Hermann gestorben. Bei einem Gerichtstag in Blankenberg wurde im Mai 1951 das beim Amtsgericht Lobenstein verwahrte Testament eröffnet, in dem der Vater – da Alfreds Bruder ... gefallen und Alfred im Lager war – das Gut Saalbach dessen Töchtern vermachte. Belastet blieb der Besitz mit einem Wohnrecht auf Lebenszeit für die Witwe des Verstorbenen sowie einer monatlichen Rente von 60 Mark zu ihrem Gunsten; ferner wurde Alfreds Frau Ilse ein Nießbrauchrecht auf dem Hof eingeräumt.«[230] Bald allerdings gerieten die Frauen in den Strudel jener, im Auftrag der Sowjetischen Kontrollkommission [SKK] von der damals noch dem MfS unterstellten Grenzpolizei durchgeführten zweiten ›Aktion X: Beseitigung des Ungeziefers‹, als 1952 der Kreis der aus dem Grenzgebiet auszuweisenden ›Personen‹ noch einmal weiter gezogen wurde. Im nahen Sparnberg wurden alle auszuweisenden Familien ›republikflüchtig‹, und in Hirschberg hat ein älteres Ehepaar mit einer P 38 Suizid begangen.[231] Auch bei den von Kochs standen die Helfershelfer des SED Regimes in der Nacht vom 5. zum 6. Juni 1952 vor der Tür, zwangen Alfreds Mutter Helene, seine Frau, nebst den Töchtern Viktoria Elisabeth, Adelheid Gabriele und Susanne Karola aus ihren Wohnungen und ließen sie in Darnstedt bei Apolda notdürftig unterbringen. »Für die damit verbundene Enteignung gab es nie eine Begründung – der unter dem Aktenzeichen 18/770 Pottiga am 30. Juli 1953 beim Rat des Kreises Lobenstein registrierte Enteignungsbescheid vermerkt lediglich lapidar, daß die Erbinnen und sämtliche Nebeneintragungen im Grundstück ›gelöscht‹ und nunmehr ›Eigentum des Volkes, Rechtsträger: der Rat der Gemeinde Pottiga‹ eingetragen wurde. Am 16. Dezember 1952 hatte der Kreisfinanzbeauftragte des Kreises Schleiz – zu dem Pottiga ja vor der Entstehung des Kreises Lobenstein gehörte – die Entschädigung nach DDR-Recht festgesetzt, die in Alfred von Kochs Augen aber eine bloße Farce war. Für nicht näher klassifizierte ›Wohn- und Wirtschaftsgebäude‹ wurden 114.855 Mark zugebilligt, für ›lebendes und totes Inventar‹ sowie einen Teil der pflanzlichen und tierischen Erzeugnisse 45.168 Mark. Das Geld kam auf die Deutsche Bauernbank in Weimar. Davon ging die Erbschaftssteuer ab, von den Zinsen mußten die von Kochs ihren Lebenunterhalt bestreiten, ein Teil ging für den Erwerb eines Wohnhäuschens drauf. Effektiv ausbezahlt wurden nach Alfred von Kochs Angaben lediglich 5.000 Mark. Ein aktuelles Gutachten der Landesgewerbeanstalt Bayern aber beziffert den Wert, den der von Kochsche Besitz heute haben würde auf 1.845.800 Mark. Zwar kam es 1955 nach Betreiben des Anwalts der Familie auf Veranlassung des Staatssekretariats für Innere Angelegenheiten zu einer formalen Rückübertragung im Grundbuch zugunsten der Familie; über ihr Eigentum verfügen konnte sie aber nach wie vor nicht. – Vielmehr wurde wenige Monate danach begonnen, die Gebäude zu zerstören oder die Fenster zu vermauern. Im Jahr 1960 wurden alle verbliebenen Baulichkeiten gesprengt.«[232] Sogar auf dem Friedhof von Pottiga wurden Mitte der 60er-Jahre die

alten Familiengräber rigoros beseitigt. Einige Grabplatten blieben erhalten und wurden später der Familie übergeben, die sie heute noch aufbewahrt. Bereits 30 Jahre vor der Wende, im September 1960, begann Alfred von Kochs ›Gang von Pontius zu Pilatus‹, um seiner Familie zu ihrem Recht zu verhelfen. Er erstattete Strafanzeige bei der Staatsanwaltschaft Hof wegen der Zerstörung des Mühlenbetriebes. »Freilich wurde das damit eingeleitete Strafverfahren auch gleich wieder eingestellt, da der Erste Staatsanwalt Dr. Deinhardt bedauernd feststellte, der Staatsanwaltschaft Hof ›... fehlen jegliche Befugnisse und Möglichkeiten gegen Verbrechen einzuschreiten, die in der Ostzone begangen wurden und deren Täter sich dort befinden.‹ Eine Staatsanwaltschaft der Ostzone aber, so Dr. Deinhardt, ›würde aber niemals eine Strafverfolgung in die Wege leiten‹.«[233] Nach dem Mauerfall im November 1989 gehörte es zu den ersten deutsch-deutschen Aktionen, daß die Gemeinden Pottiga und Rudolphstein – freilich ohne Wissen der Behörden, ohne Bauprüfung und ohne größere Kosten – einen massiven Flußübergang über die wuchtigen Pfeiler der 1945 zerstörten Saalbacher Saalebrücke schufen. Das Holz dazu hatte Alfred von Koch bereitgestellt. Nach zwei Tagen kam die Anordnung des Landratsamts Hof, den Bohlensteg wieder abzureißen. Dem stellten sich die Bürgermeister der beiden Gemeinden vehement entgegen, und der Steg durfte bleiben. Seit 2005 führt die neue Stahlbetonbrücke ans andere Ufer.[234] »Im Juni 1990 reichte Alfred von Koch [im Auftrag seiner Töchter] den ersten Antrag auf Rückübertragung des Besitzes ›im ursprünglichen Zustand‹ beim Landratsamt Lobenstein ein, der damalige Landrat Dr. Andreas Garn bestätigte im Juli den Eingang. Wegen geänderter gesetzlicher Bestimmungen mußte von Koch den Antrag im Oktober 1990 erneuern und erhielt eine Bestätigung ...
Ergänzend beantragte er im März 1991 die Überweisung des von der Landesgewerbeanstalt Bayern errechneten Wertes der vernichteten Gebäude.«[235] Allerdings verwies ihn das Amt für offene Vermögensfragen hierzu an die Staatliche Bundesvermögensstelle und diese wiederum an das Landratssamt

Lobenstein. Da aber die Familie in den Raum Apolda-Bad Sulza umgesiedelt worden war, hatte Lobenstein die Unterlagen nach Arnstadt weitergereicht, worauf die Unterlagen im März 1992 an das Landesamt zur Regelung offener Vermögensfragen nach Gera weitergeleitet wurden, wo man ihm bedeutete, das aufgrund der Vielzahl der eingegangenen Anträge und des Umfangs der erforderlichen Ermittlungen eine kurzfristige Bearbeitung nicht möglich sei. An ein Wiedererstehen des einst so stolzen Gutes dachte der nunmehrige Hofer nach der Rückübereignung von Grund und Boden für die Zukunft nicht. In Absprache mit dem Umwelt- und Naturschutzamt Lobenstein und verschiedenen Behördenvertretern wollte Alfred von Koch den Talgrund selbst als landschaftlich wertvolle Fläche mit verschiedenen Biotopen erhalten und pflegen, die land- und fischwirtschaftlichen Flächen aber verpachten. »Nur Kopfschütteln hat Alfred von Koch für die ›Beseitigungspraxis‹ in der Ostzone übrig. ›Was wollten die bloß damit erreichen? Geschichte kann man doch nicht einfach ausradieren!‹ Eine strafrechtliche Verfolgung übrigens kommt auch nach der Wiedervereinigung nicht in Frage. ›Verjährung‹ lautet der Kommentar der Staatsanwaltschaft Gera.«[236]

VON KOCHBERG

Die Herren von Kochberg [auch Kochbergk, Kochberge, Kohberg] waren ein, seit 1274 bekanntes thüringisch-sächsisches Uradelsgeschlecht, dessen Stammsitz Großkochberg NNO von Rudolstadt eine Wasserburg [1380 Purgstall, 1455 Freier Wasserhoff] darstellte. »Als Lehensleute der Grafen von Orlamünde und von Schwarzburg, später auch der wettinischen Landesherren, der Reußen von Kranichfeld und der Äbte von Saalfeld waren die von Kochberg reich begütert und einflußreich.«[237] 1278 trat Hans von Kochberg als Bürge in einer Urkunde des Grafen Hermann von Orlamünde auf, aber ebenso 1291 und 1297 in den Urkunden der Grafen von Schwarzburg. Im Jahre 1336 war Johannes von Kochberg Probst des adeligen Nonnenklosters zu Jena. 1348/49 erscheint die Familie im Lehnbuch Friedrichs des Ernsthaften und 1380 übertrug Hartmann von Kochberg dem Burggrafen von Nürnberg, weil dieser ihn seines Gefängnisses losgesagt hatte, 40 Schillinge Zinsen [u.a. in Kleinkochberg und in Zweifelbach bei Gumperda]. 1387 befand sich Jan von Kochberg im Besitz des Rittergutes Heilingen mit Zinsleuten zu Wittersroda, Keßlar, Thälern, Martinsroda u.a. Auch verkaufte er in diesem Jahre dem Pfarrherrn von Niederkrossen etliche Zinsen. Nachdem die Schwarzburger die Herrschaft Saalfeld 1389 an die Wettiner verkauft hatten, schickten diese Conrad den Älteren von Kochberg als ersten Vogt nach dahin. 1406 jedoch stand er deren Amt Coburg sowie 1411 dem von Orlamünde vor, ja erscheint 1410 gar als Pfandinhaber des letztgenannten. Dabei hatte er bereits im Jahre 1400 gegen ein Darlehen von 600 Schock Groschen Freiberger Münze und 100 Rheinische Gulden die Stadt Jena als Pfand erhalten. Sein Sohn Bernhard [urk. ab 1433] wurde zum bedeutendsten Vertreter des Geschlechts. 1437 Vogt zu Coburg, gelang es ihm, im Jahr 1439 um 500 Mark Silber von den Thüringer Landgrafen Schloß und Stadt Orlamünde zum Pfand zu erhalten. Ähnlich dem Heinrich von Brandenstein auf Brandenstein avancierte Bernhard zu einem der engsten Vertrauten des jungen Herzogs Wilhelm III. von Weimar. Zunächst ›unsir Gemaheln Hofemeister‹ [1441] und im Folgejahr Hofrichter half er mit, die Gemahlin Wilhelms in den Hintergrund zu drängen und ihm dafür seine Schwägerin Katharina [verw. von Heßberg], die schöne Tochter Eberhards von Brandenstein auf Brandenstein und Roßla, zuzuführen, während er selbst mit Eberhards älterer Tochter Margarethe vermählt war. Die schönen Käthe aber sei eine Frau sehr schlechten

Rufes und wohl noch schlechteren Lebenswandels gewesen. Überhaupt zählte Bernhard von Kochberg zusammen mit Apel und Busso von Vitzthum und Friedrich von Witzleben zu jenem unseligen ›Vierblatt‹, welches den unerfahrenen Fürsten durch eigennützigen und gefährlichen Rat in den verhängnisvollen Sächsischen Bruderkrieg hineinführte. Wie schon sein Vater Conrad betätigte sich auch Bernhard einträglich in dem Geschäft des Geldverleihs, ›half‹ ähnlich den Vitzthums seinen beiden Landesherren immer wieder mit großen Summen aus, weswegen Wilhelms Bruder, Kurfürst Friedrich II., am Vorabend des Krieges 1446 dem Kochberger vorwarf, zusammen mit seinen drei Standesgenossen sehr reich geworden zu sein, während die beiden Fürsten dagegen arg verschuldet wären.

Als Vasall Wilhelms III. war Bernhard dem Kurfürsten selbstredend feindlich gesinnt, und im Bruderkrieg mußten Hans Kolowrd und andere ihm mit 300 Reisigen und 300 Trabanten gegen von Kochberg beistehen. Bereits um das Jahr 1443 war Bernhard von Wilhelm III. mit Kleinkochberg, Neusitz und etlichen Mannen zu Engerda sowie mit dem Schloß Weißenburg und dessen kleinem, aus den Orten Weißen, Kolkwitz, Oberhasel, Ammelstädt, und der Hälfte von Mötzelbach bestehenden Amt belehnt worden. Als Nachfahren der, um diese Zeit ausgestorbenen, mit denen von Kochberg oft verwandten und verschwägerten Familie von Uhlstedt übernahmen sie die beiden Rittergüter in Uhlstädt und begründeten wie dotierten Kirche und Pfarrei zu Partschefeld. Zudem erscheinen sie 1449 auch im Besitz des Rittergutes Schlettwein. Damit stand das Geschlecht auf dem Zenit seiner Macht, denn es bezog Zinseinkünfte aus mehr als 50 Ortschaften. In dem sonst unbekannten Begleiter Wilhelms III. 1461 nach Jerusalem mit Namen ›Bastian‹ sehen manche tatsächlich Bernhard. 1462 erneuerte der Herzog gegen weitere Zahlungen die Orlamünder Pfandschaft, ja belehnte den Kochberger und seine Söhne sogar auf Lebenszeit damit. Bernhard starb am 15. Oktober, vermutlich 1484, in Heilingen und wurde in der dortigen Wehrkirche beigesetzt. Sein Grabstein »befand sich 1879 noch an Ort und Stelle und wurde erst später nach der Wasserburg

Großkochberg verbracht und dort im Hof, aufrecht stehend, eingelassen.«[238] Seine Nachfahren besaßen im letzten Drittel des 15. Jahrhunderts neben ihren Herrschaften Großkochberg [1487 Sedelhoff zu grossen Kuckpergk] und Weißenburg u.a. den Edelhof zu Etzelbach [vor 1476 bis vor 1612], die Rittergüter Ober- und Unter-Uhlstädt, Heilingen, Langenorla [1471-1492], Kolkwitz [1476] und Löhma [im Amt Leutenberg], das befestigte Vorwerk Kuhfraß [1492] sowie Liegenschaften in Drößnitz [1502]. Neben der osterländischen Linie derer von Kochberg existierten noch Ableger in Franken, Obersachsen, Hessen und Niedersachsen. Hier diente Heinrich von Kochberg um 1500 den Grafen von Hoya als Stallmeister. Ein Nachfahre machte die Familie in Loccum ansässig, wo sie eine Folge von Amtsleuten, Kornschreibern, Kirchenvögten und Bürgermeistern hervorbrachte. Johannes de Kochbergk war 1488 Mönch im Kloster Bürgel bei Eisenberg, die Geschwestern Helene und Ursula 1492 Klosterfrauen zu Stadt Ilm. Um 1500 lebten die Gebrüder Christoph, Lorenz, Caspar, Conrad und Georg von Kochberg zu Uhlstädt und Hartmann von Kochberg zu Rudolstadt. Nach dem Tode Hartmanns [†1506] vermählte sich seine Witwe mit Siegfried von Schönfeld, der dadurch auch Großkochberg erhielt. Auch die Weißenburg, die sich noch 1485 im Besitze von Conrad, Achaz und Ernst von Kochberg befunden hatte, wechselte bald in die Hände derer von Thüna. 1526 verkaufte Bernhard von Kochberg zu Oberkrossen dem Kloster Orlamünde Zinsen. Kaum war Großkochberg, nachdem Georg von Schönfeld es geerbt hatte, per Kauf an die von Kochberg zurückgelangt, schritten die Söhne des Curt [Conrad] von Kochberg – Balthasar, Lorenz und Georg – 1529 zu einer Teilung, wobei Balthasar Großkochberg, Lorenz Uhlstädt-Unterhof und Georg Uhlstädt-Oberhof erhielt. Erst in den 1570er-Jahren gelangten die Schönfelder endgültig in den Besitz von Großkochberg, wobei aber Balthasars Söhne Wolf und Georg Philipp von Kochberg Mitbelehnte blieben. 1609 saßen Caspar, Christoph Friedrich, Hans Friedrich und Hans Georg Gebrüder und Vettern auf Uhlstädt, Kolkwitz und Oberkrossen.[239] »Endlich wird noch als Besitzer von Uhlstädt Georg

Eckard von Kochberg genannt, der 1649 in der Trunkenheit von Kahla nach Hause reitend den Hals brach. Mit ihm scheint das Geschlecht erloschen zu sein.«[240] Daß der Wappenschild der Familie quergeteilt, oben von Blau und Weiß gespalten und unten Rot war, ist fraglich. Auf dem spätgotischen Epitaph Bernhards von Kochberg lehnt eine schräglinks gelegte Schrotleiter, mit der Fässer auf Wägen geladen wurden, darin. Sie steht wohl mit dem einst, für die Familie höchst ertragreichen Weinbau in Heilingen und andernorts im Hexengrund in Verbindung.[241]

VON KOLBA

Bereits gegen Ende des 13. Jahrhunderts existierte am Südrand des späteren Dorfplatzes von Kolba ein adeliger Siedelhof, der sich im Jahre 1329 nachweislich im Besitze eines Withego de Kolba befand. Indem dieser in der betreffenden Urkunde als ›Advocatus‹ [Vogt, Verwalter] der Thüringer Landgräfin Elisabeth der Älteren [geborene Comtess von Orlamünde, verwitwete Herrin von Lobdeburg-Arnshaugk] erscheint, dürften die von Kolba unzweifelhaft der Dienstmannenschaft der Lobdeburger entstammen, von denen sie den recht unbedeutenden Grundhof zu Kolba als Lehen erhielten, den Ortsnamen annahmen und im Laufe des Spätmittelalters in den niederen Adelsstand aufstiegen, wo wir sie in der Folge – sei es mit den Brandensteinern, sei es mit anderen adeligen Familien des Orlagaus – mehrfach verschwägert finden.

Im Jahre 1349 wurden Rudolf, Bernhard und Leubold von Kolba mit einem Freigut und einem Holzgrundstück in Oberoppurg belehnt. Es ist wahrscheinlich dasselbe Anwesen, mit welchem die von Etzdorff 1497 in der Vasallenschaft des Saalfelder Klosters standen, in derselben in diesem Jahr auch ein Wernher zu Kolba mit einem anderen, nicht näher bezeichneten Lehen zu finden ist. Ihr Kolbaer Gut und aller Besitz, den sie dort hatten, war einer Urkunde aus dem Jahre 1413 zufolge ein Lehen der Grafen von Schwarzburg Arnstädter Linie. Allerdings wäre auch jene Bestätigungsurkunde von 1422 zu berücksichtigen, durch welche der Wettiner, Herzog Wilhelm II. [†1425], ›den Kolben‹, also denen von Kolba, die Belehnung mit folgenden Gütern erteilt: »über den Hof zu Kolben mit zinsen, eckern ∴ wisen und mit alle andern zinsen un gutern, die sie haben in den Dorfern zu Dumbisch (Daumitsch), Possen (Posen), Kasewicz (Quaschwitz), zu Obern-Oppolck (Oberoppurg) und zu Wirow (Weira) mit solchen eren, rechten nuczen ∴, als sie die bisher besundern von uns

Kolba: ›Rittergut bei der Kirche‹

zu lehen gehabt und besessen haben.« Die Herrschaft der Kolben im Orte endete im Jahr 1555, als die Gebrüder Moritz und Joachim von Kolba ihr hiesiges Rittergut an die Söhne Alexanders des Älteren von Brandenstein aus der Ranis-Oppurger Linie, Heinrich, Sigmund, Haubold und Wolf, verkauften. Als im Jahre 1565 dann Heinrich von Schauroth auf Langenberg [bei Gera] das Vorwerk ›Zum Rode‹ [Geroda] erwarb, erscheint auch sein Verwandter Joachim von Kolba zu Wetzdorf als Mitbelehnter daran. Ein Julius von Kolba – Kammerjunker in Rudolstadt – und verheiratet mit Magdalena geb. von Brandenstein-Wernburg – besaß bis zu seinem Tode im Jahre 1599 das Rittergut Lichstädt. Zuletzt findet sich ein Zweig der Familie unter dem verarmten Adel von St. Gangloff, wo eine Menge physisch und moralisch gänzlich heruntergekommener Edelleute auf den dortigen Vorwerken, mehrheitlich aber in Privathäusern hauste, unter ihnen auch eine Sabine von Kolba, die drei uneheliche Kinder gebar.[242]

VON KÖNITZ

Die Familie von Könitz [auch Konitz oder Coniz] war ein thüringisches Uradelsgeschlecht aus dem Orlagau, das sich später auch nach Franken, Bayern und dem Saalkreis hinein ausbreitete. »Die Familie leitete ihren Ursprung der Legende nach von einem sarmatischen Dynastengeschlecht ab, das schon im 7. Jahrhundert zwischen Saale und Unstrut über eine sorbisch-wendische Bevölkerung geherrscht und 627 unweit Saalfeld das Schloss und den Ort Könitz«[243] erbaut haben soll.

Tatsächlich wird es sich bei ihnen um den Ableger einer edelfreien Familie aus dem Rheinland gehandelt haben, der im Schlepptau der Besitzer von Saalfeld – dem Lothringischen Pfalzgrafenhaus oder dem Erzbistum Köln – an die Ostgrenze Thüringens gekommen ist und sich dann nach ihrem dortigen Lehen benannt hat. Daß vordem sorbische Edelinge in diesen damals höchst angesehenen und souveränen Status von Edelfreien gelangt sein können, ist für diese Zeit und dieses Gebiet eher unwahrscheinlich, aber auch nicht ausgeschlossen. Urkundlich tritt uns diese Familie jedenfalls nicht vor dem Jahre 1126 entgegen, als der Edelfreie Adalbert von Conz und seine Ehefrau Christina ihre Güter zu Könitz, Buch, Briesenitz und Quezin der Benediktinerabtei zu Saalfeld vermachten.

Unklar ist, inwieweit die 1137 und 1187 in verschiedenen Urkunden erwähnten Reinhard und Albert von Conz mit dem gleichnamigen Ort noch etwas zu tun hatten. Sicher ist nur, daß neben den Grafen von Orlamünde und den Ministerialen auf den Burgen Ranis und Leutenberg auch die Herren von Könitz im 12. Jahrhundert mit zu den Trägern der Kolonisation in den kölnischen und klösterlichen Besitzungen im Großraum

Saalfeld gehört haben dürften. Eine Verkaufsurkunde Abt Heinrichs von Saalfeld aus dem Jahre 1252 weist neben Meinherr von Pößneck und Heinrich von Niederkrossen auch Albert von Könitz als Zeugen aus. Es ist im übrigen die früheste urkundliche Erwähnung des Namens von Pößneck. Zudem wird 1244 ein Merboth von Könitz im Raum Altenburg erwähnt, während der schwarzburgische Vasall Albert von Könitz [urk. 1250, 1260, 1290] im Jahre 1282 dem Kloster zu Ilm zwei Höfe zu Vogelstädt verehrte. Am Beginn der kontinuierlichen Stammreihe des Geschlechts steht der orlamündische Vasall Hartmann von Könitz, Herr auf Eyba [†1262], der mit Catharina zu Staffelstein aus einem meranischen Ministerialengeschlecht vermählt war. Dabei saßen die von Könitz damals nicht nur auf Eyba [nach anderen erst ab 1369], sondern hielten bis 1427 auch umfangreiche Grund- und Zinsrechte in Unterwellenborn.

An dessen nordöstlicher Gerichtsgrenze bei der Gerichtsstätte ›Hangeiche‹ steht der um das Jahr 1300 errichtete Sammelstein. Dieser trägt auf der einen Seite das Wappen derer von Könitz [zwei nebeneinandergestellte, langgezogene, sich berührende und rings an den Schildesrand anstoßende rote Wecken [Rauten]. »Am 17. Juni 1369 bestätigt Graf Heinrich von Schwarzburg dem Hartmann von Künz Güter, die dieser in Eyba und Wellenborn besitzt.«[244] Wenn nicht schon 1348, so doch bis 1370 hatten die von Könitz auch den ehedem burggräflich-kirchbergischen Besitz in Kaulsdorf übernommen. Aufgrund ihrer engen Verbindung zu den Kirchbergern postulieren einige Forscher, daß sie »möglicherweise in weiblicher Linie von einem Zweig der Burggrafen von Kirchberg ab[stammen] und ... dadurch sogar entfernt verwandt mit den einst so mächtigen Grafen von Orlamünde.«[245] sein können. »1414 saßen Heinrich von Könitz und seine Gemahlin Käthe auf dem Gut Eyba. Die wahrscheinlich kinderlosen Eheleute verkauften ihren Besitz 1420/21 an ihre Verwandten, das Brüderpaar Hartmann II. und Jürgen von Könitz auf Kaulsdorf.«[246] Infolge des Niedergangs der Orlamünder im 15. Jahrhundert verloren auch ihre Vasallen, die Könitze zu Kaulsdorf, etwa als Bürgen für deren Anleihen, beträchtlich an Vermögen und erstiegen –

wohl um sich für ihre Unkosten zu entschädigen, in einer dunklen Nacht des Jahres 1430 klangheimlich das orlamündische Schloß Lichtentanne, das sie seitdem fest im Familienbesitz hielten. Im Jahre 1435 jedoch zerfiel die Familie von Könitz und damit ihr Besitz in Kaulsdorf, Eyba und Lichtentanne in die beiden Linien Kaulsdorf und Eyba, von denen sich einzig die Eybaer Linie behaupten konnte, die Kaulsdorf bis 1687 und Eyba bis 1782 in Besitz hielt. Für ihre Grablege hatte die Familie eine Nebenkapelle der Saalfelder Barfüßerkirche gestiftet. Politisch bedeutsam wurde der zu Eyba gesessene Peter von Könitz [1491-1559], der als kursächsischer Kanzler 1555 zu Brüssel aus der Hand Kaiser Karls V. die Lehen für die Söhne des unglücklichen Herzogs Johann Friedrich II. empfing. Der Besitz des Eybaer Zweiges umfaßte im 17. Jahrhundert Eyba [mit Knobelsdorf und Volkmannsdorf], Wickersdorf, Lichtentanne und Hoheneiche auf der Saalfelder Höhe. Allerdings geben alte Akten beredtes Zeugnis darüber, daß die Untertanen in der Gerichtsherrschaft Eyba »unter der strengen Herrschaft der Herren von Könitz besonders hart zu leiden hatten und im 17. und 18. Jahrhundert in zahlreiche Prozesse zur Gerichtsbarkeit, zu Frondiensten und weiteren Feudalrechten, und -pflichten verwickelt waren, welche zum größten Teil gegen die Bauern entschieden wurden.«[247] Unter Hans Adam von Könitz [urk. 1647, 1655] und Hans-Wilhelm von Könitz [*1623] verbreitete sich die Familie auch ins Fränkische hinein, indem sie die Rittergüter Obersiemau, Untersiemau [anteilmäßig ab 1637], Weißenbrunn am Forst, Herath und einige kleinere Güter bei Coburg erwarb und in der fränkischen Reichsritterschaft des Kantons Baunach Aufnahme fand. Von Hans-Wilhelms Söhnen erhielt der sachsen-saalfeldische Kämmerer und Schloßhauptmann Johann Ernst [*1659] die Rittergüter Eyba [mit Knobelsdorf und Volkmannsdorf], Wickersdorf, Arnsgereuth und begründete eine jüngere thüringische Linie, während Johann Dietrich [*1662], der bis 1718 von den Herren von Brandenstein auf Wernburg auch den letzten Teil von Untersiemau erwarb, zum Stifter einer fränkischen Linie wurde. Nach dem erblosen Tod deren letzten

Sprosses, des 1818 in die bayerische Freiherrenklasse erhobenen Herzoglich Sächsisch-Meiningischen Geheimrats und Hofmarschalls Christian Ferdinand von Könitz [1756-1832] fielen dessen Güter an die Stammlinie zurück. Von der thüringischen Linie indes hatten zwei Enkel des Johann Ernst von Könitz 1740 den Besitz geteilt. Während Johann Adam Friedrich den sächsischen Teil mit Wickersdorf erhielt, übernahm sein Bruder Anton Ludwig Carl den schwarzburgischen Teil mit Eyba und Knobelsdorf. Allerdings verstarb er 1791 verarmt in Saalfeld, nachdem er seinen Besitz durchgebracht hatte. Indes blühte die Thüringische Linie in Franken weiter, reüssierte im bayerischen und coburgischen Staats- und Militärdienst und brachte in zwei Zweigen einen Kavalleriegeneral, einen Obristen und mehrere Kämmerer hervor. Das 19. Jahrhundert erlebte das Geschlecht u.a. auf seinen Rittergütern Birkach am Forst [vor 1795 bis vor 1847], Eulenfeld bei Eilenburg [1766 bis vor 1839], Schwarzbach bei Triptis [1816-1841], Schwarzbach bei Eisfeld [1834-1841], Obersiemau [bis 1866], Sondheim [noch 1871] sowie Untersiemau, das nach dem Tod des letzte Freiherrn von Könitz [† um 1870] von den Erben bis 1911 verkauft wurde. Inzwischen gilt das Geschlecht als erloschen.[248]

VON KOPPY

Die von Koppy sind ein altadeliges Geschlecht, das erst im 16. Jahrhundert aus Ungarn eingewandert ist, worauf es etwa in Thüringen auf Sennitz, Kaimberg bei Gera, Meilitz im Amte Weida und im Schleizer Oberland auf Dittersdorf anzutreffen war. Um 1600 saßen sie auf Großsaara bei Gera und erwarben 1630 den benachbarten Herrensitz Kleinsaara. Zudem sind sie

1666 ebenfalls in dieser Gegend auf Langengrobsdorf ansässig. Ihr blau-weißer Wappenschild war schräglinks geteilt mit drei linkshin flatternden, weiß-rot quergeteilten Fähnchen an roten Stangen. Mehr noch als manche alteingesessene Familien haben die von Koppy in der ostthüringischen Sagenwelt Wurzeln geschlagen. Man denke hierbei an die anachronistische Legende, wonach der Ort Dittersdorf [1232 Ditherichesdorf] nach seinem Gründer, Dietrich von Koppy, benannt sei.

Der letzte Herr von Koppy auf Meilitz/Elster

Höchst Merkwürdiges erzählte man sich von dem letzten von Koppy auf Meilitz. Dieser soll nämlich der Schwarzen Kunst mächtig und daher seinen Gesindeleuten und Untertanen höchst unheimlich gewesen sein. Oft wunderten diese sich, warum jedesmal, wenn er ausfuhr eine schwarze Krähe vor seinem Wagen herflog. Oder man sah ihn aus den Fenstern seines Schlosses blicken, obwohl er gerade als Hauptmann in ausländischen Diensten zu Felde lag. Schließlich befahl er dem Kutscher, ihn zu seiner Schwester nach dem Münchenbernsdorfer Schloß zu chauffieren und beschwor diesen, sich auf der Fahrt keinesfalls umzusehen, sondern immer weiterzufahren. Als sie mit dem von Rappen gezogenen Wagen den Lohgrund hinauffuhren und in die Nähe des Kreuzweges kamen, befahl Koppy alles nur mögliche an Geschwindigkeit zuzulegen. Plötzlich schien es dem Kutscher, als ob ein Sturmwind der Fuhre hinterherjage. Dann hörte er hinter sich heftiges Ringen und Würgen und zuletzt ein Krachen. Jetzt hielt es der Kutscher nicht mehr aus und sah nach hinten. Um ihm herum war es totenstill. Sein Herr lag entseelt im Wagen, das Angesicht im Nacken. Von Entsetzen gepackt, rauschte der Kutscher nach Münchenbernsdorf hinein. Die Schwester wollte mit dem Leichnam seines Herrn nichts zu tun haben und er mußte mit seiner unheimlichen Fracht zurück nach Meilitz. Dort wurde die Leiche auf einem Paradebett aufgebahrt, kam aber nie zur Ruhe. Entweder war sie zeitweilig ganz verschwunden oder sie wurde in anderer Position vorgefunden. Als man den Leichnam endlich mit großem Prunk begrub, stand

Koppy am Fenster des Herrenhauses und sah seine eigene Leichenfeier mit an. Sein Erbbegräbnis auf dem Veitsberger Friedhof bei Wünschendorf konnte, solange es stand, nie ganz vollendet werden. Das Dach hielt nicht und jedesmal wenn es instandgesetzt wurde, fehlte nach drei Tagen mindestens ein Ziegel. Sein Abbild stand in der Kirche rechts vom Altar, doch es hatte eine merkwürdige Ausstrahlung. Der Kopf stand seitwärts und das Gesicht im Nacken. Dabei schnitt es Grimassen, ja streckte sogar die Zunge heraus. Darum ist wohl später der Kopf ganz abgeschlagen worden. Auf einer Ofenplatte im Schloß existierte noch ein anderes Abbild von ihm, das dem Zerschlagenen glich. Seine Leichnam aber soll nicht verfault, sondern vertrocknet und im Harnisch, nebst umgeschnalltem großen Säbel lange noch durch eine Mauerritze in der Begräbniskapelle zu sehen gewesen sein, worauf man die Ritze später vermauerte. Der Geist des Gutsherrn aber erschreckte noch lange Zeit die Lebenden. Dabei trat er als schwarzer Hund mit feuersprühenden Augen, als Kalbe, als Spitz, ja so-

Burg Könitz

gar als Erbsenbüschel auf und machte den Dorfleuten, die sich nachts draußen aufhielten oder den Gutsangestellten, die spätabends nach Hause kamen, arg zu schaffen. Manchmal jagte Koppy auch mit einer Eskorte aus Fackelreitern – wie bei seinem Begräbnis – den Veitsberg hinauf. Dem entgegenkommenden Passanten gelang es nie, seiner Kutsche, in der er ohne Kopf thronte, ganz auszuweichen. Immer wurden sie von dem wie toll vorüberrasenden Gefährt gestreift. Nebenher lief immer ein schwarzer Hund. Auch gefiel es dem Gespenste ab und zu, auf einem Schimmel die Grenzen seiner ehemaligen Grundstücke abzureiten. Die Pferde, die er dazu benutzte, standen dann frühmorgens schweißgebadet wieder im Gutsstall.[249] Ähnliche Fama kursierte auch über den General Adam Heinr. Bose auf Mölbis [†1749].

VON KOSPOTH

Die Familie von Kospoth zählt zu den Thüringer Uradelsgeschlechtern und erscheint urkundlich erstmals im Jahre 1216
mit Heinricus de Kuzebude und 1237 mit Meinhold von Ko-
zinbude. Aufgrund ihrer engen Verbindung mit den Herren
von Lobdeburg – so kommen 1216 ein Hartmann von Lobdeburg auf Saalburg und ein Heinrich von Kuzebude gemeinsam
in einer Urkunde vor – sowie der Erwähnung eines von
Kospoth im Jahre 1292 in einer Urkunde des Burggrafen Otto
von Kirchberg [jener Höhenburg über Jena] ist vermutet worden, das Geschlecht wäre mindestens schon im Jahre 1259 in
der Jenaer Gegend angesessen gewesen und von da mit den
Lobdeburgern in die Orlasenke gekommen. Dem wird entge-
gengehalten, daß in dem gleichnamigen Dorfe Cospeda bei
Jena nie ein Rittergut existiert hat und auch das bei Göschwitz
auf der untergangenen Siedlung Gleine angelegte Vorwerk Kospoth erst viel später entstanden sei. Dennoch gilt ihre frühe
Präsenz im Jenaer Raum als sehr wahrscheinlich. Eine weitere
Spur bezüglich der Herkunft des Geschlechts führt in den
Pleißeraum, wo in den ›Schönburgischen Nachrichten‹ unter
den Zueignungen an den Altar in dem Thurme der Nikolai-
kirche zu Altenburg im Jahre 1341 ein wüstes Dorf Kospot
sowie eine Dorfstätte Kozbode erwähnt sind. Einige Forscher
postulieren auch, die Herren von Kospoth seien ursprünglich
Vasallen der Grafen von Schwarzburg gewesen, weil sie in
mehreren ihrer frühen Urkunden erscheinen. Doch wird dies
nur eine ihrer Nebenlinien gewesen sein. Sehr wahrscheinlich
waren die von Kospoth ursprünglich Vasallen der Herren von
Lobdeburg, unter deren Schirm sie sich in der Orlasenke

[Kospoda und Meilitz] angesiedelt haben, worauf sie unter deren Führung im weiteren Verlauf des 13. Jahrhunderts die Kolonisation des Schleiz-Tannaer Raumes tragend mit in Angriff genommen und sich dort umfangreichen Lehensbesitz geschaffen haben. Die urkundlichen Belege für das 13. Jahrhundert sind allerdings dürftig. So läßt das 1232 bezeugte Patronat der Kospoth über die Kirche von Dittersdorf auf Grundrechte ebenda schließen. Auch dürften die im selben Jahre zu Saalburg angesessenen lobdeburgischen Vasallen Wetego und Burgoldus de Salburg kospothschen Stammes gewesen sein, da sie typische Vornamen der Mitglieder dieses Geschlechts zwischen dem 13. und 15. Jahrhundert tragen. Auch haben 30 Familienmitglieder dem dortigen Nonnenkloster Schenkungen gemacht, dem Margarethe von Kospoth [1387] bzw. Sophie von Kospoth [1451] als Äbtissinnen vorstanden.[250] Gleichfalls kann angenommen werden, daß die von Kospoth schon zu dieser frühen Zeit die Rittersitze in Oschitz, Schilbach [angeblich 1253] und Frankendorf [1296], Seubtendorf und Langenwolschendorf begründet haben, als dessen früheste Inhaber sie in der jeweiligen Überlieferung erscheinen. All diese Orte können als Mittelpunkte ihrer Ausbreitung im Oberlande betrachtet werden. In dem Zusammenhang nicht ohne Bedeutung ist auch der Befund des Genealogen Valentin König in seiner Adelshistorie, wonach in den Familiennachrichten derer von Kospoth der Langenwolschendorfer Zweig als direkter Abkömmling der Kospodaer Hauptlinie angenommen wird. Eine gesicherte familiengeschichtliche Stammreihe der von Kospoth kann erst im Jahre 1425 mit Carl von Kospoth auf Schilbach und Seubtendorf eröffnet werden. Im 14. Jahrhundert treten uns die von Kospoth in der Orlasenke auf Kospoda [1320] und Meilitz [1372] und im Oberland auf Pottiga entgegen. »1307 war ein Burgold von Kospoth in Schleiz als Richter der Landgräfin Elisabeth von Thüringen ... eingesetzt. Um 1343 leitete Johann von Kospoth als Komtur die Geschicke des Deutschen Ordens in Schleiz und für 1377 berichten die Urkunden von einer Stiftung für die Pfarre von Neundorf.«[251] Im Jahre 1382 findet sich ein

Friedrich von Kospoth unter den Raubrittern, die den König von Böhmen und die Stadt Eger arg schädigten und denen der Vogt von Gera anschließend Unterschlupf gewährte. 1419 verkaufte wiederum ein Friedrich von Kospoth seine Güter in Tegau an den Herrn von Gera. 1444 gewinnt das Haus Gera auch die kospothschen Güter in Oettersdorf. Dagegen war es im Bruderkriege 1447 wieder ein Georg von Kospoth, der im Mai 1447 zusammen mit Adrian Rate zu Reinsdorf eine Scheune in Brand setzte, um auf herzoglichen Befehl dem Kurfürsten Schaden zu tun.[252] Im 16. Jahrhundert bescherten die von Kospoth den Brandenburgern, insbesondere dem kriegslustigen Markgrafen Albrecht Alcibiades zu Ansbach bzw. Kulmbach, mehrere tüchtige Feldhauptleute, den Wettinern und Reußen fähige Verwaltungsbeamte und später auch dem ›Palmbaum-Orden‹ [der Fruchtbringenden Gesellschaft zu Köthen], in dem Prinzen-Erzieher und Hofmeister Friedrich von Kospoth auf Seubtendorf [1569-1632] – Deckname: ›der Helfende‹ – ein tüchtiges und gelehrtes Mitglied. Als ›wichtigste Stütze des bedeutenden Reformpädagogen Wolfgang Ratke in dessen Weimarer und Jenaer Zeit (von 1612-1631)‹ ging er in die Wissenschaftsgeschichte ein. Ferner fungierte in der zweiten Hälfte des 18. Jahrhunderts der reuß-schleizische Hofjunker Christian Wilhelm von Kospoth als geistiger Führer einer androgynen Geheimloge, der so genannten ›Antimassonianischen Sozietät‹, die 1741 in Dänemark entstanden war und um Schleiz [Oettersdorf, Löhma, Heinrichsruh] wie auch in dem Schwarzburgischen Orte Neuhaus Ableger unterhielt, jedoch nur Adlige, dafür aber auch Damen aufnahm. Am Ende sei in dem Zusammenhang noch Otto Carl Erdmann von Kospoth [1753-1817] erwähnt, der als Kammerherr mit jenem freimaurerisch-rosenkreuzerischen Netzwerk von Hofbeamten in Verbindung stand, das von 1789 an über zwölf Jahre hinweg die Politik des preußischen Staates dominierte, zum anderen aber auch ein erfolgreicher Komponist war, der »ein Tagebuch seiner musikalischen Reise nach Süddeutschland und Venedig verfaßte, welches erst jüngst herausgegeben wurde.«[253]

Noch gegen Ende des 16. Jahrhunderts stellte die, in eine

Frankendorfer, Oschitzer und Schilbacher Linie geteilte Familie von Kospoth die mächtigste Niederadelsdynastie im Oberlande dar. Neben zahlreichem Streubesitz und Zensiten in den meisten dortigen Dörfern [29 Orten] ebenda – und zwar in Kulm [7], Dittersdorf [1½], Frankendorf [10], Görkwitz [1], Gräfenwarth [3], den beiden Koskau [5], Künsdorf [2], Leitlitz [5], Mielesdorf [19], Neundorf [1], Oberböhmsdorf [4], Oettersdorf [3], Oschitz [30], Plothen [2], Pörmitz [1½], Raila [14], Schilbach [18], Seubtendorf [12], Spielmes [13], Stelzen [15], Tanna [4], Tegau, Wernsdorf [6], Zollgrün [14] nebst Grundstücken in Saalburg, Mangelsdorf [Wüstung], Pahnstangen und Pottiga – gehörte ihnen hier eine Reihe von Rittergütern und zwar in Dittersdorf [bis vor 1647], Frankendorf, Kirschkau [Freigut], Langenwolschendorf, Löhma [ab 1527], Ober- und Unter-Oschitz, Oberböhmsdorf, Schilbach, Seubtendorf, Volkmannsdorf [1380] und Zollgrün sowie ein exorbitant gelegenes Freihaus in Schleiz [anstelle des heutigen Gebäudes der Landespolizei Thüringen]. Wie umfangreiche Lehnsrechte bezeugen, könnten sie sogar in Tanna ansässig gewesen sein. Ferner sind Angehörige der Kospoth später im Raum Hohenleuben auf Reichenfels, Göttendorf und Langenwetzendorf zu finden, wo sie ebenfalls zeitweise das mächtigste Geschlecht darstellten.[254] Sonst waren sie in Thüringen im 17. und 18. Jahrhundert in Burgau bei Jena, Wölfis bei Ohrdruf sowie Bucha bei Knau [1784-1808] angesessen. Eine Madame d'Alstedt, geb. von Kospoth, hatte eine Liason mit dem ersten und einzigen regierenden Herzog von Sachsen-Jena, Bernhard [1638-1678], dem sie eine Tochter [Aemilia Eleonora] schenkte, die später den Fürstlich Merseburgischen Hofmarschall Otto Wilhelm von Tümpling heiratete. An der Oberelbe kam 1517 die Herrschaft Cotta bei Pirna [bis 1661] in kospothsche Hände und im sächsischen Vogtland im 18. Jahrhundert die Herrschaften Leubnitz [ab 1764], Rodau, Schönberg und Mühltroff. Ferner existierten Nebenlinien in der Leipziger Pflege [auf Großstädteln und Güldengossa], in der Oberlausitz, in Niederschlesien, in Mecklenburg und sogar in Schweden. Die 1776 gegrafte, auf Halbau, Zehrbeutel und

Reichwalde angesessene Oberlausitzer Linie entstand durch die Verehelichung Carls von Kospoth [* 1736 in Schilbach, †1799 in Halbau] mit der Erbin von Halbau aus dem burggräflichen Hause zu Dohna-Lauck. Oschitzer Linie hingegen war Friedrich August Wilhelm Graf von Kospoth [†1782 in Neuruppin] der Vater des Breslauer Bürgermeisters Friedrich August Karl von Kospoth [1767-1832]. Den mit Abstand größten Besitzstand der Kospoth erlangte deren Niederschlesischer Zweig. Dort hatte der, dem Hause Seubtendorf entstammende Just von Kospoth [1619-1691] infolge seiner Ehe mit Anna Barbara Posadowka auf Pestelwitz, Zantochau, Schönfeld, Karisch und Jenckwitz eine beträchtliche Grundherrschaft gewonnen, welche seine Söhne Joachim Wenzel [†1728] und Carl Christian von Kospoth [†1729] durch ihre Tüchtigkeit beträchtlich ausbauten. Letzterer ersteigerte 1718 die große Herrschaft Briese [heute Brezinka]. Allerdings blieb er unvermählt und übertrug sein Vermögen seiner Schwester Tochter, Anna Sophia Christiana von Salisch [1708-1759], die auch ihren unvermählten Onkel Joachim Wenzel beerbte, worauf der riesige Grundbesitz [von am Ende 30 Rittergütern mit 65.000 Morgen Land] durch ihre dritte Ehe – diesmal mit dem Reichsgrafen Friedrich August von Kospoth [†1783] – an einen, dem Hause Oschitz [?] entstammenden Ableger der Familie fiel. Aus dem Reußischen Oberland aber begannen sich die von Kospoth schon gegen Ende des 17. Jahrhunderts zurückzuziehen. Seubtendorf hielten sie bis ins letzte Drittel des 17. Jahrhunderts, Oberböhmsdorf bis 1693, Kirschkau-Unterhof bis 1702. Allein zwischen 1770 und 1800 wechselten ihre Rittergüter in Blankenberg [1736-1770/1783], Schilbach [1771], Frankendorf [nach 1779], Zollgrün [1790], Oschitz Unterhof [1798] und schließlich auch die Herrschaft Mühltroff [1799/1817] in andere Hände. Die Oberlausitzer Linie derer von Kospoth dagegen hielt ihre Besitzungen in Reichwalde von 1811 bis 1830, in Halbau [ab 1759] und Zehrbeutel [seit 1830] dagegen bis 1862. Über den 1729 geschaffenen Fideikommiss über Briese und 9 weitere Rittergüter [mit 4.552 ha Fläche] gebot im Jahre 1926 Erich Graf von Kospoth. Sein

Schloß in Briese steht seit Beginn des Zweiten Weltkrieges leer, verfiel mit der Zeit und entwickelte den morbiden Charme eines ›Lost Place‹. Schön saniert hingegen ist das Schloß der vogtländischen Linie in Leubnitz, nachdem es die Baronin von Kospoth, eine geborene von Schönberg, bis 1945 hatte behaupten können. Es stellte den letzten Rest des einst so reichen Familienbesitzes im Vogtland dar.[255]

Als Grablege diente den oberländischen Kospoth hauptsächlich eine Seitenkapelle an der Schleizer Bergkirche. Als diese im Jahre 1821 baufällig geworden war und einer Sanierung bedurfte, erklärte die Familie »auf eine entsprechende Anfrage hin, dass sie keinen Beitrag mehr für die Erhaltung ihrer Familienkapelle leisten wollte und bestimmte..., dass die Annenkapelle nun als ›Kospoth-Kirche‹ gelten sollte. Da auch die Kirchgemeinde nicht die Mittel besaß, die Kospothkapelle zu erhalten, wurde jener Anbau an die Annenkapelle 1823 abgerissen. Heute erinnern nur noch die Wappen (drei silberne Sterne auf blauem Schild) an der Außenwand und im Sterngewölbe der Annenkapelle sowie einige Grabmäler an die einstige Bedeutung dieser Familie.«[256]

Die Linie von Kospoth auf Schilbach

Seit Menschengedenken war das Rittergut in Schilbach [1325 villa Schiltpach] westlich von Tanna dem Familienverband der von Kospoth zugehörig. Während ältere Genealogen [Biedermann 1752 u.a.] die sichere Stammreihe des Gesamthauses schon mit dem, um 1220 lebenden Luthold von Kospoth auf Frankendorf eröffnen, läßt die jüngere genealogische Forschung diese erst im Jahre 1425 mit dem auf Schilbach und Seubtendorf gesessenen Carl von Kospoth beginnen. Nach Biedermann sollen um diese Zeit jedoch die fünf Söhne des Friedrichs von Kospoth [†1421], eines Nachfahren besagten Lutholds [1220] im Besitz des Rittergutes gewesen sein, da dessen Großvater Luthold II. neben Kospoda und Meilitz auch Frankendorf und Schilbach besessen habe. Friedrichs gleichnamiger Sohn [urk. 1448] erhielt nun Kospoda und Schilbach und begründete die Linie Langenwetzendorf, während sein

Bruder und Miterbe Heinrich [oo Katharina von Gräfendorf zu Knau] zum Stammherrn der Schilbacher, Frankendorfer und Oschitzer Linie avancierte. Von seinen Söhnen erhielt Balthasar auf [Lang]Grün und Seubtendorf 1497 von der Landesherrschaft die Lehen über seine Güter zu Grün, Seubtendorf, Kulm, Raila, Pahnstangen und Oettersdorf bestätigt, doch hatte er keine erbfähigen Nachkommen. Dagegen hinterließ Heinrichs zweiter Sohn Hans von Kospoth [oo Ursula von Watzdorf auf Zoppoten] bei seinem Tode 1493 eine ganze Reihe von Erben, von denen Anton [urk. 1523] Schilbach übernahm, während Jobst neben Langenwolschendorf auch Anteile an Schilbach und Seubtendorf erhielt. Letzterer verkaufte 1494 der Landesherrschaft verschiedene Untertanen und Zensiten zu Löhma, Triemsdorf, Pörmitz, Oettersdorf, Langgrün, Pahnstangen, Schleiz und Görkwitz. Mit den Nachkommen Antons und Jobsts saßen fortan zwei Zweige der Kospoth auf Schilbach. Antons Erbreihe endete mit dem Tod seiner kleinen Urenkelin Magdalena Sophie [1603-1611]. Jobst aber hatte zusammen mit seiner Gemahlin Maria [geb. von Creutz auf Niederndorf] fünf Kinder. Von seinen Töchtern heiratete Sabina Hans Caspar von Dobeneck auf Rothenbürg und Bug und Catharina [*1510] Pancratius von Pöllnitz auf Schwarzbach, während von den Söhnen Jos. von Kospoth [†158X] auf Seubtendorf, Schilbach und Langenwolschendorf die Linie im Mannesstamme fortsetzte. Zusammen mit seiner Frau Catharina von Eichicht aus dem Hause Langenberg hatte er sieben Kinder, von denen die Töchter in die Familien von Reitzenstein auf Sparnberg, von Helldorff auf Reussen und von Keßperth auf Cotta einheirateten, während die Söhne Friedrich, Jobst und Carl zu eigenen Linienbegründern avancierten. Ihr Mitbruder oder Vetter Alexander wurde in einem Duell erstochen.[257] Sein über Jahrhunderte in der Schilbacher Kirche erhaltenes Epitaph trägt die Inschrift: *»An MDCVIII. Julio Nobilis Adolescens a Cospot Justi Fil. in monomachia occubuit, ansa certaminis pulsando quemdam ex famulis data ab adversario, aetatis an. XXIII. Deus eum resusciiet feliciter per Christum, Amen!«*[258] – »Im Jahre 1605 am 3. Juli (oder 1608?) fiel der edle Junker Alexander von Kospoth, des Justus Sohn, im Zweikampf – wobei den Anlass des Streits der Gegner durch Stoßen eines der Diener gab – 23 Jahre alt. Der Herr erwecke ihn glücklich durch Christum Amen!‹ Der Verstorbene steht gerüstet, doch ohne Helm – der zwischen den Füßen steht – da, die rechte an die Hüfte legend, die Linke an das Schwert. Der Grabstein ist sehr gut gearbeitet, besonders das ausdrucksvolle Gesicht.«[259] Von den vier Eck-Wappen war das oben links kospothisch, oben rechts dasjenige seiner Mutter [Löwenkopf zwischen 3 Klee-stengeln]. Sie entstammte dem, im Raum Erfurt verorteten, 1631 erloschenen Hause von Bodewitz. Weiss [2008] erwähnt das Epitaph nicht mehr, wohl aber einen marmornen Taufstein von 1604 mit Engelsköpfen und dem Kospoth-Wappen [3 silberne Sterne auf blauem Grund [6-zackig im Verhältnis 2:1 angeordnet]. Zudem wird eine herrschaftliche Gruft wohl un-ter der Patronatsloge erwähnt. Letztere dient heute als Ge-meinderaum.[260] Friedrich von Kospoth wurde zum Stamm-vater des Zweiges Groß-Städteln bei Leipzig, Carl zu dem von Langenwolschendorf, während Jobst [1567-1635] zusammen mit seiner Frau Sabina, einer geborenen von Röder aus dem Hause Burkersdorf-Sirbis, die Schilbacher Linie fortsetzte. Von ihren 12 Nachkommen [6 Töchter und 6 Söhne] begründete Just [1619-1691] in Schlesien eine Gräflich-Kospothsche Linie, während Antonius [1614-1676][261] und seine Gemahlin Sophia Elisabeth [geb. von Quingenberg auf Wenigenauma und Za-delsdorf] die Schilbacher Linie weiter am Leben erhielten.

Anton war Vorsitzender der Reuß-Plauenschen Ritterschaft und besaß neben Schilbach und Langenwolschendorf auch Frankendorf und Zollgrün. Von den 11 Kindern des Paares [9 Söhne und 3 Töchter] kaufte Just Jonas 1660 das Rittergut Oschitz, starb aber 1673 ohne Nachkommen, worauf sein Besitz an seine zwei Brüder Johann Ernst [1697] und Anton Christian [†1708] fiel, von denen ersterer zusammen mit seiner Frau Anna Dorothea geb. von der Oelsnitz den Zweig Zollgrün, Frankendorf und Oschitz begründete, letzterer aber die Linie zu Schilbach fortführte. Zusammen mit seiner Frau Sophia Magdalena, einer geborenen von Thüna aus dem

Hause Weißenburg [bei Orlamünde], hatte er 6 Kinder, die alle unvermählt starben, bis auf Friedrich Wilhelm [oo Sophia Elisabeth von Lengefeld], der aber ohne Erben blieb und seine Rittergüter Oschitz und Schilbach 1731 an seinen Vetter Johann August von Kospoth auf Blankenberg [1683-1758] aus der Zollgrüner Linie des Johann Ernst verkaufte, worauf dieser 1732 aus eigenen Mitteln mit etwa 500 fl. den Neubau der Schilbacher Kirche weitgehend allein finanzierte und sich darin ein beheizbares ›Adel. Kirchen=Stüblein‹ einbauen ließ, ›welches etwas Großes an Werth ist, indem Er und die seinigen sonst in der Kirche bei dem Altar nur mit einer kleinen Emporkirche sich behelfen müssen.‹[262] Johann August war insgesamt dreimal verheiratet und hatte aus zwei Ehen 13 Kinder, von denen Johann Carl Erdmann, sein Erstgeborener aus seiner Ehe mit Christiana Charlotta von Reitzenstein aus dem Hause Magwitz, die Güter Blankenberg und Schilbach übernahm. Nach seinem Tode 1770 verkauften seine Erben Blankenberg an den reußischen Kammerkommissarius Johann Gottlieb Knoch und seinen Schwager, den Hirschberger Rotgerber und Kaufmann Zürner, während Schilbach von Graf Heinrich XXX. Reuß-Gera [1727-1802], dem Landesherrn allerhöchstselbst, käuflich erworben wurde.

Die Linie von Kospoth auf Seubtendorf

Ähnlich wie im benachbarten Schilbach war auch Seubtendorf [1354 Sybotendorf] mit seinem Rittergut wohl von seinen Anfängen an in der Hand derer von Kospoth und hatte mit Karl [1425] → Heinrich → den Gebrüdern Jobst und Balthasar [1497] → Joseph [†1585/87] → Jobst von Kospoth sogar die selben Besitzer. Allerdings kam es nach 1635 nicht wie dieses an Jobsts Sohn Antonius [†1676], sondern an Just [1619-1691], seinem Erstgeborenen, der – wie wir bereits hörten – infolge seiner dritten Ehe mit Anna Barbara Posadowky auf Pestelwitz, Zantochau, Schönfeld, Karisch und Jenckwitz einen beträchtlichen Grundbesitz in Schlesien gewann. Seine beiden Söhne Joachim Wenzel [1638-1727] und Carl Christian [1666-1729] wurden 1711 in den Reichsgrafenstand erhoben. Die beiden gelangten zu großem Reichtum, welcher ersterem im Jahre 1718 ermöglichte, die große Herrschaft Briese zu ersteigern. Allerdings blieb er unvermählt und übertrug sein Vermögen der Tochter seiner Schwester, Anna Sophia Christiana von Salisch [1708-1759], die auch ihren unvermählten Onkel Joachim Wenzel beerbte, worauf der riesige Grundbesitz durch ihre dritte Ehe, diesmal mit dem Reichsgrafen Friedrich August von Kospoth [†1783], an einem, dem Hause Oschitz [?] entstammenden Ableger der Kospoth-Familie fiel und bis 1945 die Basis des großen Vermögens des schlesischen Zweiges derer von Kospoth bildete.[263] Das Rittergut Seubtendorf aber hatte Just von Kospoth bereits in der zweiten Hälfte des 17. Jahrhunderts an die Landesherrschaft verkauft.

Die Linien der von Kospoth auf Zollgrün

Nach früherer Ansicht soll sich der Name ›Gottschalksgrün‹, mit dem Zollgrün im Jahre 1350 erstmals urkundlich erwähnt wird, auf einen früheren Rittergutsbesitzer beziehen, doch dürfte der Ort damals schon fest in Händen der Familie von Kospoth gewesen sein, die im Vorfeld dieses Jahres zwei Mark Geldes von Gütern in Künsdorf, Gottschalksgrün und Frankendorf dem Kloster Heiligkreuz bei Saalburg zu einem Seelgerät gestiftet hatte. Als Besitzer des örtlichen Rittergutes läßt sich die Familie allerdings erst seit Mitte des 15. Jahrhunderts nachweisen, doch soll dem Genealogen J. G. Biedermann [1752] zufolge der 1421 verstorbene Friedrich von Kospoth auf Kospoda-Meilitz, Frankendorf und Schilbach zugleich auch Herr von Zollgrün gewesen sein. Von seinen fünf Söhnen erbte Caspar [urk. 1485] einen Teil von Seubtendorf, Wittich [†1439] den anderen Teil davon, Friedrich [urk. 1448] Kospoda nebst einen Teil von Schilbach, Heinrich den anderen Teil von Schilbach und Siegemund Zollgrün, worauf Heinrich [urk. 1458] den Schilbacher Zweig der Familie und Siegemund [urk. 1445] den Zollgrüner und Frankendorfer Zweig begründete. Er avancierte zum Amtmann zu Schleiz und war mit Magdalena von Blankenberg auf Blankenberg verheiratet. Sein Sohn Friedrich war mit Maria geb. von Seydewitz aus dem Hause Rodersdorf vermählt. Im Jahre 1474 empfing er von den Herren von Gera einige Untertanen zu Tegau und verkaufte etliche davon hernach an das Rittergut von Wenigenauma. Von seinen Söhnen übernahm Friedrich – seines Zeichens Hochfürstlich Braunschweigisch Lüneburgischer Hofmeister zu Celle [urk. 1494] am Ende das gesamte Erbe. Zusammen mit seiner Ehefrau Sophia geb. von Dobeneck auf Sparnberg hatte er zwei Söhne [1] Balthasar und [2] Hans Ernst –, worauf in Zollgrün fortan zwei Zweige der Kospoth wirtschafteten. [1] Balthasar besaß 1599 ›Franckendorff, auch Zollgrün und Gottschallsgrün‹, da er in diesem Jahre von seinem Vetter Siegemund Friedrich um 8.000 fl. das Rittergut Frankendorf erworben hatte.

Nach seinem Tode 1611 erbte von seinen Söhnen Heinrich [*1576] das Rittergut Frankendorf und Jobst [*1577] den Zollgrüner Besitz. Jobsts Ehe mit Sabina von Reitzenstein auf Moos [oo 1605] brachte keine Kinder hervor und er starb 1632 unbeerbt, worauf die Schilbacher Linie der Kospoth in den Besitz dieses Teils von Zollgrün gelangte. [2] Die andere Hälfte aber behaupteten weiterhin die Nachkommen von Balthasars Bruder Hans Ernst [1539-1595] auf Frankendorf [oo Magdalena von Obernitz auf Tausa], dessen Söhne 1594 zur gesamten Hand mit Frankendorf, Zollgrün und Gottschalksgrün beliehen wurden, worauf Siegemund Friedrich [1569-1641] den Zollgrüner Anteil schließlich als Erbportion erhielt und an seinen Sohn Ernst Adam von Kospoth [1592-1684] weitergab. Unter dessen Söhnen gelangte Zollgrün an Adam Heinrich [*1639], der am 4. April 1668 durch einen, von Herrn Hanß Dietrichen von Beulwitz auf der Heyde zu Schwarzenbach im Wald vor dem Gasthof empfangenen Schuß unversehends getötet wurde. Neben seiner Witwe Catharina Elisabeth, geb. von Reitzenstein auf Lippertsgrün [oo 1658], hinterließ er fünf Kinder, von denen Justus Christoph [1661-1708], Hochgräflich-Plauenscher Forstmeister zu Schleiz, im Jahre 1695 ›das altväterliche Gut Zollgrün, ingleichen Gottschallsgrün und verschiedene Untertanen zu Culm, Raila und Leitlitz‹ von Herrn Anton Christian von Kospoth aus der Schilbacher Linie käuflich ansichbrachte. Zusammen mit seiner Gemahlin Sophia Juliana von Kospoth zu Oschitz [oo 1695] hatte er sieben Kinder und hinterließ nach dem Tode seines einzigen Sohnes Gottlob [1704-1705] vier überlebende Töchter, von denen Johanna Aemilia [*1696] einen von Feilitzsch auf Brotenfeld [oo 1710], Justa Juliana [1698-1744] einen von Feilitzsch auf Feilitzsch [oo 1715] und Charlotta Sophia [*1701] einen von Watzdorf auf Lothra [oo 1721] heiratete. Damit war auch dieser Zweig der Zollgrüner Linie der Kospoth im Mannesstamme erloschen, worauf fortan nur noch Vertreter der Schilbacher Linie in Zollgrün ansässig waren. Nach Antonius von Kospoth auf Frankendorf, Langenwolschendorf, Schilbach und Zollgrün [1614-1676] waren dies sein Sohn Johann Ernst von Kospoth auf Schilbach, Oschitz und Frankendorf [*1646, oo Anna Dorothea von der Oelsnitz], sein Enkel Christian Ernst [*1679] und Urenkel Ernst Gottlob [†1749]. Von letzteren beiden haben sich Epitaphien in der Zollgrüner Kirche erhalten.

Christian Ernst war mit Eleonora Charlotta von Raschau auf Grimmeln verheiratet. Anfänglich Leutnant im Heere Augusts des Starken war er später Kriegskommissar der Herrschaft Schleiz und dero ›Hochgräflich Reuß Plauen Bestallter Hauptmann über die Landmiliz‹, hatte aber 1723 die Fatalité, ›daß ein scheues Pferd mit ihm durchgieng und endlich dergestalt mit ihm stürzete, daß er so gleich tod‹ liegen blieb. Seine reich signierte Gedenktafel mit ihren schönen Kospothschen Wappen wurde im 19. Jahrhundert neu bemalt und am Rittergutsstande angebracht. 1992 erhielt sie wieder ihren alten Platz an der rechten Wand neben dem Altar. Das Sandstein-Epitaph für seinen Sohn Ernst Gottlob mit Rokoko-Umrahmung und darüber ebenfalls mit Zierrahmen versehenem Wappen aber wurde am Eingang zur Sakristei angebracht. Er war Reuß Plauenscher Stallmeister und dem 1744 an die Regierung gelangten Grafen Heinrich XII. eine so große Hilfe, daß dieser ihm nach seinem Ableben jene Gedenktafel stiftete. »Auf einer eisernen Platte über der Gruft, welche mitten in der Kirche ist, steht folgendes:

› *ERNST GOTTLOB V. KOSPOTH, GRÄFL. REUSS. P[l]AUISCH. STALLMEISTER NAT. 1712 D. 21, DEC. DENAT. D. 23. FEBR. 1749.* ‹‹ [264]

Der an der Nordseite des Langhauses vorgebaute Herrschaftstand besticht durch sein geschnitztes Giebelgitter. Der letzte zu Zollgrün gesessene männliche Vertreter dieser Linie war Christian Wilhelm von Kospoth [†1789]. Seine Erbtochter war mit dem Landeshauptmann Christian Ehrenfried von Wolffersdorff [†1824] verheiratet, in dessen Besitz das Rittergut 1790 überging. [265]

Die Linien der von Kospoth auf Frankendorf

Die ältere genealogische Forschung, so Biedermann 1752, läßt die sichere Stammreihe derer von Kospoth mit dem, um 1220 lebenden Luthold von Kospoth auf Frankendorf beginnen. Zusammen mit seiner Ehefrau Anna geb. von Schönberg hatte er zwei Söhne, von denen Otto die ältere und Heinrich die jüngere Linie des Geschlechts begründete. Über Ottos Sohn Conrad [1290] und dessen Sohn Berthold [1332] kam die Reihe an Luthold, Herr von Kospoda und Meilitz sowie von Frankendorf und Schilbach. Verheiratet war er mit Maria, einer geborenen von Obernitz aus dem Hause Ziegenrück. Über seinen Sohn Luthold und Enkel Friedrich [†1421] kamen diese Güter an dessen fünf Söhne Caspar [urk. 1485], Wittich [†1439], Friedrich [urk. 1448], Heinrich [urk. 1458] und Siegemund. Der auf Kospoda und Schilbach sitzende Friedrich begründete die Linie Langenwetzendorf, Siegemund die Linie Zollgrün, während Heinrich [oo Katharina von Gräfendorf zu Knau] zum Stammherrn der Schilbacher, Frankendorfer und Oschitzer Linie avancierte. Von seinen Söhnen erhielt Balthasar auf [Lang]Grün und Seubtendorf 1497 von der Landesherrschaft die Lehen über seine Güter zu Grün, Seubtendorf,

Kulm, Raila, Pahnstangen und Oettersdorf bestätigt. Von Siegemund [urk. 1445] auf Frankendorf und Zollgrün gelangte das Rittergut Frankendorf über Friedrich [†1479] und Veit [urk. 1493] an Siegmund Friedrich, der es 1599 für 8.000 fl. seinem Vetter Balthasar von Kospoth [oo Margarethe Münch von Münchenbernsdorf] verkaufte. Darauf bestätigte ihm die Landesherrschaft 1604 seine Lehen zu Pörmitz, Oettersdorf und Löhma. Aber erst 1607 empfing er die Sitze zu Frankendorf und Zollgrün mit den Lehen zu Koskau, Kulm und Raila. Nach seinem Tode 1611 kam der Besitz an seine beiden Söhne Heinrich [1576-1639] und Jobst [1577-1632]. Ersterer hatte 7 Kinder, von denen zum Zeitpunkt seines Todes keiner seiner vier Söhne mehr am Leben war. So blühte der Frankendorfer Zweig derer von Kospoth in den Nachkommen von Balthasars Bruder Hans Ernst [1539-1595] fort, dessen Sohn Siegemund Friedrich [1569-1641] sich nach dem Verkauf von Frankendorf zunächst auf Schloß Reichenfels bei Hohenleuben [bis 1602] und anschließend in Schwarzenbach am Wald ansiedelte. Sein auf Zollgrün gesessener Sohn Ernst Adam [1592-1630] dagegen wurde zum Begründer des Zollgrüner Zweiges. Frankendorf aber gelangte in den Besitz Antonius von Kospoth [1614-1676] aus der Schilbacher Linie, der ›etliche und 20‹

Untertanen zu Raila, Wernsdorf, Künsdorf, Seubtendorf und Schilbach, die früher zum Rittergut Ebersdorf gehört hatten, dem Heinrich Wüst auf Remptendorf veräußerte. Über seine Söhne Johann Ernst [†1697] und Hans Friedrich [1648-1730] kam

Zollgrün: Rittergut — das Gut an des ersteren Söhne Johann August auf Schilbach und Blankenberg [†1752] und Heinrich Just [*1678] und dessen Sohn Friedrich Carl auf Frankendorf. Nachdem Carl Erdmann, der Sohn Johann Augusts, 1779 gestorben war, erbte dessen Sohn Heinrich Wilhelm [†1834] den Frankendorfer Besitz, doch dürfte er diesen schon bald verkauft haben, denn schon 1779 erscheint das Rittergut letztmalig im, von Kospothscher Hand.

Die Linien der von Kospoth auf Oschitz

Der Hauptsitz der von Kospoth im Oberland aber war Oschitz, wo sie sich wohl schon im 13. Jahrhundert angesiedelt haben. Älteren Nachrichten zufolge soll der 1279 in einer markgräflichen Urkunde erwähnte Nikolaus (I.) von Koßpoth Stammherr der Oschitzer Linie gewesen sein. Im Jahre 1333 stiftete Purgold von Kospoth im Ort eine Kapelle.[266] Nikolaus hatte einen gleichnamigen Sohn, der 1329 in einer Urkunde der Vögte von Gera 1329 als Zeuge erwähnt wird. Dieser hinterließ drei Söhne: Otto, der Geistlicher wurde, erhielt das Gut Volkmannsdorf [Volckmarsdorf], während sich seine Brüder Nikolaus (III.) und Luthold um Oschitz verglichen. Lutold gewann neben Oschitz auch den Rittersitz zu Langenwolschendorf. Seine Söhne [1.] Friedrich [2.] Eberhard und [3.] Nikolaus (IV.) wurden jeweils zu eigenen Linienbegründern. [2] Der 1420 erwähnte, auf Oschitz und Langenwolschendorf gesessene Eberhard von Kospoth begründete eine zu Oschitz sitzende Linie, die mit dem Tode seines Enkels Jahn von Kospoth, Statthalter und Amtshauptmann zu Schleiz [†1505] aber wieder ausging. [3] Nikolaus (IV.) von Kospoth rief ebenfalls eine zu Oschitz gesessene Linie ins Leben. Seine Söhne und Söhnessöhne Georg [urk. 1405], Hans [urk. 1492] und Kunz [urk. 1503] besaßen neben Oschitz-Oberhof auch Kirschkau.

Bereits um das Jahr 1500 war das Kospothsche Gut in Oschitz in zwei Rittergüter, den oberen und unteren Hof geteilt, wobei dem oberen $^1/_3$, dem unteren aber $^2/_3$ der Flächen des ursprünglich einigen Gutes zufielen. Abgesehen davon besaßen die von Kospoth noch zwei abseits gelegene Wirtschaftshöfe, nämlich die Kalte Schäferei und ein heute wüstes Vorwerk im Flurteil ›Forbig‹ [Forbig → Vorwerk?]. Nach einem Erbzins- und Frongeldregister aus dem Jahre 1566 geboten die von Kospoth auf Oschitz damals nicht nur über 20 Zinsleute im Orte selbst, sondern auch über 11 in Oettersdorf, 7 in Plothen, 7 in Schleiz, 6 in Löhma, 5 in Grochwitz, je 3 in Pörmitz, Zollgrün, Tegau, je 2 in Pahnstangen, Neundorf, Möschlitz, Crispendorf, je 1 in Gräfenwarth, Mönchgrün, Görkwitz, Chursdorf, Burkersdorf, Kulm, Wernsdorf, Dragensdorf, Förthen und

Rödersdorf und später auch in Raila.[267] Mit dem Tod von Kunzens Sohn Eberhard [urk. 1558] auf Oschitz-Oberhof starb diese ältere Oschitzer Linie 1594 aus und der Besitz über den zu Görkwitz gesessenen Langenwolschendorfer Ableger des Joachim von Kospoth [†1599] schließlich an nachfolgend noch erwähnten Hans Caspar von Kospoth [†1628] auf Unter-Oschitz und Langenwolschendorf fiel. Sein Grabstein steht noch in der Oschitzer Kirche zur Seite des Altars, wo sich unter dem Fußboden die Kospothschen Familiengrüfte befinden. Nicht nur hatte er sich, wie aus Mehreren hervorgeht, durch Frömmigkeit und Menschenfreundlichkeit ausgezeichnet und zur Erbauung und Verschönerung der hiesigen Kirche manches beigetragen, sondern sich auch um die hiesige Gemeinde manche Verdienste erworben. Auch stiftete er dem Gotteshaus einen, mit seinem und seiner Gemahlin A. M. geb. von Eberstein Wappen versehenen Abendmahlskelch sowie auch einen schönen, mit Cherubenköpfchen und dem Kospothschen Wappen versehenen Taufstein. Sein gleichfalls in der Kirche noch befindliches hölzernes Epitaph [mit Kreuzigungsszene] wurde von Paul Keil [1573-1646], dem seinerzeit bedeutendsten Barockmaler Ostthüringens geschaffen.[268]

Das obere Oschitzer Gut, dessen Herrenhaus im sogenannten ›alten Loch‹ stand, hat man nach der Einäscherung seiner Gebäude durch die Kroaten im Jahre 1633 mit dem unteren Gut wieder vereinigt. Auf den starken Grundmauern seines Herrenhauses entstand später ein Tagelöhnerhäuschen.

[1] Kommen wir nun zu den Nachkommen von Nikolaus (II.) ältesten Sohn Luthold. Sein Sohn Friedrich, der 1419 dem Herrn von Gera seine Güter in Tegau verkaufte, hatte seinen Sitz im übrigen nicht in Oschitz, sondern in Langenwolschendorf. Von seinen dort gesessenen Urenkeln ließen sich [1.1.] Caspar [urk. 1527] in Langenwolschendorf, [1.2] Erhard neben Langenwolschendorf in Böhmersdorf, [1.3] Asmus [urk. 1533] in Böhmersdorf, [1.4.] Kunz in Langenwolschendorf und Kirschkau und [1.5] Hans in Oschitz nieder. Kunzens Sohn – vorgenannter Joachim von Kospoth auf Görkwitz [1.4.1] – erhielt 1594 das Rittergut Oschitz Oberen Teils, ja empfing

1597 sogar ›die gesammt Kospothischen Güther, so in dem Reußischen Territorio gelegen zu Lehen, starb anno 1599 zu Oschitz [aber] ohne Leibes Erben und ruhet in der Kospothschen Begräbniß=Kirche zu Schlaiz‹[269]Hansens Sohn Hans Caspar [1.5.1] wurde 1597 mit dem Rittergut Oschitz-Unterhof belehnt, doch starb seine Unter-Oschitzer Linie mit dem Tode seines Enkels Georg Heinrich 1665 aus, worauf der Besitz an seinen nächsten Verwandten Anton von Kospoth [†1676], den Sohn des auf Schilbach und Langenwolschendorf gesessenen Jobst von Kospoth [†1635] fiel. Antons Erben waren – für seinen Frankendorfer und Zollgrüner Besitz sein Sohn Johann Ernst von Kospoth [*1646, oo 1675], für seine Oschitzer und Schilbacher Güter dagegen sein Sohn Anton Christian [1669-1708], der wohl auch den 1660 von seinen Onkel Just Jonas [†1673] erworbenen Besitzanteil von Oschitz übernahm. Er war Gräflich Reuß-Plauenscher Rat und Landeshauptmann und ließ 1704 das Herrenhaus des unteren Gutes erbauen, welches heute noch als ›Edelhof‹ bezeichnet wird.[270] Sein Sohn, Friedrich Wilhelm [*1702], verkaufte 1731 sein Rittergut Oschitz an seinen Vetter Johann August von Kospoth auf Schilbach [1683-1758], den Sohn Johann Ernsts. Dieser erwarb 1736/38 auch das Rittergut Blankenberg, lebte fortan aber auf Oschitz. Sein Sohn Carl Erdmann von Kospoth [†1779] gewann durch seine Vermählung mit Ottonia Eleonora Freiin von Bodenhausen die bedeutende Herrschaft Mühltroff. Von seinen Töchtern heiratete Charlotte einen von der Asseburg und Maximiliane einen von Schönberg. Seine Söhne teilten die Oberländische Linie der Freiherren von Kospoth in einen Mühltroffer, Oschitzer und Frankendorfer [eigentlich Leubnitzer] Zweig. Mühltroff erbte Otto Carl Erdmann, Frankendorf, Leubnitz sowie Gattendorf Heinrich Wilhelm und Oschitz Karl Alexander. Ersterer war verheiratet mit Christiane Wilhelmina von Schönberg [oo 1776, o/o] und danach mit Luise Marie Wilhelmine Sichart von Sichartshoff [oo 1790, o/o 1808] jeweils ohne Kinder, der mittlere Bruder hingegen hatte Ernestine Josephine Haller aus Mühltroff zum Altare geführt, der jüngste zunächst Johanne Henriette Eleonore von Uslar [oo 1788, o/o 1793, †1797] und 1797 Rahel Hirsch, eine schönen Dessauer Jüdin, die ein halbes Jahr zuvor in Oberpöllnitz in aller Stille zum christlichen Glauben konvertiert war. Während seine erste Ehe kinderlos blieb, ging aus der zweiten mindestens eine Tochter, die am 28. Dezember 1797 getaufte Caroline Louise Eleonore von Kospoth, hervor. Alle drei Brüder standen in preußischen Diensten, Heinrich Wilhelm als Rittmeister, die anderen beiden als Kammerherren. Der älteste dilettierte zu einem beliebten Komponisten. Der jüngste Bruder soll ein Tunichtgut gewesen sein. Notorische Schuldenmacher waren sie alle beide. Schon Anfang 1795 mußte der älteste den jüngsten Bruder warnen, daß es mit seiner Wirtschaft in Oschitz sehr schlecht stehe und sie besser eingerichtet werden müsse. Doch es half nichts, 1798 mußte Karl Alexander seinen Oschitzer und Oberpöllnitzer Besitz verkaufen. »Oschitz betreffend findet sich ... ein Eintrag des damaligen Pfarrers im Kirchenbuch. Dort heißt es, daß 1797/ 1798 bei Karl von Kospoth Zahlungsschwierigkeiten auftraten

Oschitz: Edelhof

Als letzter Termin war der 13. September 1798 festgesetzt. Schließlich hatte Heinrich XLII. Reuß-Schleiz das letzte kospothsche Rittergut, den Oschitzer Edelhof, erworben. Die Lehensverhältnisse wurden am 30. Januar 1799 gelöst. Danach verschwindet die Familie von Kospoth [im Reußenland] fast vollständig aus der Geschichtsschreibung. Auch unter den Hofbeamten ist sie nicht mehr zu finden.«[271] Karl Alexander soll in Rußland verschollen sein. Sein Sterbedatum ist unbekannt. Otto Carl Erdmann wurde 1790 zwar noch in den Grafenstand erhoben, sein Besitz aber 1799 schuldenhalber unter Zwangsverwaltung gesetzt und 1808 versteigert. Er starb – wie wir noch hören werden – völlig verarmt 1817 beim Brand des Mühltroffer Schlosses. Dagegen ließ Heinrich Wilhelm im Jahre 1794 das spätbarocke Leubnitzer Schloß errichten, das die Baronin von Kospoth bis zu ihrer Enteignung 1945 im Besitz hielt.[272]

Graf Otto Carl Erdmann von Kospoth auf Mühltroff

Unter der Herrschaft Otto Carl Erdmanns von Kospoth erlebte Mühltroff seine bislang wohl glanzvollste, auf jeden Fall aber turbulenteste Zeit. Geboren am 25. November 1753 als erstes Kind des Freiherrn Carl Erdmann von Kospoth und seiner Frau Ottonia Eleonora, geb. Freiin von Bodenhausen, waren ihm nicht nur aus materieller Sicht, sondern auch von seinen Begabungen her die glänzendsten Zukunftsaussichten beschieden. Nachdem er die Ritterakademie in Liegnitz besucht und ein Studium an der Universität Leipzig absolviert hatte, wurde er als Offiziersanwärter bei der sächsischen Leibgarde ›Garde du Corps‹ angenommen und lernte zu dieser Zeit in Pirna Christiane Wilhelmina, die einzige Tochter des Kurfürstlichen Kreishauptmannes Heinrich Wilhelm von Schönberg auf Börnchen, Wegefahrt und Hainichen und dessen Gattin Christiane Sophie geb. von Liebenau kennen, die er 1776 heiratete. In diesem Jahre wurde er von Friedrich dem Großen nach Berlin berufen und zum Königlich preußischen Kammerherrn ernannt. Vor dem König – der selbst ein ausgezeichneter Flötenspieler und sogar Kompositeur war – brillierte er als Violine- und Cellospieler, und seine musikalischen Fähigkeiten verhalfen ihm bald, die höfische Position des ›maître des plaisiers‹ wie auch das musikbegeisterte Kronprinzenpaar für sich zu gewinnen.

Zu seinem dortigen Unterhalt kaufte ihm sein Vater 1777 für 25.415 Thlr. die ehemaligen ›Krug von Niddaischen‹ Häuser in Berlin, »welche er mit seiner Gemahlin nicht lange bewohnt haben kann, da eheliche Zerwürfnisse bald nach der Vermählung eingetreten zu sein scheinen.«[273] Die kinderlose Verbindung wurde getrennt, worauf Christiane einen von Trützschler ehelichte und fortan auf dem Gute ihrer Mutter in Großmehlen [bei Ortrand] lebte. Otto dagegen dilettierte in der Folgezeit bei Hofe als Komponist und schuf erfolgreiche Opern wie ›Der Freund deutscher Sitten‹ [1778], ›Adrast und Isidore oder Die Serenate‹ [1779] bzw. ›Der Irrwisch oder Endlich fand er sie‹ [1780]. Ab 1781 aber vertauscht er zeitweilig den kostspieligen Aufenthalt am preußischen Hofe mit dem wohlfeileren in Mühltroff und widmet sich zusammen mit seinen Brüdern der Bewirtschaftung der vom Vater [†1779] ererbten Güter. 1783 endlich begibt er sich von Berlin über Dresden, Bayreuth, Nürnberg, Augsburg, München und Innsbruck auf eine ›musikalische Reise‹ in den Süden. Hierzu »führt er zahlreiche eigene Kompositionen mit sich und gewinnt überall Zugang zum musikfrohen Adel. Seinen Umgang beschränkte er fast nur auf Musiker, Sänger und Komponisten. Am 23. Juli erreichte er Venedig, das Ziel seiner Reise. Dort arbeitete er viel und manchen Abend konnte er nichts weiter in sein Tagebuch schreiben, als: ›Ich habe den ganzen Tag so fleißig componiert, daß ich gar nicht ausgegangen bin, sondern nachts bis zwölf Uhr geschrieben habe‹ ... ... ›ich bin wieder den ganzen Tag nicht aus der Stube gekommen, sondern habe fleißig an meiner Opera gearbeitet.‹«[274] Selbige wurde zum Abschluß seiner Tournee unter dem Namen ›Timante ed Emirene oder Die Macht der Liebe‹ in der Lagunenstadt uraufgeführt. Sein auf dieser Reise geführtes Tagebuch ist inzwischen neu herausgegeben worden.[275] In den folgenden Jahren läßt der junge Freiherr vorwiegend in Berlin noch einige, dem damaligen Zeitgeschmack entsprechende musikalische Werke aus eigener Feder wie ›Karoline oder Die Parforcejagd‹, Das Fest der Schäfer [1787], ›Der kluge Jakob‹ [1788], ›Bella und Fernando oder Die Satyr‹ [1790], ›Der Mädchenmarkt zu Ninive‹ [1793] und ›Il trionfo d'Arianna‹ aufführen. Mit dem selben Eifer wie Otto von Kospoth seine Musik vorangebracht und dazu aus lichten Höhen Inspirationen erfahren hatte, begann er sich bald, dem Okkulten hinzuwenden. Schon seit den späten siebziger Jahren hatte sich − begünstigt durch den Kronprinzen, der selbst ein

Freimaurer war – in Berlin der Geheimorden der Gold- und Rosenkreuzer ausgebreitet und rund 40% des dortigen Adels erfaßt. Die Rosenkreuzer waren eine, auf esoterisch-christlichen Grundlagen beruhende arkane Gesellschaft, unter deren Angehörigen es zahlreiche Aufklärer und Freimaurer gab. Nach dem Tode des Alten Fritz [†1786] aber sollte es einer vorwiegend aus sächsischen Adligen bestehenden Hof-Kamarilla um Johann Christoph von Woellner, Johann Rudolf von Bischoffwerder, Heinrich Gottlob von Lindenau u.a. gelingen, die Politik Preußens über einen Zeitraum von 12 Jahren faktisch zu bestimmen. Dabei sagte man ihnen nach, auch durch Seancen, bei denen verstorbene Personen der Weltgeschichte wie auch der Familie des Königs als Ratgeber auftraten, und bei denen höchstwahrscheinlich geheimnisvolle Apparaturen wie die laterna magica zum Einsatz kamen, die politische Entscheidungskraft König Friedrich Wilhelms II. zu beeinflussen. Solche Geräte habe von Bischoffwerder von dem ›sächsischen Cagliostro‹, dem Geisterbeschwörer und Trickbetrüger Johann Georg Schrepfer übernommen. Mit der Behauptung, im Besitz des Vermögens des unlängst verbotenen, in vielem als vatikanischer Geheimdienst wirkenden Jesuitenordens zu sein, waren ihm große Summen geliehen worden. Als aber kein Aufschub für die Offenlegung dieser Millionen von Goldgulden mehr möglich war, entzog Schrepfer sich 1774 im Leipziger Rosental angeblich im Beisein Bischoffwerders durch Selbstmord seinen Gläubigern. Wie der in Saalfeld gebürtige Hallenser Professor Dr. Johann Salomo Semler, den Theodor Fontane im übrigen als den ›Vater des Rationalismus‹ bezeichnete, am Ende aber konstatiert, hätten Schrepfer und von Bischoffwerder Zauberei und Alchimie lediglich mehr als Maske benutzt, als tatsächlich in der Praxis beherrscht.

Inwieweit auch die Kammerherren Otto Carl Erdmann und Karl Alexander von Kospoth Mitglieder solcher Geheimbünde waren, erhellt sich aus nachfolgenden Geschehnissen. Unbekannt dürften ihnen solche Aktivitäten von Kindheit an jedenfalls nicht gewesen sein, stand doch schon Ottos Taufzeuge Graf Heinrich XII. Reuß-Schleiz einer anmassonianischen, im

Umfeld von Schleiz agierenden Geheimloge vor, deren Subinspektor wiederum ein, auf Kirschkau sitzender Verwandter der Gebrüder war. Neben dem Markgrafen von Schwedt zählte auch der spätere Generaladjutant und laut ›Conversations-Lexikon‹ sogar Mitglied des Illuminatenordens von Bischoffwerda zu den vertrauteren Bekannten Ottos am Berliner Hof. Mit ersteren stand er noch viele Jahre später in vertrautem Briefwechsel, während letzterer – in dem Kammerherrn durchaus jene mit der Zeit zunehmend hervortretende Neigung zu ›magischen Wissenschaften‹ geweckt und genährt haben mag, denn er gedenkt seiner später öfters gegenüber seiner Umgebung.[276] Zwei Jahre nachdem Otto von Kospoth 1787 zu Berlin in den Ritterorden der Johanniter aufgenommen war, ging er mit seinen beiden Brüdern am 19. Oktober 1789 einen Erbvergleich ein, wodurch er bei einer, zwischen jenen veranstalteten Versteigerung die Herrschaft Mühltroff in seinen alleinigen Besitz brachte. Am 3. Dezember 1791 vom Kurfürsten damit belehnt, konnte er am 13. März 1792 endlich die feierliche Erbhuldigung seiner Untertanen entgegennehmen. Bereits am 4. Februar 1790 hatte sich Otto wieder vermählt und zwar mit Louise Marie Wilhelmine, der ältesten Tochter Jakob Friedrichs von Sichart auf Schnarchenreuth, Gottsmannsgrün und Moos, und war ›während des Reichsvicariats seiner Kurfürstlichen Durchlaucht‹ am 2. Oktober 1790 in den Reichsgrafenstand erhoben worden.

Seine Vermögensverhältnisse müssen ihm damals noch einen ungewöhnlichen Aufwand gestattet haben. Ähnlich den höchst kostenintensiven mit okkulter Symbolik förmlich überladenen Landschaftsparks der beiden mit ihm gut bekannten Rosenkreuzer Graf Heinrich Gottlob von Lindenau in Machern und Johann Rudolf von Bischoffwerder in Marquardt ließ sich auch der Graf von Kospoth außerhalb von Mühltroff auf dem Lämmerhügel [heute Schafhof] am Fußwege nach Schleiz einen englischen, mit allerlei seltenen Hölzern bepflanzten Garten anlegen, darin einen Teich mit einer Insel, der ›Milchinsel‹, die man auf Gondeln erreichen konnte, einen, nach ›italiänischen Geschmack‹ gestalteten großen Sommerpavillon mit 13 Gemächern, vier kleinen Pavillons mit je einem Zimmer und einem leichten Wohnhaus von zwei Etagen, wobei die Idee weiterentwickelt wurde, ›diese Gegend noch mit vielen anderen Gebäuden zu verschönern‹. Beim Graben der Keller wurde ›ein Gang gefunden, den die Bergleute für silberhaltig ausgaben‹, worauf das kurfürstlich-sächsische Bergamt zu Voigtsberg am 5. Dezember 1792 »dem Grafen von Kospoth

auf die von ihm eingelegte Muthung eine Fundgrube auf einem am Lämmerhügel erschürften Gang auf Silber und alle andern Metalle und Mineralien unter dem Namen ›Guter Tag‹ zu Bergrecht und mit Anwünschung eines reichen Bergsegens erb- und ei-

Mühltroff: Sommerpavillon ›Guter Tag‹

genthümlich bestätigte.« Dieser Bergsegen scheint aber nicht eben reichlich geflossen zu sein, denn ein Centner des gefundenen ›vitriolhaltigen Erzes‹ enthielt nur drei Loth Silber und der mit dem Schmelzen beauftragte ›Chemiker‹ gerieth überdies in den Verdacht, das Silber erst ›hinein gethan‹ zu haben, um den Grafen zu fortgesetzten chemischen Versuchen zu ermuntern und somit seinen eigenen gemüthlichen Aufenthalt im Mühltroffer Schlosse verlängern zu können. ...

Der Bau des ›neuen Gebäudes‹ schritt indessen rüstig fort: Geschickte Künstler, deren jeder täglich einen Dukaten erhalten haben soll, verschönerten sein Inneres, namentlich den unter dem Kuppeldach befindlichen runden Saale. Der Park wurde sorgsam gepflegt und mit ausländischen Pflanzungen geziert. Damit daselbst auch Andere sich einen ›guten Tag‹ machen könnten, gestattete der Graf seinem Aufseher Vogel, welcher sich in dem erwähnten ›leichten‹ Wohnhause aufhielt, ›dann und wann ein Fäßchen Bier hinausschroten zu lassen, den Arbeitsleuten einen Trunk zu reichen, für die gräflichen Domestiken ein Tänzchen zu veranstalten, eine Kegelbahn anzulegen und auch an vorübergehende fremde Personen Speise und Trank zu verabreichen‹. Wegen dieses ›Wirthshauses‹, wie man es nennen sollte, geriet der Graf in erbitterten Streit mit dem Stadtrat,«[277] welcher die Interessen der städtischen Gastwirte bedroht sah, doch die kurfürstlichen Behörden erachteten in diesem kurzeitigen, ja kostenlosen Ausschank keine Beeinträchtigung ihrer Rechte. »Manche Stunde mag der Graf auf seiner ›Sommerruhe‹ allein oder in Gesellschaft seiner Freunde, Beamten und der ›mühltroffer Honoratioren‹, die er gewöhnlich zu seinen Concerten einlud, verweilt und dadurch Abwechslung in sein eintöniges Leben gebracht haben. ... Sollte, wie man sich erzählte, die ganze Anlage auf dem ›Guten Tag‹ wirklich 70-80.000 Thaler gekostet haben, so darf man sich nicht wundern, daß die gräflichen Kassen geleert waren und der Graf sich nach anderen Mitteln umsehen mußte, sie wieder zu füllen.«[278]

So suchte er die Einkünfte seiner Herrschaft u.a. dadurch zu erhöhen, »daß er in Ranspach auf Vitriol muthen ließ, das Alaunwerk daselbst an sich brachte und Bohrversuche nach Steinkohlen anstellte, bei welcher Gelegenheit aber nur Mergel und Schmergel entdeckt ward. Ersterer ›wurde in Dresden untersucht und als sehr gut befunden‹ und verschaffte dem Kammerherrn von Kospoth das Diplom eines Ehrenmitgliedes der ökonomischen Societät. Gleichzeitig setzte der Kammerherr, unterstützt von dem Kupferschmelzer Pömpner in Ranspach, seine ›chemischen Versuche‹ fort, die jedenfalls durch die von seinem Groß- und Urgroßvater ererbten ›chemischen Recepte‹ veranlaßt worden waren und später eine noch größere Ausdehnung erhalten sollten. Ober er dabei viel gewonnen und überhaupt seine Güter zweckmäßig bewirthschaftet habe, bleibt dahingestellt.«[279]

Weitere Mittel generierte der Graf – wie der Mühltroffer Pfarrer und Geschichtsforscher Karl Herrmann Richter [1857] erzählt – mittels, aus rittergutswirtschaftlicher Perspektive höchst fragwürdiger Vergleiche, in dem er seine in Langenbach, Langenbuch, Thierbach und Ranspach begüterten Untertanen gegen eine Einmalzahlung von lediglich 3.620 Thlr. von ihren seither geleisteten ungemessenen Spann- und Handfrohnen mit Einschluß der Kutsch-, Pferde- und Brieftrag-Frohnen, Wein- und Salzfuhren für ewige Zeiten befreite. Weitere 30.000 Thlr. erlangte er dergestalt, »daß solches Capital verhältnismäßig auf eines jeden Besitzers Grundstück zu 2½ Prozent sub hy- potheka immerwährend und eisern stehen und haften blieb. Hierüber hatten sämmtliche Fröhner noch fünf Tage Hand- arbeit während der Ernte zu übernehmen, auf einigen na- mentlich bezeichneten Wiesen gegen ein Geldäquivalent das Gras zu mähen, dürr zu machen, einzufahren und abzuladen, auch einige Tage Jagd- und andere Frohnen zu leisten.

Dieser Vergleich, welcher am 27. November 1794 die landes- herrliche Bestätigung erhielt, erschien den Unterthanen so überaus günstig, daß sie, ›weil ihnen durch denselben außer- ordentlich aufgeholfen worden sei‹, nicht umhin konnten, ihre Dankbarkeit auf eine ganz besondere Art an den Tag zu legen. Sie beschlossen einstimmig, dem Grafen ›nach Maaß- gabe und Verhältnis ihrer Besitzungen und zeither geleisteten Frohndienste‹ ein ›freiwilliges Geschenk‹ an Gelde zu machen, die einzeln Summen nach höchster Confirmation des gedach- ten Frohnvergleichs entweder sofort baar zu erlegen, oder so lange der Graf sich solches gefallen lasse, mit 5% zu ver- zinsen. ... Der Graf von Kospoth schlug dieses Anerbieten keineswegs aus und empfing demnach von den Begüterten aus Langenbach 5.325 Thlr., aus Langenbuch 3.455 Thlr., aus Ranspach 3.000 Thlr., aus Thierbach 5.055 Thlr. in Summa 16.835 Thlr. als ein ›donum gratuitum‹.«[280]

Diese großzügigen Geschenke deuten zwar ein freundschaft- liches Verhältnis zwischen dem Grafen und seinen Untertanen an und lassen ihn als Wohltäter erscheinen. Allerdings gab von Kospoth zu dieser Zeit auch für nicht völlig haltlose Gerüchte Anlaß, in seinem Hause gingen Schatzgräber, Geis- terbanner, Schalengießer, Ruthenschläger und andere Betrü- ger ein und aus, ja der Graf treibe sogar Falschmünzerei.

In der Tat beherbergte er mehrere zwielichtige Gestalten, so als Gesellschafter den Notar Joseph Stein, als Gutsverwal- ter den Schneidergesellen Heinrich Becker, als Sattler und wahrscheinlich heimliche Schatzheber die beiden Grenadiere Bräudigam und Schneider aus Neustadt und Auma sowie als Alchimisten für sein Laboratorium den Strumpfwirker Gräfner aus Möschlitz. Dem Joseph Stein [*1735], der in jungen Jahren eine katholische Kloster- und Priesterlaufbahn wieder aufgegeben und es im protestantischen Bayreuth schließlich zum Notar gebracht hatte, redete man nach, er habe sein Kloster bestohlen und auf der Flucht sogar des Küsters Tochter mitgenommen. Allerdings konnte er guten Leumund und wohlwollende Empfehlungsschreiben hochgestellter Bayreuther Persönlichkeiten vorweisen. Nach Sachsen war er erst 1790 auf Einladung des Rittergutsbesitzers Adler auf Rößnitz ge- kommen, ›dessen Bücher er durchsuchen sollte‹, worauf er auch auf dem von Röderschen Rittergut in Morgenröthe, dem von Winkelmannschen in Chrieschwitz dahingehend tätig wurde, bis der Herr von Müffling auf Reussa Gefallen an dem gelehrten und amüsanten Manne fand und ihn als Gesell- schafter bei sich behielt. Steins Assistent war der Bornaer Schneidersohn Heinrich Becker [*1745], der es durch Fleiß und schnelle Auffassungsgabe vom einfachen Handwerks- gesellen zum Gutsverwalter des Hofrats Bastineller auf Ossa gebracht hatte, der ihn sogar in seinem Testament bedachte. Auf den erwähnten Schlössern und Rittergütern erregte das Duo Aufsehen, indem es – man höre – mystische Bücher besprach, Geister zitierte, die nicht erscheinen wollten, nach Schätzen grub, die sich nicht finden ließen, Rutengängerei betrieb, sympathetische Kuren verabreichte und sich mit anderen geheimnisvollen Dingen beschäftigte.[281] »Um sich mit ›denen Geistern in Vernehmung zu setzen‹, bediente sich Stein eines zylindrischen Glases mit roten, in Spiritus eingeleg- ten Körnern am Boden, welches angeblich der Markgraf Fried- rich von Bayreuth von einem Kardinal aus Rom erhalten hätte, sowie eines unter einem ›guten‹ Planeten geborenen Jungen aus Plauen, der hierzu das Medium geben mußte. Solches kriminalisierte den Stein in den Augen der Polizeibehörden freilich noch nicht per se, »denn die ›magischen Wissen- schaften‹, die freilich meistens auf allerhand Spielereien und

Gaukeleien, wenn nicht Betrügereien hinausliefen, schienen damals in vielen voigtländischen Schlössern, Bürger- und Bauernhäusern ebenso üblich gewesen zu sein, als zu anderen Zeiten und an anderen Orten die Manie des Tischrückens und Geisterklopfens. Allein theils durch eigene, theils durch fremde Schuld wurden Stein und Becker im Jahre 1794 in weiten Kreisen bekannt – berüchtigt und zogen die Aufmerksamkeit des größeren Publikums auf sich. Dies geschah durch die Schatzgräberei zu Crottendorf, durch die Schachtelgeschichte zu Pausa und mehrere in der Gegend von Neustadt-Orla und Ziegenrück verübte Betrügereien.«[282]

Die Schachtelgeschichte verdankt ihren Namen einem, von den Behörden sichergestellten Behältnis mit Beschwörungsutensilien aus dem Besitz Steins und Beckers. Die Geraische Volkszeitung konstatiert dazu, daß »selbst Männer von Kenntnissen und gesundem Verstande sich durch solche Betrüger hinreißen ließen. ... Es würden sich im sächsischen Voigtlande verschiedene sogenannte Schatzgräber auffhalten, welche auch kürzlich bei dem Herrn G. in M. ihre Kunst erwiesen und so geschickt im Schlosse vorzuspiegeln gewußt, ... der Herr Graf solle nur erstlich unter der Armuth Holz und Getreide austheilen, täglich Betstunden halten, ein neues Hospital und eine Windmühle bauen, auch eine Quantität Säcke anfertigen lassen, welche aber mit seidenem Bande eingefaßt sein müßten, wodurch der Schatz gehoben werden könnte.«[283] Mit den im Amte Ziegenrück vorgefallenen Betrügereien hatten Stein und Becker indes nichts zu tun. Hier waren bei einer versuchten Schatzhebung auf der alten Walsburg bei Dörflas zwei Beschwörer – ein ›Feldscher‹ und ein ›Jesuiter‹ –, die vorgaben bei dem Grafen von Schleiz zu weilen und von einem Teilnehmer, einem Mann aus Liebengrün, 30 Laubetaler ergaunerten, damit der Jesuit in der Schleizer Bergkirche eine, die Schatzhebung fördernde Messe lesen könne. Als sich der Liebengrüner Bauer später aber bei der Schloßwache nach ihnen erkundigte, erhielt er von einem Soldaten prompt die Antwort, ›dergleichen Leute halten sich in Schleiz nicht auf, das Mühltroffer Schloß aber ist voll davon‹. Das warf natürlich kein allzugutes Licht auf den Grafen von Kospoth. Seine Familie machte sich Sorgen und wirkte auf den Mühltroffer Justitiar Marbach hin, zunächst Stein und Becker und ein halbes Jahr später auch den Grafen selbst an höchster Stelle anzuzeigen, weil dieser »mit verdächtigen Personen, die er beherbergt, Geisterbeschwörungen, Schatzgräbereien und andere Gaukeleien getrieben, aufrührerische Reden in Gegenwart vieler Personen geführt und den Verdacht der Fertigung und Verbreitung falscher Münzen wenigstens die Wissenschaft davon auf sich geladen«[284] haben soll. Den Beklagten aber bekümmerte weniger die ›außerordentliche verläumderische Denunciation‹ als daß sein einstiger Jugendfreund und Amtsverwalter sich nun wider ihn wandte.

Was den Vorwurf der Falschmünzerei betrifft, »so wird der Graf nach dem Schmelzen seiner beim Alaunwerk in Ranspach und am Lämmerhügel gefundenen Erze nach und nach zu Versuchen übergegangen zu sein, ›mittels geheimnisvoller chemischer Arbeiten unedle und geringe Metalle in edle zu verwandeln‹. – Er leugnet nicht, daß unter seiner Aufsicht und Beihilfe in einer alten Küche des Schlosses – wahrscheinlich in dem schon von Melchior Otto von Bodenhausen benutzten Laboratorium – Versuche auf edle Metalle gemacht worden seien, daß man namentlich danach getrachtet habe, ›den Merkurium zu fixieren‹, auch einmal ein ›goldhaltiges‹ Metall zu Stande gebracht und, um die Schwere desselben zu prüfen, einen preußischen Louisdor in Blei abgedruckt und in diesen Abdruck von jenem Metalle etwas gegossen habe. Der Abguß aber ›um 20 und einige Aß‹ zu leicht und die Sache damit abgethan; allein als der Graf später seinen ›Chemiker‹ ... entlassen hatte, drohte dieser mit jenem ›Abguß‹ und forderte 200 Thlr., widrigenfalls er den Grafen als Falschmünzer denuncieren und ›aufs Zuchthaus‹ bringen werde. Unglückseliger Weise hatte um jene Zeit ein Fleischer aus Pausa zwei Louisdor´s ausgegeben, welche, wie sich später herausstellte, nicht falsch, sondern nur zu leicht waren, aber durchaus in der Münze des Grafen gefertigt sein sollten.«[285]

Dem von Kospoth gelang es, den Vorwurf zu entkräften,

indem er einwandte, warum er Münzen prägen sollte, wenn er doch erst kürzlich ein selbst hervorgebrachtes Stückchen Gold um 8 Thlr. 6 gr. an die Münzwardei in Leipzig verkauft habe. »Die beiden anderen wider den Grafen von Kospoth erhobenen Beschuldigungen gründeten sich hauptsächlich auf ein Gespräch, welches am Neujahrstage 1795 an der gräflichen Tafel geführt worden war. Der Graf hatte seiner Gewohnheit gemäß am ersten Tage des Jahres mehrere mühltroffer ›Honoratioren‹, den Pfarrer Gabler, den Acciseinnehmer und den Justitiar Marbach (Vater und Sohn), den Landrichter Dietsch, den Apotheker Hendel u. A. zu Tische geladen. Und, wie man sich erinnern wollte, während des Essens und nach aufgehobener Tafel etwa Folgendes geäußert: ›Ich bin völlig für die neufränkische Revolution portiret und stimme mit allen ihren Grundsätzen überein; wenn sich nur ein Schwarm Mißvergnügter fände, ich stellte mich sogleich an ihre Spitze. … Es wird nicht lange dauern, in zwei Jahren sind alle Tyrannen gestürzt.‹«[286] Dem 74-jährigen Pfarrherrn Gabler aber entgegnete der Graf, daß er selbst sich glücklich schätzen könne, denn er ›lebe mit den himmlischen Geistern in dem genauesten Umgange‹. So oft er wolle, erschienen sie ihm, er könne mit ihnen sprechen und sie redeten mit ihm in dem sanftesten Tone. Und er belehrte den Pfarrer: »Die guten Menschen werden nach ihrem Tode nicht sogleich in Engel verwandelt, es werden aus ihnen zuerst Mittelgeister, so dann Engel auf der untersten Stufe, die sich dann nach und nach bis zur höchsten Stufe der Cherubim emporschwingen. … Diejenigen, die ich in diesem Leben gekannt habe, erscheinen mir in ihrer völligen, aber weit lieblicheren Bildung, doch in der Gestalt und Größe der Kinder von sechs Jahren.

So erscheinen mir meine seligen Großältern, der selige Gellert [ein Dichter] u. A. und verkünden mir Wunderdinge. … Mein Großvater hat in dem sanftesten Tone zu mir gesprochen: ›Ich bin ein Cherub und sage dir: Otto, Otto, du wirst ein sehr großer Mann in der Welt werden, aber Otto, scharf mußt du sein.‹ Auch meine Großmutter ist mir erschienen, aber nur in der Gestalt eines gemeinen Engels und hat mir gesagt: ›An dem und dem Ort liegen geheime Schriften, welche dir einen andern Ort anzeigen werden, wo du dein größtes Glück finden wirst.‹ ... und alles haben wir gefunden, nur den glücklichen Ort suchen wir noch. — In dem geheimen Umgange mit den himmlichen Geistern erfahre ich sogar die Schicksale noch lebender und auch verstorbener Menschen in der Ewigkeit; so habe ich die Nachricht, daß meine Mutter noch nicht selig ist, und im kläglichen und mitleidigen Tone sprach mein Cherub zu mir: ›Dein jüngster Bruder – o weh, o weh, o weh dem!! ...‹ Auf die Entgegnung des Pfarrers, daß dies ›auf Schröpferische Magie oder Swedenborgische Schwärmerei‹ hinauslaufe, fuhr der Graf fort: ›Ja, Swedenborg ist mein Führer; nichts von Schröpferischen Betruge; lauter Realitäten, ich bin meiner Sache gewiß. ... Selbst der selige Gellert ist mir erschienen, er ist mein Schutzengel; unter seinem Einflusse dichte ich meine geistlichen Lieder, ganz in Gellerts Geiste. ...

Ich werde ihm auch ein Monument errichten. So habe ich auch beschlossen, eine neue Kirche zu bauen, wozu ich den Ort schon ausersehen habe.«[287] Nachdem der Graf noch verlautet hatte, daß er wisse, wann der Pfarrer Gabler sterben werde, herrschte betretenes Schweigen. Mit der Entgegnung des Geistlichen, daß er selbst auch wisse, wann er sterben werde, ›nämlich dann wenn der Herr will!‹, endete die Zusammenkunft und alle nahmen betroffen Abschied. Nicht nur den Pfarrer ließ dieses Neujahrsgespräch nicht los: Er wurde bei seinem Superintendenten Dr. Handt in Plauen vorstellig und vermeldete dort, »daß der Graf von Kospoth den öffentlichen Gottesdienst jetzt sehr selten besuche, dagegen in seinem Schlosse Betstunden halten lasse, wobei es ›an verschiedenen aufgerichteten Altärchen sehr andächtig zugehen‹ solle. Auch habe der Notar Stein »kurz vor denen zwölf Nächten noch sieben fremde Personen in weißen Mänteln (der Sage nach Jesuiten) mit herrschaftlicher Equipage und selbst in Begleitung des Grafen aus der Gegend von Neustadt, wo eben in einer heiligen Nacht die ersten Erscheinungen geschehen wären, abgeholt, welche sich noch Alle incognito im Mühltroffer Schlosse aufhielten. Zudem wolle der Amtmann

Marbach wissen, daß die saubere Gesellschaft zu der berüchtigten Schatzgräberrotte in Crottendorf gehöre, und scheine Ahnung zu haben, daß sie auch gewisse jakobinische Revolutionsanschläge im Schilde führten.«[288]

Auch diesen Vorwürfen begegnete der Graf vor Gericht mit überlegener Argumentation: [1] »Daß er sich für die Französische Revolution ausgesprochen habe, müsse er entschieden in Abrede stellen, es sei widersinnig für einen Edelmann, solche Äußerungen zu tun, sei er doch erst vor kurzen in den Grafenstand erhoben worden, werde also die allerhöchste Gnade nicht mißbrauchen.«[289] [2] Mit dem leicht erregbaren Pfarrer Gabler habe er sich nur einen Scherz erlaubt, und [3] überhaupt diese Leute nur zu sich geladen, um hinter ihre Gesinnungen zu kommen. So habe er vor dem Justitiar Marbach lediglich mit Mystik ein wenig kokettiert, um ihn zu neuen unnötigen Denunziationen zu veranlassen. Zu dem Zwecke wäre der Graf als ein Mitglied ›des Ordens der schwarzen Brüder‹ aufgetreten, und habe – um dieses Vorgeben recht glaubhaft zu machen – von Pömpner in Ranspach entsprechende Stempel verfertigen und von Becker Briefe in Chiffre schreiben lassen. [4] Mit seinem Gerede von den Geistern habe er nur den anwesenden Notar Stein erfreuen wollen, der ein abergläubischer und einfältiger Mann sei und fest an Geistererscheinungen glaube, weswegen er sich für einen Anhänger des Naturwissenschaftlers und Jenseits-Forschers Emmanuel Swedenborg [†1772] ausgegeben habe, dessen Schriften ihm aber ›zu trocken und zu mysteriös‹ seien. [5] Dennoch habe sich der Graf durchaus von seinem abergläubischen Gesellschafter Stein gerne abendfüllend ›von Luft-, Feuer- und Wassergeistern, Erdgnomen, Nixen, Salamandern, Allraunen, Rübezahlen, von Todtenvögeln u.s.w., von ihrer Entstehung, Fortpflanzung, ihren speciellen und allgemeinen Wirkungen‹ erzählen lassen. [6] Er selbst führe zwar oft und gern Gespräche über ›natürliche Magie‹, wäre aber konsequent ›gegen alle gewerblichen Schatzgräber, Geisterseher, Seligsprecher und andere Betrüger‹ eingestellt, was nicht verwunderlich sei, wären diese doch seiner verstorbenen Mutter

– die an eine Mühltrofferin [†1793] einmal mehr als 1.000 Thlr. verwendet hatte, worauf nach dem Aufhebeln des Fußbodens in ihrem Kabinett, die von dieser darunter verheißene große Menge Geldes aber ausblieb – teuer zu stehen gekommen. Obwohl sich der Graf nicht ohne Geschick zu verteidigen wußte, wurde er dennoch aufgrund von Zeugenaussagen zu einer Geldstrafe von 50 Thlr. verurteilt, die später auf 30 und schließlich auf 10 Thlr. gemäßigt wurden.

Seine Mitangeklagten Stein und Becker aber mußten – weil sie »dem Aberglauben sehr ergeben und im Voigtlande viele Trugkünste, Gaukeleien und mannigfaltigen Unfug ausgeübet« – sechs-, bzw. drei Wochen ins Gefängnis. Während ersterer daraufhin nach Ranspach verzog, wo er bis zu seinem Tode 1809 vom Grafen unterhalten wurde, blieb letzterer bis zu seinem Ableben 1808 als Gutsverwalter in Mühltroff in Stellung.[290] Damit war die Sache aber noch lange nicht ausgestanden: »Dem Justitiar Marbach konnte es der Graf nicht verzeihen, daß er ›von ihm, seinem Untergebenen schändlich behandelt und beinahe auf Leben und Tod angeklagt worden sei‹. Um nicht ›der Spott der ganzen Gegend zu bleiben, daß er sich von seinem Amtmann turbiren und gröblich behandeln lasse‹, sagte er demselben die Stelle eines Amtmannes von Mühltroff auf und verfehlte nicht, ihn bei jeder Gelegenheit ›als bösen Mann, als seinen Ankläger, Denuncianten und Capitalfeind‹ zu schildern, der sogar ›mit einem zum Meuchelmorde überaus bequemen Stockdegen‹ ausgehe und dergleichen mehr. Marbach seinerseits beschuldigte den Grafen, daß er sich ›unbefugter Weise in die Justizpflege mische‹, und bat die höheren Behörden, die ›Justiz zu schützen, ihn in seiner Stelle zu belassen und es nicht zu gestatten, daß er vom Grafen turbiert werde‹. Es entspann sich jetzt eine Reihe von Klagen und Gegenklagen, die – was gegenseitige Gereiztheit, hämische Ausfälle und allerhand Schikanen anbelangt – ihres Gleichen suchten, die Abhörung vieler Zeugen nöthig machten, den Rath, die Handwerker-Innungen und viele Bürger von Mühltroff in den Streit hineinzogen und endlich damit endeten, daß der Graf die aufgelaufenen nicht unbedeutenden Kosten zu bezahlen hatte, der Justitiar Marbach aber entlassen wurde, auch der Landrichter Dietsch, Marbachs ›Cumpan und Busenfreund‹ – wie ihn der Graf nannte –, von seinen Ämtern suspendiert wurde.«[291] Das ließen die beiden Juristen selbstredend nicht auf sich sitzen und gingen in die Berufung, was zu weiteren Prozessen und Gegenprozessen führte, in welche sich die Kontrahenten nach und nach verwickelten, bis nach insgesamt 6 Jahren und – wie die mündliche Überlieferung will – am Ende 99 Gerichtsprozessen im Jahre 1801 endlich wieder Ruhe und Ordnung in Mühltroff einzogen.[292]

Nicht allein infolge der hohen Prozeßkosten, vornehmlich durch Baulust und Spekulation hatte sich der Graf inzwischen an den Rand des Ruins gebracht. Sein Besitztum – ehedem eines der bedeutendsten im ganzen Kreise – hatte bereits 1799 schuldenhalber unter Zwangsverwaltung gestellt werden müssen. Ein Verkauf der Herrschaft um 294.000 Thlr. wurde nach einigen Jahren wieder rückgängig gemacht, wohl weil der Graf die dabei ausgehandelten Bedingungen nicht eingehalten hatte. Im Jahre 1808 wurde der Besitz dann zwangsversteigert, ihm aber Wohnung im Schloß belassen. Um diese Zeit trennte auch seine Gemahlin, der die Mißwirtschaft längst ein Greuel war, ihre kinderlose Ehe mit ihm und überließ den Verschwender und Schwärmer seinem Schicksal. Sie übersiedelte nach Lützen bei Leipzig und verstarb später in Dresden. Der Graf selber aber lebte in völliger Abgeschiedenheit weiter in Mühltroff. »Seine Verwandten mußten ihn mit Nahrungsmitteln unterstützen. Durch Abfassung von Gelegenheitsgedichten für Mühltroffer Bürger erwarb er sich noch ein paar Groschen zum Unterhalt. ... Von seinen ehemaligen Untertanen nahm er Geldgeschenke an, und als in den beiden Teuerungsjahren 1816 und 1817 an die armen Leute unentgeltlich Kartoffeln abgegeben wurden, da schickte auch der königlich preußische Kammerherr Otto Karl Erdmann Graf von Kospoth hin, um sich seinen Anteil holen zu lassen.«[293] Dann kam am 23. Juni 1817 frühmorgens gegen vier Uhr auf dem Heuboden über dem herrschaftlichen Pferdestalle Feuer aus.

Eine auf dem Schloß lebende, dem neuen Besitzer in jeder Hinsicht sehr nahestehende Person sollte den Brand gelegt haben. Wegen der Menge des aufgespeicherten Heus griff das Feuer mit unglaublicher Geschwindigkeit um sich, so daß die Wirtschaftsgebäude des Rittergutes fast alle zur gleichen Zeit von ihnen ergriffen wurden. Das unweit des Schlosses befindliche sogenannte ›Reithaus‹ ging ebenso in Flammen auf wie die Schloßkirche und 11 benachbarte Bürgerhäuser. Auch vor den Hauptgebäuden des Schlosses machte das Feuer nicht halt. Alles flüchtete und brachte das Notwendigste in Sicherheit. Nur der Graf von Kospoth blieb, obwohl rechtzeitig gewarnt, hartnäckig in seinen Zimmern im fünften Stock, weil er einen Feuersegen besitze und keine Flamme ihm nahe kommen könne.[294] »Endlich aber zu spät erschien er, in ein Betttuch gehüllt am Fenster und schien sich durch einen verzweifelten Sprung retten zu wollen, aber die Glut schlug über ihn zusammen, und er wurde nicht mehr gesehen.«[295] Das Schloß brannte daraufhin vollkommen aus. Sterbliche Überreste von ihm wurden nicht gefunden. Er war buchstäblich verschwunden. »Ob der Graf von der Kraft des Feuersegens wirklich überzeugt war, oder ob er − seines Daseins überdrüssig, des Glaubens an Gott und Menschen baar, fürchtend, sein letztes Obdach zu verlieren und seinen Verwandten zur Last zu fallen − es vorzog, sich unter den Trümmern seines Schlosses begraben zu lassen? Ob man der Wahrheit nahe kam, wenn ›man sagte, er wollte sterben‹?«[296] Wir wissen es nicht. Außer einigen Schriftstücken und natürlich den Niederschlägen in der behördlichen Überlieferung ist einzig die Kenntnis seiner musikalischen Werke auf die Nachwelt gekommen. Selbst sein geliebtes Sommerschlößchen ›Guter Tag‹ auf dem Lämmerhügel wurde noch im Jahre seines Todes wegen Baufälligkeit abgerissen. Auch keine Spur von den anderen Gebäuden nicht einmal ein Stein davon ist dort mehr zu sehen, und an dem Hügel weideten fortan wieder die Lämmer.[297]

VON KROPFF

Die von Kropff sind ein altadeliges, einst lange Zeit im Raum Halberstadt und noch um 1900 im Braunschweigischen blühendes Geschlecht. Bereits 1626 erscheinen sie als in Jesuborn bei Gehren begütert. Von da gelangte der dort bestallte gräflich-schwarzburgische Oberforst- und Jägermeister Christoph von Kropff [1615-1693] im Jahre 1667 in den Besitz des Rittergutes Zeutsch, dessen intellektuelle Hälfte er schon durch seine Vermählung mit Anna Sophie von Bronsart, der Tochter des vormaligen Besitzers, gewonnen hatte. 1681 erwarb er $^3/_{12}$ des benachbarten Rittergutes Niederkrossen, so daß fortan zwei Rittergüter dort bestanden und ließ 1691 zwei Häuser der südlich von Zeutsch gelegenen Wüstung Töpfersdorf allerdings ohne seine imposanten Kirchruine wiederaufbauen. Der Wappenschild der thüringischen Linie derer von Kropff ähnelt dem alten Wappen derer von Ulstedt, denn es ist quadriert und hat im 1. und 4. Feld je einen Sparren, begleitet von 3 Ringen, sowie im 2. und 3. Feld, ähnlich dem Wappen der von Obernitz einen Pfahl.[298] Sein Erbe verteilte von Kropff

Niederkrossen: Kirche und Rittergut

dergestalt, daß Christian Georg [1671-1722] als älterer Sohn Zeutsch und Erhard Dietrich [1672-1730] als jüngerer Sohn Niederkrossen erhielt. Dieser hatte keine Erben und sein Neffe, der Sohn Christian Georgs, Heinrich Philipp [1710-1787], und seine Gemahlin Charlotte Sophie von Lengefeld [†1792] übernahmen das Gut, worauf es am Ende sein Enkel, der Bezirks-Tierarzt Siegmund Adolf Erdmann von Kropff auf Oberkatz [bei Meiningen] im Jahr vor seinem Tode 1858 an den Mitbesitzer des unteren Gutes, der Rudolstädter Fürsten, verkaufte, der es fortan als privaten Sommersitz nutzte.

VON *KUTZSCHENBACH*

Die Kutzschenbachs sind ein »aus Thüringen stammendes Geschlecht, das seit 1497 in und bei Dornburg a. S. urkundlich auftritt, von dort in das Amt Camburg, dann nach Weißenfels kommt und später in Reuß«[299] und zwar im Raum Gera ansässig wurde, als Johann Friedrich Kutschenbach [1681-1732] zum reußischen gemeinschaftlichen Kommerzienrat ernannt ward. Aus seiner Ehe mit der Geraerin Juliana Christina Keilhau [1689-1759] gingen zwei Töchter und drei Söhne hervor, von denen der älteste, Heinrich Friedrich Kutzschenbach [1718-1797], auf Meilitz, Kaimberg, Thränitz und Schönbrunn, 1739 in den rittermäßigen Reichsadel aufgenommen wurde, während seine beiden Brüder Johann Gottfried [1724-1804], Herr auf Löbichau, und Johann Augustin [1722-1770] diese Nobilitierung erst 1745 erhielten. Das Familienwappen derer von Kutzschenbach – ursprünglich ein Rabe – wurde später zu einem Windhund. So zeigt ihr Adelswappen in der unteren Hälfte auf rotem Grund einen silberner Windhund, auf grünen Rasen schreitend, während das obere Feld blau-gold geteilt ist und von einem durchgehenden Sparren in verwechselter Tinktur eingenommen wird. Johann Augustin reüssierte als sachsen-hildburghausener bzw. königlich polnischer und Kurfürstlich sächsischer Landkammerrat. Mitte der 1740er-Jahre erwarb er die kombinierten Rittergüter Bucha mit Tausa bei Knau. Am 12. September 1752 heiratete er die Hildburghäuserin Albertine Christiane von Beust [geb. 1734] und hatte mit ihr eine Tochter und zwar die auf Bucha geborene Karoline Friederike [1755-1806], welche sich später mit dem sachsen-hildburghausener Geheimrat Siegfried Kobe von Koppenfels [†1816] vermählte. Wie lange es Johann Augustins Witwe nach dem Tode ihres Mannes noch auf Bucha hielt, ist unbekannt, vemutlich nicht über das Jahr 1780 hinaus, denn sie starb 1782 in Löbichau. Das Doppelrittergut aber wurde bald verkauft.

VON LENGEFELD

Die von Lengefeld sind ein thüringisches Uradelsgeschlecht wohl aus dem gleichnamigen Dorfe bei Blankenhain im Weimarischen. Ihr Wappenschild ist quergeteilt, hat oben auf silbernem [mitunter goldenem] Grund ein schwarzes Jagdhorn mit roter Schnur und ist unten schwarz-silbern gespalten. Mit Erkenbert von Lengefeld im Jahre 1137 erstmals urkundlich erwähnt, beginnt ihre Stammreihe mit Heinricus von Lengefeld ebenfalls schon recht zeitig und zwar 1286. Weitere frühe Repräsentanten der von Lengefeld waren Friedrich und seine Tochter Adelheid, Konventsalin im Kloster zu Ilm [1289], die schwarzburgischen Vasallen Heinrich [urk. 1307-1337], Ludwig und Heinrich [1360] bzw. Heinrich, Herr auf Marlieshausen [urk. 1364-1375]. Bezüglich der Besitzstände der Familie im oberen und mittleren Saalegebiet ist zu erwähnen, daß sie sich bereits 1396 im Besitz von Reschwitz [bis 1703/

1755] und 1453 in dem von Schweinbach [bis 1741] befanden. Im Jahre 1489 übernahmen sie von denen von Holbach dann Laasen [mit Arnsbach und Döhlen] und hielten es bis zum Verkauf an die von Schönfeld im 18. Jahrhundert in Besitz, worauf das Laasener Rittergut ähnlich wie 1818 das Reschwitzer zerschlagen, das Herrenhaus zu einem Gasthof umgewandelt und 1960 wegen akuter Einsturzgefahr abgebrochen wurde. Im 17. Jahrhundert saß das Geschlecht zudem auf dem oberen Saalfelder Amthof [1644-1691] und war vor 1644 Mitbesitzer und ab 1707 alleiniger Besitzer der Weißenburg [bis vor 1760]. Die Laasen-Schweinbacher Linie der von Lengefeld hatte für ihr Wappen eine andere Farbtinktur. Im Jahre 1647 gehörte die aus drei Dörfern bestehende Grundherrschaft Laasen den Lehnserben des Friedrich Wilhelm von Lengefeld und um 1720 dem August Alexander von Lengefeld aus dem Hause Reschwitz, der zusammen mit seiner Ehefrau Magdalena Friederica geb. von Dobeneck auf Kaulsdorf [*1702] 9 Kinder hatte. Einer der Söhne – Christian August [†1789] – brachte es zum preußischen Generallieutenant und Ritter des Schwarzen Adlerordens. Reschwitz hingegen wurde – wie eine Lehnsurkunde bezeugt – im Jahre 1664 von den Brüdern Berndin Alexander, Georg Friedrich und Wolf Christoph besessen. 1689 stiftete Agnes Juliane von Lengefeld [geb. von Watzdorf] der Reschwitzer Kirche einen schönen Abendmahlskelch. Berndin Alexander – seines Zeichens Rat- und Landeshauptmann sowie Oberforstmeister – wurde schließlich alleiniger Herr auf Reschwitz und Pippelsdorf [bei Marktgölitz]. Kurz vor seinem Ausscheiden aus dem aktiven Dienst ließ er das Reschwitzer Herrenhaus im Stil jener Zeit, aber mit einfachen Mitteln neu errichten.

Im Jahre 1718 übersiedelte der damals schon 67-jährige von Rudolstadt wieder nach Reschwitz zurück und starb daselbst 1726, worauf sein Sohn aus erster Ehe, Anton Heinrich von Lengefeld [†1735], als Besitzer des Rittergutes nachfolgte.

Bedeutend wurde jedoch Berndin Alexanders Sohn aus seiner zweiten Ehe mit Maria Dorothea geb. von Schauroth [†1717], der erst am 15. Mai 1715 geborene Carl Christoph.

Erzogen in Feuchtwangen unter Aufsicht seiner viel älteren Halbschwester Magdalena von Benckendorff sollte das Waisenkind – unter Vermittlung des Dresdner ›Superministers‹ Graf Brühl, der ein Verwandter seiner Mutter war und versprochen hatte ›für das Glück seiner Zukunft zu sorgen‹ – 1728 eine Kadettenstelle in Dresden annehmen, wurde aber dann – wie ursprünglich von ihm gewünscht – als Page an den Rudolstädter Hof berufen, wo er dem Fürsten Friedrich Anton durch sein großes Bildungsinteresse insbesondere für Mathematik und Geometrie auffiel und daher die Hofbibliothek benutzen durfte. Nach seiner Pagenzeit begann er 1733 bei dem Jägermeister Johann Georg von Feilitzsch in Paulinzella eine Lehre im Jagd- und Forstwesen. Nach dem Tod seines Halbbruders als letzter männlicher Vertreter seiner Linie zum Herr auf Reschwitz avanciert, konnte er 1737 mit entsprechenden Empfehlungsschreiben seines Fürsten eine Bildungsreise nach Süd-, West- und Mitteldeutschland unternehmen, wo er vielerorts ›die schlimme Ausplünderung der Wälder ohne nachhaltige Voraussicht einer sinnvollen Weiternutzung‹ gewahrte und nach seiner Rückkehr nach Rudolstadt darum ersuchte, in die fürstliche Rentkammer bestellt zu werden, um Einblicke in die ›Forst-, Wald-, Flößerei- und andere hohen Gerechtsame‹ zu gewinnen. Daraufhin wurde er mit 25 Jahren 1740 von Fürst Friedrich Anton zum Oberforstmeister für die Wälder der Oberherrschaft [ab 1759 auch jener der Unterherrschaft] betraut. Schon frühzeitig begann er, Konzepte zur ›Verbeßerung unsers Forst- und Jagd-Wesens‹ zu entwickeln und – wie es unter den Gelehrten seiner Zeit üblich war – mittels gedruckter Traktate zu verbreiten. Darin warnte er vor der Übernutzung und Verödung der Wälder nichtzuletzt infolge der damals noch üblichen Plänterwaldwirtschaft und empfahl, ›das alte Auslichten zu unterlassen und endlich zu einem geordneten Schlagbetriebe mit schmalen Schlägen und einer Umtriebszeit von 80 Jahren überzugehen, da ein Wald von gar zu merklich unterschiedenem Bestande ein ganz ohnmächtig und kranker Körper sei.‹ Mit Erlaubnis seines Fürsten unternahm von Lengefeld auch Bestandsaufnahmen in den Gotha-

Altenburgischen, Sachsen-Weimarischen, Schwarzburg-Son-
dershäuser, städtisch-mühlhäuser Wäldern und trug deren
Besitzern entsprechende Besserungsvorschläge an. Bald wurde
er in dieser Rolle im ganzen Deutschen Reiche tätig, und
selbst König Friedrich II. von Preußen trug ihm 1763 die Forst-
aufsicht in seinen gesamten Landen an, was der nach einem
Schlaganfall 1744 halbseitig gelähmte und dennoch mobile
und rührige Enthusiast jedoch ablehnen mußte. Mit der Zeit
verbreiteten sich die Methoden dieses Mitbegründers der mo-

Reschwitz

dernen Forstwissen-
schaft weit über die
Grenzen des Reiches
hinaus und am Ende
läßt sich sogar konsta-
tieren, daß die gemein-
hin im 18. und 19 Jahr-
hundert zu Nadelwald-
monokulturen umge-
wandelten Thüringer Wälder zu großen Teilen ihm zu verdan-
ken sind. Als von Lengefeld ausgerechnet an seinem 14.
Hochzeitstag am 3. Oktober 1775 in Rudolstadt verstarb, hinterließ er eine Witwe, Louise Juliane Eleonore Frederike geb.
von Wurmb [*1743, oo 1761, †1823], und zwei Töchter Sophie Caroline Auguste [*1763] und Charlotte Luise Antoinette
[*1765]. Die Mutter – in wirtschaftlichen Dingen völlig uner-
fahren – hatte in wenigen Jahren alle Rücklagen verbraucht,
und die Familie geriet in einen materiellen Engpaß. Daher
willigte sie 1779 auch sogleich ein, als der betuchte Rudol-
städtische Beamte Friedrich Wilhelm Ludwig von Beulwitz um
Carolines Hand anhielt und – mittlerweile zum Geheimen Legationsrat ernannt – 1784 dann die Ehe mit ihr einging.

Als aber 1787 »der völlig mittellose Schiller nach Rudolstadt kam, verliebten sich beide Schwestern in ihn. Schiller er-
widerte die Zuneigung. Da sowohl Charlotte als auch Caroline
für ihn gleichermaßen anziehend waren und er sich für keine
der beiden entscheiden konnte, dachte er über eine Dreier-
beziehung nach. Doch weder Charlotte noch ihre Mutter, die

ohnehin gegen den verarmten Dichter eingenommen war, konnten sich für diese Idee erwärmen.«[300] Der Film ›Geliebte Schwestern‹ von Dominik Graf [2014] hat diese Romanze für die jüngere Generation wieder in Erinnerung gebracht.

Am Ende heiratete der finanziell inzwischen etwas besser dastehende Schiller Charlotte von Lengefeld am 22. Februar 1790 in der kleinen Kirche von Wenigenjena. Von den vier Kindern des Paares – Karl Ludwig Friedrich [1793-1857], Ernst Friedrich Wilhelm [1796-1841], Caroline Luise Friederike, verh. Junot [1799-1850] und Emilie Henriette Luise, verh. von Gleichen-Rußwurm [1804-1872] – tat Karl [später Freiherr von Schiller] es seinem Großvater nach und wirkte als Oberförster im königlich-württembergischen Forstdienst. Charlottes Schwester Caroline aber strebte noch im Jahre 1790 die

Schloß Weißenburg

Trennung ihrer kinderlosen Konvenienzehe an, welche ihr 1794 auch tatsächlich gewährt wurde. Noch im gleichen Jahre heiratete sie mit dem weimarischen Legationsrat Wilhelm von Wolzogen, den Sohn einer früheren Gönnerin des Dichters. 1797 eröffnete sie in Weimar einen Salon, der sich zu einem Treffpunkt für die damalige Literaten- und Philosophen-Szene der Stadt ent-wickelte und in dem Geistesgrößen wie Johann Wolfgang von Goethe, Christoph Martin Wieland, Johann Gottlob Fichte, Friedrich Wilhelm Joseph von Schelling und Wilhelm von Humboldt verkehrten. Mit ihrem Roman ›Agnes von Lilien‹ [1797] kam Caroline sogar selbst zu literarischem Ruhm.

Im Zuge mehrerer Schicksalsschläge wie dem, durch ein geheimnisvolles Leiden erfolgten Tod Schillers [1805], dem ihres 1803 zum Geheimrat an der Seite Goethes ernannten Ehemannes [1809], dem ihres einzigen Sohnes Adolf [1825] und schließlich dem Ableben ihrer Schwester Charlotte [1826] übersiedelte sie nach Jena und veröffentlichte 1830 eine Biographie von Schiller. Bis zu ihrem Tod 1847 führte sie dort ein zurückgezogenes, von schwärmerischer pietistischer Leben.[301]

VON LOBDEBURG

Die bereits gegen Ende des Mittelalters ausgestorbenen Edlen von Lobdeburg haben wie kaum eine andere Adelsfamilie mit Kolonisation und Landesausbau das Antlitz des Landes zwischen Saale und Weißer Elster geprägt. Ihre ursprünglichen Stammgüter lagen allerdings in Auhausen an der Wörnitz im Nördlinger Ries sowie in der Schweinfurter Gegend. Vom Ries aus bildeten die im Jahre 959 erstmals urkundlich erwähnten Herren von Auhausen und deren Zweig, die von Alerheim zahlreiche Nachkommensäste. Einer der Halter ihrer Stammgüter – ein Hartmann von Auhausen [um 1100 bis vor 1150] – begründete nach dem Jahre 1129 mit den größten Teil seines Allodialbesitzes das Kloster Auhausen und verzog im Rahmen des Landesausbaus unter König Lothar III. mit seinen, damals noch minderjährigen Söhnen Rapoto, Hartmann I. und Otto I. in die Saalegegend, wo er 1133 als Zeuge in einer Urkunde des Bischofs Udo von Naumburg auftritt. Dann hören wir erst 1166 wieder etwas von seinen Söhnen, als Hartmann [urk. bis 1184] und Otto [†1194], Gebrüder von Lobdeburg, im Gefolge des Markgrafen von Meißen in Camburg weilten. Ihr Zuname zeigt sie im Besitz der gleichnamigen Burg hinter der Einmündung des Rodatals in das Saaletal an, die im Jahre 1156 erstmals urkundlich in Erscheinung tritt. Indem die Lobdeburger in den Zeugenlisten der Urkunden jener Zeit gleich hinter den Grafen aufgeführt werden, dürfen wir sie ab dem letzten Drittel des 12. Jahrhunderts zu den bedeutendsten Herren des mittleren Saalegebietes zählen, als solche sie 1172 auch auf den, von Kaiser Friedrich I. zu Altenburg abgehaltenen Reichstag erscheinen. Wohl als Äquivalent gegen versprochene oder geleistete militärische Hilfe erhielten die Lobdeburger von dem Staufer, König Philipp von Schwaben, wohl im Jahre 1204 weite Teile des späteren Ostthüringens zu Lehen, wo sie im 12. und 13. Jahrhundert eine ab 1265 reichsunmittelbare Herrschaft errichteten und am Landesausbau wie auch an der Christianisierung der noch halbheidnischen Sorben maßgeblich beteiligt waren. Sie gelten nicht nur als Gründer von Lobeda, Burgau, Jena, Kahla [mit der Leuchtenburg], Roda, Elsterberg und wohl auch Pößneck. Von ihrer, von den Staufern gewonnenen Burg Arnshaugk nebst der mit Slawendörfern dichtbesiedelten Orlasenke besetzten sie die unerschlossenen Waldgebiete des Oberlandes mit Rodedörfern und schufen sich überwiegend durch Neugründung feste Herrschaftsmittelpunkte in Schleiz, Burgk, Walsburg, Wysburg, Mühltroff, Saalburg und Lobenstein, bis die Burgbezirke Hirschberg, Sparnberg, Blankenberg der Herzöge von Andechs-Meran – der Kolonisatoren des Regnitzlandes – ihrer weiteren Ausbreitung ein Ende setzten.

Als neues Hauskloster und Grablege begründeten sie 1248 das Kloster Roda.[302] »In der Zeit seiner größten Ausdehnung etwa von 1220 bis 1250 reichte das lobdeburgische Herrschaftsgebiet, nördlich von Jena beginnend, über die Täler der Roda, Orla, Wiesental [Wisenta] und oberen Saale hinweg bis nach Elsterberg. Wenn auch in den späteren Urkunden nur als Streubesitz erscheinend, war es doch ursprünglich in sich geschlossen und zusammenhängend. Abgesehen von Besitzungen bei Weißenfels und an der Unstrut und einigen meißnisch-thüringischen und geistlichen Lehngütern erwarben die Lobdeburger, soweit man aus der Überlieferung schließen kann, in Thüringen und im Osterland nichts mehr dazu, sondern verminderten vielmehr ihren Besitzstand dauernd durch Erbfall, Schenkung und Verkäufe.«[303]

Im Jahre 1216 teilten sich die Nachkommen der Gebrüder Hartmann und Otto von Lobdeburg in mehrere Linien. Der Hartmannsche Zweig zerfiel dabei in die Äste Leuchtenburg, Arnshaugk und Elsterberg, der Ottonische Stamm dagegen in die Äste Saalburg und Burgau [Bergowe]. Der Saalburger Hartmann IV. verfügte über reichsunmittelbare Güter in Mühltroff, Lobenstein und Tanna, der Arnshaugker Otto IV. [†1289] besaß Neustadt, Triptis, Auma, Oppurg und wohl auch Pößneck. Das Wappen der Hartmannschen Linie zeigt gleich dem des Auhausener Stammhauses einen silbernen Schrägbalken auf rotem Grund. Die Ottonische führte auf Silber einen roten, schräg-links gelegten geflügelten Fisch. Aber auch Löwe oder Adler kommen bei beiden Linien mitunter vor. Zwar waren die Lobdeburger bis ins 14. Jahrhundert hinein faktisch reichsunmittelbar, doch – obwohl in den älteren historischen Darstellungen häufig so bezeichnet – keine Grafen, sondern treten von Anfang an als Edelfreie [nobilis dominus] in Erscheinung, mit einem Titel also, den andere Familien erst spät und dann nur zögerlich zugebilligt bekamen. Nachdem Hartmann IV. von Saalburg wohl Jahre 1247 ohne männliche Nachkommen gestorben war, folgte ein Erbstreit zwischen seinem nächsten männlichen Verwandten und eigentlichen Lehnserben der Saalburger Güter, Otto IV. von Lobdeburg-Arnshaugk, und Vogt Heinrich I. von Gera, der mit einer Leukardis verheiratet war, die man – Zeugnisse gibt es dafür nicht – als eine Tochter Hartmanns IV. betrachtet. Am Ende verglichen sich beide Teile dahin, daß Otto Schleiz – das seit 1250 auch Lobdeburger Münzstätte war –, Saalburg und Burgk erhielt, während Heinrich Lobenstein, Mühltroff und wahrscheinlich auch Pausa zugesprochen bekam. In erster Ehe war Otto IV. mit einer Tochter Graf Günthers IX. von Schwarzburg-Blankenburg verheiratet, in zweiter dagegen mit einer Tochter des Grafen Hermann III. von Orlamünde, namens Elisabeth [um 1270 bis 1333]. Otto IV. – seit 1240/50 nachweisbar erster Vertreter der Arnshaugker Linie – war zeitlebens ein enger Anhänger des Wettiners Markgraf Heinrich des Erlauchten von Meißen [†1288], an den 1247 die Landgrafschaft Thüringen gefallen war. Mit seinem Tod vor dem 8. August 1289 und dem frühen Ableben seines einzigen Sohnes Hartmann am 20. Februar gleichen Jahres starb seine Linie bereits in erster Generation im Mannesstamm aus. Ihre Güter und Herrschaftsrechte aber gelangten über Ottos Witwe Elisabeth die Ältere – die 1290 Heinrichs des Erlauchten Sohn, Landgraf Albrecht den Entarteten [1240-1314], heiratete – und über Ottos Tochter Elisabeth II. [1286-1359] die Jüngere, die am 24. August 1300 mit Albrechts Sohn und Nachfolger Friedrich I. [1257-1323] vermählt wurde – an die Wettiner, die den Erwerb solcher kleiner Herrschaften als weitere Bindeglieder zwischen ihrer Markgrafschaft Meißen, ihren osterländischen Besitzungen und ihrer Landgrafschaft Thüringen geradezu planmäßig betrieben. Die beiden Elisabeths aber hielten das Arnshaugker Erbe noch lange Zeit als Leibgedinge. Elisabeth der jüngeren Tochter Elisabeth III. [1306-1367] vermählte sich 1319 mit Heinrich II. den Eisernen, Landgraf von Hessen [1299-1376], während ihr Sohn Friedrich II. der Ernsthafte [1310-1349] seinem Vater in der Herrschaft über Thüringen, das Osterland und Meißen nachfolgte. Auf diese Weise avancierte Elisabeth II. zur Stammmutter alle bis heute blühenden Wettinischen Linien.

Den gegen Wettiner und Vögte um das Arnshaugker Erbe geführten Erbkrieg standen die anderen lobdeburgischen Linien nicht durch, worauf sie 1313 auf Lobenstein und 1314/17 auf Schleiz verzichteten. Der verschuldete Albrecht III. von Lobdeburg-Leuchtenburg mußte seine Burgen Leuchtenburg und Roda sowie die Städte Kahla und Roda an die Grafen von Schwarzburg verpfänden und 1333 verkaufen, womit letztere die Wettiner zum Thüringer Grafenkrieg [bis 1346] herausforderten. 1344 schließlich befanden sich die Wettiner im Besitz der Oberen Lobdeburg, denn Albrecht IV. hatte ihnen schon 1329 ›dinerschaft‹ schwören müssen. Mit seiner letzten urkundlichen Erwähnung 1346 verschwindet die Linie Leuchtenburg aus der Geschichte. Im Gegenzug mußte Burckhardt III. von Lobdeburg-Elsterberg im Jahre 1315 den Wettinern sein Viertel an Jena abtreten. Eine Erbteilung zwischen Albrechts Söhnen Burkhardt III. und Hermann X. in eine Elsterberger und eine Schwarenberger Linie schwächte das Gesamthaus nur noch mehr. Schon 1329 hatten die beiden mit den Vögten von Weida, Plauen und Gera ein Bündnis geschlossen, und es wundert nicht, daß der Vogtländische Krieg 1354 mit der Erstürmung ihrer Festung Elsterberg seitens der Truppen Friedrichs des Strengen begann, worauf sie in dessen Vasallenschaft gerieten und ihre Herrschaft nach dem erbenlosen Tode Hermanns XII. [†1394] als erledigtes Lehen an die Wettiner fiel. Die Burgauer Linie der Lobdeburger hatte, da ihre gleichnamige Stammburg bei Jena bei der Teilung nach dem Tode Ottos VII [†um 1300] verloren war, sich als Ersatz dafür im Nachbarort Lobeda die Untere Lobdeburg errichtet. Von den drei Brüdern Hartmann XII. [1297-1353], Otto X. [1297-1345] und Otto XI. [1298-1350] erbte ersterer die Herrschaft an der mittleren Saale, verkaufte aber 1349 das Öffnungsrecht über die Untere Lobdeburg an die Schwarzburger, worauf 1355 schließlich die ganze Burg an die Wettiner kam, der Verkäufer sich aber das Wohnrecht daselbst vorbehielt. Letzter Vertreter dieser thüringisch-osterländischen Linie des Hauses Burgau war Johannes IV. – dessen Ableben mit 1448, 1468 bzw. 1486 angegeben wird. Die über Otto X. und XI. begründete meißnisch-böhmische Linie starb mit Otto VII. von Burgau, Herrn zu Trosky, 1460 im Mannesstamme aus und seine Tochter Barbara war die letzte Angehörige des ehedem so volkreichen Lobdeburger Hauses.[304]

VON MACHWITZ

Das inzwischen erloschene vogtländische Uradelsgeschlecht derer von Machwitz [auch Magwitz] entstammt dem gleichnamigen Ort Magwitz an der Weißen Elster zwischen Plauen und Oelsnitz. Mit dem Ritter [miles] Cunradus de Machewic im Jahre 1236 erstmals aus dem Dunkel der Geschichte tretend, zählten sie im 13. und 14. Jahrhundert zu den bedeutendsten

Vasallen der Vögte von Weida, Gera und Plauen. Aufgrund der Farben ihres, in Rot, Silber und Schwarz geteilten Wappenschildes sind sie wappenverwandt mit den ebenfalls im Dreiländereck zwischen Böhmen, dem heutigen Oberfranken und Sachsen verorteten Familien derer von der Heydte aus dem Egerland, von Zedtwitz aus dem Regnitzland, von Röder aus dem Raum Plauen, von Quingenberg u.a., und es könnte mit diesen Familien sogar eine Stammesverwandtschaft bestehen. Eine Geschlechtstafel derer von Machwitz nebst Ahnenprobe ruht seit dem Jahre 1420 im Geheimen Archiv der Markgrafen von Meißen.[305] Neben Magwitz und der nahegelegenen Burg Stein, des Heinrich von Magwitz, ›Ritter genannt der von Stein‹ [1347], sind unter ihren Besitzungen im oberen Vogtland noch Chrieschwitz [1428] bei Plauen, Lauterbach [bis 1570], Schönbrunn [um 1540] und Troschenreuth [vor 1472 bis nach 1542] bei Oelsnitz sowie Unterlauterbach [vor 1416-1537] bei Falkenstein zu nennen. Dem fügt der Forscher von Hausen [1892] noch Kempenitz [Kemnitz?] mit einer Wüstung zu Reinhardswalde [1466], Altmannsgrün und Kürbitz hinzu. Im Jahre 1290 belehnte der Vogt von Weida einen Otto de Magwitz mit Äckern zwischen Nyperk und Asche im Egerland. Im Regnitzland waren sie in Wiedersberg [1244], Ottengrün [1542], Döhlau [17. Jh.], Konradsreuth [bis 1610] und Weißdorf bei Münchberg [ab 1630] angesessen, von wo aus sie nach Sparnberg/Saale [1485] und seitens ihrer Wiedersberger Linie 1503 sogar die bedeutende Herrschaft Reichenfels-Hohenleuben in Besitz nahmen. Zudem verschlug es einen, eng mit dem Deutschen Orden verbundenen Ableger nach Ostpreußen, wo Zander von Magwitz [1413 bis 1420 Vogt zu Neumark] das Rittergut Thomsdorf [1440] erwarb. Wohl noch bedeutender als ihre elsterländische Hauptlinie wurde ihre obersaalische, wo sie im später reußischen Oberland – ganz gleich ob zum ersten Mal mit den Lobdeburgern oder den Vögten von Gera ins Land kommend – mit zu den Kolonisatoren der ersten Stunde zählten und sich besonders im Südraum der späteren Herrschaft Burgk Lehen von beträchtlichem Umfang erwarben, wobei das von ihnen sicherlich begründete Remptendorf [1325 Reinbotendorf], wo sie die Ortskirche begründeten, gewissermaßen zum Zentrum ihrer hiesigen Siedlungsherrschaft avancierte. Von hier aus erwarben sie Güter in Ebersdorf [ab 1471], Altenbeuthen [15. Jh.] und Neuenbeuthen, Reitzengeschwenda, Unter-Zoppoten und Röppisch, Unterlemnitz, Herschdorf [17. Jh.], Gräfenwarth [14. Jh.], in dem später wüsten Ort Mangelsdorf bei Schilbach [bis 1365], Kirschkau [15. Jh.], [Pahren [Großes und Kleines Gut] und besaßen als Burgleute des Schleizer Schlosses 1416 auch eines der drei Burggüter in dieser Stadt, welches noch 1528 als ›Rittergut‹ bezeichnet wurde. Auch in den sächsischen Ämtern Arnshaugk und Weida erwarben die von Machwitz Besitz, so das Rittergut von Moderwitz und um das Jahr 1500 seitens der Pahrener Linie die Rittergüter von Wenigenauma, Zadelsdorf, Silberfeld und Sorna.[306]

Die Linien derer von Machwitz zu Remptendorf

Auch wenn die Machwitze Remptendorf gegründet haben sollen, so existiert dort vor der Erwähnung jenes Konrad von Machwitz im Jahre 1408 kein urkundlicher Nachweis dafür. Selbst jener andere Konrad, der Stifter der Ortskirche und dortigen Vikarstelle, urkundet nicht vor 1438. Im Jahre 1539 erscheinen auf Remptendorf ein Kunz von Machwitz [oo Justina von Watzdorf] und 1552 ein Hans von Machwitz. 1555 wurden die Gebrüder Hans und Konrad von Machwitz von den beiden Burggrafen Heinrich d. Ä. und Heinrich d. J. in ihren Ämtern Schleiz und Lobenstein [Burgk wurde damals noch von Schleiz aus verwaltet] mit folgenden Gütern belehnt: [1] Sitz und Vorwerk zu Remptendorf mit allen Zugehörungen nebst 35 Bauerngüter in Remptendorf, [2] der nach Thimmendorf zu gelegene Flurdistrikt Autra mit einer Mühle daselbst, [3] drei Bauerngüter zu Zoppoten und [4] sieben zu Friesau. Gleichsam mitbelehnt wurde auch ihr Bruder Heinrich von Machwitz auf Altenbeuthen, der aus dem Erbnachlaß des verstorbenen Vaters bereits das dortige Rittergut angenommen hatte, sowie die von Machwitz zu Pahren. Selbst wenn die Erneuerung dieses Lehnbriefes 1567 noch keine Zweiteilung des Gutes erkennen läßt, beweist das nicht, daß der stets mit einem Ritterpferd zu verdienende Remptendorfer Besitz damals noch ein ganzer war, da in jener Zeit auch in anderen Lehnbriefen über geteilte Gutshöfe dieser Umstand unerwähnt ist. Urkundlich faßbar wird die Zweiteilung Remptendorfs erst, als das untere vordere Gut 1582 gesondert von dem oberen hinteren veräußert wird. Aufgrund unterschiedlicher Angaben in den noch erhaltenen Unterlagen sind die Verwandtschaftsverhältnisse der Machwitzfamilie auf Vorder- und Hinter-Remptendorf in diesem Zusammenhang etwas unklar. Anstatt Hans und Kunz von Machwitz treten uns im Vorfeld des Verkaufs Hans [†1569] und Kaspar entgegen. Ersterer erscheint als Ehemann der Margarethe geb. von Blankenberg auf Harra [†1570] und als Vater zweier Söhne, die seine Anteile an Remptendorf, Ebersdorf und Altenbeuthen dergestalt übernahmen, daß Friedrich [1554-1613] Ebersdorf mit einem Teile von Remptendorf und Joachim Hinter-Remptendorf und Altenbeuthen erhielt.

Dahingegen tritt Kaspar – oder besser gesagt dessen minderjähriger Sohn Joachim – als Besitzer des vorderen [unteren] Remptendorfer Rittergutes auf, das von seinen beiden Vormündern Ernst von Machwitz auf Altenbeuthen und Ernst von Oberweimar zu Weitisberga am 15.10. 1582 für 7.000 fl. und weitere Naturalien an oben genannten Friedrich von Machwitz verkauft wird. Nicht restlos zu klären bleibt, ob dieser Joachim tatsächlich Friedrichs Bruder war, da für beide unterschiedliche Väter angegeben werden. Am Ende jedenfalls befand sich Friedrich von Machwitz im Besitz von vier Rittergütern, nämlich Unter-Remptendorf [bis 1600], Ober-Remptendorf [jedes im Werte von 6-7.000 fl.], Ebersdorf [13.000 fl.] und Unter-Zoppoten bzw. Röppisch.[307]

Wie seine gedruckte und verbreitete Leichenpredigt verrät, war er mit Margarethe geb. von Draxdorf [†1610] verheiratet, die ihm in 37 Ehejahren 11 Kinder – 1 Tochter, 9 Söhne, 1 Totgeburt – gebar, so [1] Hans Veit, [2] Hans Christoph, [3] Balthasar Friedrich, [4] Hans Heinrich, [5] Hans Kaspar auf Remptendorf [oo Christina geb. von Machwitz, †1638/39], [6] David, und [7] Georg Ernst [†1651]. 1591 mußte Friedrich

»sein unteres (vorderes) Rittergut in Remptendorf zunächst an Adam Puffe verpachten und dann endlich im Jahr 1600 ›zu ablehnung seiner tranckseligen schulden, vndt abschaffung der beschwerlichen angestellten sequestratur‹ [Zwangsverwaltung] an Kaspar von Draxdorf zu verkaufen.«[308]

Derartiges war in jenen Tagen keine Seltenheit, hatten doch auch die letzten Brandensteiner auf Ranis, ihre große Herrschaft bis 1571 buchstäblich in Wein aufgelöst, der in jenen Tagen trotz Weinbaus in der Orlasenke und im mittleren Saaletal eine teure Sache war und vom Volke sonst nur zu medizinischen Zwecken, von den meisten Pfarrern aus Kostengründen überhaupt nicht und nichtzuletzt aus Prestige-Gründen nur von Adligen, vermögenden Bürgern und großen Pfarrherren [so die von Tanna, Göschitz und Hohenleuben] ›konsumiert‹ worden ist. Noch Jahre später mußten Friedrichs im Besitze nachfolgende Söhne für weitere, von ihm gemachte Schulden aufkommen. Nach seinem Tode [†1613] verwalteten seine 6 Söhne – Hans Veit war 1605 gegen die Türken gezogen, und niemand wußte, ob er noch lebte – das Erbe gemeinsam und schritten – nachdem der jüngste Sohn 1618 mündig geworden war – zur Teilung. Hans Christoph – seines Zeichens Reuß-Plauenscher Rat und Hofmeister zu Gera – erhielt das auf 13.000 fl. taxierte Rittergut Ebersdorf, Balthasar Friedrich das obere (hintere) Gut in Remptendorf, während die jüngeren Brüder ausgezahlt wurden. Heinrich und Hans Kaspar lebten weiter in Remptendorf, Georg Ernst dagegen auf Röppisch.[309] Im Jahre 1600 veräußerte Friedrich von Machwitz [†1613] auf Ober-Remptendorf und Ebersdorf das vordem [bis 1582] im Besitze seines Verwandten Konrad von Machwitz bzw. dessen unmündigen Sohnes Joachim befindliche **untere [vordere] Rittergut** im südwestlichen Anschluß an die Kirche für mindestens 5.000 fl an Kaspar von Draxdorf auf Vorder-Remptendorf und Röppisch, der mit Justine geb. von Machwitz verheiratet war. 1611 – im Jahre seines Todes – verkaufte dieser den Unterhof für 6.100 fl. und 25 Schafe aber wieder an Joachim von Machwitz auf Altenbeuthen und Ober-Remptendorf, in dem der Bruder besagten Friedrichs von Machwitz vermutet wird. 1621/22 übernahm Joachims Sohn Adam [oo Anna Elisabeth von Brandenstein] das Gut. Er kam in finanzielle Schwierigkeiten und – obwohl er wegen der Schulden 1657 Wolf Christoph von Steinsdorf auf Kraftsdorf das Gut eingeräumt hatte – ordnete der Landesherr Heinrich V. von Reuß-Untergreiz [†1667] im Jahre 1660 die Zwangs-vollstreckung an, die am Ende aber ausgesetzt wurde. Zu den Gläubigern zählten auch Adams beiden Schwestern Sibylla Regina von Röder und die Witwe Maria Magdalena von Hell-dorff, Besitzerin des Helldorffschen Rittergutes zu Herschdorf bei Leutenberg. Im Jahre seines Todes – am 29.04.1672 – schließlich verkaufte Adam von Machwitz das sicher nicht un-belastete untere (vordere) Rittergut an seinen Enkel Joseph Adam von Töpfer auf Unter-Lunzig, der in großer Geldnot sich befindlich, schon am Folgetag an Johann Scherff, »der schon das im sächsischen Gebiet liegende Rittergut Altenbeuthen von Adam von Machwitz erworben hat, 16 Untertanen zu Remptendorf und 15 Untertanen zu Friesau, die jährlich 29 fl. 4 gr. Zins zahlen, und die Schäferei des vorderen Remptendorfer Rittergutes mit allen Rechten und Wiesen für 2.100 fl. = 1.837 Rtl. 12 gr. wiederkäuflich,«[310] veräußerte, worauf des-sen Verwandter, Friedrich von Machwitz auf Ober-Remptendorf, höhnte: ›Ein Schelm hette Altenbeüthen verkaufft, und ein Schelm hette es gekaufft,‹[311] worauf sich Scherff bei der Regierung darüber beschwerte. Die Bemühungen des neuen Besitzers fruchteten nichts, und das vordere Remptendorfer Rittergut gelangte am 06.09.1672 wegen der darauf haften-den Schulden zur öffentlichen Versteigerung. Dabei gab Töpfer mit 9.000 fl. das höchste Gebot ab und erhielt darauf den Zuschlag. Am 23.10.1672 starb Adam von Machwitz und wurde gegen die Entrichtung von 12 Aßo an die Kirchenkasse in jener Gruft unter dem Altare der Remptendorfer Kirche beigesetzt, worin auch seine, einige Jahre zuvor verstorbene Gattin bereits ruhte. Am Ende konnte (von) Töpfer die, dem Landesherrn Heinrich II. von Reuß-Burgk [1634-1697] ver-sprochene Summe von 3.000 fl. nicht erlegen und dieser zog das Rittergut wegen überfälliger Gebühren ein.[312]

Länger im Besitz der Familie befand sich hingegen das **obere (hintere) Rittergut** von Remptendorf. Es befand sich unterhalb der späteren LPG-Werkstatt und gehörte – wie gesagt – im Jahre 1619/20 dem Balthasar Friedrich von Machwitz.[313]

Mit Geschick und Ausdauer verstand dieser es, seinen ererbten Besitz zu wahren und geringfügig zu vergrößern. Einen Patronatsstreit mit seinem Landesherrn Heinrich II. von Reuß-Burgk [†1639] um die Remptendorfer Kirche gewann er und ließ sich im Jahre 1632 von namhaften Künstlern wie dem Schleizer Meister Paul Keil, den seinerzeit bedeutendsten Barockmaler Ostthüringens, sein und seiner Frau reich verziertes Epitaph mit vergoldetem hölzernem Laubwerk gestalten. Das Gemälde zeigt in dessen Zentrum das Ehepaar »vor dem Kruzifix knieend neben ihrem Wappen. Die reiche Kleidung war gut gemalt, ist aber mit der Zeit verblast.«[314] Auf diesem Monument ist die folgende Inschrift zu lesen: *»Gott zu Ehren und der Kirche zur Zierde hat anno 1632 der wohledle und gestrenge Balthasar Friedrich v. Machwitz uff Rentendorf, der Zeit Patron samt seinem lieben Weibe, der wohledlen u. tugendreichen Frauen Martha v. Machwitz, geb. Thossin, zu einem guten Andenken diess Eigenthum hierin verehrt, setzen und machen lassen, ihres Alters, des Junkers im 54sten u. der Junggefr. im 52sten Jahre.«*[315]

Nachdem Balthasar Friedrich [1578-1647] weder mit seiner ersten noch zweiten Gemahlin [Sibylla, geb. von Cölln] erbfähige Kinder gewann, ging das Rittergut Remptendorf oberen (hinteren) Hofes nach seinem Tode an seinen einzig noch lebenden Bruder, den Syndikus Georg Ernst von Machwitz [†1651] auf Ebersdorf über. Er bewirtschaftete Remptendorf nicht selber, sondern hatte das Gut an seine beiden Söhnen Heinrich Ernst auf Ebersdorf und Remptendorf und Friedrich auf Remptendorf und Ebersdorf verpachtet. 1654 aber verkauften die Brüder ihr halbes oberes Remptendorfer Gut an Christian Vollrath von Watzdorf zu Unter-Zoppoten, um mit dem Kauferlös von 2.000 fl. das Leibgedinge der Witwe ihres 1638/39 verstorbenen Onkels Hans Kaspar, Christina geb. von Machwitz [die sich inzwischen wieder mit einem von Machwitz vermählt hatte], aus dessen Mitbesitz am Oberhof endlich abzutragen. Schon 1663 verkaufte von Watzdorf seinen Anteil an diesem Gut zusammen mit einigen, ehedem zum Rittergut Ebersdorf gehörenden Grundstücken an den jungen, viel versprechenden, am Ende aber per Suizid aus dem Leben getretenen Studiosus Georg Ernst Wüst. Gleich im Anschluß an den Besitzwechsel machte Friedrich von Machwitz von seinem Recht Gebrauch, diesen Anteil wieder zurückzunehmen, konnte aber die dafür nötige Barschaft nicht sofort aufbringen. So wirtschafteten Wüst und von Machwitz einige Jahre nebeneinander. Unstimmigkeiten wegen der Bewirtschaftung bestimmter Grundstücke, bei denen es Friedrich von Machwitz – dem wegen verschiedener Lehnsfehler 1667 auch die Pachtung des unteren Remptendorfer Rittergutes seines Vetters Adam von Machwitz entzogen wurde – oft nicht so genau nahm – wurden zur Regel. Am Ende ließ Wüst den noch offenen Kaufbetrag einfach pfänden, und die beiden Machwitz-Brüder Heinrich Ernst und Friedrich mußten zur Begleichung der Schuld bei dem Zeulsdorfer Rittergutsbesitzer Dr. Limmer ein Darlehen von 2.000 fl. zu 5% Zinsen auf 3 Jahre aufnehmen und wurden im Mai 1667 vom Landesherrn wieder mit dem ganzen hinteren Rittergut belehnt. Nachdem Heinrich Ernst 1670 gestorben war, verkaufte sein Bruder Friedrich [†1676] am 24. November 1674 das Rittergut Remptendorf hinteren Teils für 5.650 fl. [nebst einem Herdgeld von 200 fl. an seine Ehefrau Ursula Sophia von Machwitz, geb. von Draxdorf] an seinen Landesherrn Heinrich IV. Da dieser 1672 bereits das vordere Rittergut eingezogen hatte.Die Beziehungen der Machwitze zu ihren ehemaligen Remptendorfer Rittergütern endete damit noch nicht. Friedrichs Sohn und Lehnserbe Christian Friedrich von Machwitz zu Ebersdorf ersuchte die Regierung 1677, das Rittergut Ober-Remptendorf wenn nicht als Lehen zu bekommen, so doch für seine angeblichen Lehnsansprüche abgefunden zu werden, was selbstredend abschlägig beschieden wurde. Nach seinem Tode am 22.02. 1681 und dem Erlöschen der Remptendorf-Ebersdorfer Linie der von Machwitz im Mannesstamme erhoben nun seine Schwestern, Magdalena Juliana von Wildenstein und Sophie

Juliana von Machwitz ihrerseits Ansprüche bezüglich vorenthaltener Heiratsgelder u.a., unterlagen und versuchten auch bezüglich des, vom Landesherrn eingezogenen vorderen Remptendorfer Rittergutes, das ihr Vater längere Zeit in Pacht gehalten hatte, Ausstattungs- und Alimentgelder zu erlangen, obwohl die von Machwitz ihrerseits noch bestehende Schulden zur Sanierung der Ortskirche nicht abgetragen hatten.[316]

Die Linie der von Machwitz zu Gräfenwarth

Eine Nebenlinie der Familie von Machwitz besaß im 14. Jahrhundert auch einen Rittersitz nebst Vorwerk und Schäferey in Gräfenwarth nördlich der Stadt Saalburg.[317] Nachdem aber das, um 1310 ganz in der Nähe auf halbem Wege nach Saalburg begründete Nonnenkloster Heiligkreuz bereits in den Jahren 1325 und 1338 von der Landesherrschaft die Erbgerichte über je drei Gräfenwarther Bauernhöfe und die Wetteramühle zum Geschenk erhalten hatte, versuchte es, in der Folge ihren Einfluß auf den Ort auszubauen, wo die auf dem Vorwerk sitzenden Angehörigen der Familie von Machwitz, darunter ein Geisteskranker, in äußerst bedrängten Verhältnissen lebten.

So gab Konrad von Machwitz seine Töchter Katharina und Margaretha nicht ins Kloster Heiligkreuz, sondern ins Nonnenkloster nach Weida, wo sie 1340 als Konventsalinnen erwähnt werden. »Bereits 1338 und 1350 mußten durch diese Zinshöfe an das Kloster ›Zum Heiligen Kreuz‹ veräußert werden, ab 1362 ging es Schlag auf Schlag, eine Liegenschaft nach der anderen wurde verpfändete, allein die Schuldensumme gegenüber diesem Kloster betrug im Jahre 1368 schließlich 600 Pfund Heller Schleizer Währung.«[318] Selbst der Landesherr, der zeitweise selbst Schuldner des Klosters war, mußte angesichts der auch von der Ritterschaft der Region mit Sorge verfolgten Entwicklung offen zugestehen, daß selbst er keinerlei Rechte für ein Vorgehen gegen das Kloster habe. Bereits im Jahre 1365 hatte das Vorwerk selbst den Nonnen übereignet werden müssen. Allerdings waren dessen Gebäude so desolat, daß sie erst gebaut und bezimmert werden mußten. »Im Jahre 1372 waren die von Machwitz nunmehr genötigt, endgültigen Verzicht zu leisten und erhielten vom Kloster lediglich einen halben Hof mit Acker und Wiese daneben zur Nutznießung auf Lebenszeit. Im Jahre 1420 schließlich hatte ein adliges Schiedsgericht zu entscheiden, ob die Gebrüder Erhard und Konrad von Machwitz Wappengenossen oder bloße Bauern seien.«[319]

VON MARSCHALL

Die Familie von Marschall ist ein thüringisches Uradelsgeschlecht, das von denen von Schlotheim auf Vargula – den Erbmarschällen der Landgrafen von Thüringen – abstammen soll. Aufgrund der Ähnlichkeit ihres Wappens – zwei aufrecht stehenden roten Tuch- oder Schafscheren – hatte die ältere Genealogie sie für Abkömmlinge derer von Scherinburg [Schern-

Knau: Neues und Altes Schloß

berg] bei Sondershausen bzw. denen von Scherenberg in Franken gehalten. Mit dem Marschall Heinrich von Eckersberg tritt das Geschlecht im Jahre 1190 erstmals aus dem Dunkel der Geschichte. Seine Nachkommen bildeten, benannt nach ihren jeweiligen Besitzkomplexen, an die 10 Linien aus, von denen alle bis auf die von Altengottern [die bis 1945 das gleichnamige Schloß in Thüringen besaß und nach der Wende wieder dorthin zurückkehrte] inzwischen ausgestorben sind. Zeitversetzt hatten die verschiedenen Marschall-Familien allein in Sachsen-Thüringen und Preußen an die 70 Rittergüter innegehabt. Neben ihrem kurzzeitigen Intermezzo in Knau, wo der Obrist, kaiserliche Kriegsrat und Erbmarschall der Landgrafschaft Thüringen, Georg Rudolf von Marschall [um 1535-1602], das hiesige Rittergut besaß, kommen die von Marschall sonst nur an Rande der Saale-Orla-Region vor, so z.B. von 1447-1517 im Besitz von Reinstädt, 1517 in dem von Gumperda, von 1649-1687 seitens ihrer Burg- und Holzhausener Linie in Uhlstädt sowie 1715 seitens ihrer Schönstädter Linie als Pächter auf dem Rittergut Ottendorf in den Tälerdörfern.[320]

VON MEERETTIG

Die Familie von Meerettig war eine thüringische Uradelsfamilie aus der Vasallenschaft der Herren von Lobdeburg und kommt erstmalig im Jahre 1283 mit Theodericus dictus Merretich in einer lobdeburgischen Urkunde vor und zwar unmittelbar hinter dem Burggrafen von Kirchberg, aber noch vor den anderen Vasallen wie denen von Rabis bzw. von Schlöben. Cunrad Merretich, der zwischen 1366 und 1381 in lobdeburgischen Urkunden erscheint, hatte seinen Sitz wohl in Lobeda bei Jena [1356 Merretich von Lobde]. Spätere Angehörige des Geschlechts saßen auf den Rittergütern Caaschwitz [1522], Hartmannsdorf [1555], Serba [1558] und von 1602 bis vor 1617 mit Ditterich von Merrettig auf Klein-Erkmannsdorf in der Herrschaft Reuß-Burgk. Ihr Wappenschild zeigte eine silberne Lilie im roten Felde.

VON METZSCH

Die von Metzsch sind ein altritterliches sächsisch-meißnisch-vogtländisches Adelsgeschlecht aus dem Dorfe Miesitz [1074 Misaci] bei Triptis, welches mit Lutoldus de Polnicz dictus de Meczsch [Liudolf von Pöllnitz genannt von Miesitz] im Jahre 1314 erstmals implizit erwähnt wird,[321] wodurch sich gleichsam erhellt, daß diese Familie ein Ableger derer von Pöllnitz ist, zumal auch die Wappendarstellungen beider Häuser – ein eingebogener blauer Sparren auf silbernem Grund – identisch sind. Obwohl beide Geschlechter nach je einem Ort benannt sind, werden die Metzsch in der behördlichen Überlieferung, ähnlich wie die Schützen und Wilden erst ziemlich spät mit ›von‹ tituliert. Im Jahre 1474 war Hans Metzsch [†1483] Landvogt zu Altenburg. Der Humanist Joseph Levin von Metzsch [1501-1571] führte 1526 die Reformation in seiner Herrschaft Mylau ein. Johann Heinrich Metzsch wird 1594 als Domherr zu Naumburg erwähnt, wo sich noch andere Epitaphien und Wappen der Metzschfamilie finden, die teils als Domdechanten dort fungierten, teils hohe Positionen in den landesherrlichen Kirchenbehörden innehatten. Zwei Familienmitglieder – August Friedrich (der Tüchtige) und Joachim Christian – waren sogar Mitglieder der Fruchtbringenden Gesellschaft. Noch im Jahre 1920 fungierte Friedrich-August von Metzsch als Ehrenkommentator des Johanniterordens. Ein Familienzweig der Metzsch wurde 1699 in den Freiherren- sowie 1703 in den Grafenstand erhoben. Inwieweit jedoch ein Zusammenhang mit der anhaltischen Grafenfamilie Metsch besteht, von der sich die fürstliche Linie derer von Khevenhüller-Metsch [1763] ableitet, ist unklar. Im Jahre 1899 erlangte der vogtländische Zweig der Familie, welcher im 19. und 20. Jahrhundert mehrere bedeutsame sächsische Politiker hervorbrachte, die Genehmigung zum Führen des Namens von Metzsch-Reichenbach. In Ostthüringen und Westsachsen waren die von Metzsch – freilich zeitversetzt – u.a. mit folgenden Rittersitzen belehnt: [1] im Raume Leipzig mit Böhlen, Leulitz, Oetzsch, Ottenhain, Otterwisch, Podelwitz, Schkeuditz; [2] im Geraer Raum mit Dragsdorf, Kleinaga, Kleinsaara, Großaga, Steinbrücken, Zschippach; [3] im Ronneburg-Weidaer Raum mit Culmitzsch, Friedrichshaide, Rückersdorf, Sommeritz; [4] im Neustädter Kreis mit Clodra und Miesitz; [5] in der Herrschaft Schleiz mit Göttendorf, Oberböhmsdorf, Triebes; [6] in Greiz-Plauener Raum mit Brunn, Friesen, Görschnitz, Lengenfeld, Limbach, Mylau, Netzschkau, Noßwitz, Reichenbach, Reinsdorf, Schilbach i.V., Schönfeld, Werda, Wildenau, [7] in Franken mit Rudolphstein. Das Geschlecht blüht noch heute.[322]

VON MEUSEBACH

Die von Meusebach [auch Meußbach oder Meuselbach] waren ein meißnisch-thüringisches Uradelsgeschlecht mit gleichnamigem Stammsitz südlich von Stadtroda. Sie gelten als Erbauer jenes festen Schlosses mit mehreren Türmen an der Stelle des heutigen Rothvorwerks [an einer Höhenstraße ›in den Tälern‹], zählten zu den ehrbaren Mannen des Amtes Leuchtenburg und übten über lange Zeit das Erbamt des militärischen Befehlshabers des Amtes Roda aus. Doch zuvor im Jahre 1380 hatte sich ein Heinz von Mewselvach unter den Raubrittern befunden, die bei einem Überfall im Egerland gefangen und dann in Neustadt, Triptis und Ziegenrück eingekerkert wurden, worauf ein konkurrierender Gebietsnachbar – Nickel von Osmaritz – eine zeitlang mit Meusebach belehnt war. Den von Rot und Silber geteilten Wappenschild derer von Meusebach zierten später oben zwei grüne Kränze und unten ein linksgekehrter Mohrenkopf. Wie der berühmte Lexikograph Julius Löbe [1805-1900] und sein Sohn Ernst Conon in ihrem, bis heute unübertroffenen Standardwerk ›Geschichte der Kirchen und Schulen des Herzogtums Sachsen-Altenburg mit besonderer Berücksichtigung der Ortsgeschichte‹ über die Familie berichten, wurde im Jahre 1404 die Witwe des Kilian von Meusebach, Else, »von dem Markgrafen und nachmaligen Kurfürsten Friedrich dem Streitbaren mit dem Dorfe Musebach zum Leibgedinge belehnt und am 27. Januar 1429 von dessen Sohne, Friedrich dem Sanftmüthigen, Hans und sein Vetter Apetz. Die Nachkommen derselben erwarben eine große Anzahl Güter in den Thälerschen Ortschaften und hatten ihre Sitze neben Meusebach [seit dem 15. Jahrhundert] in Tröbnitz, Ottendorf und Tautendorf. Als am 23. Mai 1533 Kurfürst Johann Friedrich den Brüdern Hans, Apel und Kunz von Meusebach einen Lehnbrief über ihre väterlichen Güter ausstellte, wie sie einen solchen schon von dem Kurfürsten Friedrich dem Weisen und Herzog Johann dem Beständigen erhalten hatten, wird der damalige Meusebachsche Besitz u.a. angegeben mit dem Vorwerk Meusebach nebst Grundrechten in Geisenhain, Untergneus, Obergneus, Kleinbockedra, Tissa, Bollberg, Waltersdorf, [Klein-]Ebersdorf, Roda [nur Zinsen], Seitenroda und Bodnitz, dem unteren Vorwerk zu Ottendorf mit seinen Zugehörungen sowie Grundrechten in Heischbach [†], Lippersdorf, Weißbach, Rattelsdorf, Karlsdorf [Mühle], Burkersdorf, [Klein-]Ebersdorf, dem Vorwerk zu Waltersdorf dem Vorwerk zu Braunsdorf mit Grundrechten in Mittelpöllnitz, Muntscha, Ottmannsdorf und Hellborn, ferner Zinsen zu Rutha, Oßmaritz, Nennsdorf, Bucha [bei Jena], Leutra, Maua, Göschwitz, Wöllnitz, Lobeda, Ammerbach, Prießnitz sowie je ein Weingarten in Lobeda, Ilmnitz, Bocka und Rutha.[323] Bis um diese Zeit [1533] waren die von Meusebach auch im Besitz von Burgscheidungen, das sie 1496 erworben hatten.[324]

Im Jahre 1543 gedachte der sächsische Kurfürst Johann Friedrich I. der Großmütige [1503-1554], sein großes Jagdrevier westlich des Rothehofbaches [mit den Jagdschlössern Hummelshain und Trockenborn] um die großen Waldflächen des Meusebacher Reviers besitzlich zu arrondieren. Daher bot er den Gebrüdern Hans, Apel und Kunz von Meusebach an, im Rahmen eines Kauf- und Wechselvertrages gegen ihr Vorwerk zu Meusebach und ihr Rittergut zu Tröbnitz »›mit Zugehörungen, Gehulzen, vornehmlich der Wildfuhre halben, samt den Aeckern, Wiesenwachs, Vorwerken, Schäfereien, Zinsen, Frohnen u.s.w.‹, worüber ihnen 14.000 fl. auf die kurfürstliche Rentkammer als ein Mannlehen gutgeschrieben wurden, [sie] erwarben dagegen von ihm die Dörfer und Güter Waltersdorf, Erdmannsdorf, Weißbach, Rattelsdorf, Bremsnitz, Karlsdorf, Lippersdorf, Ottendorf, Kleinebersdorf, Eineborn und Tautendorf mit Zinsen, Frohnen und Erbgerichten.«[325] Ausgenommen davon sollten freilich die Jagd- und Baufrone der bisherigen Amtsuntertanen, wie auch deren Bede, Folge, Steuer und Zehnt an den Kurfürsten bleiben. Dazu erhielt Kunz von Meusebach 1550 für die gekauften Dörfer ›die Gerichte oberst und niederst über hals und hand in Dorf und Flur‹.[326] Nach der Inbesitznahme Meusebachs bestimmte der Kurfürst das Herrenhaus zum Sitz »des landesherrlichen Wildmeisters über die umliegenden ausgedehnten Waldungen.«[327] Als Johann Friedrich I. 1546 den Heerbann zum Schmalkaldischen Kriege ausrief, diente ihm Albrecht von Meusebach auf Untergneus ›mit vier Ritterpferden und gehörte zu denen, welche die meisten solcher stellten.»Von den genannten Brüdern wohnte Kunz in Ottendorf, welches hinfort der Hauptsitz seiner Linie wurde, wahrscheinlich schon damals erwarb er auch den Welnitzschen Rittersitz [im Ort]. Von seinen Nachfolgern kommen 1568 hier [in Ottendorf] vor Albrecht und Christoph.«[328] Albrechts gleichnamiger Sohn gewann nach 1595 auch wieder das 1543 verkaufte Rittergut Tröbnitz und hatte zudem noch Besitzungen in Braunsdorf, Weißbach und Ottendorf.

In zweiter Ehe war er mit Albertine von Waldenfels-Dirbach [†1611] verheiratet, deren marmorner Grabstein an der Südwand der Tröbnitzer Kirche steht. Nach seinem Tod am 16. April 1610 in Braunsdorf beerbten ihn seine drei Söhne Conrad Heinrich, Christoph und Albrecht. Da Christoph am 21. Juli 1612 im Alter von nur 29 Jahren starb, übernahm dessen Tröbnitzer Erbe sein Bruder Albrecht, der so zum Begründer der Tröbnitzer Linie [I.] wurde, während Conrad Heinrich die Ottendorfer Linie [II.] ins Leben rief. Letzterer besaß schon 1604 Weißbach und wurde 1611 ausdrücklich als auf Ober- und Unter-Ottendorf seßhaft bezeichnet.[329] »Auch Lippersdorf und Tautendorf gehörten ihm. Am 8. October 1625 erkaufte er das Patronat über die Kirchen seiner Dörfer vom Herzog Johann Philipp und erwarb sich in der Folge um das Kirchen- und Schulwesen in den Thälern große Verdienste. ... Seine Gemahlin, Anna Margarethe, geboren von Ende, starb in Tautendorf am 24. April 1624. Er folgte ihr am 25. Juni 1633 im Tode nach und wurde in der, von ihm erbauten Kirche [in Ottendorf] begraben, wo sich noch heute sein Grabstein befindet. [II.1.] Sein Sohn Georg Albrecht, geboren am 19. Februar 1611, vermählte sich mit Christine Margarethe von Brandenstein; er erhielt 1640 das Amt Bürgel pfandweise eingeräumt und besaß dasselbe bis 1652. ... Er war Hofmeister des Prinzen Adolf Friedrich zu Weimar und begleitete denselben seit 1650 auf dessen Reisen in ferne Lande; da er am 27. Februar 1652 in Poitiers gestorben war, ließ der Prinz den Leichnam einbalsamieren und nahm denselben mit nach Deutschland zurück, wo er am 1. September in der neuen Kirche zu Ottendorf beigesetzt wurde.«[330] Daraufhin kamen Unter- und Ober-Ottendorf an verschiedene Besitzer. [I.1.a] »Auf Oberottendorf folgte Georg Albrechts Sohn Esaias, der auch Gütterlitz besaß, am 11. November 1663 hier starb und in der neuen Kirche begraben wurde. Dessen Sohn Ehrenfried Christian war in erster Ehe mit Anna Magdalene von Wangen-heim-Brüheim und [nach] deren am 8. Mai 1669 erfolgtem Tode seit 20 December desselben Jahres in zweiter Ehe mit Helene Eleonore von der Mosel (starb am 20. December 1708) vermählt. Er erlaubte sich, abgesehen davon, daß er sich vom Heiligen Abendmahl fern hielt, bei der nach dem

Tode des Pfarrers Müller 1677 eingetretenen Vacanz und weiterhin mannigfache Eingriffe in die Rechte des Pfarrers, so daß ihm vom Consistorium am 29. August 1682 mit Entziehung der Patronatsrechte gedroht wurde. Aus unbekannten Gründen wurde er am 22 Oktober 1683 von 40 Musketieren auf Befehl des Herzogs Christian gefänglich eingezogen und nach Arnshaugk ins kurfürstliche Amt abgeliefert. Er starb am 1. Januar 1716 hier in Ottendorf und wurde ebenfalls in der Kirche beigesetzt.«[331] Sein Sohn und Stammeserbe Ernst Christian Gottlieb [*1682] hatte vom Vater auch das Rittergut Bremsnitz erhalten, wo er sich 1704 von seinen Bremsnitzer und Rattelsdorfer Untertanen huldigen ließ. Nach seinem unglücklichen Tod am 2. April 1707 in Gera übernahm die auf Unter-Ottendorf sitzende Nebenlinie sein Erbe.[332] [II.1.b] Den Ottendorfer Unterhof hatte Georg Albrechts zweiter Sohn Liebmann geerbt, der auch in Weißbach, Bremsnitz und Braunsdorf begütert war. Im Jahre 1642 heiratete er Katharina Magdalena geb. Wildenstein und wurde 1656 im Leichenconduct des Prinzen Friedrich zu Weimar und überhaupt letztmalig im Jahre 1676 erwähnt. Mit dem Tod seines Sohnes Christian Albrecht I. [dessen Sohn Johann Christian bereits 1682 gestorben war] starb sein Zweig 1691 aus, worauf Unter-Ottendorf an seinen Neffen Johann Georg überging.

Dieser war der Sohn Christians von Meusebach [1619-1683] auf Braunsdorf, Gütterlitz, Leubsdorf, Lippersdorf, Weltwitz, Wetzdorf und Blankenberg sowie der fränkischen Reichsfreiherrschaft Gereuth und Bischofsheim, der ihm Herbsleben, Kayna, Frießnitz, Struth, Niederpöllnitz, Burkersdorf, Liebschwitz und Loitzsch bereits zu Lebzeiten übergeben hatte. Johann Georg war ›Röm. Keyserl. und des Heil. Röm. Reichs Hof-Rath, Pfennig-Meister des Ober- und Nieder-Sächs. Creyses wie auch Chur-Mäyntzischer Cammer-Herr‹,[333] als der er sich 1675 in dem Leichenconduct des Herzogs Ernst I. von Gotha befand. » Er wurde 1689 in den Reichsfreiherrenstand erhoben und starb am 24. Juni 1695 in Jena. Vermählt war er mit Dorothea Sophie geb. von Güntherode, Witwe Georg Christophs von Carlowitz. Von dem Herzog von Sachsen-Zeitz hatte er das ganze Amt Neustadt an der Orla in Pacht und Administration. Mit seinen Söhnen Adam Gottlieb [*1679] und Christian besaß er außer Ottendorf noch Lippersdorf, Wogau, Großlöbichau, Gütterlitz, Liebschwitz [von 1673 bis 1703, nebst dem Nachbarort Loitzsch ab 1678], Herbsleben [bei Erfurt 1673-1709], Schwerstedt [und Buttelstedt bei Weimar], Braunsdorf, Niederpöllnitz, Burkersdorf, Frießnitz, Gereuth, Stein, Bischofsheim, Kaina [Kayna]«[334] sowie auch Oberlichtenau bei Kamenz und Borthen bei Pirna.[335] Desweiteren werden im Besitz derer von Meusebach erwähnt: Hohenleuben [bis 1678], Ichstedt [bis 1667] und Voigtstedt bei Artern, Casekirchen und Leislau bei Naumburg sowie vor längerer Zeit selbst Mechelroda bei Bad Berka [1572]. Während der Baron Christian von Meusebach zu Braunsdorf saß und dort am 24. Februar 1712 [mit 28 Jahren und nur eine Tochter hinterlassend] starb, hatte Adam Gottlob von Meusebach seit 1695 seinen Sitz in Ottendorf aufgeschlagen. Er verstarb am 12. April 1704 in Erfurt. »Hierauf kam Ottendorf ... an die Tröbnitzer Linie der Herren von Meusebach und zwar an [II.1.c] Johann Christoph [†1741], den Bruder Johann Albrechts II., welche beide Urenkel des oben genannten Georg Albrecht waren.[336] [I.] Die Tröbnitzer Linie geht auf Albrechts [†1610] gleichnamigen Sohn Albrecht zurück. Nach ihm erhielt den Besitz dessen »Sohn Albrecht Christian I., welcher am 8. December 1642 im Alter von 26 Jahren starb. Seine Gemahlin Sabine geb. von Quingenberg verheirathete sich wieder am 6. Februar 1646 mit Ehrenfried Christian von Pöllnitz auf Dreitzsch, der nun etliche Jahre hier [in Tröbnitz] Gerichtsherr war und kurz vor Weihnachten 1648 in Heinrichsgrün starb. Schon vorher hatte der inzwischen mündig gewordene Sohn Albrecht Christians, John Albrecht, das Gut erlangt; derselbe war am 23. Juli 1641 geboren, besaß auch Leubsdorf bei Auma und vermählte sich am 27. Mai 1666 mit Anna Christiane geb. von Einsiedel, nach deren Tode in zweiter Ehe mit Martha Katharina von Naundorf. Er war altenburgischer Landschaftsdirektor und erhielt am 4. Februar 1697 das Patronat über Tröbnitz nebst den dasigen Obergerichten und Karlsdorf. Am 10. August 1712 starb er in Wenigenauma. Er hinterließ außer 4 Töchtern, 2 Söhne, von welchen ihm zunächst Christian Albrecht II. im Besitz folgte. Dieser, geboren am 11. August 1676, war auch zu Braunsdorf, Gütterlitz, Weißbach, Lippersdorf, Bremsnitz, Karlsdorf, Erdmannsdorf, Waltersdorf und Culm bei Gera begütert; ... Nach Vollendung seiner Universitätsstudien in Jena durchreiste er von 1699 an die Niederlande, Dänemark, Großbritannien, Frankreich, Italien und Deutschland, erhielt nach seiner Rückkehr 1703 vom Herzog Friedrich II. die Erziehung des Erbprinzen Friedrich übertragen, wurde dann Hof- und Justizrath bei der Regierung in Altenburg, später Consistorialpräsident und Kanzler, zuletzt 1728 Kreishauptmann in Eisenberg und 1738 Geheimrath. ... Er starb am 10. September 1744 und wurde hier in Tröbnitz beigesetzt; zu seinem Andenken erhielt jedes Hause seiner Gutsdörfer in den Thälern eine Bibel. ... So starb mit ihm die von Meusebach-Tröbnitzer Linie aus und seine Güter erbte sein Neffe Johann Friedrich in Ottendorf.«[337] [II.1.c] Dessen Vater, der vorgenannte Johann Christoph, welcher seit 1716 den Großteil des hierländischen Meusebachschen Besitz [12 Rittergüter und Lehnsleute in 21 Dörfern] vereinigt inne hatte, war fürstlich sächsischer Oberforstmeister in Zeitz, und kommt schon 1707 als in Tröbnitz wohnhaft vor. Er war vermählt mit Auguste von Dalwigk und starb 1741. »Im folgte sein einziger Sohn Johann Friedrich im Besitz von Wenigenauma, Zadelsdorf, Quingenberg und Silberberg [Silberfeld], Ottendorf, Lippersdorf, Weißbach und Tröbnitz. Geboren am 25. October 1711 war er gothaischer Oberforstmeister in Wenigenauma, wo er wohnte und am 18. April 1753 auch starb. Darauf mußte der Tautendorfer Pfarrer Müller in seine Pfarrchronik schreiben: »Die Mittwoche vor Ostern, als den 18. April 1753 ist der weyl. Hochwohlgebo. Herrn Johan Fridrich v. M. so hier alle Rittergüter und Dörfer von Tautendorf bis nach Roda gehabt und eigentlich 14 Dörfer sind, auch im churfürstl. Lande Wenigen-Auma, Zadelsdorf, Silberfeld etc. etc., wozu 7 Dörfer gehören, besessen, gestorben, wobei der Meusebacher Adeliche Stamm, so etliche 100 jahr floriret, ausgegangen, und sind die Güter im Churfürstlichen dem König heimgefallen.« Von seiner Gemahlin Henriette Ch. Magdalene geb. von Tümpling hinterließ er eine einzige Tochter Aug. Marianne Joh. Charlotte (geb. am 8. Februar 1736, vermählt an den kursächsischen Rittmeister Ernst Christoph Pflugk aus dem Hause Gütterlitz, gestorben in Wenigenauma im hohem Alter). Da er auch keine Brüder hatte, so starb mit ihm das Meusebachsche Geschlecht hier zu Lande im Mannesstamme aus und die Thälerschen Dörfer mit ihren Rittergütern, die er in seinem Besitz und unter seiner Gerichtsbarkeit gehabt hatte, fielen dem Herzog Friedrich III. von Gotha-Altenburg heim und kamen zu dem Amte Roda.«[338] Betroffen von diesem sogenannten ›Meusebacher Heimfall‹ waren: Rittergut Unterrenthendorf,»Rittergut und Dorf Tröbnitz, Waltersdorf, Erdmannsdorf, Rittergut und Dorf Lippersdorf, Rittergut und Dorf Weißbach nebst dem Roten Vorwerke, Karlsdorf, Rattelsdorf, herrschaftliche Güter und Dorf Bremsnitz, Rittergut und Dorf Unterottendorf, Hellborn, Kleinebersdorf, Rittergut und Dorf Oberottendorf, Eineborn und Tautendorf und außerdem an auswärtigen – Burkersdorf und St. Gangloff.«[339] Die bedeutenden Waldungen wurden verschiedenen herzoglichen Revieren einverleibt, die Güter nach eingezogener Gerichtsbarkeit und anderer Rechte aber zerschlagen und aus den Flächen und Gebäuden zinspflichtige Grundstücke geschaffen. Einige dieser Rittergüter blieben jedoch weiterhin Großgrundbesitztümer wie Lippersdorf [1756/57], Ottendorf [1760], Weißbach [1786] und Tröbnitz [1789]. Die meisten ihrer Herrenhäuser sind inzwischen abgetragen. Von dem abgerissenen Ottendorfer Oberhof wurde das Wappen der vormaligen Besitzer mit der Überschrift ›C. H. V. M.‹ (Conrad Heinrich von Meusebach) in der Mauer eines neugebauten Hauses wieder angebracht.[340] Zu den, von der Witwe Henriette Magdalene einbehaltenen Gütern zählten auch Wenigenauma, Silberfeld, Zadelsdorf und Zickra, die über ihre Tochter Aug. Marianne Joh. Charlotte – die einen von Pflugk aus der Gütterlitzer Linie geheiratet hatte – an diese Familie gelangten und sich noch im Jahre 1827 daselbst befanden. Nach 1753 lassen sich faktisch kaum noch Angehörige derer von Meusebach in der Region nachweisen. Aus anderen Linien reüssierten in der Folge etwa der anhalt-zerbstische Kammerrat Christian Carl von Meusebach [1734-1802], der Literaturwissenschaftler Karl Hartwig Gregor von Meusebach [1781-1847] oder der 1845 in die USA ausgewanderte vormalige preußische Regierungsassessor und spätere Farmer, Botaniker, Politiker und Senator Otfried Hans von Meusebach [1812-1897]. Inzwischen ist das Geschlecht erloschen.[341]

Die Linie von Meusebach auf Braunsdorf

Wie uns ein erhaltengebliebenes Epitaph an der Südwand der Braunsdorfer Kirche verrät, befand sich das seinerzeit mit Tischendorf kombinierte Rittergut Braunsdorf im Jahre 1615 in der Hand Albrechts des Älteren von Meusebach. Verheiratet war er mit Catharina, geb. von Mosen, begütert u.a. auch in Weißbach, Ottendorf und Tröbnitz. Sein auf Braunsdorf, Weißbach und Tröbnitz sitzender Sohn Albrecht III. [1578-1630] vermählte sich mit Christiana Margarethe, einer Tochter des Esaias von Brandenstein auf Oppurg. Die Epitaphien der Eheleute sind gegenüber an der Nordwand angebracht.[342]

Ersteres zeigt den Verstorbenen und die Wappen seiner Vorfahren, letzteres – das der Christiana Margarethe – stellt eher einen schlichten Grabstein dar, »denn es sind nur die Wappen ihrer Großeltern dargestellt. Doch erhielt... [sie] noch ein prächtiges Holzepitaph, das sie, ihren Mann Albrecht III. und ihre Kinder betend vor Christus, Gott und einer Schar Engel zeigt. Es ist ein farbenfrohes Gemälde möglicherweise des Paul Keil, welches von den 16 Wappenschildern der Vorfahren des Ehepaares umrahmt wird.«[343] Albrecht hatte in kaiserlichen Diensten an sieben Kriegszügen teilgenommen, sechs davon gegen die Türken. »Es wird berichtet, daß er sich dabei nicht nur viel Ehr´, sondern auch viel ›Gut‹ erworben hat. Jedenfalls hatte er seinen Besitz, den er seinen unmündigen Kindern hinterließ recht bedeutend vermehrt.«[344] Wie die Sage will, habe er das Gelübte getan, so viele Türme um sein Schloß zu bauen, als seine Frau ihm Knaben schenken würde. Christiana Margarethe, die bereits mit 14 Jahren die

Ehe eingegangen war, starb kurz vor Vollendung ihres 20. Lebensjahres nach der Geburt des viertes Kindes. Auf diesen Christian [1619-1683] trifft, wie wir gleich sehen, die obengenannte Legende wohl eher zu. Er besuchte das Ruthenium in Gera bzw. das Gymnasium in Zwickau und studierte anschließend Sprachen, Rechts- und Staatswissenschaften in Leipzig und Jena. Größere Reisen sollten seine Kenntnisse erweitern, doch die wirtschaftlichen Nöte des 30-jährigen Krieges verhinderten dies. Obwohl seine gedruckte Leichenpredigt ihn später als aufrichtigen, bescheidenen und friedfertigen Menschen rühmt, der sich sogar von dem damals üblichen Weltleben zurückgehalten habe, nahm er als junger Mann doch kursächsische Kriegsdienste an und kämpfte 1634 in der verhängnisvollen Schlacht von Nördlingen. Später zog er sich aber auf seine Güter zurück, »um seinen Besitz vor den streifenden Horden zu behüten. Recht oft muß er eingefallene Soldatenhaufen vertreiben und unter Einsatz seines Lebens in die Flucht jagen. Aus seiner ersten Ehe entsproßten drei Kinder, von denen ihn nur sein Sohn Johann Georg überlebte. Seine zweite Frau, die ihm keine Kinder schenkte, ist Magdalena von Heßler. ... Er nannte sein Eigen die Güter: Braunsdorf, Gütterlitz, Leubsdorf, Lippersdorf, Weltwitz, Wetzdorf [bei Auma] und Blankenberg. Seinem Sohne [Johann] Georg hatte er schon bei Lebzeiten Herbsleben, Kayna, Frießnitz, Struth, Niederpöllnitz, Burkersdorf, Lüschwitz [Liebschwitz] und Loitzsch übergeben. Auch war er Reichsfreiherr auf den in Franken liegenden Gütern Gereuth und Bischofsheim.«[345]

Eine von Christians größten Befürchtungen war, daß in naher Zukunft eine große osmanische Invasion Mitteleuropa überfluten könnte [was 1683 im Jahre seines Todes auch tatsächlich heraufdräute]. Indem der Obersächsische Reichskreis als nächste Defensionsbehörde seine Warnungen nicht ernst nahm und selbst die umwohnenden Adligen ihn darum verlachten, wollte er – nachdem er schon sein Wasserschloß in Braunsdorf stark befestigt hatte – nun die Saalelinie gegen die Türken sichern. Zu diesem Behufe kaufte er 1663 das Felsenschloß Blankenberg und begann mit großem Aufwande mit der Befestigung von Mauern und Bastionen. Als ›zweiten Eckpfeiler seiner wichtigen Verteidigungslinie‹ erwarb er 1664 das vom Kriege her noch völlig marode Hirschberger Schloß, wo er sich zusammen mit seiner Gemahlin Magdalena sogleich häuslich einrichtete. Solches gefiel dem Lobensteiner Landesherrn Heinrich X. Reuß, der selbst ein Auge auf das Schloßrittergut geworfen hatte, überhaupt nicht. Er machte von seinem Vorkaufsrecht Gebrauch und ließ, da von Meusebach nicht weichen wollte, eines Morgens unerwartet 100 Lobensteiner Musketiere in Hirschberg aufmarschieren, worauf der dortige Richter Schubert mit sechs Bewaffneten vor das Schloß zog, um dem ›angemaßten Besitzer‹ die sofortige Räumung des Schloßrittergutes zu bedeuten. Da von Meusebach selber nicht anwesend war, unterhandelte ein von Pöllnitz »in seinem Namen mit ihm. Bis zum späten Nachmittag zogen sich die Besprechungen hin. Da endlich ließ sich die Frau von Meusebach bewegen, das Gut zu räumen. Der Lobensteiner Richter ergriff nun Besitz und verpflichtete den Hirschberger [Schloß-]Richter und die Bewohner [der Stadt] auf die Reußen.«[346] Auch aus seinem geliebten Felsennest Blankenberg zog sich der Braunsdorfer später wieder zurück, angeblich weil er durch die immensen Wehrausgaben in ernstliche finanzielle Schwierigkeiten geraten war. Das klingt unglaubwürdig, war Christian doch 1669 schon wieder in der Lage, in Verhandlungen um dem Kauf der großen Herrschaft Oppurg einzutreten, was der Landesherr, Herzog Moritz von Sachsen-Zeitz, der sicher nicht mochte, daß der Meusebacher im Neustädter Kreis ein Rittergut nach dem anderen zusammenkaufte, verhinderte. So begnügte er sich mit dem Erwerb der Gerichtsherrschaft und dem Kauf des Schloß-Areals zu Triptis [1676], nachdem er dem Herzog, der in seinem kleinen Ländchen recht kostspielige Residenzbauten ausführte, eine größere Summe Geldes geliehen hatte. Wohl aus solchen Gründen gelang es Christians Sohn Johann Georg, später das ganze Amt Arnshaugk in Pacht und Administration zu bringen.

Verheiratet war dieser mit Dorothea Sophie geb. von Güntherode, verw. von Carlowitz. Johann Georg brachte es zum kurfürstlichen Kammerherrn [1675], wurde kaiserlicher Reichshofrath, erlangte 1689 die Reichsfreiherrenwürde, starb aber schon 1695 in Jena. Zusammen mit seinen Söhnen Adam Gottlieb und Christian »besaß er außer Ottendorf noch Lippersdorf, Wogau, Großlöbichau, Gütterlitz, Liebschwitz [1673-1703], Loitzsch [ab 1678], Herbsleben bei Erfurt [1673-1709], Schwerstedt und Buttelstedt bei Weimar], Braunsdorf, Niederpöllnitz, Burkersdorf, Frießnitz, Gereuth, Stein, Bischofsheim, Kaina [Kayna],«[347] sowie auch Oberlichtenau bei Kamenz und Borthen bei Pirna.[348] Johann Georgs Sohn der Kammerherr Christian von Meusebach ist 1689 und 1692 als Besitzer von Braunsdorf verzeichnet. Als er 1712 ohne männliche Erben verstarb, zerfiel der von dem Braunsdorfer Ableger derer von Meusebach angehäufte Besitzkomplex wieder.

VON MOHL

Bei der Familie von Mohl handelt es sich um ein seit dem 16. Jahrhundert in Südwestdeutschland auftretendes Beamtengeschlecht, das 1608 einen kaiserlichen Wappenbrief erhielt und später im schlesischen, ab 1743 dann preußischen Freiherrenstand aufging. Bedeutende Militärs, Politiker, vorallem aber Wissenschaftler und Künstler gingen aus dieser Familie hervor. Zu ihnen zählte auch Ottmar von Mohl [1846-1922], der 1889 das Neue Schloß von Arnshaugk – ein um das Jahr 1800 entstandenes Herrenhaus mit Hof und Garten, aber ohne Liegenschaften – erworben hatte. Nach seiner Promotion an der Juristischen Fakultät zu Heidelberg [1868] war er zum Kabinettssekretär der Deutschen Kaiserin Augusta avanciert und schließlich in den diplomatischen Dienst eingetreten. Dort wirkte von Mohl zunächst als Konsul in Cincinnati und Sankt Petersburg, später als Berater des kaiserlich japanischen Haus- und Hofministeriums und war schließlich deutscher Delegierter zur Ägyptischen Staatsschuldenkommission in Kairo. Am 23. Dezember 1918 konnte er auf Arnshaugk sein 50-jähriges Doktor- und Staatsbeamten-Jubiläum begehen. Bald nach dem Kauf den Schlosses erwarb er noch den Schloßgarten des ehemaligen, längst zerfallenen Lobdeburgischen Dynastenschlosses hinzu, der heute für seinen direkt an der Mauer stehenden Tulpenbaum bekannt ist. [Die 20 m hohe und 1,60 m im Stammumfang messende dendrologische Seltenheit ist als Naturdenkmal geschützt.] Seine jüngste Tochter Doris war eine den ersten Bauhausstudentinnen. Zusammen mit ihrem Ehemann, dem Künstler Karl Hermann, richtete sie sich 1934 in Arnshaugk wohnlich ein. Dies führte nach dem Zweiten Weltkrieg zur Ansiedlung einer Künstlerkolonie, die als ›Die Arnshaugker‹ kunsthistorische Bedeutung erlangte. Zu DDR-Zeiten wurden im Schloß und dessen Gebäuden Mietswohnungen geschaffen. Nach wie vor befindet sich der Besitz in den Händen der Familie von Mohl.[349]

VON MOSEN

Die von Mosen sind ein altes, früher im Altenburgischen begütert gewesenes Geschlecht aus dem gleichnamigen Dorf südwestlich von Ronneburg, wo es gegen Ausgang des 13. Jahrhunderts die Ortskirche stiftete. Im Jahre 1206 wird ein Cunradus de Musin urkundlich erwähnt. 1275 erscheint der Ritter Reinhold Mosen in einer Urkunde des Klosters Grünhain.

Einem ab dem Jahr 1400 im Raum Triptis sitzenden Zweig

entstammt Dietrich von Mosen, der 1390 sowie 1402 als gefürchteter Raubritter erwähnt wird. Bekanntestes Mitglied des Geschlechts derer von Mosen war Wilhelm von Mosen, der im Jahre 1455 als Kumpan des berüchtigten Altenburger Prinzenräubers Kunz von Kauffungen geritten war, wobei nach dem Forscher Eberhard Hetzer die Leibgedinge von Kunzens Gemahlin im Triptiser Raum vermutet werden. Der Sage nach sollen die von Mosen das Dorf Moßbach bei Auma begründet haben. Ein Konrad von Mosen saß zwischen 1449 und 1459 auf den Rittergütern Obernitz und Schlettwein, ein Claus von Mosen 1446/47 auf dem Siedelhof zu Großkamsdorf, eine Elsa von Mosen noch im Jahre 1442 auf dem Vorwerk Reinsdorf nahe Moßbach und ein Caspar von Mosen 1545 auf dem Rittergut Miesitz, worauf das Geschlecht keinesfalls aus dem Untersuchungsgebiet verschwindet. Das Dorf Mosen selbst kam erst im Zuge eines Gebietstausches gegen Köstitz bei Pößneck 1913 vom Herzogtum Meiningen zum Neustädter Kreis.[350]

VON MÜFFLING

Die von ›Müffling‹ oder ›Müffling genannt Weiß‹ sind ein oberpfälzisches Uradelsgeschlecht, welches mit Hans Mufflinger genannt Weis erstmals 1504 urkundlich unter dem vereinigten Namen erscheint, dessen ersten Teil es per Heirat von der ausgestorbenen Familie von Muffelger übernommen haben soll. Letztere waren mit Conrad Mitfilger [wohl aus Mulfingen im württembergischen Jagstkreis] schon seit 1174 urkundlich bekannt, erstere hingegen mit Gerhard Wisse und Heinrich Weise, zwei Lehnsträgern der Bischöfe von Würzburg, nicht vor dem Jahre 1303. Ihr Wappenschild zeigt auf goldenem Grund

Kopf und Hals einer gekrönten, rot-bezungten schwarzen (mitunter auch roten) Trappe.«»Die Familie verfügte zunächst im Raum Bayern und der Oberpfalz über umfangreichen Grundbesitz. ... Die sichere Stammreihe beginnt mit Ulrich Weiß, urkundlich 1477 auf Kirmsees in der Oberpfalz.«[351] Der Amtmann von Stockenroth und Hallerstein Hans Heinrich Müffling genannt Weiß besaß das Rittergut Prücklas und erkaufte im Jahre 1601 von seinem Schwiegervater Kaspar von Thoß dessen Anteil an der bedeutenden Pflege Reichenfels [welche zuletzt neben dem Schloß Reichenfels und dem Markt Hohenleuben noch aus Triebes, Langenwetzendorf, Hirschbach, Göttendorf, Niederböhmersdorf, Weißendorf, Nässe und Neuärgerniß bestand] und 1602 von seinem Schwager, einem von Kospoth noch die andere Hälfte.[352] »Er gelangte dann auch in den Besitz des Rittergutes in Oberredwitz und verfügte damit über das Kirchenpatronat der Annakirche. Später erwarb er Fattigau.«[353] Er starb am 7. Juli 1637 in Streitau und wurde in der Müffling-Gruft der Sparnecker Veitskirche bestattet. In der von dem DEFA-Regiseur Andrzey Konic 1982 gedrehten DDR-Fernsehserie ›Retter, Rächer und Rapiere‹ über den ›Bauerngeneral‹ Georg Kresse und seine Genossen, die im 30-jährigen Kriege den marodierenden Soldaten das vergolten, was sie an der Zivilbevölkerung gesündigt, wird Hans Heinrich von Müffling [gespielt von Rolf Hoppe] als dessen prinzipienloser, ja geradezu bösartiger Grundherr und Gegenspieler aufgebaut, was mit Sicherheit so nicht der Wahrheit entsprochen haben dürfte, da von Müffling selbst nicht allzuoft auf Reichenfels weilte und seine Besitzungen von einem Amtsmann verwalten ließ, der etwa bezüglich der ›Ermordung des Kornetts Georg Bohle durch Georg Kresse und Consorten‹ im Jahre 1630 seinem Herrn berichten mußte: »Ich befürchte leider, wenn Gott nit sonderlich diesen Thäter offenbar gemacht und zur Erkennung kommen lassen, daß viel unschuldige Bauersleuth solches entgelten auch wol mit äußersten Brandßschadten und Verderbniß erfahren haben müssen,«[354] eine Einschätzung, die sich bald darauf nur als zu wahr herausstellen sollte. Kresse selbst, den spätere Heimatforscher als ›Robin Hood des Vogtlandes‹ glorifizierten, wurde 1641 in einem Aumaer Gasthof von Soldaten erschossen. Hans Heinrichs Nachkommen aber dehnten ihre Besitzungen im Raum Oberkotzau weiter aus, gewannen kurzzeitig einen Adelssitz in Haideck und hielten auch die Pflege Reichenfels, wie die Lehnbriefe der Jahre 1638, 1661, 1672, 1693 und 1699 ausweisen, insgesamt über ein Jahrhundert.   Erst Hans Heinrichs Urenkel Georg Wilhelm

von Müffling verkaufte diesen Besitz 1703 um 21.000 Mfl. an Heinrich XXIV., dem erste Haupt der Paragiatslinie zu Köstritz, der heute einzig noch existierenden reußischen Linie Das 18. Jahrhundert erlebte die Familie auf den Rittergütern Köck-

Schloß Hohenleuben

ritz und Liebsdorf bei Weida, sowie Oberlosa [v. 1766 bis n. 1804] und Reusa [1728 bis n. 1790] bei Plauen und das 19. und frühe 20. Jahrhundert u.a. auf dem Rittergut Ringhofen bei Erfurt [1816 bis n. 1923]. Einige Familienmitglieder reüssierten im preußischen Militärdienst, vier von ihnen bis in den Generalsrang. Andere wurde in den Freiherrenstand erhoben.[355]

VON OBERLÄNDER

Die Familie von Oberländer stellt ein ursprünglich in der Oberpfalz [daher der Name] gebürtiges adeliges Hammerherrengeschlecht dar, welches mit Heinrich Oberländer, dem ersten hiesigen Vertreter jener Familie im Jahre 1389 von den Herren von Sparnberg das Hammergut Saalbach SO von Pottiga in der

Hirschberger Gegend erwarb. Mit seiner Gemahlin, einer geborenen von Helldorff auf Harßdorf zeugte er unterschiedliche Kinder, von denen eines – Wilhelm – nach Heinrichs Ableben 1429 [in dessen 70. Lebensjahre] das väterliche Gut übernahm. 1423 vermählte sich dieser mit Katharina geb. von Mengerscheid aus dem Hause Schlottendorf [†1442] und wurde nach seinem Ableben 1458 gleich seinen Eltern und seiner Gemahlin in der Kirche zu Berg bestattet. Von den beiden überlebenden Söhnen des Paares – Georg und Wilhelm – erbte Wilhelm den Familienstammsitz in der Oberpfalz und brachte 1431 durch Kauf die beiden Rittergüter Weisbach und Rödern zwischen Leutenberg und Schleiz an sich. Mit seiner Frau – einer geborenen Bilflin auf Wetterfeld – hatte er einen Sohn, Siegmund, der mit seiner Ehefrau Eva [geb. von Zedtwitz] ebenfalls nur einen Sohn und Erben – Hans Siegmund – hinterließ. Dieser war mit Anna – einer geborenen von Poißlin verheiratet – und lebte noch 1641.

Von ihren Kindern heiratete eine Regina Katharina [1620-1690] den zu Schleiz geborenen Martin von Oberländer auf Saalbach [1613-1690], wodurch ihr Oberpfälzer Erbgut an die Rudolphsteiner Linie dieses Hauses gelangte. Ihr Bruder Hanß Apel aber war der letzte Oberländer aus der Weisbacher Linie. Nach seinem Tode 1704 in Regensburg fielen Weisbach und Rödern – wie Biedermann [1752] behauptet – der reußischen Landesherrschaft anheim. Wilhelm und Katharinas anderer Sohn – Georg – hingegen bildete eine eigene Linie heraus. Zusätzlich zu seinem Erbgut Saalhammer erwarb er 1429 die beiden benachbarten Rittergüter Rudolphstein und Sachsenvorwerk. Sein gleichnamiger Sohn [1465-1521] und dessen Ehefrau Rebekka [geb. von Händel] hinterließen vier Söhne, von denen zwei zu eigenen Linienbegründern wurden. Erhard [1494-1539] erbte von seinem Vater Lemnitzhammer [noch 1647] und Gut Dürrenebersdorf bei Gera. Er wurde zum Stammvater der Linie Oberwaitz, die mit seinen Nachfahren, dem kaiserlichen Obrist-Wachtmeister Christoph Heinrich, und dem brandenburg-kulmbachischen Obristen und Festungskommandanten der Plassenburg Johann Sigmund von Oberländer 1729 bzw. 1733 erlosch.Hingegen setzte der 1509 unter die ›Ehrbaren Mannen‹ der Herrschaft Lobenstein gezählte Hanß Wilhelm [1489-1560] die Linie Saalhammer-Rudolphstein-Sachsenvorwerk fort. Zusammen mit seiner Frau Katharina von Reitnitz aus dem Hause Schweinbach hatte er sechs Söhne, von denen Georg [1525-1588] den Saalhammer, Nikolaus das feste Haus Rudolphstein und Hans Fabian das Sachsenvorwerk erbte, während Erhardt in der Oberlausitz eine eigene Linie begründete. Nikolaus und Hans Fabian hatten keine Nachkommen und verkauften ihren Besitz schließlich an die Herren von Geilsdorf bzw. die von Beulwitz. Georgs Sohn Tobias [1564-1634] aber wurde Amtmann zu Schleiz und ließ sich – nachdem er auf einer diplomatischen Reise nach Wien den Herren Reußen dazu verholfen hatte, ihr Recht auf Primogenitur zu erlangen – 1623 vom Kaiser seinen Adels- und Wappenbrief erneuern. Neben seinem Erbgut Saalbach hatte er 1620 von denen von Dobeneck noch das Familiengut Rudolphstein zurückerworben und zudem mit Hilfe der Reußen das Haus Berg dazuerworben. Von seinen Söhnen erbte Hans [1595-1654] Rudolphstein und Berg, Hans Georg [1614-1678] dagegen Saalbach. Letztere Linie erlosch mit Hanß Christoph [oo Anna Maria von der Mosel] im Jahre 1738 im Mannesstamme. Über seine Tochter Johanna Magdalena Elisabeth [1685-1745], die sich 1718 mit Adam Johann Erdmann von Reitzenstein auf Froschgrün vermählt hatte, gelangte das Gut Saalbach schließlich an diese Familie. Die Nachkommen des Hans von Oberländer auf Rudolphstein und Berg dagegen teilten sich noch einmal in die Ableger zu Cottenau und Berg, Rudolphstein und Oberleutersdorf. Im Jahre 1839 erfolgte ihre Immatrikulation in den Adelsstand des Königreichs Bayern, 1865 dann in den Freiherrenstand des Herzogtums Sachsen-Meiningen. Inzwischen ist das Geschlecht erloschen. Eine Darstellung ihres Wappenschildes, einer silbernen Radnabe auf Rotem Grund – wohl als Hommage an ihre vormaligen Hammergüter – findet sich auf einer Wappentafel in der Ordenskirche der Ritter vom Roten Adlerorden zu St. Georgen in Bayreuth.[356]

VON OBERNITZ

Die Herren von Obernitz sind ein thüringisch-osterländisches Uradelsgeschlecht aus dem gleichnamigen Dorfe zwischen Saalfeld und Kaulsdorf, wo – wenn nicht schon im Jahre 1152, so doch 1228 – ein adeliger Siedelhof vorhanden gewesen sein muß. Wie der älteste Wappenschild [1362] des Geschlechts – ein roter Pfahl im silbernen Feld – belegt, erscheinen die von Obernitz stammes- und wappenverwandt mit denen von Posseck, die ihnen im Jahre 1328 im Besitz des Schlosses Obernitz nachfolgten. Allerdings wird in der älteren Literatur auch auf andere Vorläufer der Familie geschlossen.

So leitete der Genealoge Gauer die Obernitze von einem Nebenzweig derer von Brandenstein ab, deren Glieder ›Friedrich Ritter und Gottschalk von Obernitz, Gebrüder genannt‹ 1298 erscheinen. Der Adelsforscher König erwähnt sogar noch frühere Ursprünge: »In einem alten vicedomischen Manuskript soll ein Apel von Obernitz, Vogt zu Ziegenrück, 1152 erscheinen. Er soll im gleichen Jahr im Auftrag von Bischof Wichmann von Naumburg zu dem Reichstag nach Frankfurt gereist sein.«[357] Der regionale Historiograph Stemler [1750] zählt die ›von Obernütz‹ zu den ältesten Adelsfamilien des Orlagaus, »inmassen sie anfänglich von denen Land-Grafen in Thüringen im 12. und 13. Jahrhundert zu ›Advocatis‹ oder Burg-Vögten des Schlosses Ziegenrück gemacht, welches der Pirnaische Mönch zwar bestätiget, aber das Geschlecht ohne Zweifel falsch und die ›von Nöbernütz‹ nennte, welches unter seine übrigen Schreibe-Fehler mit gerechnet werden mag.«[358] Jedenfalls gehören die von Obernitz »zu jenen 10-15 Familien, die merklichen Einfluß auf die Kolonisation Ostthüringens genommen haben,«[359] insbesondere zusammen mit denen von Watzdorf und Machwitz auf die, von den Lobdeburgern, wie auch den Orlamündern und Schwarzburgern gelenkte Besiedlung des linkssaalischen Oberlandes. Dabei verstanden es die Obernitze, sich im Umfeld von Ziegenrück großen Lehnsbesitz zu sichern und sich von Volkmannsdorf im Nordosten über Moxa und Paska im Norden bis nach Drognitz im Westen beinahe zusammenhängend auszubreiten, während die ihnen stammesverwandten und wappengleichen Herren von Posseck sich daran anschließend, in Erkmannsdorf, Eßbach, Crispendorf, Dörflas-Walsburg wie auch in Weisbach, den beiden Beuthen bzw. Geschwendas etablierten, wo sie vom 14. bis 17. Jahrhundert auf adeligen Siedelhöfen vorkommen. In diesem Zusammenhang erscheint auch die erste urkundlich sichere Erwähnung derer von Obernitz in Gestalt des Vasallen und Burgmannes des Grafen Ottos von Orlamünde auf Schloß Ziegenrück, Heinrich von Obernitz, am 19. Juni 1258. Bereits um diese Zeit sollen sie im Dienste der Landesherrschaft die Vogtei über Schloß und Amt Ziegenrück ausgeübt haben. Nachweislich treten sie aber erst im Jahre 1302 in dieser Position auf, als Ludwig von Obernitz Miles im Falle Bodelwitzer Güter als Gewährsmann angeführt wird sowie eine Hufen Landes zu Gertewitz den Herren von Brandenstein übereignet.

Neben ihrer Liebschützer und Tausaer Linie existierte ab dem 14. Jahrhundert noch ein vogtländischer Zweig, dem etwa Leuthold von Obernitz angehörte, der zusammen mit Heinz von Rode, seinem Schwiegervater, 1347 von Heinrich Vogt zu Plauen Ländereien erwarb. Man denke hierbei auch an Johann und Lutold von Obernitz, die im Jahre 1374 den Feldzug des Markgrafen Wilhelm von Meißen gegen die Sterner in Hessen mit 30 Lanzenreitern unterstützten. Um diese Zeit wird von ihrer Tausaer Linie der zu Tausa und Külmichen [Külmla] gesessene Nicol von Obernitz [1389] und von ihrer Liebschützer Linie der zwischen 1369 und 1394 verschiedentlich genannte Apel von Obernitz auf Liebschütz [†1426] erwähnt, mit dem die Stammreihe des Geschlechts beginnt.

Als sich die Wettiner zwischen 1393 und 1402 in einer Fehde mit Vogt Heinrich den Roten von Weida befanden, der daraufhin die Gegend um Ziegenrück, Triptis, Auma und Neustadt mit seinen Raubzügen beunruhigte, sollen sich unter seinen 43 Helfershelfern auch ›des alten nickels Sune von Obernicz, zu Tawsa gesessen‹, befunden haben. Nach dem Ende des Konflikts gelangten zwischen 1406 und 1424 Weida und Berga an die Wettiner, wodurch noch lange vor den kruden Landesteilungen der Reußen das spätere Reußenland in Unterland [Gera] und Oberland [Greiz] gespalten wurde und so dessen territoriale Landeseinheit auf lange Zeit verlorenging. Dessen ungeachtet stellten die von Obernitz auch im 15. und 16. Jahrhundert weiterhin die wettinischen Amtsleute und Landrichter auf Schloß Ziegenrück, worauf im Zuge des Sächsischen Bruderkrieges Stadt und Schloß 1448 von dem Landesherrn – Herzog Wilhelm III. von Weimar – aus Geldverlegenheit für 2000 fl. an Veit von Obernitz verkauft, 1481 aber wieder zurückgewonnen wurden. Auch Hans von Obernitz aus der vogtländischen Linie des Geschlechts nutzte die Gunst der Stunde und kaufte 1455 von Heinrich Reuß dem Jüngeren zu Plauen dessen Anrechte auf Burg, Amt und Vogtei Voigtsberg mit den Städten Oelsnitz, Adorf und Markneukirchen, worauf die Wettiner ihn zum Amtshauptmann für Voigtsberg [mit Oelsnitz] ernannten, als der er 1459 erscheint.

Zudem hielten die von Obernitz bis zum Jahre 1490 die Stadtherrschaft über weite Teile von Auma. Überhaupt befand sich das Geschlecht während des 15. Jahrhunderts auf dem Höhepunkt seiner Macht: Es besaß die Rittergüter Tausa, Külmla und Bucha, die Vorwerke Eßbach, Sornitz und Moxa [1497], die Burggüter Schieferhof und Queckenburg [?] in Ziegenrück, das große Rittergut Liebschütz, das Vorwerk Drognitz mit entsprechenden Grundherrschaftsrechten in Schöndorf, Külmla, Bucha, Paska, Liebschütz, Neuenbeuthen [bis 1487] und Drognitz zu Gänze sowie die Dörfer Keila, Moxa, Eßbach, Volkmannsdorf und Altenbeuthen zum Teil. Zudem hielt es zeitweise Besitz in Öpitz [als stiftsaalfeldisches Lehen], Molbitz [Rittergut], Moderwitz [Rittergut], Remptendorf [Adelssitz] und Rödersdorf [mehrere Lehnhöfe] sowie u.a. im mittleren Saalegebiet Gumperda [Rittergut], Ostheim, Breitensee im Stifte Fulda [15.-16. Jh.] und im Fränkischen das Rittergut Oschalling, dessen Besitzer Hans von Obernitz von 1505 bis 1530 Reichsschultheiß zu Nürnberg war. Im Jahre 1509 belehnten die Herzöge von Sachsen die Ritter Albrecht, Eberhardt und Melchior von Obernitz ›mit dem Sitz zu Löbesitz mit seinem graben umbfang und vorwerg, 4 hufen Newhintersessener, etliche roder, das vnter vorwergk vnd Siedelhove‹ etc. Als aber während des Bauernkrieges [1525] die Vertreter der Neustädter Bewegung die Ziegenrücker Einwohner unter Gewaltandrohung aufforderten, sich ihnen anzuschließen, mußte der auf dem Schlosse sitzende Amtmann Veit von Obernitz diesen eingestehen, sie im Weigerungsfalle nicht schützen zu können. In einer weiteren Urkunde trat ein Dietzen von Obernitz auf Eßbach 1545 als Unterhändler in einer Erbteilung der Oppurger Linie der von Brandenstein auf.

Der im Ritterkanton von Rhön-Werra immatrikulierten Römhilder Linie entstammte wohl Caspar von Obernitz, der 1554 das Rittergut Henfstädt bei Schleusingen erwarb. »1558 wurden Mitglieder der fränkischen Linie der Familie in die fränkische Reichsritterschaft des Kantons Gebürg aufgenommen.

Eine Mitgliedschaft bestand auch ... vermutlich in den Ritterkantonen Baunach und Staigerwald.«[360]
Im Jahre 1516 war Elisabeth von Obernitz Konventualin des Klosters Paulinzella. Von der Tausaer Linie saß 1554 Friedrich von Obernitz auf Tausa, der sächsische Hofrat, Hofrichter etc. Hans Veit von Obernitz [oo Barbara von Buttlar] dagegen auf Bucha, Ostheim und Breitensee. Liebschütz hingegen hatte während der zweiten Hälfte des 16. Jahrhunderts Hans Heinrich von Obernitz in Besitz. Ein Verwandter seiner Gemahlin Helena [geb. von Röder] war der in der Volkssage noch heute lebende Caspar Röder [†1603]. Im Jahre 1629 erschoß Hans Ernst von Brandenstein, ein nachgeborener Sohn der Oppurger Linie, Veronica, die Ehefrau Hans Achatius´ von Obernitz im Tausaer Rittergut. Auf Liebschütz saß damals Heinrich Michael von Obernitz. Er war mit Barbara, einer geborenen

von Gräfendorff aus dem Hause Külmla, verheiratet. Nach seinem Tod 1665 teilten im Jahre 1668 ihre Söhne Adam Heinrich [†1724], Hans Heinrich und Georg Heinrich ihr Liebschützer Rittergut in drei Teile – und zwar dergestalt, daß Adam Heinrich und Georg Heinrich zusammen dessen oberen Teil übernahmen und dafür ihrem mittleren Bruder Hans Heinrich [1646-1709] den unteren Teil überließen. Letzterer saß auch zu Neidenberga und Grobengereuth und war mit Magdalena Sibylla, einer geborenen von Stein auf Lausnitz und Neunhofen, verheiratet hatte aber keine Kinder. Zunächst Hofmeister auf dem Schloßrittergut Oppurg trat er darauf in herzoglich sachsen-merseburgische bzw. sachsen-saalfeldische Dienste, avancierte zum Geheimrat sowie zum Amtshauptmann zu Gräfenthal, wurde Reichs-Münzkommissar und kaiserlicher Reichshofrat und erhielt im Jahre 1695 sogar die Reichsfreiherrenwürde. Neben Liebschütz [bis um 1760], Tausa [wieder ab 1684], Bucha, Neidenberga [vor 1700 bis nach 1750] und Grobengereuth [bis 1781] saßen hiesige Angehörige derer von Obernitz während des 17. und 18. Jahrhunderts zudem noch auf den Gütern Trannroda und Zella [um 1600], Kulm bei Saalburg [1613], Möckern bei Stadtroda [1716-1727], Gertewitz [1717-1727] und Wöhlsdorf bei Auma [1722-1739]. Noch im Jahr 1750 hielt Michael von Obernitz den Liebschützer, Drognitzer und Paskaer Besitz, während ›Heinrich August von Obernütz [†1781] Königl. und Chur-Fürstl. Sächs. Haupt-Manne‹ Herr auf Neidenberga und Grobengereuth war.

Die jahrhundertelange oberländische Präsenz dieser Familie endete ab dem Jahr 1760, als sie ihre beiden Liebschützer Rittergüter verkaufte und sich andernorts ansiedelte. Dennoch steht der Kapitän Veit Dietrich von Obernitz noch im Jahre 1770 als Mitbelehnter an Liebschütz verzeichnet, während die Tausaer Hauptlinie des Geschlechts im Jahre 1778 erlosch. Der letzte von Obernitz unserer Region soll gewissermaßen in die Entsagung gegangen und 1810 als [freiwilliger?] Bettler gestorben sein. Unabhängig davon reüssierten Angehörige des Geschlechts zwischen dem 18. und 20. Jahrhunderts vorwiegend in preußischen, sächsischen und württembergischen Militärdiensten, so Moritz August [1743-1823], Albert [1804-1879] und Eberhard [1854-1920] von Obernitz zu Generalmajoren, Friedrich [1840-1918], Veit [1859-1935] und Justin [1884-1955] von Obernitz zu Generalleutnanten, Moritz von Obernitz [1869-1958] zum Konteradmiral und Hugo von Obernitz [1819-1901] zum preußischen General der Infanterie und Generaladjutanten Kaiser Wilhelms I. Dementsprechend verlagerten sich auch die Besitzungen des Geschlechts vornehmlich nach Preußen, wo es im Brandenburgischen und in der Niederlausitz auf Brodtkowitz [vor 1805 bis nach 1818] und Weißag [1831 bis nach 1857], Klein Gaglow bei Cottbus [vor 1810 bis 1840], Türkendorf bei Spremberg [vor 1804 bis nach 1818] sowie im schlesischen Landkreis Trebnitz auf Burgwitz, Gorschel und Machnitz ansäßig wurde, während es im Nordraum von Leipzig Strelln [vor 1839 bis nach 1890], Eulenfeld [1850-1880] und über Elisabeth von Rauchhaupt geb. von Obernitz [†1928] Storkwitz in Besitz nahm. Andere Familienangehörige wiederum lebten in herrschaftlichen Adelshotéls und Villen, wie in dem Hause Modersohn in Bad Honnef [ab 1888]. Bis auf den heutigen Tag blüht die Liebschützer Linie derer von Obernitz fort. Ein Familienverband entstand 1925.[361]

Die Linie der von Obernitz zu Liebschütz

Wie wir bereits hörten, erscheinen die Herren von Obernitz vor Ende des 13. Jahrhunderts – als wettinische Landrichter und Vögte zu Ziegenrück – erstmalig im Besitz von Liebschütz als einem wettinischen Lehen. Wie an anderer Stelle schon berichtet, waren sie im Auftrage der Grafen von Orlamünde bzw. deren Besitzvorgänger überaus aktiv an der Kolonisierung insbesondere des Ziegenrücker Oberlandes beteiligt, wo sie sich großen Lehnsbesitz [eine Reihe von Rittergütern mit entsprechenden Grundherrschaftsrechten über bzw. in 12 Dörfern] zu sichern wußten. Nachweislich seit dem Jahre 1302 und sicherlich schon viel früher übten sie im Dienste der Landesherrschaft die Vogtei über Schloß und Amt Ziegenrück aus. Kernpunkt ihrer hiesigen Siedlungsherrschaft war die ortsbildende, von einem Ringgraben umgebene kleine Tieflandburg im historischen Siedlungskern von Liebschütz östlich der Landstraße. Grund ihrer Entstehung war möglicherweise die Sicherung der Landesgrenze oder eine Art Vorpostenstellung für die Kontrolle des Handelsweges nach der Ziegenrücker Saalefurt. ... Aus den entsprechenden Lehnsurkunden erfahren wir, daß Liebschütz – vordem im Besitz von Apel [†1426], Hans, Erhart [†1525], Asmus [†1539], Hans Heinrich [†1582] sowie ab 1632 der Gevettern Hans Heinrich und Heinrich Michael von Obernitz [†1665] befindlich – von den drei Söhne des letzteren – Adam Heinrich [†1724], Hans Heinrich und Georg Heinrich – geteilt wurde und zwar dergestalt, daß Adam Heinrich und Georg Heinrich zusammen den oberen Teil des Gutes übernahmen und dafür ihrem mittleren Bruder Hans Heinrich den unteren Teil überließen. Mitbelehnte an Liebschütz blieben aber ihre Vettern Wolf Friedrich, Heinrich Christian und Bernhard Dietrich von Obernitz, Gebrüder zu Tausa, wobei anzumerken ist, daß verschiedene Angehörige der Liebschützer und Tausaer Linie der Obernitz schon bereits vorher wiederholt als Mitbelehnte des jeweils anderen Rittergutes in Erscheinung treten und überhaupt die beiden Zweige verwandtschaftlich verbunden waren und auch sonst eng zusammengewirkt haben müssen. Bestätigt wird die Lehnsübertragung durch den Kanzler des Herzogs Moritz von Sachsen-Naumburg-Zeitz, Veit Ludwig von Seckendorf [1626-1692], einen der hervorragendsten Staatsmänner und Staatsrechtstheoretiker seiner Zeit.

Das Rittergutsvorwerk wurde 1668 vermutlich auch in zwei Hälften geteilt. ... Nachdem – wie Stemler [1750] berichtet – der Unterhof seinerzeit schon an die Herren von Wölker gefallen war, verkaufte die Familie im 7-jährigen Kriege – um das Jahr 1760 – bzw. nach dem Tod von Friedrich [Franz] Michael von Obernitz auf Liebschütz-Oberhof, Drognitz, Paska etc. [†1763] auch den Oberhof und wanderte nach Schlesien aus, wo sie angeblich – die statistische Literatur bestätigt dies nicht – das große Rittergut Schönbrunn erwarb.

Johann Heinrich Freiherr von Obernitz auf Unter-Liebschütz
Am 20. Dezember 1646 als mittlerer Sohn Heinrich Michaels von Obernitz und seiner Gemahlin Barbara [geb. von Gräfendorf auf Külmla] geboren, wurde Hans Heinrich zunächst in seinem Liebschützer Elternhaus privat unterrichtet, besuchte sodann das Gymnasium Ruthenium in Schleiz, studierte hinterher an der Universität Jena und anschließend mehrere Jahre lange Recht in Tübingen. Bei der sich anschließenden Kavallierstour durch Deutschland, nach Frankreich, England und Holland sammelte er all »dasjenige sorgfältig ein, was Ihm künfftig in Diensten grosser Herren nützlich seyn kon[n]-te, und kam glücklich wieder nach Hause an. Nach seiner Rückkunft machte sich derselbe zu dem Herrn Grafen von Ronov in Oppurgk, ... eine Zeit lang [er] sich in dessen Diensten als Hof=Meister gebrauchen lies, aber auch sich mehr des Herrn Grafen Staats=Wissenschafften und nützliche Unterredungen, als eine Freygiebigkeit zu Nutze machete.«[362] Der Reichsgraf Johann Albrecht Howorka **von Ronow** und Biberstein [1625-1706] entstammte der bekannten böhmisch-protestantischen Adelsfamilie von Krineczky, die 1620 von den Kaiserlichen enteignet und vertrieben worden war. Im Jahre 1672 erwarb er für 105.000 Rthl. die noch vom 30-jährigen Kriege und einer anschließenden langen Sequestrationsphase stark mitgenommene Herrschaft Oppurg, und es wurde die Aufgabe des als fromm und gastfrei, aber auch als prachtliebend geltenden Reichsgrafen, diese wiederaufzurichten. So ließ er u.a. sogar die vom Kriege noch versehrten Kirchen von Oppurg, Oberoppurg, Daumitsch, Kleindembach, Langendembach und Krobitz wenn nicht vollkommen neu errichten, so doch prächtig ausbauen. »In erster Ehe war er mit Elisabeth Freiin von Biberstein [1623-1683], der Erbtochter des Herrn von Biberstein, und in zweiter seit 1686 mit Henriette Juliane Gräfin Reuß [1654-1726] verheiratet.«[363] Wohl sein fortgeschrittenes Alter und der Mangel an geeigneten Erben werden von Ronow am Ende dazu bewogen haben, die Herrschaft Oppurg im Jahre 1703 für 105.000 Taler zu verkaufen. Er behielt sich ein Wohnrecht auf Schloß Oppurg vor und starb 1706 ebenda.[364]

Den zweiten Teil seiner praktischen Ausbildung brachte Johann Heinrich Freiherr von Obernitz am Hofe seines damaligen Landesherren Moritz Wilhelm zu Sachsen-Naumburg-Zeitz [reg. 1681-1718] zu, »bey dem er eine Zeit lang als Cammer-Juncker gewesen, darauf aber an Hertzog Christian zu Merseburg [reg. 1680-1691] Hof beruffen, desselben Printzen Hof = Meister wurde und die letzteren auf ihren Reisen führete, zum größten Vergnügen seiner Herrschaften, Sie glücklich wiederum nach Hause brachte, und von seinem Durchl. Prinzipal mit der Hof = und Consistorial=Raths=Stelle davor begnadet wurde, auch in dieser Qualität eine Gesandtschafft an die Nordischen Höfe Schweden und Dänemark 1680 zu gantz besonderen Vergnügen und Zufriedenheit seiner gnädigsten Herrschafft über sich nahm und verrichtete. Durch seine Geschicklichkeit und erlangete Erfahrung zog er die gnädigste Neigung des Durchl. Hertzogs Moritz Wilhelm zu Sachsen wieder an sich, welche Ihm von Merseburg ab und in Dero Dienste besonders aber mit sich auf die Reise nahmen, welche Sie nach Italien vornahmen. Nach der Rückkunft bat sich Hertzog Christian zu Merseburg unsern Herrn Reichs=Hof = Rath noch einmal aus, um Ihn nach dem Tode des Höchstsel. Chur=Fürsten Johann Georg III. [reg. 1680-1691] nach Wien zu verschicken und von Ihro Röm. Keyserl. Majestät Leopold [reg. 1658-1705] die Lehn vor das Hause Merseburg in Empfang zu nehmen, wie auch vor dasselbe den Eid der Treue abzulegen. Bald darauf trugen Ihn der Durchl. Hertzog Johann Ernst zu Sachsen-Saalfeld [reg. 1680-1729] ... ebenfals Dero Dienste und zwar das Directorium über Dero Cammer = und Amts=Hauptmann Stelle einiger Aemter an. Er hatte sich kaum derselben unterzogen, sahe er sich abermahls genöthiget, in wichtigen Geschäften des Merseburgischen Hofes nach Wien zu gehen, und einige importante Angelegenheiten desselben daselbst zu bewürcken, welche Er auch vollkommen wohl ausrichtete, dadurch aber nicht allein die besondere Zuneigung Hertzog Christians gegen sich vermehrete, und den Charak-ter eines Geheimen Raths erhielte; sondern auch bey dieser Gelegenheit in des Glorwürdigsten Keyser Leopold[s] allerhöchste Genaden gleichfalls, und zwar dermassen zu setzen das Glück hatte, daß Sie Ihn bey einer Privat=Audientz in ausserordentlich gnädigen Ausdrückungen zu Dero Reichs= Hof=Rathe zu ernennen geruheten; ja da sich seine grosse Geschicklichkeit bey diesem eminenten Posten sogleich äu-ßerte, folgete auch bald das Müntz=Commissariat durch das gantze Deutsche Reich darauf, welches nach dem Anspruche der größten Staats=Männer unter die allerbeschwerlichsten und verdrüßlichsten Aemter gezehlet zu werden verdienet, ...

Wie nun des Keysers Leopold Majestät dem seligen Herrn Reichs-Hofrat ungemein viel Gnade erwiesen ... und er von dem Keyserl. Hof einstmals eine wichtige Sache glücklich zu Stande gebracht, mit Deroselben kostbaren Bildnisse sowohl als einen Ringe von sehr hohen Werthe beehret hatten; so setzeten nach Dero tödlichen Hinritte der Glorwürdigste Key-ser Josephus [reg. 1705-1711] dieselbe fort, bestätigten Ihn in Dero hohen Amte, hielten zum öfteren Privat=Conferentz mit Ihm, bedieneren sich dessen vortrefliche[r] Einsicht in Reichs=Staats=Angelegenheiten beständig. ... Nachdem er den 24. August 1709 zuvor das Zeitliche mit dem Ewigen in Wien verwechselt hatte ... [und seine Majestät] dessen Tod vernommen, liessen Sie sich in diesem allergnädigsten Aus-drucke vernehmen: ›Wir versichern hoch, daß wir diesen Mann ungern verlohren haben, weil Er unsern Hofe, und dem Reiche gute Dienste gethan.‹«[365] Wie nun der von dem Pfarrer Stemler seinem Buche ›Pagus Orla‹ [1750] einverleibte Lebensbericht des Liebschützer Reichsfreiherrn ausgeht, hat dieser »sich nach seinen zurückgelegten Reisen mit der da-mahls Hochwohlgeb. Fräulein Magdalena Sibylla, weyl. Hrn. Johann Heinrich Sebastian von Stein auf Lausnitz und Neun-hofen Tocher, vermählet, dieselbe Ihn auch geraume Zeit überlebet, aber nur dieses dabey zu bedauren, daß, so reich an Vergnügen dieser Ehestand, so unfruchtbar an Kindern derselbe gewesen sey, inmassen der Hochsel. Herr Reichs= Hof=Rath seine hohen und vortrefflichen Gemüths=Gaben durch keine Leibes=Erben fortgepflantzt gesehen hat.«[366]

VON OBERWEIMAR

Die Familie von Oberweimar war ein thüringisches Uradelsgeschlecht aus der Vasallenschaft der Grafen von Orlamünde und Beichlingen, in deren Urkunden Mitglieder derselben oft genannt werden. Bereits im Jahre 1249 ist ein Dietrich und 1253 der Ritter Friedrich von Oberwymar urkundlich bezeugt. 1298 erscheinen Hermann [urk. auch 1303], Gernodus [urk. auch 1328, 1337], Bruno und Witigo von Oberweimar [letzterer 1320 mit seinem Sohne Konrad]. 1348/49 hält die Familie Güter in der Markgrafschaft Meißen. 1416 verkauft Hans von Oberweimar Zinsen in der Flur von Weimar und Waldendorf.

1450 werden Hans und sein Sohn Apetz – ersterer 1453 im Amte Schwarzburg gesessen – erwähnt. 1459 lassen sich Albrecht von Oberweimar und seine Ehefrau Anna einen Schutzbrief für ihre Güter in Solteheldern und Grubenhagen ausstellen. 1484 stiftete Ernst von Oberweinber als Grundherr des Dorfes Weitisberga [bei Leutenberg] der Ortskirche einen Abendmahlskelch – versehen mit Inschrift und Wappenschild [drei Schräglinksbalken schwarz emailliert] der Familie. 1495 dann saß ein Hermann von Oberweimar auf Dorndorf, Meldingen und Tosdorf. Die bekannteste Vertreterin des Weitisbergaer Zweiges war Florentina von Oberweimar [geb. um 1506], deren Mutter eine geborene von Watzdorf war. Bereits mit 6 Jahren mußte sie als Novizin in das Kloster Neu-Helfta bei Eisleben – ehedem die ›Krone der deutschen Frauenklöster‹ – eintreten, dem ihre Tante Katharina von Watzdorf als Äbtissin vorstand. Doch das lebenshungrige Mädchen konnte und wollte sich nicht mit dem einsamen Leben dort abfinden, »verweigerte lange die Ablegung der vorgeschriebenen Gelübte, unternahm mehrere Fluchtversuche, wurde von der eigenen Verwandtschaft – einem Herrn von Watzdorf – verraten und von der Äbtissin ... schließlich in Eisen geschlossen,«[367] ja sollte sogar in einen lebenslangen Zellenarrest gelegt werden. Dann gelang es Florentina, Ende 1523 einen Hilferuf abzusetzen und zwar an ihren Verwandten Caspar von Watzdorf auf Altengesees, einem Mitstreiter Martin Luthers, worauf der Reformator ihm riet, dem Mädchen zur Flucht zu verhelfen, welche dann im Frühjahr 1524 auch glücklich gelang, worauf sie zu der neuen Lehre übertrat. »Der Fall war einer der Anlässe für Luther, gegen die Einrichtung der Klöster als solche öffentlich Stellung zu nehmen. 1523 verfasste er die Schrift ›Ursach und Antwort, dass Jungfrauen Klöster göttlich verlassen mögen‹. Florentina hat entweder bei ihrem Verwandten von Watzdorf Zuflucht gefunden oder – wie der katholische Luther-Gegner Johannes Cochläus behauptet – sich einige Zeit bei Martin Luther selber aufgehalten. Florentina schrieb ihre leidvollen Erfahrungen im Kloster Helfta nieder, auch um sich mit deren Veröffentlichung gegen Verleumdungen der Äbtissin zu wehren. ... Die Flugschrift erlebte innerhalb eines Jahres sechs Druckauflagen.«[368] Danach verschwindet Florentina aus der geschichtlichen Überlieferung, ob sie später noch geheiratet hat und eine Familie gründete, ist unbekannt. Im weiteren Verlaufe des 16. Jahrhunderts hatten sich die von Oberweimar neben Weitisberga auch auf Schweinbach [1534], Heinersdorf und Zoppoten [bis 1551] angesiedelt. Allerdings mußte Sichart von Oberweimar zum Weitesberg im Jahre 1566 für seine Ehefrau Sabina gegen Hans Jörg von Wildenstein zu Fahrenbach wegen vorenthaltenen Heiratsgeldes klagen. Fabian von Oberweimar war 1576 Amtmann zu Kranichfeld. Nichtzuletzt im Zuge einer, ab den 1560er Jahren zunehmenden Klimaverschlechterung ging es mit der Familie von Oberweimar zu Weitisberga bergab, sodaß sie ihre Töchter gegen Ende des Jahrhunderts nur noch an Dorfbewohner verheiraten konnte. Nachdem schon der alte Jobst von Oberweimar hinter der Badestube zu Weitisberga erstochen worden, und selbst Hans Junior 1602 an einem Stich

gestorben war, fiel auch Jobstes Neffe Achatius von Oberweimar 1611 im Duell gegen einen von Helldorff. Das war das
Ende der Weitisbergaer Linie dieses Geschlechts, das auch
andernorts während des frühen 17. Jahrhunderts im Mannesstamm ausstarb. Gegenwärtig existieren in etwa Ostthüringen
durchaus noch bürgerliche und bäuerliche Familien, die eine
bzw. einen von Oberweimar noch zu ihren Vorfahren zählen.[369]

VON DER OELSNITZ

Das im Jahre 1212 mit Rembertus de Olsnitz erstmals erwähnte meißnische Uradelsgeschlecht von der Oelsnitz, ist
wohl eher in den erzgebirgischen als dem vogtländischen Ort
Oelsnitz zu verorten. Seine Stammreihe jedenfalls beginnt mit
Reymbrecht von der Olszenicz [† vor 1500] auf Gelenau bei
Zwönitz. Der Wappenschild der Familie zeigt auf goldenem
Grund einen, mit drei silbernen Kugeln belegten roten Schrägrechtsbalken. Neben ihrem Stammschloß Oelsnitz, wo sie allerdings nur zwischen 1495 und 1592 urkundlich nachweisbar
sind, saßen verschiedene Seitenlinien der Familie im Elbsand-
steingebirge auf der Felsenburg Rathen [1425-1468], im böhmischen Lausitzgebirge auf Lemberk, im Isergebirge auf Ná-
varov, in Schlesien auf Eylau, in der Lausitz auf Kleinschweid-
nitz bei Löbau [1672 bis 1694], im Erzgebirge auf Alberoda
und Schönfeld bei Annaberg [bis 1553], im Vogtland auf
Irfersgrün bei Auerbach [1575], Unterlauterbach bei Oelsnitz
und Arnsgrün bei Plauen [1613-1642], im Großraum Leipzig
auf Kriegsdorf bei Merseburg [16.-17. Jh.], Polditz bei Leisnig
[1732-1763] und Hemsendorf bei Bitterfeld [1929], im Reußischen auf Oberböhmsdorf [1693-1752] und Zoppoten [1703]

u.d.gl.[370] Im Jahre 1743 kaufte der Schleizer Oberhof- und Forstmeister Johann Friedrich von der Oelßnitz das Rittergut Oberböhmsdorf von seinem gleichnamigen Vater, veräußerte dieses jedoch schon 1752 seinem Schwiegersohne, den sachsen-gothaischen Landkammerrat Aemil Friedrich Wilhelm von Metzsch zu Eisenberg.

VON ORLAMÜNDE

Die Grafen von Weimar-Orlamünde waren neben den Landgrafen von Thüringen das zeitweise wirkmächtigste Adelsgeschlecht Thüringens. Es läßt sich bis ins 10. Jahrhundert zurückverfolgen, als der seit 949 bekannte Wilhelm I. [†963] im Gau Husitin [im Gebiet des heutigen Weimar] und im Altgau [in Nordwestthüringen] Grafenrechte behauptete. »Wilhelm II. (†1002) wird als erster mit Weimar, einer seiner Nachfolger, Otto I. (†1067),«[371] um das Jahr 1060 mit Orlamünde [932 Huorilagemunde] in Verbindung gebracht, dessen Burgbezirk 1083 aus 22 Ortschaften bestand. Nach dem kinderlosen Tod seines, in Weimar regierenden Bruders Graf Wilhelm IV. [†1062] vereinigte er die beiden Landesteile zur Grafschaft Weimar-Orlamünde, doch starb mit dem Tod des Grafen Ulrich II. das ältere Haus schon im Jahre 1112 wieder aus, allerdings nicht ohne zuvor [wie parallel die Grafen von Schwarzburg] große Teile des 1071 nicht dem Kloster Saalfeld übereigneten Orlagaus übernommen zu haben.Indem Ottos I. Tochter Adelheid [†1100] mit dem, aus askanischen Haus stammenden Pfalzgrafen Adalbert II. von Ballenstedt [dem Großvater des brandenburgischen Markgrafen Albrecht dem Bären] verheiratet war, fielen Weimar und Orlamünde nach einigem Hin und Her an Adalberts Sohn, Pfalzgraf Siegfried, der aber bereits im

Folgejahr [1113] verstarb. Darauf nahm sich eine Nebenlinie der Askanier und 1140 endlich Albrecht der Bär des Erbes an, worauf Orlamünde als Grafensitz erwähnt wird. Als nach dessen Tod 1170 die askanischen Länder geteilt wurden, begründete sein jüngerer Sohn Hermann I. [1140-1176] die jüngere Grafenlinie Weimar-Orlamünde, deren Grundbesitz sich landeinwärts über Weimar und Apolda bis in die Goldene Aue hinein erstreckte. Nach Süden umfaßte der orlamündische Einfluß rechts der Saale zwar nur Langenorla, Krossen, Weißenburg, weite Teile der Heide sowie Streubesitz östlich von Pößneck. Links des Flusses aber reichte die Grafschaft über ihre Burgorte Schauenforst und Rudolstadt – unter Umgehung von Saalfeld und Leutenberg, welche die Grafen von Schwarzburg-Käfernburg 1208 erworben hatten – über die Saalfelder Höhen [mit Weischwitz, Lositz, Witzendorf und Arnsgereuth] bis nach Probstzella und Gräfenthal und griff mit dem rechtssaa-

lischen Kaulsdorf auf einen wichtigen Verkehrsknotenpunkt aus. Hermanns Enkelsohn, der ab 1206 in Weimar regierende Graf Hermann II. [1180-1247], führte die Grafschaft noch einmal zu einer kurzen Blüte und gewann durch seine Ehe mit Beatrix, einer der beiden Erbtöchter der mächtigen Herzöge von Andechs-Meran, einen großen Teil deren Gebiete im Frankenwald [Nortwald] – und zwar

Orlamünde: Kemenate die Plassenburg mit Kulmbach, Berneck, Goldkronach, Wirsberg, Trebgast, Pretzendorf [später Himmelskron] –, worauf die Orlamünder auch an einer weiteren wichtigen Nord-Süd-Verbindung, die von Orlamünde über Lobenstein nach Franken verlief, wichtige Stützpunkte [Bodelwitz, Ziegenrück, Lichtenberg] unterhielten. All dies erfolgte aber zu spät, um sich gegen die Wettiner, die 1247 die Landgrafschaft Thüringen übernommen hatten, noch durchsetzen zu können. Desweiteren kam dazu, daß nach Hermanns Tod seine zwei Söhne Hermann III. [†1283] und Otto III. [†1285]

die Grafschaft 1248 in ein Thüringisches Haus zu Weimar und ein Osterländisches zu Orlamünde teilten, welches letztere in ihrem Wappenschild später einen linksschreitenden schwarzen Löwen auf goldenem Grund mit rotfarbener Krone, Klauen nebst elf Herzen führte.[372]

Bald nach dieser Teilung ließ die osterländische Linie etwa 750 m südwestlich des Dorfes Weißen [1194 Wizen] hoch über der Saale ein, durch Gräben und Mauern stark befestigtes Bergschloß – die Weißenburg – errichten. Die 1194 unter den Ortschaften der Großpfarrei Orlamünde aufgezählten 22 Kirchdörfer geben allgemein die damalige Ausdehnung der Herrschaft Orlamünde wieder, als deren ›Zubehörung‹ auch eine Anzahl von Vasallen miteinbegriffen war, welche auf Burggütern oder adeligen Siedelhöfen in den umliegenden Dörfern saßen.[373] Nach der Teilung der Grafschaft 1248 in eine Osterländische Linie zu Orlamünde und eine Thüringische Linie zu Weimar begann das Geschlecht zunehmend an Einfluß zu verlieren. 1279 mußten sie ihre Vogtei über die Heide wieder der Benediktinerabtei Saalfeld überlassen, verloren 1334 das feste Schloß Rudolstadt durch Erbschaft und Kauf an die Schwarzburger und mußten nach dem Ableben des letzten Grafen von Weimar-Plassenburg, Otto VII., im Jahre 1340 auch Kulmbach aufgeben, nachdem der Verblichene seine Grafschaft schon 1338 dem mächtigen Burggrafen Johann von Nürnberg gegen ein Anlehen von 4.000 Pfund Heller vermacht hatte. Im Zuge der Thüringer Grafenfehde [1342-1346], wo die Orlamünder die Hauptgegner des wettinischen Landgrafen gestellt hatten, wurden sie dann vollends handlungsunfähig. Dabei war es dem Thüringer Landgrafen Friedrich den Ernsthaften [1310-1349] im Jahre 1344 gelungen, einen Keil zwischen die Besitzungen der mit ihm verfeindeten Grafen von Weimar-Orlamünde und Schwarzburg zu treiben, indem er dem, vom Kriege geschwächten Grafen Heinrich IV. dessen beiden Ämter Orlamünde und Weißenburg abgewann, nachdem dieser seinen älteren Sohn Heinrich V. mit der Burg und Herrschaft Schauenforst abgefunden hatte, während sein jüngerer Sohn Friedrich Burg und Herrschaft Droysig [bei Zeitz] erhielt. Dabei erfolgte der aus dynastischer Perspektive höchst fragwürdige Verkauf nicht einmal gegen die Erlegung eines Einmalbetrages, sondern gegen eine Jahresrente. Für seinen Verzicht gewährte der Wettiner dem Grafen und seiner Gemahlin ein passendes Wohnhaus in Erfurt, ein Jahresgeld von 200 Mark Silber nebst 20 Malter Korn und das Nießbrauchrecht auf Lebenszeit für die Weißenburg [freilich unter dem Vorbehalt, diese im Kriegsfalle für den Wettiner zu öffnen], nebst einmaligen 180 Mark in Silber für die Wiederinstandsetzung, der wohl im Krieg zerstörten Veste. Nach dem Tode Heinrichs IV. im Jahre 1347 [oder 1357] gewährte man seiner Witwe 100 Mark im Jahr, außerdem 4 Mark Nadelgeld, um sie und ihre beiden ›Mitfrowen‹ mit Stoff zu einer standesgemäßen Kleidung auszustatten. So trat die ältere Linie der Orlamünder als erste aus dem Reigen der selbständigen Staaten. Ihr folgte die andere, die Weimarische Linie, 1373 mit dem Tod ihres letzten Grafen Hermann VIII. Nachdem die Orlamünder ihre Vogteirechte über die Probstei Zella schon 1345 abgetreten hatten, mußten sie im Jahre 1394 ihre Herrschaft Gräfenthal in ein wettinisches Lehen umwandeln lassen.

Zu dieser Zeit war einzig die orlamündische Linie Schauenforst, die ihren Sitz auf dem Lauenstein nahm, noch selbständig. Nachdem die Droysiger Linie 1411 mit dem erbenlosen Tod Graf Heinrichs VI. erloschen war, zersplitterte die Schauenforster Linie im Jahre 1414 durch eine Landesteilung – bei der Graf Wilhelm von Orlamünde die Herrschaften Lauenstein und Schauenforst, Graf Sigismund Lichtenberg [bei Bad Steben] und Magdala und Graf Otto Gräfenthal und Lichtentanne erhielt – ihren Besitzrest völlig. »Jede dieser neuen Grafschaften hatte natürlich ein größeres Einflußgebiet von – in den Urkunden genannten und auch nicht genannten – zugehörigen Dörfern. Die nicht zweifelsfrei einem der drei Landesteile zugeordneten Dörfer brachten in den nachfolgenden Jahrzehnten Streitigkeiten«[374] unter den Besitznachfolgern der Orlamünder mit sich. »Nachdem sich die Grafen von Orlamünde-Gräfenthal infolge totaler Verschuldung 1422 unter die volle Oberhoheit der Wettiner stellen mußten, verblieb dem einst mächtigen Thüringer Grafengeschlecht als einziger rechtmäßiger Besitz nur noch die Herrschaft Lichtentanne [mit Schmiedefeld], die schließlich 1426 durch den Tod des kinderlosen Grafen Otto VIII. ebenfalls an Sachsen fiel.«[375]

Dieses verlehnte daraufhin Lichtentanne 1430 an die Herren von Könitz auf Kaulsdorf, Gräfenthal mit Marktgölitz dagegen 1438 an die Reichsmarschäle von Pappenheim, Lauenstein erst an das Haus Schwarzburg [1437], gleich darauf an die Grafen von Gleichen [1438], sodann an die Grafen von Schwarzburg zu Leutenberg [1498] und schließlich an die Grafen von Mansfeld [1501], welche die Burg 1506 – unter Vorbehalt wesentlicher landesherrlicher Befugnisse an Friedrich von Thüna auf Weißenburg/Obernitz veräußerten.

Der letzte Orlamünder der Schauenforst-Lauensteinischen Linie war Graf Friedrich VI. [†1486]. Mit dem Tod seiner Tochter – Katharine – welche noch im Jahre 1533 Nonne im Zisterzienserinnenkloster zum Heiligen Kreuz bei Saalburg war, erlosch der gräfliche Name Orlamünde und nur die Sage von der Weißen Frau von Orlamünde ist davon geblieben.[376]

Die Weiße Frau von Orlamünde

Weit über die Gegend hinaus bekannt und doch kaum darin verortet ist die Sage von der Weißen Frau von Orlamünde: »Otto, Graf von Orlamünde, war gestorben und hatte eine noch junge Witwe mit zwei Kindern hinterlassen, einen Sohn von drei und ein Töchterlein von zwei Jahren. Die Witwe wohnte auf der Plassenburg [Kulmbach] und dachte ernstlich daran, sich wieder zu vermählen, namentlich hatte der schöne Burggraf Albrecht von Nürnberg ihr eine heiße Liebe eingeflößt, daß sie auf Mittel sann, seine Gattin zu werden. Der Burggraf, dem diese Leidenschaft wohl bekannt war, hatte eines Tages gesagt, daß nur der Augen vier einem Ehebunde im Wege ständen. In dem Glauben, der Burggraf meine ihre beiden Kinder und   hingerissen von ihrer Liebe zu dem schönen Manne faßte sie den grauenvollen Entschluß, die unschuldigen Kinder zu ermorden,«[377] und ertränkte sie im Kindelbrunnen unterhalb der Kemenate zu Orlamünde.[378] Nach anderer Erzählung habe sie den Mord von der Plassenburg aus durch ihren Dienstmann ›Hager‹ vollbringen lassen, den sie zuvor durch reiche Gaben dafür gewonnen hatte. Dieser nun führte die beiden Kinder hinaus in den Wald. Als sie aber merkten, was ihnen drohte, sollen sie ihn ängstlich gebeten haben, ihnen das Leben zu lassen, der Knabe: ›Lieber Hager, laß mich leben, ich will dir Orlamünde geben, und auch Plassenburg des neuen, es soll dich nicht gereuen!‹

Das Töchterlein aber soll gesagt haben: ›Lieber Hager, laß mich leben. Ich will dir alle meine Docken [Puppen] geben!‹ Der Mörder aber beharrte auf seinem abscheulichen Vorhaben und vollbrachte die Untat. »Später wurde er bei einer anderen Büberei ergriffen und auf die Folter gelegt. Da soll er vor seinem Tode gesagt und bekannt haben, es gereue ihn zwar sehr der Mord des jungen Herrn, der aber doch schon gewußt habe, daß er Güter verschenken könne, viel größere Reue aber empfinde er, wenn er der unschuldigen Worte des Mädchens gedenke, das ihr Spielzeug ihm habe verschenken wollen. Die Leichen der beiden Kinder wurden von der Plassenburg in das Kloster Himmelskron gebracht, und an der Seite ihres Vaters beigesetzt, wo sie lange Zeit zum Gedenken an diese Mordtat gezeigt wurden. Als der Hohenzoller die böse Tat erfahren hatte, kehrte er der Gräfin von Orlamünde mit Abscheu den Rücken, indem er sagte: ›Nicht der Kinder Augen waren gemeint, sondern meiner Eltern Augen!‹ Und er vermählte sich nachher mit einer Gräfin von Henneberg. Des Burggrafen Worte aber hatten der Gräfin das Herz gebrochen.

Von Reue und Schmerz gepeinigt, stürzte sie aus ihren Gemächern, eilte mit fliegenden Haaren durch die langen Gänge der Plassenburg bis zur Pforte des Schlosses und hinab in das Tal Richtung Himmelskron. Man sagt, sie habe auf ihren Knien rutschend den Weg ins Kloster zurückgelegt,«[379] und sei gleich beim Eintritte in die Kirche tot niedergefallen. Noch gemahnt ein Steinkreuz an diesen Marterweg. Nach anderen Berichten habe sie nach einem Bußgang nach Rom vom Heiligen Vater die Lossprechung von ihrer schweren Sündenstrafe erlangen können, indem sie ein Kloster erbauen ließ, dessen erste Äbtissin sie geworden sei. Vor ihrem Hinscheiden jedenfalls »beichtete sie reumütig ihre Sünden und gedachte mit rührenden Worten der unseligen Verblendung, in der sie einst so schwere Missetat begangen hatte. Das zweideutige Wort des geliebten Mannes, das sie zu solcher schwerer Sünde verführt habe, wolle sie – so Gott ihr dieses Glück gönne – dem burggräflich-nürnbergischen Hause in allen seinen Verzweigungen durch eine segenbringende Warnung vergelten. Sie wolle für einen jeden aus diesem Geschlechte, wenn es noch Zeit sei, durch göttliche Kraft einen Wink zugehen zu lassen, wenn sein letztes Stündlein schlagen werde, auf das er zur rechten Zeit dem Irdischen entsagen, sein Haus bestellen und so nicht unvorbereitet vor den ewigen Richter erscheinen könne.«[380] So wurde sie zu eine Art Wandergespenst, das jahrhundertelang in den verschiedensten Schlössern unweigerlich den Tod ankündigen sollte.

Zuerst habe die Weiße Frau von Orlamünde sich im Jahre 1486 auf der Plassenburg gezeigt. Auch im alten Schlosse von Orlamünde ist sie hin und wieder um Mitternacht weißverschleiert und trauernd an der ehemaligen Burgkapelle – nach ihren Kindern suchend – gesehen worden. Kulturhistorische Aufwertung erlangte sie als ›Ahnfrau‹ der Hohenzollern, die damals das Burggrafenamt von Nürnberg begleiteten und deren Nachfahren sie fortan vorzugsweise erschien. Im Berlin tauchte sie erstmalig 1598, acht Tage vor dem Tod des Kurfürsten Johann Georg auf, »dann wieder im Jahre 1619 23 Tage vor dem Hinscheiden des Kurfürsten Johann Sigismund, darauf im Jahre 1667 vor dem Tode der Kurfürstin Luise Henriette, und wiederum 1688 und 1713 vor dem Heimgang des Großen Kurfürsten und seines Nachfolgers Friedrich I.«[381]
Ferner erschien sie nach Aussage seines Adjutanten von Nostitz am 9. Oktober 1806 auf der Rudolstädter Heidecksburg dem preußischen Prinzen Louis Ferdinand, der tags darauf im Gefecht von Saalfeld fiel. Ebenso ist sie im Jahre 1878 am Abend vor dem Tod des Prinzen Waldemar sowie kurz vor dem Ableben des sogenannten ›99-Tage-Kaisers‹ Friedrichs III. [*1831] im ›Dreikaiserjahr‹ 1888 gesehen worden. Ihre bis-

lang letzten Aktivitäten entfaltete sie im Mai 1940: Als Prinz Wilhelm von Preußen, ein Enkel Kaiser Wilhelms II., während des Frankreichfeldzuges [an dem er als einfacher Oberleutnant aktiv teilnahm] als – wie man heute sagen würde – VIP besonders geschützt werden sollte, wies er dies lapidar mit den Worten ab, er werde das Jahr 1940 ohnehin nicht überleben, da er die Weiße Frau der Hohenzollern gesehen habe. Kurz darauf wurde er verwundet, worauf sich am Tage seines Todes, dem 26. Mai 1940, im Berliner Stadtschloß noch einmal eine gespenstische weiße Frauengestalt zeigte. Prinz Wilhelm war am 4. Juli 1906 als erster Sohn des Kronprinzen von Preußen geboren worden, durch seine unstandesgemäße Heirat jedoch aus der ›Thronfolge‹ ausgeschieden. Als aktiver Regimegegner war er 1938 in die sogenannte ›Novemberverschwörung‹ verwickelt und man hätte ihn, wenn das geplante Hitler-Attentat damals geglückt wäre, wahrscheinlich zum König von Deutschland ausgerufen. Dem charismatischen und allseits beliebten Prinzen folgten bei seinem Trauerzug nach dem Antikentempel in Sansouci – der traditionellen Grablege der Hohenzollern – etwa 50.000 Menschen.[382] »Auch andere Geschlechter haben ihre ›Weißen Frauen‹, doch wie Theodor Fontane in seinem Roman ›Vor dem Sturm‹ einen der Protagonisten sagen lässt: ›...und alles, was ... über die Weißen Frauen geschrieben worden ist, das hab´ ich gelesen. Und siehe da, es ist und bleibt die Orlamünderin.‹«[383] Versuche ihre genaue Identität zu ergründen, waren ebenso mühselig wie ergebnislos: Zum einen soll sie Beatrix, eine Tochter des Herzogs Ottos I von Meran und Graf Otto III. von Orlamünde [†1285] ihr Gemahl gewesen sein. Nach anderen war diese Beatrix lediglich die Mutter des Grafen und derselben sei mit einer Grafentochter aus dem Hause Truhendingen vermählt gewesen.[384] »Begründet wollte man die Sage finden durch ein Grabdenkmal in der Klosterkirche Himmelskron, auf welchem zwei kleine Kinder unten zu Seiten eines langen Kreuzes dargestellt sind, und welches – früher allgemein als das der ermordeten Orlamünder Kinder angenommen wurde – nach späteren Forschungen aber erst aus dem Jahre 1529 stammt.

Einen geschichtlichen Anhalt für diese Übeltat bietet sich in der orlamündischen Geschichte nicht dar.«[385] Insgesamt soll die Weiße Frau von Orlamünde in an die 60 europäischen Schlössern umgehen. Viele dieser Erscheinungen beziehen sich jedoch auf periphere ländliche Gebiete und sind wohl eher mit lokalen Tragödien verbunden. Selbst in den beiden reußischen Fürstentümern Reuß erschien in vielen Schlössern und Herrenhäusern eine hohe weiße Frauengestalt, wenn ein Todesfall in den Herrscherfamilien bevorstand. Auch dem Fürstenhaus von Schwarzburg zeigte sich vor dem Ableben eines Familienmitgliedes eine solche Ahnfrau.[386]

VON PFLUGK

»Die Pflugk, Pflug von Rab(en)stein (auch Pluoch, tschechisch: Pluh z Rabštejna, Plural Pluhové) sind ein böhmisches und sächsisches Uradelsgeschlecht, das mit Ulricus Pluoch im Jahr 1287 auf Pluhowy Zdiar im südlichen Böhmen zuerst erscheint. ... *Pluh* ist das tschechische Wort für Pflug, der Ortsname bedeutet *Pflügers Erfolg*.«[387] Kein Wunder also, wenn die Legende das Geschlecht von den beiden tschechischen Staatsgründern, der sorbenwendischen Regententochter Libussa und ihrem Gemahl, dem einfachen Bauersmann Przemysl, dem Pflüger – den Stammeltern der böhmischen Herrscherdynastie der Przemysliden – abkommen läßt, welche um das Jahr 700 gelebt haben sollen.[388] Schon um 1295 erwarben die Pflügke die Burg Rab(en)stein an der Schnella in Westböhmen und hielten sie bis 1509. Gegen Ende des 15. Jahrhunderts stiegen die Pflugk vom Rabenstein in das Montangeschäft ein, erwarben zahlreiche Gruben und erkauften mit den Erlösen weitere Herrschaften, so Königswart, Petschau mit der Burg Bečov [1495], Schwarzenburg bei Rötz mit Waldmünchen [beide bis 1945], Tepl, Nečtiny, Tachov, Chodová Planá, Kočov, Poutnov, Störnstein in der Oberpfalz u.a.[389] Ab den 1330er-Jahren erwarben Familienmitglieder auch im heutigen Mitteldeutschland Besitz, wo sie zum mächtigsten Niederadelsgeschlecht im Großraum Leipzig, ja überhaupt zu einer der vier Hauptsäulen und Prinzipalgeschlechtern des meißenschen Heldenadels avancierten. Der Stammvater ihres hiesigen Ablegers wurde der Ritter Otto Pflugk [um 1345 bis um 1427], der 1334 mit dem Gut Eythra südlich von Leipzig belehnt wurde, welches seine Nachfahren bis 1649 hielten. Weitere Sitze von ihnen dort wurden Knauthain, Zschocher [1346], Gautsch, Mockau, Gohlis, Naundorf, Windorf, Volkmarsdorf, Stünz, Dölitz, Möckern, Dösen, Oeltzschau, Zöbigker [1349], Holzhausen, Leutzsch [1377], Großgörschen, Kitzschen, Pegau, aber auch Rohrbach, Benkendorf sowie Rockendorf. Zu einem weiteren Ausstrahlungspunkt ihrer Macht wurde der 1383 erworbene Herrensitz Strehla bei Meißen, den sie bis 1945 im Besitz behaupten konnten. Bis zum Ende des 14. Jahrhunderts hatte die Familie im osterländischen und meißnischen Raum drei Linien ausgebildet. Die ältere Linie der Pflugk zu Ranaw, Grünhain und Naumburg, starb relativ schnell wieder aus. Die osterländische Linie hingegen saß, wie gesagt, in Eythra, Zöbigker, Zschocher, Knauthain [1349-1559], Sellershausen, Pomßen, Belgershain, Geschwitz, Rötha [1480-1559], Großpößna, Schloß Lauer bei Markkleeberg [1440], Delitzsch [1459], Klein-Petzschau, Stadt und Schloß Wildenfels [1425], Wolckwitz, besaß zeitweise die Pflege Groitzsch-Pegau [u.a. mit Mausitz, Cöllnitz, Wiederau, Löbnitz und Großhermsdorf] und hatte im Altenburgischen das Schloß Posterstein [1528-1718] und die Rittergüter Nöbdenitz und Weißbach [bis 1587] inne. Diese Linie zerfiel später in die beiden Äste Knauthain-Zschocher und Belgershain. Die Meißnische Linie hatte ebenfalls Anteil an Sellershausen, Pomßen, Belgershain und Großpösna [1417], saß aber eher im Osten der Mark, so neben Frauenhain [1392], Zabeltitz [1397], Tiefenau [1423-1945], Bresen, auch auf Pulsen, Raden, Weinsdorf, Spansberg,

Treugeb., Nieska, Lichtensee, Wülknitz, Röderau, Streumen, Peritz, Bobersen, Zeithain [1425], Canitz [1435], Lampertswalde [1437], Bückeritz, Boregk, Lassen, Laselb, Thormen, Lößnig, Kattewitz, [1440], Mogelenz [1440], Großgmehlen [1554] u.a. Die Meißnische Linie zerfiel im 15. Jahrhundert in die drei Äste Strehla-Trebnitz [mit Lampertswalde, Kreinitz, Gersdorf, Böhlen, Lautendorf, Torgau, Ebersbach, Merschwitz, Jesewitz, Colm und Mutzschen], Frauenhain [mit Köttewitz, Oberottendorf, Tiefenau, Lößnig und Paußnitz] sowie Strehla und Görzig [mit Lampertswalde, Merzdorf, Zabeltitz, Gersdorf, Canitz, Böhringen, Lausen, Großrügeln, Posterstein und Leckwitz]. Von der Osterländischen Linie sonderte sich noch ein Pflugk-Hartunger sowie ein Mecklenburger Ast ab. Letzterer gewann Besitz in Lichtenhagen, Heiligendamm, Gnoien, Rostock, ja sogar in Hamburg.[390] Im Zuge des Schmalkaldischen Krieges und des protestantischen Ständeaufstandes von 1546/47, den der Rabensteiner Kaspar Pflug, als einer der reichsten Männer Böhmens mit angeführt hatte, »verlor er jedoch seinen gesamten Besitz, als der böhmische König und spätere Kaiser Ferdinand I. nach der Niederschlagung des Aufstands diesen konfiszieren ließ. Kaspar Pflug musste auswandern. ... Ende des 16. Jahrhunderts starb die Familie in Böhmen aus.«[391] Auch aus dem Osterland um Leipzig zog sich das Geschlecht um das Jahr 1600 zurück und verlor faktisch alle ihre dort angestammten Sitze. Überhaupt letztmalig nachweisbar ist die Osterländische Linie mittels ihres Eythraer Astes auf Gröbitz, Tegkwitz, Störmthal, Pflug, Rüdigsdorf, Altmörbis, Neuhof, Steckeldorf sowie in Bückeburg im Stifte Fischbeck sowie ihres Mausitz-Wiederauer Astes 1718 in Steinbach und Bedheim nebst dem vorgenannten Bückeburg. Von der Meißnischen Linie bestanden ab dem 17. Jahrhundert bis teils zum Jahre 1940 als großgrundbesitzende Zweige die Häuser [1] Strehla-Trebnitz mit Kreinitz [236 Jahre im Familienbesitz], Krummhennersdorf, Bischheim [Oberlausitz] und Teffram, [2] Strehla-Görzig jüngeres Haus mit Bischheim [bis 1844], Kemitz [Niederlausitz] sowie einen Wohnsitz in Stuttgart, [3] Frauenhain mit Merzdorf bei Riesa, Canitz und [4] Lößnitz-Tiefenau mit Cavertitz, Schöna und Zöschau bei

Oschatz und Posterstein. Ein weiterer Ast besaß die Güter Zabeltitz, Gauernitz [Elbe], Streumen, Walda, Böhla, Wilthen, Constappel bei Meißen, Stöchitz und Bischdorf, ein dritter Goseck. Im heutigen Ostthüringen saßen Pflüge zudem noch auf Meuselwitz [1576], Breternitz/Saale [1587], Scheubengrobsdorf [1666] und Frankenthal bei Gera, Heukewalde bei Zeitz, Löbichau [1700-1706], Nobitz und Vollmershain [um 1700] bei Schmölln, Gütterlitz, Wenigenauma und Zadelsdorf bei Auma. Weitere Sitze des Familienverbandes befanden sich, dem Schloßarchiv Wildenfels zufolge, noch in Adelsdorf, Altbelgern, Bernsgrün, Cottewitz, Deutzen, Finsterwalde, Gaschwitz, Geusnitz, Görlsdorf, Großböhla, Großhermsdorf, Großstädteln, Hausdorf, Heukendorf, Kaufungen, Kriebstein, Leuben [1889-1945], Leulitz, Liebertwolkwitz, Paunsdorf, Pöschwitz, Rautenberg, Sonnewalde, Steinbach, Streumen, Striesa, Wermsdorf, Zschauitz, Zschepa und Zumroda.[392] In ihrem Wappenschild trugen die sächsischen Linien, die sich des Adelsprädikats ›von‹ zumeist nicht bedienten, ursprünglich ein aufgerichtetes, auch schräg-links liegendes umgewendetes rotes Pflugeisen auf silbernem Grund. Später war ihr Emblem quadriert mit noch je einem schräg-rechts liegenden Lindenast mit drei Blättern im 2. und 3. Feld.[393] »Aus der bis heute bestehenden kursächsischen Linie wurde Karl Christian Freiherr von Pflugk am 7. April 1701 in den böhmischen Grafenstand erhoben.«[394]

Werfen wir zuletzt noch einen Blick auf die Postersteiner bzw. Wenigenaumaer Linie der Pflugk. Im Jahre 1528 erwarben die Söhne des Cäsar Pflugk auf Eythra (Eithra), Julius, Haubold, Tham, Andreas und Christoph von Pflugk von ihrem Vetter Nickel von Ende um 17.500 fl. das Schloß Posterstein, dazumal eine der bedeutendsten Herrschaften der ganzen Umgebung. Unter ihnen ragt Julius Pflugk [1499-1564] hervor:

Als letzter Fürstbischof von Naumburg-Zeitz blieb er katholischer Humanist, wirkte am Augsburger Interim mit und bemühte sich erfolglos um Ausnahmegenehmigungen für Priesterehe und Laienkelch durch die römische Kurie. Damit brachte sich der gelehrte Gegenspieler der Reformatoren zwischen alle Stühle und ist doch als einer der Vordenker der ökumenischen Bewegung zu betrachten. Sein Bruder Haubold hingegen wurde evangelisch und mußte als Vasall des Kurfürsten Johann Friedrichs diesem im Schmalkaldischen Kriege vier Pferde, einen Heerwagen, zwei Bogenschützen, einen Hellebardier und einen Langspießer stellen. 1554 erwarb er »von Heinrich von Wildenfels auf Ronneburg über die bereits vorhandenen Obergerichte über Posterstein, Nöbdenitz und Raudenitz hinaus, für 1.150 Gulden noch die Gerichtsbarkeit über 14 weitere Orte. … Als Cäsar Pflugk (später auf Weißbach) die Grundherrschaft Posterstein 1575 für 26.000 Gulden an seinen Vetter Tham aus der Strehlaer Familienlinie verkaufte, kam es zur Abspaltung des Nöbdenitzer Besitzes. …

Tham Pflugk galt als gelehrt, hatte neben anderen Ländern auch Italien bereist und stand als Kanzler in Altenburger Hofdiensten. Er vergrößerte seinen Rittergutsbesitz auf Kosten der Bauern wesentlich.«[395] Um sich in den Besitz von Weinbergen zu setzen, erwarb er in Breternitz an der Saale das dortige, zur Herrschaft Kaulsdorf gehörige Subvasallengut.[396]

Auch Thams Erbe, der kursächsische Kammerrat zu Dresden und Berghauptmann Georg Pflugk d. Ä. [†1621], nutzte alle Möglichkeiten, um weitere Besitzungen und Rechte zu erwerben. So erschloß er in Posterstein und Umgebung Bergwerke und ließ das daraus geförderte Eisenerz auch selbst verhütten. Allerdings bereitete der 30-jährige Krieg seinen Bemühungen ein jähes Ende, worauf es seinem Enkel, dem Geheimen Rat und Kanzler in Gotha-Altenburg und Vizehofrichter in Jena, Georg Dietrich Pflugk, der 1666 Posterstein von seinem Vater Alexander [†1656] übernommen hatte, die Herrschaft wieder aufzurichten. Darüberhinaus gelang es ihm, für Posterstein das Recht zwei Jahrmärkte abzuhalten, zu erlangen sowie 1695 den 1575 verlorenen Familienbesitz im nahen Vollmershain zurückzukaufen. Nach seinem Tode im Jahre 1705 ging Posterstein, das sich inzwischen zu einer kleine Burgstadt mit zahlreichen Handwerkern und Marktrecht entwickelt hatte, an Georg Carl von Pflugk [1678-1748], der es 1718 an die Familie von Werder verkaufte. Doch finden sich heute nach über 300 Jahren noch Pflugk-Wappen am Schnitzwerk in der Ortskirche.[397]

In den Besitz der im Neustädter Kreis gelegenen Herrschaft Wenigenauma mit Zadelsdorf, Quingenberg und Silberfeld gelangten die von Pflugk im Zuge der Verehelichung von Auguste Marianne Johanna Charlotte von Meusebach mit dem kursächsischen Rittmeister Ernst Christoph Pflugk aus dem Hause Gütterlitz nach dem Tode ihres Vaters Johann Friedrich von Meusebach im Zuge des sogenannten Meusebacher Heimfalls [Siehe a.a.o.] im Jahre 1753. Ernst Christophs Vater war der Oberforstmeister Otto von Pflugk. Dieser hatte bereits vor dem Jahre 1740 das nahe Rittergut Gütterlitz erworben und war so zum Stammvater einer Gütterlitzer Astes der Frauenhainer Linie der von Pflugk avanciert, welche den Besitz – u.a. mit Ernst August von Pflugk [19. Jh.] – noch 1827 hielt, bis selbiger vor 1833 in die Hand derer von Schönberg gelangte.[398]

VON DER PLANITZ

Das vogtländische Uradelsgeschlecht der von der Planitz war in Westsachsen und im Vogtland ehedem höchst bedeutend. Ihr Stammsitz – die um das Jahr 1150 erbaute Burg in dem gleichnamigen Ort am Planitzbache bei Zwickau – bildete im 12./13. Jahrhundert noch ein Lehen der Vögte von Weida. Mit ihrem 1192 zu Merseburg am frühesten erwähnten Vertreter – Ludewicus de Plaunizc – beginnt gleichsam ihre Stammreihe. Später [im Jahre 1406] wurden sie mit ihrer Burg Planitz dann zu markgräflichen Vasallen. Als eine der ganz wenigen Adelsfamilien ihrer Zeit erhielten sie in Gestalt von Dr. jur. Hans von der Planitz zu Auerbach – kursächsischer Rat und Reichskammergerichts-Assessor zu Speyer – 1522 das Prädikat ›Edler‹ [nebst der Rotwachsfreiheit] verliehen. Seine beiden Söhne stifteten je eine Linie. Ihr Wappenschild ist rot und silber gespalten. Neben Planitz [bis 1572], Wiesenburg [1412-1591], Gablenz und Frankenhausen bei Zwickau, Bräunsdorf und Schönau bei Chemnitz, Callenberg bei Glauchau und Belgershain, Böhlen und Leulitz bei Leipzig und Bremsnitz in den Tälern [1600] saßen die Edlen von der Planitz im Vogtland u.a. auf Auerbach, Brambach, Grün, Hohengrün, Jocketa, Lengenfeld, Liebau, Mylau, Obergöltzsch, Arnsgrün und Rodau [1683], Rützengrün mit Rothenkirchen [bis 1845], Sorga [1525-1853], Stöckigt, Unterauerbach, Untergöltzsch, Voigtsberg sowie im weiteren Umfeld von Gera auf Caaschwitz, Mannichswalde, Ponitz, Rusitz, Weißbach, Ober-Renthendorf [1609-1615] sowie seit 1438 auf Niederpöllnitz und dessen Vorwerk Geroda [seitens des Weidaer Burghauptmanns Nickel von der Planitz und seinen Brüdern Gunter und Hans als Mitbelehnte].

Um die Mitte des 16. Jahrhunderts begannen sich die von der Planitz aus der Region zurückzuziehen. 1547 erscheint Levin von der Planitz als letzter Herr auf Geroda, auch wenn Christophs von der Planitz zu Niederpöllnitz nach dem Verkauf des Gutes 1565 an die von Schauroth noch als Mitbelehnter daran erscheint. Auch Niederpöllnitz ging der Familie bald darauf verloren, da bereits um das Jahr 1570 die von Raschau als Besitzer dieses Gutes erscheinen. Der Rückzug der Edlen von der Planitz aus Niederpöllnitz könnte, wenn nicht aufgrund der politischen Zäsuren jener Zeit [Entmachtung der Ernestiner, Übergang des Amtes Weida an die Albertiner im Jahre 1567] auch mit landwirtschaftlichen Problemen im Zuge einer heraufdräuenden Kaltphase [Zweite Kleine Eiszeit] in Verbindung gestanden haben, doch schon davor − 1543 − hatte der von der Planitz auf Niederpöllnitz [mit seinen 21 Untertanen] gegenüber dem Kurfürsten geklagt, daß ein Teil der Hofstätten lange Zeit wüst gelegen hätte und es schwer gewesen wäre, Leute für die Besiedlung zu finden, hatte doch die Pest erst 1520 in der Herrschaft Gera, 1554 in Neustadt an der Orla gewütet und sollte 1566 nochmals Gera und die Tälerdörfer heimsuchen. Zuletzt jedenfalls finden sich Angehörige der von der Planitz in der Region nur noch unter dem verarmten Adel.

So versuchten sich zu Beginn des 17. Jahrhunderts die beiden auf einem Freigut zu Rusitz hausenden Brüder Georg und Rudolf von der Planitz als Straßenräuber und verübten zwischen 1605 und 1607 eine größere Anzahl von Überfällen.[399]

VON PÖLLNITZ

Eng verbunden mit der Geschichte der Pöllnitzdörfer und der Gegend zwischen Triptis und Weida ist das Vogtländische Uradelsgeschlecht von Poelnitz, das je nach Alter, Herkommen und Linienzugehörigkeit auch als >de Polnicz<, >von Polniz<, >von Poelnitz<, von >Poellnitz<, >von Pöllnitz< bzw. [durch eine Kabinettsorder von 1885] schließlich als >von Pölnitz< bezeichnet wird. Ihr Wappenschild ziert ein blauer Sparren auf silbernem Grund.   Von ihren Stammsitzen in der Pöllnitzsenke – Ober-, Mittel- und Niederpöllnitz – breitete sich die Familie zunächst in der Region – Braunsdorf, Dreitzsch [mit Alsmannsdorf und Rosendorf], Geheege, Geroda, Moderwitz, Molbitz, Neuensorga, Oberrenthendorf, Schwarzbach, Tischendorf, Sorna, Staitz, Weltwitz, Wetzdorf, Wittchenstein [mit Lederhose] bzw. Zwackau – aus, und saß im Neustädter Kreise zudem in Burkersdorf, Großebersdorf, Heiligenau, Külmla, Lederhose, Lindenkreuz, Meilitz/Elster, Münchenbernsdorf, [Schaf]Preskeln u.a. Bei Pößneck hielten sie Herschdorf und Gertewitz [Freigut], bei Stadtroda Zinna und Podelsatz sowie im Weimarer Land Liebstedt in Besitz. Zwischen Naumburg und Weißenfels waren sie mit den Rittergütern Goseck [1609-1721], Noda, Gröbitz, Rathewitz und Uichteritz belehnt. Ferner traten Angehörige derer von Pöllnitz als Gutsherren in Benndorf, Gepülzig, Kolkau und Neukirchen im Leipziger Kreise, auf Heiligkreuz, Herschdorf, Mosen, Röpsen [1664-1733], St. Gangloff, Oberlödla und Weißbach im Altenburgischen, auf Sparnberg/Saale, Blintendorf [Funkenburg], Heinersgrün, und Ochsenberg im Vogtland, auf Ottengrün im Hofer Becken bzw. in Frankenberg [Mittelfranken] und Altenkirchen auf. Um das Jahr 1750 saßen verschiedene Linien des Geschlechts zudem noch »bey der unmittelbar Reichs freyen Ritterschafft der Länder zu Francken, Schwaben und am Rhein Strohm, [zu] Aschbach, Hohen- und Wüstenbuch, Gehrenstein, Gahrenberg, Heyda, Hundshaupten, Lenzenhof, Lichtenberg, Rheinheim in der Burg, Stochenthumbach, Tagmanns, Thierenhofen, Unterrühringen und Weißmain. … [und hatten] in der Mark Brandenburg Birckholz, Buch, Carau und Tre-now,«[400] zudem Reichau in Ostpreußen sowie in Siebenbürgen die Herrschaft Marusch Ludasch unweit Klausenburgs im Besitz. Aus dem Geschlecht der Pöllnitze gingen eine große Zahl von Führungspersönlichkeiten, kirchlichen Würdenträgern und Gelehrten hervor. Zudem versorgte es insbesondere während des Ancíen regimé auch das Militär mit wagemutigen Offizieren mehr aber noch die zahlreichen Höfe Mitteleuropas mit fähigen Beamten, Diplomaten und Höflingen, bis hin zu solch galanten Barockkavalieren wie Friedrich Carl [1682-1760] von Pöllnitz und Carl Ludwig Baron du Pöllnitz [1692-1775], die Weltbekanntheit erlangten, von denen aber keiner das Stammgebiet seines Geschlechts mehr gekannt haben dürfte, was auch nicht weiter verwundert, zumal, abgesehen von Staitz östlich von Auma [1700-1907], alle auf den traditionellen Sitzen und Orten um Triptis angesessenen Linien bis zur ersten Hälfte des 18. Jahrhunderts abgegangen waren.

Über die Ab- und Herkunft dieses ›ältesten und bedeutendsten Landadelsgeschlechts‹ der Triptiser Gegend gibt es verschiedene Theorien: »Waren es Ministeriale des Königs (Verwalter von Königsland) mit Grundbesitz durch Reichslehen in dieser Pöllnitzsenke? Aus Franken, Schwaben oder vom Niederrhein? Waren sie Ministeriale der Wettiner oder Lobdeburger?«[401] Oder waren sie – was höchstwahrscheinlich ist – Ministeriale der Herren von Weida [1122], in deren wenigen frühzeitlichen Urkunden sie als Zeugen mit erscheinen.

Legendär jedenfalls ist die Darstellung früherer regionaler Historiographen, ihre Vorfahren hätten sich bei der Abwehr der heidnischen Ungarn bewährt und seien zum Danke dafür von König Heinrich I. mit Land allhier belehnt worden. Nicht viel anders ist auch die anachronistische Notiz zu bewerten, der erste Vertreter des Geschlechts, ein gewisser Adelbert oder Albertus de Pullnitz, sei als Vasall des urkundlich nicht belegbaren Grafen Wilhelms von Arnshaugk 1124 oder 1130 mit Land in der Pöllnitzsenke belehnt worden.[402] Nur war die Orlasenke zu jener Zeit in Besitz des Erzbistums Köln bzw. von, mit diesem in Verbindung stehenden Adligen wie den Grafen Wichmann aus dem Hause Querfurt [1120] bzw. der Pegauer Chronik zufolge, Wiprechts von Groitzsch [†1124] aus dem Osterland, das – bevor die Groitzscher und nach ihnen die Wettiner ihre Macht dort festigten – den Parteienkämpfen zahlreicher kleiner Adliger mehrheitlich aus [Alt-]Sachsen ausgesetzt war, die um die besten Stücke des Landes rangen.

Im Elstergebiet wird es, bevor sich die Herren von Weida dort endgültig durchsetzten, nicht anders gewesen sein, erfahren wir doch aus der Stiftungsurkunde des Klosters Mildenfurt, daß allein die Siedlung am Veitsberg bei Wünschendorf innerhalb von nur 20 Jahren dreimal von konkurrierenden Rittern zerstört worden war.[403] Dies alles läßt darauf schließen, daß auch im Raum Triptis zu dieser Zeit schon Wehranlagen existiert haben müssen, wobei wir bei der Frage ankommen, inwieweit Nieder- oder Oberpöllnitz der eigentlicher Stammsitz des Geschlechts gewesen ist. Für ersteren Standort spricht die seinerzeit sicher nur schwer einnehmbare weitläufigere Niederungsburg in der sumpfigen, von zahlreichen Wasserarmen durchzogenen Pöllnitzaue, für erstere dagegen dessen zentrale Lage an der Regensburg-Naumburger Handelsstraße sowie das besser bebaubare Land an den Berglehnen zwischen der Orla- und Pöllnitzsenke.

Zuweisen können wir die erst ab dem 13. Jahrhundert urkundlich gesicherten frühen Vertreter der Familie – wie den Miles Gotscalcus (Gotsche) de Polniz [1238], Gotfridus [Gozzo] von Pöllnitz [urk. 1266-1288], die Vögte Ludoldus [urk. 1283-1308] und Ludewicus von Pöllnitz [um 1300], Volcwinus von Pöllnitz, Gosche [Götze] von Pöllnitz [urk. 1312-1324], Petzold von Pöllnitz [urk. 1324-1355] – einem dieser Standorte freilich noch nicht. Daß das Urkundenbuch der Vögte die ›Rothenmuhle‹ bei Weida 1230 denen von Polnicz zuordnet, impliziert jedoch bestimmte Präsensrechte im Großraum Weida.[404]

»Aufhellender wird dies erst im 14. Jahrhundert. Hier erscheint uns nun speziell 1341 das ›Haus Obern Polnicz‹ mit Ludwic, Katherin, Jan, Andres und Lutold, allgemein ebenso das Haus Langenberg/Meilitz mit Lutolf, die Siedlung Kirchbobeck mit Ludewicus, das Haus Liebstedt mit Ludewic, Gotschalg, Erich und Jon und noch unbestimmt im Raum Weida-Auma-Triptis mit den Personen Volkwin, Petzold, Götze, Hencze, Heinrich, Gottschalg, Lutold, Volkil etc.«[405] Lutold de Polnicz, dictus de Meczsch auf Mesicz [Ludwig von Pöllnitz, genannt von Miesitz auf Miesitz], erwähnt 1314, gilt als Begründer der Familie von Metzsch, deren Wappen nebst dem derer von Techwicz auf Techwicz dem der Pöllnitzer gleichkommt. Ein Ludewig von Pöllnitz handelte im Jahre 1341 den Frieden zwischen Meißen und Plauen aus. Als aber Plauen und Weida zwischen 1393 und 1402 das Haus Meißen befehdeten und dessen Städten Auma, Triptis und Ziegenrück großen Schaden taten, befand sich unter ihren 43 Helfershelfern auch ›Heincz von pollnicz‹. Dafür eilte Hans von Pöllnitz 1430 der Stadt Plauen wider die Hussiten zu Hilfe, wurde aber mitsamt seinen 20 Gefolgsleuten von ihnen erschlagen. Ferner wurde Götz von Pöllnitz auf Oberpöllnitz, der für den Markgrafen Albrecht von Brandenburg-Ansbach gestritten hatte, von diesen 1464 für den Verlust von drei Pferden, Harnisch und Armbrust entschädigt.[406] Im Jahre 1416 werden die Gebrüder Hencze und Folkel von Polnicz mit dem Ritterhof Niederpöllnitz und seinen Vorwerken in Mittelpöllnitz, Struth, Geroda und Wetzdorf nebst Zinsen in 28 Orten belehnt und erhalten über einen Tausch mit dem Markgrafen die volle Gerichtsbarkeit über Niederpöllnitz, wie sie vordem die Vögte zu Weida besessen hatten. Die Stammreihe der Pöllnitze beginnt allerdings erst 1456 mit Hans von Pollnitz dem Älteren auf Schwarzbach, einem Ort 7 km Luftlinie nördlich von Triptis, den Wilhelm III. von Sachsen 1460 das gleichnamige Mannlehen übereignete sowie ›besessene menner – von den er aber schulde und gulde zu helffen‹ – zu ›Wittichenstein [4], der Lederhosen [7], Hilporn [4] und Barbisdorf‹, sowie Zinsen und Einkünfte in Neuensorga, Wöhlsdorf, Porstendorf, Weltwitz, Molbitz, ›Bollichthausen‹ sowie zwei Weinberge zu Lobeda.[407]

Die jüngeren Thüringischen Linien derer von Pöllnitz
Stammvater aller heute lebender Familienmitglieder aber ist **Hans Bruno** [1535-1592] auf Schwarzbach, Wetzdorf und Neuensorga, fürstbischöflich-bambergischer Rat und Oberamtmann zu Kupferberg, herzoglich sächsischer Rat und als Hofmeister des Ernestiners Herzog Johann Friedrichs II. des Mittleren von Sachsen [der wegen den Grumbachschen Händeln 1566/67 vom Kaiser enteignet und fortan gefangengehalten wurde] als Erzieher für seine beiden Söhne Johann Casimir und Johann Ernst zuständig. Als »eifriger Anhänger Lutheri veröffentlichte er 1579 zwei theologische Abhandlungen, u.a. ›Vom Zustand der gläubigen Seele nach dem Tode‹. In der Schwarzbacher Kirche findet man für ihn eine Gedenktafel. Zerstört wurden bei der Kirchenrestaurierung 1899 neben anderem ein weiteres, ihn lebensgroß in Ritterrüstung, den Helm hinter sich und betend, zeigendes Epitaph.«[408] Zusammen mit seiner Ehefrau Barbara Münch von Münchenbernsdorf [†1628] hatte er 3 Töchter und 6 Söhne, von denen vier – Bernhard [†1628], Ehrenfried [†1627], Hans Georg [†1622] und Hans [†1646] – eigene Linien begründeten, wobei Bernhard und Hans Georg beinahe noch berühmter als ihr Vater wurden.

Besonders **Bernhard** [*1569] sollte den umfassendsten Besitzkomplex aller Pöllnitze schaffen. Ausgebildet an den Universitäten Jena, Helmstedt und Altdorf reiste er studienhalber auch nach Köln, Marburg, Straßburg sowie Genf und unternahm zusammen mit seinen späteren Schwagern Jacob von Grunthal und Georg von Nismitz eine mehrmonatige Kavalierstour u.a. in die Schweiz, nach Mittelitalien, Kärnten, in die

Krain, Ungarn und Österreich und wurde nach seiner Rückkehr von dem Kurfürsten Christian II. von Sachsen [reg. 1591 bis 1611] an den Dresdner Hof berufen. Dort machte der vielseitig gebildete junge Mann rasch Karriere. 1598 ernannte man ihn zum Appelationsrat und schickte ihn für diplomatische Aufgaben an den Hof Kaiser Rudolphs II. [†1612] nach Prag. 1601 zum kurfürstlich-sächsischen Hofrat erhoben, ward er schon im Jahre darauf mit nur 33 Jahren zum sächsischen Erzkanzler ernannt. Als solcher nahm er an zwei Kaiserwahlen, zahlreichen Fürstenkonferenzen und Reichstagen teil und ging als maßgeblicher Berater Kurfürst Johann Georgs I. in der Frage, ob und auf welcher Seite Kursachsen in den 30-jährigen Krieg eintreten sollte, in die Geschichte ein.

Wohlstand und Zielstrebigkeit ermöglichten es ihm, sein 1601 übernommenes Erbe in Gestalt des Rittergutes Dreitzsch, Anteilen an dem Familiengut Wittchenstein mit dem Vorwerk Lederhose sowie der Adelsschäferei Lindenkreuz enorm zu erweitern. Nach dem Verkauf von Dreitzsch an seinen Bruder Ehrenfried noch im selben Jahre erwarb er von seinem anderen Bruder Hans Georg die Familienstammgüter Schwarzbach mit [Neuen]-Sorga [worauf er 1602 als Herr auf Schwarzbach und – man höre – Sorna bezeichnet wird] sowie 1607 die Herrschaft Oberpöllnitz nebst der Adelsschäferei Geheege und der Gutsmühle In Mühlpöllnitz. Parallel dazu war er stets bestrebt, die grundherrschaftlichen Rechte in seinen Gutsdörfern zu mehren und – wo es nur möglich war – andernorts solche hinzuzuerwerben, so die von Kleinbernsdorf, Burkersdorf, Schüptitz und [Schaf-]Preskeln mit seinen Fronrechten über 12 Dörfer. Zudem übernahm er den Anteil seines Bruders Hans n dem Rittergut Wetzdorf, erwarb das Rittergut Mosen sowie Besitz in Heiligenau, Stösen, Ober-Renthendorf und Zinna, 1604 kam das Rittergut Großebersdorf sowie das Dorf Zwackau in seinen Besitz. Nachdem seine Ehefrau Ursula, eine geborene von Nismitz aus dem Hause Nebra [*1578], am 14. Mai 1608 mit dem 8. Kinde schwanger gestorben war, heiratete er 1609 die Witwe Franz von Königsmarcks, Catharina, die das alte Pfalzgrafenschloß Goseck bei Naumburg, das Gut Noda sowie das halbe Gut Gröbitz mit in die Ehe brachte. 1612 kam Bernhard in den Besitz des Rittergutes St. Gangloff sowie der Zins- und Fronrechte in den dazugehörenden Dörfern. 1614 erwarb er die Anteile seines Aschbacher Onkels Pancratz II. und dessen Söhnen Pancratz III. und Salomo von Pölnitz an Wittchenstein, Lederhose und Hellborn, 1616 kam das Schloß Münchenbernsdorf, 1619 die beiden Rittergüter in Uichteritz im Weißenfelser Land und 1622 schließlich das Vorwerk in Mittelpöllnitz in seinen Besitz. Zudem hatte er als Herr von Schwarzbach – seine mächtige Stellung ausnutzend – zu Beginn des 30-jährigen Krieges »bey schwerer Zeit denen armen Unterthanen mit gereydigt zur Kost und mit Gelde ausgeholffen, wofür Ihm hernach die Hölzer und Erbstücken an Zahlungsstatt abgetreten worden seyn.«[409] Im Jahre 1623 bat Bernhard wegen ›geschwächter gesundheit‹ um Entlassung aus der Kanzlerschaft und wurde ›Oberhofrichter zu Leipzig‹. Nach dem Tode seiner zweiten Frau heiratete er noch ein drittes Mal, nämlich Amalie, geb. von Rauchhaupt, verwitwet von Wiehe [†1631]. Er selbst verstarb mit nur 59 Jahren am 5. August 1628 in Goseck und wurde im Erbbegräbnis der dortigen Schloßkirche beigesetzt. Dort befindet sich auch sein, noch 2005 leider unrestauriertes, in der Wandarchitektur an die Bibliotheca des Michelangelo in Florenz erinnerndes Epitaph, welches den Verblichenen vollplastisch in Lebensgröße zusammen mit seinen Angehörigen auf den Knien betend darstellt.[410] Von seinen drei überlebenden Kindern heiratete die Tochter Blandina [1602-1673] den geheimen Rat, Hofrichter zu Jena und kurfürstlich-sächsischen Obersteuereinnehmer Hans Friedrich von Brand [1596-1657] auf Haardorf, Kleinhelmsdorf, Goldschau, Zinna und Langenleuba. Bernhards Söhne Christian von Pölnitz auf Münchenbernsdorf [1601-1670] und Hans Christoph I. von Pölnitz [1608-1657] auf Goseck, Ober- und Mittelpöllnitz dagegen übernahmen 1628/30 den elterlichen Besitz. Ersterer war Vize-Oberhofrichter in Leipzig. Seine vier, aus zweiter Ehe [mit Dorothea Barbara von Bellin aus dem Hause Callenberg] stammenden Kinder verstarben weit vor dem Vater. Hans Christoph war Hauptmann und heiratete 1631 seine Cousine Anna Elisabeth von Grünthal [1605-1641]. Von ihren beiden Söhnen Christian Julius [1636-1659] und Hans Christoph II. von Pölnitz [1638-1680] übernahm letzterer von Vater und Onkel den umfangreichen Besitz der Schwarzbacher Linie, ohne das dieser unter den Vettern geteilt werden mußte, da Herzog Moritz von Sachsen-Zeitz 1680 seine Mannlehen-Güter in ›rechte Mann- und Weiberlehen‹ [Erblaßgüter] umwandelte. Dafür verkaufte er Renthendorf und ließ Wittchenstein zerschlagen.

Seiner Ehe mit Amalie von Hünicke [oo 1658] entsprangen zwei Söhne und fünf Töchter. »Doch es verblasste der Glücksstern der Familie. Zwei seiner Töchter starben als Kinder und zwei weitere Töchter starben Anfang 1694 an den Schwarzen Blattern. Die zwei Söhne, Christoph Bernhard Christian sowie Julius Heinrich, 1689 mit dem Familienbesitz belehnt, kamen [auf ihrer Kavallierstour] bei einer See-Überfahrt von Holland nach England am 2. Juli 1693 durch Kaperschiffe zu Tode. Nun war nur noch die Tochter Dorothea Hedwig … am Leben. Sie verwaltete ab 1694 Ober- und Mittelpöllnitz und wohnte teilweise auch hier. Damit gab es nur noch ein lehns- und erbfähiges Kind.«[411] Ihre auf Uichteritz lebende Mutter Amalie von Pölnitz [1721] verteidigte Goseck, Gröbitz, Oberpöllnitz und Schwarzbach noch viele Jahre gegen die Erbansprüche der fränkischen Linie und anderer Verwandter.

Nach dem Tode ihres Schwiegersohnes [1714] und dem der Tochter [1715] zog sie sich jedoch zurück. Die Eheleute hatten 1701 Goseck und den anderen Besitz übernommen, jedoch ihren Teil an Schwarzbach 1703 heimlich verkauft, während Ober- und Mittelpöllnitz 1715 durch einen Vergleich von der Enkelin Amalies, Christiane Juliane Henriette, geb. von Wolframsdorf und ihrem Ehemann Johann Friedrich von Beust übernommen wurde. Dem folgte das Ende der alten Schwarzbacher Linie derer von Pölnitz, nicht nur in Thüringen. Einer der letzten Pöllnitze in der Orlasenke war der Lieutenant Anthon Heinrich Hollandin von Pöllnitz, der zwischen 1736 und 1751 auf dem Freigut zu Gertewitz lebte.[412]

Eine weitere Linie begründete Hans Brunos [†1592] zweit-
geborener Sohn **Hans** von Poellnitz [1572-1646] und seine
aus Franken stammende Frau Elisabeth, eine geborene von
Würtzburg-Rothenkirchen. Hans war sächsisch-altenburgi-
scher Rat und Hofmarschall, Obersteuereinnehmer und Amtmann zu Ronneburg und lebte auf dem Rittergut Mosen bei
Wünschendorf. Dort ließ er – sehr früh für einen so abgele-
genen Ort – eine Schule einrichten und am Fuße des wüsten
Schlosses Draxdorf die bekannte Fuchsmühle erbauen. Sein
Sohn Hanns Ludwig aber verkaufte Mosen und erwarb dafür
1664 Röpsen bei Gera, wo er die heutige Kirche errichten ließ.
In denselben Ämtern wie zuvor sein Vater erscheint er nach
dem Tod des letzten Altenburger Herzogs des älteren Hauses
als einer von 6 Sargbegleitern, inmitten einer riesigen Traue-
prozession. Hanns Ludwigs Sohn, Ludwig Ernst [1641-1695],
war kursächsischer Geheimer Rat und Kanzler Augusts des
Starken sowie Landschaftsdirektor und Dompropst zu Naumburg. 1699 ließ der Vormund seiner drei unmündigen Söhne
das Gut Röpsen an ihren Onkel verkaufen, bis es 1733 ›wegen Irrungen‹ endgültig in fremde Hände fiel. Während Ludwig Ernsts älterer Sohn Moritz Wilhelm zum Begründer der
württembergisch-hessischen Linie derer von Poellnitz wurde
und der jüngere Sohn Johann Ernst die Siebenbürgener Linie
ins Leben rief, erbte der mittlerer Sohn Friedrich August Karl
[1682-1760] im Jahre 1704 das 1687 vom Vater erkaufte Gut
Benndorf [bei Frohburg] und unterhielt als Domdechant zu
Meißen auch ein Palais am dortigen Burgplatz. Um 1709
wurde er Kammerherr und Stallmeister von Alexej Petrowitsch
in Rußland, später Oberhofmarschall von Henriette Charlotte
[geb. von Nassau-Idstein], der Gemahlin des schwachsinnigen
Herzogs von Sachsen-Merseburg. Dort erzeugte er 1720 einen
gewaltigen Skandal, nachdem er die Herzogin geschwängert
und diese ihm eine Tochter, Friederike Ulrike, geboren hatte,
die aber bereits kurz nach der Geburt verstarb. Nach heftiger
Intervention des Kaisers in Wien wie auch des in Liebesdingen
sonst so toleranten Oberherren der Merseburger Sekundo-
genitur, August dem Starken, wurde von Pöllnitz eingekerkert

und schließlich auf sein Gut in Bennsdorf abgeschoben, das er nach einem Brand 1713 umso prächtiger wieder aufgebaut und mit einem Park versehen hatte. 1727 heiratete er Johanna Eleonore Caroline, geb. von Ponickau [1709-1772], mit der er eine Tochter, Sophia Elisabeth Carolina [oo Rudolph Dietrich von Schönberg], und einen Sohn Karl von Poellnitz [1737-1807] zeugte, der zusammen mit seiner ersten Frau Auguste von Pflugk die Benndorfer Linie fortsetzte.[413] Von ihren beiden Söhnen erbte der als Buchautor über physikalische und medizinische Themen [insbesondere Tiermedizin] hervortretende Gottlieb Ludwig [1774-1820] Benndorf, das er später aufgab, während der jüngere Sohn Carl Ferdinand Bruno [1785-1849] das 1783 von seinem Vater erkaufte Gut und Barockschloß Oberlödla im Altenburger Land sowie das von seinem Großvater 1736 erworbene Gut Weißbach bei Schmölln übernahm, welches er 1817 jedoch verkaufte. Er war Mitbegründer der ›Naturforschenden Gesellschaft des Osterlandes‹ zu Altenburg, die auch mehrere Mitglieder des altenburgischen Herzogshauses, aber auch den bekannten Verleger Pierrer und später noch den Tierpfarrer Brehm aus Renthendorf bzw. den Naturforscher Ernst Haeckel aus Jena als ihre Mitglieder gewann. Über Ferdinand Brunos Sohn Joseph Carl [1815-1897], seinen Sohn Arndt [1859-1921] und dessen Sohn Carl blieb Oberlödla bis nach Ende des Zweiten Weltkrieges im Besitz der Familie. Eine am 14. Februar 1945 in die Südwestecke des Schlosses einschlagende Fliegerbombe tötete den Schloßherrn, seine Frau Margarethe, deren 9-jährige Tochter Friederun sowie 33 weitere Dorfbewohner.

Die beiden, im Sommer dieses Jahres aus sowjetischer Kriegsgefangenschaft heimkehrenden Söhne Arndt [*1923] und Heinrich [*1925] wurden unverzüglich und ohne Angabe von Gründen verhaftet und mußten bis zu ihrer geplanten Deportation nach Rügen zusammen mit anderen Ritterguts-Besitzer- und Pächterfamilien in einer Braunkohlengrube brennende Briketthaufen umschichten.

Nach der Flucht der beiden Brüder in die Westzone wurde Arndt Rundfunktechniker in Bad Salzuflen, kam aber 1947 bei einem Unfall mit einem alliierten LKW zu Tode. Daraufhin war Heinrich von Pöllnitz der letzte Vertreter der Thüringischen Linien des Geschlechts. Er wurde Diplomingenieur und gründete eine Familie, mit der er gegen Mitte der 1980er-Jahre zum ersten Male seine alte Heimat Oberlödla besuchte. Fassungslos blickten die von Pöllnitz auf die spärlichen Überreste ihres 1948 vollständig abgerissenen Rittergutes. Lediglich eine Mauer des früheren Gartenzimmers, die Gewölbe des uralten Kellers sowie die Stützmauern eines ehemaligen Stallgebäudes ragten noch aus dem grünen Rasen. Bevor die Familien nach der Wende einstige Flächen des Gutes zurückerwerben und wieder in Oberlödla siedeln konnte, hatte die Treuhand, die besten Stücke der inzwischen längst nicht mehr ›volkseigenen Liegenschaften‹ für den Bau eines Gewerbegebietes bereits veräußert. Doch nicht nur Oberlödla war denen von Pöllnitz 1945 verloren gegangen, auch das zuvor erst wiedererworbene Rittergut Lindenkreuz [1923: 136 ha] bei Münchenbernsdorf.[414]

Als dritter Linienbegründer wirkte Hans Brunos [†1592] Sohn **Ehrenfried** [1577-1627]. Er war kursächsischer Kammerjunker und Obristlieutenant und heiratete durch Anna Maria [*1590], die Tochter des Esaias von Brandenstein, in die seinerzeit einflußreichste Familie in der Orlasenke ein. Gemeinsam mit seinem Schwiegervater Esaias ist Ehrenfried »Vorfahre der Christiane Eleonore von Zeutsch, deren Enkelin Sophie Auguste Friederike von Anhalt-Zerbst, als Екатерина II. Zarin aller Reußen und Kaiserin von Russland wurde.«[415]

Im Jahre 1601 erwarb Ehrenfried von seinem Bruder Bernhard das Rittergut Dreitzsch mit all seinen Zugehörungen und besaß auch die Herrschaft Heinersgrün bei Plauen. Neben einem Dreitzscher Zweig gehen auf Ehrenfried auch jene Ableger in Renthendorf, Staitz, und Herschdorf zurück, von wo aus sich das Geschlecht über Sparnberg, Blintendorf und Heinersgrün ins Fränkische ausbreitete. »Auf einer Anhöhe über dem Dorf Heinersgrün bei Burgstein steht St. Clara, die weithin sichtbare Grabkapelle der Familien von Feilitzsch und von Pölnitz aus dem späten Mittelalter.«[416] Die Dreitzscher Linie setzte sich in Ehrenfrieds Sohn Johann Bruno [1626-1698] fort, der neben Dreitzsch auch Renthendorf, Moderwitz sowie seit 1661 die vormalige Arnshaugker Amtsschäferei in Moderwitz besaß. Er war brandenburgischer Rat und trat auch als Oberrichter und Hofrat zu Jena in Erscheinung. Nach dem Tod seines Sohnes – des Obristen Wilhelm Albrecht Chr. von Poellnitz – 1710 verkauften seine Erben 1713 den Dreitzscher Besitz.[417]

Die fränkischen Linien derer von Pöllnitz

Die Herschdorfer Linie hingegen geht auf Ehrenfrieds Sohn Christian Ehrenfried von Poellnitz zurück, der neben Herschdorf bei Pößneck zwischen 1684 und 1695 auch das Rittergut Molbitz besaß. Sein Nachfahre Ludwig Karl Wilhelm von Poellnitz [1724-1801] »erhielt von Markgraf Carl Alexander von Ansbach 1783 nach dem Aussterben der Familie von Hutten das Rittergut Frankenberg bei Uffenheim mit großem Wald- und Feldbesitz und kleineren Grundherrschaften in Bullenheim und Geckenheim.«[418] 1813 immatrikulierte er in der Freiherrenklasse des Königreichs Bayern. Dieser Zweig erlosch mit Theodor von Poellnitz [1869-1945] bzw. mit der ›Baronesse‹ Marimathilde von Poellnitz [†1971], worauf Frankenberg an die Freiherren von Lerchenfeld überging, die es später durch Konkurs verloren. Zudem existierte noch ein Zweig in Altenkirchen, welcher mit Arthur von Pölnitz [1845-1935] zwar erlosch, aber seit 1932 durch Adoptivkinder mit Namen Poellnitz-Gnigler fortgeführt wird. Neben diesen beiden Zweigen der Herschdorf-Heinersgrüner Linie existierte noch ein dritter Ableger, nämlich der des Wilhelm Ludwigs von Pölnitz [1732-1816], der 1814 in den Freiherrenstand avancierte.[419]

Auch Hans Brunos [†1592] Sohn **Hans Georg** von Pöllnitz [um 1577-1622] begründete eine wirkmächtige Linie. Er war zunächst Herr auf Schwarzbach sowie Oberpöllnitz [bis 1607] und schließlich auf Lichtenberg und Gohrenstein und gilt als Stammvater der Aschbacher und Hundshauptener sowie Begründer der Lichtenberger Linie. Als kurfürstlich-sächsischer Minister nahm er 1622 am Regensburger Fürstentag teil, wo er eines Nachts von seinem betrunkenen Diener Peter Plau hinterrücks erstochen wurde – eine Bluttat, die damals im ganzen Reich für Aufsehen sorgte. Er hinterließ eine Witwe, Anna Petronella geb. von Höll, drei Söhne und eine Tochter, Anna Petronella von Polnitz, die den Onkel des berüchtigten Freibeuters Henry Morgan [um 1635 bis 1688] heiratete, wonach sich ihre gemeinsame Tochter Mary Elizabeth mit ihrem Cousin, dem besagten Piratenkapitän und späteren Vizegouverneur von Jamaika selbst vermählte, doch blieb diese Ehe kinderlos. Von Hans Georgs Söhnen avancierte Gerhard Bernhard [*1617] zum kurbranden-burgischen General und Gouverneur von Berlin, Johann Ernst [1618-1684] ebenfalls zum kurbrandenburgischen Generalmajor und Hieronymus Christoph [1620-1697] zum Geheimen Rat und Schultheißen von Forchheim. Letzterer blieb im Besitz von Aschbach und war mit Anna Katharina von Kempen verheiratet. 1670 erhob Kaiser Leopold ihn und seinen Bruder Gerhard Bernhard in den Freiherrenstand. Ein Nachfahre von ihm begleitete 1840 den Prinzen Albert von Sachsen-Coburg und Gotha nach England zu dessen Vermählung mit Königin Viktoria [reg. 1837-1901].

Während Hieronymus Christoph also die Fränkische Linie derer von Pöllnitz fortführte, begründete Gerhard Bernhard einem, im Kurfürstentum Brandenburg ansässigen Zweig. 1654 wurde er zum Kammerherrn, 1657 zum Oberst der Leibgarde und schließlich zum Stallmeister des Kurfürsten befördert. 1664 tötete er in einem Duell den Kämmerer Gebhard Truchseß zu Waldburg. 1669/1670 erwarb er von dem letzten Herrn von Roebel die Güter Buch bei Berlin, Karow und Birkholz und stand auch im Besitze des Gutes Reichau in Ostpreußen. Seine Gemahlin Eleonore war die Tochter des Prinzen Moritz von Nassau, des Statthalters der Niederlande, und auch eine nahe Verwandte der Gemahlin des Großen Kurfürsten von Brandenburg. Die vier Kinder des Paares waren Wilhelm Ludwig [† 1693], Henriette [† 1706], Johann Moritz [oo Louise von Börstel] und Johanna, verh. von Isselstein. Nach seinem Tode 1679 wurde er in der Gruft des Vorgängerbaus der Schloßkirche von Buch beigesetzt. Der Dichter Fontane berichtet in seinen ›Wanderungen durch die Mark Brandenburg‹, er habe den Sarg und den mumifizierten Leichnam des Generals noch sehen können. 1923 wurde die Gruft zugemauert. Gerhard Bernhards älterer Sohn, der Obrist Wilhelm Ludwig, war mit Louise Catharina, Freiin zu Eulenburg [1663-1711], verheiratet. Von den beiden Söhnen des Paares brachte es Friedrich Moritz zum königlich großbritannischen und kurbraunschweigisch-lüneburgischen Generalmajor, während Carl Ludwig von Pollnitz [1692-1775] zu einem der schneidigsten, weltgewandtesten, erfahrensten und abenteuerlustigsten Barockkavaliere seiner Zeit mutierte. Ähnlich dem legendären Giacomo Casanova gewann er durch sein joviales Auftreten einflußreiche Gönner, verdarb es mit ihnen wieder, saß wegen Spielschulden mehrfach in Haft und hinterließ in Gestalt von Memoiren, Reiseberichten, sowie der Schilderung des Liebeslebens Augusts des Starken [La Saxe Galante – Das galante Sachsen von 1734] und der Enthüllung der dunklen Seiten des englischen Königs Georg I. bedeutende Zeitzeugnisse, die in viele Sprachen übersetzt, auch heute noch gerne gelesen werden. Darin schilderte er seine Erlebnisse an den Höfen von Versailles, Paris, London, Warschau, Wien Venedig, Rom, Siziliens und Deutschlands. Nach 1740 hielt er sich fast ausschließlich am Berliner Hof auf, wo er als Mitglied des Tabakskollegiums König Friedrich Wilhelms I. zwar Oberzeremonienmeister und später auch Schnorrer bei dessen Sohn Friedrich II. wurde, aber als Plaudertasche und notorischer Schuldenmacher nicht immer wohl gelitten war. Für den durch seine Sachsentrilogie [Gräfin Cosel, Brühl und Siebenjähriger Krieg] bekannten Autor Józef Ignacy Kraszewski [1812-1887] – einem Kenner der sächsisch-polnischen Geschichte jener Zeit – galt von Pöllnitz als ›berechnend, zeitweise charakterlos, prunksüchtig und schwatzhaft fabulierend‹. Selbst die jüngere Forschung kann Carl Ludwig nicht absprechen, daß er Dictung und Wahrheit oft nebeneinander stellte. So habe – als er 1775 völlig verarmt in Berlin starb – niemand um ihn getrauert – außer seine Gläubiger.[420]

VON POSSECK

Die Herren von Poseck [auch Posseck, Boseck, Pazzecke, Passeck] sind ein in Orlagau und thüringischem Vogtland gebürtiges Uradelsgeschlecht, das vielleicht schon 1270 aus dem Dunkel der Geschichte tritt, als Friedrich Posseck der Marienkirche zu Altenburg Getreidezinsen aus seinem Dorfe Stechau vermachte. Die Stammreihe des Geschlechts beginnt erst mit Heinrich Pazecke von Obirnyst [Obernitz] am 20. Juli 1328.

Über den Herkunftsort der Familie gibt es verschiedene Theorien. Als abwegig gilt die in frühneuzeitlichen Chroniken verbreitete Legende, ein Graf von Poseck – der zu Heinrich des Finkelers Zeiten männlich gegen die Hunnen gestritten – wäre zum Lohne für seine Tapferkeit mit einem Stück Land in der Gegend von Pößneck [daher der Name] begabt worden und habe sich südlich davon, in Wernburg, eine Burg erbaut.[421] Andere Forscher sehen die gleichnamigen Orte bei Wittenberg, Ludwigstadt bzw. im sächsischen Vogtland als namensgebenden Stammsitz an, wobei letztere Ansicht eine, bis ins 15. Jahrhundert zurückreichende Posecksche Besitztradition untermauert. Auch behaupten manche, so bei Siebmacher [1907], die von Poseck wären ursprünglich im Egerland gebürtig gewesen. Dem Dorf Paska [1378 Pasecke, Pazegke] bei Ziegenrück als Stammsitz steht das seitjeherige Fehlen eines Rittersitzes in diesem Orte entgegen. Allerdings verfügten die von Poseck als Stammesverwandte, der im Raume Ziegenrück dominierenden Herren von Obernitz über große Besitzstände dort. Die enge Verbindung zwischen beiden Familien zeigt [1] nicht nur der Sitz eines der urkundlich ersten erwähnten Poseckers in Obernitz und [2] der gemeinsame ursprüngliche Wappenschild [ein roter Pfahl auf silbernem Grund] an, sondern [3] auch der Umstand, daß ihre hiesigen Gebiete den großen Besitzstand derer von Obernitz rund um Ziegenrück gewissermaßen abrunden, indem sie sich mit Eßbach, Erkmannsdorf, Crispendorf, Dörflas-Walsburg [bis vor 1500] im Osten sowie mit Kleingeschwenda, Lothra, Weisbach, Neuenbeuthen u.a. im Westen unmittelbar an jene anschließen. Inwieweit dieser, später weitgehend von denen von Watzdorf übernommene Besitzkomplex im Ostraum von Ziegenrück ursprünglich bis nach Rödersdorf, Dittersdorf, ja Plothen gereicht haben mag, davon war an anderer Stelle schon die Rede sein. Festzuhalten bleibt: Nach Heinrich Pazecke [urk. 1328, 1333] verzeichnet die Stammreihe des Geschlechts Nickel, gefolgt von Hans [1389-1424] sowie Hans [II.], der mit jenem 1402 auf Weisbach angesessen Hans von Posseck gleichgesetzt wird, wobei man vermutet, daß jener 1318 als ›Burgmann‹ [auf der Wysburg?] zu Weisbach erwähnte Conrad Poppo ebenfalls schon ein Posecker war, während andere Forscher diesen nicht ohne Veranlassung als einen frühen Vertreter der von Watzdorf vereinnahmen. Der Sohn oder Neffe, jedenfalls der Besitznachfolger Hans von Posecks, war nach Stammliste Heinrich von Poseck [1406-1430], Herr auf Weisbach, Neuenbeuthen und Kleingeschwenda. In den landesherrschaftlichen Urkunden jener Jahre erscheint ein Heinrich Passeck 1417 als Hauptmann zu Riesenburg, worauf der Landgraf von Thüringen den Hans Passeck gefänglich einzieht und erst entläßt, nachdem dieser nebst Heinrichs anderen Erben das besagte Schloß an die Landesherrschaft abtritt. Auf Hans folgt Nickel von Poseck [1438-1463], Herr auf Weisbach, den beiden Beuthen, Klein- und Reitzengeschwenda sowie Nickel [1485-1531], Herr auf Aschau, Weisbach, Kleingeschwenda und Steinsdorf [bei Leutenberg]. Bis zum Jahre 1580 sind die von Poseck in Weisbach ansässig, denn Nickels Nachfolger Thomas von Poseck [um 1537-1599], der mit einer von Rosenau verheiratet war, erscheint fortan einzig auf Aschau, einem Ort östlich von Königsee. Sein Nachfolger Thomas [1598-1635] und dessen Ehefrau Katharina Dorothea [geb. von Brandenstein] hingegen besaßen neben Aschau auch Wipra und Bösleben. Ihrerzeit ging Aschau der Familie verloren, denn ihr Sohn Hans Georg [1621-1670] und seine Gemahlin Dorothea Christiane [geb. von Selmnitz] saßen lediglich auf Bösleben, Elleben und Wülfershausen, ihr Sohn Hans Heinrich [1644-1712] hingegen auf Wülfershausen, Bösleben und Rottenbach. Im Thüringischen saßen die von Poseck später zudem noch auf den Rittergütern Ettischleben bei Arnstadt [vor 1741-1895], Tonndorf bei Berka [18. Jh.] und mit Cristof Thomas von Poeseck [1695] auch auf Fröbitz bei Rudolstadt, das sich noch im Jahre 1769 im Besitze dieser Familie befand.[422] Auch veränderte sich im 17. Jahrhundert das Wappen des Geschlechts hin zu einem von Silber, Blau- und Rot schrägrechts geteilten Schild. Während es die Posecker einerseits aus dem Westraum Ziegenrücks nach Thüringen hineinzog, so gingen ihre östlich davon gelegenen Besitzungen – wie es den Anschein hat – an ihre Vogtländische Linie ab. Dort besaßen sie nachweislich ab dem 15. bis ins 16. Jahrhundert das Schloß Posseck im Amte Oelsnitz. Hans Passeck – 1428 Amtmann zu Plauen – wird 1430 daselbst von den Hussiten erschlagen. Bis 1440 besitzen die Posecks das Schloß Tharant bei Dresden und die Güter Wüstendittersdorf [bis 1400] und Böhmsdorf [1484] bei Schleiz. 1453 erwirbt Jobst Posseck Schlettau. Derselbe ist es wahrscheinlich auch, der im Jahre 1466 von König Georg von Böhmen dem Herzog Albrecht zu Sachsen geliehen und überwiesen wird. 1484 erscheint Jobst von Posseck als Amtshauptmann zu Rochlitz. 1487 verkauft Jobst von Passeck, zu Weischlitz gesessen, das Vorwerk Eßbach an die Stadt Ziegenrück. 1612 werden Wolf und Dietrich von Posseck mit Weischlitz und Rodersdorf im Amte Plauen beliehen. Auch besaßen sie nach 1633 zeitweilig Kröstau bei Plauen. Zuletzt erscheint 1729 ein Herr Wolf von Posseck auf Weischlitz und Rödersdorf [Rodersdorf]. Später ist diese vogtländische Linie erloschen.

Die thüringische Linie indes blühte fort. So hatten Hans Heinrich von Poseck [†1712] und seine Gemahlin Sophia Emilie [geb. von Marschall] drei Söhne, Hans Heinrich [1673-1753],

Johann Konrad [1677-1722] auf Tonndorf und Bernhard [1679-1741] auf Bösleben [später auch Ettischleben], von denen die beiden letzteren wiederum eigene Linien begründeten, die im 20. Jahrhundert noch bestanden und aus denen Persönlichkeiten wie der Weimarische Kammerherr und Oberforstmeister Friedrich Carl Christian von Poseck [1785-1850], der Theologe Julius Anton von Poseck [1816-1896] – beide aus der Ettischlebener Linie – bzw. der deutsche General der Kavallerie Maximilian von Poseck [1865-1946] – aus der Tonndorfer Linie – hervorgingen.[423]

VON PUSTER

Die Familie Puster [auch Pustar, Pustir, Poster, Buster, Boster, latinisiert ›Pustero‹] ist ein thüringisches Uradelsgeschlecht, dessen Name soviel wie ›Bläser‹[schwed.: ›Pusta‹] bedeutet. Ihre Hauptsitze waren Drackendorf bei Jena, Trautzschen bei Pegau sowie Stein [nach ihnen Posterstein] bei Ronneburg.

Woher sie stammen, ist ungewiß; ob sie ihren Ursprung in Thüringen hatten, inwieweit sie Nachkommen der frühen orlamündischen Vasallen von Lobeda waren oder erst mit den Lobdeburgern aus Franken eingewandert sind, ist nicht mehr zu eruieren. Auf der einen Seite erscheint bereits im Jahre 1199 ein Conrad (I.) Puster als Zeuge in einer bischöflich-bambergischen Urkunde, einen Tausch zwischen dem Kloster Pforta und den Grafen von Orlamünde betreffend. Andernseits bezeugen Burgold und Conrad (I.) Puster 1233 (nicht 1223) und 1236 Schenkungsurkunden der Herren von Lobdeburg an das Kloster Heusdorf.[424] Sogar in Bezug auf ihren ursprünglichen Wappenschild herrscht Unklarheit. Nach Berthold

Rein soll dieser bis weit ins 16. Jahrhundert hinein drei Wellenbalken gehabt haben und erst später von einer waagerechten Wellenlinie weiß-blau geteilt worden sein.[425] Ferner erscheint die Familie 1280 mit ›Burgold von Drachindorf [Drackendorf]‹, der 1297 dann als ›Burgold genannt Puster‹ bezeichnet wird. In jenen 1257 bzw. von 1257 bis 1287 erwähnten Conrad (II.) und Heinrich Puster werden die Söhne Conrads (I.) gesehen. 1282 und 1284 dagegen urkundet Conrads (II.) Sohn Johann zusammen mit seinem Vater, 1283 erscheint bereits der Enkel Conrad (III.). Danach verschwinden die Puster und ihre beiden Drackendorfer Siedelhöfe für längere Zeit aus den Quellen. Möglicherweise gehörten sie mit zu den Raubrittern, welche damals die dortige Gegend unsicher machten – oder wurden sie gar von da vertrieben? Wahrscheinlich ist aber, daß sie um diese Zeit in die Elstergegend umsiedelten. Erst eine Generation später im Jahre 1327 kommen in einer Lobdeburg-Burgauischen Urkunde neben Otto von Drachinsdorf wieder ein Conrad (IV.) Puster und ein Heidenreich Puster vor. 1380 dann kaufen Niklas Puster von Drackendorf und seine Brüder Conrad (V.), Jhan und Heinrich [alle zu Drackendorf gesessen] das ›ubir Hus zu Lobdeburg‹ nebst zugehörigen Waldungen, Weinbergen und Zinsen von Friedrich von Polentz, welchen vorher die Landgrafen Balthasar und Wilhelm damit benadet hatten. Hören wir 1427 noch, daß Nicol Puster Senior Erbsaß zu Drackendorf war, so werden 1433 ›die gestrengen Cunrat, Andres, Hans Nicker, Jost Burgold, Hans Albon und Caspar Gebrüder und Vettern – genannt die Pustr‹ – von den Herzögen Friedrich und Sigismund belehnt mit dem Dorfe Drackendorf, »dem Schloß Lobdeburg, dem Gesesse zu Bodenschiz (Podelsatz), einem Gesesse zu Ruttersdorf und allem was sie haben zu Obersdorff, zu Albersdorff vnd zu Zulditz (Zöllnitz) mit allen Gerichten über Hals und Hand«. Einem der beiden Hansen gehörte 1436 das Rittergut Unter-Drackendorf, 1456 erhielt er neben anderen Pustern die Lobdeburg lebenslang mitverpfändet. Das Rittergut Drackendorf-Oberhof dagegen besaß 1446 Hansens Bruder Nicker oder Nickel.[426] Der Deutschordensritter war eine dynamische Persönlichkeit. 1434 bereits Tresler oder

Schatzmeister des Ordens in Preußen, befand er sich als solcher bei einer Versammlung auf der Marienburg, wo die Hansestädte die Hilfe des Ordens anriefen. »In einer das Deutschordenshaus zu Altenburg betreffenden Urkunde vom Jahre 1464 heißt es, daß er vorzeiten Comthur zu Danzig gewesen sein; nachher war er Comthur in Altenburg, kommt 1446 in einer rodaischen Gerichtsurkunde und 1454 im Erbzinsregister castri Leuchtenburg ... vor. ... Im Jahre 1468 ließ sich Nickel auch in die Brüderschaft des Bergerklosters in Altenburg aufnehmen und setzte dem Kloster ein Vermächtnis aus. ... Sein Verhältnis zur Lobdeburg ist nicht recht klar; wie oben bemerkt, erhielt er sie mit seinem Bruder vom Landesherrn gegen 1.000 fl. 1456 auf Lebenszeit verpfändet. Nach dem Tod des Kurfürsten Friedrich des Sanftmütigen wird er allein von dessen Söhnen und Nachfolgern, Ernst und Albrecht, mit der Lobdeburg, dem Oberhof in Drackendorf und dem dasigen Kirchlein, zwei Theilen des Dorfes Ilmnitz, den obersten und niedersten Gerichten und Zinsen zu Rodenstein, Burgau, Ammerbach, Lobeda, Bucha, Nengersdorf etc. belehnt, cediert aber das Schloß Lobdeburg nebst Zubehör – welches ihm auf Lebenszeit verpfändet – wieder im Jahre 1468 ... den Landesherren gegen ein Jahrgehalt von 50 fl., welche er nach seinem Tode dem Kloster Pegau beschied, aus welcher Bescheidung sich schließen läßt, daß die ... Linie der Puster in Drautzschen mit der Drackendorffschen in Verwandtschaft stand.«[427]

Der bei Pegau gelegene Rittersitz Trautzschen befand sich noch im Jahre 1609 im Besitz der Familie. Weitere Sitze der Puster im Osterland waren neben Zeitz [Wohnsitz 1336], noch Mücheln [1379], Kraftsdorf [bis 1414], Stuntzsch [1442], Audigast, Gladitz, Hartmanndorf bei Knauthain, Langenberg bei Gera [1457 nur Wohnsitz] und Tegkwitz. Ihr bedeutendster Erwerb in dieser Region aber war die große Herrschaft Stein bei Ronneburg, welche Dietrich, Hans, Burgolf und Nickel Puster 1442 erwarben, und welche – obwohl die Familie die Burg schon 1505 an die von Ende abgeben mußte – noch heute den Namen ›Posterstein‹ trägt. Wohl einem Nebenzweig der Besitzer von Posterstein entstammte jener zur Altenburgischen Ritterschaft zählende Hans Puster, der bis zu seinem Tod 1495 Lehen und Zinsen zu Meucha, Graicha, Brehna, Burkersdorf, Thonhausen, Heuckewalde und Reust behauptete.[428] »Noch sind hier einige Pusterinnen einzufügen, deren Filiation nicht nachweisbar ist: Anna, vermählt mit Erhard von Enzenberg, wurde 1436 mit der Niederburg Kranichfeld beleibdingt. ... Dorothea, 1435 Priorin im Kloster Lausnitz ... Margaretha 1458 Nonne im Kloster zu Eisenberg.«[429]

In der Zwischenzeit fiel die Lobdeburg an die Landesherrschaft zurück. 1472 belehnten die Fürsten Ernst und Albert den Hans von Gräfendorf mit dem Schloß Lobdeburg und dem Hof Drackendorf nebst dem halben Dorf sowie die Hälfte von Ilmnitz, wie es Hans Puster vorzeiten innegehabt ›und nun an uns von ihm ledig kommen und gefallen sind‹. Nach wenigen Jahren verkauft der Gräfendorfer das Mittelschloß Lobdeburg und den Mittelhof zu Drackendorf an Hansens Söhne die Brüder Adam und Johann Puster [†1515]. Des letzteren Sohn, ebenfalls Hans [urk. 1515], erhielt als Erbe u.a. die Wüstung Herßdorf frei Rittergut, 18½ Höfe in Zöldicz, das Dorf Großbockera, die Siedlung Rusdorf mit dem Vorwerk sowie die Wüstungen Lücka und Rödel. 1525 wurde sein Haus von den aufständischen Bauern zerstört. 1534 zählten die Gebrüder Hans und Burgold Puster auf Trebschen zur Altenburgischen Ritterschaft. Das 16. Jahrhundert erlebte das Gesamtgeschlecht u.a. auf den Rittergütern Drackendorf, Audigast bei Pegau [bis 1540], Tegkwitz bei Altenburg [1545], Bulleritz bei Kamenz [1520-1563], Burkersdorf, Lindenau [1520 bis nach 1570] und Ruhland [1562] bei Hoyerswerda, Altenberga [bis 1594], Gladitz [1597], Bremsnitz in den Tälern bzw. Hartmanndorf [noch 1616].[430] Der letzte Puster auf Drackendorf aber soll bis 1591 besagter Hans [urk. 1515], nach einer Niederschrift im Drackendorfer Pfarrarchiv jedoch Bernhard gewesen sein und seine Güter 1606 schließlich um 20.000 fl. an den Kanzler Marcus Gerstenberger verkauft haben. Dieser Bernhard aber sei ein ›ungerechter, roher, wilder Herr‹ gewesen, der in seiner Rauflust 1577 sogar einmal einen Studenten erstochen habe.

Mit seinen Untertanen ging er so übel um, »daß sie Haus

und Hof stehen gelassen und davon gegangen sind, so daß er schließlich von seinen Bauern nur einen noch soll zurückgehabt haben; daher kommt das Sprichwort: ›Er hat sie beisammen wie Puster seine Bauern!‹«[431] Jedenfalls war er bei seinem Landesherrn wohl angesehen, denn er gehörte 1605 zu den 16 Sargträgern beim Leichenbegräbnis des Herzogs Johann [reg. 1603-1605] in Weimar. Danach finden sich die Puster nur noch im Osterland und in der Lausitz. Mit dem preußischen Major Hans Heinrich Puster soll das Geschlecht 1708 [oder 1718] dann gänzlich erloschen sein.[432]

VON PÜTTNER

Die Püttners waren ein Beamtenfamilie, welche mit dem Oberkommissionsrat Friedrich Jakob Püttner aus Hof gegen Ende des 18. Jahrhunderts das Erbe derer von Beust auf Issiggau und Reitzenstein im heutigen Oberfranken übernahm sowie 1782 auch die beiden reußischen Rittergüter Blankenstein und Eichenstein [Waldrittergut] erwarben. Sie sind nicht zu verwechseln mit den Butenern [von Altenbeuthen?], einem mittelalterlichen Adelsgeschlecht aus dem Raum Saalfeld. Auf Friedrich Jakob folgte Adam Daniel Püttner – seines Zeichen bayreuthischer Prozessrat – im Besitz nach, welcher 1818 vom bayerischen König mit ›v. I. u. E. – Püttner von Issingen und Eichenstein‹ geadelt wurde, worauf er einen wachsenden halbrechtsgekehrten geharnischten Ritter in den oberen Teil seines unten dreimal längs gespaltenen Wappenschildes aufnahm.

Nachdem die nahe der Einmündung der Selbitz in die Saale gelegene Streusiedlung Eichenstein 1830 von dem kleinen Fürstentum Reuß-Ebersdorf zum Königreich Bayern übergewechselt und dem Landgerichte Naila zugeschlagen war, verband von Püttner [†1836] seinen dortigen Besitz mit seinem benachbarten Rittergut Issigau. Seine Erben hielten Reitzenstein nur bis nach 1838, Issigau bis 1843 und Blankenstein bis 1855, worauf sie letztere beiden Güter an den Netzschkauer Selfmade-Millionär und Besitzer zahlreicher Rittergüter Johann Gottfried Opitz veräußerten, der 1853/54 auch das benachbarte Rittergut Blankenberg mit dem Waldrittergut Arlas erwarb.[433]

VON QUINGENBERG

Die Familie von Quingenberg ist ein altes meißnisches Adelsgeschlecht, dessen erster bekannter Vertreter Georg von Quingenberg zumindest nach Königs Adels-Historie von 1729 zum Rat des Markgrafen Friedrich dem Strengen [†1381] zu Roßla erhoben worden war. Der Wappenschild des Geschlechts zeigt dreigeteilt eine schwarz-weiß-rote Quere. Die Stammreihe der Familie wird eröffnet mit Peter von Quingenberg und seiner Ehefrau Adelheid von Lichtenhayn aus dem Hause Ostra, die auf dem Rittergut Zadelsdorf bei Auma gewohnt haben sollen. Ihr Sohn Quirin I. [oo Justina von Schardt auf Gleina] hinterließ zwei Söhne, Daniel und Georg, von denen ersterer Zadelsdorf, letzterer aber die Herrschaft Wenigenauma erbte. Georgs Sohn Quirin II. war mit Anna Spiegeln aus Pickelshain verheiratet und hatte ebenfalls zwei Söhne, Caspar und Adam, die beide auf Wenigenauma lebten. Adam, der auch Zadelsdorf besaß, heiratete Dorothea von Stein zu Lausnitz.[434] Mit ihrem Sohn Jonas von Quingenberg [1569-1644] setzte etwa ab 1604 bis zum Beginn des 30-jährigen Krieges ein erster Höhepunkt in der Geschichte von Wenigenauma ein. Jonas war zunächst kursächsischer Hofrat sowie Appellationsrat zu Dresden und eine äußerst tatkräftige Persönlichkeit.

Er erweiterte die unweit von Silberfeld im Weidatal gelegene Hofgruppe Unterer Zirles [1618] – auf die er den Namen ›Quingenberg‹ übertrug – und erwirkte als Präsident des Oberkonsistoriums das Recht, die Dorfkirche von Wenigenauma – bislang Filial von Auma – zur Pfarrkirche zu erheben und gewann Johann Vollimhaus 1614 als ersten Pfarrer].[435]

Neben Wenigenauma, Zadelsdorf und Silberfeld befand sich auch Knau und Haselbach bei Altenburg in seinem Besitz. Als Wallenstein mit seinem Heere im August 1632 in Mitteldeutschland einfiel und der Altenburger Hof panisch nach Dresden floh, war der Fürstlich sächsisch-altenburgische Kammerrat Jonas von Quingenberg ziemlich der einzige höhere Beamte, der in Altenburg weiter Dienst tat. Als Landeshauptmann der Ämter Leuchtenburg, Orlamünde und Roda organisierte er 1634 in Gräfenthal und Lehesten, die damals zum Herzogtume Altenburg gehörten, den Schutz der Fernstraßen über die Mittelgebirgskämme gegen räuberische Angriffe aus der kaiserlichen Festung Kronach. Zusammen mit seiner Ehefrau Elisabeth, geb. von Bünau, hatte er 6 Töchter und 7 Söhne. Einer von ihnen, Adam Heinrich von Quingenberg [1599-1631], studierte 1614 an der Leucorea in Wittenberg sowie 1616 an der Universität Jena und wurde dann anhaltinischer Rat, Hofmeister und schließlich Amtshauptmann zu Coswig.

»1629 wurde er unter dem Namen ›der Aufrechte‹ in die Fruchtbringende Gesellschaft aufgenommen. Im Februar 1630 geriet er mit dem in Coswig einquartierten wallensteinischen Hauptmann Kluge derart in Streit, dass erst der Androhung von Arrest durch seinen Dienstherrn Christian I. von Anhalt-Bernburg ihn von einem Duell mit Kluge abhalten konnte.

Sein Ableben in Werben könnte ein Hinweis sein, dass Quingenberg sich derzeit auf einer Gesandtschaft zu König Gustav Adolf von Schweden befand, der sich im Sommer 1631 ebenda aufhielt, oder sogar in schwedische Dienste gewechselt war. … Er blieb unvermählt und hinterließ keine Kinder.«[436]

Erbe von Wenigenauma wurde daher Jonas jüngster Sohn

Johann August [*1613]. Mit seiner ersten Frau Magdalena Sophia, der Tochter Hans Friedrichs von Ende auf Selka hatte er 7 Kinder [4 Söhne und 3 Töchter], von denen aber keines die Mutter überlebte. So vermählte er sich in zweiter Ehe mit Sabina Sibylla, der Tochter Jobst von Kospoths auf Schilbach, die aber 1648 im Kindbette starb, während seine dritte Ehe, diesmal mit Maria Elisabeth von Brandenstein aus dem Hause Gräfendorf kinderlos blieb. Indem auch seines Bruders Sohn Johann Heinrich bereits gestorben war, erlosch mit Johann Augusts Tod 1670 der Wenigenaumer Zweig des Geschlechts.[437]

von REITZENSTEIN

Die von Reitzenstein sind ein Uradelsgeschlecht aus dem bayrischen Vogtland, dem gleichnamigen Ort zwischen Bad Steben und Hirschberg entstammend. Sie gehören dort zu dem ältesten Turnier-, Stifts- und rittermäßigen Adel, erwarben frühzeitig bedeutenden Besitz um Hof, Naila und Münchberg und übten lange Zeit das Erbkämmereramt der Burggrafen von Nürnberg aus. Wie ihr Wappenschild mit einem silbernen Schrägrechtsbalken auf rotem Grund bezeugt, erscheinen sie als eine sich nach ihrem Sitze nennende Linie gleich den mit ihnen wappenverwandten Familien der von Berg, von Epprechtstein, von der Grün, von Münchberg, von Radeck, von Sparnberg, von Stein, von Thoßfell, von Töpen und von Wildenstein als Ableger des bereits im Jahre 1091 erstmals erwähnten Ministerialengeschlechtes der Sack. Die Stammreihe derer von Reitzenstein beginnt 1318 mit dem wohl auf Hadermannsgrün gesessenen Konrad von der Grun und seinen Sohn Chunrat von der Grun, ›den man nennet den Reichzenstein‹. Die ›Lehenherrlichkeit‹ über diese bereits um das Jahr 1130 erbaute Reichsveste kam 1358, als Kaiser Karl IV. diese an die Landesherrschaften verausgabte, zunächst an die Vögte von Gera, doch erkannten Thomas von Reiczenstein, dessen Bruder und dessen Gevettern 1435 mit ihrem Schlosse Reiczenstein und anderen Gütern den Kurfürsten zu Sachsen als ihren Lehnsherrn an. Daraufhin werden Thomas, Wilhelm und Matthias, Gebrüder von Rytzenstein, 1464 mit den Schlössern und Gütern Blankenberg, Blintendorf, Bernstein, Reitzenstein und Schwarzenbach beliehen. Anno 1474 zog Thomas von Reitzenstein mit Kurfürst Albrecht zu Brandenburg dem Römischen Kaiser ›zu Hülffe wider den Herzog von Burgund mit vor Neuss‹. Andernorts hatte Erasmus von Reitzenstein als ›obrister Marschall in Preußen‹ 1472 in einer Schlacht das Unglück gehabt, »daß ihm ein Pfeil von 4 Fingern lang in den Hirnschädel geschossen wurde, den er 14 Jahre hernach herausnehmen lassen.«[438] Andere Reitzensteiner dagegen reüssierten als geistliche Würdenträger – wie Heinrich 1468 als Dom-Capitular-Herr zu Bamberg und Würzburg und Hieronymus 1487 als Weihbischof von Bamberg. Allerdings beteiligte sich Hans von Reitzenstein im Jahre 1500 an einer Fehde gegen den Bischof von Bamberg. Auf Schloß Reitzenstein selbst führten nach Wolfram [1442], Wilhelm [1467] und Friedrich von und zu Reitzenstein und Issigau [1511] dessen Sohn Hans Fabian die Hauptlinie zu Reitzenstein dauerhaft fort, während sein Bruder Siegmund die inzwischen wieder erloschene Linie Issigau begründete. Bei der Wettinischen Teilung des Jahres 1485 waren die von Reitzenstein auf Reitzenstein und Blankenberg zum ernestinischen, sprich Weimarer Teil gekommen, worauf Kursachsen und Brandenburg-Bayreuth 1524 zu einem Territorialausgleich schritten und die Herrschaft Reitzenstein an letzteres fiel. »Aber schon um die Zeit, als die brandenburgische Landeshoheit begonnen [hatte], sich auch in diesen Gegenden zu konsolidieren und die Reichslehen in landesherrliche umzuwandeln, schickte Hans von Reitzenstein (1498) sich an, von dem Markgrafen mit den altväterlichen Gütern belehnt zu werden, welche damals auf 8.000 fl. gewertet und auf einen Jahresertrag von 400 fl. geschätzt worden sind. Dahin gehören folgende Rittergüter nebst ihren Eingehörungen: Schwarzenbach am Walde und zu Schwarzenstein, Rauschenhammer, Löhmar, Schönbrunn, Leupoldsberg, Meyerhof, Gottsmannsgrün, Lippertsgrün, Poppengrund, Döbra, dann die Herrschaft Bernstein am Walde mit den Gütern zu Räumlas oder Reutlas, Affennest, Gören oder Gehren, Neuensorg etc. Letztere Lehen mußte – als Folge einer verwirkten Strafe – Fritz von Reitzenstein 1523 dem Markgrafen Casimir auftragen. [All diese Güter] bleiben von 1524 unter brandenburgischer Landeshoheit bis zum Heimfalle 1752. Ferner reiht sich an den Besitzstand der von Reitzenstein das von Chursachsen abgetretene Rittergut Issigau, dann die Güter zu Froschgrün, Nestelreuth, Straßdorf endlich zu Naila an.«[439]

Dessen ungeachtet kämpfte Mathes von Reitzenstein [wohl als Söldnerführer] weiterhin für den Kurfürsten Friedrich zu Sachsen und erhielt 1553 für in dessen Diensten erlittene Schäden 370 Rh. Gld. Dem Genealogen Biedermann erscheint die Familie frühzeitig in drei Stämmen – und zwar dem Reitzensteinischen, dem Schwarzensteinischen und dem Schönbergischen. Der Reitzensteinische Stamm wurde am Ende nur noch durch einen auf Niederfüllbach bei Coburg angesessenen Bernsteiner Ableger repräsentiert, bis nach dessen Erlöschen 1752 seine Besitzungen der jeweiligen Landesherrschaft anheimfielen. Die Schwarzensteiner Linie aber zerteilt sich in die Zoppatener, Hartunger, Selbitzer, Saalbacher, Lindner, Magwitzer, Ober- und Unterschwarzensteiner Zweige. Die von dem sächsischen Amtshauptmann zu Zwickau, Voigtsberg und Plauen, Friedrich von Reitzenstein auf Schönberg, Posseck und Brambach [†1518] gestiftete Schönbergische Linie hingegen bildete einen Unter-Schönberger, Ober-Konradsreuther, Hadermannsgrüner, Höfflasser, Hainichener, Neutschauer, Hohenberger, Hohendörfer, Issigauer, Tiefendorfer, Geilsdorfer, Schönbrunner, Schönkirchner, Oberlosauer, Irfersgrüner, Possecker, Regnitzlosauer und Niedernberger Ast heraus. Nachdem einer der Zweige bereits 1635 in den Freiherrenstand avanciert war, erfolgte 1759 die kaiserliche Anerkennung dieser Standeserhöhung für das Gesamtgeschlecht.

Der statistischen Literatur zufolge waren die Herren von Reitzenstein, zumindest im Untersuchungsgebiet des Historischen Rittergüter-Lexikons der Provinzen Sachsen, Hannover und Brandenburg, folgenden Ortes vertreten: Bernstein bei Wunsiedel [16. Jh. bis 1856], Blankenberg mit Arlas [1485], Bobenneukirchen [19. Jh.], Brückla bei Greiz [1721, 1724], Dröda [1720, 1766], Erkersreuth bei Selbitz [1838, 1845], Fischbach bei Kronach [1738-1917], Feilitzsch, Froschgrün bei Naila, Gattendorf [1849], Geilsdorf/Vogtland [16.-17. Jh.], Geyersberg bei Annaberg [1741], Goldkronach [1747], Groitzsch bei Meißen [1802], Hadermannsgrün [bis 19. Jh.], Hainichen bei Schmölln [1722], Harra mit Kießling und Schlegel [1662], Hartungs bei Leupoldsgrün nahe Hof [1838], Hohburg bei Wurzen [1844, 1859], Hohenberg bei Rehau, Hohendorf bei Hof [bis 1870], Höllenhammer in Unterfranken [1923], Issigau [wieder ab 1892 bis nach 1914], Konradsreuth [1638-1840], Külmla bei Ziegenrück [1766], Liebau bei Plauen [1596-1600], Mittelfrohna bei Chemnitz [bis 1821], Münchenreuth, Neudrossenfeld, Niederfüllbach [1648-18. Jh.], Ottengrün [1542] und Posseck bei Oelsnitz [1542 bis nach 1766], Oberlosa [1682] und Pirk bei Plauen, Piskowitz bei Kamenz [1875], Pottiga [1662, 1669] und Saalbach [1774] bei Hirschberg, Scharten bei Hof [1604], Schlettwein bei Pößneck [1672, 1695], Schnarchenreuth bei Selbitz [15 Jh.], Sparnberg, Reitzenstein [wieder ab 1889], Röslau, Schnarchenreuth, Schönberg [ab 1485], Schönbrunn bei Oelsnitz [1766], Taltitz, Schwarzenbach am Wald mit dem Ortsteil Schwarzenstein, Schwesendorf, Tannenberg bei Annaberg [1535, 1601], Unterlauterbach bei Oelsnitz [bis 1629], Venusberg bei Zschopau [1819-1839], Weißenborn bei Freiberg [1838], Wildenau bei Auerbach, Zedtwitz [1638], Zoppoten bei Lobenstein [18. Jh.].

Gleich denen von Reitzenstein auf Schönberg wurde auch ein auf Lübben und Wiesenau gebürtiger Spreewälder Zweig und mit ›von Waldow und Reitzenstein‹ ein auf Hammer bei Sternberg, Königswalde und Osterwalde in Ostpreußen gesessener Ast 1945 enteignet, ein weiterer Seitenzweig saß mit

Julius von Staff genannt von Reitzenstein [†1924] auf den Rittergütern Regnitzlosau mit Niedernberg bzw. Kloster und Schloß Tückelhausen in Franken sowie vordem auch auf Skuhlen und Mittweide im Spreewald [1828, 1842]. Bekannte Familienangehörige der Reitzenstein während der Wilhelminischen Ära waren [als nach dem Feldobersten Kaiser Karls IV. – Konrad von Reitzenstein (1368) – 27. General (!) dieses Namens] Karl Bernhard Freiherr von Reitzenstein, Zoppatener Linie [1809-1885] sowie der Oberhofmeister der Königin Charlotte von Württemberg, Carl Friedrich Freiherr von Reitzenstein-Zoppaten [1848-1897] und dessen Gemahlin Helene von Reitzenstein [1853-1944], Multimillionärin sowie Hofdame am Württemberger Hofe. Der gegenwärtige Besitzer von Schloß und Rittergut Reitzenstein, der Landwirt und Funktionär der Deutschen Landwirtschaftsgesellschaft, Rupprecht Freiherr von Reitzenstein [*1948] entstammt hingegen dem Hartunger Zweig, ebenso wie der Kunsthistoriker und Direktor des Bayerischen Armeemuseums Alexander Freiherr von Reitzenstein [1904-1986].[440]

Die Linie von Reitzenstein zu Zoppoten

Der erste von Reitzenstein in Zoppoten war Wolf Christoph, der 1723 das Rittergut Unter-Zoppoten mit 31 Untertanen in Zoppoten und 27 in Röppisch von Johann August von Günderode für 32.500 fl. und 200 fl. Herdgeld erwarb. Er entstammte der Schwarzensteiner Nebenlinie und lebte als Fürstlich Brandenburg Bayreuthischer Geheimer Rat und Oberjägermeister in Bayreuth. Die Rittergüter Nestel- und Marlesreuth waren ihm zu Eigen, während seine nächsten Verwandten auf Hartmannsreuth und Prex saßen. Dem Bruder und Mitbelehnten des Verkäufers, dem inzwischen 82-jährigen wackeren Obristlieutenanten Otto Wilhelm von Günderode gefiel der Verkauf von Unter-Zoppoten nicht. Er erkannte diesen nicht an und versuchte – nachdem Johann August 1724 gestorben war – mit bewaffneten Helfern die gewaltsame Übernahme des Gutes, welche aber durch die eilig zusammengerufenen, mit Äxten Spießen und Flinten bewaffneten Gesamt-Zoppotener Einwohner verhindert wurde, wobei auch der Besitzer von Ober-Zoppoten, Heinrich von Dobeneck, mit herbeigeeilt war, dem der Obristlieutenant später vorwarf, ›nach den Degen greifend erklärt zu haben, er wolle die Sache mit einem Duell ausmachen‹. Nachdem Wolf Christoph von Reitzenstein 1728 die Anteile seiner Mitbesitzer an Unter-Zoppoten, seiner beiden Neffen Friedrich Ernst und Jonas Ernst von Feilitzsch erworben hatte, verunglückte er im Folgejahr am 7. Januar bei einer Schlittenfahrt in Bayreuth tödlich. Er hinterließ eine Witwe [Maria Sabina geb. von Würzburgk] und 7 minderjährige Kinder [4 Söhne und 3 Töchter]. Ihr Erbe wurde von ihrer Mutter resolut verwaltet. Mit der Ortsgemeinde kam die Witwe wegen der Triften in Streit, mehr aber noch, weil sie alles Holz für ihr Gut einfach aus dem Gemeindewald beschaffte. Gegenüber dem Amtmann zu Burgk beharrte sie auf ihre Obergerichtsbarkeit selbst über einen Teil von Ober-Zoppoten. Als im August 1735 im Dorfe bekannt wird, daß die ledige Tochter des Ober-Zoppotener Kleinhäuslers Friedrich Siegmund Machwitz schwanger ist, will sie das Unter-Zoppotener Gericht am 18. August zur Bestrafung abholen, weil die Witwe darauf beharrt, das Kleinhaus gehöre tatsächlich zu ihrem Gerichtsbezirk. Das läßt der von Dobeneck auf Ober-Zoppoten aber nicht zu. Daraufhin stehen die mit Sturm-läuten der Kirchenglocken mobilisierten und vom Gutsjäger befehligten Unter-Zoppotener Untertanen den von Dobeneckschen — verstärkt durch 40, von den beiden Burgker Herrenjägern herbeibefohlenen Remptendorfer Amtsuntertanen bewaffnet gegenüber, worauf letztere Partei die Dorfgrenze symbolisch auf- und abschritt, zuletzt noch einmal ihre Flinten abfeuert und die Delinquentin nicht etwa befreit, sondern unter starkem Geleitschutz nach Burgk überführt, wo sie im Roten Turm eingesperrt wird.

Als der Fürstlich Brandenburg Ansbachische Kammer-junker und Reisestallmeister Wolf Ehrenfried Albrecht von Reitzenstein im Jahre 1747 die Anteile seiner beiden, noch lebenden Brüder für 16.000 fl. erwirbt, umfaßte das damals mit einigen Schulden belastete Rittergut Unter-Zoppoten eingerechnet der Mühle und der Dorfschenke noch 28 Untertanen in Zoppoten sowie 32 in Röppisch. 1749 vermählt sich der Gutsherr mit Maria Charlotta Böcklin von Böcklinsau, die ihm zwei Kinder, Wolf Karl Friedrich und Friedericke Louise schenkt. Wohl über einen Strohmann erwirbt Wolf Ehrenfried 1760 das zum Verkauf stehende, ehedem von Dobenecksche Rittergut Ober-Zoppoten. Damit – sowie mit der Vereinigung der beiden, ebenfalls das Dorf trennenden Landesherrschaf-ten Reuß-Obergreiz und Untergreiz [1768] ist vielen der alten Streitigkeiten die Grundlage entzogen. Der vereinigte Gutsbe-zirk umfaßte nun: [1] Das untere Schloß und Vorwerk mit dem Ober-, Nieder- und Erbgericht über 60 Anwesen in Zop-poten und Röppisch, [2] das obere Vorwerk und Herrenhaus mit dem Burglehn zu Saalburg, dem Nieder- und Erbgericht über 16 Anwesen in Zoppoten. Wolf Ehrenfried Albrecht Frei-herr von Reitzen stein war inzwischen zum brandenburg-ans-bachischen Geheimen Rat, Ober-Stallmeister und Ober-Amt-mann zu Uffenheim und Träger des königlich Dänischen Or-dens vom Danebrog, des ›de lúnion parfaite‹ sowie zum Ritter des Hochfürstlich Brandenburgischen Schwarzen Adler-Groß-Kreuzes avanciert. Seine Tochter Friedericke Louise ver-mählte sich mit dem dänischen Grafen von Platen und Haler-mund, sein Sohn Wolf Karl Friedrich jedoch starb 1775 in Rom. Drei Jahre darauf, am 16. März 1778 verschied auch der Vater, worauf dessen Bruder Wolf Veit Christoph Freiherr von Reitzenstein – seines Zeichens Königlich Dänischer Conferenz-Ministre, Oberhofmeister bei der Ritterakademie zu Soroe und Oberamtmann der Ämter Ringstade und Soroe – das Erbe antritt. Wie Wolf Ehrenfried noch im Jahr vor seinem Tode – versucht nun auch Wolf Veit die Obergerichtsbarkeit über seinen Ober-Zoppotener Dorfteil von der Burgker Landesherr-schaft per Kauf zu erwerben, doch wird sein Gesuch am Ende abschlägig beschieden. So trägt er um das Jahr 1780 seine Herrschaft Unter- und Ober-Zoppoten dem Fürsten Heinrich XI. von Reuß ä. L. zum Kaufe an.

Der steigt darauf ein und läßt – allerdings ohne, wie sich später herausstellt, den erwarteten Erfolg – die beiden Besitzkomplexe im März 1781 zerschlagen und an zwei Konsortien aus Ortseinwohnern verkaufen, während das untere Schloß selbst noch eine Zeit lang der Familie von Reitzenstein als Wohnsitz erhalten bleibt. Den Prozeß der Abwicklung der beiden ehemaligen Rittergüter überlebte der Veräußerer Freiherr Wolf Veit Christoph von Reitzenstein nicht, weswegen seine Witwe Theresia Sophia geb. von Zedtwitz die Greizer Regierung 1782 um die Auszahlung der noch rückständigen Kaufgelder bitten mußte. Eine Schwester Wolf Ehrenfrieds und Wolf Veits, die königlich Dänische Ordensdame l´union parfaite, Freiin Juliane Albertine Dorothea von Reitzenstein, lebte bis zu ihrem Tode am 9. August 1791 in Zoppoten.

Der dörflichen Erinnerung nach seien die Reitzensteiner keine guten Herren gewesen, da – wie dem Schleizer Schulrat Bruno Behr noch in den 1920ern berichtet – sogar einmal ein Fräulein von Reitzenstein die Bauern mit ihrer Reitgerte geschlagen habe. Als 1791 die Zoppotener Ortskirche erneuert wurde, kaufte die Kirchgemeinde von dem unteren Schloß einen Dachreiter, setzte diesen auf die Seite des Kirchendachs und hängte die bis dahin ebenerdig, in einem hölzernen Läuterhaus befindlichen Glocken darin auf. 1801 dann verkaufte Wolf Ehrenfrieds Tochter, die Gräfin Louise Friedrike, das bis dahin angeblich kanzleischriftsässig gebliebene ›Schloß oder ehemal. Reitzensteini, Herrnhaus‹ mit Hofräumen und Betgarten für 1.300 fl. an zwei Ortseinwohner.[441] In der Ortskirche erinnern an die ehemaligen Rittergutsbesitzer zwei marmorne, je einem Angehörigen der Reitzensteinfamilie gewidmete Schriftsteine [Epitaphien], die geschmackvollen Holzschnitzereien [17. Jh.] an der Herrschaftsempore, der sogenannten Kapelle des unteren Rittergutes sowie jener Wappenstein, der an einer, 1925 abgebrochenen gewölbten Kalksteinbrücke am Dorfeingang nahe des oberes Gutes angebracht war. Die Brücke entstand 1769, um einen Weg auf die, zu dem Gute gehörigen Felder zu gewinnen. Darunter verlief in einer tiefen Hohle die ehemalige Fernstraße von Bamberg nach Leipzig hindurch, wobei die Brücke mit dem Reitzensteinischen Wappen von dieser aus betrachtet, wie ein Tor gewirkt haben muß. Man erzählte sich, daß beim Durchzug der Franzosen im Oktober 1806 ein französischer General beim Anblick dieses Wappens gesagt haben soll: ›Reitzenstein, Reitzenstein, wärest du noch da, wären wir nicht hier!‹[442]

VON RETTENBACH

Die von Rettenbach [auch Raitenbach, Reidenbach oder Rettenbach] sind ein fränkisches und vogtländisches Uradelsgeschlecht, das aus dem 1252 erstmals erwähnten Edelsherren auf Erkersreuth hervorgegangen ist. Der Rettenbachsche »Wappenschild zeigt eine eingebogene Spitze, die Farbgebung ist geteilt in Rot und Silber und dem Grund in der jeweils anderen Farbe. ... Als Teil der reichsfreien Ritterschaft waren sie im Ritterkanton Gebürg organisiert. Durch Heirat unmittelbar verwandte Geschlechter waren z. B. die von Lüchau oder die Rabensteiner zu Döhlau.«[443] Während des Spätmittelalters gelang es verschiedenen Angehörigen des Geschlechts, Führungspositionen im Deutschritterorden in Ostpreußen einzunehmen so etwa Lupold von Raitenbach, der zwischen 1414 und 1422 mehrfach als Komtur auf Ragnit, von Brandenburg, von Rhein bzw. auf Schlochau erscheint. Nach dem Aussterben des auf Erkersreuth gesessenen Zweiges derer von Raitenbach im Jahre 1691 bestand der Lindenfelser Zweig fort. Ins reußische Oberland gelangten die von Rettenbach im Jahre 1601 mit dem Kauf des Rittergutes Dörflas in der Nähe von Schloß Burgk durch Wolf Karl von Reitenbach von Hof zu Wenden bei Erkersreuth. Bei der Verteidigung des landesherrlichen Residenzörtchens Burgk im Jahre 1640 gegen die Franzosen stand der Dörflaser seinen Mann. Zusammen mit seiner Gemahlin Dorothea [ca. 1585-1640] hatte er eine Tochter, Juliane Anna Sibylla [1606-1678], und 2 Söhne, Heinrich Wilhelm [1600-1686] und Wolf Erasmus, die ihm nach seinem Tode 1643 in der Herrschaft über Dörflas nachfolgten, bis letzterer 1648 seinen Anteil daran an seinen Bruder übereignete und zu Münchreuth eine eigene Linie begründete. Heinrich Wilhelm hingegen hinterließ zwei Söhne Wolf-Heinrich [1630-1676] und Christian Friedrich [1632-1722], der nach dem Tode seines Bruder in den Alleinbesitz des Rittergutes kam. Zusammen mit seiner Ehefrau Anna Elisabeth von Bünau zu Pahren [oo 1679, †1706] hatte er folgende Kinder:

Dorothea Emilia [*1680], Eva Elisabeth [1681-1685], Anna Sophia [*1682, oo 1696 in der Oberstube zu Dörflas Heinrich Christian von Obernitz auf Liebschütz], Dorothea Elisabeth [*1686], Adam Friedrich [1688-1765], Dorothea Sibylla [*1690], Anna-Elisabeth [*1693], Juliane Eleonore [1696-1705]. 1720 wurde Adam Friedrich mit dem Rittergut Dörflas belehnt, wobei seine Münchreuther Vettern Mitbelehnung erhielten.

Aus seiner ersten Ehe mit Hedwig Charlotte geb. von Nießwitz ging eine Tochter, Sophia Friederica [*1721], hervor, die später einen von Schätzel heiratete. Seiner zweiten Ehe, diesmal mit Charlotte Sophie von Spiegel zu Ullersreuth [*1705, oo 1724] entstammten folgende Kinder: Heinrich-Friedrich [geb. 1725, gef. 1742 als Fahnenjunker in Mähren], Karl-August [geb. 1730], Friedrich Gottlob [1732-1788], Sophia-Carolina [1734-1735], Erdmuthe Louisa Friederica [*1736, oo 1764 den Lieutenanten Gottlob Friedrich von Obernitz auf Drognitz] und Sophia-Carolina [*1738]. 1757 übernahm Friedrich Gottlob von seinem Vater das ›Rittermannslehngut Dörflas mit Walsburg‹, das wohl der Aussteuer seiner Schwestern halber noch im selben Jahre mit einer, von dem Ziegenrücker Oberpfarrer M. J. Chr. Stemler aufgenommenen Hypothek über 500 Rthl. belastet wurde. 1764 vermählte sich Friedrich Gottlob mit Dorothea Erdmuthe von Feilitzsch zu Trogen.

1770 wurde ihnen eine Tochter, Wilhelmine Sophie Erdmuthe, geboren. 1772 erborgte der Gutsherr vom Rektor Christoph Heinrich Schlotter in Schleiz 600 Rthl. zu einem Zinssatz von

5%. Der dazu notwendige lehnsherrliche Konsens ergab, daß die auf dem Besitztum lastende Schuldenlast von 3.120 Rthl. nicht so hoch sei, daß dieses Darlehen nicht auch noch aufgenommen werden könne, da das Rittergut mindestens 8.000 Rthl. wert sei. Im Jahre 1777 brach großes Unglück über Friedrich Gottlob herein. Am 18. März verstarb seine Ehefrau und wurde als erste Leiche in der Erbgruft an der 1772 erst fertiggestellten Crispendorfer Kirche beigesetzt. Im gleichen Jahre folgte ihr auch noch die kleine Wilhelmine in den Tod. 1811 fand man ihren Sarg »von seinem Lager seitwärts abgefallen auf der Seite liegend, dessen Deckel aufgelehnt waren am Eingang der Gruft und rückwärts nach dem Zugloch hin, das Gerippe eines Kindes im Winkel ..., woraus wohl notwendig erhellt, daß dieses unglückliche Kind, 6½ Jahre alt, als ein Scheintoter muß in die Gruft versenkt worden sein, weil seit jener Zeit die Gruft nicht geöffnet worden ist.«[444]

Im Jahre 1788 verkaufte der Markgräflich Brandenburg-Kulmbachische Hauptmann Friedrich Gottlob von Reitenbach – unter Übernahme aller Lehensschulden – das Rittergut Dörflas für 18.000 Mfl. an den Kurfürstlich Sächsischen General-Accis-Commissarius Samuel Gottlieb Reißmann auf Tausa und Bucha.

VON RIEDESEL

Die von Riedesel sind ein hessisches Uradel und werden mit dem Ritter Dietmar [Ditmarus Ridesil miles] um das Jahr 1226 erstmalig urkundlich erwähnt. Ihr ursprünglicher Wappenschild zeigte einen vorwärtsgekehrten schwarzen Eselskopf mit drei grünen Riedblättern im Maule. Die Stammreihe der Familie beginnt 1293 mit dem landgräflichen Vogt zu Kassel, dem Ritter

Johann Riedesel, der 1308 im Raum Melsungen erscheint. Seit Hermann Riedesel [urk. 1407-1463], Herr auf Eisenbach und Lauterbach, führten sie das Amt der Erbmarschälle in Hessen, das sie noch 1880 innehatten. Seit dem Jahre 1680 werden ihre Eisenbacher Vertreter als ›Riedesel Freiherren zu Eisenbach‹ tituliert, ohne das übliche ›von‹, da ihr Name sich auf das Wappen bzw. einen Übernamen und nicht auf einen Ort bezieht. Ansonsten eher im Westen des Reiches bis weit in die Niederlande hinein verbreitet, saßen sie jenseits von Harz und

Werra u.a in Alperstedt, Krauthausen, Neuenhof, Sallmannshausen, in der Gegend westlich von Kahla, wo Johann und Volvert Ritesel zu Eisenbach 1594 die Herrschaft Altenberge und 1626 ein Dritteil des Rittergutes Reinstädt erwarben und auch in den Besitz von Röttel-

Dörflas: Herrenhaus

misch gelangten. Bis 1739 gehörte ihnen das Rittergut Hohenölsen bei Weida und ab 1713 auch Bucha und Tausa.[445] Um das Kaufgeld für letztere Herrschaft aufzubringen, nahmen die von Rietesel bei dem Herrn von Rettenbach auf Dörflas ein Darlehen auf, bei dessen Rückzahlung Schwierigkeiten auftraten, weswegen die ›Frau Rieth-Eselin zu Taußa‹ 1713 diesem dafür bestimmte Mobilien, so selbst die Gutsglocke, überlassen mußte. Doch auch in der Folgezeit ist

Tausa: Herrenhaus

immer wieder von Schulden und Zwangseintreibung die Rede. Selbst der Verkauf anderer Besitzungen bewahrte den Tausaer Zweig der Rietesel am Ende nicht vor dem Konkurs im Jahre 1743.

VON RÖDER

Die von Röder sind ein vogtländisches Uradelsgeschlecht,
benannt nach dem Orte Rodau südöstlich von Mühltroff. Auch
wenn ihre Vorfahren in den Sagen des Voigtlandes [1871] als
slawische Edelinge aus der Mark Brandenburg erscheinen, die
König Heinrich I. [reg. 919-936] bei der Eroberung der Sla-
wengaue unterstützten, sind die Ursprünge der im sächsischen
Vogtland und im Nordraum von Schleiz früher weitverbrei-
teten Familie wohl eher im bayerischen Vogtland zu suchen.
Aufgrund der Gleichheit ihres, von Silber, Rot und Schwarz
geteilten Wappenschildes dürften sie mit den Familien von
Zedtwitz, von Feilitzsch, von Redtwitz, von Gößnitz bzw. von
der Heydte stammesverwandt sein. Zudem existiert eine,
möglicherweise von dem vogtländischen Hause abstammende
anhaltinische Familie von Roedern. Im Jahre 1347 erstmals
erwähnt und zu Harzgerode [1467], später Hoym [noch um
1900] angesessen, führt sie drei rote Rosen in einem weißem
Schrägrechtsbalken im Wappen und breitete sich später auch
in Weimarischen und Schwarzburgischen [u.a. auf Aschau,
Mellingen, besonders aber Dörnfeld auf der Haide] bzw. an der
Mittleren Saale [auf Watzdorf, Kolkwitz, Heilingen] aus, doch
finden sich ihre Glieder in den älteren Stammbäumen oft mit
jenen einer, im Brandenburgischen verorteten Familie von
Redern vermischt. Von den Adelsfamilien des südlichen Vogt-
lands [so denen von Zedtwitz, von Machwitz, von Mylau, von
Reinholdsdorf bzw. von Faßmann [auf Töpen] galten die Roeder, da sie mit den, in einer Schenkungsurkunde des Weidaer
Vogtes Heinrich IV. erwähnten Zeugen Cunrado de Rode
bereits im Jahre 1224 erstmals urkundlich erscheinen, als die

älteste und zumindest im Bezug auf ihre Siedlungsherrschaft im Raum zwischen Mühltroff und Plauen auch als bedeutendste. Etwa zur gleichen Zeit, als mit dem 1401 erstmals erwähnten Hans Roeder [†1418] auf Ober-Pöhl die kontinuierliche Stammreihe des Geschlechts beginnt, lassen sich die von Röder auch im Amte Schleiz nämlich zu Pahren [1402], Burkersdorf [Freigut], Kirschkau-Oberhof [1407] und Rödersdorf [1407] finden, das der Sage nach ebenso wie die Orte Rüdersdorf bei Gera und Rodersdorf bei Plauen nach ihnen benannt sein soll.

Ferner berichtet die Legende, daß die von Röder zu ihren Hauptzeiten zwölf Dörfer im alleinigen [!] Besitz gehabt hätten. Zudem gelang es der Familie im 15. Jahrhundert, gleich denen von Reitzenstein und von Oberweimar, eine ihrer Töchter in das unterfränkische Grafenhaus Castell zu verheiraten.

Während des Schwarzburgischen Hauskrieges im Jahre 1448 kämpften Heinz und Hans Röder auf Seiten Heinrichs von Schwarzburg zu Leutenberg, während ihr Landesherr, Heinrich der Ältere von Gera, die Gegenseite von Graf Günther von Schwarzburg unterstützte. Solche Parteigängerei nahm der Herr von Gera seinen beiden Vasallen jedoch übel auf und ließ sie trotz Waffenstillstandes mehrere Monate lang im Schleizer Turm schmachten. Im weiteren Verlaufe des 15. Jahrhunderts verliert sich die Spur der Roeder aus der Herrschaft Schleiz.

Pahren: Neogotisches Herrenhaus

Lediglich in der Neustädtischen Nachbarschaft waren sie später auf den Rittergütern Tausa mittleren Teils [um 1650] und Läwitz [18. Jh.] angesessen. Im Raum Plauen hingegen wo sie neben Pöhl [1401], Rodau und Leubnitz auch in Jocketa [1449], Rodersdorf [1489] sowie Schönberg bei Oelsnitz [16. Jh.] Rittergüter besaßen, waren sie während der Frühneuzeit neben Pöhl und Helmsgrün noch zu Cossengrün [1654] und Möschwitz [18. Jh.] bzw. seitens ihrer gräflichen Linie in Straßberg und Unterneundorf [um 1785] anzutreffen, bis mit dem

Tod Christoph Wilhelm Ludwigs von Röder 1808 ihre dortige Linie im Mannesstamm erlosch und die Herrschaft Pöhl im Folgejahr durch Heirat an die Familie von Bodenhausen aus Brandis bei Leipzig überging. Waren die Roeder schon bei der Kolonisation des südlichen Vogtlandes tatkräftig hervorgetreten, so sollte – wie wir noch hören werden – ein zu Marienmünster bei Höxter gebürtiger westfälischer Zweig ihrer anhaltinischen Linie um die Mitte des 19. Jahrhunderts auch in die Siedlungsgeschichte des damals noch jungen US-Bundesstaates Texas mit eingehen, wo Franz Ferdinand Roeder [1811-1857] bei Austin die Siedlung Cat Spring begründete.[446]

Caspar Röder

In der Kirche von Liebschütz an der nordöstlichen Chorseite hinter dem Kanzelaltar fast im Verborgenen befindet sich aus thüringischem Marmor ein bild- und textgewaltiges, wuchtig komponiertes Werk der deutschen Spätrenaissance. Es ist das Epitaph des kursächsischen Rittmeisters Caspar Röder aus dem bekannten, wohl schon im 13. Jahrhundert aus Rodau [bei Plauen] ins Oberland eingewanderten einheimischen Ur-Adelsgeschlecht, das zu seinen Glanzzeiten 12 hiesige Orte im alleinigen Besitz gehabt haben soll. Der alte Haudegen war auf mancher Kriegsfahrt in aller Herren Länder gewesen. Seine letzten Lebensjahre verbrachte er in Liebschütz bei seiner Nichte [?] Helena, geb. von Röder, die den örtlichen Grundherrn, Hans Heinrich von Obernitz, geheiratet hatte. Dazu erwarb er von seinem Gelde ein Bauerngut – den späteren Wohnsitz der Familie Wolf im unteren Dorfe [Unterend]. Die Dorfbewohner allerdings konnten sich vieles an dem Gebahren des weltgewandten Mannes nicht erklären, zumal er ihnen auch manchen Streich gespielt, manchen Bären aufgebunden haben mag. Gerüchte über ihn machten die Runde, nahmen an Erzählwert zu, wie sie an Wahrheitsgehalt abnahmen, bis sie nach dem Tode des Rittmeisters endgültig zu Legenden wurden. So soll er mit dem Teufel im Bunde gestanden, sogar sein eigenes Kind in Öl gesotten haben. Sein Streitroß, mit dem er einmal die Saale übersprang, liege mit goldbeschlagenen

Hufen auf dem ›Alten Hofe‹ nach Liebengrün zu begraben. Doch merkt schon Rudolf Drechsel an, daß die Nachwelt hier im Kern viel ältere Geschichten mit der späteren Person des Rittmeisters verknüpft hat. Inwieweit er tatsächlich ein so ruchloses Leben führte, dagegen sprechen nicht nur die Einträge im Liebschützer Kirchenbuch, sondern auch der Umstand, daß man ihn ›ad sanctum‹ vor dem Altar der Kirche beisetzte, wo seine Grabplatte mit der Umschrift *›CASPAR RODER GE… HARD SEINES ALTERS IM 59 IHAR 1603.‹* in den Boden eingelassen war. Bei ihrer Hebung 1820 zerbrach sie in mehrere Stücke und inzwischen fehlen ganze Teile davon. Das Epitaph Röders an der Chorwand aber ist um so besser erhalten: Den Grundstock bildet ein, aus einem Posaunenengel herauswachsendes Konsol, welches die beiden Schriftsteine umfaßt, worauf steht:

»GRABSCHRIFFT DES GESTRENGEN EDLEN VND EHRENFESTEN IVNCKER CASPAR RODERS CHVRFÜRSTLICHEN SÄCHS. RITTMEISTERS. NICHT WEIT VON HINNEN LIGT EIN STEIN, WELCHER IST AVSGEHOWEN REIN DER WEIST MEIN CASPAR RODERS BILD WELCHS ICH IN DIESEN LEBEN HILT ALS ICH WAR NEVNYNDFYNFZIG IAHR NICHT VIEL DARVBER DAS IST WAR NACH WILLN GOTTS MEINS HERRN VND MEINER ALLERLIEBSTEN ELTERN SOLLT ICH IN MEINEN IVNGEN IAHRN VERSVCHEN VIEL VND VIEL ERFAHRN IN SCHWEREN DIENSTEN NAH VND WEIT WIE SOLCHS MIT SICH BRACHT DIE ZEIT DRVMB ICH HALD AVS MEIN VATERLAND IN FREMDE LAND WVRD GESAND V. GEBE MICH GEDVLDIG DREIN ICH SAH ES KVNDT NICHT ANDERS SEIN VIEL VNGEMACH VND GROS ELEND ICH LEIDEN MVßT WIE ES GOTT I IERSENS MIT GROßER GFAR VON FEINDEN ICH VMRINGET WAR IN EHSTAND AVCH GAR OFT V. VIEL WIE MEIN LIEBS WEIB WEIS CREVTZ FVRFIEL WELCHES MIR ZVGESCHICKT MEIN TREWER GOTT DER MICH OFT KOMEN LIES IN NOT DAS ICH SOLT HIE AVF DIESER ERDN DIS LEBENS VBERDRVSIG WERDN V. MICH SEHNEN IN IHENE WELT DIE LAVTER FREVDEN SICH HELT ALS NUN MEIN GOTT V. BAT IHN UM LINDRVNG MEINER SCHMERZEN V. DAS ER NACH DER GVTHE SEIN MIR ARMEN RODERS WURMIELEIN WOLD GNEDIG V. BARMHERZIG SEIN VERGEBEN AVCH ALL SVNDE MEIN DVRCH IHESV CHRIST SEIN LIEBEN SOHN DER FVR MICH HAT GENVG GETHON ALS ER AM CREUZ STARB MIT ZU GVT V. DA VERGOS SEIN THEUWRES BLUT DEN ICH AN MEINEN LETZTN END MEIN SEEL BEFOHLN IN SEINE HEND DIE ER VLEIßIG BEWAHREN WIRD ALS MEIN BISCHOFF V. GVTHER HIRT V. IHR GEBEN NACH DIESER ZEIT DIE FREUDENREICHE SELIGKEIT DIE GOTT VATER VON EWIGKEIT AVS GNADEN AVCH MIR HAT BEREIT DAHIN HILF AVCH

MEIN LIEBEN WEIB HER IHESV CHRIST MIT SEEL V. LEIB DENN IN DEN HIMEL IST GVTH SEIN BEI DIR V. DEINEN ENGELEIN WOHL DEM DER DVRCH DICH KOMPT HINEIN EWIGLICH IST ER SELIG FEIN.«[447]

Neben den Schriftsteinen ragen zwei Männer in Brustbildern aus der Wand, welche stark vorspringende Postamente tragen. Darauf folgen drei Etagen: in der unteren, von paarweise angeordneten Säulen gerahmt, ein Halbrelief des verstorbenen Ritters in Vollrüstung und seiner Gemahlin mit langen faltigen Gewand, Haube und Wimpel. Beide Gatten knieend, einander zugewandt mit gefalteten Händen und umgeben von zahlreichen Ahnenwappen; in der Mitte – ebenso von Säulen umrahmt, nur mit figürlichen Wangen – eine Auferstehung Christi, links und rechts vom Erlöser je eine Wächterfigur. Oben – eingerahmt von figürlichen Wangen – eine Dreifaltigkeit mit Gottvater und Christus, darüber abschließend ein Korpus. Die ursprüngliche Bemalung hat in den Läufen der Zeit und insbesonders durch den Brand von 1820 stark gelitten. Zum 200-jährigen Jubiläum der Kirche soll das Denkmal aber wieder in seiner originalen Farbkombination erstrahlen.[448]

Franz Ferdinand Albrecht Ludwig von Roeder

Der 1811 geborene Sohn des Anton Ludwig Sigismund von Roeder und der Caroline Luise Sack wanderte im Frühjahr 1834 mit seinen beiden Brüdern Joachim und Ludwig und seiner Schwester Valeska nach Texas aus, um einen geeigneten Siedlungsplatz zu finden. Dort erkrankten sie schwer an Gelbfieber. Joachim und Valeska von Roeder starben Franz und Ludwig überlebten nur, nachdem ihr Bruder Rudolph und ihr Schwager Robert Justus Kleberg gegen Ende des Jahres zu ihnen gestoßen waren und sie gesund pflegten.

Danach diente Roeder als einfacher Soldat im Texanischen Unabhängigkeitskrieg. In der Folge wirkte er als Farmer in Austin-County, wo er 1838 ein großes Stück Land zugeteilt bekommen hatte. Seine Wohnstelle erweiterte sich später zu der Siedlung Cat Spring. 1841 heiratete Franz mit Caroline die Witwe seines im Vorjahr verstorbenen Bruders Ludwig. Zusätzlich zu ihren drei Kindern aus erster Ehe bekam sie mit ihm sieben weitere Kinder. Etwa 1847 übersiedelte die Familie zu seinem Schwager Robert Justus Kleberg in das ›Latin Settlement‹ Meyersville im DeWitt County, wo noch andere Angehörige der Roeder-Familie lebten. Anfang Oktober 1848 zogen Roeder und Kleberg mit 40 anderen Siedlern unter Führung von Franzens ehemaligem Captain in der Texanischen Armee John York in Richtung Escondido Creek nahe Yorktown westlich des San Antonio River, wo sie die gegen den Landraub der Weißen sich wehrenden Lipan-Indianer bekämpften. Das Unternehmen endete tragisch. Die meisten – unter ihnen auch York fielen im Kampf. Von Roeder und Kleberg aber überlebten. Allerdings fiel ersterer 1857 während des Cart Wars in Five-Mile Coleto Creek, Texas, Vereinigte Staaten.[449]

VON *R*OHRSCHEID

Die Herren von Rohrscheidt oder Röhrscheidt sind ein altadeliges Geschlecht aus Schlesien, das früher besonders in preußischen Militärdiensten vertreten war. Gottlieb Ferdinand von Rohrscheidt fungierte 1781 als Universitäts-Stallmeister zu Jena. Der quadrierte Wappenschild der Familie mit Mittelblankette hat in seinen einzelnen Feldern oben links einen gekrönten Adler, rechts einen Wilden Mann mit einem Rohrkolben, unten links einen Ritter mit Federhelm und Schwert, daneben Mauerwerk und im Mittelschild einen grünen Kranz.

Im Reußenland war die Familie neben Kirschkau [bis nach 1661] und Willersdorf [1690] noch in Dürrenebersdorf [1774] begütert. Zuletzt saß sie auf den Rittergütern Garzau [1870] und Pottschaplitz [1907] in der Oberlausitz bzw. Mittelhorka, und Schegeln in der Provinz Brandenburg [bis nach 1929].[450]

VON RÖMER

Ursprünglich waren die Römers eine eng mit dem sächsischen Bergbau verbundene Patrizierfamilie, die 1401 mit dem Chemnitzer Ratsherrn Paul Romer erstmals urkundlich erscheint und 1470 mit den, durch umfangreichen Silberbergbau zu großem Vermögen gelangten Gebrüdern Martin Römer und Nicol Römer aus Zwickau geadelt wurde. Ihr roter Wappenschild zeigt zwei als Andreaskreuz gesetzte goldene [silberne] Pilgerstäbe, sogenannte ›Römerstäbe‹ oder ›Eselspeitschen‹ [mit der Spitze nach unten]. Von Nicols Söhnen begründete Wolf die ältere Neumark-Rauensteiner Linie und Martin die jüngere Steinpleiser Linie, benannt nach den von ihnen, in der Umgebung erworbenen Rittergütern Untersteinpleis [1470] und Niederalbertsdorf sowie Neumark [1478-1500] im Vogtland. Im Reußenland saßen sie im 16. Jahrhundert auch auf Tanna.

»Für eine Familienstiftung wurde 1770 die Burg Schönfels erworben und im 18. und 19. Jahrhundert folgte noch weiterer Grundbesitz«[451] u.a. wieder in Neumark [ab 1649], in Rauenstein/Erzgebirge [als Pächter 1651-1743], in Sorna bei Auma [1686-1697], in Langenwolschendorf, das sie längere Zeit [und noch 1702] in Besitz hielten und in Langenwetzendorf bei Zeulenroda, ferner in Löthain bei Meißen [ab 1796], in Wohlhausen bei Markneukirchen [ab 1823] sowie [dem Schloßarchiv Wildenfels zufolge] noch auf 30 weiteren Rittersitzen in Mitteldeutschland. Im Zuge der Bodenreform wurden die von Römer 1945 enteignet, von ihren Rittergütern Altschönfels, Löthain, Neumark, Untersteinpleis und Wohlhausen vertrieben, ja zum Teil sogar auf die Insel Rügen deportiert.

Nach der Wende gehörten sie zu den wenigen Adelsfamilien,

die nach Sachsen zurückkehrten, sich dort wieder neu ansiedelten und 1990 Neumark sowie 2015 Untersteinpleis zurückerwarben.[452]

VON RUßWURM

Die Familie Rußwurmer bzw. von Rußwurm war ein Uradelsgeschlecht aus dem fränkisch geprägten Süden Thüringens, welches mit Isengard Rußwurm, Konventualin im Kloster Weida und Otto von Rußwurm im Jahre 1349 erstmals urkundlich genannt ist. In ihrem Wappenschild trugen sie einen einwärts knienden schwarzgekleideten Mönch mit Rosenkranz und offenem Gebetsbuche in den Händen. Ihre Hauptsitze befanden sich jenseits der Mittelgebirgsschwelle an der Werra in Frauen- und Alten-Breitungen [das sie 1370 von den Herren von Breitungen erworben hatten und wo bis heute das Rußwurmsche Herrenhaus (1600) an sie erinnert], Schwallungen und Nieder-Grumbach. Zudem besaßen sie Rittergüter in Hellingen [Heldburger Land], Angelroda bei Stadtilm [16.-17. Jh.], Podelwitz bei Altenburg [16. Jh.], Tanna [bis 1545] und Oberböhmsdorf [bis 1562] im Reußenland sowie letztlich die Herrschaft Bonnland bei Bad Kissingen in Unterfranken [17./18. Jh.].

Im 16. und 17. Jahrhundert brachte die Familie mehrere Feldmarschälle hervor. Der bekannteste von ihnen war Hermann Christof Graf von Rußworm auf Frauenbreitungen [*1565], dem der tschechische Schriftsteller Milos V. Kratochvil in seinem Roman ›Der einsame Marschall‹ ein Denkmal gesetzt hat.

Im Dienste Kaiser Rudolfs II. bestritt er mehrere Feldzüge, insbesondere gegen die Türken, geriet am Ende aber in eine höfige Intrige und wurde am 29. November 1605, eine Stunde vor Bekanntwerdung seiner Begnadigung, in Prag noch enthauptet. Adam Alexander von Rußwurm [urk. 1663] hatte 2 Söhne Adam Sigmund und Albrecht Ernst, die 1669 noch lebten. Mit dem Tod des markgräflich brandenburg-kulmbachischen Oberjägermeisters Ernst Friedrich von Rußwurm ist das Geschlecht 1732 [zumindest in Deutschland] im Mannesstamme nominell erloschen, worauf seine Erbtochter Caroline Dorothea Sophie [1693-1748] über ihre Ehe mit Heinrich von Gleichen [1681-1767] auf Tannroda bei Weimar die Herrschaft Bonnland mit dem Schloß Greifenstein an diese Familie brachte, worauf Kaiser Karl VI. im Jahre 1732 ihrem Gemahl eine Namens- und Wappenvereinigung zwischen den Häusern Gleichen und Rußwurm genehmigte, worauf die Söhne des Paares – Wilhelm Friedrich [†1783] und Christian Ernst – erstmals den Namen ›von Gleichen, genannt Rußwurm‹ führten. Wie wir bereits hörten, erlangte diese, später auf Etzelbach bei Rudolstadt und Birkigt bei Unterwellenborn angesessene Familie durch die 1828 vollzogene Vermählung Heinrich Adalberts von Gleichen-Rußwurm [1803-1887] mit Emilie [1804-1872] der Tochter des Dichters Friedrich von Schiller literaturgeschichtliche Bekanntheit.[453]

VON SACK

Die von Sack oder ›die Säcke‹, wie sie urkundlich in der Mehrzahl genannt werden, sind ein vogtländisches Uradelsgeschlecht, welches uns bereits im Jahre 1077 mit den Brüdern Heinricus und Herman de Sach in den Schenkungsurkunden des Klosters Sankt Emmeram unter der Ministerialität der Bischöfe von Regensburg entgegentritt. »Die Ursprünge der Familie dürften jedoch im früh- und hochmittelalterlichen Norditalien zu suchen sein, wo ein namens- und wappengleiches, ebenfalls zur kirchlichen Ministerialität zu zählendes Geschlecht bereits im Jahr 1091 urkundlich erwähnt wurde. ... Später befanden sich Mitglieder der Familie unter der Ministerialität der Herzöge von Andechs-Meranien, der Vögte von Weida, Gera und Plauen und der Wettiner.«[454]

Wie nichtzuletzt ihr roter Wappenschild – durchzogen von einem weißen Schrägrechtsbalken – bedeutet, dürften die Adelsfamilien von Berg, von Epprechtstein, von der Grün, von Münchberg, von Radeck, von Reitzenstein, von Sparnberg, von Stein, von Thoßfell, von Töpen und von Wildenstein sich später nach ihren jeweiligen Sitzen nennende Ableger ›der Säcke‹ sein.[455] Bereits 1206 unterzeichnete ein Sack den sogenannten Bobenneukirchener Vertrag dreier Herren von Reuß über die väterliche Erbschaft. 1297 erhielt Ulrich Sack (I.) »den Anteil der Vögte an Münchberg, Sparneck und Waldstein, nannte sich 1298 nach einem neuen Sitz ›von Planschwitz‹, erwarb 1302 die Burg Sparnberg an der Saale und hieß 1314 der alte ›Herr Sack von Tyrben‹ (Türbel). Von seinen fünf Söhnen wurden Ulrich (II.), Heinrich und Nikolaus 1308 vom späteren Kaiser Heinrich VII. mit dem Epprechtstein belehnt.«[456] Im Jahre 1436 belehnte Landgraf Friedrich V. von Thüringen die Edlen Ulrich und Nicol Sack mit Schloß und Städtchen Mühltroff, nachdem es bereits an diese verpfändet war. Ulrich Sack war Hauptmann zu Eger, Vogt und Hofrichter zu Coburg. Nach seinem Tode 1461 wurde er im Erfurter Dom begraben. Seine Tochter Elisabeth erscheint schon 1429 als Konventualin im Nonnenkloster zu Weida, später als Priorin.

Im Jahre 1532 verlieh Kaiser Karl V. den Gebrüdern Hans und Caspar von Sack auf Mühldorf das Prädikat ›Edle‹, »welches in jener Zeit nur Reichsdynasten und Standesherren zukam, und in den kaiserlichen und markgräflichen Briefen und Urkunden nur den Herren von Reuss und später auch der Familie von der Planitz zu Theil wurde.«[457] »Doch lange konnten sich ihre Nachkommen dieses Titels nicht erfreuen, denn nachdem die Geilsdorfer Linie mit Nickel Sack auf Türbel 1586 ausgestorben war, erlosch fünf Jahre später [1591] mit Hans

Balthasar auch die ›edle‹ Mühltroffer Linie«[458] und die große Schloßherrschaft Mühltroff fiel als erledigtes Lehen dem sächsischen Kurfürsten Christian I. von Sachsen anheim, der sie unverzüglich zweien seiner Günstlinge verschenkte.

Weitere Linien der Sack [auch de Sacco, Saccus, Sax, Freiherren von Sack] – teils mit vier in der Mitte verknoteten silbernen Säcken im Wappen – existierten neben der Lombardei und der Ostschweiz, auch im Stifte Merseburg, im Raume Großenhain, in Böhmen, im Lüneburgischen, in Brandenburg-Preußen, in Livland und sogar, noch blühend, in Schweden.[459]

VON SCHAUROTH

Die von Schauroth stellen ein altes thüringisches bzw. vogtländisches Uradelsgeschlecht dar, deren erster bekannter Repräsentant, ›Henricus dictus Scowenrat‹, im Jahre 1279 erscheint. Vorfahren dieser Familie gehörten wohl schon zu Beginn des 12. Jahrhunderts im Auftrag des Klosters Bosau bei Zeitz zu den Mitkolonisatoren des südlichen Osterlandes, insbesondere der Gegend um Großenstein [1301] und des Brahmetals, wo sie ausgehend von Dorna die Rittergüter Hain, Röpsen, Roschütz, Söllmnitz und Zschippach besaßen, während sie nicht nur in der Stadt Gera in repräsentativen Wohnhäusern, sondern auch in der Umgebung auf den Rittergütern Caaschwitz, Crimla, Dobitschen, Dürrenebersdorf, Langenberg, Niederndorf, Pfordten, Reichenbach, Rubitz, Steinbrücken u.a. ihre Sitze hatten und zudem in Reuden bei Zeitz, in Hainichen, Nöbdenitz und Rödigen bei Schmölln, in Hain, Reichstädt und Nischwitz bei Ronneburg, Hartmannsdorf bei Eisenberg, in Beulwitz, Breternitz, Crösten, Fischersdorf, Hoher Schwarm und Unterwirbach im Saalfeldischen bzw. in Geroda, Kolba, Mittelpöllnitz, Oberpöllnitz, Porstendorf und Uhlersdorf im Orla-Pöllnitz-Gebiet angesessen waren. Mit großen Ehren und dem Titel ›Semperfrei‹ bedachte man das Geschlecht, nachdem Hans von Schauroth 1526 unter dem Pfalzgrafen am Rhein im Kampf gegen die Türken das Reichsbanner gerettet hatte. Der Schaurothsche Wappenschild bietet – gespalten und dreimal geteilt – Silber und Schwarz in verwechselten Farben dar.[460]

Die Linie derer von Schauroth zu Geroda

Im Jahre 1565 erwarb der Besitzer des oberen Hauses zu Langenberg [bei Gera], Heinrich von Schauroth aus der Linie Hain-Dorna, unter Mitbelehnung seiner Brüder und Vettern sowie Christophs von der Planitz zu Niederpöllnitz und Joachims von Kolba zu Wetzdorf das Vorwerk Geroda [Zum Rode] und wurde so zum Begründer der Gerodaer Linie des Geschlechts. 1592 veräußerte er »das Gut an seinen zweiten Sohn Hildebrand und lebte wieder auf Langenberg. 1605 kaufte er zusätzlich von seinem Schwager Lothar von Ende das Gut Dobitschen,«[461] wo er 1621 verstarb. Hildebrand [1569-1628] war königlich-französischer Generalproviantmeister und wirkte später als kursächsischer Hof- und Stiftsrat zu Zeitz.

1596 beleibdingte er seine erste Gemahlin Sabina, eine geborene von Pölnitz aus dem Hause Schwarzbach [†1612], mit Geroda, kaufte das Rittergut Rödigen bei Altenburg und erwarb Besitztümer in Birkhausen, Porstendorf und Mittelpöllnitz. Im Jahre 1610 gewann er vom Amte Arnshaugk für 100 fl. die Obergerichte über Birkhausen [10 Anwesen 1592] und Porstendorf und wurde somit zum alleinigen Gerichtsherrn in diesen Orten. Außerdem tauschte er mit dem Amt gegen seine Untertanen in Forstwolfersdorf und Neundorf eine Anzahl Untertanen in Birkhausen sowie in Porstendorf ein. Nach seinem Tode erbte sein einziger überlebender Sohn Heinrich Hildebrand [1597-1663] die Herrschaft Geroda.

Gleich zahlreichen anderen Adligen der Region kämpfte er im 30-jährigen Krieg auf kaiserlicher Seite, brachte es zum Adjutanten des Feldherrn Tilly und wurde bei der Erstürmung von Magdeburg 1631 verwundet. Zusammen mit seinem Schwager Hans Heinrich dem Älteren Edlen von der Planitz erwarb er das Rittergut Rodau bei Mühltroff. Neben seinen Gerodaer Untertanen gebot er über 6 Zinsbauern in Birkhausen, 5 in Porstendorf und 2 in Mittelpöllnitz. Von seinen beiden Kindern vermählte sich die Tochter, Anna Elisabeth, im Jahre 1660 mit dem Sornaer Rittergutsbesitzer Hans Christoph dem Älteren von Pölnitz, während der Sohn, der königlich-polnische und kurfürstliche Kreissteuerinspektor Christian Julius [1642-1708] Geroda erbte. Neben seinem Anteil an Rodau gewann dieser im Zuge seiner ersten Ehe mit Barbara Elisabeth von Stein auf Lausnitz und Neunhofen [1646-1668] auch Besitz in Lausnitz. Zudem hatte er die Rittergutsökonomie zu Ober- und Mittelpöllnitz in Pacht. Seiner zweiten Ehe mit Dorothea Susanne von Bernstein auf Kertschütz bei Schmölln [1645-1714] entsprangen sieben Kinder, von denen sechs [vier Töchter und zwei Söhne] überlebten und allesamt in Geroda erzogen wurden. Die Töchter heirateten ein in die Familien [1] von Rudolph auf Herbsleben und Wogau [1694], [2] von Haberland auf Gröst [1694] bzw. von Reibold auf Mechelgrün [in zweiter Ehe], [3] von der Planitz auf Arnsgrün und Rodau im Vogtland [1683], [4] von Imnitz zu Imnitz [bei Jena]. Der jüngere Sohn wurde Offizier und vermachte, ehe er 1703 zu Felde zog, der Kirche in Birkhausen eine grüne Altarbekleidung, damit Gott ihn vor aller Gefahr beschützen solle, doch er fiel 1712 im Treffen von Gardebusch. Er war Miterbe von Geroda und Wogau bei Jena und hatte 1708 eine von Schütz auf Moßbach geheiratet. Ihr einziger Sohn, Mitbelehnter von Geroda, lebte mit auf dem Gute und starb 1748 im Range eines Amtshauptmannes ebenda. Er war der letzte von Schauroth mit Hauptwohnsitz auf Geroda. Seine Witwe, eine von Reibold, verzog später nach Auma, wo sie 1794 starb. Der ältere Sohn von Christian Julius, Christian Heinrich von Schauroth, hatte als Hochfürstlich brandenburgisch-bayreuthischer Kammerjunker seinen Lebensmittelpunkt längere Zeit in Quedlinburg sowie in Oberfranken, wo er das Gut Bernstein bei Wunsiedel erwarb. Aber auch die Rittergüter Uhlersdorf oberen und unteren Teils sowie Wöllnitz bei Jena brachte er in seinen Besitz, während er auf Geroda bis 1705 lediglich Mitbelehnter und Pächter blieb. Aus seiner Ehe mit Christiane Catharina von Lilien aus dem Hause Waitzendorf bei Himmelkron in Franken gingen fünf Kinder hervor, von denen lediglich eines, Christian Adam [1708-1772], das Erwachsenenalter erreichte. Er war markgräflich-bayreuthischer Kammerjunker, aber auch Landrat und schließlich Oberstleutnant. Zusammen mit seiner Ehefrau Susanna von Geißel [oo 1729] lebte er zeitweise auf der 1741 angekauften alten Grafenburg Hohenstein bei Coburg sowie ab 1765 auf dem dieser Herrschaft zugehörigen, ehedem von den Herren von Brandenstein erbauten Schloß Lützelbuch. Dort gewann das Paar enge Anbindung an den Coburger Hof, der 1745 zur Hauptresidenz des Fürstentums avanciert war. Indem Christian Adam auch die Rittergüter Wöllnitz, Liebau mit Zubehör Jocketa und die Mitbelehnung an Wogau besaß, weilte er nur selten auf dem Gut seiner Väter in Geroda. In seine Zeit fällt der Überfall der berüchtigten Räuberbande von St. Gangloff auf dieses Rittergut [1736]. Erst gegen Ende der 1740er-Jahr sind längere Aufenthalte von ihm in Geroda bezeugt, da die letzten drei seiner elf Kinder dort geboren wurden. Seine Söhne aber lebten überwiegend auf Liebau und errangen mehrheitlich hohe Militärpositionen. Der erste, Julius Wilhelm Christian [1730-1811], brachte es zum Obristen, der zweite, Friedrich Carl Johann Andreas [1739-1810], zum Feldmarschall-Leutnant [zuletzt Generalmajor], der vierte, Friedrich Ernst Carl Heinrich [1747-1815], – als Obrist in den Gefechten bei Saalfeld und Schleiz im Herbst 1806 jeweils verwundet – ebenso zum Generalmajor, während der dritte und fünfte Sohn – gleichfalls im Militärdienst stehend – schon mit 31 bzw. 38 Jahren verstarb, ohne promoviert worden zu sein. Mit dem Ableben Christian Adams endete die über 200-jährige Besitztradition dieser Schauroth-Linie über Geroda, und das Rittergut wurde von seinen Erben schon 1772 an den Mitbesitzer und bisherigen Pächter Dr. Elias Philemon Lucretius Krause verkauft, dessen Witwe es später besaß.

VON SCHIMPFF

Die von Schimpff sind ein briefadeliges Geschlecht aus Sachsen, welches auf dem Hofrat Otto August Schimpf [1782-1859] zurückgeht, der – nachdem er am 20. Dezember 1810 in den erblichen Adelsstand erhoben wurde, sich fortan ›Otto August von Schimpff‹ nannte. Gebürtig in Sachsenfeld bei Schwarzenberg, genoß er seine Erziehung bei Verwandten in Freiberg, wo er gleich seinem Ziehvater [und übrigens auch Napoleon] die Artilleristenlaufbahn einschlug. Indem hierfür damals wie heute die höchsten Kenntnisse in Militärtechnik notwendig waren, erhielt er eine umfassende Bildung, zunächst durch Hauslehrer, dann auf dem Gymnasium und schließlich an der Juristischen Fakultät der Universität Leipzig, die er aber ohne Abschluß verließ. 1803 erwarb er das Rittergut Neunhofen bei Neustadt an der Orla und heiratete im Folgejahr Henriette Louise von Kospoth auf Bucha bei Knau. Die Krisenzeit der Napoleonischen Fremdherrschaft, als der Neustädter Kreis im Oktober 1806 von den durchziehenden Franzosen geplündert, eine ungeheure Kontribution und auch in den folgenden Jahren teils beträchtliche Steuern aufzubringen waren, hielt der frischgebackene, aber in der Bewirtschaftung von Großgrundbesitz unerfahrene Junker lange Zeit durch, bis er im November 1813 Neunhofen an den Stiftsrat von Breitenbauch verkaufen mußte. 1812 zum Regimentsquartiermeister erhoben und 1815 endlich Offizier lebte von Schimpff fortan in Torgau, Neustadt/Orla bzw. auf dem Rittergut seines Schwiegervaters in Bucha, bis er eine Stelle als königlicher Rentbeamter in Grimma erhielt und nach seiner Pensionierung 1847 in Leipzig lebte. Einer seiner Söhne, Bernhard von Schimpff [geb.

1809 auf Neunhofen], avancierte später zum General der Infanterie in der sächsischen Armee, eine seiner Schwiegertöchter war das Kind der Gräfin Julie von Kospoth auf Schoenbriese in Elster.[462]

VON SCHLEINITZ

Die Familie von Schleinitz ist ein meißnisches Uradelsgeschlecht mit Stammsitz bis 1594 auf der Wasserburg Schleinitz nahe Meißen, das – zumindest nach sicheren Quellen – erstmals um das Jahr 1290 mit Hermann von Schleinitz aus dem Dunkel der Geschichte tritt. Es waren Vasallen der Burggrafen von Meißen, und einzelne Mitglieder hatten auch Lehen des Bischofs von Meißen inne. Durch Kriegsdienste und persönliche Leistungen am Hofe der Landesfürsten kam das Geschlecht schon frühzeitig zu Rang und Ehren und erwarb nicht unbedeutenden Grundbesitz. Ab dem Jahre 1422 führte ein Mitglied der Familie als Johannes II. sogar das bischöfliche Hochamt zu Naumburg. Unter seiner Regentschaft fielen 1429 die Hussiten in Zeitz ein, verwüsteten die Stadt und brannten sogar einen Teil des Peter- und Paulsdoms nieder, worauf von Schleinitz das bischöfliche Schloß mit starken Befestigungen neu errichten ließ. Daher prangt an einer Grabenmauer vor der jetzigen, erst 1660 errichteten Moritzburg noch heute dessen Familienwappen: Im gespaltenen Schild hat es rechts in Silber eine rote Rose und links in Rot pfahlweise zwei silberne Rosen. Nach Johannes II. wirkte noch ein weiteres Mitglied der Familie, Peter von Schleinitz, von 1434 bis 1464 als Bischof von Naumburg. Von ihren zahlreichen Rittersitzen im Umfeld von Meißen haben sich die von Schleinitz mit der Zeit über das Leipziger und Chemnitzer Gebiet bis in den Ostthüringer

Raum hinein ausgebreitet, wo sie u.a. in Mosen bei Weida, Tautenburg bei Camburg, Heilingen bei Orlamünde [1654-1693], Winzerla bei Jena [1690] bzw. Kospoda [1586-1671] und Sorga [um 1700] bei Neustadt a. d. Orla ansässig waren, auch wenn über ihren dortigen Ableger in den 29 Stammtafeln ihrer 716 Seiten zählenden Familiengeschichte nur wenig zu finden ist.

Doch weiter im Text: Die Meißnische Hauptlinie derer von Schleinitz erlosch 1891, während Mitglieder ihrer bis heute bestehenden preußischen Linie in der Memoirenliteratur des 19. Jahrhunderts hin und wieder eine Rolle spielten. So war es ein Julius von Schleinitz, der in den Revolutionswirren von 1848 den, von den Berliner Einwohnern als ›Kartätschenprinzen‹ beschimpften späteren Kaiser Wilhelm I. und seiner Gemahlin die Flucht nach Spandau ermöglichte, während zu Bismarcks Zeiten der Hausmeister des Königs, Alexander von Schleinitz [†1885], eine wichtige Funktion ausübte.[463]

Hans Georg Haubold von Schleinitz auf Kospoda

Wie zuvor schon sein Vater, der 1632 zu Senftenberg im Dienst verstorbene ›Churfürstl. S. Hauptmann‹ Haubold von Schleinitz stand auch Hans Georg [*1599] als Reiterführer in kursächsischen Diensten. Er erreichte, daß seine Kompagnie längere Zeit im Umfeld seines Rittergutes Kospoda Schutzdienste leistete, wobei die Soldaten von den umliegenden Dorfschaften finanziert wurden. Auf dem Marsch von Eilenburg nach Torgau geriet er am 3. März 1637 in Kriegsgefangenschaft und seine Gemahlin Maria Magdalena geb. von Bünau schrieb am 10. April 1639 an ihren Verwandten, Günther von Bünau, er möge sich dafür verwenden, dass ihr Liebster vom schwedischen Kapitänleutnant losgegeben werde. Gleich den anderen Grundherren der Region hatte auch Schleinitz in den Wirren des Saalfelder Lagers, als sich im Frühsommer 1640 die kaiserliche und schwedische Hauptarmee beidseits der Saale wochenlang gegenüberstanden und der ganze Großraum rigoros ausgeplündert wurde, herbe Verluste einstecken müssen. Sein Dorf Kospoda wurde bis auf wenige Häuser niedergebrannt. 1641 bat er seinen Vetter, den Obristen Joachim von Schleinitz, Generalkriegskommissar und Kommandant von Leipzig, sich für ihn beim Kurfürsten um eine Bestallung zu verwenden. »Er müsse sonst den kursächsischen Dienst quittieren, da er ›von dem Seinigen zu viel eingebüßt‹ habe. Daraufhin erhielt er ein Kavallerieregiment und zwar dasjenige, in dem er zuvor eine Kompanie geführt hatte. Der Zeitsitte gemäß bekam es seinen Namen.« Beim Rückzug der kursächsischen Armee von Magdeburg nach Schlesien nach der Schlacht von Jüterborg gegen die Schweden wurden er und seine Mannschaft am 23. November 1644 von Torstenson gefangen genommen. Wohl aus Dankbarkeit für seine Wiederkehr stiftete seine Frau 1645 das noch heute in der Stadtkirche zu Weida vorhandene Kruzifix. Nach dem Krieg war Schleinitz eine Zeit lang Amtshauptmann des Neustädter Kreises. »1657 wurde er von seinem Landesherrn, Herzog Moritz von Sachsen-Zeitz, zum Hofmarschall ernannt. Seine vier Brüder Jahn Philipp Dietrich, Julius Albrecht, Alexander Magnus und David waren zunächst Mitbesitzer des väterlichen Gutes. David von Schleinitz kündigte 1641 seine kursächsische Leutnantsstelle. Er wurde 1645 im Zweikampf mit Wolf Albrecht von Creutzen auf Niederndorf bei Gera von diesem mit dem Degen erstochen. Jahn Phillipp Dietrich von Schleinitz kämpfte zunächst als Hauptmann auf kaiserlicher Seite beim Holdrischen Infanterieregiment. 1654 verkaufte er seinen Anteil an Kospoda an Hans Georg und erwarb dafür das Rittergut Heilingen. 1655 [nach anderen 1660] wurde er durch Caspar Joachim von Eichelbergk zu Niederkrossen, bei dem er zu Besuch war, »vermittelst eines Schusses elendig ermordet«. Sein Leib wurde zunächst nach Lausnitz überführt und schließlich in Neunhofen begraben. Sein Besitz aber ging an Gustav Bernhard von Schleinitz auf Winzerla, der diesen bis 1693 hielt. Von den beiden anderen Brüdern ist nichts mehr bekannt. Am 17. April 1671 verkaufte Hans Georg Haubold von Schleinitz das Rittergut Kospoda für 10.000 fl an den Rittmeister Wolf Heinrich von Stein [†1685] auf Törpla und Nimritz.[464]

VON SCHÖNBERG

Die von Schönberg sind ein sächsisches Uradelsgeschlecht, welches erstmals mit dem späteren Burgmann auf der Rudelsburg Hugo de Schonenberc [urk. 1166-1187] im Osterlande erwähnt wird und in der Mark Meißen mit dem 1282 bis 1284 wiederholt in Urkunden des Klosters Altzella genannten Sifridus de Schonenberc 1282 zuerst urkundlich erscheint. Indem mit letzterem auch die nachweisbare Stammreihe beginnt, ist es unwahrscheinlich, daß das Geschlecht seine Herkunft gleich dem fürstlichen Hause Schönburg auf der Schönburg bei Naumburg hat, als vielmehr auf seinem ältesten bekannten Sitz der Feste Roth-Schönberg [schon 1254] nordwestlich von Wilsdruff, welche noch im 17. Jahrhundert als Burg Schönberg bezeichnet wurde. Zusammen mit Zschochau einen weiteren frühen Sitz gingen von hier die beiden Hauptäste des Geschlechts aus. Dem folgten im 14. Jahrhundert weitere wichtige Sitze wie Sachsenburg [1368-1610], Sayda/Herrschaft Purschenstein [vor 1389 bis 1945] und Rheinsberg [1377-1945] und im darauffolgenden Jahrhundert dann noch Wilsdruff [um 1420], Limbach und Herzogswalde [1445], Krummenhennersdorf [1458–1601] Stollberg [1473-1564], Frauenstein [1473-1647], Niederzwönitz [1473], Gelenau/Erzgebirge [1533-1907], Pulsnitz [ab 1580], Mittelfrohna [ab 1585] und Mühltroff [1592], so daß sie am Vorabend des 30-jährigen Krieges allein in Kursachsen auf mehr als 60 Rittergütern zu finden waren. Insgesamt erwähnt das Schloßarchiv Wildenfels mehr als 200 Schönbergische Adelssitze in diesem Gebiet, welche die Familie mit dem von Rot und Grün geteilten Löwen auf goldenem Schild zu den am weitesten verzweigten und begüterten Geschlechtern des sächsischen Adels machte.[465] Selbst in Ostthüringen haben die von Schönberg – überwiegend durch Erbschaft – hier und da Wurzeln geschlagen, vornehmlich im Rudolstädter, Aumaer und Ronneburger Raum. Im Bereich des Saaleknies traten sie das Erbe derer von Kochberg an, erhielten im 16. Jahrhundert neben der Herrschaft Großkochberg und dem Rittergut Kolkwitz [1636-1649] auch die freien Siedelhöfe an der Stelle des einstigen Unteren Rudolstädter Schlosses. Zudem behaupteten sie bei Ronneburg die Rittergüter Nöbdenitz, Reichstädt, Weißbach sowie Selka und erwarben mit F. L. Chr. von Schönberg auf Oberreinsberg [1779-1788] das Rittergut Wöhlsdorf bei Auma [1779-1788] bzw. mit Friedrich von Schönberg [†1856] die Herrschaft Wenigenauma mit Silberfeld und Zadelsdorf [1833-1857].[466] »Einige Angehörige der Familie waren Bischöfe, Kardinäle, Amtmänner oder Kammerherren. Bis 1761 leiteten mehrere Mitglieder der Familie von Schönberg die sächsische Bergbauverwaltung als Berghauptmann bzw. Oberberghauptmann. ... 1797 erwarb die Familie auch die Ruine der Rudelsburg, auf der sie zu Beginn ihrer Geschichte im Mittelalter Ministerialendienst getan hatte, und machte sie zu einem Fideikommiss (1848 wurde hier der Kösener Senioren-Convents-Verband gegründet). ... Mit Adolf von Schönberg-Thammenhain (1864-1927) wurde das Haus Thammenhain 1897 zu Dresden in den sächsischen Freiherrenstand erhoben.«[467] Bis zu ihrer entschädigungslosen Enteignung im Zuge der Bodenreform 1945 sind Angehörige der Familie noch auch den Schlössern und Rittergütern Rothschönberg, Purschenstein, Ober- und Niederreinsberg, Wilsdruff, Limbach, Herzogswalde, Niederzwönitz, Krummenhennersdorf, Thammenhain, Bornitz, Tanneberg, Reichstädt, Kreipitzsch mit der Rudelsburg, Pfaffroda [wieder seit 1917], Mockritz [wieder seit 1925] sowie Dahlen beheimatet. Nach der Wende sind einige Mitglieder bzw. Verwandte der Familie wieder nach Sachsen zurückgekehrt, so nach Thammenhain, Niederzwönitz [1992], Mockritz [1993], Reichstädt [1998], Pfaffroda [2017] und – da ihr Sitz in Dahlen 1973 abgebrannt war – 2017 auf das benachbarte Schloß Leuben. Die Dauerausstellung ›Spurensuche in Sachsen – Die Familie von Schönberg in acht Jahrhunderten‹ im Museum des Schlosses Nossen mit zahlreichen Familienbildnissen erinnert an das einst so volkreiche Geschlecht.[468]

Hans Dietrich von Schönberg und ›Schönbergs Nachrichten‹
Johann Dietrich wurde 23. Oktober 1623 als eheliches Kind des Antonius von Schönberg [1588-1638] und dessen Ehefrau Christina, geboren von Einsiedel [1596–1667], in Mittelfrohna geboren. »Wie viele seiner Familienangehörigen schlug er eine Verwaltungslaufbahn im Dienste der Wettiner ein. Wie sein Vater ging er an den Hof nach Altenburg, wo er bis zum Geheimen Rat und Kanzler aufstieg. Als solcher war er Mitglied der Fruchtbringenden Gesellschaft. Er war verheiratet mit Blandine, der Tochter des Geheimen Rates zu Altenburg und Hofrichters zu Jena, Hans Friedrich von Brandt. Aus der Ehe gingen zwei Söhne und vier Töchter hervor.«[469] Gestorben ist er am 11. Oktober 1682 in Altenburg. Seine bedeutendste Hinterlassenschaft aber ist eine überaus reichhaltige Quellen- und Urkundensammlung zur Reichs-, Landes-, Orts- und Adelsgeschichte nicht allein des Altenburger Landes. Wie der Archivar Dr. Engel [1929-1935] die Bandbreite dieses Bestands zusammenfaßt, wäre es kaum zu viel gesagt, »daß Schönberg schlechthin alle sammelte, was ihm einigermaßen geschichtlich bedeutsam erschien: von hochpolitischen Urkunden und Staatsverhandlungen bis zu Denkmalsinschriften in Reinhardsbrunn, Heilbronn, Freising, Rom, Neapel. Abschriften ganzer Werke (Glasers Hennebergische Chronik, Dehlers Römhilder Antiquitäten, Mayers Geschichte von Penig, Kampfrecht von Fürth) finden sich neben kleinen politischen Spottgedichten, fürstlichen Sektionsbefunden, Schauererzählungen von Kometen und Mißgeburten. Schwindelhafte Turnierlisten und kabbalistische Spielereien wechseln mit Wundernachrichten aller Art und dem apokryphen Urteilsspruch des Pontius Pilatus über Jesus Christus. Wertvolle Zusammenstellungen von Leipziger und Wittenberger Schöppengerichtsgutachten reihen sich an die Originalbeschreibungen der Kaiserwahl Maximilians I. und Karls V. Gerade dieses bunte Gemisch wertvoller und bedeu-

tungsloser Aufzeichnungen macht diese Sammlungen so ungemein reizvoll; in ihm spiegelt sich trefflich die Weite des Wissens und der Umfang der Neigungen ihres Schöpfers Hans Dietrich von Schönberg.«[470]

VON SCHÖNFELS

Die von Schönfels sind ein meißnisches Uradelsgeschlecht von der gleichnamigen Burg bei Zwickau, welches erst im 14. Jahrhundert mit Johann von Schonfels, Probst im Bergerkloster zu Altenburg [1312], Joan de Schoninvels [1323] und seinem Bruder Wittchen [1326] urkundlich erwähnt wird. Ihr Wappenschild zeigt in Schwarz einen silbernen Schrägrechtsbalken. Bereits im Jahre 1326 befand sich Ruppertsgrün, auf dessen Friedhof sich noch heute die Familiengrablege des Geschlechts befindet, in Familienbesitz. Weitere frühe Erwerbungen waren Beiersdorf – wo Hans von Schoninvels 1416 die Kirche erbauen ließ – und Schlettau [ab 1458]. Im Jahre 1455 war Wilhelm von Schönfels ›als des Kuntz von Kauffungen Consorte‹ am Altenburger Prinzenraub beteiligt, hat sich hernach mit seinem Kurfürsten aber wieder aussöhnen können. »1591 verkaufte die Familie ihr Burglehn für Schönfels an die Familie von Weißenbach. 1594 wurde zwischen den Brüdern Hans und Caspar von Schönfels ein Vertrag geschlossen, in dem Hans von Schönfels Ruppertsgrün und Beiersdorf erhalten sollte und Caspar das Vorwerk von Steinpleis mit dem sich dort befindlichen Rittergut.«[471] 1674 verzweigte sich die Linie von Schönfels bis nach Reuth im Vogtland, als der kursächsische Kriegskommissar Hans Georg II. von Schönfels [1635-1695] aus dem Konkurs der von Watzdorf´schen Erben das dortige Rittergut erwarb. Sein wohlerhaltenes, jedoch 1843 durch einen kalten Blitzstrahl schwarzgebranntes Epitaphium steht noch heute in der Reuther Kirche. Ihm folgten 1702 Carl Friedrich von Schönfels zu Reuth und Thoßfell [1600 bis nach 1710], im Anschluß bis 1772 Hans Carl Friedrich auf Rodau [ab 1752], Ruppertsgrün und Beiersdorf, darauf dessen Neffe August Heinrich [†1799], alsdann bis 1833 Carl Heinrich August von Schönfels auf Reuth, Rodau, Unterrodersdorf [1803 bis nach 1833], Ruppertsgrün, Beiersdorf sowie letztendlich Friedrich Ernst von Schönfels, der in die Politik ging und als Kreisvorsitzender des Voigtländischen Kreises bzw. Präsident zur Ersten Kammer der Sächsischen Ständeversammlung wirkte.

Wie in Ruppertsgrün, wo Eduard Heinrich von Schönfels 1855/56 zwei Spinnereien kaufte, diese mit Dampfmaschinen effektivierte und sodann verpachtete, förderte die Familie auch in Reuth, die anfänglich [seit 1709] in Fronarbeit ausgeübte Handweberei, die später in mehrere kleine Webereien und schließlich in zwei großen Textilbetrieben im Ort mündete. 188 Jahre blieb Reuth im Besitz der Familie, bis es Friedrich Ernst von Schönfels (1796-1878) 1862 für 78.500 Taler verkaufte.[472]

VON SCHÜTZ

Die 1857 zum Thüringer Uradel gerechnete Familie von Schütz tritt mit dem Dienstmann des Grafen von Orlamünde, dem Kastellan Heinrich Schütz [Heinricus Scucz, castrensis in Orlamünde], im Jahre 1252 aus dem Dunkel der Geschichte hervor. Schon früh nennt sich das Geschlecht mit seinen lateinischen Namen ›Sagittarius‹ [Schütze], wobei es eher einen ›Szuzzo‹ [ahd. für Bogenschütze, Schützenmeister] als Vorfahren hat, als die Herren von Zeutsch [Scuz] aus dem gleichnamigen Nachbarort, die 1252 und 1265 als Burgmannen zu Orlamünde erwähnt sind. Gleichsam kann sich der Name auch auf einen Geschützmeister für Bliden [lat.: Ballista → Wurfmaschine] bezogen haben, da der 1302 auf Dreba bei Knau gesessene Dietrich Schütz in der entsprechenden Textquelle als ›Theodoricus Balistarius‹ bezeichnet wird.[473]

»Die Familie gliederte sich in die Schütz von Wandersleben (eine der drei Gleichen bei Arnstadt), die Schütz von Orlamünde und die Schütz von Moßbach. Erst ab dem 17. Jahrhundert wird die Familie mit dem Namenszusatz ›von‹ bedacht, wobei die Frage nach dem Grad ihrer Nobilität in dem Sinne nicht gestellt werden kann.»Das Wappen der Schütz von Moßbach weicht aber von dem der anderen beiden Linien ab. Schild golden mit Kopf und Hals eines gekrönten schwarzen Adlers. Die Orlamünder und die Wanderslebener Linie hat im blauen Schild zwei hohe weiße Spitzen, oben von drei goldenen Ringen begleitet, unten mit je einem roten Ring belegt.«[474] Hat es sich aufgrund der verschiedenen urkundlichen Ersterwähnungen [Sagittarius ↔ Balistarius] des thüringisch-orlamündischen auf der einen und des Moßbacher Zweiges auf der anderen Seite anfänglich vielleicht doch um zwei unterschiedliche Familien gehandelt oder wurden die besagten ›Schütz‹-Namen von den Schreibern nur verschieden latinisiert? Wir wissen es nicht! Nicht zu verwechseln jedenfalls sind die Schützen von Orlamünde, Wandersleben und Moßbach mit einer anderen thüringischen Uradels-Familie, den Schützen von Weißenschirmbach, mit einem springenden schwarzen Bock im Wappen, die ihre Abstammung auf Otto von Schweyen [1246] zurückführt.[475] Die Schützen von Wandersleben waren ursprünglich Gefolgsleute der Pfalzgrafen aus dem Hause Ballenstedt-Orlamünde, die bis zur 1. Hälfte des 12. Jahrhunderts die Schlösser Gleichen mit Wandersleben und Mühlberg besaßen, und mit denen die Familie von West-, nach Ostthüringen gekommen ist. Die enge Verbindung beider Linie zeigt an, daß Glieder der Wanderslebener in Meckfeld und Bibra, also zwischen Kahla und Weimar saßen. Auch war einmal ein Hans von Schütz auf Moßbach [oo mit einer von Volckstädt] gleichzeitig Herr auf Wandersleben, das sie nach dem Aussterben der dortigen Linie 1668 verkauften.

Die Schützen zu Orlamünde

Als Burgleute der alten Burg Orlamünde besaßen die Schützen das aus einem Vorwerk oder Siedelhof vor dem Oberen Stadttor hervorgegangene örtliche Rittergut, welches durch die Vereinigung des adeligen Siedelhofes mit ihrem Burglehen entstanden war. Als Besitzer des Burglehens kommt zuerst Hermannus Sagittarius vor, der 1326 zusammen mit den anderen Burgmannen des Grafen Heinrich von Orlamünde [die von Eichenberg, Reinstedt, Denstedte, Pforte, Flans, Krumsdorf, Schauenforst u.a.] in einen, mit der Stadt Erfurt geschlossenen Frieden mit aufgenommen wird. Die Vereinigung der oben genannten beiden Güter zu einem freien Erblehngut erfolgt 1442. Später entstanden daraus die beiden Rittergüter Orlamünde oberen und unteren Teils. Schon 1441 hatte sich ein Schütz zusammen mit dem Ritter Flans sowie einem Nikolaus Muffel unter jenen befunden, die ihren Herzog Wilhelm III. ins Heilige Land begleiteten. Auch nahm Caspar Schütz auf Orlamünde in den 1440er-Jahren unter dem Feldhauptmann, Graf Ernst von Gleichen, mit drei Panzerreitern und entsprechender Begleitmannschaft am Lützelburger Zug teil, in dem der Wettiner die Erbansprüche seiner Frau auf das ebenfalls vom Herzog von Burgund beanspruchte Herzogtum Luxemburg erfolglos geltend zu machen versuchte.

1455 werden die Gebrüder Hans und Clemens von Wilhelm III. mit dem freien Siedelhof zu Orlamünde, also dem Vorwerk am Tore St. Jacob gelegen »und mit der Behausung am Saaltore daselbst (Hauptgut der Schützen) mit Zinsen und Ländereien zu Naschhausen, Orlamünde, Dorndorf, Engerda, Hummelshain, Bibra, Rebschütz, Dienstädt, Mötzelbach, Drößnitz, Heilingen, Meckfeld, Milda, Geinitz, Reinstädt, Rettelmisch, Zeutsch, Beutelsdorf, Freienorla, Zweifelsbach, Oelknitz, Uhlstädt und Altendorf belehnt.«[476] Zudem verfügen sie über Besitz in Krossen und Eutersdorf. Auch halten sie seit 1413 das Burglehen derer von Sinderstedt zu Orlamünde. Im 30-jährigen Kriege starben dann viele Schützen vornehmlich der Wanderslebener und Orlamünder Linie. Als Beispiel hierfür sei der Untergang Hans Wilhelms von Schütz auf Orlamünde angeführt, der im Jahre 1639 die Landwehr des Amtes Leuchtenburg dazu verselbständigte, schnöder Beute halber, die in Milda lagernden Schweden zu überfallen. Doch die bekamen Wind von der Sache, zogen Verstärkung heran, lauerten den 600 hierfür aufgebotenen Bauern und Bürgern des Amtes unterwegs mit 400 Reitern auf und richteten unter ihnen ein entsetzliches Blutbad an, worauf der Orlamünder Pfarrer den Leichnam des ebenfalls im Gefecht mit gefallenen Junkers nicht in seine Kirche ließ, da der gestrenge Patronatsherr zu seinen Lebzeiten dieses Gotteshaus weder besucht noch jemals sich dort zum Abendmahl eingefunden hatte. Das letzte männliche Glied der Orlamünder Linie, Albrecht Wilhelm von Schütz, hatte nur zwei Töchter, von denen die eine, Maria Dorothea, im Jahre 1703 Adam Gottlieb von Schütz auf Moßbach heiratete und einen Großteil des Orlamünder Erbes nach Dorthin einbrachte, während sich ihre Schwester als Erbin eines verkleinerten Restgutes mit einem Herrn von Haake vermählte. Am Ende aber kamen beide Güter in die Hand der Moßbacher Linie. Schließlich übernahm, nachdem sein älterer Bruder darauf verzichtete hatte, Adam Gottliebs fünfter Sohn Johann Erdmann Sigmund, der Hauptmann bei den Gothaer Dragonern war, 1783 die Orlamünder Güter. Infolge seiner Heirat mit einer Tochter des in Friedrichstanneck bei Eisenberg lebenden gotha-altenburgischen Prinzen Johann Adolf hatte er die Aussicht auf anderweitigen Besitz erhalten. Überdies behinderten ihn seine Dienstverhältnisse an der Bewirtschaftung des Orlamünder Gutes. Daher zerschlug er, abgesehen von einem kleinen Areal, diesen Besitzkomplex und verkaufte die Liegenschaften einzeln. Zurück blieb ein um sämtliche Ökonomie entblößtes Wohnanwesen in Orlamünde, nebst den, was höchst seltsam war, damit verbunden gebliebenen Grundherrschafts-, Jagd- und anderen Patrimonialherrschaftsrechten. Dessen ungeachtet wurde der Verkäufer im Zuge der

Napoleonischen Kriege steuerlich so belastet, als ob er die Nutzflächen noch besäße – und die Regierung nahm keinerlei Rücksicht auf seine Beschwerden. Obwohl die Kinder des nunmehrigen Obristen inzwischen zu Besitzern des Rittergutes Friedrichstanneck, eines Luxusgutes nahe Eisenberg mit Schloß, zahlreichen Baulichkeiten und verhältnismäßig großen Waldflächen [1923 noch insgesamt 97 ha], avanciert waren, mußte seine Tochter erst Friedrichstanneck und 1825 schließlich Orlamünde verkaufen und zwar beide an ihrem Schwiegersohn Karl Heinrich von Kropff auf Zeutsch.[477]

Die Schützen zu Moßbach

Was nun die bereits vor 1458 auf Moßbach sitzende Linie der Schützen betrifft, so ist zunächst unklar, inwieweit der im Jahre 1302 zu Dreba gesessene lobdeburgische Vasall ›Dietrich Schütz genannt von Dreba‹ [Theodoricus Balistarius dictus de Trebene] bzw. der 1325 als Besitzer des Rittergutes Neunhofen erwähnte Heinrich Schütz Vorfahren von ihnen sind.

Wohl aber dürfte der 1485 auf Löhma hausende Nicol Schütz mit ihnen verwandt sein. Höchstwahrscheinlich sind die Moßbacher Schützen Abkömmlinge der Orlamünder Linie. Nur beginnt ihre Stammreihe laut dem ›Gotha‹ mit Nickel Schütz [†1421], Herrn auf Hartmannsgrün. Auch sollen die Schützen zu Rossolowsky in Böhmen dem Moßbacher Zweig entsprungen sein, während andere Genealogen sie einem besonderen Lausitzer Zweig der Schützen zurechnen. Explizit als Grundherren von Moßbach erscheinen die Schützen allerdings nicht vor dem Jahre 1458 als Nicel Schütz und Nicel Wilde mit den Dörfern Krölpa und Moßbach belehnt werden. Neben Moßbach, Krölpa [bei Auma] und dem Vorwerk zu Reinsdorf hatten die Moßbacher Schützen »auch Streubesitz in anderen Dörfern, so 1533 in Burkersdorf und Auma, wo sie mit den ›Wilden‹ Belehnung über zwei Mannen und zwei Wiesen erhielten. Die ausgestorbene Familie von Wilde muß den Schützen sehr nahe gestanden haben, denn sie wird noch 1533, 1554, 1612 und 1629 nach den Schützen mit Moßbach belehnt, 1612 erlangten sie sogar [einmal] die ›gesamte Hand‹

über Moßbach. Sie sitzen schon im 14. Jahrhundert auf Leubsdorf, ebenso wie die Schützen ›auf Amtsschrift‹. ... Im 17. Jahrhundert und vermutlich schon im 16. Jahrhundert war das Gut [Moßbach] in vier Viertel geteilt, auf deren jedem ein Schütz saß,«[478] die in Heerbannzeiten zusammen das Äquivalent von zwei Ritterpferden stellten. Ihr Gesamtbesitz im Ort dürfte damals 220-240 ha Fläche betragen haben. Zudem besaßen alle vier Schützen das volle Gericht über ihre hiesigen Untertanen, über die von Krölpa aber nur das Erbgericht, während das Obergericht dort zum Triptiser Pflege gehörte.

Im Jahre 1661 erfolgte der Verkauf des ersten Viertels von den ›alten Schützen‹, wie sie Moßbach zu Zeiten, als die Ernestiner noch Kurfürsten waren, besessen hatten. 1671 befand sich Heinrich Hildebranden von Reichardt im Besitz desselben. Ein anderes Viertel gehörte dem königlich-polnischen und kurfürstlich-sächsischen Kornett der Ritterpferde Adam Friedrich von Schütz, der sich 1701 mit Sophie Magdalena von Stein auf Kospoda vermählte. Der erhalten gebliebene Ehevertrag regelt sowohl die jährlichen Versorgungsleistungen nebst dem zu zahlenden Handgeld an die Witwe als auch die Höhe der Aussteuer [1.000 fl.], die doppelt so hoch wie das Leibgeding hatten sein müssen. Im ehemaligen Schmeißerschen Gutsarchiv zu Moßbach lagerte auch das für Adam Friedrichs Viertel 1668/69 aufgestellte Fronverzeichnis, welches die Pflichten der Hand- und Pferdefröner bei der Bewirtschaftung des Gutes sowie die ihnen hierbei zu verabreichende Fronkost detailliert regelte. Die Geldzinsen für dieses Viertel beliefen sich jährlich auf 314 gr., nämlich 53½ gr. von den Reinsdorfer, 138¾ gr. von den Krölpaer und 122 gr. von den Moßbacher Untertanen, die allerdings alleine fronen mußten und hierzu nur von einem Handfröner aus einem ⅛-Hof in Reinsdorf unterstützt wurden [Das andere Reinsdorfer Anwesen war die Mühle]. Nach und nach gerieten auch die verbleibenden drei Schützschen Viertel an Moßbach in fremde Hände, so daß im 18. Jahrhundert auch ein von Beust, der Freiherr Traugott Christian Friedrich von Brandenstein [†1789] sowie ab 1752 Johann Wilhelm Schmeißer als Rittergutsbesitzer in Moßbach erscheinen. Wie Knauer in seinem ›Beitrag zur Geschichte der Familie Schütz von Moßbach‹ berichtet, verkaufte A.G.W. von Schütz 1742 das letzte im Besitz seines Geschlechts befindliche Viertel an Chr. Gottlob von Tümpling [†1770]. Damit verschwinden die Schützen aus den hiesigen Kirchenbüchern, was aber nicht heißt, daß sie nicht andernorts in Deutschland Nachfahren haben. So lebte ein königlich-sächsischer Amtshauptmann von Schütz im 19. Jahrhundert auf dem Rittergute Oberlimbach. Auch gewann [vor dem Jahre 1850?] der preußische Kreisdirektor Friedrich Anton Karl von Schütz durch seine Heirat mit einer geborenen Freiin von Reitzenstein das Rittergut Saalbach bei Sparnberg und der königlich sächsische Hauptmann Hans von Schütz kam über seine Heirat mit Berta von Einsiedel-Scharfenstein in dem Besitz des noch heute als Gutskomplex vollständig erhaltenen Rittergutes Hartmannsdorf bei Eisenberg, doch fiel er am 18. August 1870 in der Schlacht bei St. Privat, worauf das Besitztum noch 1923 mit 103 ha Fläche den von Schützschen Erben gehörte. Ein Oberpfarrer i.R. Curt von Schütz lebte in den 1920er-Jahren in Saalfeld und dergleichen.[479]

VON SEEBACH

Die Familie von Seebach ist ein thüringisches Uradelsgeschlecht aus dem gleichnamigen Stammhause südöstlich von Mühlhausen. Die ältere Genealogie sieht in dem, zu Zeiten Karls des Großen erwähnten Ado von Seebach einen frühen Vertreter, dessen Nachfahre Werner von Seebach um das Jahr 1039 mit Ludwig dem Bärtigen, dem Stammvater der Ludowinger und späteren Landgrafen von Thüringen, in den Altgau gekommen sein soll. Als weitere Träger dieses Namens erscheinen 1114 Bebo von Seebach, 1206 Albert von Sobech, 1225 Ekkehardus de Sebege und 1227 Dietrich von Subach. Um diese Zeit soll Lutz von Seebach die heute noch bestehende Burg Seebach erbaut haben, die aber 1525 durch Heirat aus der Familie kam und später an die Herren von Berlepsch gelangte. Die ununterbrochene Stammreihe des Geschlechts mit den drei roten, im Verhältnis zwei zu eins angeordneten Seeblättern im silbernem Schilde beginnt mit dem gräflich-schwarzburgischen Rat Werner von Seebach erst 1322. Im Jahre 1404 war Thilo von Seebach Hofmeister der Grafen von Schwarzburg und Hans von Seebach um 1422 Amtmann von Ziegenrück. Am 4. Juni dieses Jahres weilte er neben anderen Adligen wie »Graf Oswalt von Truhendingen, Conrad von Aufseß, Hans von Sparneck, Erhart von Machwitz, Caspar von Waldenfels und Apel von Vitzthum der Ältere auf dem Schloss Schleiz, wo ein Landfriedensbündnis zur Sicherung der Landstraßen gegen Räuberei und Plackerei zwischen Kurfürst Friedrich von Brandenburg und den Landgrafen Friedrich den Älteren, Wilhelm III. (Sachsen) und Friedrich den Jüngeren von Thüringen abgeschlossen und gegenseitige Hilfe zugesagt wur-

Kolkwitz: Edelhof

de. Hans von Seebach musste sich verpflichten, dafür Sorge zu tragen, dass sein Nachfolger in der Funktion des Amtmanns in Ziegenrück sich in Hof zum abgeschlossenen Landfriedensbündnis bekannte.«[480]   In den Jahren 1412/34 kam die Familie von Seebach, die schon am Hainich im Norden Thüringens Güter [z.B. Weberstedt, Hennigsleben, Grumbach und Rockensüßra] besaß, in den Besitz von Groß- und Kleinfahner sowie von Gierstedt [NW von Erfurt]. Weitere Güter wie Flarchheim [bis nach 1880], Großengottern, Hochheim [ab 1844], Kammerforst [noch 1929], Klein-Rauschken [noch 1903], Lindenberg mit Marienthal bei Eckartsberga

[1857], Mittelhausen [vor 1758-1790], Molsdorf [17. Jh.], Niedertopfstedt [1730 bis nach 1766], Oberstadt [ab 1782], Oppershausen bei Langensalza [1489 bis nach 1880], Plotha bei Naumburg [16. Jh.], Rautenberg [1760-1782], Schönewerda [1660 bis nach 1766], Stedten bei Weimar [vor 1735 bis nach 1767], Tilleda [19. Jh.], Unwürde [1876], Wenigensömmern [1839], Wernburg [1684-1725] mit dem Titular-Rittergut Laskau bzw. Ziegelsdorf bei Coburg [vor 1847 bis um 1900] »sind durch Verkauf und Erbregelungen im Laufe der Zeit der Familie verlorengegangen [manche waren auch nur kurzzeitig in deren Besitz], so daß Bodenreform und Enteigung 1945 nur für die Fahnerschen Güter von Bedeutung waren.«[481]

Die beiden, nach ihrer Bedachung benannten Großfahner Schlösser ›Ziegelschloß‹ und ›Schieferschloß‹ wurden 1947 bis auf einen Turm – den ›Hexenturm‹ – abgerissen.

Nur wenigen ist noch bekannt, daß sich auch der Name des von Hans Georg von Seebach nach dem Erwerb der beiden Rittergüter von Wernburg 1684 und 1687 gegründeten Vorwerks und späteren Weilers Seebach [mit gegenwärtig vier Wohnhäusern südöstlich der Stadt Ranis auf diese Familie bezieht.[482]

VON SEYDEWITZ

Bezüglich der Geschichte derer von Seydewitz ist zunächst einmal zu konstatieren, daß zwei voneinander unabhängige Adelsfamilien den Namen ›von Seydewitz‹ tragen. Erstere entstammt dem Orte Seydewitz bei Mühlberg an der Elbe, ist seit 1299 urkundlich bezeugt und saß auf den Gütern Pulswerda, Plotha, Martinskirchen, Butitz, Pöschwitz, Conitz und Welkewitz. Die andere, 1347 zum ersten Male erwähnte Familie hat in Seidewitz im Molauer Land [einer Exklave des Amtes Eisenberg] südwestlich von Naumburg, 1347 ihren Ursprung.

Später verschlug es sie ins Vogtland, wo sie die Herrschaften Mechelgrün, Hartmannsgrün und Rodersdorf, ferner Marieney,

Neuensalz und Weischlitz erwarben und mehr oder minder lang in Besitz hielten. Weitere Sitze von ihnen mehrheitlich in Kursachsen waren Biesig, Bobersen, Braunsdorf bei Dresden, Casekirchen, Goßwitz und Mittelsohland bei Löbau, Kleinopitz, Kreinitz, Krischa, Lauterbach bei Grimma, Nie-

Schwarzbach: Herrenhaus derreichenbach, Niemegk, Oberhelmsdorf, Oberreichenbach, Obersohland, Oeglitzsch, Pannewitz bei Bischofswerda, Pommlitz bei Oschatz, Puschwitz bei Torgau, Rammenau, Roitzsch, Schkortleben, Schöps, Tetta, Thräna, Zörnigall u.a. Für das 17./18. Jahrhundert lassen sich die von Seydewitz in unserer Region auf den Rittergütern Sorna [1697], Weltwitz [1698], Kospoda [um 1725 als Pächter], Schwarzbach [bis 1715] sowie auf dem Freigut Sorga [bis 1707] nachweisen, im 19./20. Jahrhundert dagegen auf dem Rittergut Braunsdorf bei Triptis, welches der königlich-sächsische Bäderkommis-

sar Kurt von Seydewitz aus Bad Elster durch seine Ehe mit Karoline Freiin von Einsiedel [*1859, gestorben nach 1923] im Jahre 1889 gewann und das ihre Nachfahren bis zu ihrer Enteignung durch die Bodenreform im

Schloß Braunsdorf Jahre 1945 in Besitz halten konnten.

Der alte Wappenschild derer von Seydewitz führte drei schwarze Wolfsangeln im goldenen Felde. Nach 1732 nahmen sie das von Gold und Schwarz gespaltene Wappen der meißnischen Seydewitz mit 3 Mohrenköpfen im goldenen Feld an. Im Vorjahr nämlich war die ältere Linie mit dem kaiserlichen Reichshofrat August Friedrich von Seydewitz [1696-1775] in Wien in den Reichsfreiherrenstand erhoben worden. Selbiger avancierte 1743 in Frankfurt/Main in den Reichsgrafenstand.[483]

VON SPARNBERGK

Die Herren von Sparnbergk stellen einen Ableger des Adelsgeschlechts derer **von Sparneck** dar, welches wenn nicht die alte Saalefeste Sparnberg erbaute, so doch als kaiserliche Ministeriale verwaltete. Ursprünglich waren die Sparnecker im Gefolge der Diepoldinger vom Haidstein [Waldstein] als Mitkolonisatoren ins Fichtelgebirge gekommen, hatten dort die Burg Sparneck erbaut und vom Jahr 1223 an großen Landbesitz im späteren Oberfranken erworben, wo sie noch bis 1744 als Rittergutsbesitzer erscheinen. Ihr roter Wappenschild mit zwei weißen Sparren unterscheidet sich jedoch von dem in rot, weiß und schwarz geteilten Emblem der Familie von Sparnberg.

Im Jahre 1217 erstmals urkundlich erwähnt, standen die von Sparnberg damals als Reichsministeriale einem kleinen Reichsgut – dem Burgbezirk Sparnberg an der Saale – vor. Im Jahre 1302 jedoch versuchte Vogt Heinrich von Gera dieses Reichsgut seiner Herrschaft einzuverleiben. Weil aber Petzold von Sparnberg sich ihm nicht unterordnen wollte, übertrug der Vogt das Lehen seinem Gefolgsmann Ulrich von Sacke, worauf sich Petzold, nachdem er wieder in den Besitz von Sparnberg gelangt war, unter den Schutz des Königs von Böhmen stellte und diesem im Jahre 1327 die beiden Dörfer Blintendorf und Ullersreuth mit zehn Mark jährlicher Einkünfte zu Lehen auftrug, doch wurde es 1420 an Markgraf Friedrich den Streitbaren verpfändet und blieb fortan bei Wettin.[484]

Besagter Petzold erscheint 1324 auch als Peczold von Sparrenbergk in einer Urkunde der Schenken von Dornburg [Tautenburg]. Zwischen 1331 und 1335 vermachten Petzold und Jan von Sparnberg auf Sparnberg dem Kloster Saalburg

Einkünfte in Frössen, Göritz und Liebengrün [eigentlich Tiefengrün]. Die Familie besaß damals auch die nahen Rittergüter Göritz [bis Anfang 15. Jh.] und Saalbach [bis 1389]. Im Jahre 1368 verkaufte Jan der Jüngere von Sparrenberg seine Güter in Göttengrün dem Kloster zum Heiligen Kreuz bei Saalburg, in dem 1374 eine Adelheid von Sparnberg Äbtissin und 1387 eine Heyle von Sparnberg Priorin waren. 1394 erwähnt eine Urkunde einen Tyzmann von Sparrenberg. Noch im Jahre 1423 saß ein Dietrich von Sparnberg auf dem Rittersitz Sparnberg. Nach dem Verlust dieses Gutes ist das Geschlecht auch andernorts anzutreffen, so im 15. Jahrhundert auf Frießnitz bei Weida, zudem in der zweiten Hälfte des 16. Jahrhunderts mit Hans Veit von Sparrenberg auf Gütterlitz bei Auma sowie mit Dietrich von Sparrenberg auf Wittchenstein bei Triptis, wobei sich die beiden im Jahre 1582 seltsamerweise noch immer als ›auf Sparnberg sitzend‹ bezeichnen. 1601 hören wir von einem Hans Wolf von Sparnberg sowie bald darauf von einem Joseph von Sparnbergk, der 1623 bis 1628 als Besitzer des Rittergutes Ober-Renthendorf [nördlich von Triptis] erscheint. Zuletzt in der Region finden sich die von Sparnberg vor dem 18. Jhr. auf dem Rittergute Göritz.[485]

VON SPIEGEL

Die von Spiegel sind ein meißnisches Uradelsgeschlecht, das im frühen 13. Jahrhundert die Burgmannen der Bischöfe von Naumburg auf der Saalefestung Rudelsburg stellte. Ihre sichere Stammreihe beginnt um 1349/50 mit Otto Spiegel zu Wengelsdorf bei Weißenfels bzw. Hans Spiegel zu Altwunschütz bei Naumburg, nach anderen aber erst mit dem 1386 in einer Urkunde Landgraf Wilhelms I. von Thüringen erwähnten Hans Spiegeln. In der Folgezeit stellten das Geschlecht häufig Amtsleute in Meißen, Brandenburg und Thüringen. So war Otto von Spiegel 1429/30 Vogt zu Leuchtenburg, Orlamünde und Coburg. Frühzeitig setzten die Spiegel die Reformation in ihren Herrschaften um, und kamen in der Leipziger Pflege darum in Konflikt mit dem altgläubig gebliebenen Herzog Georg zu Sachsen. Asmus Spiegel auf Gruna bei Eilenburg [149X-1551] – Kursächsischer Rat und Hofmarschall, Amt-Hauptmann zu Wittenberg, Kirchenvisitator und Obrist – stand im Schmalkaldischen Krieg 1547 als Kommandant vor Wittenberg Herzog Moritz und Kaiser Karl V. gegenüber, wurde 1547 aber dennoch neu belehnt. Ihr Hauptverbreitungsgebiet fand das Geschlecht mit den beiden rotgezackten Wellen im silbernen Wappenschild im Nordraum von Leipzig nicht nur auf Gruna, in dessen Kirche noch heute sage und schreibe zwölf Epitaphien erhalten sind, sondern auch auf Delitzsch [Burglehen], Hohenprießnitz, Neuhaus, Püchau und Badrina. Andere Zweige waren in Altena, Altenhausen, Hasselburg, Lemsell, Neustadt a. d. Dosse, Oebisfelde, Ohrdruf, Polkenberg, Seggerde, Spiegelsberge, Suderode, Weferlingen, wie auch in Schlesien [auf Schurgast, Spittelndorf, Weisdorf und Wendzin] angesessen. Im 18. Jahrhundert verschlug die von Spiegel dann auch in die Gegend von Triptis und Schleiz, so nach Schleiz, Kirschkau, Uhlersdorf und Braunsdorf. Heinrich Wilhelm von Spiegel war im Siebenjährigen Krieg Reußischer Marschkommissar. 1763 kaufte er von denen von Waldenfels das Freigut von Kirschkau. Später führte er im Range eines Hauptmann die Schleizer Partition des reußischen Reichskontingents an.

Dagegen fungierte Johann Erdmann von Spiegel [†1782] von 1765 bis 1768 als Hofmeister Graf Heinrichs XII. und Hauptmann der Landmilitz. Der 1765 in Schleiz geborene Heinrich Wilhelm von Spiegel nahm an den Feldzügen von 1794, 1806, 1808/09 [in Polen] und 1812, 1813 und 1814 teil und avancierte am Ende zum Oberstleutnant. Er starb 1844 in Zwickau. Zusammen mit seiner Ehefrau, einer geborenen von Schlieben, hatte er fünf Kinder: Amalia Louise [*1797], Auguste Louise [*1798], Franz Hermann Karl [*1800], Henriette Antonia [*1801] und Gustav Wilhelm [1805-1873], der es bis zum Generalmajor der königlich sächsischen Armee und General-Adjutanten [Mitglied der Bundes-Militair-Commission von sächsischer Seite und vom 9. Armeecorps] brachte.[486]

VON STEIN

Zwischen Ranis und Pößneck auf dem steil nach Pößneck abfallenden nördlichen Sporn des Zechsteinriffs der Kochsberge finden sich die Gräben und Wälle der einstigen Burganlage ›Zum Stein‹. Schon in jener Zeit, als der Orlagau zum Erzbistum Köln gehörte, entstand hier zum Schutze der östlichen Flanke der Herrschaft Ranis eine Wehranlage, die von Ministerialen verwaltet wurde, deren erster namentlich bekannter, Künzel vom Stein [Gunzelino de Lapide], in einer zwischen 1169 und 1190 [wahrscheinlicher Zeitraum 1170 bis 1180] ausgestellten Urkunde als Zeuge für einen Grundstückstausch zwischen dem Benediktinerkloster Saalfeld und einem Heinrich von Rockendorf erscheint.[487] »Bei dem Besitzerwechsel des nach 1169/90 staufisch gewordenen Reichsgutkomplexes Saalfeld an die Grafen von Schwarzburg [1208] war auch die Burg Stein und die darauf sitzende Ministerialenfamilie miteinbegriffen.«

Indem sie noch vor dem Jahre 1350 aus dem Dunkel der Geschichte treten, zählen auch die Herren von Stein [lat.: de Lapide] zum alten Adel oder sogenannten ›Uradel‹. Ihre frühe Genealogie ist nicht minder kompliziert wie die der Familie von Hayn, da in der Regel wohl die Burg selbst – im Sinne einer Felsenburg – namensgebend für sie gewirkt haben mag.

Daher zählt die Liste der Adelsgeschlechter derer von Stein eine ganze Reihe von Familien, darunter – nur um die wichtigsten zu nennen – [1] das altthüringische Geschlecht der Stein von Liebenstein zu Barchfeld mit dem ›alten Stein‹ [jetzt Schloß Altenstein] als Stammsitz und der belgischen Unterlinie der Barons deStein d'Altenstein [1841]; [2] das in der Orlasenke verhaftete, aber als ›osterländisch‹ geltende Geschlecht der Stein zu Lausnitz mit einem einfachen Löwen im Wappen; [3] das alt-nassauische Geschlecht der Stein mit der Rose im Wappen und der gleichnamigen Veste unterhalb der Burg Nassau [1253] als Stammsitz, als dessen bedeutendster Abkömmling der preußische Reformer Heinrich Friedrich Karl Freiherr vom und zum Stein [1757-1831] gilt; [4] die aus Machwitzschen Hause stammenden ›Ritter genannt vom Stein‹ [1347] aus dem oberen Elstergebiet; [5] das fränkische Geschlecht der von Stein zu Nord- und Ostheim; [6] die Steine von Hipoltstein, [7] die Steine von Burg Lichtenstein; [8] die

Neunhofen: Herrenhaus

Steine von Nordenstein [Österreich] sowie [9] die Stein von Kamienski [preußischer Adel]. Allein im mitteldeutschen Raum gibt es mehrere Burgen mit dem Namen ›Stein‹ und zumindest bis zum 14.

Jahrhundert ist unklar, welche der 16 damals in der Vasallenschaft der Wettiner sich bewegenden Familien von Stein welchem Stammsitz zuzuordnen ist. Neben [1] dem Alten Stein bei Bad Liebenstein kommen als solche in Frage [2] die Burg ›Zum Stein‹ auf dem Kochsberg zwischen Ranis und Pößneck mit Gunzelino de Lapide [1169/1180], [3] die erst ab dem 16. Jahrhundert als ›Posterstein‹ bezeichnete Burg Stein bei Ronneburg mit Mechthild de Steinne aus dem Hause Nöbdenitz [1191], [4] die Burg Stein bei Magwitz nahe der oberen Elster im Vogtland, [5] das Schloß Stein bei Hartenstein bei Zwickau mit Heidenricus miles de Lapide, ja sogar [6] die Burg Stein bei Gefrees in Oberfranken mit der Familie von Stein aus dem Familienverband der Sack-Reitzenstein.[488]

Die Stammlinie derer von Stein zu Lausnitz

Die Familie von Stein auf Lausnitz stand denen von Branden-stein, als dem bedeutendsten Niederadelsgeschlechts der Orla-senke, zwar nicht im Besitz, wohl aber im Ansehen kaum nach. Neben ihrem Lausnitzer Siedelhof [1349/50] mit Gerichtsbarkeit und Zubehör in Würzbach [Wüstung zwischen Langenorla und Hummelshain] und Bodelwitz sowie Zinsleuten in Weira, Kolba, Burgwitz, Kospoda, der Harrasmühle [1534], Dienstädt und Reschwitz [bis 1597] besaßen sie zudem die Rittergüter Schlett-wein [1425], Rehmen [1440] und Grobengereuth sowie das Vorwerk Krobitz [1493-1602]. Das Rittergut Beutelsdorf bei Zeutsch hingegen hatte bis 1548 ein Kurt von Stein inne. Im 17. und 18. Jahrhundert waren die von Stein neben ihrem Lausnitzer Unterhof [bis 1743] und Oberhof [bis nach 1846] noch Besitzer des Rittermannlehens zu Pahnstangen bei Burgk [um 1540-1710] sowie der Rittergüter Neunhofen [1595-1762/ 1798], Miesitz mit Hasla [1620-1797], Neidenberga [16./17. Jahrhundert], Nimritz [1671], Weltwitz, Kospoda [1671-1804], Moderwitz [1718-23] und Braunsdorf [1777-1846].

Das ursprüngliche Stammwappen der von Stein auf Laus-nitz zeigt einen heraldisch von rechts nach links fortschrei-tenden aufrechten blauen Löwen im goldenen Felde. Gleich den Steinen zu Liebenstein beziehen auch sie ihre Abkunft auf jenen 1116/17 erwähnten Dudo de Steyn, dem frühesten Trä-ger dieses Namens. Doch kommt zumindest in letzterem Falle hierfür auch jener vorerwähnte Gunzelin von Stein [1169] aus der Herrschaft Ranis in Frage. Nicht nur läßt dieser sich »zwei-fellos mit der ehemals 1323 genannten, vom Reich zu Lehen gehenden Burg ›zu dem Steine‹ in Verbindung bringen.«[489] Auch finden sich – wie der Forscher Hans Walter Enkelmann postuliert – Zinsen aus dem Herrschaftsbereich der vor dem Jahre 1361 zerstörten Veste später auf dem Rittergut Lausnitz und möglicherweise auch in den Händen derer von Stein auf Schlettwein.[490] Überhaupt kommt der Name ›von Stein‹ des Öfteren in den Urkunden der Vögte von Plauen, des Klosters Bürgel bzw. der Grafen von Orlamünde vor. Am 5. März 1257 werden die Gebrüder von Stein mit Lehngütern in Tettau bei

Ludwigstadt belehnt. »Im gleichen Jahre sind Güter derer von Stein in Rudisleben bezeugt – hier auch ein Heinrich von Stein. Ein 1254 genannter Gerhard von Stein (Zueignung des Dorfes Crossen an das Kloster Grünhain) gehörte sicher zur Meißnischen Ritterschaft. Ein Ludwig von Stein ist um diese Zeit Burgmann zu Orlamünde und Weimar, also Orlamündischer Vasall.«[491] Der Genealoge Ernst Heinrich Kneschke läßt in seinem Adelslexikon die Stammreihe der Steine auf Lausnitz erst 1301 mit Siegfried [Miles de Lapide] und seiner Gemahlin Christine [geb. von Schwarenburg] beginnen, als selbiger mit der Burg [Schloß] Roda [Rode] belehnt wurde. Als Enkel der beiden gilt der 1429 mit Lausnitz belehnte Caspar von Stein, doch besitzt dem Lehnbuche Friedrichs des Strengen zufolge ein Otto von Stein schon 1349/50 das Dorf Lausnitz [villam Lusnicz] mit Gerichtsbarkeit und Zubehör über 60 Acker Wald und 5 Bauernstellen in Wirczbach, einer Wüstung, die 1393 noch Dorfstätte war. Zudem durfte nach diesem Verzeichnis ein Conrad de Lapide zusammen mit denen von Brandenstein auch Zinsen in Bodelwitz vereinnahmen. Daraufhin hat die ältere Forschung [Dedié] gemutmaßt, daß auch die bei Würzbach gelegene Schimmersburg damals im, von Steinschen Besitz gewesen sei, während man inzwischen weiß, daß in Würzbach selbst ein adeliger Siedelhof existierte, nach dem sich wohl die später als brandensteinische Vasallen erscheinenden Herren von Wyrtzburgk benannten, dessen Rockendorfer Zweig als Familie Würtzberger schließlich in den Großbauernstand herabsank. Wie anders wäre die, von Kretschmer so bezeichnete ›Phantasieangabe Kneschkes‹ zu deuten, der 1429 genannte Conrad von Stein sei Inhaber des sonst unbekannten Burggrafenamtes zu Würzburg am Main gewesen.

Um die Zeit [1425] erscheint ein Conrad von Stein aber als sächsischer Rat und Marschall im Besitz des Rittergutes Schlettwein [Schlotewyn]. Daß er 1434 vom Pößnecker Rat Leistungen erhält, läßt ihn nicht zwangsläufig als Erben des Burglehens ›Zum Stein‹ erscheinen, sondern könnte auch seiner Regalierung als landesherrlicher Beamter oder dem Äquivalent für die Nutzung von Schlettweiner Grundstücken seitens der

Stadt oder ihrer Bürger geschuldet gewesen sein. Jedenfalls wohnte sein gleichnamiger Sohn Caspar angeblich seit 1458 in Lausnitz, das – wie im Vorfeld berichtet –bereits in diesem Jahre in ein oberes und unteres Gut geteilt war bzw. wurde.[492] Im Jahre 1554 übernahm Cunz von Stein, der nach Abfindung seines Vetters Wolf von Stein Lausnitz allein besessen hatte, beide Güter. Verheiratet war er mit Ursula von Ende, Herrn Utzens von Ende auf Mosen Tochter. Nach seinem Tode am 14. Januar 1561 zu Lausnitz wurde er in der Kirche zu Neunhofen begraben. Daraufhin teilten seine Söhne Conrad und Heinrich [*1545] das gesamte Erbe in zwei gleiche Teile.

Heinrich vermählte sich 1565 mit Anna, einer Tochter Nicolais von Ende auf Mosen und seiner Frau Clara, einer geborenen von Brandenstein auf Oppurg. Er kaufte 1595 noch das Rittergut Neunhofen. In ihrer Erbgruft ebenda wurde das am 9. Januar bzw. 18. November 1603 verstorbene Ehepaar schließlich beigesetzt. Ihr Sohn Christoph Heinrich [*1580] heiratete 1606 Perpetua [die Tochter Heinrichs von Bünau auf Pahren und seiner Frau Anna Dorothea, einer geborenen von Bernstein], die aber schon 1628 verstarb. Mit dem Erwerb des Rittergutes Miesitz mit dem Vorwerk Haßlau [Hasla] im Jahre 1620 begründeten sie die Miesitzer Linie derer von Stein. Am 19. Juli 1641 von den Schweden erschossen, wurde Christoph Heinrich in der nahen Kirche zu Kopitzsch beigesetzt.

Das Lausnitzer Stammgut aber war bereits 1613 auf seinen jüngeren Bruder Friedrich Wilhelm [1587-1647] übergegangen, der 1624 ebenso im Besitz von Neunhofen erscheint. Auch unter seinem Sohn und Nachfolger Heinrich Sebastian [1620-1665] blieb Lausnitz-Oberhof mit Neunhofen verbunden, bis letzteres 1762 an Philipp von Ellrodt, dem Besitzer des Lausnitzer Unterhofes [seit 1743], verkauft wurde.

Der Unterhof hingegen befand sich bis zu dessen kinderlosen Tod im Jahr 1649 im Besitz Christian Haubolds, des letzten der fünf Söhne des 1629 schon verstorbenen Hansens von Stein, eines Sohnes oben erwähnten Conrads. Darauf teilen Heinrichs Enkel Heinrich Sebastian auf Ober-Lausnitz und die Gebrüder Jan Friedrich und Wolf Christoph von Stein auf

Miesitz den Unterhof dahingehend, daß ein Drittel zum Oberen Rittergut geschlagen wurde, während aus dem verbleibenden Dritteln ein verkleinertes Restgut erstand, das 1651 ein Vertreter der Miesitzer Linie, Wolf Dietrich von Stein, zur Bewirtschaftung erhielt.[493]

Die Freiherrlich Hessische Linie der von Stein auf Ober-Lausnitz
Heinrich Sebastians Sohn – Georg Ehrenfried [geb. 1647 in Neunhofen, †1724 in Kolba] – war Capitän von Kursachsen und begründete die Hessische Linie der von Stein zu Ober-Lausnitz, deren Freiherrnwürde seit Jahrhunderten bei den höchsten Reichsgerichten anerkannt war. Wichtige Vertreter waren der großherzoglich-hessische würckliche Geheime Rath und Regierungspräsident Freiherr Franz Bernhard Joseph von Stein [†1834] und sein Sohn Ferdinand [*1800] hessischer Kreisrath zu Darmstadt, der 1835 in die Ganerbenreihe des altadeligen Hauses Alten-Limpurg in Frankfurt/Main aufgenommen wurde. Einem anderen Vertreter des Ober-Lausnitzer Zweiges, einem Freiherrn von Stein und Domherrn zu Naumburg [1677-1729], gelang es sogar, in den Hochadel einzuheiraten, wie seine Ehe mit Eva Emilie [1667-1716], einer Tochter des Grafen Heinrichs II. Reuß ä. L. aus dem jüngeren Hause zu Burgk und Landesherrn dieses kleinen Territoriums, zeigt.

Die Kospodaer und Braunsdorfer Linie der von Stein
Dagegen wurde der ebenfalls aus dem Ober-Lausnitzer Zweig stammende Hans Ernst von Stein auf Neunhofen [oo Anna geb. von Etzdorff auf Nimritz] zum Stammvater einer über 5 Generationen währenden Kospodaer Linie, nachdem sein Sohn, der Rittmeister Wolf Heinrich von Stein auf Törpla [bei Eisenberg] und Nimritz [bei Oppurg], am 17. April 1671 von Hans Georg Haubold von Schleinitz um 10.000 fl. das Rittergut Kospoda erworben hatte. Nach seinem Ableben im Jahre 1685 wurde für seinen unmündigen Sohn Wolf Heinrich den Jüngeren [*1683] der königlich polnische und kurfürstlich sächsische Kornett der Ritterpferde Adam Friedrich von Schütz auf Moßbach als Vormund eingesetzt. Obwohl dieser auf Kospoda

übel gewirtschaftet haben soll, vermählte sich sein Mündel 1701 doch mit dessen jüngster Tochter Sophie Magdalena von Schütz. Im Jahre 1714 trägt sich Wolf Heinrich mit dem Gedanken, das von einem tiefen Graben voll zum Himmel stinkenden Wassers umgebene Herrenhaus aufzugeben und auf dem Grundstück des damals Schmeißerschen Bauerngutes an der Stelle der späteren Rittergutsgärtnerei ein Barockschloß zu errichteten. Mit Genehmigung des Grundstückseigners wie des Herzogs von Sachsen-Zeitz als Oberlehnsherrn tätigte er einen Grundstückstausch. Doch wurde aus dem Bau am Ende nichts und Wolf Heinrich ließ es auf der Besserung der alten Rittergutswohnung und wahrscheinlich der Verfüllung des tiefen Schloßgrabens beruhen. Im Jahre seines Todes 1718 erwarb er noch das Rittergut Moderwitz mit der dazugehörigen vormaligen Amtsschäferei, doch die für seinen damals erst achtjährigen Sohn und Nachfolger Christoph Heinrich und dessen Bruder eingesetzten Vormünder verkauften diesen Besitzkomplex 1723 wieder und zwar für 15.000 fl. an Adam Friedrich von Trützschler. Kospoda selbst aber verpachteten sie 1719 an den Leutnant Hans Ernst von Seydewitz, vordem Pächter des Irringschen Gutes in Moderwitz. Mit erst 16 Jahren heiratete Christoph Heinrich von Stein [1710-1758] Friederike Sophie Magdalene, die Tochter des kursächsisch polnischen Hauptmanns Friedrich von der Gabelentz auf Schiebelau und Lemnitz. Seine Söhne Christoph Moritz Heinrich [1740-1804] und Rudolf August Heinrich [1743-1802] folgten ihm im Besitz von Kospoda nach. Im Jahre 1763 verglichen sich die beiden über das väterliche Erbe, worauf Rudolf August Heinrich – freilich unter Mitbelehnung des Bruders – gegen eine Kaufsumme von 24.900 fl. Kospoda allein in Besitz nahm und Christoph Moritz Heinrich von seinem Anteil [noch vor dem Jahr 1777] das Rittergut Braunsdorf erwarb. 1782 setzte Rudolf August Heinrich gegen eine mit 5% zu verzinsende Schuld von 7.428 Mfl. 12 gr. seinem Bruder Kospoda zum Pfand aus, verkaufte es aber 1790 an den fürstlich rudolstädtischen Steuerrat Friedrich Heinrich Christoph Bergmann auf Unterwirbach. Während der jüngere Bruder selber keine Kinder hatte, wurden dem

Älteren 1777 und 1798 zwei Söhne – Friedrich August Heinrich und Friedrich Gottlob Heinrich – geboren, die später in militärische Dienste traten. Indem auch sie keine Kinder hatten, starb die Kospodaer Linie der von Stein im Jahre 1829 im Mannesstamme aus, bestand mütterlicherseits aber über drei überlebende Schwestern fort. Die älteste von ihnen, Friederike Auguste Henriette [1766-1837], heiratete einen Hauptmann Souvirant, die mittlere, Charlotte Ernestine Henriette [1763-1804], den Uhlersdorfer Ritergutsbesitzer Sigismund von Spiegel, während die jüngste Tochter Amalie Marianne Henriette [1770-1827] den Oberlandjägermeister von Kessel zum Manne nahm, weswegen in der statistischen Literatur [1816 und 1819] auch die Herren Souvirant und von Spiegel als Besitzer von Braunsdorf erscheinen. Das Kind der mittleren Tochter – Emilie geb. von Spiegel [*1803] – aber verehelichte sich später mit Ernst Heinrich Wilhelm von Stein auf Lausnitz [*1799], mit dem sie nach dem Kauf des Rittergutes Braunsdorf [1824] im Jahre 1827 die Braunsdorfer Linie derer von Stein begründete, auch wenn das Ehepaar dieses Gut nur bis bald nach dem Jahr 1846 behaupten konnte. Ernst Heinrich Wilhelm avancierte zum Großherzoglich Sächsischen Kammerherrn in Weimar und wurde am 14. November 1853 von dem Schleizer Fürsten Heinrich LXII. Reuß in den erblichen Freiherrenstand erhoben, einen Status, der auch die Mitglieder der Lausnitzer und Kochberger Linie miteinschloß. Die freiherrliche Linie zu Braunsdorf schrieb sich ›Stein von Lausnitz‹ und führte vom Wappenschild her in einem, von Silber bzw. Gold gespaltenen Schild vorn einen roten und hinten einen blauen schreitenden Löwen gegeneinander, nur daß deren Häupter [im Gegensatz zum Wappen der Großkochberger Linie derer von Stein] nicht gekrönt sind.[494]

Die Gräflich Miesitzer Linie der von Stein auf Unter-Lausnitz
Weit wirkmächtiger als die Kospodaer und Braunsdorfer Linie aber sollte die Unterlausnitz-Miesitzer Linie der von Stein werden und nicht allein als Stammlinie ihres, allgemein bekannten Großkochberger Zweiges. Stammeltern dieses Hauses waren

der Sohn Heinrichs von Stein auf Unter-Lausnitz [1545-1603], Christoph Heinrich [1580-1641], und seine Gemahlin Perpetua geb. von Bünau auf Pahren [†1628], die 1620 das Rittergut Miesitz mit seinem Vorwerk Haßlau [Hasla] erworben hatten.

Von ihren drei Kindern [1] Wolf Christoph [1615-1696], [2] Blandina und [3] Johann Friedrich, heiratete ersterer Dorothea Agnes von Lengefeld auf Laasen, Döhlen, Arnsbach, Schweinbach, Reschwitz, Pippelsdorf [alle im Raum Leutenberg] bzw. der Weißenburg [†1652] und hatte mit ihr zwei Kinder – Anna Maria [oo Christoph von Lengefeld auf Schweinbach] und Wolf Christoph II. von Stein auf Lausnitz und Miesitz [1668-1728], der mit seiner Gemahlin Sophia Catharina Cordula von Bruck [1687-1731] einen Sohn – Georg Christoph Casimir – zeugte.

Sowohl Wolf Christoph als auch sein Sohn Georg Christoph Casimir standen im Dienste der Markgrafen von Bayreuth und nahmen wichtige Positionen u.a. auf der Kulmbacher Plassenburg ein. Ersterer war zudem Amtmann von Schauenstein und Helmbrechts. Sie unterstützten den Genealogen Johann Gottfried Biedermann [1705-1766] bei seinem ›Register der löblichen Ritterschafft im Voigtlande‹, welchem dieser neben den Familien von Beulwitz, von Brandenstein, von Dobeneck, von Feilitzsch, von Kospoth, von Oberländer, von Pöllnitz, von Reitzenstein und 12 weiteren, im [südlichen, später bayerischen] Vogtland ansässigen Geschlechtern, auch die Ahnenreihe derer von Stein auf Miesitz ab dem 16. Jahrhundert mit einverleibte.

Von Christoph Heinrichs [†1641] anderen Kindern [2] Blandina und [3] Johann Friedrich, heiratete erstere Hartmann von Lengefeld auf Döhlen, Reschwitz und Pippelsdorf und [3] letzterer Sophia Elisabeth von Schönberg aus dem Hause Gelenau, Thum und Jahnsbach. Ihr gemeinsamer Sohn Christoph Heinrich II. von Stein auf Miesitz [1665-1731] heiratete in erster Ehe Maria Freyin von Hohenwarth, eine verwittwete Freiin von Mannsdorff [†1712]. Zunächst Hauptmann und Minister in Gotha avancierte er mit der Zeit zu einer »Diplomatenpersönlichkeit von europäischem Rang mit vielen Verdiensten. Er stand im Dienste von zwei Kaisern, förderte aktiv die evangelische Lehre im katholischen Habsburger Imperium,«[495] und wurde 1710 in den Grafenstand erhoben,[496] sodaß er 1713 in zweiter Ehe mit Sophia Amalia Comtess von Wied, einer geborenen Comtess zur Lippe aus dem Hause Detmold eine Grafentochter heiraten konnte. 1724 vermachte Christoph Heinrich seiner Kopitzscher Patronatskirche 1.000 Taler zum Kirchenbau und stiftete überdies ziemlich wertvolle Abendmahlsgefäße aus massivem Silber.

Mit seinem Sohn Christoph Friedrich Graf und Herr von Stein [*/† 1714] starb der gräfliche Zweig jedoch wieder aus und Miesitz ging, da auch der Sohn von Wolf Christoph [†1728] – der Hochfürstlich Brandenburg Culmbachische Artilleriehauptmann auf der Feste Plassenburg und Kriegs-Commissarius ebenda Georg Christoph Casimir – noch im Jahre 1752 unverheiratet war, an andere Mitglieder des Hauses Unter-Lausnitz. So gehörte es bis 1753 dem Kreiskommissars J. Fr. von Stein, danach den Freiherrn Chr. Heinr. von Stein und bis nach 1766 Johann Adolf Ludwig von Stein [†1797]. Er war der letzte Angehörige dieses Geschlechts auf Miesitz, denn schon im Jahre 1800 gehörte das Besitztum einem Herrn von Weißenbach.

Die Linie der von Stein auf Neidenberga

Die Neidenbergaer Linie der von Stein nun läßt Biedermann [1752] von dem zweiten Sohn vorgenannten Conrads von Stein [†1561] abkommen, nämlich von Veit von Stein. Er war mit Ursula von Würzburg [Würtzberger], der Tochter Hansens von Würzburg auf Kleingeschwenda und Rothenkirchen bei Sonneberg und dessen Gemahlin Elisabeth, einer geborenen von Bünau aus dem Hause Weisenstein, vermählt. Von seinen drei Söhnen, Hans Christoph, Hans Veit und Wolf Konrad, setzte sich der mittlere im Besitz des Rittergutes Neidenberga sowie der Hälfte des Rittermannlehens zu Pahnstangen [wie dieses Conrad von Stein 1550 vom Burggrafen Heinrich IV. von Meißen, dem damaligen Besitzer der Herrschaft Burgk, zu Lehen erhalten hatte] durch. Hans Veit war mit Christina von Brandenstein, der Tochter Isaaks von Brandenstein auf Oppurg und Kolba und dessen Frau Anna, einer geborenen von Breitenbach verheiratet. Nach seinem Tode 1625 erbten die zwei überlebenden Brüder die Lehen. Sie gerieten jedoch in Schulden und verkauften ihren Teil an Pahnstangen 1630 an ihren Vetter Friedrich Wilhelm von Stein auf Lausnitz. Mit Veit von Stein läßt sich ihr Zweig 1664 letztmalig in Neidenberga nachweisen, wo als Besitznachfolger die Herren von Obernitz erscheinen. Als letzte Vertreterin der Neidenbergaer Linie jedenfalls tritt Catharina Sibylla von Stein [1629-1698] auf, die mit Georg Friedrich von Beulwitz [1622-1699] auf Löhma und Eichicht – dem größten Grundherrn der westlichen Nachbarschaft – vermählt war.[497]

Die Linie von Stein zu Kochberg

Auch die Großkochberger Linie geht auf Christoph Heinrich auf Miesitz und Hasla [1580-1641] und seine Gemahlin Perpetua geb. von Bünau auf Pahren [†1628] zurück. Nach Pierrer [1863] erwarb deren Enkel, der ›k. k. Reichshofrath‹ Freiherr Christian Friedrich Ludwig von Stein [†1739 im Jahre 1733 das Rittergut Großkochberg [1487 Sedelhoff zu grossen Kuckpergk] mit dem Vorwerk Spaal sowie den Lehen zu Kleinkochberg, Meckfeld, Geitersdorf, Benndorf u.a., wozu später noch die Rittergüter Kleinkochberg [1795], Naschhausen [1796] sowie das Herrenhaus Hirschhügel [beim Vorwerk Kuhfraß] kamen. Damit wurde er zum Begründer der Linie Stein zu Kochberg. Deren Wappen ähnelt dem, der späteren Braunsdorfer Linie, nur tragen dessen beiden, sich zugewandt schreitenden Löwen im gespaltenen Schild, rechts rot auf silbernem Grund, links blau auf goldenem Grund, eine Krone.[498]

Ab 1764 lebten auf Großkochberg der Oberstallmeister des Weimarer Herzogspaares Carl August und Anna Amalia, Gottlob Ernst Josias von Stein [*1738 in Regensburg, †1793 in Weimar] und seine Gattin Charlotte, eine geborene von Schardt [1742-1827], die später als gute Freundin, ja Muse von Goethe in die Geschichte eingehen sollte. Wie an anderer Stelle berichtet, war sie die Enkelin des letzten Herrn von Thüna auf Schlettwein und ihr Großvater August Wilhelm von Schardt, der letzte von Schardt und Ritter von Gleina bei Bad Köstritz. 1796 trat Charlottes und Josias Sohn Carl das Großkochberger Erbe an. Auf ihn gehen die gotisierenden Anbauten am

Schloß zurück. Auch gestaltete er den ›Großen Garten‹ zu einem Landschaftspark um und errichtete westlich des Schlosses das noch heute bespielte ›Liebhaber-Theater‹. Eine Enke-

Schloß Großkochberg

lin Charlottes – Luise Auguste von Stein-Großkochberg – vermählte sich mit dem, nach Weimar gepilgerten Goetheverehrer und großbritannischen Kapitän a. D. James Patrick von Parry [†1872] aus Middlesex bei London. 1827 kaufte der zum altenburgischen und schließlich auch zum weimarischen Kammerherrn avancierte das aus einem befestigten Vorwerk entstandene Dorf Kuhfraß mit seinem Forst, machte daraus ein Rittergut und ließ von 1835 bis 1838 dort als Wohnsitz für sie einen schloßartigen Landsitz namens ›Hirschhügel‹ erbauen. Nach Luises Tod ließ er 1865 zu ihrem Andenken auf dem 515 m hohen Hummelsberg bei Kleinkochberg einen viergeschossigen runden Steinturm mit gotisierenden spitzbogigen Arkaden errichten. »Nach seinem, am 9. Juni 1872 erfolgten Tode erbte den Besitz sein Sohn, der Oberstlieutenant Carl Otto von Parry, welcher 1882 als Geisteskranker in Stötteritz starb, worauf das Gut an dessen Schwester Emma – vermählt an den weimarischen Oberschloßhauptmann Grafen Leo Henckel von Donnersmarck – überging.«[499] Im Jahre 1895 ließ sie nahe ›Hirschhügels‹, neben dem Grabstein ihrer Eltern mit der Aufschrift: *›James von Parry und Luise von Parry, geb. Freiin von Stein‹* noch eine neogotische Kapelle errichten.[500] Abgesehen von Großkochberg saßen die Freiherren von Stein zu Großkochberg mit Roderich [†1883], Arndt [†1911] und Sebastian [†1907] auf dem Rittergut Lohma bei Schmölln [1869 bis nach 1907], mit Olga [geb. von Foerster] auf Oberneundorf bei Görlitz [1917 bis nach 1926] und mit der 1889 geborenen Eva [geb. von Wildau, gesch. von Lindeiner] auf dem Rittergut Ostrichen in der Oberlausitz [1921 bis nach 1926]. Ein weiterer Nachkomme der Charlotte – Wolfgang Freiherr von Stein [†1923] – vermählte sich 1898 mit der sehr vermögenden Pößnecker Porzellanfabrikantentochter Helene Eberlein, doch kümmerte sich der Adlige im Anschluß weder um seine Ehefrau, noch um den Erhalt der von ihr mit in die Ehe gebrachten Katzenmühle in Pößneck. Ihr gemeinsamer Sohn Bodo [geb. 1902] erbte nach dem Tod seines Verwandten Karl Felix Franz von Stein 1938 das Großkochberger Schloß und wurde so zum letzten männlichen Vertreter der Großkochberger Linie. In den letzten Jahren des Zweiten Weltkrieges mußte er jedoch noch zum Militärdienst einrücken und gilt schließlich als vermißt. Seine Mutter Helene aber lebte noch bis zu ihrem Tode 1962 auf ihrem Witwensitz der, vor sich hinbröckelnden Katzenmühle, die anschließend wegen Baufälligkeit abgerissen wurde.[501]

Nach der Enteignung des, im Besitz der Familie von Stein befindlichen, 1942 aber an Woldemar von Schwerin übertragenen Schlosses hat man alle Ländereien des 451 ha umfassenden Gutes an 17 Neusiedler und 67 landarme Bauern aufgeteilt. Im Schloß selbst aber, in dem der große Dichter zwischen 1775 und 1788 wiederholt bei Charlotte von Stein geweilt hatte, richtete der Rat des Kreises Rudolstadt eine kleine Goethe-Gedenkstätte ein, die 1954 zusammen mit dem Park von der Nationalen Forschungs- und Gedenkstätte der klassischen deutschen Literatur in Weimar übernommen wurde. Die 1975 eröffneten Museumsräume veranschaulichen im Erdgeschoß die Geschichte der Herrschaft Kochberg und die verschiedenen Bauphasen des Wasserschlosses. Im Obergeschoß zeigen Ölgemälde aus dem 18. Jahrhundert Mitglieder und Vorfahren des von Stein-Schardtschen Familienverbandes. »In den folgenden Räumen werden Goethes Beziehungen zum Schloß Kochberg und zu Charlotte von Stein wieder lebendig. Zu sehen ist unter anderem ein Schreibsekretär Charlotte von Steins aus dem Jahre 1757, auf dessen Platte Goethe das Datum seines ersten Besuches (6. Nov. 75) notiert hat. In den ehemaligen Wohnzimmern der Frau von Stein vermitteln erlesene Möbel, Gemälde und Zeichnungen die Wohnatmosphäre in einem ländlichen Adelssitz. Das Lieblingstheater am Eingang zum Schloßpark erhielt durch die Rekonstruktion das Aussehen aus der Zeit um 1800.«[502] Nach der Wende wurde das Ensemble 1991 in die Stiftung Weimarer Klassik überführt.[503]

VON STEINSDORFF

Die von Steinsdorff sind ein altritterliches vogtländisches Geschlecht aus dem gleichnamigen Rittergutsort bei Weida, wo sie lange Zeit gesessen und daneben auch andere Güter erworben haben. 1402 gehörten Konrad und Nickel zu Steinsdorf, mit zu des Vogtes von Weida Hofgesind, in dessen Auftrag sie zusammen mit anderen Adligen der Nachbarschaft gegen Triptis, Ziegenrück, Auma, Neustadt, Arnshaugk und andere wettinischen Städte eine Fehde führten und dabei solche Verheerungen anrichteten, daß man sie Raubritter nannte. Zu den von Steinsdorffschen Sitzen in der Region gehörten die Rittergüter Hainsberg, Wöhlsdorf [urk. 1570-1572] und Zadelsdorf. Zudem saßen sie mit Wolf Christoph von Steinsdorf 1657 auf Kraftsdorf und mit Heinrich Philipp von Steinsdorf 1662 auf Oberböhmsdorf [seit 1636].[504] Der wahrscheinlich berühmteste Vertreter des Geschlechts – Karl Heinrich von Steinsdorff – 1696 K. K. Generalmajor und Kommandant zu Raab in Ungarn hingegen – entstammte möglicherweise jener gleichnamigen in Böhmen gebürtigen Familie, »wo noch 1539 einige dieses Namens landgesessen gewesen, aber wegen Religionszwietracht ausgewandert sein sollen. Von dort setzen sich einige nach Schlesien und ins Vogtland, andere nach Österreich, diejenigen aber, von welchen die in Bayern lebenden abstammen, zogen nach der Oberpfalz und gelangten zu Amberg ins Patriziat. ... Ihr Wappen zeigt in Silber eine rote Ziegelsteinmauer mit drei Zinnen.«[505]

VON STRAUCH

Die von Strauch entstammen einer Schleizer Beamtenfamilie, welche mit dem Ratsherrn und Bürgermeister von Schleiz [1778-1784] und späterem reußisch-schleizischen Hofrath und Steuerdirektor Johann Christian von Strauch [†1821] am 27. Juni 1806 »des hl. Röm. Reichs Adelsstand mit Prädikat ›von‹, Lehnsbesitzfähigkeit und der Bewilligung, sich nach den zu erwerbenden Gütern zu nennen,«[506] errang. Ihr Wappenschild ziert ein, auf grünem Boden schreitender gekrönter natürlicher Löwe. Friedrich August von Strauch [†1857], seines Zeichens Oberforstmeister und ab 1838 Oberjägermeister von Reuß-Schleiz, hatte die Erb-Lehn- und Gerichtsbarkeit sowie die Jagdgerechtigkeit über das Dorf Läwitz [urk. 1827, 1846] inne und besaß kurzzeitig auch das benachbarte Gut Leitlitz.[507]

VON TEPEN

Die von Tepen waren ein, dem Regnitzland entstammendes Uradelsgeschlechts aus dem Dorfe Töpen nördlich von Hof. Den Wappenschild des schon im 16. Jahrhundert erloschenen Geschlechts zierte ein silberner Schrägrechts-Balken auf rotem Grund, was gleichsam eine Stammesverwandtschaft mit denen von Reitzenstein, von Sparnberg und anderen Adelsfamilien dieser Region impliziert. Im Jahre 1310 mit Eberhard und Heinrich von Tepen erstmals als Besitzer des Rittergutes Töpen nachweisbar, werden sie bereits um 1370 dort von ihren Verwandten, den Herren von Zedtwitz, abgelöst. Gegen Endes des 15. Jahrhunderts besaßen sie zudem das Rittergut Ober-Zoppoten sowie 1498 eines der Saalburger Burggüter.

VON THOMPSON

Die von Thompson sind ein großbritannisches Gentry-Geschlecht, welches zu Beginn des 19. Jahrhunderts mit Ludwig von Thompson nach Thüringen gelangte. Seine Mutter war eine geborene von Rosen aus Estland, sein Vater der englische Kapitän zur See von Thompson, der mit seinem Schiff an der russischen Küste unterging. Ludwig selbst wurde 1788 auf einer Seereise von London nach St. Petersburg geboren.

Erzogen im russischen Kadettenkorps, kommt Ludwig von Thompson anläßlich der Vermählung der Zarentochter Maria Pawlowa mit dem Herzog von Sachsen-Weimar-Eisenach Carl August als blutjunger, schmucker Kavalier 1804 im Gefolge der Großfürstin erstmals an den Weimarer Hof. Anschließend bewährt er sich in den Napoleonischen Kriegen, wird bei Austerlitz [1805] und Pultusk an der Weichsel [1806] verwundet, reist in der Folgezeit mit den russischen Gesandten zu den Machtzentren Europas und wird mit wichtigen Kurieraufträgen sowohl für den Zaren als auch für den Weimarer Hof betraut. Im Vaterländischen Krieg überwindet er 1812 mit wichtigen Depeschen unter abenteuerlichen Umständen mehrfach die feindlichen Linien und wird dafür ›außerhalb der Reihe‹ zum Offizier befördert. Im Zuge des preußisch-russischen Bündnisses gegen Napoleon dient er zeitweise dem preußischen Stab, wird dem Freiherrn vom und zum Stein zugeteilt, und nimmt

1813 aktiv an den Schlachten von Großgörschen, Bautzen und Dresden teil, worauf er bei den anschließenden Verhandlungen vom Zaren mit Geheimaufträgen betraut wird. Im Zuge der Völkerschlacht von Leipzig und den nachfolgenden Kämpfen führt er als Rittmeister ein kleines Korps aus ›Freiwilligen Sachsen‹ und zeichnet sich auch in Holland durch wagemutige Husarenstücke aus, weswegen er verschiedene Auszeichnungen, so den Wladimir-Orden, den Annenorden, das Ritterkreuz vom Weißen Falken und angeblich auch den ›Pour le merité‹ verliehen bekam. Beim Wiener Kongreß von 1815 ist der staatliche Reiteroffizier als persönlicher Adjutant des Weimarer Herzogs zugegen. 1819 wird der spätere Major, der zu seinen persönlichen Diensten für den Großherzog vom Zaren nur beurlaubt war, nach Warschau berufen, kehrte aber bald nach Weimar zurück, an dessen Hof – obwohl er auch später nie richtig Deutsch sprechen konnte – er in hohem Ansehen stand. Die Damenwelt lag dem schneidigen Hassadeur selbstverständlich nicht hoffnungslos zu Füßen. Verschiedene amüsant zu lesende ›amours‹ lassen ihn als einen ›galant homme‹ erscheinen. Selbst nach seiner Verheiratung mit der Tochter des großherzoglich sachsen-weimarischen Kammerdirektors Bernhard Rühlmann [1756-1843] und seiner Ehefrau Karoline Auguste, geb. Marschall, verw. Häublein [1766- 1832] – Auguste –, welche das Rittergut Kospoda bei Neustadt a.d.O. mit in die Ehe brachte, habe seine bildhübsche Gemahlin gegenüber ihrem, für das weibliche Geschlecht leicht entflammbaren Gatten nicht immer einen leichten Stand gehabt.

Aufgrund der Nachwirkungen seiner zahlreichen Verwundungen und Auszehrungen besuchte er während der 1820er-Jahre immer wieder die böhmischen Bäder, mußte aus gesundheitlichen Gründen am Ende dann aber doch den Dienst quittieren, worauf seine gesellschaftliche und wirtschaftliche Stellung nichtzuletzt mit Hilfe seiner vermögenden Ehefrau in der Folge gefestigt blieb, mit der er zusammen in Kospoda über 22.000 Thl. verbaute. Über dem Rittergutstor nach der Pfarrei hin ließ er ein von Thompson-Rühlmannsches Allianzwappen anbringen. Ersteres ist quadriert. Im ersten und vierten Felde zeigt es einen wachsenden silbernen [weißen] Löwen auf blauem Grund, im zweiten und dritten Felde dagegen einen schwarzen einköpfigen Adler auf goldenem Grund. Die Mitte des Wappens ziert zudem noch ein quadrierter Herzschild, der im ersten Felde einen schwarzen Adler, im zweiten den blauen Himmel Gottes, im dritten einen grünen Dreiberg und im vierten eine Harfe abbildet. Das Rühlmannsche Wappen hingegen ist gespalten, hat rechts drei goldene Halbmonde im silbernen

Felde und links drei rote Balken im roten Felde.

Die Thompson-Familie lebte bis 1850 in Kospoda, bis Auguste das Rittergut für 57.000 Taler an Georg Ernst von Thümmler verkaufte. Beide Eheleute verstarben 1863 und liegen im Erbbegräb-

Kospoda: Früheres Herrenhaus um 1840

nis des Rittergutes Denstedt begraben. Erbin des von Thompsonschen Restbesitzes wurde ihre Tochter Thekla, während ihr Sohn August von Thompson [*1846] zum Infanterie-General in Hannover avancierte. Seine letzten Lebensjahre verbrachte der alte Haudegen bei seiner Großnichte auf dem Rittergut Ludwigshof bei Ranis. Nach seinem Tod 1904 wurde seine Totenurne zusammen mit seinem Hund, seinem Säbel, seinem Gewehr und seinen Militärorden in einem aufwendigen Grabmahl auf dem Familienfriedhof der von Breitenbuch im nahen Freudental beigesetzt, doch kaum mehr als 60 Jahre sollte der alte General in Frieden ruhen dürfen, bis in den 1960er-Jahren Schatzräuber in die Grabkammer einbrachen und alles, was sie nicht entwendet hatten, in den folgenden Jahren verwüstet wurde.[508]

VON THÜNA

»Die von Thüna, auch Thun, Thune, Tuna oder Dhyna, sind ein uradliges, altritterliches, freiherrliches Geschlecht, das in Thüringen, im Vogtland, in Franken und in Sachsen ansässig war.«[509] Ihr Wappenschild zeigt auf silbernem Grund einen eingebogenen roten Keil bzw. eine rote Spitze [nur bei der Lauensteiner Linie ist diese Farbgebung abgewandelt hin zu einem silbernen eingebogenen Keil auf blauem Grund].

»Bereits 961 wurde Friedhelm von Thinau von König Otto I. zum Ritter geschlagen. Heinrich von Tunna war von 1208 bis 1209 der dritte Hochmeister des Deutschen Ordens. 1422 wurde ›Konrad Dhune‹ (Thune) [* um 1380] als Hofmeister der Gemahlin Friedrichs des Älteren, Landgraf von Thüringen, sowie als dessen Hofrichter erwähnt. 1438 war Hans Thunail Schösser auf der Neuenburg.«[510] Nach der Sachsen-Coburg-Saalfeldischen Landesgeschichte [1820] sollen die von Thüna bereits im 14. Jahrhundert in die Pflege Saalfeld eingewandert und zuletzt 1685 unter den Saalfeldischen Vasallen im Besitz von ›Schlettwein, Zelbach, Niederwirsbach [Unterwirbach] und Weissenbrunn‹ [gemeint ist wohl Weißenburg] angetroffen worden sein. In den uns vorliegenden Quellen erscheinen sie aber nicht vor Mitte des 15. Jahrhunderts, so in Saalfeld selbst 1465 mit einem der beiden adeligen Siedelhöfe [bis 1517], in Obernitz 1460, sowie ab 1488 jeweils in Schlettwein und in Weißenburg. Im Schwarzburgischen hingegen werden sie 1418 im Besitz von Elxleben aufgeführt und erscheinen mit den Gebrüder Heinrich und Friedrich von Thüna zur Weißenburg 1496 in einem Verzeichnis der schwarzburgischen Ritterschaft. Bedeutend war ihr Besitz von Weischütz im Querfurtischen [1485-1630] und des Lauensteins bei Ludwigstadt [ab 1506].

Im 16. Jahrhundert erwarben verschiedene Mit-glieder der Familie in der Mittleren Saaleregion u.a. Großkochberg [um 1500], Zella [Vorwerk Sorge, 1520-1535], Etzelbach [1533 bis nach 1685], die andere Hälfte von Kolkwitz mit dem Edelhof [1533-1614], Kaulsdorf [1560-1583], Witzleben und Quittelsdorf [1583].

Im 17. Jahrhundert lassen sich die von Thüna zudem in Fröbitz, Fischersdorf und Breternitz [1647], Schwarza [1640, 1665], Unterwirbach [1685, 1688], Unterköditz bei Königsee, Wernburg bei Pößneck [?] sowie im Lande Coburg auf Hohenstein [1653] und Scherneck sowie in Burgstall bei Rothenburg nachweisen. Im 18. Jahrhundert besaß das Geschlecht keine Rittergüter mehr in unserer Region, wohl aber im Amt Schleusingen sowie in Bösleben bei Arnstadt und Görnitz bei Zeitz [1754-1761]. Als jüngster Thüna-Sitz im Untersuchungsgebiet des Schloßarchivs Wildenfels ist schließlich noch Berka nordöstlich Eisenachs [anteilig, vor 1819 bis nach 1880] zu nennen. Weitere oben unerwähnte Rittergüter, Stamm- und Geschlechtshäuser der Familie waren: ›Groß Ordens-Lehen, Heßdorf, ... Köckeritz, ... Kresse, Langen Orla, Lobda, Lossa, Merzin, Michelfeld, Mohlsdorf, Mühlfeld‹. Heute erinnern noch einige Familienwappen insbesondere in den Saalfelder Stifterkapellen sowie der zwischen 1551 bis 1554 erbaute Thüna-Flügel auf dem Lauenstein an die heute noch blühende Familie, von der ein Zweig 1907 im Großherzogtume Sachsen zum Führen des Freiherrentitels berechtigt wurde.[511]

Friedrich von Thüna und Martin Luther

Unter Friedrich Thune erreichte der Besitzumfang der Familie im Mittleren Saale-Raum ihren Höhepunkt. Zusammen mit seinem Bruder Heinrich hatte er 1488 das kleine Wettinische Amt Weißenburg sowie das Rittergut Schlettwein bei Pößneck erworben. 1492 fungierte er als Amtmann zu Saalfeld.

Im Jahre 1500 belehnten ihn die Grafen von Schwarzburg mit Dörfern, Gütern und Zinsen. 1513 gelang es ihm, die kleine, Herrschaft Lauenstein bei Ludwigstadt käuflich zu erwerben. Er selbst war eine eindrucksvolle Persönlichkeit. Als Geheimer Rat des Kurfürsten Friedrich des Weisen von Sachsen, Hauptmann von Weimar, und enger Freund Martin Luthers war er 1519 als beamteter Wahlzeuge bei der Wahl Kaiser Karls V. in Frankfurt zugegen. 1521 begleitete er zusammen mit Vollrath von Watzdorf und Philipp von Feilitzsch den Reformator zum Reichstag nach Worms und war hinterher in die Vorbereitung der Entführung Luthers und seiner Verbergung auf der Wartburg involviert. Und doch beklagten sich seine Untertanen aus Weißen vor dem Bauernkriege über zu harte Bedrückung und verweigerten die Fron. Im benachbarten Etzelbach war die Stimmung 1525 so aufgeheizt, daß der Niederkrossener Pfarrer durch einen Steinwurf getötet wurde. Beim Sturm auf die Liegenschaften des gefürsteten Saalfelder Benediktinerklosters im gleichen Jahr entwich dessen letzter Abt, Georg von Thüna [aus der Dornburger Linie des Geschlechts], aus einem Fenster und floh zu seinem Verwandten auf die Weißenburg, wo er 1527 verstarb und in den geheimnisvollen Labyrinthen unter der Burg in einem silbernen Sarg begraben worden sein soll.

Schloß Obernitz

soll. Im Jahre 1529 entfaltete Friedrich von Thüna auf der Weißenburg eine rege Bautätigkeit, indem er Teile der alten Burg niederlegte und sich ein modernes Wohnschloß errichten ließ. Nachdem Friedrich von Thüna 1526 auch die vordem stiftsaalfeldischen Untertanen im benachbarten Weißbach übernommen hatte, setzte er dort die Familien seiner Reisigen an, mit denen er seine Untertanen fürderhin in Schach hielt. 1533 erweiterte Friedrich von Thüna seinen regionalen Einfluß noch einmal, indem er von Barthel von Flanß das Rittergut Etzelbach erwarb. 1534 ließ er auch die alte Burg von Obernitz zu einem Wohnschloß modernisieren. Nach seinem Tod im selben Jahre gerieten seine Nachfolger Heinrich und Hans von Thüna 1549 mit dem Orlamünder Rat wegen ihres unerlaubten Bierschanks zu Etzelbach aneinander.[512] Nachdem die Familie zwischen 1551 und 1554 auch die Burg Lauenstein modernisiert und im Jahre 1600 für diese Herrschaft [bis 1622] sogar noch die Reichsunmittelbarkeit erlangt hatte, dürften diese dann das Thünaische Kontingent zum Reichsheer gestellt haben. Bis 1697/1707 lebten noch Angehörige derer von Thüna auf der Weißenburg. Danach verschwindet das Geschlecht aus der Mittleren-Saale-Region.

VON TRÜTZSCHLER

Die von Trützschler sind ein vogtländisches Uradelsgeschlecht, das – wenn nicht schon 1122 zusammen mit dem ersten Herrn von Weida – so doch im Jahre 1284 mit Hilprant Truezeler zu Straßberg bei Plauen historisch faßbar wird. Ihr Wappenschild ist von einem schwarzen Schrägrechts-Balken auf goldenem Grund durchstrichen. 1392 war Hans Troczeler [† vor 1412] Hauptmann zu Weida. Nachdem er im Jahre 1400 mit der Vogtei Falkenstein belehnt worden war, hat das Geschlecht den Beinamen ›von Falkenstein‹ angenommen. In die Saale-Orla-Region heirateten die Trützlers von Falkenstein vornehmlich im ersten Drittel des 17. Jahrhunderts in einige Familien ein, ohne jedoch als Rittergutsbesitzer per se in Erscheinung zu treten. Lediglich das Rittergut Moderwitz bei Neustadt befand sich von 1718 bis zu seinem Tode 1746 in der Hand Adam Friedrichs von Trützschler und wurde von seinen Erben 1754 verkauft. Selbst das Rittergut Unter-Lothra behielten sie, nachdem es ein Hauptmann Trützschler von Falkenstein 1778/79 von einem von Watzdorf gekauft wohl wegen des heftigen Protests von dessen Mitbelehnten nur für kurze Zeit.

Das Hauptverbreitungsgebiet der Trützlers war eben Sachsen und Preußen, wo sie noch im 20. Jahrhundert oft im Heeres- und Beamtendienst anzutreffen waren.[513]

VON THÜMMLER

Die von Thümmler sind eine briefadelige Familie aus Sachsen, deren bäuerliche und bürgerliche Vorfahren seit dem 16. Jahrhundert in Raum Crimmitschau nachgewiesen sind, wo sie in Neukirchen eine Wollkämmerei betrieben, bis deren letzter Inhaber, Georg Friedrich Thümmler [†1841], diese im Hungerjahr 1817 verkaufte und dafür sub hasta das Rittergut Selka bei Schmölln ansichzog. Zudem kaufte er 1828 für seinen einzigen Sohn Johann Friedrich [1789-1850] das Rittergut Miesitz bei Triptis. Noch im Jahre seines Todes erwarb Johann Friedrich das Rittergut Costewitz südlich von Leipzig, welches sein dritter Sohn Friedrich erbte, während der älteste Sohn Ferdinand das Rittergut Miesitz erhielt. Der mittleren Sohn, Georg Ernst [1818-1872], aber blieb Besitzer des Rittergutes Selka, welches er in jungen Jahren schon in Pacht genommen und 1845 von seinem Vater käuflich erworben hatte. Seine Frau Hedwig [*1821/oo 1841] war die zweite Tochter des Christ. Heinrich Lobegott von Stein auf Lausnitz und der Marianne Henriette Louise Dominica von Souvirant.

Georg Ernst Thümmler war ein weitgereister vielseitig gebildeter Mann. Wiederholt weilte er in Paris und war sogar bei der Einweihung des Suezkanals 1869 persönlich anwesend. Nichtzuletzt aufgrund seiner bedeutenden landwirtschaftlichen und ökonomischen Kenntnisse war er schon 1842 mit 24 Jahren zum Landkammerrat des Fürstentums Reuß-Schleiz berufen worden und auch längere Zeit als Landtagsabgeordneter in Weimar tätig. 1857 endlich erhob ihn Fürst Heinrich LXVII. Reuß j. L. in den Freiherrenstand, und das Heroldsamt erhob keine Einwände dagegen, daß er das Wappen der 1658 ausgestorbenen elsässischen Adelsfamilie von Dümmler übernahm. Deren Wappenschild ist quadriert mit einem, sich aufbäumenden Pferd mit goldenem Siegelring im Maule auf goldenem Grund im ersten und vierten Feld sowie einem grünen Dreihügel auf silbernem Grund im zweiten und dritten Feld.

In Selka schuf der rührige Freiherr eine große Kirschplantage mit 6.000 Bäumen und pflanzte auch in Kospoda der Höhenlage des Orlagebietes entsprechend eine große Zahl von Pflaumenbäumen. Seine beiden Güter bewirtschaftete er nach damaligen Maßstäben äußerst intensiv, beizte das Saatgetreide schon mit Kupfervitriol, setzte zur Düngung neben Asche und Kalkkies seit 1854 auch exportierte Düngemittel wie Guano ein, kaufte als erster mit im Kreise landwirtschaftliche Maschinen [so 1861 eine Dreschmaschine], baute Gemüse bis hin zu Spargel an und betrieb umfangreich Melioration, sodaß er die jährlichen Nettoerträge der Kospodaer Ritterguts-Ökonomie bei einem 15-jährigen Schnitt von 2.761 Thl. auf 3.954 Thl. im Jahre 1864 steigern konnte. In das Rittergutsgehöft selbst verbaute er 12.000 Thl. Dermaßen aufgewertet konnte von Thümmler das seinerzeit von denen von Thompson erworbene Rittergut 1865 für 98.500 Thlr. zum Verkauf austun

Selka: Restflügel des Schlosses

und den Kaufmann Friedrich Wilhelm Schimpf aus Gera als Käufer gewinnen. Einige Jahre später bekam von Thümmler ein Magengeschwür [wohl Krebs], welches den rüstigen Mitfünfziger auf dem Höhepunkt seiner Schaffenskraft aus den Leben riß. Er hinterließ vier Söhne und drei Töchter. Die drei ältesten Söhne wurden preußische Offiziere, während der jüngste, der Freiherr Joachim von Thümmler das Rittergut Selka erbte. Nach seinem Tode 1922 übernahm sein Sohn Ernst Achim den 175 ha großen Selkaer Betrieb, den er noch 1934 im Besitz hielt. 1945 wurde alles enteignet, das Schloß 1948 bis auf den Westflügel in die Luft gejagt, selbst das Erbbegräbnis der Familie 1969 gesprengt.[514]

VON TÜMPLING

Die von Tümpling sind ein Thüringisches Uradelsgeschlecht aus dem gleichnamigen Stammhause bei Camburg an der Saale, das sie bis 1784/1819 behaupteten und 1993 zurückerwarben. Ihr in Rot und Silber gespaltener Wappenschild zeigt in verwechselten Tinkturen je eine aufrecht stehende, nach innen gekehrte, gezahnte Kriegssichel. Das Familienarchiv mit der Ahnengalerie befand sich zeitweise auf Schloß Thalstein bei Jena. Dessen Besitzer, der kaiserliche Legationsrat a. D. Wolf von Thümpling [1845-1923], scheute seinerzeit keinen Aufwand, um die weitverzweigte Genealogie seines Hauses zu erforschen.[515] »In jenem Werk wird eingangs des urkundlichen Vorkommens von Schloß Thumplink ... anno 1242 und einem im Jahre vorher als Deutschordensritter kämpfenden Tümpling, dessen Vorname fehlt, gedacht.«[516] Zusammen mit jenem, im Jahre 1300 [nach Boehme aber 1337] als Kastellan auf dem wettinischen Schloß Camburg wirkenden Ritter sowie des bei dem Jenaer Historiographen Beyer erwähnten Albertus de Timpling [†1319] sind diese Nennungen mangels Belegbarkeit von der neueren Forschung inzwischen verworfen.[517] Der erste urkundlich nachweisbare Vertreter der Familie und gleichsam Begründer der Stammreihe ist demnach Timo von Tümpling [Thune von Tümplicz, urk. 1337, auch Dyte von Tumplic urk. 1346], der 1349 als Lehnsmann Markgraf Friedrichs des Strengen mit 4 Hufen und 8 Höfen zu Tümpling erwähnt wird. Weitere frühe Vertreter der Familie sind Cuno von Timpling [urk. 1349/50, 1359], Hans von Tümpling, Vogt zu Saalfeld [1402], und Margaretha von Tümpling, Äbtissin zu Roda [1491]. Otto von Tümpling starb 1610 hochbetagt mit

82 Jahren. Rudolf Wilhelm von Tümpling [1612 bis nach 1651] war als ›Der Einwurzelnde‹ Mitglied der Fruchtbringenden Gesellschaft, ebenso der Fürstlich Altenburgische Hofmarschall Philipp Christian Heinrich von Tümpling [1616-1669] als ›Der Aufrichtige‹. Denselben Logennamen führte später Heinrich von Tümpling [1699-1773], Dompropst von Merseburg. »Otto Wilhelm von und zu Timpling war 1712 Fürstlich Merseburgischer Hofmarschall und Kammerrath und später königlich polnischer und kursächsischer Kammerherr. Derselbe war mit Aemilia Eleonora, Tochter des Herzogs Bernhard zu Jena [1638-1678] und der Madame d'Alstedt, geb. von Kospoth, vermählt, aus welcher Ehe zwei Söhne, Friedrich Wilhelm und Christian Lebrecht von Tümpling, entsprossten. ... Um diese Zeit lebte auch Rudolph Albrecht von Tümpling, Herr auf Heiligen-Kreutz im Meiningischen, Sachsen-Gothaischer Ober-Steuer-Director und später königlich polnischer Kammerherr und Landes-Aeltester des Eisenbergischen Kreises und Wolf Friedrich von Tümpling, Sachsen-Merseburgischer Ober-Forstmeister und ältester Kammerjunker. ...Mehrere Glieder der Familie standen in der königlich preußischen Armee.«[518] Der Oberstwachtmeister Georg Christoph von Tümpling erwarb 1675 für 1.239 fl. ein Viertel des Rittergutes Serba[-Trotz] und wohnte da bis zu seinem Tod 1702, worauf sein Sohn Georg Friedrich den Anteil 1707 an Heinrich Siegmund v. Stutterheim verkaufte. Ebenso hielt der aus der Bergsulzaer Linie stammende Adam Friedrich v. Tümpling [oo Katharina Sabina geb. von Gräfen-Naudschitz] zwischen 1689 und 1711 das Rittergut Rausdorf. Der Obrist Georg Wolf von Tümpling auf Sorna [1713-1777] reüssierte im 7-jährigen Kriege zum Generalmajor und Kommandanten der Festung Pillau. Der Premierleutnant Karl Gottlob von Tümpling erhielt durch seine Tapferkeit 1759 den Orden Pour Le Mérite, eine der höchsten Auszeichnungen. Ferdinand von Tümpling [1750-1803] führte das Husarenregiment *H 10 ›von Glaser‹.*

Daß die 1806 einfallenden Franzosen nach dem Gefecht von Schleiz das Sornasche Rittergut besonders gründlich heimsuchten, indem sie das gesamte Inventar, darunter alle Gemälde und Urkunden, auf den Hof warfen und anschließend in Brand steckten, mag mit dieser militärischen Tradition in Zusammenhang gestanden haben, auch wenn die von Tümplings in den Napoleonischen Kriegen auf beiden Seiten kämpften. So mußte etwa ein Leutnant von Tümpling am 4. Juli 1813 in Stadtroda mit 120 Defensionern des Altenburger Landregiments vor dem streifenden preußischen Freikorps Majors von Lützow die Waffen strecken. Überwiegend stand die von Tümplings jedoch in preußischen Diensten, so war Wilhelm Ferdinand von Tümpling um 1838 Preußischer Generalmajor der Infanterie, während Adam von Tümpling [1781-1871] und Wilhelm von Tümpling [1809-1884] zu Generälen der preußischen Kavallerie avancierten.[519] Unter den verschiedenen besitzgebundenen Familienlinien derer von Tümpling sind nach dem Erlöschen der Häuser Posewitz und Casekirchen noch die zu Reinsdorf [bei Plauen] und Sorna zu nennen.[520] Das ›in fast ganz Thüringen und im Voigtlande‹ begüterte und angesehene Geschlecht war allein im Untersuchungsgebiet des Historischen Rittergüter-Lexikons [HRL] zeitversetzt auf mehr als 40 Rittersitzen ansässig. Es dürften aber beträchtlich mehr gewesen sein. Im alten Neustadter Kreis [1567-1815] waren dies die Orte Krölpa, Liebschütz, Moderwitz, Molbitz, Moßbach, Wenigenauma, Wöhlsdorf bei Auma und Ranis sowie selbstredend Sorna.

Die Linie von Tümpling zu Sorna

Mit dem Kauf der vereinigten Rittergüter zu Sorna von H. E. von Seydewitz im Jahre 1699 machte Georg Wolf I. von Tümpling aus der Linie Bergsulza, das Einzelgehöft zum Sitz jener von ihm begründeten Linie.[521] Nach seinem Tode im Jahre 1732 folgten ihm Wolf Gottlob [†1777] und Wolf [†1814] im Besitze nach. Unter dem königlich bayerischen Kammerherrn Wolf von Tümpling [1809-1870], der neben Sorna und Chursdorf auch Hermsdorf, Näthern und Reinsdorf besaß, wurde das Sornaer Herrenhaus nach einem Brand 1875 im gründerzeitlichen Stil wieder neu aufgebaut. Sein Nachfolger, der Legationsrat Freiherr von Wilhelm von Tümpling [†1887], ließ das Gut mit seinen 215,51 ha Fläche zum Majorat erklären, wonach jeweils der älteste Sohn alles erben sollte und nachgeborenen Söhnen bzw. Töchtern allenfalls geringe Unterhaltsgelder zustanden. Bis zum Jahre 1915 war Wolf von Tümpling Majoratsherr auf Sorna. Nachdem er im Weltkrieg gefallen war, erhielt um 1919 sein jüngerer Zwillingsbruder und nächster männlicher Verwandter, der Oberleutnant a. D. Hans Ferdinand Wolf [*1895], Titel und Besitz, wobei er das Gut – unter Verwaltung von W. Kamp – wieder in eigene Bewirtschaftung nahm.

Dabei waren die Liegenschaften im Jahre 1923 in etwa noch dieselben wie 1880 nämlich 215 ha [davon 69 ha Feld, 45 ha Wiesen, 7 ha Weiden, 83 ha Wald, 8,5 ha Teiche u.a.].

Für die kirchliche Versorgung hatten die Gutsherren schon ziemlich früh in dem, ihrem Gerichtsbezirk [mit 232 Consumenten im Jahre 1801] einverleibten Nachbarort Chursdorf eine Kirche begründet, dessen Pfarrer sie bestellten, bis diese nach der Reformation nach Moßbach eingepfarrt wurde, wo der Gutsherr noch 1920 als Mitpatron der dortigen Kirche genannt ist. In Chursdorf befindet sich auch die von Tümplingsche Familiengruft, von wo der Sage nach ein unterirdischer Gang nach Sorna führen soll. Die noch heute erhaltene eigentümliche Patronatsloge ist ein ›kunstfertiges verglastes Gehäuse aus bemaltem Holz mit separater Tür‹ und sogar einem kleinen Kachelofen.[522] Im Jahre 1919 heiratete Hans von Tümpling Elisabeth, geb. von Frankenberg und Ludwigsdorff und hatte mit ihr zwei Söhne – Wolf-Egon [*1921] und Hans Albrecht [*1923]. Mit auf dem Gute lebte noch die Großmutter Margarethe – ›Rita‹ – von Tümpling, die eine Zeit ihres Lebens ›Hofdame‹ am Zarenhofe in St. Petersburg gewesen war. Der Karlsruher Arzt, Dr. Hans von Frankenberg und Ludwigsdorff [*1934], der im Zuge der Kinder-Land-Verschickung von 1941 bis 1943 bei Tante und Onkel auf Sorna lebte, hat in seinen autobiographischen Erinnerungen ›Vom Überleben des Herzens‹ [2020] dem Rittergut und seinen letzten Bewohnern auch erinnerungskulturell ein würdiges Denkmal gesetzt: …

Mit Ausbruch des Zweiten Weltkrieges mußte auch Hans von Tümpling, der Reserveoffizier war, einrücken, gefolgt von seinen beiden Söhnen, von denen der jüngere Sohn, Albrecht,

1942 mit gerade einmal 18½ Jahren bei Orel in Rußland gefallen ist. Daraufhin wurde sein Name auf der Ahnentafel im Innenraum der Chursdorfer Kirche ›verewigt‹, während die Mutter für ihr privates Gedenken auf dem, dem Gut nahegelegenen Waldrand einen Gedenkstein errichten ließ, der noch immer dort steht. Neues Unglück folgte am Mittwoch den 20. Oktober 1943, als ein »aus seinem Geschwader abgesprengtes, von der Flak angeschossenes amerikanisches Bombenflugzeug seinen tödlichen Ballast (Notabwurf) in der Dämmerung des Abends ... ausgerechnet über dem einsam liegenden Gutshof abwarf. Es fielen Bündel von Phospor-Stabbrandbomben exakt in die Mitte des Hofes,«[523] fegten das Geflügelhaus hinweg, wobei die Druckwelle die umliegenden Gebäude in ihren Grundfesten erschütterte. Einen Treffer erhielt die Gutsmühle, einen weiteren die Schäferei. Eine der Bomben traf das Verwalterhaus, verletzte das Gutsverwalterehepar, wobei dem Martin Göhrig durch herabstürzende Balken ein Bein abgeschlagen wurde, der Pachtmüller Otto Stockmar dagegen kam mit dem Schrecken davon. Am Ende steuerte das Flugzeug noch einmal heran und – stürzte dann ab, wobei beide Piloten den Tod fanden. Das Herrenhaus mit seinen zerbrochenen Fenstern und Türen war hinterher kaum noch bewohnbar, und für Hans von Frankenberg endete der ›Sommer seiner Kindheit‹. Er kehrte zurück zu seiner, damals nach Gotha evakuierten Mutter, »dabei nicht ahnend, was an Terror, Tod und Verwüstung, Angst und Schrecken und entsetzlichen seelischen Verletzungen noch bevorstand.«[524] So überlebte er den Terrorangriff der 8. US-Luftflotte auf das Gothaer Bahnhofsviertel am 6. Februar 1945, bei dem 270 Menschen, darunter bis auf einen Mitschüler seine ganze Schulklasse, getötet wurden. Auch aus Sorna waren schlechte Nachrichten eingetroffen. Onkel Hans, zunächst Major im Stab eines Panzerkorps, war als Panzerkommandant im Frühjahr 1945 bei Tilsit in ein schweres Rückzugsgefecht geraten, und galt seitdem als vermißt. So mußte er den »so erbärmlichen und schandbaren Untergang seines und seiner Familie angestammten Gutshofes mit all seinen Grund und Boden nicht ... miterleben.«[525]

Kaum waren nämlich die Russen in Thüringen einmarschiert, gewannen die lokalen Kommunisten, darunter welche, ›die das KZ überlebt hatten, aber auch solche, die sehr schnell zu Kommunisten geworden waren‹, sofort die Oberhand und sagten ländlich feudalen Familien wie den von Tümplings den Kampf an. Eine neu installierte kommunistische ›Gemeindekommission‹ erschien auf dem Hof und erklärte der Tante, daß ihr Gutshof mit allen Gebäuden, dem gesamten Inventar, die dazugehörigen Ländereien und Wälder [120 ha Feld und Wiesen, 90 ha Wald, 5 ha Teiche] auf Grund des Gesetzes der Bodenreform vom 2. September 1945 enteignet sei und sie diesen Beschluß zu unterschreiben hätte. Sie selbst aber ›habe das Herrenhaus unverzüglich zu verlassen unter Mitnahme von höchstens einem Koffer und in der Gutsschäferei zu leben‹, wo ihr für ihren eigenen Lebensunterhalt 5 ha Boden ›abgesteckt‹ würden. Inzwischen war ihr älterer Sohn Wolf-Egon schwerversehrt aus sowjetischer Kriegsgefangenschaft heimgekehrt. Kurz darauf überbrachte ein kommunistischer Funktionär aus Schleiz den schriftlichen ›Befehl‹, sich mit je einem Koffer reisefertig zu machen, »da sie und ihr Sohn als die ehemaligen ›Feudalbesitzer‹ des nun dem Volk gehörenden Grund und Bodens unverzüglich ausgewiesen würden. Und tatsächlich erschien sehr bald ein Lastwagen mit noch anderen Schicksalsgenossen – weiteren adligen Gutsbesitzern und deren Familien aus der Umgebung –, der diese menschliche Fracht zum Bahnhof nach Schleiz brachte. Dort wurden die Menschen in Viehwaggons geladen mit unbekanntem Ziel ... Da der bewachte Zug in nordöstliche Richtung fuhr (das Ziel war die Insel Rügen), vermuteten die meisten Insassen, es gehe letztlich nach Sibirien, eine damals sehr naheliegende Horrorvorstellung. Irgendwo unterwegs sprang meine Tante, mit ihrem kriegsversehrten Sohn aus dem Zug, jeder mit nicht mehr als einem Köfferchen, und flüchteten in der Dunkelheit Richtung Westen,«[526] wo sie nach tagelangem Fußmarsch über die grüne Grenze in die britische Zone gelangten und letztlich bei Verwandten in Bremen Aufnahme fanden. Rita kam ins Schleizer Altenheim und starb dort 81-jährig 1949. In Sorna aber zogen – animiert durch die roten Agitatoren – Leute aus der Umgebung – überwiegend Aumaer Einwohner– mit Karren und Leiterwägen hinauf zum Herrenhaus und erbeuteten gleich einem Raubzug im 30-jährigen Krieg Preziosen, Antiquitäten, Kunstwerke und Inventar jeglicher Art und Herkunft und zerstreuten auch die Bibliothek in alle Winde. Zum Schluß wurde das Herrenhaus selbst Stein um Stein abgetragen und daraus in den Nachbardörfen Scheunen gebaut und Mauern hochgezogen. Dabei erstand auch die 1943 zerbombte Holzmühle als Wohnanwesen ohne Wassertriebwerk wieder. »Die Scheunen und Stallungen auf dem Rund des Gutshügels gingen über in eine (gen Himmel stinkende!) ›volkseigene‹ Schweinezucht. Dazu hatten nach der sozialistischen Bodenreform die kommunistischen Machthaber das uralte und auch so geschichtsträchtige Gut Sorna herabgewürdigt. An diesem traurigen Zustand hat sich auch seit der Wende bzw. Wiedervereinigung Deutschlands von 1989 nichts geändert.«[527] Elisabeth von Tümpling aber lebte [mit buchstäblich Nichts] noch viele Jahre in Bremen, wo sie karrikativ tätig war, während ihr Sohn immer hinfälliger wurde und 1949 mit nur 28 Jahren an den Folgen seiner Kriegsverletzungen verstarb. So lange sie lebte, gab sie die Hoffnung auf die Heimkehr ihres Mannes nicht auf, griff nach jedem Strohhalm, konsultierte Wahrsager und war ›glücklich wenn man (aus Mitleid) ihre Hoffnung teilte‹. Aus dieser Hoffnung schöpfte sie den Mut und die Kraft für ihre sprichwörtliche Preußische Selbstdisziplin. Als sie 1995 mit 94 Jahren starb, wurde sie im Kreise ihrer diversen Neffen und Nichten und deren Familien in der restaurierten Familiengrabstätte derer von Tümpling auf dem Chursdorfer Friedhof direkt neben der Kirche beigesetzt. Als im Sommer 2022 dann das 300-jährige Jubiläum, der nach der Wende mit Spendenmitteln liebevoll sanierten Kirche gefeiert wurde, saßen beim Festgottesdienst auch viele Angehörige der Tümpling-Familie mit in den Reihen, denen ihre beiden Erbbegräbnisse in Chursdorf und Plauen-Reinsdorf zu wichtigen Stätten des Ahnengedenkens wie auch der Zusammenkunft geworden sind.[528]

VON UHLSTEDT

Die von Uhlstedt [auch Olstete, Oylstet] waren ein, ursprünglich im Dienste der Grafen von Orlamünde stehendes thüringisches Uradelsgeschlecht aus dem gleichnamigen Ort zwischen Rudolstadt und Orlamünde, wo sie bis 1445 zwei Rittergüter innehatten. Weitere Sitze waren Remda, Meckfeld, Zeutsch und Krölpa. Die Stammreihe des Geschlechts beginnt mit den, in einer Saalfelder Urkunde genannten Gebrüdern Albrecht und Konrad von Ulstedt [Albertus et Conradus dicti de Oilstette] im Jahre 1270. Berthold und Dietrich von Uhlstedt saßen 1325 auf Ischerstedt. Im Jahre 1365 übertrugen die Landgrafen Friedrich, Balthasar und Wilhelm ihrem Vasallen Johann von Ulstedt und seinen Erben alle in den Villen Crossin und Smollin [Schmölln bei Hummelshain] nach dem Tode des Ritters Hermann Schicken an die Landesherrschaft heimgefallenen Güter. Dabei war der vorerwähnte Hans als ›houediener‹ des Landgrafen Friedrich 1369 zudem eventuell auch mit Eutersdorf, 1373 theilweise mit Partschefeld und 1380 mit Vippach belehnt und war an letzterem im Jahre 1378 auch Besitzer. Besagter Conrad hingegen besaß Beutelsdorf, wo seine Gemahlin Adelheid nach seinem Tode, 1393, lebte. Die schwarzburgischen Ulstedten kamen bei der Teilung der Grafschaft 1496 zum Arnstädter Teil. Hans von Uhlstedt auf Crölpa und Kreipitzsch [urk. 1404] führte in seinen Wappenschild einen Sparren, begleitet von drei Kugeln. Schon im 15. Jahrhundert fingen die von Uhlstedt an, Güter zu verkaufen. Ihre Saaleländischen Besitzungen fielen dabei großenteils an die Herren von Kochberg, mit denen sie verwandt und verschwägert waren. Ihre letzten Vertreter in hiesiger Gegend waren 1529 ›die von Vilstedt zu Cumbach‹. Zu der Zeit hören wir noch von Georg [1519 Pfarrer zu Meerane], Elisabeth [1519 Kellnerin im Kloster Lausnitz], Helene [bis 1525 Äbtissin in Jena] und Katharine, 1515 Äbtissin des Klosters Geringswalde, über das Friedrich und Fabian von Uhlstedt die Vogtei innehatten. Sie wurde 1525 Äbtissin zu Frankenhausen. Eines der wahrscheinlich letzten urkundlich bezeugbaren Familienmitglieder war 1545 Hans von Uhlstedt, ehedem Kirchenpatron zu Löbschitz.[529]

VON WALDENFELS

Die von Waldenfels [auch Wallenfels, Waldenfels zu Wartenfels und Lichtenberg] sind ein fränkisches Uradelsgeschlecht aus der Ministerialität der Herzöge von Andechs und Meran aus dem gleichnamigen Stammort im bambergischen Nordgau. Erstmals in der urkundlichen Geschichte treten sie jedoch mit dem Ministerialen ›Eberhard de Waldenvels‹ im Jahre 1248 auf. Reiwin von Waldenfels erwarb 1316 die Veste Burghaig bei Kulmbach. Zudem erbaute er im Auftrage des Bischofs von Bamberg die Burg Wartenfels als Grenzfeste wider die Burggrafschaft Nürnberg. Im Verlaufe des 14. und 15. Jahrhunderts teilte sich die Familie in die Linien Burghaig, Fischbach [bis 1618], Katschenreuth [bis 1637], Lichtenberg und Waldsachsen [bis um 1633]. Während die Burghaiger Linie neben Burghaig und Grünwehr bei Kulmbach [beide bis 1605] noch Rugendorf besaß, entfaltete die Lichtenberger Linie den bedeutenderen Besitzstand. Neben Wartenfels zählte noch die große, zusammenhängende Herrschaft Lichtenberg bei Bad Steben dazu, die Kaspar von Waldenfels wohl 1428 von dem Grafen Sigismund von Orlamünde erworben hatte. Nachdem das Geschlecht aber Wartenfels [1574] und Lichtenberg [1618] wieder aufgeben mußte, wurden die Schlösser Gumpertsreuth bei Hof, Oberröslau und Unterhöchstädt bei Wunsiedel sowie ab 1827 Röthenbach bei Arzberg zu ihren neuen Sitzen. Auf das Rittergut Mißlareuth kamen sie mit dem Freiherrn Karl von Waldenfels aus der Feilitzscher Linie zunächst als Pächter, bis sie 1908 einen Teil und vor 1920 dann das Ganze erlangten. Später befand sich das Besitztum in der Hand des Freiherrn Hanskarls von Waldenfels [1910-1942] bzw. dessen Sohnes [?] Hubertus von Waldenfels, dem späteren Direktor der Dresdner Bank in Hof, der am 8. Juli 1934 in Mißlareuth getauft wurde. Das Herrenhaus des 1945 enteigneten Rittergutes überstand zwar die Bodenreform, wurde aber Mitte der 1990er-Jahre abgerissen. Das Familienwappen derer von Waldenfels mit einem silbernen springenden Einhorn [auf blauem Grund] findet sich am Torbogen der Freiherrengruft des Mißlareuther Friedhofs.[530]

von Walsburg

Hoch über dem Zusammenfluß von Saale und Wisenta auf einem langgestreckten nord-west-wärts gerichteten, spornartigen Ausläufer des Vogelherds auf 395 m ü. NN lag – durch Steilhänge und sieben Wällen mit sieben Gräben künstlich geschützt – die alte Walsburg.[531] Befand sich hier der Sitz jenes im Lehnbuch Markgraf Friedrichs des Strengen 1349/50 als früherer Besitzer später von brandensteinischer Güter in Bodelwitz und Thiemsdorf erwähnten Friczos de Waldisperg?

Zwar wird in besagter Urkunde die Walsburg selber nicht genannt, ein Bezug zum Amt Ziegenrück besteht jedoch insoweit, als im Anhang dieses Lehnbuches der damalige Inhaber dieser Lehen, Heinrich von Brandenstein, versichert, »daß dieser Herr Fritz von Waldisperg 13 Mark und eine halbe Hufen als Einkünfte in der Flur und im Dorfe Bodelwitz [Villa Bodelwitz], Bezirk Arnshaugk [districtus Arnshoug] vor unserem Vogt Namens Holden dem zuständigen Gericht freiwillig für sich und seine Erben aufgelassen hat in Gegenwart der Herren Heinrich – Pfarrer in Ziegenrück –, Konrad von Gräfendorf, Ludwig von Obernitz, Nikolaus von Dobel, Bürger in Pößneck [Henrico plebano in Czygenrucke, Conrado de Grevendorf, Ludovico de Obernicz, Nikolao de Dobels, cive in Pesnig], die der vorgenannte Fritz zu sicherem Zeugnis berufen hat.[532] Die nächste Erwähnung von Vertretern dieses 1680 erloschenen Geschlechts erfolgte mit Otto von Walsberg [1340] und seiner Witwe [?] Dorothea als Besitzer von Garnstadt oder Karnstadt. 1380 dann erscheint ein Otto von Walsburg mit Gütern bei Coburg als Vasall des Klosters Langenheim. Inwieweit diese noch in einem Bezug zur Walsburg standen, wird nicht deutlich, ebensowenig wie bei jenen 1465 als Vasall des Burggrafen von Meißen, Heinrich II. aus der älteren Vogtslinie zu Plauen, bezeichneten Peter von Walsburg. Siebmacher gibt bei denen von Walsberg [1340] einen Doppeladler im Wappenschild an.[533]

VON WATZDORF

Das Thüringische Uradelsgeschlecht der von Watzdorf hat seinen Stammsitz in dem gleichnamigen Brauerei-Ort bei Bad Blankenburg, wo es die Burgvögte der dortigen Veste Greifenstein stellte und im Jahre 1137 durch Graf Sizzo III. von Schwarzburg mit dem nahegelegenen Ort Watzdorf belehnt wurde. Zwar nennt eine Urkunde des Benediktinerklosters zu Saalfeld von 1071/72 auch schon einen von Watzdorf als Zeugen, doch handelt es sich bei der Quelle um eine Fälschung der Zeit nach 1200. In diesem Jahrhundert beginnt mit dem, in einer Urkunde des Klosters Paulinzella erwähnten ›Heidenricus de Watsdorf‹ [1261] auch die Stammreihe jenes

Geschlechts mit dem, in Gold und Schwarz gespaltenen Wappenschild. Wohl als Mitkolonisatoren der Grafen von Schwarzburg sind sie schon sehr früh in die Region zwischen Oberer Saale und Sormitz eingewandert und haben – weit mehr als die Herren von Obernitz – dort eine umfangreiche Siedlungsherrschaft etabliert, die sich bis zum 16. Jahrhundert auf um die 20 Rittersitze erweiterte. Ihre früheste urkundliche Erwähnung in der Region finden sie 1278 mit Morzelin und Leurad, Burgleuten zu Lobenstein, und 1328 mit ›Conradus de Wazdorf in Witenberg‹ [Weitisberga]. Ferner hören wir 1347 von einer, auf Weisbach sitzenden Witwe, deren Gemahl Conrad Poppo Burgmann auf der, von dem Grafen Heinrich XII. von Schwarzburg-Blankenburg 1323 mit Mannschaft und allen Lehen erworbenen Hohenwaldsburg [Wysburg] war. Indem seine Brüder Otto und Heinrich in den geistlichen Stand eintraten und in Tanna und Drognitz wirkten, soll Conrad Poppo der Vorvater des, 1471 mit Altengesees und Lothra belehnten Conrads von Watzdorf gewesen sein. Neben dieser Altengeseeser Linie derer von Watzdorf entstand noch eine solche zu Neidenberga. Alle anderen Zweige des, im Laufe der Jahrhunderte sich im thüringisch-sächsischen Raum mit weiteren Schwerpunkten im Vogtland, im Großraum Leipzig, in der Oberlausitz sowie im Brandenburgischen auf etwa 100 Rittergütern ausbreitenden Geschlechts lassen sich auf eine, dieser beiden Hauptlinien zurückführen – selbst ihre freiherrlichen und ab 1719 sogar gräflichen Äste. Neben Altengesees [bis 1753], Lothra [bis 1707/1813] und Neidenberga [bis 1585] waren die von Watzdorf diesseits der Oberen Saale zudem auf den Rittergütern Altenbeuthen [vor 1485], Dorfilm [bis 1560], Gahma [?], Heinersdorf [bis vor 1541], Kleingeschwenda [1604-1625], Lichtenbrunn, Oßla [bis 1750], Remptendorf [15./16. Jh.], Thimmendorf [bis 1496], Unter-Zoppoten [16./17. Jh.], Weitisberga [bis vor 1484], Wurzbach [bis 1750] sowie jenseits der Sormitz auf Lichtentanne und Schmiedefeld [16. Jh.] angesiedelt. Zudem traten sie gegen Ende des 15. Jahrhunderts die Nachfolge der Herren von Posseck über die Rittergüter Crispendorf, Erkmannsdorf [beide bis 1597],

Dörflas [bis 1592], Dittersdorf [bis 1562] und den Adelsitz [ohne Rittergut] in Rödersdorf [bis 1505?] an. Dazu kamen später noch die Rittergüter Harra und Kießling [1610-1700], die um 1600 wieder erworbenen Herrschaften Weitisberga und Thimmendorf [bis nach 1647] sowie Pottiga [ab 1670].

Weitere frühe Watzdorfsche Besitzungen befanden sich zudem in Albersdorf bei Bürgel [1394], in Zimmern bei Apolda [15. Jh.], in Ranis bei Pößneck [kurzzeitig bis 1512] sowie früh und lange in der Grafschaft Mansfeld, so in Erdeborn und Nieder-röblingen bei Eisleben [bis ins 16. Jahrhundert]. »Zu den Schwarzburgischen Vasallen zählten 1647 die von Watzdorf auf Weitisberga, 1662 Christian Althoff und sein Bruder, 1665 der Marschall Heinrich von Watzdorf, 1665 Christoph Daniel der Ältere und der Jüngere, Adolph Wigand auf Lichten-tanna, 1706 Volrad von Watzdorf wegen Wickendorf.«[534]

Eine bedeutende Rolle spielten verschiedene Angehörige derer von Watzdorf bei der Einführung und Durchsetzung der Reformation. Der auf Dornburg sitzende Ritter Vollrath von Watzdorf geleitete 1521 den Reformator Martin Luther zum Reichstag nach Worms. 1539 erbaute er eines der Dornburger Schlösser, das die Familie bis 1571 in Besitz hielt. Georg von Watzdorf, der Schösser des Amtes Bürgel, hingegen gehörte 1536 zu den Sequestratoren des Klosters Eisenberg, obwohl ein Georg von Watzdorf noch 1508 Abt des Klosters Bürgel und Dorothea und Margaretha von Watzdorf 1520 Konventsa-linnen im Kloster Paulinzella waren. Des ersteren Verwandter und ein Vetter des Vollrath, Heinrich von Watzdorf auf Alten-gesees [um 1470-1547], aber wurde von Heinrich dem Jün-geren von Gera mit der Kirchenvisitation und der Einführung der Reformation in dessen Herrschaften beauftragt. Sein Sohn Caspar [1521-1585] wurde auch ›der Reiche‹ genannt, weil er es verstand, zu seinen Stammgütern Altengesees, Lothra und angeblich auch Thimmendorf noch weitreichende Besit-zungen – darunter 6 Rittergüter und umfangreiche Zinsein-künfte – hinzu zu erwerben.Auch sonst hatten sich die von Watzdorf bis Ende des 16. Jahrhunderts in ihren Besitzungen schon beträchtlich ausgebreitet. An der Mittleren Saale gehörten ihnen die Rittergüter Birkenheide, Schwarza [1534] und Unterwirbach bei Saalfeld [1575] sowie Naschhausen unterhalb von Orlamünde [1535], im mittleren Elstergebiet Köstritz bei Gera [ab 1581 anteilig], Schloß Dryfels in Berga [1592-1870] und Kauern bei Greiz [ab 1592], aber auch Langenwetzendorf bei Zeulenroda [1540], Nestelreuth [vor 1560] und Feilitzsch [ab 1547] in Oberfranken [wo sie u.a. in die Geschlechter derer von Wildenstein und von Sparneck einheirateten] sowie Adelsdorf bei Großenhain [1578]. Nach Reuth [bis nach 1839] erwarben die von Watzdorf im 17. Jahrhundert mehrere Schlösser im sächsischen Vogtland und zwar in der Gegend um Plauen, so Kauschwitz [vor 1608-1787], Syrau [vor 1608 bis nach 1766], Jößnitz [vor 1639-1843], Neuensalz [vor 1653-1673], Bernsgrün [1665], Röttis [1699 bis nach 1839] sowie Unterreudnitz [18. Jh.].

Im 18. Jahrhundert standen verschiedene Angehörige des Geschlechts im Besitz der Rittergüter Stedten [bis 1721], Stanau bei Neustadt a.d. Orla [1738], Moschwitz bei Greiz [1750-1765], Hohenölsen [1739-1800], Sirbis und Kleindraxdorf [ab 1789] sowie später noch Wolfersdorf bei Weida [um 1815], Auerswalde bei Chemnitz [1723 bis nach 1766] sowie Wiesa [1771 bis nach 1802] und Thum [1800] bei Annaberg. Zudem nahm ihre Lausitzer Linie nach Crostau [1670 bis nach 1732] auch Oehna bei Bautzen [1723-1725] sowie Forst [1719] und Pförten [1719-1746] bei Sorau in Besitz. Standesherr auf Pförten war der Kabinettsminister Christoph Heinrich von Watzdorf [1670-1729], der 1726 in den Reichsgrafenstand erhoben wurde. Anstelle der 1722 erworbenen Burg Lichtenwalde bei Chemnitz ließ er ein großes Barockschloß erbauen, welches sein Sohn Friedrich Carl ab 1730 noch um einen ausgedehnten Park erweiterte. Nach seinem Tod 1764 erbte seine Witwe Henriette Sophia – eine geborene Gräfin Vitzthum von Eckstädt – den Besitz, worauf dieser bis 1945 in den Händen der Vitzthums verblieb. Der andere Sohn Christoph Heinrichs, der Reichsgraf Christian Heinrich von Watzdorf [1698-1747], aber ist insbesondere durch die DEFA-Verfilmung des Historienromans Józef Ignacy Kraszewskis über den Grafen Brühl der einen Leserin oder dem anderen Leser noch in Erinnerung geblieben, als jener mutige Mann, der sich am Dresdner Hof der Willkürherrschaft jenes intriganten Premierministers widersetzte und dafür nach 14 Jahren Haft als Staatsgefangener auf der Festung Königstein endete, worauf sein Vermögen eingezogen wurde und Brühl daraufhin mehrerer Watzdorf-Schlösser gewann. Glücklicher verlief der Werdegang Adam Friedrich Augusts von Watzdorf, der durch seine Ehe mit Luise Sophie von Lindau 1749 in den Besitz des Schlosses Wiesenburg im Fläming gelangte, worauf der von ihm begründete brandenburgische Zweig derer von Watzdorf 1760 weitere Rittergüter in der Region Belzig, wie Hagelberg, Sandberg und Setzsteig sowie 1766 Klein Glien erwarb und mehrheitlich bis um 1880 im Besitz hielt, worauf die Güter in weiblicher Linie fortvererbt wurden. Keine Erben konnte am Ende die Altengeseeser Linie mehr hervorbringen, die 1753 mit Christoph Adolph von Watzdorf im Mannesstamm erlosch.

Während des 19. Jahrhunderts erwarben die von Watzdorf die Rittergüter Zangenberg bei Zeitz [um 1803], Linda bei Freiberg [1810 bis nach 1825], Oberpolenz bei Meißen [1802], Jahnishausen [anteilig 1819] und Kleinrügeln bei Riesa [1878], Brambach bei Oelsnitz [1830], Nudersdorf bei Wittenberg [1840-1849] und Spreewiese bei Görlitz [ab 1840]. Im Raum Bautzen besaßen sie zwischen 1840 und 1872 Göbeln, Klix, Leichnam und Salge sowie von 1855 bis 1880 Sollschwitz. Im Großraum Leipzig dagegen waren die von Watzdorf ab 1824 auf den Rittergütern Liebertwolkwitz [bis nach 1859] und Störmthal [bis nach 1925] ansässig und hielten zudem Kötteritzsch bei Colditz [1848-1862], Meineweh bei Weißenfels [um 1840] und Oberthau bei Schkeuditz [vor 1872 bis nach 1880] in Besitz. Auch gewannen sie kurzzeitig Rittergüter in Westpreußen. Zu Beginn des 20. Jahrhunderts erwarben sie u.a. schließlich noch das Rittergut Luttowitz bei Bautzen [vor 1920 bis nach 1937] sowie Dinglingers Weinberg. Nach der Enteignung der Familie in den sowjetisch besetzten Gebieten und ihrer anschließenden Vertreibung wurden sie erst im Jahre 2004 in Sachsen wieder ansässig, indem sie zusammen mit der Familie von Heynitz das Schloß Heynitz bei Nossen erwarben.[535]

Die Linie der von Watzdorf zu Neidenberga

Nach älterer Ansicht soll der erste Ritter auf Neidenberga ›mit urkundlicher Sicherheit‹ schon ein Verwandter des 1135 im Besitz von Watzdorf bei Bad Blankenburg bezeugten Ottos von Watzdorf [eigentlich 1137 Conrad von Watzdorf] gewesen sein. Tatsächlich aber bezieht sich dieser Sachverhalt auf eine Urkunde aus dem Jahre 1335, worin Heinrich II. der Ältere, Vogt von Plauen, als damaliger Landesherr über das spätere Amt Ziegenrück bestätigte, »daß sein Vasall, der Ritter Otto von Watzdorf, einem ihm verwandten Ritter in ›Niedenberga‹ zwei Hufen mit dem Zehnten in Lothra verkauft habe.«[536] Es kann also vermutet werden, daß die Herren von Watzdorf die frühesten Besitzer des Rittersitzes gewesen sind, ja die Kolonisation dieses Landstrichs sogar von Neidenberga mit ausgegangen sein mag, zumal dessen Kirche noch 1529 ein Filial der Pfarrei Seisla in der Orlasenke war und nicht von Ziegenrück, Drognitz oder Gahma, den anderen Kristallisationspunkten der Christianisierung des linkssaalischen Gebietes. Namentlich treten die von Watzdorf auf Neidenberga jedoch erst mit Rudolf [†1455] auf, gefolgt von Balthasar [†1485], Erhardt [†1512] und Jörg ›von Watzdorff, Ritter zu Neydenperge‹, der 1531 für seine Güter samt Dienstgesinde Beiträge zur Türkensteuer an das Amt Ziegenrück abführen mußte. 1557 wird das Rittergut für die Landsteuer mit 3.000 fl. veranschlagt. Der letzte Vertreter dieses Geschlechts auf Neidenberga war vermutlich Kaspar von Watzdorf [†1585].

Die Linie der von Watzdorf auf Crispendorf und Dörflas

Bezüglich der Herausbildung der Grundherrschaft Crispendorf und des aus dem Burggut des im Spätmittelalter wüst gewordenen nahen Dynastenschlosses Walsburg entstandenen Rittergutes Dörflas [urk. seit 1389] existiert jene interessante, aber nur schwer verifizierbare Theorie, welche sich an der Besitzverteilung der noch vor dem Jahre 1500 in die Positionen derer von Posseck in Erkmannsdorf, Crispendorf und Dörflas-Walsburg eingerückten Herren von Watzdorf orientiert. Demnach habe diese einst viel größere Herrschaft schon vor der Kolonisation durch die Lobdeburger [ab 1204] bestanden und wäre nicht von der Orlasenke bzw. von Schleiz aus, sondern von den damals noch orlamündischen Burgen Ziegenrück und Walsburg begründet worden. Darauf deute der umfangreiche Watzdorfsche Grundbesitz hin, der sich von Dörflas, Erkmannsdorf, Grochwitz und Crispendorf über Neundorf, Pahnstangen und Plothen bis nach Dittersdorf [bis 1566 das Rittergut], Dragensdorf und Rödersdorf [1538 anteilig] erstreckte, bevor im Verlaufe des 16. Jahrhunderts das Gros davon in andere Hände überging. 1489 ließen sich die von Watzdorf bezüglich Crispendorfs auf einen Gebietstausch mit ihrer Landesherrschaft, den Herren von Gera [bis 1550], ein. 1497 hören wir von einem Herrn von Watzdorf auf ›Erckmasdorf‹ als stift-saalfeldischem Vasallen. Zu dieser Zeit war Erhard von Watzdorf [†1512] Herr auf Crispendorf. Am Montag nach Valentini 1538 belehnt Heinrich der Jüngere – Herr zu Gera, Schleiz und Lobenstein – dessen Erben »die Brüder und Vettern Balthasar, Erhard, Hans, Apel, Kaspar, Christoph, Achatus, Hans Georg, Georg, David, Heinrich, Albrecht, Andreas, Georg, Rudolf, Vollrath, Kunz, Bastian, Albrecht und Heinz von Watzdorf mit den Rittergütern und Dörfern Crispendorf, Walsburg, Dörflas und Dittersdorf und allem Zubehör, den Fischwassern in der Wisenta und Saale, den Ober- und Erbgerichten, den geistlichen Lehen, 12 Männern und Gütern in Rödersdorf usw. Ausgenommen wird jedoch überall das Bergregal«[537] Das Rittergut Erkmannsdorf, das 1547 zum Leibgedinge der Frau des Erhard von Walzdorf verschrieben wird, befindet sich nicht darunter. Erst in den 1570er-Jahren scheint dieses Gut vom Stammgebiet abgetrennt worden zu sein. Von den 1538 genannten Erben war Hans von Watzdorf im Jahre 1544 Herr auf Dörflas, gefolgt von Georg Friedrich [1480-1550], Abraham [1554] und Kasper [1561/64], der von Oswald von Würzburgk wegen Schulden bei dem Landesherrn Burggraf Heinrich d. J. von Meißen verklagt wurde, sowie bis zu seinem

Ableben im Jahre 1590 der Mansfeldische Rat Hans Georg [oo Sibylla von Brandenstein auf Ranis].[538] Am Ende fiel Dörflas der Landesherrschaft anheim und wurde wieder neu ausgegeben. Selbiges Schicksal nahm Erkmannsdorf, welches nach Erhard von Watzdorfs Tod an seine beiden Söhnen Erhard und Conrad aufgeteilt wurde, worauf ersterer den Anteil seines Bruders erwarb und das Ganze 1597 an die Landesherrschaft verkaufte. Crispendorf hingegen übernahm nach Erhards Tod 1512 Balthasar von Watzdorf [urk. 1515-1544]. Auf ihn folgten Caspar Abraham [1554-1596] und schließlich Heinrich Balthasar von Watzdorf, nach dessen Tode 1597 das Rittergut mangels geeigneter Lehnserben der Landesherrschaft anheimfiel, die es im Gegensatz zu Dörflas und Erkmannsdorf aber einen längeren Zeitraum in Allodialbesitz behielt. Erhard von Watzdorf aber kaufte sich nach der Veräußerung von Erkmannsdorf im Kursachsischen an, kam aber kurz darauf bei einem Sturz vom Pferde ums Leben. Daraufhin ging sein Bruder Konrad gegen dessen Witwe – Margaretha von Watzdorf geb. von Thunau zu Tromlitz [bei Blankenhain] – gerichtlich vor und behauptete, der Verstorbene hätte bei ihm noch betrachtliche Schulden gehabt. Der daraufhin von der Fürstlich Sächsischen Regierung zu Weimar für April 1600 anberaumte Schlichtungstermin verlief jedoch ergebnislos. Damit endet unser bisheriges Wissen über diesen Zweig der Watzdorf.[539]

Die Linie der von Watzdorf auf Altengesees

Auch wenn nicht vor dem Jahre 1471 mit Conrad von Watzdorf urkundlich belegt, so gilt Altengesees – wie wir bereits hörten – doch als Hauptstammsitz dieses Geschlechts im Oberlande mit einer ungewöhnlich langen, ununterbrochenen Besitzkontinuität bis in die zweite Hälfte des 18. Jahrhunderts. Wie der Forscher Oliver Franke konstatiert, war dieser Conrad [† um 1488] mit Margarethe, einer geborenen von Redtwitz, verheiratet. Von ihren Kindern gingen zwei Töchter 1512 als Nonnen ins Jungfrauenkloster nach Stadtilm und ein Sohn [Georg] avancierte zum Abt des Klosters Bürgel, worauf das Erbe an die beiden verbliebenen Söhne überging, an Pankratius, der sich um 1540 samt seinem Erbteil in Langenwetzendorf ansässig machte, und an Heinrich [* um 1470], der die Erbfolge auf Altengesees fortsetzte. Letzterer hatte mit seiner Gemahlin Catharina, geb. von Drachsdorf aus dem Hause Syrau, 2 Töchter und 7 Söhne. Bemüht um sein, seiner Familie und seiner Untertanen Seelenheil, stiftete Heinrich 1517 in seinem Hauptort eine eigene Pfarrei und löste Altengesees und Lothra damit für immer aus dem Sprengel der Gahmaer Großpfarrei. Frühzeitig der Reformation zugeneigt, wurde er von seinem Lehnsherrn, Heinrich dem Jüngeren von Gera, schließlich mit der Durchsetzung derselben in den Geraer Herrschaften beauftragt, wobei er nicht zögerte, seinen eigenen Dorfpfarrer Philipp Schneider, der von der alten Lehre nicht weichen wollte, aus dem Dienst zu entfernen und durch einen, den Lehren Lutheri zugeneigteren zu ersetzen. Das Engagement auch anderer Glieder der von Watzdorf für Luther und die Reformation wurde Heinrich am Ende zum Verhängnis, als sich 1547 nach dem verlorenen Schmalkaldischen Religionskrieg von dem, auf dem Rückmarsch befindlichen, das Saaltal aufwärts nach Saalfeld und sodann die Mittelgebirgspässe bei Lehesten suchenden katholischen Heer ein Haufen absonderte [oder gar abgesandt wurde], um das Rittergut Altengesees zu verwüsten. Der alte von Watzdorf und seine Söhne warfen sich den Angreifern entgegen, wobei er verletzt wurde und alsbald darauf starb. Daraufhin teilten Heinrichs Söhne das Erbe dergestalt, daß Conrad, seines Zeichens Burghauptmann zu Lobenstein [†1563], und Caspar [*1521] die Stammgüter Altengesees, Lothra und Thimmendorf [?] übernahmen. Mit seiner Ehefrau Margarethe, einer geborenen von Schauroth auf Dorna, hatte Caspar 12 Kinder, von denen 3 schon in jungen Jahren verstarben. Ihre Tochter Sibylle heiratete Hans von Metzsch auf Mylau, wo der Humanist Joseph Levin von Metzsch [1501-1571] als erster im Reußenlande 1526 die Reformation eigeninitiativ in seiner Herrschaft Mylau eingeführt hatte. Caspar selbst erwarb sich ein großes Vermögen, was ihn in die Lage versetzte, zusätzlich zu seinen drei Erbgütern noch die Rittergüter Neidenberga, Friesau, Oßla, Wurzbach, das Burggut zu Lobenstein sowie die Herrschaft Reuth im Vogtland zu gewinnen. Zudem gebot er über Censiten in der Stadt Leutenberg sowie über etliche Lehnsleute in Rauschengesees, Ruppersdorf, Eliasbrunn, Schönbrunn, Rothenacker, Spielmes, Stelzen sowie Lichtenbrunn. Der Stadt Saalburg verlieh er einmal 200 Mfl., deren Zinsen auf ewig der Pfarrstelle zu Altengesees zukommen sollten. Auch kamen ihm die Erträge aus Fischgründen in Saale [bei Neidenberga und Zoppoten] sowie Ilm sowie von einem Weinberg bei Rothenstein nahe Jena und zwei weiteren nahe Herschdorf bei Leutenberg zu.[540] Nach ihrem Ableben 1585 bzw. 1590 wurden Caspar und Margarethe in der Familiengruft derer von Watzdorf in der Altengeseeser Kirche beigesetzt und ihnen an der Ostwand zwei Epitaphien aus Sandstein gesetzt, die bis heute erhalten sind. Das des Gemahls zeigt den Verstorbenen gerüstet mit zu Füßen liegendem Helm auf einem Löwen kniend, betend vor dem Kruzifixe, das der Gattin – beim Einbau der Kanzeltreppe zum Teil zerstört – bildet sie in Form einer im Stehen betenden Halbplastik zwischen zwei Postamenten mit je zwei Wappen ab, während an den Ecken Genienfiguren mit umgekehrten Fackeln sitzen, vor denen ebenfalls Wappenschilde prangen.[541] Die Löwen-Darstellung auf dem Epitaph hat die Nachwelt zu der Sage verleitet, Caspar habe zu Lebzeiten tatsächlich einen Löwen besessen und diesen in einem vergitterten Verschlag auf halber Treppe im alten Gutshaus gehalten. »Einmal – gerade, als eine Hexe des Weges kam – schwang der Löwe seine Pranke aus dem Käfig und teilte die Katze auf dem Buckel der Hexe in vier Teile. Da fluchte die Alte und wünschte und schrie und verfluchte den Ritter: ›So wie Dein Löwe meine Katze geteilt hat, wird dein Gut geteilt werden!‹ Und so geschah es.«[542] Schon unter Caspars Söhnen Christoph, Daniel und Vollrath zerfiel der riesige Besitz per Los in drei Teile, welche unter ihren Nachkommen nur noch mehr zersplitterten, ohne das nennenswerte Neuerwerbungen hinzukamen. Immerhin gelang es 1628 seinem Enkel Heinz von Watzdorf, von seinem Landesherrn das Patronat über die Kirchen von Altengesees und Lothra verliehen zu bekommen.

Seine mit Heinrich Christoph von Reitzenstein auf Sparnberg verheiratete Tochter, Sibylla Elisabeth [*1608] weilte gerade in Altengesees, als kaiserliche Soldaten das Dorf plünderten. Zunächst flüchtete sie vor den, ihr nachstellenden Marodeuren – jedes Mal die Türe hinter sich versperrend – von einem Gemach zum nächsten, Etage um Etage, bis sie in ihrer Not aus dem Fenster des obersten Stockwerks sprang, angeblich über drei Etagen fiel und wohlbehalten im Wassergraben landete, sich hinterher in einen Backofen rettend, in dem noch heiße Kohlen lagen. Mit 95 Jahren ernannte die Kurfürstin Anna Sophie von Sachsen sie noch zu ihrer Hofdame in Dresden, wo sie 1709 im seligen Alter von 101 Jahren verstarb.

Kommen wir nun zu den letzten Erben des Stammhauses Altengesees. Sibylla Elisabeths Bruder Christoph Daniel hatte zwei Söhne. Der ältere gleichen Namens war mit Sophie Elisabeth [geb. von Beulwitz] verheiratet gewesen. Sie hatten 6 Kinder, die alle früh starben. Christoph Daniels jüngerer Sohn Christoph Heinrich mußte ebenfalls zwei seiner Töchter beerdigen. Nachdem sein jüngster Sohn Friedrich Carl von Watzdorf 1709 in schwedischen Diensten bei Poltawa in der Ukraine gefallen war, übernahm sein Bruder Christoph Adolph das Familiengut, »ließ die erste Schule in Altengesees errichten und stiftete das erste Orgelwerk der Kirche und erbaute nach einem verheerenden Brand das neue Gutshaus wieder auf.«[543]

Von seinen, aus zwei Ehen stammenden zehn Kindern erreichten nur sein erstgeborener Sohn Adolph Wilhelm sowie drei Töchter das Erwachsenenalter. Nachdem dieser 1748 im Canale Naviglio bei Buffalora in der Nähe von Pavia ertrunken war, stand die Altengeseeser Linie derer von Watzdorf ohne männlichen Erben da, worauf Christoph Adolph alle Besitzungen verkaufte und sich zusammen mit seiner dritten Ehefrau Eleonore Sophie geb. von Metzsch [oo 1738] bei der Ortskirche ein einfaches Wohnhaus erbauen ließ, in das nach seinem Tode 1753 seine drei unverheiratet gebliebenen Töchter einzogen. Obwohl die letzte von ihnen schon in den 1790er-Jahren verstorben ist, sind jene drei ›adeligen Frölen‹ bis heute in Erinnerung der Dorfbewohner geblieben.[544]

VON WILDE

Die von Wilde sind ein sächsisches Adelsgeschlecht, daß auch in Franken seine Ableger hatte. Ihr Wappen zeigt einen gelben Halbmond auf blauem Grund. Dem Historiographen M. Christoph Gotthelf Stemler [1750] zufolge gehörten die Wilden ›zu denen ältesten Geschlechtern in dem Pagus Orla‹.

Allerdings werden sie hier erst im 14. Jahrhundert urkundlich. In Amte Arnshaugk verfügte die Familie 1366 in dem Dorfe Weira über beträchtlichen Besitz. So gaben die Landgrafen von Thüringen in diesem Jahre ihre Zustimmung, »daß sich Otto Wilde in Wyra verpflichtet hat, mit 60 Scheffel Weizen (60 modios tritici), 60 Scheffel Gerste und 60 Pullhühnern gegen Heinrich dicto Lutenberg (offenbar ein Schwarzburger) und

Leubsdorf: Unteres Herrenhaus

dessen Bruder gegen Zahlung von 80 Pfund Denaren. ... 1376 findet sich eine weitere lateinische Kanzlei-Notiz, daß die Landgrafen die Güter des Dorfes Weira (Wirau) (10 Pfund Denare jährlichen Zinses), die sie und Ulrich Wilde denen von Lichtenhayn für 100 Pfund verkauft haben, zurückkaufen können, wenn sie wollen.«[545] Wenn man bedenkt, daß die Wilden nicht nur die frühesten bekannten Besitzer des Rittergutes Unter-Leubsdorf waren, möglicherweise als Ritter von Gutwald [verschliffen aus ›die guten Wilden‹?] großen Besitz in Auma hatten und ihnen 1378 auch der große Plothenwald zwischen Plothen und Linda nebst der Fischweide in Dreba- und Plothenbach gehörte, ergibt sich die Frage, inwieweit das sogenannte ›Wilde Haus‹ [ein Rückzugsort der Einwohner von Plothen in Kriegszeiten] südwestlich vom Orte nahe des Walls [Kühneburg] auf dem Kienberg, ebenfalls auf diese Familie zurückgeht. Im Jahre 1402 jedenfalls zählte Heinrich Wilde zu den Spießgesellen des Vogtes von Weida, die den Städten Ziegenrück, Triptis, Auma und Neustadt schwere Schäden taten.

1458 werden Nickel Schütz und Nickel Wilden mit dem Dorfe Krölpa belehnt. Im 16. und 17. Jahrhundert sind sie zusammen mit den Schützen auch Mitbelehnte der Moßbacher Rit-

Oberpöllnitz: Rundschloß

tergüter. 1644 erscheinen die von Wilde auf Leubsdorf zusammen mit den ›Schützen zu Moßbach, denen von Hayn zu Lemnitz, Weltwitz und Moderwitz und denen von Schleinitz zu Kospoda im kurfürstlichen Jagdbuch ihr Recht zur Niederjagd betreffend.[546] 1720 heiratete eine Anna Christiana von Wilde auf Leubsdorf [†1725] den kurfürstlich-sächsischen Leutnant Georg Heinrich von Hayn zu Oberpöllnitz. Um 1750 war Johann Christoph von Wilde Herr auf Leibsdorf, »welcher durch seine gründliche Wissenschaft, so er in der Pforte [Klosterpforta] und Jena erlanget, in jüngeren Jahren sich gar leichte den Weg zu einer ansehnlichen Ehrenstelle bahnen können, woferne Er nicht das einsame Leben jenem vorgezogen, jetzo aber das Seniorat der Hochlöblichen Ritterschafft des Neustädter Creyses führet.«[547]

Noch 1787 lassen sich die Wilden im Besitz von Unter-Leubsdorf nachweisen. Danach erwarb der Freiherr Carl Leopold von Beust auf Reichstädt die beiden dortigen Güter und vereinigte sie.

VON WOLFERSDORFF

Die Herren von Wolffersdorff [auch Wolfersdorf, Wolffersdorf] sind ein vogtländisches Uradelsgeschlecht aus dem gleichnamigen Stammhause bei Weida, das 1240 mit Gotfriedus de Wolfinsdorf und 1282 mit dem Ritter Bruno de Wolfimsdorf erstmals urkundlich erwähnt wird und dessen Stammreihe um das Jahr 1400 mit Hans von Wolffersdorff beginnt.

Ihr Wappenschild zeigt einen springenden schwarzen Wolf auf goldenem Grund. Neben ihren Stammgütern Wolfersdorf [1240-1831], Markersdorf [1340-1684], Culmitzsch [1360-1785], dem Schlosse Drifels bei Berga [1432-1569], Endschütz [bis 1897], Teichwolframsdorf, Mosen, Meilitz und Wüstfalke, besaßen sie 1411 die Burg Reuth im Vogtland und waren später u.a. auch auf den Rittergütern Altscherbitz mit Schkeuditz und Beuditz [bis 1843] und Dürrenberg bei Leipzig, Goddula, Görsdorf bei Jüterbog, Hennersdorf, Kreblitz in Brandenburg, Promnitz bei Riesa [1717-1746], Schloditz, Vesta, Wölkau, Zscheiplitz, und sowie im 20. Jahrhundert in Weisin in Mecklenburg zu finden.

Die Wolffersdorffer avancierten später auch zu Freiherren und ein Mitglied sogar zum Grafen. Gerade ihre Altscherbitzer und Bergaer Linie brachte immer wieder bedeutende Beamte und Militärs und später auch einige Wissenschaftler hervor. So war – nur um in unserem Untersuchungsgebiet zu bleiben – Wolf von Wolffersdorff [1887-1945] von 1921 bis 1936 Landrat des Kreises Ziegenrück. 1945 im Zuge der Bodenreform enteignet wirkten einige Angehörige auch in der SBZ/DDR weiter. 2017 dann erwarben Wolf-Nicol und Marianne von Wolffersdorff das 1728 von Friedrich Albrecht von Wolffersdorff barockisierte Schloß Promnitz und retteten es vor dem Verfall.[548]

VON WURMB

Die von Wurmb sind ein altes thüringisch-sächsisches Adelsgeschlecht, das im Jahre 1173 erstmalig mit dem Ritter Conradus Worm urkundlich erscheint und dessen Stammreihe sich
lückenlos bis ins Jahr 1250 zurückführen läßt. Sie wirkten als
sächsische und Stolberger Vasallen, die ausgehend vom Hohn-
steinischen, wo sie Klein- und Großfurra, Wolkramshausen u.a.
besaßen, sich in der Folge in ganz Thüringen auf 53 Rittergütern ausbreiteten. Ihr Wappenschild zeigt einen goldenen
Lindwurm auf blauem Feld, und ihr Wappenspruch lautet:

»NIL ME FATALIA TERRENT!«[549]

Die Linie der von Wurmb zu Unter-Lausnitz

In den Orlagau gekommen ist die Familie infolge der Heirat
eines Abkömmlings aus der Wolkramshausener Linie mit der
Hofratstochter Christine von Meder [auch Mader]. Ihre gleichnamige Mutter war vor ihrer Wiederverheiratung die junge Witwe des prunkliebenden Grafen Ellrodt gewesen und hatte bei
ihrer Übersiedlung vom Bayreuthischen nach ihrem Lausnitzer
Besitztum einen Großteil jener zahlreichen ›älteren, prächtigen
und seltenen Werke der Kunst und des Kunstgewerbes‹ aus
dem Besitz ihres Gatten nach dahin verbracht, für die das
Herrenhaus später so berühmt werden sollte. Im Jahre 1870
wurde das bereits 1772 gründlich restaurierte, und im Dorfe
fortan als ›Schloß‹ bezeichnete Untere Herrenhaus im Auftrag
Richards von Wurmb umgebaut und erweitert, wodurch es
viel von seinem, aus den Tagen des Grafen Ellrodt stammenden, ursprünglichen Charme einbüßte. Im Jahre 1880 betru-
gen die hiesigen Liegenschaften des Gutes 174,55 ha.

Die gleiche Größe besaß es noch 1923, als Wera von Wurmb, geb. von Seydlitz und Ludwigsdorf [1878-1973], die Witwe Lothars von Wurmb [*1874, gef. 1914], Besitzerin des Gutes war. Von ihren drei Kindern heiratete Wera [1901-1994] den Dreitzscher Domänenpächter Dr. Hans Sidow [†1945] und hatte mit ihm acht Kinder, während sich Lutze [*1903] im Jahre 1928 mit Brigitte von Trebra [1904-1993] – ›Mithrin auf Wolferstedt (§) in Thüringen und Bretleben (§) in der Provinz Sachsen‹ – vermählte, die ihm drei Kinder schenkte. Wera´s jüngerer Sohn Hans [1909-1992] hingegen – studierter Diplom-Kolonialwirt und späterer Landwirt – ehelichte 1940 Emmi Müller [*1911] und hatte mit ihr ebenfalls drei Kinder. Gleich seinen Vorfahren war auch Lutze im Kadettenkorps zu Dresden erzogen worden. Nur hatte er in Göttingen Landwirtschaft studiert. Um den Gutsbetrieb – den er 1932 übernommen hatte – aus seiner desolaten Finanzlage zu befreien, mußte er die Liegenschaften zwar um 20 ha vermindern, legte aber Kiesbrüche an und eröffnete ein Lastfuhrunternehmen. Sein Vorhaben, das 1870 verbaute Herrenhaus wieder zu revidieren, kam nicht mehr zur Umsetzung. »Bei Beginn des Zweiten Weltkrieges wurde er eingezogen und fiel 1943 bei Korostyschew in Russland. Lutze durfte wegen politischer Unzuverlässigkeit erst im Mobilmachungsfalle Offizier werden, wurde 1939 als Leutnant eingezogen und nach seinem Tode zum Major befördert.«[550] Wie an anderer Stelle schon berichtet, war das Herrenhaus seinerzeit prunkvoll eingerichtet, da jeder Meter ein Stück brandenburg-bayreuthische Geschichte des 18. Jahrhunderts atmete.[551]

Im Zuge der Bodenreform ab September 1945 sollte der Lausnitzer Unterhof enteignet werden, obwohl das örtliche ›Gemeindekomitee‹ mit großer Mehrheit dagegen gestimmt und man der Familie aufgrund der antifaschistischen Aktivität des Vaters ein ›Restgut‹ mit 100 ha zugesichert hatte. Dem traute die Besitzerin Brigitte von Wurmb nicht, und fuhr mit ihrer 15-jährigen Tochter Maria nach Weimar zur Landeskommission, wo Willy Rothfuß ihnen die Belassung ihres Restgutes schriftlich zusicherte. Dabei erfuhren sie auch von der Aufhebung eines Haftbefehls gegen die Mutter, von dem sie bislang gar nichts geahnt hatte. Wenn sie die Restgut-Bestätigung der Landeskommission, so versicherte man ihnen, nur ihrem Ortsbürgermeister überreichten, würde alles seinen Gang gehen.

Am 24. September jedoch, einen Tag nach der Übergabe der Bestätigung an die Gemeindeverwaltung, kam ein Herr Höfer aus Neustadt/Orla und führte die Enteignung durch. Unter Mitnahme eines Stuhls und eines Bettes pro Person sollte die Familie ihr Haus verlassen. Daraufhin brach die Mutter zusammen. Während man noch mit der Sorge um sie beschäftigt war, tauchte plötzlich der Ortsbürgermeister auf und teilte mit, daß dieser Beschluß rückgängig gemacht worden sei. Die von Wurmb atmeten auf und dachten, das Schlimmste sei nun überstanden. Als aber die Familie am 4. Oktober den Geburtstag der Mutter feierte und zu Mittag gerade ein Karpfen, den der Ortsbürgermeister aus einem der Gutsteiche großzügig spendiert hatte, auf dem Tisch stand, trat plötzlich ein Polizist aus Neustadt an den Eßtisch und teilte mit, daß das Haus binnen 24 Stunden zu räumen sei, worauf der Bürgermeister diesen Befehl dahin abmilderte, wonach drei Zimmer im Haus bezogen werden dürften.[552] In diese ›Drei-Zimmer-Wohnung‹ platzte nun am 13. Oktober 1945 die dritte Enteignung, diesmal per Telefon. Maria von Wurmb schreibt später darüber: »Wir wurden nunmehr enteignet und vertrieben auf direkten Befehl des Vizepräsidenten Busse. Die Präsidenten der Länder der SBZ waren damals ausgesuchte Persönlichkeiten. Aber allen von ihnen wurde ein Vizepräsident beigegeben, der ein verläßlicher Kommunist war. Auf unsere Frage, wie denn das mit dem zugesagten Restgut und der Aufhebung des Haftbefehls zusammenpasse, bekamen wir zur Antwort: ›Antifaschisten sind Sie, aber Junker bleiben sie doch!‹. Zwei Leiterwagen durften wir mit dem Notwendigsten beladen. Ich ging noch einmal durchs geliebte Elternhaus. Dicke Tränen liefen mir aus den Augen, obgleich ich mir geschworen hatte:

Stolz bleiben! ... Unser Hab und Gut wurde bei einem Verteilungsfest am 28. Oktober 1945 in unserem Garten unter die Leute gebracht. Dazu spielte jemand auf dem Steinway-

Flügel meiner Mutter. Er blieb in der Nacht draußen und ein gnädiger Regenguß nahm ihm für immer die Stimme. Wir kämpfen weiter, aber nun wurde es gefährlich. Meine Mutter wurde gesucht, damit sie verhaftet würde. Per Fahrrad, meinen jüngsten Bruder auf dem Gepäckträger, flüchtete sie von Ort zu Ort, von Quartier zu Quartier. Ich bekam jeden Morgen von der Polizeiverwaltung in Neustadt zugesteckt, wo und in welchem Aufzug meine Mutter gesucht wurde. So konnte ich sie zwei Monate lang warnen, und sie konnte sich verstecken. Am 17. November fuhr ich noch einmal nach Weimar und versuchte an den beiden darauffolgenden Tagen erneut, bei Herrn Rotfuß eine Restgutregelung zu erreichen. Am 20. November kam mir Max Kolter, der der CDU angehörte, entgegen und warnte mich, da nunmehr der Befehl vorläge, mich zu verhaften. ... Außerdem war die Abgabe von Lebensmitteln an uns untersagt worden. Was nun? Wir wußten, daß die Verhafteten aus Thüringen in ein Lager nach Rügen gebracht wurden, das viele schon nicht mehr lebend erreichten. Noch mehr sind später dort umgekommen. Ich sprach und überlegte mit Freunden in den nächsten Tagen. Am 28. November schlich ich noch einmal nach Hause, wohl wissend, in welche Gefahr ich mich damit brachte. Ein Klassenkamerad aus dem Dorf benachrichtigte meine Verwandten, die als Flüchtlinge in unserem Haus bleiben durften. Am 4. Dezember ging ich, wie meistens in diesen Wochen, in unsere Neustädter Schule. Keiner durfte merken, daß es das letzte Mal war, denn unser Plan war gefaßt. ... Am 6. Dezember fanden wir uns alle in Hammerstein ein. Unser Aufbruch zur Grenze begann damit, daß eine russische Kontrolle kam und wir uns deshalb über eine Stunde still in den Schnee legten. ... Dann wateten wir am Bahnhof Blankenstein durch die Saale über eine Wiese auf ein Gehöft zu, wobei die russischen Grenzer auf uns schossen, aber keinen von uns trafen. ... Nach sieben Tagen kamen wir in Schleswig-Holstein an. Diese furchtbare Reise will ich nun nicht mehr schildern. Auch das, was dann an Not und Hunger folgte, soll hier nicht mehr berichtet werden. ... Fünfzehn Jahre nachdem wir ihn gebraucht hätten, bekamen wir ›Lastenausgleich‹, knapp die Pacht für unser Land für ein Jahr oder den Gegenwert für ein halbes Gemälde aus meinem Elternhaus. Und was ist mit der Nutzung unseres Eigentums während der restlichen 44 Jahre? Ländereien und Gebäude sind verkommen, Kunstschätze, Möbel, Bilder gestohlen, in Museen der DDR oder vielleicht gegen Devisen verkauft.«[553]

Wie ging es mit der Familie von Wurmb in ihrer neuen Heimat Schleswig-Holstein weiter? Maria [*1930] vermählte sich später mit dem aus Sepenten in Ostpreußen stammenden Karl Friedrich von Below [*1926], einem studierten Bauingenieur, der eine eigene Ingenieurbaufirma erarbeitete. Das Paar wurde im schleswig-holsteinischen Mielkendorf ansässig. Von ihren zwei Kindern heiratete Reinhild [*1955] im Jahre 1986 den im privaten Forstdienst stehenden Forstrat Otto von Wahl [*1954] aus einer 1919 aus dem Baltikum vertriebenen Adelsfamilie und bekam von ihm drei Kinder. Hubertus [*1959] hingegen studierte Medizin und qualifizierte sich zu einem erfolgreichen Augenarzt. 1991 vermählte er sich mit der Krankengymnastin Dorothea von Lengerke [*1964], die ihm vier Kinder schenkte.

Von Marias beiden Brüdern aber promovierte der jüngere – Leopold [1938-1969] – in den Rechtswissenschaften und avancierte in jungen Jahren bis in den Vorstand der Albingia-Versicherungs-AG, während der ältere – Lothar [1931-2001] – als Gartenarchitekt ein Garten- und Landschaftsbauunternehmen begründete und zum Präsidenten der Gartenarchitekten der Europäischen Union gewählt wurde. Seiner 1960 geschlossenen Ehe mit Gundula von Pawel [1939-1990] entstammen [1] Lutze [*1963], der 1991 die Gartenbauarchitektin Aenne-Henrike Fischbek [*1964] heiratete, mit der er vier Kinder hat, [2] Anne [1964-1987], die den Beruf einer Hotelfachfrau erlernte und [3] Alexe [*1969], deren Ehe [oo 1998] mit dem Juristen Oliver Dreute [*1966] zwei Kinder entstammen.[554]

Das Lausnitzer Herrenhaus aber wurde nach 1945 als Landschulheim, dann als Altenheim genutzt, bis man es 1987 wegen Baufälligkeit aufgab. Der alte Kuhstall, der aufgrund seiner Gewölbe wohl das älteste Gebäude von Lausnitz darstellte, wurde gesprengt und damit die Hofeinheit zerstört. Dagegen wurde das einst den Schafstall und die Gesinde-Unterkünfte beinhaltende Fachwerkgebäude an der Straße um 1960 abgetragen und in Ziegelbauweise mit vielen kleinen Zimmern für die Altenheimbewohner neu errichtet.

Bis 1989 stand es in Benutzung. Nach der Wende gehörte der Familienverband von Wurmb/von Below zu den wenigen Adelsfamilien, die im Beitrittsgebiet wieder Fuß faßten und zu Wiedereinrichtern wurden. 1991 erhielt Lothar von Wurmb von

Rittergut Lausnitz-Unterhof

der Gemeinde Lausnitz den größten Teil der Hofanlage mit dem Park, dem maroden Schloß und den inzwischen wieder sanierungsbedürftigen anderen Gebäuden gegen Zahlung eines symbolischen Kaufpreises von 1 DM zurück, setzte das Seitengebäude wieder in Stand und brachte seine, zusammen mit Lutz Dewaldt gegründete Firma Lausnitzer Baugeräte GmbH darin sowie in der dazugehörigen Scheune unter. Auch schuf er einen kleinen Bestand an Mietswohnungen, der sich erweiterte, nachdem das Unternehmungen ins Pößnecker Gewerbegebiet umgezogen war. Karl Friedrich von Below hingegen erwarb 1992 auf Bitten seines Sohnes Hubertus das auf einem Bergsporn hoch über der Mulde gelegene marode Schloß-Ensemble von Döben, welches aufgrund seiner exponierten Lage dem Lausnitzer Besitztum an Reizen gleichkommt und begann mit der Sanierung, worauf Hubertus seine Augenarztpraxis ins nahe Grimma verlegen konnte. Maria von Below hingegen erbte 1993 die Anteile ihrer Mutter an den von Trebraschen Gütern in Wolferstedt und Bretleben in der Goldenen Aue und verpachte den Bretlebener Anteil an die Agra-GmbH und ehemalige LPG Oldisleben. Lothar von Wurmb erreichte den Abriß einer guten Hälfte des alten Lausnitzer Herrenhauses, worauf es nach seinem Tode 2001 bis 2007 von seiner Tochter Alexe und ihrem Ehemann denkmalgerecht und im barockisierenden Retro-Stil wieder aufgebaut wurde. Gleichzeitig wurde auch der Park entsprechend restauriert. Das Herrenhaus stellt einen kurzrechteckigen zweischossigen Bau mit siebenachsiger Hauptfront, Krüppelwalmdach mit Dachgauben, mittigem Dreiecksgiebel, Freitreppe und schlankem Ecktürmchen dar.

Im Jahre 2001 gelang es Maria von Below, nach dem Entschädigungs- und Leistungsausgleichsgesetz [ELAG] seitens der BVVG nördlich von Lausnitz im Gebiet der Wurmbschen Hütte 103 ha Forstflächen aus dem Eigentum ihrer Eltern zurückzuerwerben. Daraufhin versammelte der Familienverband am 09. November 2001 an dem Forstort ›Wurmbsche Ebene‹ die Vetreter der BVVG, den Vorstand der Agar-GmbH, Einwohner aus Lausnitz, ehemalige Gutsnachbarn und alte Schulfreunde zu einem Festakt, wobei Jagdhornbläser neben verschiedenen Jagdsignalen das Beethoven-Stück ›Die Himmel rühmen des Ewigen Ehre‹ sowie ein großes Halali für den drei Wochen zuvor erst verstorbenen Lothar von Wurmb bliesen. Dann sangen alle zusammen den Choral: ›Nun danket alle Gott‹ und zwar alle Strophen. Schließlich gelang es der Familie, bis 2005 noch zwei nahe beieinanderliegende Waldflächen zu erwerben und den ›Lausnitzer Rittergutswald‹ damit auf 1.715 ha zu erweitern, welche vom Schwiegersohn der von Belows, Otto von Wahl, bewirtschaftet werden. Das mit diesen Käufen verbundene langfristige Ziel, diesem Familienzweig ein vollumfängliches Auskommen zu bieten, ist derzeitig in höchstem Maße gefährdet. Starker Befall von Borkenkäfern und anderen Schädlingen, verbunden mit dem Absterben ganzer Waldareale, haben die Holzwirtschaft nicht nur in der Heide inzwischen zur Kostenfalle gemacht, und niemand weiß, wie diese Wälder sich in wenigen Jahren entwickeln werden.[555]

Das Erbbegräbnis der Familie befindet sich an der Westmauer des Neunhofener Friedhofes. In den 1990ern-Jahren ließ Lutze von Wurmb es neu gestalten und die Urnen seiner Mutter und seines Bruders dahin überführen. Die Namen aller nicht dort beigesetzten Familienmitglieder wurden auf einer Tafel verewigt, wobei der ausführende Steinmetz, Jörg Rüdiger, gleichsam anbot, dafür im Rahmen seiner Meisterprüfung eine Stele mit dem von Wurmbschen Wappen zu schaffen.

VON WÜRTZBURG

Das Niederadelsgeschlecht derer von Würzburg [auch von Würzbach, von Würtzberg, von Wyrtzburgk, Würzberger] kam in der Saale-Orla-Region in mehreren Linien vor. Ihr an der Gehülfen- oder Brückenkapelle zu Saalfeld, wie auch in der oberen Kapelle des Saalfelder Franziskanerklosters angebracht gewesenes Wappen zeigte im seinem Schild »auf gelbem Feld die nach der Seite gewandte Büste eines bärtigen Mannes mit schwarzem, am Kragen weiß abgesetztem Mantel und schwarzer zugespitzter Mütze mit rotem Stern.«[556]

Wohl aufgrund ihres Namens vermutete der Forscher Hans Großkopf, diese Familie, die auch nach dem Aussterben der Herren von Lobdeburg noch lange Zeit im Besitz ehedem lobdeburgischer Güter bei Jena auftritt, wäre in deren Gefolge im 12. Jahrhundert aus Unterfranken eingewandert. Nach anderer Meinung können sie auch in dem wüsten Dorf Würzbach [1230 Vorcbach] im Würzbachgrund zwischen Hummelshain und der Schimmersburg und dem dort vermuteten adeligen Siedelhof ihren Stammsitz gehabt oder aber dieses Dorf gegründet haben. Wie sonst wäre etwa die ansonsten unverständliche Notiz des Genealogen Ernst Heinrich Kneschke [1868] zu werten, der 1429 erwähnte Conrad von Stein auf Lausnitz sei Inhaber des sonst nicht existierenden Burggrafenamtes zu Würzburg am Main gewesen, womit vielmehr die Grundherrschaft in dem 1393 noch bewohnten Dorf Wirczbach gemeint gewesen sein dürfte, die schon 1349/50 einem Otto von Stein auf Lausnitz oblag, der hier 60 Agros und 5 Hufen Land besaß, welche sein Allodialgut waren.

»1387 verkauften Jon von Kochberg und seine fünf Kinder ge

wisse Zinsen an den Pleban Konrad von Krossen, »von denen nach seinem und seiner ›Magd Barbara von Würzbach‹ Tode ein Teil der Kirche zu Würzbach zufallen sollte. Damit wird ein im Ort gebürtiges Adelsgeschlecht«[557] evident und ein Bezug zwischen denen von Würzbach und dem gleichnamigen Ort hergestellt, auch wenn die genaue Lage eines Adelssitz dort, bislang nicht zu eruieren ist. Eine Orlamünder Pfarreiurkunde von 1393 nennt unter ihren Zinsmannen einen Johannes Heydenreich de Wirtzpach. 1412 verpfändet Hans von Würzburg den Gebrüdern Nicol und Heinrich Puster zu Drackendorf 9 Acker Wiese. 1454 kommt ein Hans von Werczebach als Zeuge vor. 1481 war Claus Wirtzebach in Heilingen begütert.

Auch das in diesem Zeitraum auf dem Rittergütern Rockendorf, Kleingeschwenda und Dorfilm angesessene Niederadelsgeschlecht Würzburg könnte aus Würzbach gestammt haben.[558]

Die Linie der von Würzburg auf Rockendorf

Über den Rockendorfer Zweig der von Würzburg vermutet der Forscher Bernd Wiefel, daß die Familie ähnlich wie die mit ihnen verwandte und verschwägerte Familie von Gräfendorf auf Gräfendorf zu jenen Vasallen der gefürsteten Saalfelder Benediktinerabtei gehörte, die nach deren Auflösung und Säkularisierung im Zuge von Bauernkrieg und Reformation viele ihrer Pfründen und Privilegien verloren hatte. Warum sonst erscheint der 1531 zu Rockendorf genannte ›Merten von Wyrtzburgk‹ im Jahre 1557 nur noch als ›Marten Wirtzburg‹, also ohne das Adelsprädikat ›von‹. Allerdings verfügte sein Besitznachfolger ›Hans Wyrtzburgk‹ 1583 über ein steuerbares Vermögen von 578 Aßo und einen für die damalige Zeit erheblichen Viehbestand von 16 Rindern, 22 Schafen und 2 Schweinen, was ihn als viertreichsten Bauern der gesamten Herrschaft Ranis auszeichnet, zumal zur gleichen Zeit selbst unter der städtischen Oberschicht von Saalfeld nur 19 Bürger existierten, die mehr als 500 Aßo zu versteuern hatten. Im Jahre 1661 finden sich noch drei Äste der Familie in Rockendorf, von denen der Dorfschulze Hans Würtzberger sowie eine Frau Else als Witwe des Curt Würtzberger noch je ein Drittel

Panorama vom Burgstadel gesehen

Blick vom Schleifenberg

Neidenberga

des ehemaligen Ritter-
gutes Rockendorf besa-
ßen, während Großhans
Würtzberger wohl erst
kurz zuvor das soge-
nannte Haynsche Gut er-
worben hatte. Bis 1688
waren die Würtzberger
zu Rockendorf dann voll-
ständig in den Fronbau-
ernstand herabgesunken
und von einem Ritter-
bzw. Freigut der Familie
Würtzberger keine Rede

mehr.[559] »Parallel zum Abgang jenes alten Siedelhofes entstand ein neues herrschaftliches Gut in Rockendorf. Man kann
auch konstatieren, dass in dem Maße, wie das eine verblasste, das andere sich entwickelte.«[560]

Die von Würtzburg im Leutenberger Oberland

Dafür stand ihr in der Herrschaft Schwarzburg-Leutenberg –
auf Reschwitz, Kleingeschwenda [bis 1604], Dorfilm u.a. – angesessener Zweig noch gegen Ende des 16. Jahrhunderts in
Rang und Ehren, so daß Hansen von Würzburg auf Kleingeschwenda und Rothenkirchen [einer Burgruine bei Sonneberg]
und seine Ehefrau Elisabeth [geb. von Bünau] ihre Tochter Ursula mit Veit von Stein auf Neidenberga verheiraten konnten.

Die fränkische Linie der von Würtzburg

Mit der Leutenberger Linie in Verbindung stand sicherlich jene
freiherrliche Linie der von Würtzburgk, die in Franken einigen
Besitz ausbildete. Sie sind als Rittergutsbesitzer auf Moggen-
brunn bei Coburg [1716 bis nach 1722], Haig und Mitwitz [ab
1727] sowie Walkershofen bei Uffenheim [1808] erwähnt,
worauf letzteres noch 1931 von ihnen, gehalten wurden, während Haig und Mitwitz [noch 1923] später per Heirat an die
Freiherren von Cramer-Klett überging.[561]

VON ZEDTWITZ

Die Familie von Zedtwitz [auch Zebodewitz, Czedwitz, Zceid-
wicz, Zebitz, Zeedewitz] stellt ein fränkisch-böhmisches Uradelsgeschlecht aus dem gleichnamigen Stammort zwischen
Hof und Hirschberg dar. Aufgrund seines, von Silber, Rot und
Schwarz gestreiften Wappenschildes – wie er noch heute über
dem Eingang zum Schloßgebäude in Zedtwitz prangt – gilt es
als wappen- wie stammesverwandt mit denen von Feilitzsch
und von der Heydte – zwei im Umfeld von Zedtwitz gebürtigen Familien. Abgesehen von jenem 1235 erwähnten Turnier-
teilnehmer in der Bischofsstadt Würzburg, Georg von Zedtwitz, ist für das Jahr 1288 ein gewisser Bertold von Zedtwitz
und für 1377 der Burggräflich Nürnbergischen Rat Peter von
Zedtwitz zu nennen, mit welchem die kontinuierliche Stammreihe des Geschlechts beginnt. Bereits um das Jahr 1390
nannten die Zedtwitze allein im Umfeld von Hof bereits 14
Herrensitze ihr Eigen. »So bestanden neben dem Stammhaus
in Zedtwitz noch Seitenlinien in Schollenreuth, Hohendorf, Tie-
fendorf, Isaar, Töpen, Joditz, Epplas, Martinlamitz, Oberham-
mer bei Naila, Mißlareuth, Blosenberg, Gebersreuth und Liebenstein.«[562] Jener vorgenannte Peter von Zedtwitz aber entstammte jener auf Töpen gesessenen Nebenlinie, die schon
1349 im Besitz von Gütern in Asch [Aš] nachgewiesen ist.
Zu den reichsten Männern des südlichen Vogtlandes zählend,
besaß er allein im Hirschberger Raum Töpen und Teile von
Münchenreuth, Seifertsdorf, Ullersreuth, Blintendorf, Pferdt und
Gottfriedsreuth. Im Jahre 1385 stiftet er zusammen mit seiner
Frau Else 1 ß Meißner Groschen Zinsen auf ihrem Freigut zu
Blintendorf halb den Mönchen und halb den Nonnen zu Hof,

damit sie zweimal im Jahre für die Eltern der Eheleute eine Seelenmesse halten sollten. Als Grundbesitzer im Ascher Land war Peter gleichsam Vasall der Böhmischen Krone und sein dortiger Einfluß ermöglichte es wohl, daß sein Sohn Konrad 1397 mit einem so bedeutenden Lehen wie Hirschberg bedacht werden konnte. Konrad wiederum war durch seine Hochzeit mit Anna von Neuberk – der Erbin des Schlosses Neuburg [1395] – in den Besitz der restlichen Teile der Herrschaft Neuberk gelangt, welche am Ende die Stadt Asch, 18 Dörfer sowie eine Reihe von Schlössern wie Doubrava [in Asch], Krugsreuth [Kopaniny], Grün oder Schönbach umfaßte, worauf die Familie bis zu ihrer Vertreibung aus Böhmen im Jahre 1945 bedeutenden Einfluß auf die Geschicke des Ascher Winkels nehmen sollte. In einigen Urkunden wird Konrad auch ›der Reiche‹ genannt, während Legenden, wie die vom Waffenhammer in Schwarzenbach an der Saale, ihm eine Rolle im Fehdewesen der damaligen Zeit zuweisen. Nach seinem Tode 1422 werden Heinrich, Erhard nebst ihrem Neffen Konrad mit Hirschberg und kurz darauf mit Schloß Neuberk belehnt.

Im Jahre 1434 findet sich Konrad von Zedtwitz auf Hirschberg unter jenen 70 vornehmen Personen, die Markgraf Johann von Brandenburg-Bayreuth auf seiner Reise ins Heilige Land begleiteten, worauf 39 Teilnehmer an geheiligter Stätte zu Rittern des Heiligen Grabes von Jerusalem geschlagen wurden. 1471 werden Konrad und sein Sohn Erhard von König Wladislaus von Böhmen mit der Herrschaft Hirschberg belehnt.

Auch wenn Teile davon inzwischen an die, mit den Zedtwitzen verwandten und verschwägerten Herren von Beulwitz abgegangen waren, umfaßte nach der Abspaltung Töpens [1390] ihre Herrschaft im Jahre 1476 noch immer Schloß, Markt und Gericht Hirschberg sowie die Dörfer Ullersreuth, Rothenacker, Venzka, Mißlareuth diesseits der Straße und die halben Dörfer Spielmes und Göritz mit dem Dorfbach als Grenze, wobei Isaar und der böhmische Teil von Blintendorf aus dem Hirschberger Sprengel bereits herausgelöst waren und Vasallen von ihnen für sie dort das Gericht ausübten. Zudem walteten die von Zedtwitz als sächsische Lehnsleute über das Gericht von

Gefell und den dazugehörigen Teil von Blintendorf. Auch nach dem Verkauf von Hirschberg seitens Konrads überlebenden Sohn Peter von Zedtwitz im Jahre 1480 an Dietrich und Heinrich von Beulwitz war das Geschlecht nach dem Verlust ihres Wasserschlosses Zedwitz [1502] mit Siegmund und Asmus noch im Jahre 1590 im Besitz von Töpen. Auch späterhin gewannen sie über ihre Verwandtschaft mit denen von Beulwitz immer wieder kleinere Teile der Herrschaft Hirschberg – so einmal Venzka – als Lehen zurück, die aber meist durch Erbschaft wieder an die Beulwitze zurückfanden.[563]

VON ZEHMEN

Die von Zehmen sind ein westsächsisches Uradelsgeschlecht mit gleichnamigem Stammsitz bei Leipzig, welches mit Fridericus de Cemin im Jahre 1206 erstmalig in Erscheinung tritt und mit Thimo von Zehmen 1331 seine Stammreihe eröffnet. Ihr schwarz-silbern geschachtes Wappenschild führt zwei blaue Balken. Die vorwiegend im Südraum von Leipzig, also in der Gegend ihren Stammsitzes – so in Belgershain, Beucha, Crostewitz, Gaschwitz, Gestewitz, Großpösna, Hainichen, Imnitz, Kömmlitz, Kötzschwitz, Oelzschau, Probstdeuben, Spören und Thierbach –, angesessene Familie verzweigte sich mit der Zeit nach dem Brandenburgischen [1412-1600], Westpreußischen [1460- 1636], Anhaltinischen [1445-1739], Altenburgischen [1598-1728] und Bayerischen [1709-1821], wo Johann Anton III. von Zehmen 1783 zum Fürstbischof von Eichstätt erhoben wurde. Unter anderem behaupteten sie im Zwickauischen die Rittergüter Frankenhausen und Gablenz, im Vogtländischen Kreis Neuensalz, Unterreudnitz, Zobes [1885] und

Heinersgrün [noch 1937], im Altenburger Land Nobitz, Nöbdenitz, Weißbach, Windischleuba [1677] und Zschippach, in der Pflege Reichenfels Weißendorf [1643-1753, 1870-1897] sowie im Neustädter Kreis Clodra, Markersdorf [1684], Kauern, Lemnitz [?], 1671 Weida [?] sowie Neumühl[e] bei Berga.[564]

Letzterer Ort ist familiengeschichtlich dahingehend bedeutsam, da von Moritz Bastian von Zehmen auf Neumühl und seiner Ehefrau Anna geb. von Schott, verw. von Eichenbergk [oo 1596], alle jetzt lebenden von Zehmen abstammen. Mit ihren drei Söhnen aus erster Ehe [mit dem Gräflich Gleichenschen Amtmann zu Blankenhain, Wolf von Eichenbergk, †1595] hatte die Mutter jedoch auch viel Ungemach. Einer von ihnen, Hans Wolf, wurde auf einer Hochzeit in Seubtendorf vom ›langen Cuntzen‹ erstochen, ein anderer, Georg Rudolph, schleppte die ungarische Krankheit nach Neumühl ein, an der sie am 10. Mai 1606 verstarb. Auf ihrem Epitaphium im Neumühlschen Erbbegräbnis zu Berga steht sie in ganzer Figur eingehauen.[565]

Die Linie der von Zehmen auf Weißendorf

In die Reichenfelser Pflege gelangte die Familie mit der Witwe Hanns Bastians I. von Zehmen, Marie Salome [geb. von Bottfeld], die 1643 dort das Rittergut Weißendorf erwarb. Etwa 90 Jahre, bis Hanns Bastian III. von Zehmen 1753 das Besitztum an Graf Heinrich XI. Reuß älterer Linie zwecks Zerschlagung verkaufte, blieb es im Besitz der Familie. Allerdings wurde aus dem Anwesen später wieder eine Art Rittergut gebildet, das um 1870 in den Besitz Friedrichs von Zehmen gelangte, nach seinem Tode 1897 von seiner Witwe Helene Mathilde [geb. von Seydewitz] aber wieder verkauft wurde.

Der bekannteste Vertreter der Weißendorfer Linie war Hanns Bastian von Zehmen [1629-1702] auf Weißendorf und Markersdorf. Nicht allein war er Mitglied des ›Palmbaum-Ordens‹ [auch Fruchtbringende Gesellschaft] zur Pflege der deutschen Sprache und Literatur, sondern rief auch die ›Fabian-Sebastian-Stiftung‹ für Bedürftige ins Leben, aus deren Zinsen bis weit ins 20. Jahrhundert hinein sozial Schwache eine Zuwendung erhielten.[566] Im Jahre 1672 erlegte er den letzten Luchs des

Reußenlandes, worauf er das Tier dem Landesherrn verehrte.[567]

Bei der Ausschmückung seines Weißendorfer Herrenhauses im Jahre 1662 ließ er an dem schwarz-silbern geschachteten Schild des von Zehmenschen Geschlechtswappens mit den zwei blauen Balken einen Spruch anbringen, der sich zum Ende unseres Beitrags über Adelsfamilien hin hervorragend eignet:

»WAS IST DER ALTEN RUHM, DER RECHTE REINE ADEL?
DER FROMMEN TUGEND FURCHT, EIN LEBEN OHNE TADEL.
DER SCHACH BEDEUTET FLEIß, SO IN DEM SCHILDE STEHET,
DER BALKEN GOTTES HILF, SO ZWEIMAL HINDURCH GEHET.
WER NUN DEN HELMEN WILL UND SEINE FEDERN-ZIER
MIT EHREN TRAGEN, DER TUE SICH HERFÜR
MIT FLEIß UND GEH VOR GOTT UND MENSCHEN RECHT HEREIN.
WEM DIESES NICHT GEFÄLLT, DER SOLL KEIN ZEHMEN SEIN.«[568]

VON ZEUTSCH

Die von Zeutsch waren ein thüringisches Uradelsgeschlecht mit Stammsitz in dem gleichnamigen Ort SW von Orlamünde. Ihr erster bekannte Vertreter war der 1253 und 1265 als Burgmann zu Orlamünde erwähnte Theodoricus de Scuz. Im Jahre 1291 verkaufte Epe de Scuizce 1 Hufen Land in Magdala. 1378 war Cun[radus] de Cucz in Beutelsdorf Censit der Pfarrei zu Orlamünde. »Mitbesitzer des offenbar befestigten Zeutscher Hofes, zu dem Töpfersdorf [heute Wüstung], zeitweilig auch Beutelsdorf gehörten, waren im 14. Jahrhundert die von Urbach und deren Verwandte von Schwartza. 1509 zinsten die Eichenberg zu Niederkrossen und Jacob Schleedorn für das Gut. Fünf Jahre später führten die Inhaber des Hauptanteils wieder den

Namen von Zeutsch; es ist anzunehmen, daß es sich um Nachkommen des alten Zeutscher Adels handelte.«[569] Von diesen werden Seifert, Heinrich und Hans, des Hans von Zeutsch Söhne, 1532 von Neuem mit dem freien Hof zu Zeutsch belehnt. Dazu kommt 1533 noch der Feld- und Wiesenkomplex ›Scheibe‹ zu Krossen. Zudem wird Hans 1548 mit dem freien Hof zu Beutelsdorf beliehen und zusammen mit Seifert 1556 mit Töpfersdorf nebst zwei Gehölzen und einem wüsten Weinberg im Weichbild von Orlamünde. Neben denen von Schleedorn verfügte auch ein Zweig der von Kessel, der sich auch als ›Kessel-Zeutsch‹ bezeichnete, über einen Adelssitz im Ort.

Waren die von Zeutsch 1581 in einem Streit mit der Ortsgemeinde verwickelt, so schlugen sich Hans der Alte und Hans der Junge mit Bernhard und Hans von Schleedorn 1584 mit scheinbar nichtritterlichen Waffen und haben einander ›auf den Tod verwundet‹, worauf der Leuchtenburger Amtmann ermitteln mußte. Auf Hans dem Jungen folgten Curt [oo Marie von Eichenberg] und Daniel im Besitze nach. Nach Curts Tod 1603 erbten sein Sohn Curt und seine beiden Vettern Joachim [oo Anna von Stein] und Hans Christoph den Besitz. »Diese beiden letzten verkauften ihre Anteile, Joachim 1610 und Hans Christoph 1614, an Sebastian von Bronsart.«[570] Dafür erwarb Joachim 1611 das Bronsartsche Rittergut in Törpla bei Eisenberg, verkaufte es 1615 aber an Hans von Nordhausen, Domherr zu Merseburg.[571] Träger des Namens ›von Zeutsch‹ waren auch im Meißnischen [Burgk bei Freital] und im Mansfeldischen [Vatterode und Gräfenstuhl] begütert. »Wegen des von allen geführten gleichen Wappens, eines braunen Viertel-Rades (Achse mit drei Speichen) in gold umrandeten silbernen Feld wird die gemeinsame Abstammung aus Zeutsch angenommen.«[572] »Die wohl bekannteste Vertreterin der Familie war Christine Eleonore von Zeutsch (1666-1699), die am 23. Juli 1687 in Halle (Saale) Johann Ludwig I. (Anhalt-Zerbst) heiratete. Ihre Enkeltochter wurde durch Heirat die russische Zarin Katharina II., auch die Große genannt.«[573] Letzte erfolgreichere Vertreter des Geschlechts waren Caspar Heinrich von Zeutsch [†1741] und August Siegmund von Zeutsch [†1771].[574]

Bibliographie

-[**A.d.V.**]: Heimatkundliches Archiv des Verfassers (Alexander Blöthner).

-Friedrich **Alberti** (Hg.): Die Ermordung des Lieutenants Bohle von Kresse und Consorten, in: Variscia – Mittheilungen aus dem Archive des Voigtländischen Alterthumsforschenden Vereines 5 (1854), S. 124-128.

-Julius **Alberti**: Die Familie ›von Plauen‹ in Schleiz, in 2. u. 3. Jahresbericht des Geschichts- und Altertumsforschenden Vereins zu Schleiz (1880).

-Julius **Alberti**: Zur Geschichte des Schlosses Burgk bei Schleiz, Schleiz 1879.

-Herbert **Althans**: Burgen und Schlösser im Saale-Orla-Gebiet, in: Heimatjahrbuch des Saale-Orla-Kreises 2008, S. 28ff.

-Hans **Appel**: Das Geschlecht der Marschalle von Herrengosserstedt und Burgholzhausen, Tromsdorf 1981.

-**Archivportal Thüringen**, in: archive-in-thueringen.de.

-Georg **Arndt**: Das Kirchenpatronat in Thüringen, in: Zeitschrift des Vereins für Thüringische Geschichte und Altertumskunde, N.F. Beiheft 10, Jena 1927.

-Alfred **Auerbach**: Die vor- und frühgeschichtlichen Altertümer Ostthüringens, Jena 1930.

-Alfred **Auerbach**: Geschichte der Reichsveste Hirschberg a. S. bis zu ihrem Übergang an die Reußen, in: Variscia, 74. u. 75. Jahresbericht, Hohenleuben 1905, S. 174-235.

-Jörg **Aufenanger**: Schiller und die zwei Schwestern, München 2005.

-**Autorenkollektiv**: Zwischen Saale und Orla – Heimatbuch des Kreises Pößneck, Pößneck 1957.

-**Autorenkollektiv**: Heimatbuch Kreis Ziegenrück (Hg. im Auftrage des Landkreises Ziegenrück durch die Heimatforschende Vereinigung Burg Ranis e.V.), Pößneck 1938.

-**Autorenkollektiv**: Zwischen Saale und Orla – Heimatbuch des Kreises Pößneck, Pößneck 1957.

-Gerd **Baberske**: Pahren – ein Historischer Überblick (Hg. vom Rat der Gemeinde), Schleiz 1988.

-Karl Adolf **Bachofen v. Echt**, Beiträge zur Geschichte der Familie Bachoven von Echt, Wien 1904.

-Emil **Baensch**: Handbuch der Provinz Sachsen (Hg. mit Genehmigung des Ober-Präsidenten der preußischen Provinz), Magdeburg 1839, 1843, 1854.

-Friedrich **Bamler**: Reußische Adels-, Bauern-, Bürger-, Ortsnamen aus einem Lehnbuch des 16. Jahrhunderts, Gera-Ernsee, o. J.

-F. W. Julius **Barthel**: Triptiser Chronik – Das ist die Geschichte der Stadt, des Schlosses, der Kirche der Kirche und Schule – Ein Beitrag zur Geschichte des Orlagaues, Triptis 1900.

-**Bavaria** – Landes- und Volkskunde des Königreichs Bayern, Band 3: Oberfranken/Mittelfranken, Erste Abtheilung: Oberfranken, München 1865.

-Ludwig **Bechstein**: Thüringer Sagenbuch, Gotha 1858.

-Edmund **v. d. Becke-Klüchtzner**: Stammtafeln des Adels des Großherzogthums Baden, Baden-Baden 1886.

-**Beerend**: Zur Genealogie derer von Kospoth, in: Der Deutsche Herold, Berlin

1889. S. 181ff.

-Jens **Beger**: Die Pflege Burgk, in: archive-in-thueringen.de/de/findbuch/view/bestand/21868/vorwort/1 (Mai 2009).

-Bruno **Behr**: Unser Oberland – Ein Heimatbuch aus dem Kreise Schleiz, in: Oberland-Reihe Nr. 3, Schleiz 1927.

-Helmut **Beierlein**: Die Lobdeburger, in: Heimatjahrbuch des Saale-Orla-Kreises 2006, S. 52f.

-Maria **v. Below**, geb. v. Wurmb: Die Bodenreform in der SBZ, wie ich sie erlebte, in: Sobotka 1995, S. 168-171.

-Maria **v. Below** geb. v. Wurmb: Brigitte v. Wurmb auf Lausnitz, in: v. Watzdorf, v. Kopp-Colomb u.a. II 2005, S. 625-632.

-Maria **v. Below** geb. v. Wurmb: Heimkehr nach Lausnitz, Thüringen, in: v. Watzdorf, v. Kopp-Colomb u.a. II 2005, S. 633-638.

-Heinrich **Bergner** u.a.: Beschreibende Darstellung der älteren Bau- und Kunstdenkmäler der Provinz Sachsen (des Königreichs Preußen), Heft XXII: Kreise Ziegenrück und Schleusingen, Halle 1901.

-Rolf **Bergner**: Renthendorf – Hellborn: Ein Heimatbuch aus den Tälern, Renthendorf 2005.

-Rolf **Bergner**: Sagenhaftes und Merkwürdiges aus den Tälern – Mitteilung für Freunde und Mitglieder der Bürgerinitiative ›Tälerdörfer‹ e.V., Renthendorf 1999.

-Rolf **Bergner**: Schwarzbach – Ein Heimatbuch aus den Tälern, Renthendorf 2012.

-Julius **Bernhardt**: Sagen aus der Leipziger Pflege, in: Jahrbuch des Städtischen Museums für Völkerkunde zu Leipzig, Band 3 (1908/09), S. 3-77.

-[**BGTA**] Brünner Genealogisches Taschenbuch der Adeligen Häuser (Genealogisches Taschenbuch der böhmisch-mährischen Ritter- und Adelsgeschlechter), 19 Bände, begonnen von Emil Lange v. Burgenkron, fortgesetzt von Moritz Maria v. Weithenheimer (von 1877 bis 1881), beendet von Alexander Freiherr v. Dachhausen, Brünn (1870-1894).

-Helmut **Biedermann**: Aus der Zedtwitzer Ortsgeschichte (Ein verkürzter Abriss von 2004), in: Verein zur Erhaltung Dörflicher Traditionen, Werte und Interessen des Täglichen Zusammenlebens – ZEDTWITZ, in: zedtwitz.de/chronik/ (abger. 25.03.2023).

-Johann Gottfried **Biedermann**: Geschlechts Register der löblichen Ritterschafft im Voigtlande, welches aus denen bewährtesten Urkunden, Kauff-Lehen und Heyraths-Briefen, gesammleten Grabschrifften und eingeholten genauen Nachrichten von innen beschriebenen Gräflich-Freyherrlich und Edlen Häusern in gegenwärtige Ordnung verfasset und richtig zusammen getragen, dann auch mit zwey Registern versehen worden, Kulmbach 1752.

-Johann Gottfried **Biedermann**: Geschlechtsregister der reichsfrey unmittelbaren Ritterschaft Landes zu Franken löblichen Orts Rhön und Werra, Bayreuth 1749.

-Johann Gottfried **Biedermann**: Geschlechtsregister der reichsfrey unmittelbaren Ritterschaft Landes zu Franken löblichen Orts an der Altmühl ..., Bayreuth 1745-1771.

-Thomas **Bienert**: Mittelalterliche Burgen in Thüringen: 430 Burgen, Burgruinen und Burgstätten, Gudensberg-Gleichen 2000.

-Dagmar **Blaha** u.a.: ›... zum rechten Mannlehen gereicht und geliehen‹: Feudale Strukturen in der Herrschaft Oppurg vom Ende des Mittelalters bis zum 19. Jahrhundert, in: Landeszentrale für Politische Bildung Thüringen (Hg.): Quellen zur Geschichte Thüringens, Band 6, Erfurt 1997.

-Dagmar **Blaha** u.a.: ›... daß wir auf ein gutes Jahr hoffen‹: Alltag in der Herrschaft Oppurg vom Ende des Mittelalters bis zum 19. Jahrhundert, in: Landeszentrale für Politische Bildung Thüringen (Hg.): Quellen zur Geschichte Thüringens, Band 7, Erfurt 1997.

-Alexander **Blöthner**: Kamen die Reußen von der Unstrut? – Das Kloster Homburg bei Bad Langensalza und seine Gründer (PℓH, Bd. 12) Plothen 2007.

-Alexander **Blöthner**, Harry Blöthner: Krobitz im Wandel der Zeiten – Festschrift zum 400. Jubiläum der Wiederaufrichtung der St. Annenkapelle (PℓH, Bd. 20), Plothen 2011.

-Alexander **Blöthner**: LandesChronica des Saale-, Orla- und Wisenta-Raumes, Band 1: Von der Urzeit bis zum Jahre 1599, Band 2: Von 1600 bis 1815, Plothen 2017.

-Alexander **Blöthner**: Magische Orte in Leipzig und Umgebung – Sagen, Mythen, Legenden und Altertümer, Vorzeitliche Flurnamen und Fundstätten, Heidnische Kult- und Kultverdachtsplätze, Band 2: Die nähere und weitere Umgebung von Leipzig mitsamt der Tieflandsbucht zwischen Weißer Elster und Zwickauer Mulde von der Dübener Heide bis zum Zeitz-Altenburger Lösshügelland, Norderstedt 2020.

-Alexander **Blöthner**: Miscellen zur Stadtwerdung von Auma (15 S.) 2023.

-Alexander **Blöthner**: Rittergüter im Saale-, Orla- und Wisenta-Raum – Entstehung, Machtentfaltung, Untergang (PℓH, Bd. 27), Plothen 2016.

-Alexander **Blöthner**: Sagenhafte Wanderungen im Saale-Orla-Kreis – Ein Landeskundliches Lesebuch für Schule und Haus, Norderstedt – Band **I**: Die Obere Orlasenke mit Neustadt, Triptis, Auma und Umgebung (2017); Band **II**: Das Oberland östlich der Saale mit Schleiz, Ziegenrück, Tanna, Gefell, Hirschberg und Umgebung (2017); Band **III**: Das Oberland zwischen Saale, Sormitz und Frankenwald mit Bad Lobenstein, Saalburg-Ebersdorf, Remptendorf, Leutenberg und Umgebung (2016); Band **IVb**: Untere Orlasenke mit Ranis, Pößneck, Oppurg, Langenorla und Umgebung (2019), Band **V**: rechtssaalischer Teil des Landkreises Saalfeld-Rudolstadt (2022).

-Alexander **Blöthner**: Sagenhafte Wanderungen in Ziegenrück und Umgebung (PℓH. Bd. 29), Norderstedt 2020 (2012).

-Paul **Boehme**: Urkundenbuch des Klosters Pforte, Band I, Halbband 2 (1301-1350), in: Geschichtsquellen der Provinz Sachsen und angrenzender Gebiete, Band. 33, Halle 1904 (1893).

-Walter. **v. Boetticher**: Geschichte des Oberlausitzischen Adels und seiner Güter (1635-1815), 4 Bände, Görlitz 1912-1923.

-Carl **v. Bose**, Georg v. Bose, Gerhard v. Bose (Hg.): Stammtafeln und Beiträge zur Geschichte der Familie von Bose (Bosebuch), neu hg. 1980.

-Wolf **v. Brandenstein**: Geschichte der Familie von Brandenstein, Magdeburg, 4 Hefte in 2 Bänden, 1895-1897, 1905.

-Dietrich **v. Breitenbuch**: Burg Ranis, in: Derselbe (Hg.): Burg Ranis, Pößneck 1941

-Asta **v. Breitenbuch** [geb. Gräfin v. d. Schulenburg]: Die Familie von Brei-
tenbuch-Brandenstein: in: Sobotka 1995, S. 156ff.

-Georg Ludwig **v. Breitenbuch**: Erfahrungsbericht eines Wiederanfangs [in
Kohren-Sahlis 1992], in: v. Watzdorf u.a. I. 2005 (1994), S. 75ff.

-Clementine (Mense) von **Breitenbuch**: Stammtafel der Familie Breitenbuch
zeitweise genannt von Breitenbauch, Halle 1913.

-Clementine **v. Breitenbuch**, Asta v. Breitenbuch, Matthias Donath, Lars-Arne
Dannenberg: Rote Sparren auf blauem Grund – Die Familie von Breitenbuch
(Breitenbauch) in Sachsen und Thüringen, in: Adel in Sachsen, Band 8, Mei-
ßen 2016.

-Georg Martin **Brückner**: Landeskunde des Herzogtums Meiningen, Zweiter
Teil: Topographie des Landes, Meiningen 1853.

Georg Martin **Brückner**: Landes- und Volkskunde des Fürstenthums Reuß
jüngerer Linie, Gera 1870.

-F. **Bürde** (Hg.): Adressbuch des Grundbesitzes in der Provinz Sachsen – dem
Areal nach von 500 Morgen aufwärts – Mit Angabe des Gutes, der speciellen
Culturarten, des Grundsteuer-Reinertrages, des Besitzers resp. Pächters, der
nächsten Post-, Eisenbahn- und Telegraphen-Stationen und der Industrie-Zwei-
ge, welche auf dem betreffenden Gute betrieben werden, aus amtlichen Quellen zusammengestellt, Berlin 1872.

-Rudolf **v. Buttlar-Elberberg**: Stammbuch der Althessischen Ritterschaft, enthaltend die Stammtafeln der im ehemaligen Kurfürstenthum Hessen ansässigen
zur Althessischen Ritterschaft gehörigen Geschlechter, Kassel 1888.

-**v. Carlowitz**: Nachträge zur Familien-Geschichte aus dem Archiv der Familie
von Carlowitz bis zum 13.12.1891, Dresden 1891.

-Marcus **Cislak**: Leben und Lieben auf dem Schloß (Arnshaugk), in: OTZ
online (01.12.2020).

-Alexander **v. Dalnok**: Die von Beulwitz zu Eichicht und Löhma, in RHH 44
(2008), Nr. 3/4, S. 82-86.

-Friedrich **Dedié**: Oppurg und seine Besitzer im Laufe der Jahrhunderte
(überarbeitet und erweitert von Hermann Ehrenfried Knauer), Neustadt a. d.
Orla 1933.

-Georg **Dehio**: Handbuch der Deutschen Kunstdenkmäler, Thüringen, bearbeitet von Stephanie Eißing u.a., München, 1998.

-Thomas **Delekat**: Herr Silberpfeil – Nachruf Manfred von Brauchitsch: Manfred von Brauchitsch fuhr für für Deutschland. Als es das doppelt gab, fuhr er Zick-
zack. Er wurde 97. (07.02.2003).

-Heinz **Deubler**: 900 Jahre Zeutsch, in: RHH 29 (1983), Nr. 7/8, S. 147.

-Heinz **Deubler**, Alfred Koch: Burgen und Schlösser bei Rudolstadt (mit einem
Anhang die Klosterruine Paulinzella und die Kirchenruinen Töpfersdorf, Hopfgarten und Markersdorf), RHH Sonderheft (1972).

-Heinz **Deubler**: Historische Entwicklung, in: Grundmann 1998, S. 12-19.

-Heinz **Deubler**: Niederkrossen (1083-1983), in: RHH 28 (1982), Heft 11/12,
S. 223-230.

-Ernst **Devrient**: Das Geschlecht von Helldorff, Band. 1: Familiengeschichte, Band 2: Urkundenbuch mit genealogischer Uebersicht, Leipzig u.a. 1931.

-Werner **Dietzel**: Damals an Saale und Loquitz – Heimatbuch der Einheitsgemeinde Kaulsdorf/Saale, Teil I: Kaulsdorf und Tauschwitz einschließlich der Vor- und Frühgeschichte der ganzen Einheitsgemeinde und ihres Umlandes, Saalfeld 1994, Teil II: Eine heimatgeschichtliche Wanderung durch Fischersdorf, Breternitz, Weischwitz, Eichicht, Hockeroda und Hohenwarte, Saalfeld 2000.

-Jutta **Ditfurth**: Die Himmelsstürmerin, München u.a. 1998 (Roman).

-Wiesław **Długosz** (2013): Wappenbuch der Saechschischen Staaten, in: Dokumenty Śląska (dokumenty-slaska.pl/sachsichen staaten/litera z.html).

-[**DMBC**] J. F. Knaust: Summarischer Extrakt aus der Rechnung der Mobiliar-Brand-Cassa Dresden, 1740-1803.

-Alban (Freiherr) **v. Dobeneck**: Geschichte der Familie von Dobeneck, Schöneberg-Berlin 1906.

-Alban **v. Dobeneck**: Geschichte des ausgestorbenen Geschlechtes von Kotzau, in: Archiv für die Geschichte von Oberfranken, Bayreuth 1909.

-Alban **v. Dobeneck**: Geschichte des ausgestorbenen Geschlechtes der von Sparneck (2 Teile), in: Archiv für die Geschichte von Oberfranken, Bayreuth 1905/1906.

-Arnold **v. Dobeneck**: Die Grundherrengeschlechter des Vogt- und Regnitzlandes im Mittelalter, in: Archiv für Geschichte und Altertumskunde von Oberfranken, Band 29 (1926).

-Otto **Dobenecker** (Hg.): Regesta diplomatica necnon epistolaria historiae Thuringiae (Jena), Band I: 500-1152 (1895), Band II: 1152-1227 (1900), Band III: 1228-1266 (1896), Band IV: 1267-1288 (1939).

-Theodor **Dobrucky**: 550 Jahre von der Gabelentz im Altenburger Land (1388-1938), in: Altenburger Heimatblätter – Beilage der Altenburger Zeitung. 7. Jg. (1938), Nr. 11 (15.11.1938), S. 89f.

-Matthias **Donath**: Drei Kleeblätter – Die Familie von Carlowitz, Königsbrück 2022.

-Matthias **Donath**: Rotgrüne Löwen – Die Familie von Schönberg in Sachsen, in: Adel in Sachsen, Band. 4, Meißen 2014.

-Matthias **Donath**: Schwarz und Gold – Die Familie von Watzdorf in Thüringen, Sachsen und Schlesien, in: Adel in Sachsen, Band 6 (Hg. von Lars-Arne Dannenberg und Matthias Donath), Meißen 2015.

-Andreas **Dornheim**: Bodenreform (1945-1952), in: Thüringen, in: Landeszentrale für politische Bildung in Thüringen (Hg.): Thüringen – Blätter zur Landeskunde, Nr. 17 (2001).

-Ernst Friedrich Johann **Dranke**: Traditiones et Antiquitates Fuldensis (1844).

-Rudolf **Drechsel**: Sagen und alte Geschichten aus dem Orlagau, Wernburg 1934.

-Robert **Eisel**: Sagenbuch des Voigtlandes, Gera 1871.

-Paul **Ellerholz**: Handbuch des Grundbesitzes im Deutschen Reiche mit Angabe sämmtlicher Güter, ihrer Qualität, ihrer Grösse (in Culturart), ihres Grundsteuerreinertrages, ihrer Besitzer, Pächter, Administratoren etc. (14 Lieferungen: Brandenburg, Pommern, Ost- und Westpreußen, Sachsen, Schlesien, Posen, Holstein, Rheinprovinz, Mecklenburg, Hessen-Nassau, Westfalen, Hannover, Anhalt etc.), Berlin, 1879-1929.

-Wilhelm **Engel**: Die Schönbergischen Sammlungen im Thüringischen Staatsarchiv Altenburg, in: Das Thüringer Fähnlein – Monatshefte für die mitteldeutsche Heimat 1934, Nr. 5, S. 297-302.

-Hagen **Enke**: Das Leben des Friedrich von Machwitz auf Remptendorf und Ebersdorf im Spiegel seiner Leichenpredigt und anderer Quellen, in: Gemeinde Remptendorf 2000, S. 18-29 sowie in: MR – Jahrbuch Hohenleuben, Bd. 46 (2001), S. 69-80.

-Hans Walter **Enkelmann**: Alte Grabplatten in der Herschdorfer Kirche gefunden, in: PHbl 2000, Nr. 3, S. 28f.

-Hans Walter **Enkelmann**: Der schräge Pößnecker Marktplatz und eine Anmerkung zum Oppurger Schloss, in: PHbl 2005, Nr. 4, S. 24-27.

-Hans Walter **Enkelmann**: Heimatgeschichtliche Spaziergänge über den Kochsberg (4 Teile), in: PHbl, Teil 2: 1997, Nr. 1, S. 24-29.

-Hans Walter **Enkelmann**: Chronik des Oppurger Bildstocks, in: PHbl 2004, Nr. 3, S. 9-24.

-Hans Walter **Enkelmann**: Zehn Jahre Osterspaziergang 1995-2004, in: PHbl, Sonderheft 2004.

-Hasso **v. Etzdorf** (Niederstedt): Familiengeschichtliche Aufzeichnungen, in PHbl 2000, Nr. 3, S. 28f.

-Heinrich Erwin **v. Feilitzsch**: Zur Familiengeschichte des Meißnischen Adels, Großenhain 1896.

-Wilhelm **v. Feilitzsch**: Geschichte und Genealogie der Familie von Feilitzsch, 1875 (Nachtrag 1903).

-Adolf **Fischer**: Geschichte des Hauses Hohenlohe, neu hg. vom historischen Verein für Württembergisch Franken, Schwäbisch Hall (Gerabronn), Band 1 (1866), Band 2 (1868), Band 3 (1871), Band 3 (1991).

-Fritz **Fischer**: Ahnenreihenwerk Geschwister Fischer, Band 4/I, Ahnenreihen von Uradelsgeschlechtern im Wettiner Land, 1964.

-Reinhold v. **Flanß**: Regesten und Urkunden zur ältesten Geschichte des Geschlechtes von Flanß, in: Correspondenzblatt des Gesammtvereines der deutschen Geschichts- und Alterthumsvereine (Altenburg), Jg. 15 (1867), Nr. 3 (März), S. 17–24.

-Gustav von **Flotow**: Beiträge zur Geschichte der Familie von Flotow, mit einer Stammtafel der sämmtlichen dermalen lebenden Familienmitglieder in fünf Abtheilungen, zehn Urkunden und sechs Abbildungen des Familien=Wappens, Dresden 1844.

-Axel **Flügel**: Bürgerliche Rittergüter – Sozialer Wandel und politische Reform in Kursachsen (1680-1844), in: Neithard Bulst, Wolfgang Mager, Peter Lundgreen, Hans-Ulrich Wehler, Paul Nolte (Hg.): Bürgertum – Beiträge zur europäischen Gesellschaftsgeschichte, Bd. 16., Göttingen 2000.

-Theodor **Fontane**: Wanderungen durch die Mark Brandenburg, Hamburg 1952.

-**Förderkreis** Rittergut Knau e.V.: Die Geschichte des Rittergutes Knau, in: Heimatjahrbuch des Saale-Orla-Kreises 2002, S. 95-99.

-Alfred **Foerster**: Die Kirche, in: Festausgabe der Ostthüringer Zeitung zum

600-jährigen Stadtjubiläum, Auma 18./19.07. 1931, S. 8ff.

-Horst **Förster**, Gerhard Querengässer: Streiflichter aus über 800 Jahren Geschichte Langenorlas, in: HgOt (Sh.) 2005, Nr. 5.

-Horst **Förster**: Zum Schloss Langenorla, in: HgOt 2010, Nr. 3, S. 15f.

-Heidemarie **Förster**-**Stahl**: Grabkreuze der Familie von Stein auf dem Großkochberger Friedhof, in: RHH 2016, Nr. 11/12, S. 304-312.

-Karl Friedrich **v. Frank**: Alt-Österreichisches Adels-Lexikon, Wien 1928.

-Karl Friedrich **v. Frank**: Standeserhebungen und Gnadenakte für das Deutsche Reich (für das Heilige Römische Reich) und die Österreichischen Erblande bis 1806 sowie kaiserlich österreichische Lande bis 1823, mit einigen Nachträgen zum ›Alt-Österreichischen Adels-Lexikon‹, 5 Bände (1823-1918), Senftenegg 1967.

-G. **Frank**: Vater Alfred von Koch war in russischer Gefangenschaft, die Familie wurde 1952 aus dem Grenzgebiet ausgesiedelt und das Gut Saalbach 1960 dem Erdboden gleichgemacht – Die enteignete Familie von Koch hat mit den alten und neuen Behörden in Lobenstein ihre liebe Not, in: OTZ, Lokalteil Schleiz 23.01.1993.

-Oliver **Franke**: Die Familie derer von Watzdorf, in: Heimatjahrbuch des Saale-Orla-Kreises 2007, S. 44-48.

-Oliver **Franke**: Epitaphien oder die Toten singen ein Lied, in: Heimatjahrbuch des Saale-Orla-Kreises 2017, S. 94-100.

-Hans **v. Frankenberg und Ludwigsdorff**: Vom Überleben des Herzens – Eine Annäherung: Erlebte Zeitgeschichte eines Jungen in Deutschland zwischen 1940 und 1948, in: Lindemanns Bibliothek, Band 329, o.O. 2020.

-Albert **Fraustadt**: Geschichte des Geschlechtes von Schönberg, Meissnischen Stammes, 2 Bdände Leipzig 1878.

-Helfried **Fröhlich**: Die Besitzverhältnisse des Schlosses Guteborn von 1783-1939/45, in: Heimatjahrbuch des Saale-Orla-Kreises 2001, S. 64-68.

-Horst **Fröhlich** u.a.: Plauen und das mittlere Vogtland – Ergebnisse der heimatkundlichen Bestandsaufnahme in den Gebieten Plauen-Nord, Treuen, Plauen-Süd und Oelsnitz, Berlin 1986.

-Willy **Fröhlich** u.a..: Beiträge zur Geschichte der Gemeinde Knau anläßlich der 925 Jahrfeier 1999, Pörmitz 1999.

-[**F.Schw.Cal.**] Gnädigst privilegierter fürstlich Schwarzburgischer neuer und verbesserter Stadt- und Land-Calender auf das Jahr ...; zum Besten hiesiger und angränzender Lande , alles mit gutem Fleiß zusamen gebracht und mit zwey Verzeichnissen der Messen u. Jahrmärkte versehen, Hof-Buchdruckerei Rudolstadt (vor 1794-1825).

-H. C. **v. d. Gabelenz**: Die ausgestorbenen Adelsfamilien des Osterlandes, in Osterländische Mittheilungen VI (1863-1866), S. 274-468.

-Edelgarde **Galperin** (geb. v. Schauroth) u.a.: Familienchronik von Schauroth, Bremen 2012.

-Johann Friedrich **Gauhe**: Des Heiligen Römischen Reichs Genealogisch-Historisches Adels-Lexikon, Leipzig 1740.

-August **Gebeßler**: Stadt und Landkreis Hof, München 1960.

-Conrad **Gebhardt**: Geschichtliche Nachrichten über Könitz und seine Filialdorfer – Eine Festausgabe zum 200-jährigen Jubiläum der Kirche zu Könitz, Pößneck 1895.

-Arthur **v. Geldern-Crispendorf**: Die Bedeutung der Familie von Geldern (-Crispendorf) und ihres im Thüringischen Staatsarchiv zu Greiz hinterlegten Familien- und Rittergutsarchivs für das Reußenland, in: Beiträge zur mittelalterlichen und neueren und allgemeinen Geschichte (Hg. v. Friedrich Schneider) Bd. 18, Jena 1941.

-Walter **v. Geldern-Crispendorf**: Geschichte der Familie von Geldern-Crispendorf, Görlitz 1919.

-Gemeinde **Ebersdorf** (Hg.): 600 Jahre Ebersdorf – Festschrift zur ersten urkundlichen Erwähnung im Jahre 1401, Ebersdorf 2001.

-Gemeinde **Remptendorf** (Hg.): Remptendorf 1325-2000: Festschrift anläßlich der 675 Jahrfeier (Autorenkollektiv unter der Redaktion von Hagen Enke), Lobenstein 2000.

-[**GGHK**] R. Niemann, A. v. Kutzschenbach u.a.: Gothaischer Genealogischer Hofkalender (auch Gothaisches genealogisches Taschenbuch der fürstlichen Häuser), 179 Jahrgänge, Gotha 1765-1943.

-[**GGTABA**] R. v. Kutzschenbach u.a.: Gothaisches Genealogisches Taschenbuch der Adeligen Häuser Teil B (Alter und Briefadel), 34 Jahrgänge, Gotha seit 1907.

-[**GGTAG**] H. Soltmann, R. v. Kutzschenbach u.a.: Gothaisches genealogisches Taschenbuch der gräflichen Häuser, Teil A: Gräfliche Häuser des spätestens um 1400 nachgewiesenen ritterbürtigen deutschen Landadels, 115 Jahrgänge, Gotha seit 1825, Teil B: Gräfliche Häuser des seit Anfang des 15. Jahrhunderts bis zur Neuzeit nachgewiesenen deutschen und österreichisch-ungarischen Erbadels (späterer rittermäßiger Landadel, patrizischer Stadtadel, Reichsbriefadel, Landesbriefadel, Uradel und alter Adel nichtdeutschen Ursprungs, Offiziers- und Beamtenadel), Gotha 1924-1942.

-[**GGTFH**] Josef v. Kronenfels, H. Soltmann, R. v. Kutzschenbach: Genealogisches Taschenbuch der Freiherrlichen Häuser, Teil A: Teil Freiherrliche Häuser des spätestens um 1400 nachgewiesenen ritterbürtigen deutschen Landadels und ihm gleichartigen Geschlechter, 92 Jahrgänge, Gotha seit 1848, Teil B: Freiherrliche Häuser des seit Anfang des 15. Jahrhunderts bis zur Neuzeit nachgewiesenen deutschen und österreichisch-ungarischen Erbadels, Gotha 1923-1941.

-[**GGTUA**] Marcelli Janecki, R. v. Kutzschenbach: Gothaisches Genealogisches Taschenbuch der Adeligen Häuser, Teil A (Uradel): Adelige Häuser des spätestens um 1400 nachgewiesenen ritterbürtigen deutschen Landadels..., 41 Jahrgänge, Gotha seit 1900 (zugleich Adelsmatrikel der Deutschen Adelsgenossenschaft, Gotha 1932-1942.

-[**GhdA**] Stiftung Deutsches Adelsarchiv (Hg.): Genealogisches Handbuch des Adels, 158 Bände, Limburg (Lahn) 1951-2015.

-[**GhRBl.**] Großherzoglich Sachsen-Weimar-Eisenachisches Regierungs-Blatt auf das Jahr ... (Beilage zum Weimarischen Wochenblatt), Weimar 1817-1875.

-[**GhStHb**] Staatshandbuch für das Großherzogthum Sachsen-Weimar-Eisenach, Weimar 1823-1913.

-Martin **Gimm**: Hans Conon von der Gabelentz zum Gedenken, in: Heimatjahrbuch des Saale-Orla-Kreises 2014, S. 169-171.

-Hans Basilius ›**v.**‹ **Gleichenstein**: Tabulae genealogicae oder derer von Adel des Fürstenthums Sachsen-Gotha Stemmatographia alphabetica, 2 Bände, 1716/1717.

-Dieter **Gleisberg**: Hanns-Conon von der Gabelentz – Eine Homage zum 125. Geburtstag, in: Altenburger Geschichts- und Hauskalender N.F. 26 (2017), S. 203-208.

-Karl-Heinz **Göttert**: Die Ritter, Stuttgart 2011.

-Albrecht **Greule**: Deutsches Gewässernamenbuch – Etymologie der Gewässernamen und der dazugehörigen Gebiets-, Siedlungs- und Flurnamen, Berlin u.a. 2014.

-A. Maximilian F. **Gritzner**: Standes-Erhebungen und Gnaden-Acte Deutscher Landesfürsten während der letzten drei Jahrhunderte – Nach amtlichen Quellen, Görlitz 1881 (1874).

-Hans **Großkopf**: Die Herren von Lobdeburg bei Jena – Ein thüringisch-osterländisches Dynastengeschlecht vom 12. bis zum 15. Jahrhundert, Neustadt a. d. O. 1929.

-Luise **Grundmann** u.a. (Hg.): Rudolstadt und das Mittlere Saaletal – Ergebnisse der landeskundlichen Bestandsaufname im Raum Remda, Rudolstadt, Orlamünde (erarbeitet unter der Leitung von Heinz Deubler, Frank-Dieter Grimm u. Luise Grundmann), in: Leibnitz-Institut für Länderkunde u.a. Band 58, Weimar 1998.

-Luise **Grundmann**, Gerhard Werner u.a.: Saalfeld und das Thüringer Schiefergebirge – Eine landeskundliche Bestandsaufnahme im Raum Saalfeld, Leutenberg und Lauenstein, in: Leibnitz-Institut für Länderkunde u.a. Band 62, Köln u.a. 2001.

-Reinhold **Grünberg**: Sächsisches Pfarrerbuch – Die Parochien und Pfarrer der ev.-luth. Landeskirche Sachsens (1539-1939), 2 Bände, Freiberg 1939/40.

-Erich Freiherr von **Guttenberg**: Die von Heitstein-Waltstein-Sparrenberg-Sparneck-Hirschberg, S. 50, zitiert bei Haardt II 1933, S. 147.

-Fritz **Haardt**: Geschichte der Stadt Hirschberg Saale (im Auftrage der Stadtgemeinde auf urkundlicher Grundlage bearbeitet), Hirschberg: 1. Lieferung 1929, 2 Lieferung 1933, 3. Lieferung 1938.

-Fritz **Haardt**: Neustadt an der Orla, in: Unser Kleines Wanderheft, Band 37, Leipzig 1955.

-Fritz **Haardt**: Triptis und die Herren von Meusebach, in: Orlaland – Kultur- und Heimatspiegel Pößneck, März 1957, S. 48-52.

-Udo **Hagner**: Adel in Reuß – Eine Annäherung an dessen Lebenswelt, in: Jahrbuch des Museums Reichenfels-Hohenleuben, Bd. 53 (2008), S. 79-100.

-Karl **Hahn**: Markt Wirsberg – Häuser- und Familienchronik, 3 Bände, Wirsberg A. n.

-**Handelbuch** des Patrimonialgerichts Knau/Oppurg (1600-1630), in: ThHStA, Bestandssignatur 6-12-30-23, Archivalien-Signatur 1084.

-Manfred **Hanke**: Schnorrer beim Alten Fritz, Stuttgart 1996.

-Robert **Hänsel**: 600 Jahre Kirche Oschitz, in: Reußischer Erzähler 1933, Nr. 13.

-Robert **Hänsel**: Bodendenkmäler in den Kreisen Schleiz und Lobenstein, in: Der Oberlandbote, Juli 1956, S. 219ff.

-Robert **Hänsel**: Blankenstein – Rosenthal an der Saale: Kurze Geschichte des Dorfes Blankenstein und Entwicklung von Wiede´s Papierfabrik Rosenthal, Lobenstein 1921.

-Robert **Hänsel**: Die Entstehung der Burgen im oberen Saaletal, in: Vogtländischer Anzeiger und Tageblatt, Plauen 1931, Nr, 214 (13.09.1931).

-Robert **Hänsel**: Ein verdienstvoller vogtländischer Adeliger im deutschen Ordensland (Hiob von Dobeneck), o.O., 192X.

-Robert **Hänsel**: Oschitz, in: Oberlandhefte 1925, Nr. 20.

-Robert **Hänsel**: Reußische und vogtländische Ritter am heiligen Grabe in Jerusalem, Schleiz 1925 (12. S.).

-Robert **Hänsel**: Zur Geschichte von Wüstendittersdorf (2. Teile), in: Der Wisentagau – Beilage der Schleizer Zeitung, Schleiz, 1934, Nrn. 8/9 (28.07./ 24.12.1934).

-Otmar **Hartenstein**: Brückengeschichten, in: Heimatjahrbuch des Saale-Orla-Kreises 2012, S. 95-110.

-Clemens von **Hausen**: Vasallen-Geschlechter der Markgrafen zu Meißen, Landgrafen zu Thüringen und Herzöge zu Sachsen bis zum Beginn des 17. Jahrhunderts aufgrund des im Königl. Staatsarchiv zu Dresden befindlichen Urkundenmaterials, Berlin 1892.

-[**HB**] Heimatbilder – Beilage zur Pößnecker Zeitung und zum Ziegenrücker Kreisanzeiger [ab 1929 HIB – Heimat im Bild].

-[**HBK**] Hof- und Behörden-Kalender für das Fürstenthum Reuß j. L., Hofbuchdruckerei Buhr & Draeger, Gera 1864-1878.

-[**HbSaM**] Hof- und Staats-Handbuch für das Herzogthum S. Meiningen (Verlag von Brückner & Renner), Meiningen 1843-1916.

-Otto Titan von **Hefner**: Stammbuch des blühenden und abgestorbenen Adels in Deutschland, Band 1, Georg Joseph Manz, Regensburg 1860, S. 368.

-Herbert **Hegen**: Vom ›Hause Lengefeld‹ zu Reschwitz, in: RHH 1999, Nr. 1/2, S. 8f.

-Christian **Heilmann**: Die Besitzer von Briese..., in gca.ch/Genealogie/ Oels/ Seite_Briese_Adel. (letzte Änderung 13.11.2010).

-**Der Heimatbote** – Beiträge aus dem Landkreis Greiz und Umgebung (Hg. v. Förderverein Heimatbote e.V.) 1958-2012.

-**Heimatbund Thüringen e.V**. (Hg.): Adel in Thüringen – Erinnerungen und Gegenwart, in: Heimat Thüringen, 2007, Nr. 3.

-**Heimatjahrbuch des Saale-Orla-Kreises** (Hg. vom Landratsamt des Saale-Orla-Kreises), ab 1993.

-**Heimatverein** Großebersdorf/Thüringen e.V.: Festschrift zur 850-jährigen Ersterwähnung von Großebersdorf/Thüringen, 2012.

-**Heimatverein** ›Krumme Kiefer‹ Liebschütz (Hg.): Liebschütz im Wandel der Zeit 1258-2008, Festschrift zur Feier der Ersterwähnung, 2008.

-**Heimatverein** Niederpöllnitz e.V. (Hg.): Festschrift 750 Jahre Niederpöllnitz (1266-1216), Weida 2016.

-Andreas **Hein**: Alle Burgen: Burgendatenbank und Burgenatlas: Burgen,

Schlösser, Adelssitze und Befestigungsanlagen, Website (München) ab 2013.
-Günther **Heinemann**: Grundzüge der Waldgeschichte im Gebiet der Rudol-
städter Heide, in: RHH 1959, Nr. 1/2, S. 70-78.
-Martin **Heinze**, Haik Thomas Porada, Marek Wejwoda (Hg.): Das Orlatal und
das Plothener Teichgebiet – Eine landeskundliche Bestandsaufnahme im Raum
Orlamünde, Ranis, Pößneck, Neustadt an der Orla, Triptis, Auma und Zeulen-
roda, in: Leibnitz-Institut für Länderkunde u.a. Bd. 76, Weimar u.a. 2017.
-Herbert **Helbig**: Christoph Carl von Brandenstein, in: Archiv für die Sächsische Geschichte, N.F. 2, S. 157ff., bei Dedié 1933, S. 147-159.
-Wieland **Held**: Das Adelsgeschlecht der Brandenstein im 16. Jahrhundert –
Seine wirtschaftliche und soziale Position im ernestinisch-sächsischen Territo-
rialstaat, in: Vierteljahreshefte für Sozial- und Wirtschaftsgeschichte, Band 80
(1993), Heft 2.
-Johann Christian **v. Hellbach**: Archiv von und für Schwarzburg, Hildburg-
hausen 1787-1789.
-Johann Christian **v. Hellbach**: Adels-Lexikon oder Handbuch über die historischen, genealogischen und diplomatischen, zum Theil auch heraldischen
Nachrichten vom hohen und niedern Adel, besonders in den deutschen Bun-
desstaaten, so wie von dem österreichischen, böhmischen, mährenschen, preußischen, schlesischen und lausitzischen Adel, 2 Bände, Ilmenau 1825/26.
-Rudolph Johann **Helmers** (Hg.): Erneuert- und Vermehrtes Wappenbuch in
welchem Aller hoher Potentaten/ der Römischen Kaysere/ Könige/ des Heil.
Römischen Reichs Chur-Fürsten/ Fürsten/ Befürsteten Grafen/ Grafen und
Herren/ Baronen/ Rittern/ samt anderer Stände/ Republiquien und Städte/
Adelischer und Gnadelischer Geschlechter/ etc. Wappen/Schilde/ Helmen/ Klein-
odien/ nebst Dero Nahmen und Herrschaften in schönen Kupffer vorgebildet/
Und vormalens in Fünff/ Anjetzund aber/ zu dessen sonderbarer Verbes-
serung/ in Sechs Theilen/ Benebenst einem Anhang/ Darinnen auch der heut
zu Tag florierenden Ausländischen Wappen und Kleinodien enthalten/ Allen
Kuriösen Liebhabern der Edlen Wappen-Kunst zum Besten auf das Neue ver-
fertigt/ und zum Druck befördert von Rudolph Johann Helmers/ Buchhändlern,
Nürnberg Anno 1701.
-Helmut **Hennig**: Die Grafen von Orlamünde – Ein (fast) vergessenes Ge-
schlecht. Verlag G. Arzberger, 2016.
-Heike **Hentschel**: Wahre Geschichten um den Lutherweg in Thüringen,
Taucha 2017.
-Hauptlehrer **Herrling** (Ziegenrück): Aus der Zeit der Hackenburg, in: Auto-
renkollektiv 1938, S. 144-153.
-Paul Georg **Herrmann**: Der Umfang der Urpfarrei Orlamünde, in: Beiträge
zur Thüringischen Kirchengeschichte, Band 6, Jena 1940, Nr. 1, S. 449-455.
-Hans **Herz**: Regierende Fürsten und Landesregierungen in Thüringen 1485-
1952, Erfurt 1999.
-Ulrich **Hess**: Geheimer Rat und Kabinett in den ernestinischen Staaten
Thüringen, Weimar 1962.
-Eberhard **Hetzer**: Das obere Orlagau um Triptis – Aus Geschichte und
Verwaltung, in: Heimatjahrbuch des Saale-Orla-Kreises 2008, S. 60-68.

-Eberhard **Hetzer**: Erika von Watzdorf-Bachoff, in: Heimatjahrbuch des Saale-Orla-Kreises 1998, S. 101-107.

-Eberhard **Hetzer**: Friedrich Schiller und sein Thüringer Taufpate (zum 200. Todestag Friedrich Schillers am 9. Mai 2005), in: Heimatjahrbuch des Saale-Orla-Kreises 2004, S. 126-130.

-Eberhard **Hetzer**: Graf Heinrich XII. Reuß-Schleiz und die ›Gesellschaft der guten Leute von Oettersdorf‹, in: Heimatjahrbuch des Saale-Orla-Kreises 1997, S. 123-128.

-Eberhard **Hetzer**: Das Rittergut Sorna – Die Ereignisse im Jahre 1806, in: Heimatjahrbuch des Saale-Orla-Kreises 2007, S. 55-59.

-Eberhard **Hetzer**: Milowitz – südöstlich von Arnshaugk? – ein Diskussionsbeitrag zur Lokalisierung des einstigen Gutes des Kunz von Kaufungen, in: Der Altenburger Prinzenraub 1455 – Strukturen und Mentalitäten eines spätmittelalterlichen Konflikts, Beucha 2008, S. 153-160.

-Eberhard **Hetzer**: Zum 75 Todestag von Margarethe Elisabeth von der Gabelentz am 16.12.2008, in: Heimatjahrbuch des Saale-Orla-Kreises 2009, S. 118-122.

-v. **Heyder**: Familiengeschichte der v. Müffling, sonst Weiß genannt, 1908.

-[**HIB**] Heimat im Bild – Beilage der Pößnecker Zeitung und des Ziegenrücker Kreisanzeigers (Hg. v. Gerold-Verlag Pößneck), 1929-1944 [vor 1929 HB – Heimatbilder].

-[**HgOt**] Heimatgeschichten aus dem Orlatal – Historisches aus Kleindembach, Langendembach, Langenorla und Umgebung (Hg. vom Gemeindeamt Langenorla, bearbeitet von Horst Förster, Dieter Seiffert, Arthur Sänger u.a.), ab 1996.

-Christian **Hildebrand**: Streiflichter Ostthüringen – Schlösser, Burgen, Rittergüter, Klöster und Gärten im Umfeld der B 281 von Triptis nach Saalfeld (Internetpublikation), auf: christianhildebrand.de (abger. 18.07.2022).

-[**HℓZAN**] Landesarchiv Baden-Württemberg – Hohenlohe Zentralarchiv Neuenstein (mit Kreisarchiv Hohenlohekreis), Findbuch Oe 222, Einleitung: Geschichte des Rittergutes Oppurg, o. J.

-Dr. Elmar Freiherr **v. Hirschberg**: Freiherren von Hirschberg – Familiengeschichte, in: schloss-weihersberg.de (abger. 14.03.2023)

-H. L. **Hofmann**: Rittergüter des Königreichs Sachsen – Ein Abriss ihrer Geschichte und rechtlichen Stellung nebst topographischen und statistischen Nachrichten über sämtliche Rittergüter, Dresden 1901, 1914 u.a.

-Heidrum **Höhn**: 650 Jahre Molbitz, Leipzig 2000.

-Wilhelm **v. Holleben**: Geschichte der Familie von Holleben, Gotha 1895.

-[**HOV**] Jens Klingner u.a.: Historisches Ortsverzeichnis von Sachsen, in: hov.isgr.de (abger. 08.11.2022).

-[**HRL**] Historisches Rittergüter-Lexikon der Provinzen Sachsen, Hannover und Brandenburg bis 1918, in: schlossarchiv.de (redaktionell Verantwortlicher Jens Kästner-Brandes, Schloßarchiv Wildenfels).

-Hermann **Hübner**: Aus Schlettweins vergangenen Tagen (Schlettweiner Chronik 1699-1830), Pößneck 1902.

-Herbert **Hüllemann**: Die Geschichte der Rittergüter in Reuß ältere Linie, 2. Bände, Jena 1939.

-Karl **Jacob**: Die Kemenade in Orlamünde und die mit ihr verbundene Sage von der ›Weißen Frau‹ nach urkundlichen Überlieferungen, in: Sachsen-Altenburgischer Vaterländischer Geschichts- und Hauskalender, Altenburg 1929, S. 110ff.

-M. Christian Friedrich **Jacobi**, Gottlieb Schumann, Gottlob Friedrich Krebel: Genealogisches Handbuch, in welchem die neuesten Nachrichten von allen Häusern jetzt regierender Europäischer Kaiser und Könige und aller geist= und weltlichen Chur= und Fürsten, wie auch Grafen des heiligen Römischen Reichs, ingleichen von den Cardinälen, Mitgliedern der Ritterr=Orden, auch Dom= und Capitularherren der Erzr= und Hochstifter befindlich, nebst einer zuverlässigen Beschreibung ..., Leipzig 1725-1800.

-Marcelli **Janecki**: Jahrbuch des Deutschen Adels (Hg. v. d. Deutschen Adelsgenossenschaft), 3 Bände, Berlin 1896/1898/ 1899.

-Detlef **Jena**: Mitteilungen über Fritz von Steins (1772-1844) Reisetagebücher, in: RHH 2021, Nr. 9/10, S. 243-248.

-**Johanniterorden** (Hg.): Verzeichnis der Mitglieder der Balley Brandenburg des Ritterlichen Ordens St. Johannis vom Spital zu Jerusalem (Stand September 2008), Berlin 2008, S. 135-150.

-Paulus **Jovius**: Chronik der Grafen von Orlamünde, in: MVKR 3, Kahla 1885, S. 207-264.

-Heidrun **Kahlal**, Dieter Wolf: Neunhofen – Eine heimatgeschichtliche Spurensuche, Greiz 2007.

-Anne **Kamp**: Adelsleben im bürgerlichen Zeitalter – Die Freiherren von Erffa im 19. und frühen 20. Jahrhundert, in: Veröffentlichungen der Gesellschaft für Fränkische Geschichte, Reihe 9: Darstellungen aus der fränkischen Geschichte, Nr. 55, Würzburg 2010.

-Lutz **Katzschmann**, K. Wucher: Die Burgen Thüringens – Geologie, Bausteine, Geschichte, Teil 4: Burgen am Oberlauf der Saale zwischen Lobenstein und Saalfeld (Hg. vom Thüringischen Geologischen Verein e.V.), Weimar 2000.

-Hans-Joachim **Kessler**: Der sächsische Prinzenraub zu Altenburg, in: Jahrbuch des Museums Reichenfels-Hohenleuben 2009, S. 81-95.

-Karl **Kiefer**: Zur Geschichte der Freiherren von Müffling sonst Weiss genannt. 1913.

-Friedrich **Klemm**: Gleichen-Rußwurm, Wilhelm Friedrich Freiherr von, in: Neue Deutsche Biographie (NDB), Band 6, Berlin 1964, S. 447.

-Jürgen K. **Klimpke**: Rittergüter im Oberland, in: Schleizer Hefte, Nr. 19, Schleiz 2000.

-Juergen K. **Klimpke**: 650 Jahre Gründung der Kospothkapelle Schleiz, in: Heimatjahrbuch des Saale-Orla-Kreises 2020, S. 196-200.

-Johann Christoph **Klotz**: Beschreibung der Herrschaft und Stadt Gera, Schleiz 1816.

-Hermann Ehrenfried **Knauer**: Das Dorf Döhlen bei Neustadt an der Orla, Neustadt 1930.

-Hermann Ehrenfried **Knauer**: Ein Lehensbrief für Gregor von Kayn (eigentlich Hayn) über das Rittergut Neunhofen vom Jahre 1573, in: Unsere Heimat 1936, Nrn. 36-37.

-Hermann Ehrenfried **Knauer**: Die Verzeichnisse der Magazinhufen des Amtes Arnshaugk aus den Jahren 1764/65, in: Unterhaltungsbeilage zum Neustädter Kreisboten 1933, Nrn. n.

-Ernst Heinrich **Kneschke**: Deutsche Grafen-Häuser der Gegenwart in heraldischer, historischer und genealogischer Beziehung, Band 1, Leipzig 1852.

-Ernst Heinrich **Kneschke**: Neues allgemeines Deutsches Adels-Lexicon, Leipzig: 1. Bd. (1859), 2. Bd. (1860), 3. Bd. (1861), 4. Bd. (1863), 5. Bd. (1864), 6. Bd. (1865), 7. Bd. (1867), 8. Bd. (1868), 9. Bd. (1870), Neudruck Leipzig 1929f.

-Klaus **Knothe**: Die sächsisch-thüringische Landadeligenfamilie Spiegell, in: Schriftenreihe der AMF, Nr. 183, Kleve 2007.

-Johann Georg **Knup**: Historische und Genealogische Beschreibung Des uhral-tadelichen und freyherrlichen Geschlechts derer von Poellnitz – Aus richtigen Urkunden und glaubwürdigen Nachrichten zusammengetragen / von Johann George Knup, Leipzig, Zu finden bey Johann Christian Langenheim 1745.

-Gerhard **Köbler**: Historisches Lexikon der deutschen Länder. Die deutschen Territorien und reichsunmittelbaren Geschlechter vom Mittelalter bis zur Gegenwart, München 1999.

-Herbert **Koch**: Der sächsische Bruderkrieg (1445-1451), Erfurt 1910.

-H. **v. Kohlhagen**, L. Oelenheinz: Heraldisch-Genealogische Blätter – Monats-schrift für adelige und bürgerliche Geschlechter, Bamberg 1904-1910.

-Michael **Köhler**: Thüringer Burgen und befestigte vor- und frühgeschichtliche Wohnplätze, Jena 2001.

-Oskar **Köhler**: Landwirtschaftliches Güter-Adreßbuch für Thüringen mit Anhang Reg.-Bezirk Erfurt (Provinz Sachsen) und Kreis Schmalkalden (Provinz Hessen-Nassau) mit Unterstützung des Thüringer Ministeriums des Innern zu Weimar und der Landwirtschaftskammern, Leipzig 1923.

-Valentin **König**: Genealogische Adels-Historie Oder Geschlechts-Beschreibung Derer Jm Chur-Sächsischen und angräntzenden Landen zum Theil ehemahls, allermeist aber noch ietzo in guten Flor stehenden ältesten und ansehnlichsten Adelichen Geschlechter Und aus selbigen entsprungenen verschiedenen Frey-herrlichen und Hoch-Gräflichen Häuser : Worinnen Derselben Alterthum, Ab-stammungen, Wappen ... deutlich beschrieben / Nebst einer Vorrede Johann Burchard Menckens auf Garnitz, ... zusammen getragen und heraus gegeben von Valentino Königen, Königl. Pohln. und Churfürstl. Sächs. Accis-Inspectore zu Kohren, 3 Bände, Leipzig 1727/1729/1736.

-Otto Carl Erdmann **v. Kospoth**, Carl Christian Graf von Kospoth (Hg.): Von Berlin nach München und Venedig – Tagebuch einer musikalischen Reise von Berlin über Dresden, Bayreuth und Nürnberg nach Augsburg, München, Inns-bruck und Venedig, April bis Dezember 1783, o. O. 2006.

-Heinz **Kraft**: Brandenstein von, in: Neue Deutsche Biographie (NDB), Band 2, Berlin 1955, S. 517f.

-**Kreisamt Gera** u.a. (Hg.): Einwohnerbuch für den Landkreis Gera mit den Städten Münchenbernsdorf, Neustadt, Ronneburg, Triptis, Weida und 208 Landgemeinden mit einem Anhang der Behörden, öffentlichen Einrichtungen und einer Karte des Kreises Gera, 1938.

-Ernst Paul **Kretschmer**: Aus vergangenen Tagen des kanzleischriftsässigen

Rittergutes Kospoda und seiner nächsten Umgebung – Beiträge zur Geschichte des Orlalandes, seiner Ortschaften und alten Herrengeschlechter, Gera 1934.

-Ernst Paul **Kretschmer**: Schloß und Park Heinrichsruh – Eine kulturhistorische Plauderei, Gera 1927.

-Julius Constantin **Kronfeld**: Landeskunde des Großherzogtums Sachsen-Weimar-Eisenach, Zweiter Theil: Die Topographie des Landes, Weimar 1879.

-Wolfgang **Kulhanek**: ›Kurzer Abriss der Geschichte von Niederpöllnitz bis 1945‹ sowie ›Landwirtschaft in Niederpöllnitz‹, in: Heimatverein Niederpöllnitz, 2016, S. 18-34, 53-71.

-Michael **Kühn** über das ehemalige Schloß Crispendorf, in: Heimatjahrbuch des Saale-Orla-Kreises 2008, S. 17.

-Karl Heinrich Ritter **v. Lang** (Hg.): Adelsbuch des Königreichs Bayern, 3 Bde., München, Nürnberg 1815-1877.

-Paul **Lehfeldt**: Bau- und Kunstdenkmäler Thüringens, Jena 1888-1917: Herzogtum Sachsen-Altenburg – Heft **III**: Amtsgerichtsbezirk Kahla (1888); Herzogtum Sachsen-Meiningen – Heft **VI**: Amtsgerichtsbezirk Saalfeld (1889), Heft **XV**: Amtsgerichtsbezirke Gräfenthal und Pößneck (1892); Heft **IX**: Fürstentum Reuß älterer Linie – Amtsgerichtsbezirke Greiz, Burgk und Zeulenroda (1891); Fürstentum Reuß jüngere Linie – Heft **XII**: Amtsgerichtsbezirke Schleiz, Lobenstein und Hirschberg (1891), Heft **XXIII**: Amtsgerichtsbezirksbezirke Gera und Hohenleuben (1896); Heft **XX**: Fürstentum Schwarzburg-Rudolstadt – Amtsgerichtsbezirke Königsee, Oberweissbach und Leutenberg (1894); Heft **XXIV**: Großherzogtum Sachsen-Weimar-Eisenach – Amtsgerichtsbezirke Neustadt a. d. O. und Auma (1897).

-**Leibnitz-Institut für Länderkunde Leipzig**, Sächsische Akademie der Wissenschaften zu Leipzig (Hg.): Landschaften in Deutschland – Werte der Deutschen Heimat, Köln u.a. ab 2001.

-Kerstin **Lenk**: ›Das Erbe der Metzschs‹ – Jahresausstellung im Museum Burg Mylau eröffnet, in: Der Heimatbote, Bd. 51 (2005), 4, S. 29f.

-[**LhA**] Lexikon des historischen Adels (1648-1918), in: adelslexikon.com (redaktionell Verantwortlicher Jens Kästner-Brandes, Schloßarchiv Wildenfels).

-Yvonne **Lieder**: Der Sprach- und Kulturverein Gabelentz e.V. – Ein Verein der Region des Saale-Orla-Kreises stellt sich vor, in: Heimatjahrbuch des Saale-Orla-Kreises 2014, S. 147ff.

-Carl August **Limmer**: Entwurf einer urkundlichen Geschichte des gesamten Vogtlandes, Gera 1825.

-Klaus **Lindae**: Aus Pößnecks Vergangenheit – In alten Pößnecker Zeitungen geblättert, in: PHbl 2004, Nr. 2, S. 5f.

-Dr. **Löbe**: Die adeliche Familie der Puster, in: Mitteilungen des Vereins für Geschichte und Altertumskunde zu Kahla und Roda, 1884 (a), S. 392-406.

-Julius **Löbe**, Ernst Conon Löbe: Geschichte der Kirchen und Schulen des Herzogthums Sachsen-Altenburg mit besonderer Berücksichtigung der Ortsgeschichte, erster Band enthaltend allgemeines und die Stadt und Landephorie Altenburg, Roda 1884, dritter Band enthaltend die Ephorien des Westkreises, Altenburg 1891.

-Ernst Conon **Löbe**: Zur Genealogie der Herren von Meusebach, in: Mitteilungen des Vereins für Geschichte und Altertumskunde zu Kahla und Roda, 1884 (b), S. 378-388.

-Anja **Löffler**: Reußische Residenzen in Thüringen, Weimar 2000 (Diss.).

-Victor **Lommer**: Beiträge zur Geschichte der Grafen von Orlamünde, in: MVKR Nr. 3, Kahla 1885, S. 479-513.

-Viktor **Lommer**: Das Altenburger Saalthal im Dreißigjährigen Kriege, in: Mitteilungen des Vereins für Geschichte und Alterthumskunde zu Kahla und Roda. Band 4 (1894), S. 13-120.

-Victor **Lommer**: Regesten der Familie der Schützen zu Orlamünde, in: Deutscher Herold 1872, Heft 4/5.

-Victor **Lommer**: Zur Geschichte der Familie von Eichenberg, in: Zeitschrift des Vereins für Geschichte und Altertumskunde zu Kahla und Roda, Kahla 6 (1908), S. 287 (Miszellen).

-Anton **v. Mach**: Über den Namen von Kospoth und Kosboth, 1885.

-A. **v. Maltzan** (Hg.): Kreis Ziegenrück (Provinz Sachsen des Kgr. Preußen), in: Handbuch des Grundbesitzes im Deutschen Reiche (unter Mitwirkung der Königlichen Behörden und der Landwirtschaftskammern), Berlin 1913.

-Dietrich **Mania**: Orlamünde und Umgebung – Ein Abriss der Besiedlungsgeschichte von den Anfängen bis zum Mittelalter, Langenweissbach 2008.

-Richard Freiherr **v. Mansberg**: Erbarmannschaft Wettinischer Lande. Urkundliche Beiträge zur obersächsischen Landes- und Ortsgeschichte in Regesten vom 12. bis Mitte des 16. Jahrhunderts, Band 1: Das Osterland, Dresden 1903.

-Barbara **Mansfield**: Wir sind nicht besser, aber anders. Deutscher Adel in der Nachkriegszeit und in der Bundesrepublik Deutschland, Norderstedt 2022.

-Dr. **Märkers**: Geschichte des Schleinitzschen Geschlechts, bei Kretschmer 1934.

-Sebastian **Martius**: Die Burg und das Amt Arnshaugk – Früheres Macht- und Verwaltungszentrum im Orlagau, in: Heimat-jahrbuch des Saale-Orla-Kreises 2003, S. 81-84.

-Ulf **Matthiesen**: Feudale Sozialarbeiter, in: Die Zeit online (14.02.2013).

-Richard **Mendner**: Die Herrschaft Burgk bis zu ihrer Angliederung an das Haus Reuß-Greiz 1596/1616, Leipzig 1917.

-Franz **Menges**: Metzsch (Metsch), von, in: Neue Deutsche Biographie (NDB), Band 17, Berlin 1994, S. 262f.

-Matthäus **Merian**: Theatrum Europaeum, oder ausführliche und warhafftige Beschreibung aller und jeder denkwürdiger Geschichten, so sich hin und wider in der Welt fürnämlich aber in Europa und Teutschen Landen so wol im Religion als Prophan-Wesen vom Jahr Christi 1617 biss auf das Jahr 1629... beschrieben durch M. Joannem Philippum Abelinum, ...; fortgesetzt von H. Oraeus, Jo. Pet. Lotichius ...; mit schönen in Kupffer gebrachten Lund-Tafeln ... gezieret und verlegt durch Mathaeum Merian .... Franckfurt am Mayn: bey W. Hoffmann, 1635-1652.

-Regine **Metzler**: Nickel Sack zu Geilsdorf (1480-1547) – Wer war der adlige Lehnsherr, der eine Bauerntochter heiratete?, in: Das Vogtland – Schrift zu Kultur und Geschichte des Vogtlandes, Plauen 2006, S. 58-64.

-Carl **v. Metzsch-Reichenbach**: Die schönsten Schlösser und Burgen Sachsens, Dresden 1910.

-G. **v. Metzsch**: Allianzen der Familie von Metzsch, in: Vierteljahrsschrift für Wappen-, Siegel- und Familienkunde, 1908, S. 155-177 sowie Jg. 36, S. 62-78.

-Brigitte **Milde**: Vom Bauhaus nach Arnshaugk – Das Künstlerehepaar Doris und Johannes Karl Herrmann, in: Beiträge zur Geschichte und Stadtkultur Band 21, Jena 2015, S. 229f.

-Christoph **v. Mohl**: Arnshaugk bei Neustadt/Orla, in: Sobotka u.a. 1995, S. 195-198.

-[**MÖK**] Militär-Schematismus des österreichischen Kaiserthumes (Hg. v. d. k. k. Hof- u. Staatsdruckerei Wien), Wien, 1810-1868.

-Ottogerd **Mühlmann**: Bernhard von Kochberg gesessen zu Heilingen, in: Jahrbuch für die Geschichte Mittel- und Ostdeutschlands (Publikationsorgan der Historischen Kommission zu Berlin), Band 25, Berlin 1976, S. 182-192.

-Günther **Müller**: Das Rittergut Weitisberga und ein Vorwerk auf der ›Alten Leite‹ bei Heberndorf, A. n.

-Alexander **Müller**: Die Wüstungen des Großherzogtums Sachsen-Weimar-Eisenach im I., II. und V. Verwaltungsbezirk, in: ZVTG, N.F. Band 21, 1913, S. 453-493.

-Hermann **Müller**: Zwei verschwundene Dörfchen aus Pößnecks Nachbarschaft, in: Orlaland, Februar 1957, S. 32ff.

-George Adalbert **v. Mülverstedt**: Sammlung von Ehestiftungen und Leibgedingsbriefen ritterschaftlicher Geschlechter der Provinzen Sachsen, Brandenburg, Pommern und Preußen, Magdeburg 1863.

-Clementine Freiin **v. Münchhausen**: Die Besitzer des Rittergutes Lemnitz aus der Familie derer v. d. Gabelentz, o. O. 1880.

-N.**N.**: Der Beherrscher eines Kleinstaates (Heinrich LXXII. Reuß-Ebersdorf), in: Ernst Keil (Hg.): Die Gartenlaube – Illustriertes Familienblatt, Leipzig 1866, Teil 1, in Heft 38, Teil 2 in Heft 51.

-N.**N.**: Der Türkenhof, in: Heimat im Bild (24.04.1932).

-N.**N.**: Die Familien Schütz von Moßbach und Orlamünde, in: Mitteilungen des Vereins für Geschichte und Alterlumskunde zu Kahla und [Stadt]Roda, Nr. 4 (1894), S. 446-463.

-N.**N.**: Die Weiße Frau der Hohenzollern, in: Zeitgeschichte in Wort und Bild, Netzfund 2024.

-N.**N.**: Hickhack um das Schloss Langenorla, in: HgOt 2008, Nr. 4, S. 11-14.

-N.**N.**: Informationen des Plebanus Funck im Neunhofener Pfarreinkommenregister aus dem Jahr 1489, in: ZVTG, Band 1, Jena 1854, S. 359f.

-N.**N.**: Was der Neustädter Kreisbote berichtete – Vor 100 Jahren in unserer Stadt, in: Neustädter Kreisbote 2018, Nr. 24, S. 18.

-N.**N.**: Zur Geschichte der Familie von Römer in Sachsen, in: Vierteljahresschrift für Heraldik, Sphragistik und Genealogie 16. Jg (1888), S. 369-390.

-Alexander **Narr**: Alte Grabsteine in der Harraer Kirche, in: Oberlandhefte 1932, Nr. 10, S. 199.

-[**NGH**] Gerhard Friedrich Albrecht: Neues Genealogisches Handbuch (Geschlechtstafeln des in- und ausser dem Heiligen Römischen Reich blühenden Adels), Frankfurt/Main 1775-1780.

-Ferdinand **Nitze** (Hg.): Beschreibung des Geschlechts von Watzdorf, Dresden

1872.

-**Oberland** – Blätter für Volkstum und Heimatkunde, Schleiz, (Hg. von der Vereinigung für Volkskunde und Heimatpflege im reußischen Oberlande e.V. zunächst unter der Schriftleitung von Robert Hänsel, dann etwa ab 1934 von Martin Müller und schließlich des regionalen NS-Lehrerverbandes), 1924-194X; in diesem Index als ›Oberlandhefte‹ bezeichnet.

-Der **Oberlandbote** –Heimatzeitschrift mit kultureller Monatsschau der Kreise Schleiz und Lobenstein 1956-1962.

-Georg **v. Obernitz**: Geschichte der Familie von Obernitz, 3 Bände, Görlitz 1913-1936.

-Major **v. Obernitz**: Zur Geschichte von Liebengrün, in: ZVTG N.F. Bd. 20, Jena 1911.

-**Orlaland** – Pößnecker Kultur- und Heimatspiegel (Hg. vom Kulturbund der DDR, Kreisleitung Pößneck), Saalfeld 1956-1961(?).

-**Ortschaftsrat** Wüstendittersdorf (Hg.): 700 Jahre Wüstendittersdorf 1302-2002 – Beiträge zur Ortsgeschichte (mit Beiträgen von Jürgen K. Klimpke, Uwe Hermann, Georg Brückner), Schleiz 2002.

-[**OTZ**] Ostthüringer Zeitung – Unabhängige Tageszeitung für Politik, Wirtschaft, Kultur und Sport, Löbichau (vordem Gera) ab 1. Januar 1991 (vordem Ostthüringer Nachrichten ab 1990).

-Ernst **Petzold**: Das schöne Oppurg, in: Heimat im Bild (02.01.1944).

-Ernst **Petzold**: Der ehemalige Kreis Ziegenrück, in: Autorenkollektiv: Zwischen Saale und Orla 1957, S. 16-24.

-Ernst **Petzold**: Herbst im Würzbachgrund, in: Heimat im Bild (25.10.1942).

-Ernst **Petzold**: Interessante Grabungsergebnisse auf dem Hof des ehemaligen Rittergutes Schlettwein (1964), in: PHbl Sonderheft 1999, S. 32-35.

-Ernst **Petzold**: Schloß Nimritz, in: Heimat im Bild (27.09.1942).

-Hans-Jürgen **Pflug** (Adelebsen), über das Pflugk'sche Adelsgeschlecht (Projektarbeit), in: pflug.net/impressum.php (abger. 29.02.2024)

-[**PHbl**] Pößnecker Heimatblätter (Hg. vom Stadtarchiv Pößneck und dem Verein für Heimatgeschichte Pößneck e.V.), ab 1995.

-Günther **Philipp**: Das Dorf Weitisberga in Thüringen, o. O. 2004.

-Heinrich August **Pierer**: Universal-Lexikon der Vergangenheit und Gegenwart oder neuestes encyclopädisches Wörterbuch der Wissenschaft, Künste und Gewerbe, ab 1824.

-[**PℓH**] Plothener Hefte zur Thüringer Regionalgeschichte (Hg. v. Alexander Blöthner).

-Hans-Jürgen **Pohl**: Aus der Geschichte der Familie von Schleinitz, Oschatz 2010.

-Gisela von **Pöllnitz**: Die Familie von Pöllnitz (Pöllnitz) in Ostthüringen in: Sobotka 1995, S. 202-206.

-Baron du **Pöllnitz**: La Saxe galante, Amsterdam 1734.

-Maximilian von **Poseck**: Verzeichniß der in der Poseck'schen familiengeschichtlichen Sammlungen vorkommenden adeligen Namen, in: Vierteljahreszeitschrift für Wappen-, Siegel- und Familienkunde 24 (1896), S. 135-153.

-Otto **Posse** u.a. (Hg.): Urkundenbuch der Markgrafen von Meißen und Landgrafen von Thüringen, in: Codex diplomaticus Saxoniae regiae (Leipzig), Band

I: 948-1099 (1882), Band II: 1100-1195 (1889), Band III: 1196-1234 (1898), Band IV: 1235-1247 (bearbeitet von Tom Graber u. Matthias Kälble), Peine 2014.

-Karl-Heinz **Preißer**: Die Hofmark Wildenau im Wandel der Geschichte, Weiden 1992.

-Karl Robert **Preußner**: Zwischen Saale und Wisenta – Von Schloß Burgk nach Walsburg, in: Vogtländische Heimatblätter 2002, Heft 5, S. 22-28.

-Thomas **Queck**: Saale-Orla-Kreis, Nord, in: Archäologischer Wanderführer Thüringen (Hg. vom Landesamt für Denkmalpflege und Archäologie), Band 14, Weimar 2013.

-Thomas **Queck**, Ines Spazier: Saale-Orla-Kreis, Süd, in: Archäologischer Wanderführer Thüringen (Hg. vom Landesamt für Denkmalpflege und Archäologie), Band 14, Weimar 2016.

-Curt **v. Raab**: Beiträge zur Geschichte des vogtländischen Adels, Teil 2: Die von Machwitz, von Gößnitz, Thußel von Taltitz und von Quingenberg, in: 6. Jahresschrift des Altertumsvereins Plauen auf die Jahre 1886/1887, S. 1-42.

-Curt **v. Raab**: Die von Kauffungen – Eine historische genealogische Studie, in: Variscia – 70. und 71. Jahresbericht, Hohenleuben 1901, S. 1-75.

-Curt **v. Raab**: Regesten zur Orts- und Familiengeschichte des Vogtlandes, Band 2 (1485-1563), Plauen im Vogtland 1898.

-E. **Rank**: Kießlings Rittergut im Wandel von sechs Jahrhunderten – Heimatgeschichtliches über Kießling – 600 Jahre Kießling (1392-1992).

-Rat der Gemeinde **Ebersdorf** (Hg.): Ebersdorf-Remptendorf – Heimatführer des Gemeindeverbandes, Greiz 1976.

-Karl Friedrich **Rauer**: Hand-Matrikel der in sämmtlichen Kreisen des Preussischen Staats auf Kreis- und Landtagen vertretenen Rittergüter (Hg. v. K. F. Rauer, Kanzlei-Rathe im Königlichen Ministerium des Innern), Berlin 1857.

-Frank **Reinhold**: Zur Herkunft der Zweiten Ehefrau des Georg Schmidt, genannt Künzel (1650 bis vor 1721), ›Empiricus‹ in Rothenacker – Ein Beitrag zur Geschichte derer von Dobeneck, in: Heimatjahrbuch des Saale-Orla-Kreises 2003, S. 78-81.

-Karl Heinrich Friedrich Chlodwig, Freiherr von **Reitzenstein**: Regesten der Grafen von Orlamünde, Babenberger und Ascanischen Stammes – Mit Stammtafeln, Siegelbildern, Monumenten und Wappen, Bayreuth 1871.

-Hermann Freiherr **v. Reitzenstein**: Geschichte der Familie von Reitzenstein-Reuth, S. 87, 62, zitiert bei Haardt II 1933, S. 147.

-Ludwig **Renn** (eigentlich Arnold Friedrich v. Vieth auf Golßenau): Adel im Untergang (Roman), Berlin 1961 (1946).

-**Reußischer Erzähler** – Wöchentliche Unterhaltungsbeilage der Schleizer Zeitung, Schleiz 1915-1941.

-[**RHH**] Rudolstädter Heimathefte (mehrfacher Herausgeberwechsel – mit Untertitel ›Beitrage zur Heimatkunde des Kreises Rudolstadt‹ von 1955 bis 1990 hg. vom Kulturbund der DDR Ortsgruppe Rudolstadt, ab 1990 mit dem Untertitel ›Beiträge aus dem Landkreis Saalfeld-Rudolstadt und seiner Umgebung‹ hg. vom Landratsamt Rudolstadt, ab 1993 hg. vom Landratsamt Saalfeld-Rudolstadt.

-Carl Hermann **Richter**: Die Herrschaft Mühltroff und ihre Besitzer, Leipzig

1857.

-Martin **Riedelbauch**: Der Aufstieg, das Wirken und der Niedergang des Reichsgrafen von Ellrodt, in: Archiv für Geschichte von Oberfranken, Band 39, Bayreuth 1959, S. 292-302.

-Flora v. **Roeder**: These Are the Generations – A Biography of the von Roeder Family and its Role in Texas History, Band 1 (Houston, 1978), Band 2 (2014).

-Helmut Veit **Röder**: Uradel und Grundherrschaft des Rodau-Leubnitzer Altlandes – Ein Beitrag zur 700-Jahr-Feier von Leubnitz im Jahr 2000, in: MR – Jahrbuch Hohenleuben 45 (159. Jahresbericht), 2000, S. 51-80.

-Regina **Röhner**: Der sächsische Prinzenraub – Die Geschichte des Kunz von Kauffungen, Chemnitz 1993.

-Heinz **Rosenkranz**: Die Ortsnamen des Bezirkes Gera, Greiz 1982.

-Monika **Rössing-Hager**: Reformatorische Nonnen rechtfertigen ihre Klosterflucht – Florentina von Oberweimar und Ursula von Münsterberg, in: Frauen der Reformation – Tagungstexte der Evangelischen Akademie Sachsen-Anhalt, Band 5, Wittenberg 1999, S. 103-130.

-Horst **Rößler**: Die Ritter von der Oelsnitz – Zur Geschichte und Rolle eines Rittergeschlechts in den feudalen Klassenkämpfen Sachsens, Böhmens, Preußens und Polens, 4 Teile, in: Der Heimatfreund für das Erzgebirge, Jg. 23 (1978), Hefte 2-5.

-Werner **Rost**: Streifzüge durchs Saaletal im Geopark Schieferland – Auf dem Saalepfad von Blankenstein über Blankenberg, Pottiga und Sparnberg nach Hirschberg (Hg. vom Naturpark Thüringer Schiefergebirge/Obere Saale, Naturpark Frankenwald e.V.)

-Melville Henry Marquis de **Ruvigny**: Titled Nobility of Europe – An International Peerage, London, 1914.

-Peter **Sachenbacher**: Landkreis Greiz, in: Archäologischer Wanderführer Thüringen (Hg. vom Landesamt für Denkmalpflege und Archäologie), Bd. 5, Langenweißbach 2005.

-Sächsisches **Staatsarchiv** (Hg.): Die Adelsfamilie von Schönberg in Sachsen (Fachkolloquium des Sächsischen Staatsarchivs zu Leipzig 22. Oktober 2010), Dresden 2011.

-Norbert **Sack**: Das vogtländische Geschlecht Sack, in: VJ 1995, S. 76-80.

-Karl-Hans **Sakrzewski**: Jahreszahlen zum ehemaligen Rittergut Sorna (mehrseitig), März 2022.

-Klaus **Schache**: Die Burg Ranis im Besitz des Deutschen Roten Kreuzes von 1942 bis 1945, in: Heimatjahrbuch des Saale-Orla-Kreises 2015, S. 101ff.

-Martina **Schattkowsky** (Hg.): Die Familie von Bünau, in: Adelsherrschaften in Sachsen und Böhmen vom Mittelalter bis zur Neuzeit (Schriften zur sächsischen Geschichte und Volkskunde, Band 27), Leipzig 2008.

-Martina **Schattkowsky**: Zwischen Rittergut, Residenz und Reich: – Die Lebenswelt des kursächsischen Landadligen Christoph von Loß auf Schleinitz (1574-1620), Leipzig 2007.

-Freiherr von **Scheibler**: Wappenbuch (Handschrift), in: Bayerisches Staatsarchiv Cod.icon 312c

-Siegfried **Scheidig**: Die Herren von Thüna, in: Lauenstein – Eine Wanderung durch die Vergangenheit, Lauenstein 1977.

-Albert **Schiffner**: Supplementbände I-V zu August Schuhmanns Vollständigen Staats-, Post- und Zeitungslexikon von Sachsen, Zwickau 1827-1833.

-Gerlinde **Schlenker**, Jürgen Laubner: Die Saale – Porträt einer Kulturlandschaft (Hg. v. Landesheimatbund Sachsen-Anhalt), München u.a. 1996.

-Wolfgang **Schmale**: Herrschaft und Widerstand: Zur politischen Kultur im 17. Jahrhundert, in: Uwe Schirmer (Hg.): Sachsen im 17. Jahrhundert, Beucha 1998, S. 9-24.

-Berthold **Schmidt**: Die Geschichte des Reußenlandes, 2 Bände, Gera 1923/1927.

-Berthold **Schmidt**: Genealogie der Familie Oberlaender, Schleiz 1925.

-Berthold **Schmidt**: Geschichte der Stadt Schleiz, Band I: Die urkundlichen Nachrichten von Schleiz aus dem Mittelalter (1232-1550), Schleiz 1908, Band II: Urkundenbuch der Stadt Schleiz, Schleiz 1909, Band III: Von der Burggrafenzeit bis zum Deutsch-Französischen Kriege (1550-1871), Schleiz 1916.

-Berthold **Schmidt** (Hg.): Urkundenbuch der Vögte von Weida, Gera und Plauen sowie ihrer Hausklöster Mildenfurth, Cronschwitz, Weida und Zum Heiligen Kreuz Saalburg, 2 Bände, in: Thüringer Geschichtsquellen (N.F. II), Jena 1885/1892.

-Berthold **Schmidt**: Zur älteren Geschichte des ehemals reichsunmittelbaren und später vogteilichen Schlosses Rudolphstein an der Saale, in MR – Jahrbuch Hohenleuben 2008, S. 17-21.

-Hermann **Schmidt** (Hg.): Kirchengallerie der Fürstlich Reußischen Länder, Zweite Abtheilung: Die Ephorien: Greiz, Schleiz und Lobenstein nebst dem Inspectionsamte Saalburg, Dresden 1843.

-Georg **Schmidt**: Die Familie der Grafen von Hohenthal, 1896.

-Joachim **v. Schönfels**: Familienchronik von Schönfels, in: Deutsches Familienarchiv, Band 78 (1981).

-Carl Friedrich **Schuhmann**: Sachsen-Weimar-Eisenachische Landeskunde, Neustadt 1836.

-August **Schuhmann**: Vollständiges Staats-, Post- und Zeitungslexikon von Sachsen enthaltend eine richtige und ausführliche geographische, topographische und historische Darstellung aller Städte, Flecken, Dörfer, Schlösser, Höfe, Gebirge, Wälder, Seen, Flüsse etc. Bände I-XIII verfaßt von August Schuhmann (Zwickau 1814-1826), fortgeführt und vollendet von Albert Schiffner (Supplementbände I-V), Zwickau 1827-1833.

-Johann Adolph **v. Schultes**: Sachsen Coburg-Saalfeldische Landesgeschichte unter der Regierung des Kur- und Fürstlichen Hauses Sachsen vom Jahre 1425 bis auf die neueren Zeiten. Mit einem Urkundenbuche in drei Abtheilungen, Coburg 1818/1820/ 1822.

-Albert **Schumann**, Paul Mitzschke: Hans Dietrich von Schönberg, in: Allgemeine Deutsche Biographie (ADB). Bd. 36, Leipzig 1893, S. 781ff.

-Wolfgang **Schuster**: Zur Geschichte von Oberpöllnitz und seinem Rittergut, in: oberpöllnitz.de (03/2003, 13/2007, 12/2008; 9/2013, 02/2020, 06/2020).

-Johann Wilhelm und Georg-Thilo Freiherren **v. Seebach**: Die Familien von Seebach und ihre Güter in Groß- und Kleinfahner, in: Sobotka u.a. 1995.

-Dieter **Seiffert**: Das ehemalige Schloß Langenorla, in: Heimatjahrbuch des Saale-Orla-Kreises 2000, S. 118-121.

-Otto Theodor v. **Seydewitz**, Max Seydewitz: Beiträge zur Geschichte der Familie von Seydewitz (Görlitz), Band 1: Den Zeitraum von 1299 bis 1875 umfassend (1875, Fortsetzung 1890), Band 2: Den Zeitraum bis 1942 umfassend (1942).

-E. **Seyfert**: Landwirtschaftliches Güter-Adreßbuch für die Provinz Sachsen (Nietkammers Landwirtschaftliche Güter-Adreßbücher 5), Leipzig 1906-1929.

-[**SHKS**] Staatshandbuch für das Königreich Sachsen auf das Jahr ... – auf Anordnung des Königlichen Gesammtministeriums, Dresden 1807-1918.

Liane **Shutov**: Verfolgt und Abgeschoben – Einst gab es im Osten Deutschlands weitverzweigte Adelsgeschlechter.., in: deutsch-landfunk.de/ver folgt-und-abgeschoben-100.html (02.07.2013).

-Johann **Siebmacher**'s grosses und allgemeines Wappenbuch, 7 Bände mit je bis zu 13 Abteilungen, Nürnberg 1596-1704, zuzüglich 5 Supplementbände (in einer neuen, vollständig geordneten und reich vermehrten Auflage mit heraldischen und historisch-genealogischen Erläuterungen fortgeführt und neu herausgegeben von Otto Titan v. Hefner, Adolf. M. Hildebrandt, Maximilian Gritzner, George Adalbert v. Mülverstedt, Friedrich H. v. Rosenfeld, Gustav Adelbert Seger), Nürnberg 1856-1911 – Band **II**, Abt. **4**: Der Adel der Fürstenthümer Reuß (bearb. von M. Gritzner) 1873; Band **VI**, Abt. **6**: Der abgestorbene Preußische Adel der Provinz Sachsen, exklusive der Altmark (bearbeitet von G. A. v. Mülverstedt) 1884; Band **VI**, Abt. **12**: Der abgestorbene Adel der Saechsischen Herzogthümer (bearbeitet von G. A. von Mülverstedt) 1907; Band **VI**, Abt. **13**: Der abgestorbene Adel der Fürstenthümer Schwarzburg zugleich als Entwurf eines Lexicons des früheren Schwarzburgischen Adels (bearbeitet von G. A. v. Mülverstedt) 1908.

-Wera **Sidow**, geb. v. Wurmb: Erinnerungen an die Haftzeit vom 27.12.1945 bis 05.05.1955, in: v. Watzdorf, v. Kopp-Colomb u.a. II 2005, S. 537-557.

-August **Sieghardt**: Die Grafen von Hirschberg im Altmühltal – Einst Herren von Grögling, Dollenstein und Ottenburg, in: Heimgarten 26 (1955), Nr. 21.

-Berthold **Sigismund**: Landeskunde des Fürstenthums Schwarzburg-Rudolstadt, 1. Theil: Allgemeine Landeskunde der Oberherrschaft, Rudolstadt 1862, 2. Theil: Ortskunde, Rudolstadt 1863.

-Bruno J. **Sobotka** (Hg.): Burgen, Schlösser, Gutshäuser in Thüringen, in: Veröffentlichungen der Deutschen Burgenvereinigung e.V., Reihe C, Mitherausgeber Thüringer Amt für Denkmalpflege, Stuttgart 1995.

-Moritz **Starke**: Statistisches Universal-Handbuch und Geographisches Ortslexikon ... zum praktischen Geschäftsgebrauch für Behörden, Industrie, Handel, Gewerbe und Landwirthschaft nach amtlichen und authentischen Quellen, Leipzig, Berlin u.a., Band **IV**: Herzogthum Sachsen-Altenburg (1880), Band **V**: Großherzogthum Sachsen-Weimar-Eisenach (1880), Band **IX**: Herzogthum Sachsen-Meiningen-Hildburghausen (1880), Band **X**: Fürstenthum Schwarzburg-Rudolstadt, begonnen von Moritz Starke, fortgesetzt von Albert Ferdinand Thieme (1882).

-Richard **Steche**: Beschreibende Darstellung der älteren Bau- und Kunstdenkmäler des Königreichs Sachsen, Heft XI: Amtshauptmannschaft Plauen, Dresden 1888.

-Günther **Steiniger**: Mühlen an der Auma, der Triebes, der Leuba und im Güldetal mit den Mühlen am Kesselbach, Finkenbach, Pöllnitzbach, Struthbach, Floßbach, sowie dem Seebach, Bad Langensalza 2011.

-Christoph Gothelf **Stemler**: Der Pagus Orla – Oder Historie des Neustädter Creises, aus Diplomatischen und anderen Urkunden in chronologischer Ordnung erläutert, darinnen zugleich von denen Gräflich und Adlichen Familien und ihren Ritter-Güthern, wie auch Städten und Schlössern zuverlässig gehandelt wird, nebst nötiger Register ans Licht gestellet von M. Christoph Gotthelf Stemlern, Pfarrer in Dreba, Leipzig 1750.

-Theodor **Stenzel**: Die Familie von Zeutsch, in: Mansfelder Blätter – Mitteilungen des Vereins für Geschichte und Altertümer der Graffschaft Mansfeld zu Eisleben, Jg. 7 (1893), S. 1-38.

-W. P. van **Stockum**: Nederland's Adelsboek, Gravenhage (seit 1903).

-Heinrich **Stumpf**: (Geschichte von) Blankenberg, Blankenstein 1920.

-Stephan **Thiedig**: Geschichte unserer Heimat, Teile 14-21, in: Gemeinde Krölpa 2010, Nr. 1 bis 2011, Nr. 7.

-A. **Thiset**, P. L. Wittrup: Nyt Dansk Adelslexikon, Kopenhagen 1904.

-[**ThHStA**] – Thüringisches Hauptstaatsarchiv in Weimar.

-Gottfried **Thumser**: Heiter bis wolkig – Anekdoten und Geschichten aus dem Reußenland, 2 Bände, Zeulenroda 2012/2013.

-Lothar **v. Thüna**: Friedrich von Thun, Kurfürst Friedrich des Weisen Rat und Hauptmann zu Weimar, in: ZVTG, N.F. Band 14, Jena 1893.

-Lothar **v. Thüna**: Kleine Beiträge zur Familiengeschichte, in: ZVTG, Band 12, Jena 1891, S. 263-267.

-Otto **Tischendorf**: Birkigt und sein Rittergut, in: Heimat im Bild (13.02. 1944).

-Alexander **Tittmann**: Die ritterschaftliche Familie der Fuchs. Ihre Genealogie und ihr Besitz im Altlandkreis Haßfurt, in: Jahrbuch für fränkische Landesforschung 58 (1998).

-Wolf von **Tümpling**: Geschichte des Geschlechtes von Tümpling (Weimar), Band 1: bis 1551 (1888), Band 2: Bis 1892 (1892), Band 3: Erloschene Häuser Posewitz und Casekirchen (1894), Band 4 1890 bis 2020, Hamburg 2020.

-Wolf Otto **v. Tümpling**: Geschichtliche Nachrichten über die von Tümplingsche Familie nach dem Entwurf von C.M. v. Schöning vollendet, Bautzen 1864.

-August Wilhelm Bernhardt **v. Uechtritz**: Diplomatische Nachrichten adelicher Familien, 7 Bände, Leipzig 1790-1793.

-Cord **Ulrichs**: Vom Lehnshof zur Reichsritterschaft – Strukturen des fränkischen Niederadels am Übergang vom späten Mittelalter zur frühen Neuzeit (Liste des Kantons Gebürg von 1529), Stuttgart 1997.

-**Variscia** – Mittheilungen aus dem Archive des Voigtländischen Altertumsforschenden Vereins zu Hohenleuben, ab 1826.

-Johann Jacob **Vogeln**: Leipzigisches Geschichtsbuch oder Annales. Das ist Jahr und Tagebücher der weltberühmten Königl. und Churfürstlichen Sächsischen Kauff- und Handelstadt Leipzig, Leipzig 1714.

-Günther **Wachter**: Der Bauer stund auff im Lande – Zur frühbürgerlichen

Revolution 1517-1525 im Raum Ziegenrück, Schleiz 1981.

-Günther **Wachter**: Der Schatz untem Stelzenbaum – Aus dem Sagenschatz des Wisentalandes, Schleiz 1978.

-Manfred **Wagner**: ›Beseitigung des Ungeziefers ...‹ – Zwangsaussiedlungen in den Thüringischen Landkreisen Saalfeld, Schleiz und Lobenstein 1952-1961 (Hg. vom Landesbeauftragten des Freistaates Thüringen für die Unterlagen des Staatssicherheitsdienstes der ehemaligen DDR), Erfurt 2002.

-H. u. R. **Wagner**: Leutenberg und sein Oberland – Eine heimatkundliche Reihe, Heft 1 (1995) bis 10 (2004).

-Otto Freiherr **v. Waldenfels**: Die Freiherren von Waldenfels, Selbstverlag 1952-1970.

-Dr. Walter **Warg**: Das Reichsgebiet Regnitzland bis zu seiner endgültigen Erwerbung durch die Burggrafen von Zollern-Nürnberg (1160-1373), in: Varicia – 78., 79. und 80. Jahresbericht, Hohenleuben 1910, S. 1-88.

-Adam **v. Watzdorf**: Geschichte des Geschlechtes von Watzdorf, 3 Bde, 1985.

-Adam **v. Watzdorf** (†), Agnes u, Henning v. Kopp-Colomb, Stiftung Deutsches Adelsarchiv: Schicksalsbuch des sächsisch-thüringischen Adels, Band 1: 1945 (mit zusammengestellten Erfahrungsberichten bearbeitet von Adam von Watzdorf, Agnes und Henning v. Kopp-Colomb, hg. vom Verband ›Der Sächsische Adel e.V.‹) Limburg 2005 (1994); Band 2: 1945-1989 und von der Wende bis 2005 aus der Reihe: Aus dem Deutschen Adelsarchiv, N.F. Band 5/6, Limburg 2005.

-Camillo **v. Watzdorf**: Geschichte des Geschlechtes von Watzdorf, Dresden 1903.

-Christian Heinrich **v. Watzdorf**: Historisch Genealogische Beschreibung des uralten adligen und gräflichen Geschlechtes derer von Watzdorf 1740 für die Mitglieder des Geschlechts nebst einer lithographischen Karte der Watzdorf-schen Güter im Auftrag und unter Mitwirkung des Herrn Kammerherrn Rudolph v. Watzdorf-Stoermthal ... revidiert, fortgesetzt und herausgegeben von Ferdinand Nitze, Dresden 1872.

-Klaus **Weidermann**: Links und recht der Orla – Bausteine zur Heimatgeschichte, in: Beiträge zur Geschichte und Stadtkultur, Bd. 19, Jena 2012.

-Achim **Weidhaas**: Balthasar Friedrich von Machwitz, das Epitaph in der Kirche zu Remptendorf und der Maler Paul Keil, in: Gemeinde Remptendorf 2000, S. 36-47.

-Peter **Weiss**: Häuser am Weg – Die Kirchen im Kirchkreis Schleiz, Teil I: Oberland, Teil II: Orlatal – mit Fotografien von Andreas H. Heimler (Hg. von der Evangelisch-Lutherischen Kirche Thüringens, Superintendentur Schleiz), Königsee 2008/2010.

-Gerhard **Werner**: Das Saalfelder Flurnamenbuch – Die Flur-, Gewässer- und Siedlungsnamen der Stadt Saalfeld und ihrer eingemeindeten Ortsteile, Saalfeld 2008.

-Gerhard **Werner**: Die Gedenktafel für den Ritter Wendel von Gräfendorf in der Saalfelder Johanniskirche, in: RHH 56 (2010), Nr. 3/4, S. 76-83.

-Gerhard **Werner**: Die Stifterkapellen der Adelsfamilien von Könitz und von Thüna im Saalfelder Franziskanerkloster – Zu neuen bauarchäologischen und kunsthistorischen Forschungsergebnissen, in: Saalfelder Weihnachtsbüchlein 98 (2001), S. 3-20.

-Gerhard **Werner**: Historischer Überblick, in: Derselbe u. Luise Grundmann 2001. S. 21-32.

1. Gerhard **Werner**: Georg von Thüna – Abt und Reichsfürst, in: Saalfeld informativ 16 (2007), Nr. 1/2, S. 7-11.

-Matthias **Werner**: Burg und Stadt Ranis im Mittelalter – Zur Entstehung einer kleinen Schwarzburgischen Herrschaft und Residenz im Orlagau, in: Sachenbacher u. Beier 2007, S. 117-135.

-Matthias **Werner**: Neustadt, Orlagau und Thüringen im 12./13. Jahrhundert. Die hochmittelalterlichen Rahmenbedingungen der Anfänge von Neustadt an der Orla, in: Werner Greiling (Hg.): Neustadt an der Orla – Vom Ursprung und Werden einer Stadt, in: Beiträge zur Geschichte und Stadtkultur von Neustadt/Orla, Rudolstadt 1997, S. 15-67.

-Rudolf **Wetzel**: Denkwürdige Daten zur 500-jährigen Geschichte des Rittergutes Dörflas mit Walsburg sowie zu jener der Lehnsmänner und Allodherren auf Dörflas, einbezogen Arrondierung und Ausbau des Besitzes unter Dr. Karl Friedrich Wetzel und seinen Kindern, Gera 1939.

-Jürgen **Weyer**: Lebens(t)raum Dorf – Die Gemeinde Uhlstädt-Kirchhasel – Ein Kulturlandschafts-, Wander- und Touristenführer, Kirchhasel, 2020 (Internetpublikation).

-Bernd **Wiefel**: Am Fuße des Roten Berg: Geschichte Groß- und Kleinkamsdorfs von den Anfängen bis 1981, 2 Bände, Freiberg 2008.

-Bernd **Wiefel**: Genealogie der Familie von Brandenstein, in: RHH Jg. 52 (2006), Heft 9/10, S. 271-275.

-Bernd **Wiefel**: Studien zur Sozialgeschichte der Herrschaft Ranis (10 Bände), Olbernau; I: Die Wettinische Pflege Ranis im Spiegel des Bede-, Zins-, Gerichtsregisters von 1446/47 (2002); II: Sozialstruktur und Vermögensverhältnisse in den Dörfern der Herrschaft Ranis 1542/1557 (2003); III: Die Herrschaft Ranis im Spiegel des Landsteuerregisters von 1583 (2002); VI: Alte Familien in den Dörfern der Herrschaft Ranis (15.–18. Jh.) u.a. Beiträge aus dem Blickfeld der Burg Ranis und des Schlosses Brandenstein (2004); VI: Alte Familien in den Dörfern der Herrschaft Ranis (15.–18. Jh.) u.a. Beiträge aus dem Blickfeld der Burg Ranis und des Schlosses Brandenstein (2004); IX: Bausteine zur Rittergutsgeschichte der Herrschaft Ranis (2006).

1. Bernd **Wiefel**: Studien zur Sozialgeschichte der Herrschaft Ranis (4 Ergänzungsbände), Olbernau; E II: Zur Geschichte der Herren von Brandenstein auf Ranis (2002); E III: Die Geschichte vom Leben und Sterben des Hieronymus von Brandenstein (2004)); E IV: Gräfendorf von den Anfängen bis zur Überwindung seiner Teilung im Jahre 1869 (2004).

-Bernd **Wiefel**: Die Rittergüter von Gräfendorf, in: RHH 54 (2008), Nr. 9/10, S. 253-254.

-Bernd **Wiefel**: Zur frühen Geschichte des Brandensteins bei Ranis, in: Heimatjahrbuch des Saale-Orla-Kreises 2007, S. 38-43.

-Carmen **Wiesel**: Weitisberga – Ein Dorf und seine Geschichte(n), Band 1, Wurzbach 2022.

-Manfred **Wilde**: Zwischen Ehebruch und Staatsräson, in: Manfred Wilde, Martina Schattkowsky (Hg.), Sachsen und seine Sekundogenituren, Leipzig 2010, S. 257-287.

-Kirstin **Windisch**: Rundschloss Oberpöllnitz, in: Heimatjahrbuch des Saale-Orla-Kreises, 2017, S. 66-70.

-Kirstin **Windisch**: Rundschloss Oberpöllnitz – Zeittafel, in: Hildebrand 2022.

-Fred **Winter**: Bernhard von Pölnitz (04.07.1569-05.08.1628), Goseck 2014.

-Fred **Winter**: Gosecker Chronik: Von 830 bis zur Gegenwart, Goseck 2015.

-**Wir in Thüringen** (Geschichte und Gegenwart) Landkreis Rudolstadt Jahrbuch 1 (1992) bis 3 (1994 Rudolstadt, ab 4 (1995): Wir in Thüringen – Landkreis Saalfeld-Rudolstadt Jahrbuch.

-Helmut **Witticke**: Carl Christoph von Lengefeld – Ein bedeutender Forstmann im Fürstentum Schwarzburg-Rudolstadt, in: Wir in Thüringen 7 (1998), S. 218-223.

-Elise **v. Wolffersdorff**: Die von Wolffersdorff und von Ende: Nach dem vorhandenen Quellen-Material, Bayreuth 1902.

-Günther Wolf **v. Wolffersdorff**: Wolffersdorff, Familienchronik (933-1965), Zwiesel 1968.

-**v. Wurmb**: Rittergut Lausnitz – Unser Thüringen-Meer erleben, in: rittergut-lausnitz.de (abger. 07.06. 2022).

-E. R. Harry **Wünscher**: Sagen, Geschichten und Bilder aus dem Orla-gau, Teil 1, Pößneck 1902.

-E. R. Harry **Wünscher**: Notizen zur Stadtgeschichte von Neustadt an der Orla zwischen Mittelalter und Neuzeit (Hg. von Günther Helmrich u.a..), in: Beiträge zur Geschichte und Stadtkultur von Neustadt/Orla, Bd. 16, Jena 2009.

-Johann Heinrich **Zedler**: Koßboth oder Kosper, Koßboden, Kossebode, Kosboda, in: Derselbe: Großes vollständiges Universal-Lexicon Aller Wissenschafften und Künste. Band 15, Leipzig 1737, Sp. 1578ff.

-Leopold **v. Zedlitz-Neukirch**: Neues preußisches Adelslexicon, Leipzig Band 2 (1836), Band 3 (1837).

-Hanns-Moritz **v. Zehmen**: Genealogische Nachrichten über das Meißnische Uradelsgeschlecht von Zehmen (1206-1906), Dresden 1906.

-Karl-Heinz **Zierdt**: Lobdeburger – Die Edlen Herren von Elsterberg aus dem Hause Lobdeburg, in: Der Heimatbote 39 (1993), Nr. 12, S.23-26.

-Horst **Zippel**: Der Neckname ›Rittergutsmauser‹ für die Einwohner von Burglemnitz, in: Heimatjahrbuch des Saale-Orla-Kreises 2014, S. 137ff.

-Werner **Zippel**: Kulturgeographie der Orlasenke, Stuttgart 1937.

QUELLENNACHWEISE

1 Vgl. Göttert 2011; Bergner XXII 1901, S. 36; Lehfeldt XXIV 1897

2 Vgl. Zippel 1937, S. 87; Löbe u. Löbe III 1891, S. 319, 386, 388

3 Hagner 2008, S. 80f.

4 Ebenda

5 Vgl. Brückner 1870, S. 266

6 Vgl. ebenda; Hagner 2008, S. 79; v. Hausen 1892; Hüllemann 1939; Schmidt I 1923, II 1927; Klimpke 19 (2000), S. 2f.,12, 24f.; Bamler 1941; Hänsel (24.12. 1934)

7 Vgl. Brückner II 1853, S. 634; Siebmacher VI, 12 (1907), S. 105; Grundmann, Werner u.a. 2001, S. 67; Blöthner V 2022, S. 258

8 Vgl. Eisel 1871, Nr. 914; Wachter 1978, S. 11

9 Hänsel 1921, S. 8

10 Vgl. v. d. Gabelenz VI 1863-1866, S. 291f.; v. Hausen 1892, S. 41; Siebmacher VI, 12 (1907), S. 31

11 Vgl. Knauer 1930

12 Vgl. Weyer 2020, S. 9; v. Hausen 1892, S. 141, 147; Löbe u. Löbe III 1891, S. 584, 601, 605, 632, 640, 666, 737

13 Vgl. Grundmann, Werner u.a. 2001, S. 201

14 Vgl. Bergner XXII 1901, S. 36; Wiefel IX 2006, S. 36; Brückner 1870, S. 676f.

15 Deubler 1982/11f., S. 224

16 v. d. Gabelentz VI 1863-1866, Nr. 16

17 Grundmann, Werner u.a. 2001, S. 207

18 Vgl. Bienert 2000, S. 217f.; Heinze u.a. 2017, S. 182, 454f.

19 Vgl. Sachenbacher 2005, S. 95

20 Vgl. Alberti 1880 bei Hagner 2008, S. 82; Schmidt II 1909, S. 317

21 Vgl. Brückner 1853, S. 692; Müller 1957, S. 148

22 Vgl. Brückner ebenda, S. 634; Siebmacher VI 12 (1907), S. 105

23 Vgl. Siebacher VI 12 (1907), S. 43

24 Vgl. Löbe u. Löbe III 1891, S. 605, 661; Siebmacher VI 12 (1907), S.95 (Tf.18), landsberg-lese.de/sehenswuerdigkeiten/gebaeude/das-rittergut-zu-reinsdorf/ (Netfund)

25 Vgl. Löbe et. al. ebenda, S. 720; Barthel 1900, S. 26

26 Vgl. König I 1727, S. 1017; Siebmacher VI, 6, 183; Schmidt I 1885; v. Hausen 1892, S. 583; Blöthner I 2017, S. 134; Heinze u.a. 2017, S. 244; Weltewitz in HOV (abger. 08.11.2022)

27 Hüllemann 1939, S. 1138

28 Shutov (02.07.2013)

29 Georg Hirsch auf Kospoda, bei Kretschmer 1934

30 Vgl. von Abendroth (Adelsgeschlecht), in: Wikipedia.de (abger. 07.11. 2022); Starke V 1880, S. 528; Siebmacher II, III, S. 19; Köhler 1923, S. 91; Siehe auch Kneschke I 1859, S. 4; GGTABA 1911, S. 1, 1912, S. 1, 1920, S. 1, 1922, S. 1, 1925, S. 1, 1930, S. 1, 1954 (neue Reihe), S. 1-4, 2008, S. 1-5; LhA 2022

31 Vgl. Schuhmann XII 1825, S. 671f.; Lehfeldt XXIV, 1897, 243; Bergner 1999, S. 70; Blöthner I 2017, S. 297f.; Heinze u.a. 2017, S. 280f.; Siehe auch

GhRBl. XVI 1819, S. 93, XV 1833, S. 281; GhStHb 1816, S. 134, 1819, S. 152, 1827, S. 136, 1840, S. 149, 1846, S. 172; v. Tümpling II 1892, S. 767; GGTUA 1904, S. 749f.

32 Hetzer 1998, S. 103

33 Vgl. ebenda, S. 101-107; NGH 1780, S. 6; v. Frank I 1967, S. 42; BGTA 1879, S. 183, 1886, S. 16, 23; Siebmacher II, 3, S. 7; Bachofen v. Echt 1904; GGTFH 1895, S. 29, 1927, S. 20, 1929, S. 26, 1931, S. 17; GGTAG1929, S. 19

34 Erika von Watzdorf-Bachoff (1878-1963), in: Dobitschen.de (abger. 14.01. 2023)

35 Vgl. Staatsarchiv Rudolstadt, A. VIII, 8c, Nr. 6, Bl. 6 (A°1137); Siebmacher VI, 13 (1908), S. 5; Haardt II 1933, S. 166; LhA 2022

36 Vgl. von Beulwitz (Adelsgeschlecht), in: Wikipedia.de (abger. 23.08.2022); Biedermann 1752, Tab. 20f.

37 Haardt II 1933, S. 170

38 Vgl. ebenda, S. 169ff.; Biedermann 1752, Tab. 22, 24f., 27

39 Biedermann 1752, Tab. 30

40 Vgl. ebenda, Tab. 19-53; v. Hausen 1892, S. 24; Wagner u. Wagner II (1996), S. 25f.; Dietzel II 2000, S. 125, 127-131; Werner 2008, S. 21; LhA/ HRL 2022; von Beulwitz (Adelsgeschlecht) a.a.o.; Siehe auch Gleichenstein 1716, S. 161; König III 1736, S. 79, 95ff.; NGH 1778, S. 20, 1780, S. 14; v. Uechtritz I 1790, S. 5, 215, II 1791, S. 171, III 1791, S. 266, V 1793, S. 221; v. Hellbach I 1825, S. 135; Kneschke I 1859, S. 394ff.; v. Lang 1877, S. 7; BGTA 1879, S. 561; GGTUA 1901, S. 73 (Stammreihe), 1920, S. 67, 1922, S. 68, 1924, S. 53, 1929, S. 71; GhdA I (53) 1972, S. 374f.

41 Vgl. Lehfeldt XX 1894, S. 245; Dietzel II 2000, S. 121, 125f.; HRL 2022

42 Lehfeldt ebenda

43 Vgl. Dietzel II 2000, S. 125

44 Zitiert ebenda

45 Vgl. ebenda, S. 130, 134; Grundmann, Werner u.a. 2001, S. 163; Katzschmann u.a. 2000, S. 29; HRL 2022

46 Dietzel II 2000, S. 130

47 Ebenda

48 landesarchiv.thueringen.de/detailseite/rudolstaedter-adel-um-1800-der-nach-lass-der-familie-von-beulwitz (abger. 03.12.2023)

49 Vgl. Lehfeldt XX 1894, S. 245; Dietzel II 2000, S. 130f., 134; F.Schw.Cal. 1814; Sigismund II 1863, S. 193; Starke u. Thieme X 1882, S. 178; Grundmann, Werner u.a. 2001, S. 163; schloss-eichicht.de (abger. 03.12.2023); HRL 2022; Siehe auch GGTFH 1896, S. 36; GGTUA 1901, S. 74ff., 1916, S. 67; v. Dalnok 1998/3f., S. 82-86

50 Nach Sigismund II 1863, S. 197, jedoch unwahrscheinlicherhalber dem Bernhard von Kochberg

51 Vgl. Löhma (Leutenberg), in: Wikipedia.de (abger. 03.12.2023); Biedermann 1752, Tab. 23, 30, 33; Starke u. Thieme X 1882, S. 192; HRL 2022; Siehe auch GGTUA 1901, S. 74f., 1916, S. 67; v. Dalnok 2008/3f., S. 82-86

52 Vgl. Biedermann 1752, Tab. 22

53 Vgl. Haardt II 1933, S. 170, 173, 185; Löffler 2000, S. 355; Hagner 2008, S. 95; HRL 2022; Siehe auch GGTUA 1901, S. 76; Auerbach 1905, S. 174-235

54 Vgl. Haardt II 1933, S. 193, III 1938, S. 198, 200, 204, 210

55 Siehe auch König II 1729, S. 130; Siebmacher II, I, 7, II, III, 1; Jacobi u.a. II 1800, S. 148; GGTAG 1825, S. 4, 1850, S. 75, 1900, S. 89 (Stammreihe), 1922, S. 119, 1924, S. 88, 1926, S. 89, 1928, S. 81, 1930, S. 80, 1932, S. 84; GGTFH 1859, S. 49 (Stammreihe), 1860, S. 40 (Stammreihe), 1898, S. 36 (Stammreihe), 1912, S. 30, 1914, S. 31 (Stammreihe), 1920, S. 31, 1922, S. 29, 1924, S. 51, 1926, S. 46, 1930, S. 16; v. Lang 1877, S. 7; BGTA 1881, S. 277; v. d. Becke-Klüchtzner 1886, S. 69; d' Ruvigny 1914, S. 345; v. Frank I 1928, S. 23; Brückner 1853, S. 668ff.; v. Hausen 1892, S. 24, 337; Löbe u. Löbe III 1891, S. 43, 157, 130, 584, 665f.; Althans 2008, S. 32; von Beust (Adelsgeschlecht), in: Wikipedia. de (18.10.2022)

56 Vgl. Brückner 1853, S. 668ff.; v. Flans 1867/3; Starke IX 1880, S. 281; Lehfeldt III 1888, S. 122; v. Hausen 1892, S. 24, 337

57 Vgl. Starke IV 1880, S. 281; Karl Christ bei Seiffert 2000, S. 119f.; HgOt 2012/3, S. 7; Blöthner IV 2019b, S. 499-503; Siehe auch SAStHb 1828, S. 48, 1843, S. 82, 88, 134, 1855, S. 160, 1869, S. 65; GGTFH 1859, S. 50, 1910, S. 31, 1914, S. 34f.; GGTUA 1901, S. 79, 82, 1905, S. 171, 1931, S. 421f. – bei HRL 2022; (v.) Ditfurth 1998 (Roman)

58 Zitiert bei N.N. 2008/4, S. 13

59 Förster 2010/3, S. 16

60 Vgl. ebenda S. 15f.; Derselbe u. Querengässer 2005/5, S. 12; Seiffert 2000, S. 118ff.; N.N. 2008/4, S. 11-14; HgOt 2011/4, S. 19; Hildebrand 2022; SMAD Befehl 209, in: Wikipedia.de (abger. 26.07. 2023)

61 Kretschmer 1934, S. 152

62 Vgl. ebenda, S. 134-152, 154, 179; Schmidt I 1885, II 1892, Nr. 346, 431, 600); ThHStA Weimar Reg. GG 94-100, 102f., 105f., 108-123; Siebmacher 1907; Hänsel 1921, S. 9, 18-22; Bergner XXII 1901, S. 26; HRL 2022; Siehe auch Dobenecker III 1896, Nr. 295 (1232), 308 (A°1250); Stumpf 1920, S. 7

63 Zitiert bei Pfr. Gebhardt, in: Schmidt II 1843, S. 150

64 Rank 1992

65 Ebenda

66 Zitiert bei Narr 1932/10, S. 199 mit dem Todesjahr 1587, nach Rank 1992 jedoch 1588; Siehe auch Lehfeldt XII 1891, S. 109

67 von Bodenhausen (Adelsgeschlecht), in: Wikipedia.de (abger. 06.12.2023)

68 von Bose (Adelsgeschlecht), in: Wikipedia (abger. 10.02.2023)

69 Ebenda; Siehe auch König III 1736, S. 139; GGTUA 1902, S. 144 (Stammreihe), 1919, S. 136, 1921, S. 135, 1924, S. 93, 1929, S. 119; v. Boetticher I 1912, S. 182; v. Stockum 1912, S. 367 (Stammreihe), 1919, S. 273, 1924, S. 239; Schmidt III 1916, S. 58; v. Bose u.a. 1980; LhA/HRL 2022

70 Brückner 1870, S. 657

71 Vgl. Siebmacher II, 3, S. 22; VI, 8, S. 7; Stemler 1750, S. 61f., 135f.; v. Brandenstein 1905; von Brandenstein (Adelsgeschlecht), in: Wikipedia.de (abger. 07.07.2018)

72 Vgl. Dedié 1933, S. 137, 171f.; Wiefel 2002 E II, S. 11, 87, 2007, S. 41; Siehe auch v. Hausen 1892, S. 36; Bienert 2000, S. 219f.

73 Vgl. Dedié ebenda; Wiefel 2002 E II, S. 11, 87, 2007, S. 41; Siehe auch v. Hausen 1892, S. 36; Werner 2007, S. 126; Bergner XXII 1901, S. 32f.

74 Vgl. Werner, Bergner, Dedié ebenda; Wiefel 2002 E II, S. 11; Derselbe 2007, S. 40f.

75 Werner 2007, S. 126

76 Vgl. Wiefel 2007, S. 40, 42

77 Ebenda, S. 42

78 Dedié 1933, S. 95

79 Vgl. ebenda, S. 95, 171f., 195f., 465; Stemler 1750, S. 64; Wiefel 2002 E II, S. 11f., II 2003, S. 5

80 Vgl. Dedié 1933, S. 171, 179, 194, 326, 329, 516

81 Vgl. Biedermann 1752, Tab. 214, 218f.; Dedie 1933, S. 95ff., 118, 196, 465

82 von Brandenstein (Adelsgeschlecht), in: Wikipedia.de (abger. 07.07.2018)

83 Vgl. Köhler 1923, S. 53, 130; v. Hausen 1892, S. 36; Wiefel 2006/9f., S. 271-275; Siehe auch Gleichenstein 1716, S. 279; König I 1727, S. 65; Biedermann 1752, Tab. 218f.; v. Uechtritz III 1791, S. 1, IV 1792, S. 1, 95, V 1793, S. 227; BGTA 1879, S. 560, 1883, S. 60, 1886, S. 54, 589; Janecki III 1899, S. 54-90 (Stammreihe); GGTUA 1900, S. 120, 1920, S. 121, 1922, S. 138, 1924, S. 110, 1929, S. 133 – bei LhA; Kraft 1955, S. 517f.

84 Wiefel E II 2002, S. 25

85 Vgl. ebenda, S. 17, 21, 26, 28f., 40, Derselbe I 2002, S. 15, 17, 19, IX 2006, S. 12, 14, 19f., E III 2004, S. 22; Dedié 1933, S. 181, 208

86 von Brandenstein (Adelsgeschlecht), in: Wikipedia.de (abger. 29.10.2022)

87 v. Brandenstein 1895ff., S. 42, zitiert bei Wiefel E II 2002, S. 21

88 Vgl. ebenda, S. 194; Wiefel 2002 E II, S. 31-63; Werner 2010/3f., S. 79

89 Vgl. Wiefel 2008/9f., S. 253, III 2002, S. 37ff., IX 2006, S. 54f.; Herz 1999, S. 12

90 Vgl. Wiefel E II 2002, S. 3, 60, IV 2002, S. 100f., IX 2006, S. 55-59

91 Vgl. Biedermann 1752, Tab. 214; Dedié 1933, S. 95ff.; 171, 187, 203f., 562, 556, 564f.; Wiefel 2002 E II, S. 12; Enkelmann 2004/3, S. 12; von Brandenstein (Adelsgeschlecht), in: Wikipedia.de (abger. 29.10.2022)

92 Vgl. Dedié 1933, S. 189, 192f., 564f.

93 Vgl. ebenda, S. 100-136, 204, 563, 567ff.; Bergner 2005, S. 141

94 Vgl. Dedié 1933, S. 562-565

95 Vgl. Stemler 1750, S. 65-74; Lehfeldt XXIV 1897, S. 139f.; Dedié 1933, S. 30, 136, 189, 322f.; Blaha u.a. I 1997, S. 12, 18f., 37, 40; Siehe auch ›Handelbuch‹ des Patrimonialgerichts Knau/Oppurg (1600-1630)

96 Dedié 1933, S. 147

97 Helbig o.J., zitiert ebenda

98 v. Brandenstein 189X/3, S. 227

99 Dedié 1933, S. 150

100 Ebenda, S. 152

101 Vgl. ebenda S. 152ff.; Siehe auch: Ebenda S. 52, 147-161, 248, 288, 294; Helbig o.J.; Umbach, in: rittergut-knau.de, nordisk-familjebok.de, Blöthner et al.: Krobitz 2011, S. 39; Wünscher 1902, S. 115; Schuhmann 1836, S. 123

102 N.N. (24.04.1932)

103 Vgl. Lehfeldt XXIV 1897, S. 150; Dedié 1933, S. 118f.; Drechsel 1934, S. 168

104 Vgl. HIB (24.04.1932); Dedié 1933, S. 120ff.; Drechsel 1934, S. 168; Jäksch 1957, S. 172f.; Enkelmann 2004/3, S. 19

105 Vgl. Dedié 1933, S. 121, Zitat ebenda; Stemler 1750, S. 65, 68

106 Dedié 1933, S. 123f.

107 Ebenda, S. 125-128 nach v. Brandenstein 1895ff, S. 159ff.

108 Heimatbund Thüringen 2007/3 zitiert bei HgOt 2014/1, S. 25

109 Vgl. Biedermann 1752, Tab. 220-223; Siehe auch LhA 2022

110 Vgl. Dedié 1933, S. 195-200, 465, 570; Wiefel E IV 2004, S. 36; v. Hausen 1892, S. 456f.; Wernburg, in: Wikipedia.de a.a.o.; Heinze u.a. 2017, S. 307

111 Vgl. von Brauchitsch (Adelsgeschlecht), in: Wikipedia.de (abger. 19.04.2024); Siehe auch GGTUA 1904, S. 143ff.; GhdA XXVIII (138) 2005 bei HRL 2024

112 Vgl. Delekat (07.02.2003); Manfred von Brauchitsch (Biographie), in: munzinger.de (abger. 29.02.2024)

113 v. Breitenbuch 1941, S. 45, 49

114 Vgl. Wiefel IX 2006,, S. 14f., 31f.; HRL 2022

115 v. Breitenbuch 2005, S. 70

116 Ebenda, S. 70f.

117 Ebenda, S. 72f.

118 Ebenda, S. 71, 73f.

119 Vgl. Thiedig 2010/5f.

120 v. Breitenbuch 2005, S. 74

121 Vgl. ebenda, S. 45-52; Schuhmann VIII 1821, S. 738; v. Hausen 1892, S. 37; v. Breitenbuch 1995, S. 156ff.; A. v. Breitenbuch 2005, S. 70; G.L. v. Breitenbuch 2005, S. 75; Wiefel IX 2006, S. 14f., 31f.; Schache 2015, S. 101ff.; von Breitenbuch (Adelsgeschlecht), in: Wikipedia.de (abger. 14.12.2022); HRL 2022; Siehe auch König II 1729, S. 184; v. Uechtritz II 1791, S. 8, III 1791, S. 271; BGTA 1878, S. 92, 1884, S. 60; Posse II 1902 S. 73ff.; v. Breitenbuch 1913; GGTUA 1905, S. 171 (Stammreihe), 1920, S. 139, 1922, S. 152, 1926, S. 122, 1930, S. 111, 1942, S. 48ff.; GHdA II 1974, XXV (117) 1998, S. 113ff.; v. Breitenbuch, v. Breitenbuch, Donath, Dannenberg 2016

122 v. Breitenbuch 1995, S. 158

123 Schache 2015, S. 101

124 Vgl. Biedermann 1747, Tab. 38-42; v. Hausen 1892, S. 43; Siehe auch Gleichenstein 1716, S. 35; König II 1729, S. 200-288; NGH 1778, S. 47; v. Uechtritz I 1790, S. 47, 215, II 1791, S. 25, 171, III 1791, S. 266, IV 1792, S. 92, V 1793, S. 8, 221; GGTUA 1903, S. 221ff. (mit Stammreihe), 1920, S. 161, 1922, S. 173, 1924, S. 146, 1930, S. 131; v. Boetticher III, S. 219ff. – bei HRL 2022; Schattkowsky 2008, S. 136 – bei von Bünau (Adelsgeschlecht), in Wikipedia.de (abger. 18.10.2022)

125 Vgl. Hagner 2008, S. 81; Stemler 1750, S. 131; Rosenkranz 1982, S. 61; Baberske 1988, S. 8 1567; HRL 2022

126 Vgl. von Carlowitz (Adelsgeschlecht), in: Wikipedia.de (abger. 21.10. 2022); Siehe auch Gleichenstein 1716, S. 252; König I 1727, S. 112; Boetticher I, S. 252, IV, S. 9; v. Uechtritz III 1791, S. 84, IV 1792, S. 4, 96, V 1793, S. 19; BGTA 1877, S. 157 (Stammreihe), 1879, S. 73 (Stammreihe), 1881, S. 63, 1883, S. 9, 1885, S. 70, 577; v. Carlowitz 1891; Janecki I 1896, S. 403 (Stammreihe), 404-435; GGTUA 1900, S. 190, 1920, S. 180, 1922, S. 191, 1924, S. 168, 1929, S. 173, 1932, S. 137; GhdA VII 1965, Nr. 34; Donath 2022

127 Vgl. v. Hellbach I 1825, S. 294; Brückner 1870, S. 732; v. Hausen 1892, S.

60; Löbe u. Löbe III 1891, S. 101, 495, 595; Siebmacher VI, 6, S. 38, VI, 12 (1907), S. 4f., 74; Auerbach 1930, S. 254; Dragsdorf, in: Wikipedia.de/ Christoph von Drachsdorf, in: genealogieonline.nl/de/westeuropese-adel/I48161.php/ Hans Friedrich von Drachsdorf, in: Wikipedia. de/ wuerzburgwiki.de/wiki/Johann_Karl_Wilhelm_von_Drachsdorff (alle abger. 01.02.2023); Siehe auch König II 1727, S. 448, 535, 737, III 1729, S. 129, 273, 313, 705, 1212; v. Mülverstedt 1863, S. 11f.; GGTFH 1874, S. 873; v. Feilitzsch 1896, S. 57; Hess 1962, S. 356

128 von Dobeneck (Adelsgeschlecht), in: Wikipedia.de (abger. 22.12.2022) nach Biedermann 1752, Tab. 146; Siehe auch v. Dobeneck 1906. S. 366f.

129 Vgl. Blöthner II 2017, III 2016; Hagner 2008 S. 81; Dietzel I 1994, S. 51

130 Vgl. Biedermann 1752, Tab. 147; Hänsel 192X; von Dobeneck (Adelsgeschlecht) a.a.o.

131 von Dobeneck (Adelsgeschlecht) a.a.o. nach Kneschke II 1860, S. 511

132 Vgl. Biedermann 1752, Tab. 145-161; Siehe auch König III 1736, S. 220; NGH 1778, S. 258; GGTFH 1858, S. 120ff., 1861, S. 114f., 1872, S. 119ff., 1912, S. 152 (Stammreihe), 1920, S. 157, 1922, S. 158, 1924, S. 177, 1926, S. 156, 1928, S. 111, 1932, S. 119 – bei LhA 2022

133 Vgl. Biedermann 1745-1771; Limmer 1825, S. 97; v. Hausen 1892, S. 54; von Dobeneck (Adelsgeschlecht) a.a.o.; Siehe auch v. Zedlitz-Neukirch 1836, S. 400; Kneschke II 1860, S. 511f., v. Dobeneck 1906, 1909; Gebeßler 1960; GhdA II 58 (1974)

134 Vgl. Biedermann 1752, Tab. 156; Brückner 1870, S. 796, 798, 805f.; Lehfeldt XII 1891, S. 131; Siehe auch v. Dobeneck 1906, S. 240; Reinhold 2003, S. 78, 80 – bei HRL 2022

135 Vgl. Biedermann 1752, Tab. 140f., 152; Dietzel I 1994, S. 22, 29-33, 40, 50ff., 55, 59f., 107f., 142, 149, 154, 164, II 2000, S. 100

136 Zitiert bei Hüllemann 1939, S. 1231; Siehe auch HRL 2022; Biedermann 1752, Tab. 152

137 Vgl. Biedermann 1752, Tab. 150ff.

138 Löbe u. Löbe III 1891, S. 496

139 Ebenda, S. 497

140 Ebenda

141 Vgl. v. d. Gabelenz VI 1863-1866, S 324f.; Löbe u. Löbe III 1891, S. 603; Siebmacher VI, 12 (1907), S. 6

142 Lehfeldt III 1888, S. 72f.

143 Löbe u. Löbe III 1891, S. 603; Siehe auch Lommer 1908, S. 287

144 Dietzel II 2000, S. 121f.

145 Vgl. Lehfeldt XXIV 1897, S. 40; v. Wurmb 2022

146 von Einsiedel (Adelsgeschlecht), in: Wikipedia.de (abger. 26.08.2022)

147 Vgl. Stemler 1750, S. 121-128; Lehfeldt XXIV 1897, S. 140; Siehe auch Gleichenstein 1716, Tab. 138; König I 1727, S. 239; v. Uechtritz I 1790, S. 336, II 1791, S. 31, III 1791, S. 133, V 1793, S. 224; BGTA 1885, S. 380; GGTUA 1908, S. 210 (Stammreihe), 1919, S. 275, 1921, S. 266, 1923, S. 212, 1928, S. 185, 1932, S. 182; v. Boetticher 1912, S. 336

148 Vgl. Löbe u. Löbe III 1891, S. 101; v. Hausen 1892, S. 72f.; Hagner 2008, S. 81, 90; von Ende (Adelsgeschlecht), in: Wikipedia.de (abger. 23.08.2022); Siehe auch König I 1727, S. 301; v. Uechtritz IV 1792, S. 46, V 1793, S. 26;

BGTA 1885, S. 381; v. Boetticher I 1912, S. 351; GGTFH 1920, S. 194, 1922, S. 198 (Stammreihe), 1924, S. 211, 1926, S. 181, 1928, S. 143, 1930, S. 113
149 Vgl. v. Hausen 1892, S. 73; Siebmacher VI, 12 (1907), S. 6, VI 13 (1908), S. 9; Werner 2008, S. 165
150 von Erffa (Adelsgeschlecht), in: wikiwand.com/de/Erffa (abger. 20.12.2022)
151 Vgl. ebenda; v. Hausen 1892, S. 74f.; Siebmacher II, III, 9, III, II, 124, VI, XI, 18; Siehe auch Gleichenstein 1716, S. 210; König II 1729, S. 379; GGTFH 1881, S. 1011, 1890, S. 195 (Stammreihe), 1920, S. 199, 1922, S. 204, 1924, S. 215, 1928, S. 146, 1932, S. 152 – bei LhA/HRL 2022
152 Enkelmann 2004, S. 74
153 Vgl. Enkelmann 2004, S. 72; Schuhmann XII 1825, S. 705; Schiffner V 1833, S. 980; Köhler 1923, S. 226; Petzold 1942, S. 100; Derselbe 1957, S. 22; Dornheim 2009, S. 123; Kamp 2010 bei Heinze u.a. 2017, S. 307; v. Maltzan 1913, S. 472f.; Autorenkollektiv 1938, S. 128; Siehe auch Baensch 1839, S. 296, 1843, S. 324, 1854, S. 355; Rauer 1857, S. 377; Bürde 1872, S. 248; Ellerholz I, V 1880, S. 304, 1899, S. 70; GGTFH 1890, S. 197, 199, 1910, S. 191; Janecki III 1899, S. 55; Seyfert 1906, S. 354, 1913, S. 310, 1929, S. 321; GGTUA 1914, S. 110, 1916, S. 121
154 Vgl. Enkelmann 2004, S. 72, Wernburg, in: Wikipedia.de (abger. 27.09. 2013); Hildebrand 2022
155 Vgl. Enkelmann 2000/3, S. 28, Inschriften zitiert ebenda
156 Vgl. Dedié 1933, S. 19, 308; Wiefel III 2002, S. 63; Enkelmann 2000/3, S. 28
157 Vgl. v. Hausen 1892, S. 77; Dedié 1933, S. 19, 308; Wünscher 2009, S. 214; Enkelmann 2000/3, S. 28; Wiefel III 2002, S. 63
158 von Etzdorff (Adelsgeschlecht), in: Wikipedia.de (abger. 18.10.2022)
159 Enkelmann 2000/3, S. 28; v. Etzdorf 2000, zitiert ebenda
160 von Etzdorff (Adelsgeschlecht) a.a.o.
161 Vgl. ebenda; v. Hausen 1892, S. 77; Dedié 1933, S. 19, 308; Enkelmann 2000/3, S. 28; Wiefel III 2002, S. 63; Wünscher 2009, S. 214; Siehe auch GGTUA 1935, S. 142 (Stammreihe); GGTAG 1848, S. 200ff. – bei LhA/HRL 2022; Posse III 1898, Nr. 266 (A°1219); König III 1736, S. 275ff.; Siebmacher III, II, II, 6; v. Zedlitz-Neukirch II 1836, S. 147; Kneschke III 1861, S. 170f.
162 Vgl. von Feilitzsch (Adelsgeschlecht), in: Wikipedia (abger. 24.08.2022); Biedermann 1752, Tab. 106-129; Löbe u. Löbe III 1891, S. 195; v. Hausen 1892, S. 81f.; Schmidt II 1892, S. 139 (A°1365); Siebmacher VI 13 (1908), S. 9; Fröhlich u.a. 1986, S. 145; LhA 2022; Siehe auch König I 1727, S. 337; NGH 1778, S. 263; v. Hellbach 178X, p. 319; Kneschke III 1861; GGTFH 1862, S. 191 (Stammreihe), 1896, S. 241, 1920, S. 213, 1922, S. 218, 1924, S. 227, 1926, S. 195, 1928, S. 159, 1930, S. 122; v. Feilitzsch 1875 (1903); v. Lang III 1877, S. 20; Biedermann 2004
163 Löbe u. Löbe III 1891, S. 730
164 Flanß (Adelsgeschlecht), in: Wikipedia.de (abger. 13.04.2024)
165 Vgl. ebenda; Löbe u. Löbe III 1891, S. 435, 455, 458, 475, 527f., 546f., 557, 559, 577, 583f., 588, 591, 604, 663, 666, 730, 733; Siebmacher VI, 12 (1907), S. 7, 42; HRL 2024; Siehe auch Gauhe 1740, S. 533ff.; v. Hellbach I 1825, S. 367; v. Zedlitz-Neukirch II 1836, S. 173f.; Kneschke III 1861, S. 272; v. Flanß 1867/3, S. 17-24; v. Hefner 1860, S. 368; GGTBA 1916, S. 229;

GGTUA 1930, S. 138; GhdA III 61 (1975), S. 297f.

166 Vgl. N.N. 1866/38; von Flotow (Adelsgeschlecht), in:Wikipedia.de (abger. 13.04.2024); v. Flotow 1844; geni.com/people/Hans-Anton-Wilhelm-von-Flotow (abger. 13.04.2024)

167 Von Fuchs (Adelsgeschlecht), in: Wikipedia.de (abger. 13.04.2024)

168 Vgl. ebenda; Biedermann 1747, Tab. 57-62; GHdA III 61 (1975); Tittmann 1998, S. 37-95; Franke 2017, S. 94-100; Bernhard Peter, in<. wappen.de/ Heraldik/aktuell/galerien4/galerie 2934.htm (abger. 13.04.2024)

169 Siehe auch König III 1736, S. 307; NGH 1778, S. 275; GGTUA 1900, S. 317f., 1919, S. 298f., 1921, S. 295f. (Stammreihe), 1924, S. 262, 1930, S. 194; GGTFH 1863, S. 379; Janecki I 1896, S. 636 (Stammreihe); BGTA 1878, S. 197 (Stammreihe), 1883, S. 169, 1887, S. 153; Boetticher I, S. 403 – bei LhA 2022; v. Münchhausen 1880

170 Hetzer 2004, S. 131

171 Vgl. Kronfeld 1879, S. 448; Lehfeldt XXIV 1897, S. 214f.; Arndt 1927; Heinze u.a. 2017, S. 273f.; Blöthner I 2017, S. 258f.; Lieder 2014, S. 148f.

172 Vgl. König II 1789, S. 1

173 Hetzer 2004, S. 131

174 Lieder 2014, S. 147f.

175 Gimm 2014, S. 169ff.

176 Lieder 2014, S. 148f.

177 Vgl. ebenda; Weidermann 2012, S. 15; Gleisberg 2017, S. 203-208

178 Hetzer 2009, S. 121

179 Vgl. ebenda, S. 118ff.; Derselbe 2004, S. 131; Starke V 1880, S. 521; Renn 1961 (1946), S. 100; Siehe auch GhStHb XV 1833, S. 280; GhRBl. 1816, S. 134, 1819, S. 152, 1827, S. 135, 1840, S. 148, 1846, S. 170, 1900, S. 328

180 Hetzer 2009, S. 120

181 Ebenda, S. 122

182 Vgl. ebenda; Schuhmann V 1818, S. 615; Köhler 1923, S. 65; Dobrucky 1938/11; Kreisamt Gera 1938, S. 290; Sidow 2005, S. 538; Dornheim 2009, S. 13, 105

183 Vgl. Pfr. Hoffmann, in: Schmidt II 1843, S. 59; Lehfeldt IX 1891, S. 48; Siebmacher II 4 (1873), S. 4; Schmidt III 1916, S. 377; v. Geldern-Crispendorf 1919; Köhler 1923, S. 90, 92, 145; Hüllemann 1939, S. 1012, 1033; Wetzel 1939, S. 18, 20; v. Geldern-Crispendorf 1941, S. 21-36, 38; Hagner 2008, S. 82; Crispendorf, in: Wikipedia.de (abger. 20.04.2020); HRL 2022; Siehe auch BGTA 1878, S. 208, 1883, S. 175, 1887, S. 158, 1891, S. 226, 1894, S. 192; Kühn 2008, S. 17; Siebmacher II, IV/2, S. 4; III, II/2, S. 79; GGTABA 1917, S. 258 (Stammreihe), 1921, S. 234, 1923, S. 201, 1927, S. 273, 1929, S. 199, 1931, S. 205, 207

184 Siehe auch Siebmacher II, 3; Jacobi u.a. II 1800, S. 215; GGTAG 1869, S. 1078; Boetticher 1912, S. 608 – bei LhA 2022

185 Löbe u. Löbe III 1891, S. 730f.

186 von Gleichen, genannt Rußwurm (Adelsgeschlecht), in: Wikipedia.de (abger. 14.12.2022)

187 Löbe u. Löbe III 1891, S. 732

188 Vgl. ebenda, S. 69f., 113, 126, 699, 703, 730ff.; Köhler 1923, S. 131;

Tischendorf 1944; Klemm 1964, S. 447; Hetzer 2004, S. 133; von Gleichen, genannt Rußwurm (Adelsgeschlecht) a.a.o.; russwurm.net/historie/ehemalige-bewohner (abger. 14.12.2022); Siehe auch Gleichenstein 1716, S. 34; Gauhe 1740; Jacobi u.a. 1778, S. 92; GGTFH 1918, S. 278, 1920, S. 281, 1922, S. 287
189 Vgl. Siebmacher VI 12 (1907), S. 76; Kretschmer 1934, S. 340, 342, 346
190 Vgl. v. Hausen 1892, S. 115f.; Dobenecker II 1900, Nr. 1245 (A°1209); Bergner XXII 1901, S. 47; Werner 2010/3f., S. 79; Kretschmer 1934, S. 178, 183; Siehe auch Gleichenstein 1716, S. 101; GGTUA 1903, S. 327 (Stammreihe), 1919, S. 337, 1921, S. 326, 1926, S. 238, 1931, S. 147; BGTA 1883, S. 187 (Stammreihe), 1887, S. 183
191 Werner 2010/3f., S. 80
192 Ebenda, S. 81
193 Förderkreis Rittergut Knau e.V. 2002, S. 95
194 Zitiert bei Lehfeldt XX 1894, S. 244 mit Ergänzung der fehlenden Inschrift bei Sigismund II 1863, S. 198
195 Vgl. Wagner u. Wagner X (2004), S. 19f.; Blöthner III 2016; HRL 2022
196 Vgl. Förderkreis Rittergut Knau 2002, S. 95-99; Löbe et. al. III 1891, S. 399; Siebmacher VI 13 (1908), S. 11; Kretschmer 1934, S. 183; Heinze u.a. 2017, S. 355
197 Vgl. v. Hausen 1892, S. 124; Siebmacher VI, 13 (1908), S. 12; von Günderode (Adelsgeschlecht), in: Wikipedia.de (abger. 23.08.2022); Siehe auch König II 1729, S. 427; GGTFH 1848, S. 144, 1920, S. 316, 1922, S. 321, 1924, S. 318; v. Boetticher I 1912, S. 636, IV 1923, S. 27 – bei LhA 2022; N.N. 1854, S. 359f.
198 Foerster (18./19.07.1931), S. 8
199 Vgl. Blöthner 2023, S. 3, 7
200 Vgl. Derselbe I 2017, S. 68; Heinze u.a. 2017, S. 165; Kretschmer 1934, S. 46; Weidermann 2012, S. 143, 150; Queck 2013, S. 80
201 Vgl. Stemler 1750, S. 160; v. Hausen 1892, S. 128-132; Wünscher 1902, S. 46f.; Siebmacher VI 12 (1907), S. 76; Müller 1913, S. 484; Knauer 1936/36f.; Kretschmer 1934, S. 123-134; Drechsel 1934, S. 143, 175; Weidermann 2012, S. 114; Werner 2007, S. 39; Hagner 2008, S. 79; Schuster 9/2013
202 Weidermann 2012, S. 152
203 Siehe auch Siebmacher II,III, 31; v. Uechtritz V 1793, S. 48; GGTFH 1920, S. 355, 1922, S. 362, 1930, S. 224 – bei LhR 2022
204 Vgl. Sigismund II 1863, S. 200; von Helldorff (Adelsgeschlecht), in: Wikipedia.de (abger. 05.12.2023); Siehe auch König I 1727, S. 512; Siebmacher II, 3, S. 32; GGTUA 1900, S. 387 (Stammreihe), 1920, S. 318, 1922, S. 328, 1924, S. 314, 1929, S. 335, 1932, S. 259, 1939, S. 181 – bei HRL 2022; Devrient I/II 1931
205 Vgl. Werner 2010/3f., S. 80; Haardt II 1933, S. 145ff., 149; v. Reitzenstein, S. 62, 87 u. v. Guttenberg, S. 50, in: Ebenda, S. 147; Siehe auch Sieghardt 1955/21
206 Vgl. Biedermann 1752, Tab. 210-213; von Hirschberg (Adelsgeschlecht), in: Wikipedia.de (abger. 14.03.2023); Siehe auch d' Ruvigny 1914, S. 785; GGTFH 1853, S. 208ff., 1879, S. 350ff., 1920, S. 359, 1922, S. 367, 1926, S. 321, 1928, S. 286, in: HRL 2022; Preißer 1992, S. 253-266; v. Hirschberg 2023
207 Vgl. v. Hausen 1892, S. 160f.; Lehfeldt XX 1894, S. 281; vogel-soya.de/

Adel/Hirschfeld.htm/forum.genealogy.net/index.php?thread/22823-adelstitel-von-hirschfeld/ (beide abger. 13.12.2023); Siehe auch Siebmacher III, 2, S. 172; GGTFH 1920, S. 422, 1922, S. 409, 1925, S. 388, 1932, S. 255

208 Hohenlohe (Adelsgeschlecht), in: Wikipedia.de (abger. 14.04.2024); Siehe auch Fischer I 1866, II 1868 III 1871

209 Vgl. Dedié 1933, S. 132, 205f., 519; Lehfeldt XXIV 1897, S. 140; Schulz 1931, S. 47; Haardt 1955, S. 16; Blaha u.a. I 1997, S. 20; Enkelmann 2005/4, S. 26; Fröhlich 2001, S. 64-68; Rittergut-positz.de (abger. 27.09.2013)

210 Vgl. Schulz 1931, S. 47; Dedié 1933, S. 213; Seiffert 2000, S. 120; Dornheim 2009, S. 120; Christian Kraft Fürst zu Hohenlohe-Öhringen, Herzog von Ujest (†1926), in: Wikipedia.de (abger. 15.07.2019); HłZAN Findbuch Oe 222; Landesarchiv Baden-Württemberg: Bestand – Oppurg – Rittergut (1927 bis nach 1945)

211 HłZAN – Einleitung Findbuch a.a.o.

212 Vgl. von Hohenthal (Adelsgeschlecht), in: Wikipedia.de (17.10.2022); Siehe auch v. Uechtritz III 1791, S. 151, V 1793, S. 225; Jacobi u.a. 1794, S. 80, II 1800, S. 238; Kneschke I 1852, S. 365-368, IV 1863, S. 439ff.; Pierer VIII 1859, S. 462f.; Gritzner 1881, S. 773f.; Schmidt 1896; v. Kohlhagen 1904/8, S. 23; d' Ruvigny 1914, S. 790; GhdA V (84) 1984, S. 307ff.; Flügel 2000; Hein 2022

213 von Hohenthal (Adelsgeschlecht) a.a.o.; v. Metzsch-Reichenbach 1910, S. 392f., 448; Siehe auch GGTAG 1825, S. 25, 1922, S. 423, 1854, S. 343ff, 1871, S. 366ff., 1923, S. 194, 1925, S. 207, 1927, S. 216, 1929, S. 225, 1931, S. 225; Boetticher I, S. 745, IV, S. 30 – bei LhA 2022

214 Zitiert bei Lehfeldt XX 1894, S. 256

215 Vgl. ebenda, S. 254; v. d. Gabelenz VI 1863-66, S. 353f.; v. Hausen 1892, S. 164f.; Siebmacher VI, 12 (1907), S. 37, VI, 13 (1908), S. 17; Siehe auch v. Hellbach I 1825; vv. Reitzenstein 1871, p. 227 (1441)

216 von Holleben (Adelsgeschlecht), in: Wikipedia.de (abger. 02.12.2023)

217 Vgl. ebenda; Starke u. Thieme X 1882, S. 176; Siehe auch NGH 1778, S. 303; F.Schw.Cal. 1814; v. Hellbach I 1825, S. 580; Kneschke IV 1863, S. 448; v. Hefner II 186X, S. 180; BGTA 1877, S. 362 (Stammreihe), 1881, S. 272; v. Holleben 1895; Janecki II 1898, S. 82 (Stammreihe), 89f.; GGTUA 1900, S. 414, 1914, S. 339, 1916, S. 67, 1920, S. 343, 1922, S. 350, 1926, S. 286, 1930, S. 245; GhdA V (84) 1984

218 Zippel 2014, S. 37; Siehe auch Thumser I 2012, S. 346

219 von Hoym (Adelsgeschlecht), in: Wikipedia.de (14.04.2024); Siehe auch v. Zedlitz-Neukirch II 1836, S. 446-449; Kneschke IV 1863, S. 499ff.; GGTUA 1876, S. 391f.; Siebmacher VI 12 (1907), S. 77; GHdA V 84 (1984), S. 385f.

220 Dedié 1933, S. 212

221 Nach Informationen der Arbeitsgemeinschaft mitteldeutscher Familienforscher, Sektion Neustadt/Orla

222 Vgl. Dedié 1933, S. 166; Stemler 1750, S. 121-128; v. Hausen 1892, S. 69f.; Lehfeldt XXIV 1897, S. 140; Petzold (02.01.1944)

223 Vgl. Biedermann 1749, Tab. 346; HRL 2022; Siehe auch GGTUA 1903, S. 396 (Stammreihe), 1917, S. 426, 1919, S. 385, 1929, S. 372; GHdA V 84 (1984); Wiesel I 2022

224 Vgl. Hagner 2008, S. 81, 95; Hetzer 2008, S. 153-160; HRL 2022; von Kauffungen (Adelsgeschlecht), in: Wikipedia.de (abger. 19.04.2023); Siehe auch König III 1736, S. 882; v. Feilitzsch 1896, S. 118; v. Raab 1901, S. 43ff.; Siebmacher VI, VIII, I, 51; GGTUA 1906, S. 360 (Stammreihe); v. Boetticher I 1912, S. 824; Röhner 1993; Bergner 1999, S. 76; Kessler 2009, S. 81-95

225 Vgl. Siebmacher II, 4 (1873), S. 5, 59; HRL 2022; Siehe auch König III 1736, S. 529; NGH 1778, S. 315; BGTA 1879, S. 183; GGTFH1856, S. 347, 1920, S. 406, 1922, S. 414, 1924, S. 372, 1926, S. 348, 1928, S. 312, 1930, S. 240 (Stammreihe)

226 Vgl. Schuhmann X 1823, S. 353; Schiffner V 1833, S. 689; Hübner 1902 bei Lindae, in PHbl 2004/2, S. 5f.; Petzold 1999 (1964), S. 32; Enkelmann 2004, S. 55; Patrimonialgericht Schlettwein, in: Archivportal Thüringen

227 Vgl. Siebmacher II 4 (1873), S. 5; HRL 2023; Siehe auch BGTA 1893, S. 313; GGTABA 1927, S. 479, 1931, S. 373

228 Gottsmannsgrüner Brauerei, in: Wikipedia.de (abger. 31.03.2023)

229 Vgl. Brückner 1870, S. 803; Köhler 1923, S. 152; HRL 2022; Siehe auch Biedermann 1752, Tab. 83; HBK 1859, S. 32; GGTBA 1931, S. 373

230 Frank (23.01.1993)

231 Vgl. Wagner 2002, S. 15, 31; Rost 199X, S. 10; Hartenstein 2012, S. 99

232 Frank (23.01.1993); Siehe auch Hartenstein ebenda

233 Frank ebenda

234 Vgl. Hartenstein 2012, S. 99

235 Frank (23.01.1993)

236 Ebenda

237 Grundmann 1998, S. 46

238 Mühlmann 1976, S. 187

239 Vgl. ebenda, S. 182-192; Koch 1910, S. 194; Grundmann 1998, S. 46, 49; v. d. Gabelenz VI 1863-66, S. 363ff.; Schönbergs Nachrichten Band 1, in: Schönbergische Sammlung (ThHSt. Altenburg), zitiert ebenda; Löbe u. Löbe III 1891, S. 484f., 499, 507, 547, 556, 568, 584, 591ff., 623, 631, 667, 697f., 700, 702, 704, 718, 733, 735, 737; v. Hausen 1892, S. 203; Norbert Staub, in: ahnenforschung.net/archive/index.php/t-116347.html (30.06.2015); Zu den verschiedenen Wappen bei Siebmacher 1907, S. 77, 100

240 v. d. Gabelenz VI 1863-66, S. 365

241 Vgl. Siebmacher VI 12 (1907), S. 12, 28 (Tf. 5), 77 (Tf. 60), 100 (Tf. 79)

242 Vgl. Siebmacher VI, 13 (1908), S. 38f.; Dedié 1933, S. 137, 189-192, 246ff., 567, Zitat ebenda; A. S. (05.04.1930), S. 27f.

243 von Könitz (Adelsgeschlecht), bei Wikipedia.de (abger. 23.08.2022)

244 Dietzel I 1994, S. 22

245 Ebenda

246 von Könitz (Adelsgeschlecht) a.a.o.

247 Grundmann, Werner u.a. 2001, S. 147

248 Vgl. von Könitz (Adelsgeschlecht) a.a.o.; v. Hausen 1892, S. 207; Gebhardt 1895; Siebmacher VI, 13 (1908), S. 18; Dietzel I 1994, S. 23-29; Grundmann, Werner u.a. 2001, S. 126; Werner 2001, S. 3-20; Göpfert; Siehe auch König III 1736, S. 573; v. Lang III 1877, S. 44; GGTUA 1906, S. 409 (Stammreihe), 1919, S. 418, 1923, S. 364, 1929, S. 441; GGTFH 1916, S. 425, 1920, S. 428,

1922, S. 434, 1924, S. 386, 1930, S. 255 – bei HRL 2023

249 Vgl. Eisel 1871, Nr. 144, 276, 347, 357, 557, 533, 675

250 Vgl. v. Hausen 1892, S. 215ff.; Kretschmer 1934, S. 90-103, 117, 650f.; Hagner 2008, S. 81; Siehe auch Zedler XV 1737, Sp. 1578ff.; Mach 1885; Müller 1913, S. 462

251 Klimpke 19 (2000), S. 16f.

252 Siehe auch König III 1736, S. 613; Kneschke V 1864, S. 244ff.; Beerend 1889, S. 181ff.; GhdA V (40) 1967, S. 223ff., VI (91) 1987; Kretschmer 1934, S. 90, 117; Biedermann 1752, Tab. 233; BGTA 1879, S. 284 (Stammreihe), 1883, S. 289, 1886, S. 2; v. Feilitzsch 1896, S. 144; v. Boetticher I, S. 916; GGTUA 1903, S. 460 (Stammreihe), 1923, S. 373, 1928, S. 285, 1931, S. 227; GGTFH 1874, S. 874; GGTAG 1922, S. 513, 1924, S. 311, 1926, S. 313, 1928, S. 318, 1930, S. 324, 1932, S. 327; v. Frank III 1967, S. 66

253 Hagner 2008, S. 83f.

254 Vgl. Kretschmer 1934, S. 89-123, 651-659; Wachter 1981, S. 20

255 Vgl. v. Metzsch-Reichenbach 1910, S. 391f., 448; Richter 1857; v. Kospoth u.a. 2006; Heilmann 2010; Kretschmer 1934, S. X

256 Vgl. Klimpke 19 (2000), S. 23f., 2020, S. 196-200; Lehfeldt XII 1891, S. 68; Kretschmer 1934, S. 89

257 Vgl. Biedermann 1752, Tab. 227, 229f.; von Kospoth (Adelsgeschlecht), in: Wikipedia (abger. 22.08.2023)

258 Zitiert bei Diac. Wappler, in: Schmidt II 1843, S. 68

259 Lehfeldt XII 1891, S. 42f., Zitat ebenda

260 Vgl. ebenda; Diac. Wappler, in: Schmidt II 1843, S. 68; Weiss I 2008, S. 92; Zu denen von Bodewitz siehe Gleichenstein 1716, S. 160; Siebmacher VI, 6, S. 22, VI, 12, S. 31, 95

261 Bei Biedermann 1752, Tab. 234 steht für Anton – Johann, siehe Tab. 232

262 Vgl. ebenda, Tab. 230-235; Diac. Wappler, in: Schmidt II 1843, S. 68, Zitate ebenda; GGTUA 1903, S. 460, 463

263 Vgl. Biedermann 1752, Tab. 232, 234, 236; Siehe auch GGTUA 1903, S. 460; Heilmann 2010; HRL 2022

264 Diac. Wappler, in: Schmidt II 1843, S. 67

265 Vgl. Biedermann 1752, Tab. 229, 232b, 234, 235b, 236b, 237ff.; Diac. Wappler, in: Schmidt II 1843, S. 67; Brückner 1870, S. 693ff.; Lehfeldt XII 1891, S. 93; Klimpke 19 (2000), S. 14, 38; Weiss I 2008, S. 93; Hagner 2008, S. 93; HRL 2022; Siehe auch HBK 1859, S. 32; GGTUA 1903, S. 462

266 Vgl. Biedermann 1752, Tab. 234ff.; Hänsel 1925/20; Klimpke 19 (2000), S. 35; Blöthner II 2017, S. 249f.

267 Vgl. Biedermann ebenda; Wachter 1981, S. 99; Siehe auch Kretschmer 1934, S. 656-660; Klimpke 19 (2000), S. 13

268 Vgl. Pfr. Handmann, in: Schmidt II 1843, S. 82; Brückner 1870, S. 597, 599; Lehfeldt XII 1891, S. 22-25; Hänsel 1933/13; Hetzer 1997, S. 121

269 Biedermann 1752, Tab. 243

270 Vgl. ebenda; Pfr. Handmann, in: Schmidt II 1843, S. 81; Brückner 1870, S. 599

271 Klimpke 19 (2000), S. 19f.

272 Vgl. Biedermann 1752, Tab. 234ff., 240-245; Richter 1857, S. 66f., 87; v. Metzsch-Reichenbach 1910, S. 391f., 448; HRL 2022; Siehe auch GGTUA 1903, S. 460, 462f., v. Kospoth u. v. Kospoth 2006

273 Richter 1857, S. 68

274 Otto Carl Erdmann Graf von Kospoth (1753-1817), in: Wikipedia.de (abger. 06.12.2023)

275 Siehe v. Kospoth 2006 (1783)

276 Vgl. Semler 1776; Richter 1857, S. 68f., 71; Fontane 1952, S. 406-416; Neubauer 2009, S. 359-362

277 Richter 1857, S. 72f.

278 Ebenda, S. 73

279 Ebenda, S. 72

280 Ebenda, S. 74

281 Vgl. ebenda, S. 75f.

282 Ebenda, S. 78

283 Ebenda, S. 80

284 Ebenda, S. 81

285 Ebenda, S. 81f.

286 Ebenda, S. 82

287 Ebenda, S. 83f.

288 Ebenda, S. 84

289 Ebenda, S. 87

290 Vgl. ebenda, S. 82f., 87f., 91f.

291 Ebenda, S. 90

292 Vgl. ebenda

293 Otto Carl Erdmann Graf von Kospoth, in: Wikipedia.de a.a.o.

294 Vgl. ebenda; Schuhmann VI 1819, S. 616; Richter 1857, S. 93, 140

295 Schuhmann ebenda

296 Richter 1857, S. 93

297 Vgl. ebenda, S. 71ff.; v. Metzsch-Reichenbach 1910, S. 391f.; v. Kospoth u. v. Kospoth 2006; Blöthner II 2020, S. 146-149; Otto Carl Erdmann von Kospoth, in: Wikipedia.de a.a.o.; Mühltroff, in: Wikipedia.de (abger. 17.07.2014)

298 Vgl. Löbe u. Löbe III 1891, S. 603; Siebmacher VI, 13 (1908), S. 39; Siehe auch GGTBA 1912, S. 567

299 GGTABA 1934, S. 259

300 Charlotte von Schiller geb. von Lengefeld (1765-1826), in: Wikipedia.de (abgerufen 12.12.2023)

301 Vgl. ebenda / Caroline von Wolzogen geb. von Lengefeld (1763-1847) / Carl Christoph von Lengefeld (1715-1775), in: Wikipedia.de (alle abgerufen 12.12.2023); v. Mülverstedt, in Siebmacher 1863, S. 42; Siebmacher VI, 13 (1908), S. 27; Heinemann 1959/3f., S. 70-78; Grundmann, Werner u.a. 2001, S. 177; Roland Beyer, a.a.o.; HRL 2023; Siehe auch Biedermann 1752, Tab. 10-18; GGTUA 1900, S. 545 (Stammreihe); 1923, S. 388, 1928, S. 296, 1932, S. 336; Hegen 1999/1f., S. 8f.; Witticke 1998, S. 218-223; Aufenanger 2005

302 Vgl. Stemler 1750, S. 61f. 135f.; Drechsel 1934, S. 171f.; Werner 1997; Großkopf 1929, S. 14f., 20-28

303 Großkopf 1929, S. 129

304 Vgl. ebenda; Stemler 1750, S. 61f., 135f.; Siebmacher VI 12 (1907), S. 49; Werner 1997; Beierlein 2006, S. 52f.; Löbe u. Löbe III 1891 S. 676ff.; Köbler 1999, S. 356f.; manfred-hiebl.de/genealogie-mittelalter/lobdeburg_herren_von/... (abger. 12.10. 2022); Wappen Arnshaugk, in thueringer-schloes ser.de/english/37-grafschaft-arnshaugk/ (abger. 19.04.2023)

305 Vgl. Dresdner Kopialbuch III fol. 144 (b. v. Hausen 1892, S. 271); Siehe auch Enke 2001, S. 69; von Machwitz (Adelsgeschlecht), in: Wikipedia.de (abger. 22.08.2022)

306 Vgl. von Machwitz (Adelsgeschlecht) a.a.o.; Pfr. Zeuner, in: Schmidt II 1843, S. 48f.; Siebmacher VI, 6, S. 103, VI, 12 (1907), S. 64; v. Hausen 1892, S. 270f.; Mendner 1917, S. 12, 28f.; Hüllemann 1939, S. 1059-1137; Fröhlich u.a. 1986, S. 168; Baberske 1988, S. 7; Weidhaas 2000, S. 40; Klimpke 19 (2000), S. 25f.; Hagner 2008 S. 81; HRL 2022; Siehe auch König III 1736, S. 164, 512, 705, 1102; v. Raab 6 (1886/87), S. 1-42; Vierteljahreszeitschrift für Wappen-, Siegel- und Familienkunde 1895, S. 49; v. Feilitzsch 1896, S. 174

307 Hüllemann 1939, S. 1059-1063; Rat der Gemeinde Ebersdorf 1976, S. 24; Enke 2000, S. 18, 21, 28f.

308 Enke 2000, S. 18

309 Vgl. ebenda; Weidhaas 2000, S. 36f.

310 Hüllemann 1939, S. 1127

311 Zitiert ebenda, S. 1128

312 Vgl. ebenda, S. 1128f.; Pfr. Zeuner, in: Schmidt II 1843, S. 49; Rat der Gemeinde Ebersdorf 1976, S. 26; Enke 2000, S. 29; HRL 2022

313 Vgl. ebenda, S. 38; Rat der Gemeinde Ebersdorf 1976, S. 26; Gemeinde Remptendorf 2000, S. 31

314 Rat der Gemeinde Ebersdorf 1976, S. 24

315 Zitiert bei Pfr. Zeuner, in: Schmidt II 1843, S. 50

316 Vgl. Hüllemann 1939, S. 1095ff., 1104, 1129f.; Weidhaas 2000, S. 36f., 40; Enke 2000, S. 28; Beger 2009

317 Klotz 1816, S. 227

318 Hagner 2008, S. 89

319 Ebenda, S. 89f.

320 Vgl. Löbe u. Löbe III 1891, S. 321, 544, 664, 699; Siebmacher VI, 13 (1908), S. 21; von Marschall (Adelsgeschlecht), in: Wikipedia.de (abger. 14.11. 2022); LhA 2022; Siehe auch Gleichenstein 1716, S. 255; Kneschke VI 1865, S. 140ff.; GGTUA 1900, S. 602 (Stammreihe), 1921, S. 467, 1923, S. 411, 1928, S. 328, 1932, S. 363; Appel 1981

321 Vgl. Urkunde A° 1314, ehedem im Fürstlich reußischen Hausarchiv zu Schleiz, abgedruckt in: Mitteilungen des Altertumsvereins Plauen VI, S. 26

322 Vgl. Blöthner I 2017, S. 212f.; Schuster 2008; von Metzsch (Adelsge-schlecht), in: Wikipedia.de. (abger. 18.09.2022); LhA 2022; Siehe auch Knesch-ke VI 1865, S. 256ff.; Siebmacher VI, 13 (1908), S. 21; GGTUA 1900, S. 623; 1907, S. 482 (Stammreihe), 1921, S. 487, 1923, S. 424, 1928, S. 354, 1931, S. 306; GGTFH 1870, S. 1102, 1871, S. 840, 1883, S. 1052; Boetticher II, S. 195; v. Kohlhagen 1906, S. 76; Janecki III 1899, S. 247 (Stammreihe); v. Mansberg I 1903, S. 573-632; v. Metzsch 1908; v. Metzsch-Reichenbach 1910, S. 361; Menges 1994, S. 262f.; Johanniterorden 2008; Lenk 2005/4, S. 29f.

323 Vgl. Löbe u. Löbe III 1891, S. 389
324 Vgl. von Meusebach (Adelsgeschlecht), in: Wikipedia.de (abger. 23.08.2022)
325 Löbe u. Löbe III 1891, S. 387
326 Vgl. Bergner 2005, S. 18
327 Löbe u. Löbe III 1891, S. 389
328 Ebenda, S. 320
329 Vgl. ebenda, S. 320, 387
330 Ebenda, S. 320
331 Ebenda
332 Vgl. ebenda, S. 250
333 Stemler 1750, S. 160
334 Löbe u. Löbe III 1891, S. 321
335 Vgl. ebenda; Haardt III 1938, S. 205; Kästern-Brandes; von Meusebach (Adelsgeschlecht) a.a.o
336 Löbe u. Löbe III 1891, S. 321
337 Ebenda, S. 388; Siehe auch Stemler 1750, S. 161
338 Ebenda, S. 321
339 Ebenda, S. 388
340 Vgl. ebenda, S. 321; Bergner 1999, S. 70
341 Vgl. Bergner ebenda; Derselbe 2005, S. 18; Stemler 1750, S. 160f.; Löbe 1884a, S. 378-388; Kretschmer 1934, S. 138; Haardt 1957/3, S. 45f.; Kulhanek 2016, S. 22; Franke 2017, S. 95; Blöthner I 2017, S. 198; von Meusebach (Adelsgeschlecht) a.a.o.; Siehe auch v. Mülverstedt 1863, S. 41, 192, 203, 316; GGTFH 1861, S. 496 (Stammreihe), 1864, S. 538; Boetticher II, S. 196; Gritzner III 1881, S. 234
342 Vgl. v. d. Gabelenz VI 186X, S. 291f.; v. Hausen 1892, S. 41; Siebmacher VI, 1? (1907), S. 31; Heinze u.a. 2017, S. 272; Schuster 12/2008; Franke 2017, S. 95f.
343 Franke 2017, S. 95f.
344 Haardt 1957/3, S. 44
345 Derselbe 1938 III, S. 205
346 Ebenda, S. 204f.
347 Löbe u. Löbe III 1891, S. 321
348 Vgl. ebenda; Haardt III 1938, S. 204-208; Kästern-Brandes; von Meusebach (Adelsgeschlecht), in: Wikipedia.de (abger. 23.08. 2022)
349 Vgl. Starke V 1880, S. 489; Lehfeldt XXIV 1897, S. 6; v. Mohl 1995, S. 195-198; Blöthner I 2017, S. 53ff.; Heinze u.a. 2017, S. 229f.; Siehe auch GGTFH 1859, S. 52; v. d. Becke-Klüchtzner 1886, S. 284, 617; BGTA 1893, S. 431, 1914, S. 33; GGTABA 1907, S. 537f., 1923, S. 443f., GGTUA 1926, S. 226, 446 bei LhA; GhStHb 1846; Martius 2003, S. 83; Milde 2015, S. 229f.; N.N. 2018/ 24, S. 18; Cislak 2020
350 Vgl. v. Hausen 1892, S. 310f.; Siebmacher VI, 12 (1907), S. 6; Kretsch-mer 1934, S. 266; SäHStA Cop. 49, Bl. 259b (A°1458) zitiert ebenda; Hetzer 2008, S. 65; Wiefel II 2008, S. 154; 6; Blöthner II 2017, S. 153; Heinze u.a. 2017, S. 351f. Siehe auch Greule 2014, S. 358; Kneschke VI 1865
351 von Müffling (Adelsgeschlecht), in: Wikipedia.de (abger. 29.02.2024)

352 Vgl. Brückner 1870, S. 631

353 von Müffling, in: Wikipedia.de a.a.o.

354 Zitiert bei Alberti 1854, S. 130

355 Vgl. ebenda; von Müffling (Adelsgeschlecht) a.a.o.; HRL 2024; Siehe auch König I 1727, S. 672; Siebmacher II, III, Tab. 14; III, I, Tab. 55, VI 12 (1907), Tab. 51; GGTFH 1877, S. 1005, 1914, S. 543 (Stammreihe), 1920, S. 546, 1922, S. 554, 1924, S. 486, 1926, S. 465, 1928, S. 416, 1941/42; v. Heyder 1908; Kiefer 1913; GhdA 1956 II 13, 1980 XII 74, S. 257 ff., 1998 IX 116, S. 217f.

356 Vgl. Biedermann 1752, Tab. 130-144; Siebmacher VI, 12 (1907), S. 103f.; Schmidt 1925, S. 7, 2008, S. 17-21; Hagner 2008, S. 82; Siehe auch König III 1736, S. 786; NGH 1778, S. 351; v. Boetticher II, S. 372; GGTFH 1880, S. 1016; Gritzner 1881, S. 645; Hahn III, S. 384-392; Warg 1910;

357 von Obernitz (Adelsgeschlecht), in: Wikipedia.de (abger. 10.01.2023)

358 Stemler 1750, S. 161f.

359 Dedié 1933, S. 32

360 von Obernitz (Adelsgeschlecht) a.a.o.

361 Vgl. ebenda; Stemler 1750, S. 162f.; Lehfeldt VI 1889, S. 35-38; Löbe u. Löbe III 1891 S. 308, 312, 544, 435; v. Hausen 1892, S. 330f.; Bergner XXII 1901, S. 50; Siebmacher VI, 12 (1907), S. 42, VI, 13 (1908), S. 22; Dedié 1933, S. 28, 32, 39, 101, 243, 423; Herrling 1938, S. 152; HgOt 2010/3, S. 17; Blöthner 29 (2020), S. 211ff., V 2021, S. 200f., LhA/HRL 2022; Siehe auch Boehme I 1893, p. 46a (A°1258) bei GGTUA 1932, S. 382; König II 1729, S. 730; v. Zedlitz-Neukirch III 1837, S. 472; GGTFH 1863, S. 669; Kneschke VI 1865, S. 556f.; Gauhe; GGTUA 1905, S. 560 (Stammreihe), 1921, S. 537, 1923, S. 456, 1928, S. 393, 1932, S. 382; v. Obernitz 1911; v. Obernitz I 1913, II 1914; GhdA IX 116 (1998)

362 Stemler 1750, S. 163ff.

363 Vgl. Dedié 1933, S. 162, 332

364 Vgl. ebenda, S. 159ff.; Stemler 1750, S. 98-114; Blaha u.a. I 1997, S. 20

365 Stemler 1750, S. 165ff.

366 Ebenda, S. 168f.

367 Hagner 2008, S. 90; Siehe auch Rössing-Hager 1999, S. 103-130

368 Florentina von Oberweimar (*um 1506), in: Wikipedia.de (abger. 18.04.2023)

369 Vgl. v. Hausen 1892, S. 332; Siebmacher VI, 12 (1907), S. 17, VI, 13 (1908), S. 22; Philipp 2004, S. 8; Hagner 2008, S. 86f., 90

370 Vgl. ebenda, S. 64f.; von der Oelsnitz (Adelsgeschlecht), in: Wikipedia.de (abger. 03.05.2023); LhA 2022; Siehe auch BGTA 1879, S. 561; GGTUA 1900, S. 652 (Stammreihe), 653-657, 1921, S. 541, 1926, S. 527, 1931, S. 344; v. Boetticher II 1913, S. 379ff., IV 1923, S. 53; Rößler 23 (1978)

371 Deubler 1998, S. 13

372 Vgl. ebenda; Grafschaft Weimar-Orlamünde, in: Wikipedia.de (abger. 08. 11.2023); Bergner XXII 1901, S. 33; Herrmann 1940/1, S. 449-455; Dietzel I 1994, S. 18, 20, II 2000, S. 65; Grundmann, Werner u.a. 2001, S. 224; Heinze u.a. 2017, S. 57f.; Siehe auch Hennig 2016, S. 106

373 Vgl. Löbe u. Löbe III 1891, S. 611f., 621f., 702; von Schade (Adelsgeschlecht), in: Siebmacher VI 12 (1907), S. 43

374 Dietzel II 2000, S. 65f.

375 Grundmann, Werner u.a. 2001, S. 232
376 Vgl. Deubler 1998, S. 13; Löbe u. Löbe III 1891, S. 611f., 621f., 702; Scheidig 1977; Grundmann 1998, S. 201; Siehe auch Löbe 1884b, S. 407-415; Jovius 1885, S. 207-264; Lommer 1885, S. 479-513; Mania 2008
377 Drechsel 1934, S. 155
378 Vgl. Hentschel 2017, S. 59
379 Drechsel 1934, S. 155f.
380 Ebenda, S. 156f.
381 Ebenda, S. 157
382 Vgl. N.N. 2024
383 Vgl. Hentschel 2017, S. 59f.
384 Vgl. ebenda; Heinze u.a. 2017, S. 153; Bernhardt 1908; Löbe u. Löbe III 1891, S. 623
385 Löbe u. Löbe III 1891, S. 623
386 Vgl. Eisel 1871; Drechsel 1934, S. 226; N.N. 2024; Siehe auch Jacob 1929, S. 110ff.; Schlenker u. Laubner 1996, S. 72
387 von Pflugk (Adelsgeschlecht), in Wikipedia.de (abger. 29.02.2024)
388 Vgl. Vogeln 1714
389 Vgl. Pflug 2024; von Pflugk, in Wikipedia.de a.a.o.
390 Vgl. Pflug ebenda
391 von Pflugk, in Wikipedia.de a.a.o.
392 Vgl. Pflug 2024; HRL 2024; Siehe auch v. Gleichenstein 1716, S. 27; König III 1736, S. 801; GGTUA 1921, S. 588 (Stammreihe), 1923, S. 486, 1928, S. 457; v. Feilitzsch 1896, S. 217; v. Boetticher II 191X, S. 428
393 Vgl. GGTUA 1932, S. 391; Siebmacher II, III, Tab. 41, IV, IV, Tab. 247; von Pflugk (Adelsgeschlecht) a.a.o.
394 von Pflugk, in Wikipedia ebenda
395 burg-posterstein.de/die-pflugke-postersteins-bedeutenste-burgherren (abger. 29.02.2024)
396 Vgl. Dietzel II 2000
397 Vgl. burg-posterstein.de a.a.o.
398 Vgl. Schuhmann XVI 1828, S. 633; Siebmacher VI 12 (1907), S. 80; HRL 2024
399 Vgl. Siebmacher II, III (1857), S. 42; v. Metzsch-Reichenbach 1910, S. 423; bei LhA 2022; Hagner 2008; Siehe auch König I 1727, S. 710; v. Uechtritz II 1791, S. 114, III 1792, S. 174, 273, IV 1792, S. 96, V 1793, S. 225; GGTUA 1905, S. 600 (Stammreihe), 1920, S. 672 (Stammreihe), 1922, S. 674, 1924, S. 528, 1929, S. 572; Boetticher II, S. 433, IV, S. 58; v. Frank I 1967, S. 36
400 Biedermann 1752, Tab. 162
401 Schuster 06/2020
402 Vgl. ebenda; Stemler 1750, S. 155; Schuhmann 1836, S. 129; Hetzer 2008, S. 61; v. Pöllnitz 1995, S. 202; Bergner 2012, S. 16
403 Vgl. Blöthner 12 (2007), 2010
404 Vgl. Dr. Max Freiherr v. Pöllnitz (um 1880) bei Kulhanek 2016, S. 19; Schuster 06/2020; v. Pöllnitz 1995, S. 202; Siehe auch Dobenecker III 1892, Nr. 766 (A°1238); Schmidt I 1885, Nr. 135, 978, II 1892, Nr. 14
405 Schuster 06/2020

406 Vgl. ebenda; Derselbe 03/2003 (aktualisiert 02/2020); Derselbe 2007/13; v. Pöllnitz 1995, S. 202; Bergner 2012, S. 24; Dedié 1933, S. 39

407 Vgl. Heimatverein Niederpöllnitz 2016, S. 5, 18ff, 53f; Kulhanek 2016, S. 21, 54; Bergner 2012, S. 24

408 v. Pöllnitz 1995, S. 202

409 Zitiert bei Bergner 2012, S. 26f.

410 Vgl. ebenda; Dedié 1933, S. 440; Schuster 03/2003 (aktualisiert 02/2020); v. Pöllnitz 1995, S. 202; Siehe auch Winter 2014; Heimatverein Großebersdorf 2012

411 Vgl. Schuster 12/2006 (aktualisiert 11/2012)

412 Vgl. Winter 2015; Eberhard Hetzer (†), ergänzt von Wolfgang Schuster 01/2005

413 Vgl. v. Pöllnitz 1995, S. 203f.; Bergner 2012, S. 124; Biedermann 1752, Tab. 162; Jacobi u.a. 1756; Wilde 2010, S. 257-287; Dedié 1933, S. 299

414 Vgl. v. Pöllnitz 1995, S. 204f.; Brückner 1853, S. 529f.; Köhler 1923, S. 57; SMAD-Befehl 209, in: Wikipedia.de (abger. 26.07.2023)

415 Franke 2017, S. 98, 100

416 Vgl. von Pöllnitz (Adelsgeschlecht), in: Wikipedia.de (abger. 21.10.2022)

417 Vgl. Dedié 1933, S. 445; Kretzschmer 1934, S. 283; v. Pöllnitz 1995, S. 204f.; Höhn 2000, S. 84; Franke 2017, S. 100

418 Vgl. von Pöllnitz (Adelsgeschlecht), a.a.o.

419 Vgl. ebenda; LhA 2022; Siehe auch GGTFH 1862, S. 578, 1920, S. 609, 1922, S. 618, 1928, S. 469, 1930, S. 380, Biedermann 1752, Tab. 170, 174f.

420 Vgl. Schuster 12/2008; Bergner 2012, S. 164; Windisch 2017, S. 70; Siehe auch Merian 1635; Gleichenstein 1716, S. 26; König I 1727, S. 763; du Pöllnitz 1734; Knup 1745; Biedermann 1752, Tab. 161-165, 176ff.; NGH 1778, S. 160; v. Uechtritz II 1791, S. 119; GGTFH 1862, S. 584, 1920, S. 612, 1922, S. 622, 1928, S. 473, 1930, S. 384, GGTUA 1900, S. 695 (Stammreihe), 1920, S. 684, 1928, S. 472, 1932, S. 410; Hanke 1996; Schattkowsky 2007; LhA 2022

421 Vgl. v. Hausen 1892, S. 360; Drechsel 1934, S. 7 nach Schultes 1820 bzw. Bechstein 1858; Siehe auch GGTUA 1911, S. 594

422 Vgl. v. Hausen 1892, S. 360; Siebmacher VI, 12 (1907), S. 68; Franke 2007, S. 44; HRL 2022; Siehe auch GGTUA 1911, S. 594-598

423 Vgl. Brückner 1870, S. 595; v. Hausen 1892, S. 360; Bergner XXII 1901, S. 40; HRL 2022; von Poseck (Adelsgeschlecht), in: Wikipedia (abger. 23.01. 2023); Siehe auch NGH 1778, S. 361; v. Poseck 1896, S. 135-153; GGTUA 1911, S. 596f.; GGTUA 1920, S. 689, 1924, S. 554, 1929, S. 591; GhdA X 119 (1999), S. 503

424 Vgl. Löbe 1884a, S. 392ff.

425 Vgl. Siebmacher VI 12 (1907), S. 17

426 Vgl. Löbe 1884a, S. 334-398

427 Ebenda, S. 398

428 Vgl. ebenda, S. 398f., 403, 405

429 Ebenda, S. 399

430 Vgl. ebenda; HRL 2024

431 Löbe 1884a, S. 401

432 Vgl. ebenda; Siebmacher VI12 (1907), S. 17

433 Vgl. Brückner 1870, S. 783f.; Hänsel 1921, S. 9; Eichenstein in: Wikipedia.de (abger. 17.07.2014); HRL 2022

434 Vgl. Siebmacher VI 12 (1907), S. 17; Siehe auch König II 1729, S. 751f., 755

435 Vgl. Schuhmann XII 1825, S. 671f.; Schiffner XVIII 1833, S. 974; Dedié 1933, S. 507; Heinze u.a. 2017, S. 380; Quingenberg, in: Wikipedia.de (abger. 21.10.2022)

436 Adam Heinrich von Quingenberg (†1631), in: Wikipedia.de (abger. 21.10.2022)

437 Vgl. König II 1729, S. 753f.

438 Biedermann 1752, Tab. 64

439 Bavaria III 1865, S. 600f.

440 Vgl. Biedermann 1747, Tab. 207-210, 1752, Tab. 63-105; Schmidt I 1885, Nr. 582 (A°1325); v. Hausen 1892, S. 392f.; Stumpf 1920, bei Kretschmer 1934, S. 134; Hagner 2008 S. 81; von Reitzenstein (Adelsgeschlecht), in: Wikipedia. (abger. 23.08.2022); HRL 2022; Siehe auch NGH 1778, S. 165; GGTUA 1856, S. 537, 1906, S. 603 (Stammreihe), 1920, S. 654, 1922, S. 665, 1924, S. 561, 1926, S. 549, 1928, S. 511, 1930, S. 411, 1932, S. 460; MÖK 1867, S. 968; BGTA 1879, S. 561, 1880, S. 261; v. d. Becke-Klüchtzner 1886, S. 352; Thiset u. Wittrup 1904, S. 227

441 Vgl. Hüllemann 1939, S. 1138-1200, insbesondere S. 1145, 1148, 1153, 1155, 1157, 1165-1168, 1173, 1177f., 1186f., 1191, 1195ff., 1199; Biedermann 1752, Tab 73f.; Janecki III 1899, S. 834; Pfr. Hoffmann, in: Schmidt II 1843, S. 46f.; HRL 2022

442 Vgl. Lehfeldt IX 1891, S. 69; Pfr. Hoffmann in: Schmidt II 1843, S. 47; Behr 1927, S. 71; Zitat bei Hüllemann 1939, S. 1191

443 von Raitenbach (Adelsgeschlecht), in: Wikipedia.de (abger. 26.02.2023)

444 Zitiert bei Wetzel 1939, S. 23; Siehe auch Hüllemann 1939

445 Vgl. Löbe u. Löbe III 1891, S. 464, 547, 576, 665; Siehe auch Gleichenstein 1716, S. 6; Biedermann 1749, Tab. 121-141; NGH 1778, S. 170; v. Buttlar-Elberberg 1888, S. 62-66; GGTFH 1855, S. 475, 1920, S. 671, 1922, S. 683, 1926, S. 566, 1928, S. 529, 1930, S. 425; van Stockum 1910, S. 337 (Stammreihe), 1916, S. 360 (Stammreihe)

446 Vgl. Eisel 1871, Nr. 821; Siebmacher VI, 12 (1907), S. 105, VI, 13 (1908), S. 24; Haardt III 1938, S. 153; Klimpke 19 (2000), S. 26f.; Röder 2000, S. 55-59 bei Hagner 2008, S. 80; von Roeder (Adelsgeschlecht), in: Wikipedia.de (abger. 23.10. 2022); HRL 2022; Siege auch v. Roeder I 1978; GhdA XI (122) 2000, S. 475f.

447 Zitiert bei Bergner XXII 1901, S. 51f.

448 Vgl. ebenda, S. 50f.; Heimatverein ›Krumme Kiefer‹ 2008, S. 36; Franke 2017, S. 94-100

449 Vgl. v. Roeder 1978/2014

450 Vgl. Siebmacher III, 2, S. 330, VI, 12 (1907), S. 70; LdA/HRL 2022; Siehe auch GGTBA 1907, S. 642 (Stammreihe), 1920, S. 760, 1922, S. 723, 1925, S. 755, 1928, S. 494, 1932, S. 530; v. Frank IV 1967, S. 184

451 von Römer (Adelsgeschlecht), in: Wikipedia (abger. 23.08.2022)

452 Vgl. ebenda; Siehe auch König I 1727, S. 161f., 879, 1023, II 1729, S.

145, 447, 470, 601, III 1736, S. 110, 306, 875, 993, 1170, 1211; BGTA 1879, S. 508 (Stammreihe), 1883, S. 450, 1888, S. 430, 1894, S. 430; N.N. 1888, S. 369-390; v. Feilitzsch 1896, S. 257; Siebmacher II, 3, S. 44, III, 2, S. 331, VI, 12 (1907), S. 80f.; GhdA IX 1954, S. 360; v. Frank IV 1967, S. 181

453 Vgl. Rußwurm (Adelsgeschlecht), in: Wikipedia.de/ Rußwurmhaus-Brei-tungen, in: russwurm.net/historie/ehemalige-bewohner (beide abger. 14.12. 2022); Siehe auch Gleichenstein 1716, S. 5; Biedermann 1749; Siebmacher VI, 12 (1907), S. 19, 70

454 Sack (Adelsgeschlechter), in: Wikipedia.de (abger. 15.12.2023)

455 Vgl. von Reitzenstein (Adelsgeschlecht), in: Wikipedia.de (abger. 23.08. 2022)

456 Sack (Adelsgeschlecht) a.a.o.

457 Ebenda

458 Otto Moser, in: wikisource.org/wiki/Rittergüter_und_Schlösser_im_König-reiche_Sachsen:_Geilsdorf (abger. 15.12.2023)

459 Vgl. ebenda; Sack (Adelsgeschlecht) a.a.o.; Siebmacher VI, 12 (1907), S. 70; HRL 2023; Siehe auch Kneschke VIII 1868, S. 7; Sack 1995, S. 76f., 80; v. Dobeneck 1926, S. 32f.; Metzler 2006, S. 58-64

460 Vgl. Stemler 1750, S. 155; v. Hausen 1892, S. 430; Siebmacher VI, 12 (1907), S. 82; Blöthner I 2017, S. 242f.; von Schauroth (Adelsgeschlecht), in: Wikipedia.de (abger. 23.08.2022); Siehe auch Gleichenstein 1716, S. 28; König I 1727, S. 857; GGTUA 1902, S. 746 (Stammreihe), 1924, S. 618, 1929, S. 662; GGTFH 1920, S. 720, 1922, S. 732, 1926, S. 606; Siebmacher II, III/ VI, XII – bei LhA/HRL 2022 Galperin u.a. 2012

461 Schuster 2020

462 Vgl. Kahlal u. Wolf 2007, S. 114-117, 156; Siehe auch GhRBl. XVI 1819, S. 93, XV 1833, S. 280; GhStHb 1816, S. 134, 1819, S. 152, 1827, S. 136, 1840, S. 148, 1846, S. 171, 1900, S. 336 – bei HRL 2022

463 Vgl. Kretschmer 1934, S. 196, 198, 200; Siebmacher VI, 12 (1907), S. 71; Siehe auch GGTFH 1912, S. 702, 1920, S. 743, 1922, S. 755, 1924, S. 630, 1926, S. 622, 1928, S. 581, 1930, S. 474; Boetticher II, S. 748; BGTA 1886, S. 376; Gleichenstein 1716, Bl. 21; v. Frank IV 1967, S. 251 – bei LhA 2022; Märkers, S. 34; Pohl 2010

464 Vgl. Kretschmer 1934; Wünscher 2009, S. 85ff.; Löbe u. Löbe III 1891, S. 557

465 Vgl. Schönberg (Adelsgeschlecht), in: Wikipedia.de (abger. 27.01.2023); Siehe auch König II 1729, S. 833; v. Uechtritz II 1791, S. 139, III 1791, S. 200, IV 1792, S. 97, V 1793, S. 226; BGTA 1877, S. 167, 1878, S. 296, 1881, S. 491 (Stammreihe), 1883, S. 9, 1886, S. 487; v. Feilitzsch 1896, S. 294; GGTUA 1904, S. 735 (Stammreihe), 1919, S. 719, 1921, S. 714, 1923, S. 586, 1928, S. 545; v. Boetticher II 191X, S. 775, IV 1923, S. 74 bei LdA 2022

466 Vgl. HRL 2022; Grundmann 1998, S. 159; Rudolstadt (Unterschloß), in Wikipedia.de (abger. 16.04.2024)

467 Schönberg (Adelsgeschlecht) a.a.o.

468 Vgl. ebenda; Siehe auch Fraustadt 1878; Sächsisches Staatsarchiv 2011; Donath IV 2014

469 Hans Dietrich von Schönberg (1623-1682), in: Wikipedia.de (abger. 27.01. 2023); Siehe auch Schumann u. Mitzschke 1893, S. 781ff.

470 Engel 1934/5, S. 302

471 von Schönfels (Adelsgeschlecht), in: Wikipedia.de (abger. 19.12.2023)

472 Vgl. ebenda; HRL 2023; schlossarchiv.de/herren/s/SC/HO/Schoenfels.htm; Ingrid Wollmann, in: /dg-reuth.de/unser-dorf/; Reuth (Weischlitz), in Wikipedia.de (alle abger. 19.12.2023); Siehe auch König II 1729, S. 748, III 1736, S. 113, 513, 707, 710; BGTA 1879, S. 553 (Stammreihe), 1884, S. 498; GGTUA 1904, S. 766 (Stammreihe), 1921, S. 725, 1926, S. 647, 1929, S. 677, 1932, S. 453; Siebmacher II, 4 (1873), Tf. 7; GhdA XIII, (128) 2002, S. 56f.; v. Schönfels 78 (1981)

473 Siehe auch GGTUA 1904, S. 771 (Stammreihe), 1917, S. 798, 1920, S. 808, 1924, S. 642, 1930, S. 556 – bei LhA 2022; Siebmacher VI, 13 (1908), S. 27f.

474 Kretschmer 1934, S. 266; Ortschaftsrat Wüstendittersdorf 2002

475 Vgl. ebenda; N.N. 1894, S. 146; Deubler 1983/7f., S. 147; Siehe auch GGTUA 1904, S. 774 (Stammreihe), 1911, S. 655 (Stammreihe), 1917, S. 799, 1919, S. 730, 1924, S. 644, 1929, S. 681; Siebmacher II, III, S. 370 – bei HRL 2022

476 Vgl. Lommer 1872/4f. bei N.N. 1894, S. 452

477 Vgl. Löbe u. Löbe III 1891, S. 630; N.N. 1894, S. 447, 451f., 456f.; Lommer 1894, S. 98f.

478 N.N. 1894, S. 459

479 Vgl. ebenda, S. 446f.; Löbe u. Löbe III 1891, S. 61; Köhler 1923, S. 103; Knauer, in: Unsere Heimat 1933, Nr. n.; Kretschmer 1934, S. 266; Steiniger 2011, S. 14f.; Siehe auch Janecki III 1899, S. 83, 657; GGTUA 1914, S. 818

480 v. Raab 1898, Nachtrag Nr. 20, in: Hans von Seebach (* um 1380, † nach 1422), in: Wikipedia.de (abger. 23.08.2022)

481 v. Seebach u. v. Seebach 1995, S. 206

482 Vgl. ebenda; von Seebach (Adelsgeschlecht), in: Wikipedia.de (abger. 23. 08.2022); Siehe auch Gleichenstein 1716, S. 145; König II 1729, S. 1081; v. Uechtritz III 1791, S. 215; BGTA 1878, S. 200; GGTUA 1905, S. 745 (Stammreihe); 1919, S. 742, 1921, S. 744, 1926, S. 657, 1931, S. 483 – bei LhA 2022

483 Vgl. von Seydewitz (Adelsgeschlecht), in: Wikipedia.de (abger. 29.02. 2024); Starke V 1880, S. 515, 530; Lehfeldt XXIV 1897, S. 199; Köhler 1923, S. 50; Kretschmer 1934, S. 276; HRL 2024; Siehe auch GGTUA 1908, S. 723 (Stammreihe), 1924, S. 652, 1930, S. 566; v. Feilitzsch 1896, S. 305 – bei LhA 2022; v. Seydewitz I 1875, Kap. III, Tf. III

484 Vgl. Wachter 1978, S. 74; Brückner 1870, S. 793; Bergner XXII 1901, S. 74; Siehe auch v. Dobeneck 1905f.

485 Vgl. Bergner XXII 1901, S. 74; Schuhmann XI 1823, S. 256; Schmidt II 1892, Nr. 167 (A°1368); v. Hausen 1892, S. 468; Kretschmer 1934, S. 105, 140, 160, 641f.; Blöthner II 2017, S. 266-269; von Sparnberg (Adelsgeschlecht), in: Wikipedia.de (abger. 23.08.2022); Siehe auch GGTUA 1900, S. 696f., 1914, S. 659; Stumpf 1920, S. 7;

486 Vgl. v. Hausen 1892, S. 468f.; Schmidt III 1916, S. 77, 83, 357; von Spiegel (Adelsgeschlecht), in: Wikipedia.de (abger. 23.08.2022); HRL 2022; Siehe auch Knothe 2007

487 Vgl. Dobenecker II 1900, Nr. 844 (A°1169/90) bei Werner 2007, S. 125

488 Vgl. LhA/HRL 2022; v. Hausen 1892, S. 478f.; Liste der verschiedenen Adelsgeschlechter von Stein, in Wikipedia.de (abger. 06.10.2022)

489 Werner 2007, S. 125

490 Vgl. ebenda; Siebmacher II, 4 (1873), S. 10; Dobenecker I, (A°1116), II 1900, Nr. 844 (A°1169/90); Kretschmer 1934, S. 256ff.; Enkelmann 1997/1, S. 27; von Stein (Adelsgeschlecht), in: Wikipedia.de (abger. 03.09.2022); Blöthner IV 2019b, S. 167; Siehe auch Dranke 1844, S. 259f.

491 Kretschmer 1934, S. 255 nach Dobenecker III 1896, Nr. 2213, 2278, 2518, 2533, 2758, 2983, 3214, 3468, 3501, 3504

492 Vgl. Pierer XVI 1863, S. 730; Löbe u. Löbe III 1891, S. 556; Dedié 1933, S. 217f.; Kretschmer 1934, S. 255f.; von Stein (Adelsgeschlecht), in: Wikipedia.de (abger. 03.09.2022); Wiefel VI 2004, S. 43-46; Blöthner IV 2019b, S. 167f. v. Wurmb 2022; Siehe auch Kneschke VIII 1868

493 Vgl. Biedermann 1752, Tab. 267; Pierer XVI 1863, S. 730; Dedié 1933, S. 217f.; Hermann Ehrenfried Knauer bei Dedié 1933; Kahlal u. Wolf 2007, S. 115f.; Heinze u.a. 2017, S. 200

494 Vgl. Pierrer XVI 1863, S. 730; Siebmacher II, 4 (1873), S. 10, Tf. 7.3; Wünscher 1902, S. 41f.; Kretschmer 1934, S. 251, 255, 257f., 266, 269ff., 280, 284, 286f., 289; Haardt 1957/3, S. 44; Franke 2017, S. 97; Siehe auch GhRBl. XVI 1819, S. 92; XV 1833, S. 279; GGTUA 1908, S. 216; 1932, S. 456; GGTFH 1859, S. 790; GhStHb 1816, S. 135, 1819, S. 15

495 Hetzer 2004, S. 133

496 Vgl. Biedermann 1752, Tab. 266-269

497 Vgl. ebenda; Stemler 1750, S. 169-188; Pierer XVI 1863, S. 730; Hülle-mann 1939, S. 1051f.; Hetzer 2004, S. 133; Siehe auch König I 1727, S. 95; GGTUA 1917, S. 825 (Stammreihe); 1919, S. 754, 1924, S. 660, 1930, S. 587; GGTFH 1916, S. 804 (Stammreihe), 1920, S. 813, 1922, S. 825, 1926, S. 682, 1928, S. 632; Siebmacher II, 5, 8, 66, III, 16, 49 – bei LhA/HRL 2022

498 Vgl. Pierer XVI 1863, S. 730; Kretschmer 1934, S. 257; von Stein (Adelsgeschlecht), in: Wikipedia.de a.a.o.

499 Löbe u. Löbe III 1891, S. 592

500 Vgl. ebenda, S. 591f.; Pierer XVI 1863, S. 730; Hetzer 2004, S. 133f.; Dehio 1998, S. 539; Grundmann 1998, S. 49, 53f., 117; Siehe auch Jena 2021/9f., S. 243-248

501 Vgl. Enkelmann, 2004, S. 51; Blöthner IV 2019b, S. 297; Förster-Stahl 2016/11f., S. 304-312; HRL 2022

502 Grundmann 1998, S. 50

503 Siehe Archiv der Familie von Stein auf Großkochberg, in: archive-in-thue-ringen.de/de/findbuch/view/bestand/ 20136/vor wort/1

504 Vgl. Brückner 1870, S. 596; Barthel 1900, S. 26; Siebmacher II, 2, S. 117 (Tf.144), III, 2, S. 393, VI, 12 (1907), S. 107; Siehe auch König III 1736, S. 111ff., 558; BGTA 1893, S. 600

505 Siebmacher VI, 12 (1907), S. 107

506 Derselbe II, IV (1873), S. 10

507 Vgl. ebenda; Schmidt III 1916, S. 358ff.; Hagner 2008, S. 82; Siehe auch Gritzner V 1881, S. 66

508 Vgl. Kretschmer 1934, S. 382, 386, 392; Thiedig 2010/6; Siehe auch GhRBl. XVI 1819, S. 92; GhStHb 1816, S. 134, 1819, S. 152, 1827, S. 135, 1840, S. 148, 1846, S. 169 bei HRL 2022

509 von Thüna (Adelsgeschlecht), in: Wikipedia.de (abger. 23.08.2022)

510 Ebenda

511 Vgl. ebenda; Kretschmer 1934, S. 177; Scheidig 1977; Werner 2001, S. 23; HRL 2022; Siehe auch Gleichenstein 1716, S. 290; König III 1736, S. 1115; v. Uechtritz II 1791, S. 143; v. Schultes II 1820, p. 152f.; v. Thüna 1891, S. 263-267; Siebmacher VI, 12 (1907), S. 87, VI, 13 (1908), S. 30; GGTFH 1908, S. 786, 1916, S. 839, 1918, S. 847, 1920, S. 851, 1922, S. 862, 1934, S. 572

512 Vgl. von Thüna (Adelsgeschlecht), in: Wikipedia.de (abger. 23.08.2022); Löbe u. Löbe III 1891, S. 733; Dehio 1998, S. 1358; Grundmann 1998, S. 127, 201; Werner 2007/1f., S. 7-11; Deubler 1983/7f., S. 147-153; Derselbe 1972 (Sh.); Siehe auch v. Thüna 1893; Fuchs 1942

513 Siehe auch Janecki II 1898, S. 881 (Stammreihe); GGTUA 1900, S. 823, 1919, S. 814, 1921, S. 831, 1926, S. 721, 1931, S. 525; Siebmacher VI, 12 (1907), S. 109

514 Vgl. Lehfeldt XXIV, 1897, 35; Kretschmer 1934, S. 405-425; Rittergutsarchiv Selka bei Schmölln (1829-1865) bei ebenda S. X; SMAD-Befehl 209, in: Wikipedia.de (abger. 26.07.2023)

515 Siehe auch v. Tümpling I 1888, II 1892; III 1894, IV 2020

516 v. Hausen 1892, S. 532f.

517 Siehe auch Boehme I/2 1904, S. 511; Adriani Beyeri Architect. Jen. c. 32, § 4, p. 359 (17. Jh.)

518 Kneschke IX 1870, S. 306

519 Vgl. ebenda; Schuhmann XI 1824, S. 241; Löbe u. Löbe III 1891, S. 156f., 191, 195, 197 521; von Tümpling (Adelsgeschlecht), in: Wikipedia.de (abger. 04.11.2022); Siehe auch v. Tümpling u. v. Schöning 1864

520 Vgl. Hetzer 2007, S. 55-59; Sakrzewski 2022; Starke V 1880, S. 515f.; Siehe auch GhRBl. XVI 1819, S. 93, XV 1833, S. 280; GhStHb 1816, S. 135, 1819, S. 153, 1827, S. 136, 1840, S. 149, 1846, S. 172, 1900, S. 330; BGTA 1879, S. 510

521 Vgl. Lehfeldt XXIV 1897, S. 201; Dedié 1933, S. 440; Heinze u.a. 2017, S. 377; Blöthner I 2017, S. 292f.; v. Frankenberg 2020, S. 108; Siehe auch Biedermann 1752

522 Vgl. Schuhmann VI 1819, S. 568, XI 1824, S. 241f.; Schiffner XVIII 1833, S. 786; Lehfeldt XXIV 1897, S. 201; Köhler 1923, S. 153; Arndt 1927, S. 125; v. Frankenberg 2020, S. 71; Siehe auch GHdA XV (134); Janecki III 1899, S. 655, 657ff.; GGTUA 1900, S. 825, 1914, S. 818, 1941, S. 576

523 v. Frankenberg 2020, S. 129

524 Ebenda, S. 131f.

525 Ebenda, S. 101

526 Ebenda, S. 134

527 Ebenda, S. 135f.

528 Vgl. ebenda, S. 71, 74f., 101, 128f., 133-136, 145-149; Steiniger 2011, S. 19f.; Sakrzewski 2022

529 Vgl. Löbe u. Löbe III 1891, S. 697f.; Siebmacher VI, 12 (1907), S. 23, VI 13 (1908), S. 31

530 Vgl. Steche XI 1888, S. 29f.; Mißlareuth, in: Wikipedia.de (abger. 17.07. 2014); Stepper 2016; sachsens-schloesser.de/weischlitz-wasserburg-rittergut-misslareuth/ (abger. 21.12. 2023); von Waldenfels (Adelsgeschlecht), in: Wiki pedia.de (abger. 22.12.2023); Siehe auch Hoffmann 1901, S. 296, 1914, S. 346; v. Waldenfels 1970

531 Vgl. Auerbach 1930, S. 247; walsburg.de (abger. 14.07.2014); Köhler 2001, S. 265; Preußner 2002/5, S. 23; Hänsel 1956/7, S. 220

532 Dedié 1933, S. 422f.

533 Vgl. Alberti 1829, S. 101, 1834, S. 8, 97; Siebmacher VI 12 (1907), S. 110; Großkopf 1929, S. 37; Hüllemann 1939, S. 964; Wetzel 1939, S. 10; Kretschmer 1938/3, S. 12; Queck u. Spazier 2016, S. 29

534 Siebmacher VI, 13 (1908), S. 33

535 Vgl. ebenda, S. 32f.; Löbe u. Löbe III 1891, S. 15, 364; v. Hausen 1892, S. 360, 570f.; Hüllemann 1939, S. 966f., 1006; Philipp 2004; Franke 2007, S. 44-48, 2017, S. 95; Hagner 2008, S. 80f.; Werner 2013/9f., S. 267; Siehe auch Gleichenstein 1716, S. 285; v. Watzdorf 1740 (1872); BGTA 1888, S. 562; v. Feilitzsch 1896, S. 344; Janecki III 1899, S. 734; Mansberg III 1905, S. 34-93; GGTUA 1900, S. 851, 1920, S. 894, 1924, S. 718, 1928, S. 674, 1932, S. 544; v. Watzdorf 1903; v. Boetticher III, S. 100; v. Watzdorf 1985; GHdA IV 134 (2004); Müller o.J.; Donath 2015; LhA/HRL 2022

536 Schalle ebenda

537 Hüllemann 1939, S. 966f.

538 Vgl. Wetzel 1939, S. 11; Janecki III 1899, S. 750

539 Vgl. v. Watzdorf bei Nitze 1872; v. Hausen 1892, S. 570f.; Mendner 1917, S. 61; Hüllemann 1939, S. 966f., 1006, 1023, 1035-1039, 1044f., 1048f.; Fran-ke 2007, S. 44f., 48 – bei Blöthner 29 (2020), S. 135ff.

540 Vgl. Franke 2007, S. 44ff.

541 Vgl. Brückner 1870, S. 761f.; Lehfeldt XII 1891, S. 100; Dehio 1998, S. 30; Weiss I 2008, S. 99; Blöthner III 2016, S. 236f.

542 Franke 2017, S. 95

543 Ebenda 2007, S. 45

544 Vgl. ebenda, S. 45-48; Derselbe 2017, S. 95; Pfr. Fraas, in: Schmidt II 1843, S. 160; Behr 1927, S. 63; remptendorf.de (abger. 08.12.2019); Siehe auch GGTUA 1904, S. 874, 1914, S. 876; Janecki III 1899, S. 735f. – bei HRL 2022

545 Kretschmer 1934, S. 615

546 Vgl. ebenda, S. 300

547 Stemler 1750, S. 188

548 Vgl. von Wolffersdorff (Adelsgeschlecht), in: Wikipedia.de (abger. 23.08. 2022);Otto Moser, in: wikisource.org/wiki/Rittergüter_und_Schlösser_im_König reiche_Sachsen:_Reuth (abger. 19.12.2023); Siehe auch König III 1736, S. 1159; v. Uechtritz IV 1792, S. 90, VI 179X, S. 121; v. Feilitzsch 1896, S. 356; Janecki III 1899, S. 814; GGTUA 1900, S. 897, 1922, S. 939, 1926, S. 773, 1931, S. 609; Boetticher III 192X, S. 140, IV 1923, S. 88 – bei HRL 2022; v. Wolffersdorff 1902; v. Wolffersdorff 1968

549 Vgl. v. Hausen 1892, S. 615f.; Siehe auch GhRBl. XVI 1819, S. 93, XV 1833, S. 279; GhStHb 1816, S. 135, 1819, S. 153; 1827, S. 135, 1840, S. 148,

1846, S. 170, 1900, S. 79, 335 bei HRL 2023; GhdA XVI (137) 2005

550 v. Wurmb 2022

551 Vgl. ebenda; Lehfeldt XXIV 1897, S. 40; Starke V 1880, S. 497; Köhler 1923, S. 56; Kreisamt Gera 1938, S. 373ff.; Riedelbauch 1959, S. 292-302; Hetzer 2004, S. 132; Kahlal u. Wolf 2007, S. 70; v. Below 2005, S. 625, 633, 637; Sidow 2005, S. 537

552 Vgl. v. Below 1995, S. 168ff.

553 Ebenda, S. 170f.

554 Dieselbe 2005, S. 633

555 Dieselbe S. 625, 633, 635f.; v. Wurmb 2022

556 Werner 97 (2000), S. 12 bei Wiefel VI 2004, S. 44

557 Petzold (25.10.1942)

558 Vgl. Dr. Löbe 1884a, S. 396; Löbe u. Löbe III 1891, S. 556; Großkopf 1929, S. 6; Blöthner IV 2019b, S. 184f.

559 Vgl. Wiefel VI 2004, S. 43-46, IX 2006, S. 41

560 Wiefel IX ebenda

561 Vgl. Biedermann 1752, Tab. 266

562 Biedermann 2004

563 Vgl. ebenda; Haardt II 1933, S. 151, 154, 158, 161f., 165; Löffler 2000, S. 355; Siehe auch Biedermann 1752, Tab. 205-209; Hänsel 1925; von Zedtwitz (Adelsgeschlecht), in: Wikipedia.de (abger. 25.03.2023); Siehe auch Siebmacher II, 3, S. 54; GGTAG 1835, S. 535, 1844, S. 663, 1893, S. 1187 (Stammreihe), 1905, S. 1006, 1922, S. 1122, 1924, S. 645, 1926, S. 650, 1928, S. 679, 1932, S. 675; Warg 1910; GGTFH 1916, S. 975 (Stammreihe), 1920, S. 982, 1922, S. 994, 1930, S. 621 – bei HRL 2022

564 Vgl. von Zehmen (Adelsgeschlecht) bei Wikipedia.de (abger.: 20.08. 2022); Zehmensches Familienarchiv im Rittergutsarchiv Markersdorf bei Berga bei Kretschmer 1934, S. X; HRL 2022; Siehe auch GGTUA 1900, S. 933, 1918, S. 970, 1920, S. 956, 1924, S. 825, 1930, S. 683; Janecki III 1899, S. 933 (Stammreihe); v. Boetticher III, S. 152; BGTA 1882, S. 596 (Stammreihe), 1889, S. 564; v. Uechtritz VII, S. 88; König I 1727, S. 1091; Gleichenstein 1716, S. 261; v. Feilitzsch 1896, S. 362 bei LdA 2022; v. Watzdorf 1994, S. 524-530

565 Vgl. Lommer 1908, S. 287

566 Vgl. Lehfeldt XXIII, 1896, S. 173f.; Köhler 1923, S. 96; Hagner 2008, S. 84; Weißendorf, in Wikipedia.de (abger. 13.06.2023); Siehe auch HBK 1859, S. 32; v. Zehmen 1906, S. 89, 99, 131; GGTUA 1906, S. 361, 1930, S. 685

567 Zitiert bei Kretschmer 1934, S. 313

568 Zitiert bei Udo Hagner (2008), in: vavh-geschichtsverein-hohenleuben.de/adel-in-reuss-jüngerer-linie (abger. 13.06.2023)

569 Deubler 1983, Nr. 7f., S. 147

570 Löbe u. Löbe III 1891, S. 721

571 Vgl. ebenda, S. 130, 719ff., 723; Kneschke 1870, S. 509; Deubler 1983, Nr. 7f., S. 147f.; Zur Familie von Kessel-Zeutzsch siehe GhdA 106 (1994), S. 188 (Stammreihe)

572 Deubler 1983, Nr. 7f., S. 147

573 von Zeutsch (Adelsgeschlecht), in Wikipedia.de (abger. 29.02.2024)

574 Vgl. ebenda; Siehe auch Stenzel 1893; Franke 2017, S. 98, 100

BILDQUELLEN:

Cover – vorn: Abbildung (Collage des Verfassers); hinten: Topographische Übersicht bezüglich der Verbreitung der adeligen Geschlechter im Saale-Orla-Raum (A.d.V.); Zitat von 1662 (n. Hanns Bastian v. Zehmen S. 447, Anm. 568); **Buchblock** – S. 8: Topographische Übersicht; S. 26: Rittergut Wenigenauma (beide A.d.V.); S. 59: Schloß Blankenberg (bei Bergner XXII 1901, S. 27); S. 51: Kammergut Harra (bei Schmidt II 1843); S. 54: Mühltroff um 1770 (B. G. Teubner, Leipzig, in: Richter 1857); S. 62: Schloß Brandenstein 1921 (b. Wiefel IX 2006, S. 15); S. 66: Ranis (bei Rühl 1903, S. 80); S. 83: Türkenhof Oppurg (HIB 24.04.1932); S. 93: Schloß Wernburg (Autorenkollektiv 1938, Tafel XXXI); S. 98: Herrenhaus Ludwigshof (A.d.V.); S. 105: Rittergut Sorna (Collage nach Motiven aus dem Archiv Sakrewski); S. 114: Schloß Eichicht (A.d.V); S. 129: Schloß Kaulsdorf (HIB 02.01.1941); S. 133: Schloß Nimritz (HIB 27.09.1942); S. 145: Rittergut Burglemnitz; S.152: Schloß Lemnitz (beide A.d.V.); S. 155 Schloß Crispendorf (v. Geldern-Crispendorf 1919, S. 8); S. 163: Schloß Arnshaugk (A. Frotscher Neustadt/O.); S. 166: Herrenhaus Gräfendorf (bei Thiedig 2010/1, S. 29); S. 169: Oberpfarrei Auma (A.d.V.); S. 174: Hirschberg/Saale (Loeffler & Co. Greiz); S. 190: Schloß Oppurg (HIB 10.05.35); S. 204: Rittergut Kolba (HIB 02.07.1944); S. 210: Burg Könitz (Erich P. Heinecke Rudolstadt); S. 224: Rittergut Zollgrün (b. Autorenkollektiv 2000, S. 52); S. 228: Edelhof Oschitz (A.d.V.); S. 233: Mühltroffer Lustschlößchen (B. G. Teubner Leipzig, in: Richter 1857); S. 245: Rittergut Niederkrossen (Altenburgische Kirchengallerie 1848); S. 250: Reschwitz (AK); S. 251: Weißenburg (B. Seebeck); S. 265: Rittergut Knau (HIB 06.07.1941); S. 283: Schloß Hohenleuben (Karl Delitzscher); S. 300: Kemenate Orlamünde (HB 1926/25); S. 349 o.: Herrenhaus Dörflas (b. Wetzel 1939); u.: Schloß Tausa (HIB 06.07. 1941); S. 351: Herrenhaus Pahren (A.d.V.); S. 379: Edelhof Kolkwitz (HIB 18.06.44); S. 381 o.: Herrenhaus Schwarzbach; u.: Schloß Braunsdorf; S. 386: Herrenhaus Neunhofen (alle A.d.V.); S. 396: Schloß Großkochberg (AK); S. 402: Rittergut Kospoda um 1840 (b. Kretschmer 1934, S. 352f.; S. 405: Schloß Obernitz (Vereinigte Schreibwarenhändler in Saalfeld); S. 408: Restflügel des Selkaer Schlosses; S. 430: Herrenhaus Leubsdorf; S. 431: Rundschloß Oberpöllnitz (alle A.d.V.); S. 438: Herrenhaus Unterlausnitz bis 1999 (Konsum foto-color Magdeburg); S. 442 Neidenberga (Karl Stöckigt Saalfeld/Saale).

Wappendarstellungen mehrheitlich aus Siebmacher 1856-1911 (so b. Gritzner 1873, v. Hefner u.a. 1884, v. Mühlverstedt 1884/1906/1907/1908); Strohl 1897; v. Krane 1901-1904; Otto Hupp: Münchner Kalender 1929; Kretschmer 1934; Wiefel E II 2002, S. 3; Długosz 2013; Helmer, Scheibler u.a.

Die Reihe Plothener Hefte zur Thüringer Regionalgeschichte

Band 1: Sagenhafte Wanderungen im Land der Tausend Teiche um Plothen, Dreba, Knau, bis nach Crispendorf und Linda – 88 S. Broschürt

Band 2: Die Kirche zu Weira – Kirchgemeinde und Baugeschichte. Festschrift zur Wiedereinweihung der Marienkirche – 64 S. Broschürt

Band 3: Gespenster im alten Gera – Soziologische Untersuchungen zum Geisterphänomen – 112 S. Kartoniert, ISBN 978-3-755-76646-9

Band 4: Sagenorte und Sagengestalten in der Volksüberlieferung des Orlagaues unter besonderer Berücksichtigung magischer Pflanzen, gespenstischer Tiere und keltischer Flurnamen – 80 S. Broschürt

Band 5: Die Herrschaft der Universität Jena über die Stadt Apolda im 18. Jahrhundert – Ein Rationalistischer Herrschaftsstil? – 72 S. Broschürt

Band 6: Die Jenaer Umgebung als Erinnerungslandschaft – Ästhetisierung und Rezeptionswandel – 104 S. Kartoniert, ISBN 978-3-743-17 616-4

Band 7: Das Kriegsende 1945 in Thüringen in Augenzeugenberichten – 152 S. Kartoniert, ISBN 978-3-744-89717-4

Band 8: Geschichte und Geschichten aus dem Orlagau – Eine alte Kulturlandschaft stellt sich vor – 96 S. Broschürt

Band 9: Eine kleine Geschichte der Landwirtschaft in Ostthüringen unter besonderer Berücksichtigung des Saale-Orla-Kreises – 128 S. Broschürt

Band 10: Der Dreißigjährige Krieg in Thüringen [1618-1648] – Östlicher Teil: Reuß, Schwarzburg, Orlagau, Holz- und Osterland, 396 S. Kartoniert, ISBN 978-3-74129-289-7

Band 11: Eine kleine Geschichte der Jagd und des Waldes im Saale-Orla-Kreis – 80 S. Broschürt

Band 12: Kamen die Reußen von der Unstrut? – Das Kloster Homburg bei Bad Langensalza und seine Gründer – 96 S. Kartoniert, ISBN 978-3-74317-635-5

Band 13: Fackeln des Krieges – Nordischer Krieg [1700-1721], Siebenjähriger Krieg [1756-1763] und Napoleonische Kriege [1806-1815] an Saale, Orla und Wisenta, 232 S. Kartoniert, ISBN 978-3-74609-935-4

Band 14: Geheimnisse der Vorzeit im Orlagau – Von den Jägern und Sammlern der Urzeit bis zu den Kelten – 116 S. Broschürt

Band 15: Waldlandvölker – Germanen und Sorben im Saale-Orla-Raum – Vom Leben im Ersten Jahrtausend nach Christi – 2 Teilbände: 60/68 S. Broschürt

Band 16: Die Geschichte der Arbeiterbewegung im Fürstentum Reuß älterer Linie – Ziviler Ungehorsam im 19. Jahrhundert – 80 S. Kartoniert, ISBN 978-3-74317-627-0

Band 17: Wie dunkel war das Mittelalter? – Der Saale-Orla-Raum vom Mittelalter bis zur Frühneuzeit [899-1567] – 116 S. Broschürt

Band 18: Zwischen Heil und Verdammnis – Christianisierung und Reformierung im Saale-Orla-Raum [950-1590] – Eine etwas andere Kirchengeschichte, 104 S. Broschürt

Band 19: Abschied von der alten Saale – Beiträge zur Wirtschafts-, Sozial- und Alltagsgeschichte von Oberland und Orlasenke, Band 1, 344 S. Kartoniert [Sammelband der Folgen 11, 22, 23, 24, 25], ISBN 978-3-744-81273-3

Band 20: Krobitz im Wandel der Zeiten – Festschrift zum 400-jährigen Jubiläum der Wiederaufrichtung der St. Annenkapelle – 88 S. Kartoniert

Band 21: Geschichte des Saale-Orla-Raumes: Orlasenke und Oberland – Eine LandesChronika von den Besiedlungsanfängen bis zum Jahr 1599 – 420 S. Kartoniert [Sammelband der Folgen 14, 15, 17, 18], ISBN 978-3-743-15120-8

Band 22: Alte Bergwerke und Goldseifen im Saale-Orla-Raum – Wissenswertes über eine vergessene Bergbauregion ans Licht gebracht – 64 S. Broschürt

Band 23: Mühlen, Hammerwerke, Schmelzhütten an Saale und Orla – Zur regionalen Industriegeschichte in ›Händischer Zeit‹ – 64 S. Broschürt

Band 24: Alte Handelsstraßen und Floßverkehr im Saale-Orla-Raum – 60 S. Broschürt

Band 25: Die Stadt und ihre Nachbarschaft – Urbane Strukturen im Neustädter Kreis und im Reußischen Oberland während der Frühneuzeit – 80 S. Broschürt

Band 26: Von alten Bräuchen und Festtagen im Saale-Orla-Kreis – 88 S. Broschürt

Band 27: Ehemalige Rittergüter im Saale-Orla-Kreis – Entstehung, Machtentfaltung, Untergang – 308 S. Kartoniert, ISBN 978-3-75970-347-7

Band 28: Sagen und Altertümer in Neustadt/Orla und Umgebung – 116 S. Kartoniert

Band 29: Sagen und Altertümer um Ziegenrück – 52 S. Broschürt

Band 30: Sagenhafte Wanderungen im Saale-Orla-Raum, Band 1: Obere Orlasenke mit Neustadt an der Orla, Triptis, Auma und ihrer jeweiligen Umgebung, 436 S. Kartoniert [Sammelband der Folgen 1 (teils), 4, 28, 42], ISBN 978-3-746-03016-6

Band 31: Weyrische Chronik, Band 1: Das Dorf Weira und seine nähere Umgebung in Geschichte und Gegenwart – 288 S. Kartoniert

Band 32: Weyrische Chronik, Band 2: Beiträge zur Wirtschafts-, Schul- und Kirchengeschichte sowie zur Ortsflur und zur Infrastruktur von Weira – mit dem Weiraer Haus- und Familienbuch – 264 S. Kartoniert

Band 33: Harry Blöthner: Meine Lebenswege [1924-1948] – 72 S. Kartoniert

Band 34: Sagenhafte Wanderungen in der Aga-Hochebene und im südlichen Lößhügelland von Steinbrücken nach Pölzig – 60 S. Broschürt

Band 35: Sagenhafte Wanderungen von Langenberg durch das Brahmetal nach Bethenhausen – 68 S. Broschürt

Band 36: Sagenhafte Wanderungen um Bad Köstritz, Crossen und Umgebung – 68 S. Broschürt

Band 37: Sagenhafte Wanderungen im Buntsandsteingebiet westlich der Weißen Elster durch den Saarbach-, Erlbach-, Weißiger Grund – 88 S. Broschürt

Band 38: Sagenhafte Wanderungen in Ronneburg und Umgebung sowie durch das Gessental nach Pforten – 80. S. Broschürt

Band 39: Sagenhafte Wanderungen im Geraer Becken, Erster Teil: Das Gebiet westlich der Weißen Elster mit dem Stadtwald – 68 S. Broschürt [Zusammen mit Band 40 auch als Kartoniert 100 S.]

Band 40: Sagenhafte Wanderungen im Geraer Becken, Zweiter Teil: Das Gebiet östlich der Weißen Elster mit dem alten Gera – 96 S. Broschürt

Band 41: Sagenhafte Wanderungen in Weida und Umgebung – 96 S. Kartoniert

Band 42: Sagenhafte Wanderungen in Triptis, Auma und Umgebung – 80 S. Kartoniert

Band 43: Eine sagenhafte Wanderung auf der Hochebene nördlich von Oettersdorf – 72 S. Kartoniert

Band 44: Sagen und Altertümer aus Schleiz und Umgebung – 100 S. Kartoniert

Band 45: Sagenhafte Wanderungen in Tanna und Umgebung – 68 S. Broschürt

Band 46: Sagenhafte Wanderungen um Gefell, Hirschberg und Blankenberg – 68 S. Kartoniert

Band 47: Sagenhafte Wanderungen in der Gemeinde Remptendorf und auf den Saale- und Sormitzhöhen – 68 S. Broschürt

Band 48: Sagen und alte Geschichten aus Saalburg-Ebersdorf und Umgebung – 80 S. Broschürt

Band 49: Sagenhafte Wanderungen durch die Saale-Rennsteig-Region: Blankenstein und Umgebung – 48 S. Broschürt

Band 50: Sagen und Altertümer aus Bad Lobenstein und Umgebung sowie aus der Erinnerungslandschaft um ›Saalpolynesien‹ – 60. S. Broschürt

Band 51: Sagenhafte Wanderungen im Raum Wurzbach, im Sormitztal und im [Thüringischen] Frankenwald – 56 S. Broschürt

Band 52: Sagenhafte Wanderungen in Ranis und Umgebung, Teilband 1: Stadt und Burg Ranis mit den Zechsteinriffen um Brandenstein – 84 S. Broschürt

Band 53: Sagenhafte Wanderungen in Ranis und Umgebung, Teilband 2: Die Dörfer zwischen Ranis und der Oberen Saale – 84 S. Broschürt

Band 54: Sagenhafte Wanderungen um Krölpa und in den Wäldern der Heide – 64 S. Broschürt

Band 55: Sagen und Altertümer aus Pößneck und Umgebung – 88 S. Broschürt

Band 56: Sagenhafte Wanderungen in der Verwaltungsgemeinschaft Oppurg; Teil 1: Von Oppurg über die Heidewälder nach Langenorla und Kleindembach – 80 S. Broschürt

Band 57: Sagenhafte Wanderungen in der Verwaltungsgemeinschaft Oppurg; Teil 2: Von Wernburg über die Bahrener Höhe nach dem Weiraer Wald – 88 S. Broschürt

Band 58: Sagen und Altertümer von den Zechsteinriffen der Orlasenke – 88 S. Broschürt

Band 59: Sagenhafte Wanderungen zwischen Saale und Ilm östlich von Leutenberg – 68 S. Broschürt

Band 60: Sagenhafte Wanderungen um Schloß Burgk und seine Umgebung – 56 S. Broschürt

Band 61: Thüringer Fürsten im 18. Jahrhundert und ihre Herrschaft: Die Höfe von Coburg, Ebersdorf, Eisenberg, Gera, Gotha, Greiz, Köstritz, Lobenstein, Neustadt a.d. Orla, Rudolstadt, Saalfeld, Schleiz, Weida, Weimar, Zeitz u.a. – 200 S. Kartoniert, ISBN 978-3-74317-622-5

Band 62: Harry Blöthners Weiraer Familienbuch – Familien in Weira [1850-1950], 132 S. Kartoniert

Band 63: Sozialistische Landwirtschaft und LPGisierung im Saale-Orla-Raum [1945-1990], 144 S. Kartoniert

Band 64: Ende oder Neubeginn? – Landwirtschaftliche und Ländliche Entwicklung im Saale-Orla-Kreis zur Zeit des Konsumismus (1990-2015), 64 S. Kartoniert

Band 65: Wetterextreme im Reußischen Oberland – Ein Beitrag zur Klimageschichte des Oberlandes und Ostthüringens, 172 S. Kartoniert

Band 66: Der Rote Berg und sein Geheimnis – Zur Geschichte des berühmten ›Hausberges‹ von Saalfeld aus Bergbau- und Kulturgeschichtlicher Perspektive, 176 S. Kartoniert, ISBN 978-3-75579-672-5

Band 67: An der Hohen Warte – Eine sagenhafte Wanderung von Saalthal über Bucha, Hohenwarte und Goßwitz nach Könitz, 172 S. Kartoniert

Band 68: Sagen und Altertümer aus Kaulsdorf, Obernitz, Köditz und Umgebung – Unterwegs an der westlichen Zechsteinstirn des Roten Berges, 188 S. Kartoniert

Band 69: Sagen und Altertümer aus dem Raum Kamsdorf und Unterwellenborn – Entdeckungen im Weiragrund zwischen Heide und Rotem Berg, 224 S. Kartoniert

Band 70: Die Dörfer der Saalfelder und Uhlstädter Heide – Sagenhafte Wanderungen von der Mittleren Saale nach den Tälern und Höhen des Waldgebirges, 248 S. Kartoniert

Band 71: ›*...und erblickte von diesem Berge aus an die zehn Herren Länder*‹ – Zur administrativen Entwicklung im Gebiet des heutigen Saale-Orla-Kreises von den Kleinstaaten bis zu den Thüringer Gebietsreformen der Gegenwart, 156 S. Kartoniert

Band 72: ›*Saalfeld er erst erbauen tut...*‹ Von der provincia Salaveld bis zum Landkreis Saalfeld-Rudolstadt (899–2019) – Administrative und Kirchliche Entwicklung im Saalfelder Raum, 140 S. Kartoniert

Band 73: Rittergüter im ehemaligen Neustädter Kreis in den Amtsgerichtsbezirken Auma und Neustadt an der Orla – Alle Burgen, Schlösser, Herrensitze, Freigüter und Vorwerke sowie ihre Besitzer: Geschichte und Geschichten, 400 S. Kartoniert

Band 74: Rittergüter im ehemaligen Kreis Ziegenrück in den Amtsgerichtsbezirken Ranis und Ziegenrück (mit Gefell) – Alle Burgen, Schlösser, Herrensitze, Freigüter und Vorwerke sowie ihre Besitzer: Geschichte und Geschichten, 260 S. Kartoniert

Band 75: Das Residenzschloß Schleiz und der Park Heinrichsruh – Vom Mittelpunkt eines Kleinstaates zur einer ›Terra incognita‹, 64 S. Kartoniert

Band 76: Rittergüter im Reußischen Oberland in den Fürstentümern Reuß-Ebersdorf und Reuß-Schleiz sowie den Ämtern Burgk [Reuß ä.L.] und Saalburg [Reuß-Gera] – Alle Burgen, Schlösser, Herrensitze, Freigüter und Vorwerke sowie ihre Besitzer: Geschichte und Geschichten, 460 S. Kartoniert, ISBN 978-3-75783-077-9

Band 77: Adelsfamilien im Südosten Thüringens und ihre Verbreitung unter besonderer Berücksichtigung des Saale-Orla-Raumes, 508 S. Kartoniert, ISBN 978-3-76931-637-7

Band 78: Kolkwitzer Chronik – Geschichte eines Saaledorfes und seiner Region anläßlich seiner 950-Jahrfeier [1074–2024] – Mit Beiträgen zur Wirtschafts-, Schul- und Kirchengeschichte, zur Ortsflur und zur Infrastruktur von Kolkwitz, Kartoniert 296 S.

Band 79: ›Land in Brand‹ [1525 – 1848 – 1989]: Ziviler Ungehorsam in Ostthüringen unter besonderer Berücksichtigung des Saale-Orla-Raumes, 224 S. Kartoniert

Thüringer Fürsten im 18. Jahrhundert und ihre Herrschaft
Die Höfe von Coburg, Ebersdorf, Eisenberg, Gera, Gotha, Greiz, Köstritz, Lobenstein, Neustadt an der Orla, Rudolstadt, Saalfeld, Schleiz, Weida, Weimar, Zeitz mit einem genealogischen Überblick über die hochadeligen Häuser Sachsen-Gotha, Sa.-Weimar, Sa.-Coburg, Sa.-Altenburg, Sa.-Eisenberg, Sa.-Naumburg-Zeitz, Schwarzburg-Rudolstadt, Reuß-Obergreiz Reuß-Untergreiz, Reuß-Gera, Reuß-Schleiz, Reuß-Lobenstein, Reuß-Ebersdorf, Reuß-Köstritz u.a. – *200 S., Kartoniert ISBN 978-3-74317-622-5*

❖❖❖❖❖❖❖❖❖❖❖❖❖❖❖❖❖❖❖❖❖❖❖❖❖❖❖❖❖❖❖❖

Wiprecht von Groitzsch und Kaiser Heinrich IV.
Der Aufstieg eines Ritters im 11. Jahrhundert
152 S. Kartoniert, ISBN 978-3-92637-047-1

❖❖❖❖❖❖❖❖❖❖❖❖❖❖❖❖❖❖❖❖❖❖❖❖❖❖❖❖❖❖❖❖

Kamen die Reußen von der Unstrut?
Das Kloster Homburg bei Bad Langensalza und seine Gründer
96 S. Kartoniert, ISBN 978-3-74317-635-5

❖❖❖❖❖❖❖❖❖❖❖❖❖❖❖❖❖❖❖❖❖❖❖❖❖❖❖❖❖❖❖❖

Der Dreißigjährige Krieg in Thüringen [1618-1648]
Östlicher Teil: Reuß, Orlagau, Schwarzburg, Holz- und Osterland
412 S. Hardcover, ISBN 978-3-7412-9289-7

❖❖❖❖❖❖❖❖❖❖❖❖❖❖❖❖❖❖❖❖❖❖❖❖❖❖❖❖❖❖❖❖

Fackeln des Krieges
Nordischer Krieg [1700-1721], Siebenjähriger Krieg
[1756-1763] und Napoleonische Kriege [1799-1815]
im südöstlichen Thüringen und ihre Auswirkungen
240 S. Kartoniert, ISBN 978-3-746-09935-4

❖❖❖❖❖❖❖❖❖❖❖❖❖❖❖❖❖❖❖❖❖❖❖❖❖❖❖❖❖❖❖❖

Geschichte des Saale-Orla-Raumes: Orlasenke und Oberland

Band 1: **Eine LandesChronika** von den frühesten Anfängen der Besiedlung bis zu den Kelten – Von den Germanen und Sorben bis zur frühdeutschen Zeit – Vom Hochmittelalter und der landwirtschaftlichen Kolonisation bis zur Reformation und der Frühneuzeit des Jahres 1599 – *420 S. Kartoniert, ISBN 978-3-743-15120-8*

Band 2: **Eine LandesChronika** des 17. und 18. Jahrhunderts mit dem Dreißigjährigen Krieg, dem Zeitalter des Absolutismus und der fürstlichen und gräflichen Residenzen in der Region, dem Nordischen Krieg [1700-1721] und dem Siebenjährigen Krieg [1756-1763] bis hin zum Ende der Napoleonischen Zeit 1815 – *660 S. Kartoniert, ISBN 978-3-743-12886-6*

❖❖❖❖❖❖❖❖❖❖❖❖❖❖❖❖❖❖❖❖❖❖❖❖❖❖❖❖❖❖❖❖

Beiträge zur Wirtschafts- und Sozialgeschichte des Saale-Orla-Raumes

Band 1: Wie es damals bei uns war – Eine Geschichte der Landwirtschaft und des Dorflebens, der Sitten und Gebräuche, der Bauernhöfe und der Rittergüter im Land zwischen Saale und Orla *656 S. KARTONIERT, ISBN 978-3-73478-731-7*

Band 2: Abschied von der alten Saale – Zur Geschichte der Jagd, der Fischerei und des Waldes, Anmerkungen zur Entstehung der Städte und des Handels, Vom alten Bergbau-, Hütten-, Mühlen und Flößereiwesen *356 S. KARTONIERT, ISBN 978-3-74481-273-3*

❖❖❖❖❖❖❖❖❖❖❖❖❖❖❖❖❖❖❖❖❖❖❖❖❖❖❖❖

Sagenhafte Wanderungen im Saale-Orla-Raum

Altertümer – Schlösser – Kirchen – Industriebauten – Höhlen – Keltische Flurnamen – Brauchtum – Archäologische Fundstätten –Kraftorte – Kultplätze

Band 1: Obere Orlasenke mit Neustadt, Triptis, Auma und Umgebung *436 S. KARTONIERT, ISBN 978-3-746-03016-6*

Band 2: Schleiz, Ziegenrück, Tanna, Gefell, Hirschberg und Umgebung – *436 S. KARTONIERT, ISBN 978-3-744-85217-3*

Band 3: Lobensteiner Land mit Bad Lobenstein, Saalburg-Ebersdorf, Remptendorf, Liebschütz-Liebengrün, Wurzbach, Leutenberg und Umgebung – *320 S. KARTONIERT, ISBN 978-3-73228-768-0*

Band 4: Untere Orlasenke mit Ranis, Pößneck, Oppurg und Umgebung – *648 S. KARTONIERT, ISBN 978-3-73229-472-5*

Band 5: Könitz, Kamsdorf, Gorndorf, Unterwellenborn und die Dörfer der Heide – *488 S. KARTONIERT, ISBN 978-3-755-77108-1*

❖❖❖❖❖❖❖❖❖❖❖❖❖❖❖❖❖❖❖❖❖❖❖❖❖❖❖❖

Mythen und Legenden aus dem Geraer Raum

Sagen und Altertümer – Rittergüter und Kirchen – Prähistorische Flurnamen, Fundstätten und Kultplätze – Ein Landeskundliches Lesebuch für Schule und Haus – *448 S. KARTONIERT, ISBN 978-3-754-33318-1*

❖❖❖❖❖❖❖❖❖❖❖❖❖❖❖❖❖❖❖❖❖❖❖❖❖❖❖❖

Magische Orte in Leipzig und Umgebung

Sagen, Mythen, Legenden und Altertümer – Vorzeitliche Flurnamen und Fundstätten – Heidnische Kult- und Kultverdachtsplätze

Band 1: Das Stadtgebiet von Leipzig mit seinen alten und neuen Vororten – *276 S. KARTONIERT, ISBN 978-3-74129-290-3*

Band 2: Die nähere und weitere Umgebung Leipzigs mit der Tieflandsbucht zwischen Weißer Elster und Zwickauer Mulde von der Dübener Heide bis zum Zeitz-Altenburger Lösshügelland – *356 S. KARTONIERT, ISBN 978-3-7412-9291-0*

❖❖❖❖❖❖❖❖❖❖❖❖❖❖❖❖❖❖❖❖❖❖❖❖❖❖❖❖

❖❖❖❖❖❖❖❖❖❖❖❖❖❖❖❖❖❖❖❖❖❖❖❖❖❖❖❖❖❖❖❖❖❖❖

Alexander Blöthner:
Die Geschichte der Rittergüter
im Saale-, Orla- und Wisenta-Raum

Sammelband mit allen Burgen, Schlössern, Herrensitzen, Freigütern und Vorwerken in 228 Orten sowie ihren Besitzern: Geschichte und Geschichten
*900 S. Format 17 × 22 cm Kartoniert, 222 Bilder,
20 Karten, 293 Wappen, ISBN 978-3-75788-737-7*

194 Burgen, Schlösser, Rittersitze, 7 Kammergüter, 66 Vorwerke, 12 Freigüter, 14 Jagdhöfe und Lusthäuser, so in Alsmannsdorf, Altenbeuthen, Altengesees, Altenroth, Arlas, Arnshaugk, Auma, Bad Lobenstein, Bahren, Birkenhügel, Birkigt, Blankenberg, Blankenstein, Blintendorf, Bodelwitz, Börthen, Brandenstein, Braunsdorf, Bremsnitz, Breternitz, Bucha, Buchpöllnitz, Burgk, Burglemnitz, Burkersdorf, Crispendorf, Dittersdorf, Dobareuth, Döbritz, Döhlen, Dorfilm, Dörflas, Dreba, Dreitzsch, Ebersdorf, Eichenstein, Eichicht, Erkmannsdorf, Eßbach, Finkenmühle, Fischersdorf, Frankendorf, Friedebach, Frössen, Gahma, Gallenberg, Gebersreuth, Gefell, Geheege, Geroda, Göritz, Goßwitz, Gräfendorf, Gräfenwarth, Grobengereuth, Grochwitz, Großkamsdorf, Grünau, Gütterlitz, *Hakenmühle [†]*, Harra, Hasla, Heinersdorf, *Heinrichsgrün [†]*, Heinrichsruh, Heroldshof, Herschdorf, Hirschberg, Hirzbach, Hockeroda, Hohenpreis, *Hopfenmühle [†]*, Hummelshain, Hütten, Isabellengrün, *Jägersruh [†]*, Jüdewein, Karolinenfield, *Karolinengrün [†]*, Kaulsdorf, Kießling, Kirschkau, Kleingeschwenda, Knau, Kolba, Kolkwitz, Könitz, Kospoda, Krobitz, Krölpa, Kulm, Külmla, Langenorla, Langenwolschendorf, Langgrün, Laskau, Lausnitz, Läwitz, Lemnitz, Leubsdorf, Leutenberg, Lichtenbrunn, Liebschütz, Löhma bei Schleiz und bei Leutenberg, Lothra, Ludwigshof, *Mangelsdorf [†]*, Meilitz, Meusebach, Mielesdorf, Miesitz, Mißlareuth, Mittelpöllnitz, Moderwitz, Mödlareuth, Molbitz, Moßbach, Moxa, Mühltroff, Neidenberga, Neudeck, Neuenbeuthen, Neumannshof, Neunhofen, Neustadt an der Orla, *Niedergrün [†]*, Niederkrossen, Niederpöllnitz, Nimritz, Oberböhmsdorf, Oberkrossen, Obernitz, Oberoppurg, Oberpöllnitz, Oepitz, Oettersdorf, Oppurg, Oschitz, Oßla, Pahnstangen, Pahren, Pöritzsch, Positz, Pößneck, Portenschmiede, Pottiga, Pritschroda, Ranis, Rehmen, Reinsdorf, Remptendorf, Renthendorf, Reschwitz, Reuth, Röblitz, Rockendorf, Roda bei Leutenberg, Rödern, Rödersdorf, Rosendorf, Rosenthal, Rothvorwerk, Röttersdorf, *Saalbach [†]*, Saalburg, Saaldorf, Saalthal, Saalfeld, Schilbach, Schimmersburg, Schlegel, Schleiz, Schlettwein, Schloßkulm, Schönbrunn, Schwarzbach, Schweinbach, Seebach, Seubtendorf, Silberfeld, *Sorge [†]*, Soma, Sparnberg, Staitz, Stanau, ›*Veste Zum Stein‹ [†]*, Steinsdorf, Tanna, Tausa, Thierbach, Thimmendorf, Tischendorf, Trannroda, Triptis, Trockenborn, Uhlersdorf, Ullersreuth, Unterlemnitz, Unterwellenborn, Venzka, Volkmannsdorf, Walsburg, Weira, Weisbach, Weißbach, Weißenburg, Weitisberga, Weltwitz, Wenigenauma, Wernburg, Willersdorf, Wittchenstein, Wöhlsdorf bei Auma und bei Ranis, Wolfersdorf, Wurzbach, Wüstendittersdorf, Wüstenwetzdorf, Burgruine *Wysburg [†]*, *Würtzbach [†]*, Zadelsdorf, Zella, Zickra, Ziegenrück, Zollgrün, Zoppoten, Zwackau u.a.

❖❖❖❖❖❖❖❖❖❖❖❖❖❖❖❖❖❖❖❖❖❖❖❖❖❖❖❖❖❖❖❖❖❖❖